I0041380

ENCYCLOPÉDIE

DES

HUISSIERS

VII

Nota. L'*Encyclopédie des Huissiers* forme la tête du *Journal des Huissiers ;* les deux ouvrages sont constamment mis en corrélation par des renvois et se complètent l'un par l'autre.

Paris.—Imprimerie de J. Dumaine, rue Christine, 2.

ENCYCLOPÉDIE

DES

HUISSIERS

OU

DICTIONNAIRE GÉNÉRAL ET RAISONNÉ

De Législation, de Doctrine et de Jurisprudence en matière
civile, commerciale, criminelle et administrative

AVEC LES FORMULES A LA SUITE DE CHAQUE MOT

CONTENANT

LES TARIFS COMMENTÉS DES HUISSIERS EN MATIÈRE CIVILE

Par M. BONNESŒUR
Conseiller honoraire à la Cour d'appel de Bordeaux,

3ᵉ ÉDITION CONFORME A LA 2ᵉ
3ᵉ Tirage

Par MM. MARC DEFFAUX,
Ancien huissier (Auteur de la 1ʳᵉ édition.)

Et Adrien HAREL,
Avocat, ancien Rédacteur en chef du *Journal des Huissiers.*

TOME SEPTIÈME.

PARIS

IMPRIMERIE ET LIBRAIRIE GÉNÉRALE DE JURISPRUDENCE

MAISON COSSE

MARCHAL, BILLARD et Cⁱᵉ, Imprimeurs-Éditeurs

LIBRAIRES DE LA COUR DE CASSATION

SUCCESSEURS

Place Dauphine, 27.

1873

⸺◦◦◦⸺

S

SABLE (MARCHANDS DE). — Sont patentables. — *V. Carrière.*

SABOTS (MARCHANDS ET FABR. DE). — Sont patentables.

SAC. — V. *Paiement, n° 87, Passe de sac.*

SAC DE PROCÉDURE. — S'entend spécialement d'un sac en toile contenant des pièces de procédure, et plus généralement d'une liasse, d'un dossier de pièces de procédure. — Les sacs de procédure sont exceptés de la prohibition prononcée contre toute personne étrangère au service des postes de s'immiscer dans le transport des lettres. (V. *Postes aux lettres,* n°s 25 et suiv. — Cette exception a été introduite dans l'intérêt des plaideurs, et dans celui des officiers ministériels (Poitiers, 14 janv. 1837).

SACS DE TOILE (FABR. ET MARCH. DE). — Sont patentables.

SAFRAN (MARCHANDS DE). — Sont patentables.

SAGES-FEMMES. — Sont patentables, qu'elles tiennent ou non une maison d'accouchement (L. 25 avril 1844, art. 13; L. 18 juin 1850).

SAISIE. — 1. Mise sous la main de la justice des biens meubles ou immeubles appartenant à un débiteur pour le contraindre à remplir ses engagements. — Se dit aussi de l'exploit ou de l'acte par lequel s'opère la mise de ces biens sous la main de la justice, et de la procédure à laquelle elle donne lieu.

2. Il y a plusieurs espèces de saisies (V. les mots suivants); elles peuvent être employées séparément ou simultanément; mais il n'est pas permis de saisir un objet déjà saisi. Il est aussi cependant certains cas dans lesquels les immeubles situés dans plusieurs arrondissements ne peuvent être saisis simultanément (V. *Saisie immobilière*).

3. Si un objet déjà saisi ne peut être saisi de nouveau, il ne s'ensuit pas que les créanciers autres que le saisissant n'aient rien à prétendre sur cet objet, et n'aient aucune poursuite à faire. La loi leur donne toujours, en effet, le moyen d'arriver à la distribution des deniers de la vente, et même elle leur accorde quelquefois le moyen de se faire subroger à la place du saisissant, lorsque celui-ci néglige ou abandonne les poursuites.

4. Les saisies ne peuvent, en général, se faire qu'en vertu d'un titre exécutoire et que pour des créances certaines, liquides et exigibles, et elles sont presque toujours précédées d'un commandement au débiteur, avec élection de domicile dans le lieu où elles sont pratiquées.

SAISIE-ARRÊT. — 1. Acte par lequel un créancier met sous la main de la justice les sommes ou objets mobiliers, appartenant à son débiteur et existant entre les mains d'un tiers, et dont les effets sont : 1° d'empêcher ce tiers de se dessaisir des sommes ou des objets saisis; 2° de faire obtenir au créancier la délivrance de ces sommes où le prix de ces objets jusqu'à concurrence de ce qui lui est dû. — Il suit de là que la saisie-arrêt est, tout à la fois, un acte conservatoire jusqu'au jugement de validité, et un acte d'exécution à partir de ce jugement, puisque dès ce moment les sommes saisies ou provenant de la vente des objets mobiliers vendus sont remises aux mains du créancier (Roger, *Saisie-arrêt*, nᵒˢ 1 et 2.)

2. Le créancier à la requête duquel la saisie-arrêt est faite se nomme *saisissant* ; le débiteur de ce créancier, *saisi* ; et la personne qui doit la somme ou détient la chose arrêtée, *tiers saisi*.

Indication alphabétique des matières.

ART. 1. — *Créances pour lesquelles on peut saisir–arrêter.*

ART. 2. — *Titres en vertu desquels on peut faire une saisie–arrêt.*

ART. 3. — *Sur qui et entre les mains de qui on peut saisir–arrêter.*
— *Saisie sur soi-même.*

ART. 4. — *Choses saisissables et insaisissables.*

ART. 5. — *Procédure.*

§ 1. — *Exploit de saisie–arrêt.* — *Ses effets.*

§ 2. — *Dénonciation de la saisie au saisi.*

§ 3. — *Assignation en validité.*

§ 4. — *Contre-dénonciation au tiers-saisi.*

§ 5. — *Tribunal compétent pour statuer sur la validité ou la demande en mainlevée de la saisie.*

§ 6. — *Déclaration affirmative.*

38.

ART. 6. — *Saisie-arrêt formée entre les mains des receveurs, dépositaires ou administrateurs de caisses ou deniers publics.*
FORMULES.

___

ART. 1er. — CRÉANCES POUR LESQUELLES ON PEUT SAISIR-ARRÉTER.

3. Tout créancier peut, en vertu de titres authentiques ou privés, saisir-arrêter entre les mains d'un tiers les sommes et effets appartenant à son débiteur, ou s'opposer à leur remise (C P. C., art. 557). Il n'y a même pas lieu, la saisie-arrêt étant à son début un acte conservatoire, de distinguer entre les personnes capables et les incapables : ainsi, un mineur, une femme mariée même non autorisée, une personne morale, telle qu'une commune, un bureau de bienfaisance, une fabrique d'église, peuvent former une saisie-arrêt (Cass. 10 juill. 1828; Magnin, *des Tutelles*, t. 1, p. 603; Roger, n° 379.— *Contrà* Chauveau sur Carré, *Lois de la procéd.*, quest. 1923 *ter*).

4. Au reste, dans la pratique, à moins d'urgence absolue, il vaudra mieux faire habiliter tout d'abord l'incapable, puisque, lorsqu'il s'agira d'assigner en validité, il faudra que l'assignation soit donnée avec les conditions voulues pour ester en justice (Cass. 17 juin 1826).

5. Toute créance en vertu de laquelle on veut saisir-arrêter doit être certaine, liquide et exigible (Caen, 25 sept. 1847 : *Bull. spéc. des Huiss.*, t. 4, p. 22).

6. *Créance certaine.* — Une créance est certaine, lorsque l'existence n'en est pas, au moment de la saisie, sérieusement contestée. Toute contestation judiciaire ne saurait suffire, en effet, pour empêcher une saisie-arrêt; sans cela il dépendrait toujours du débiteur de compromettre gravement les droits du créancier (Chauveau, quest. 1927. — V. cependant Roger, n° 54).

7. Ainsi, on ne peut saisir-arrêter pour des créances résultant d'une société qui n'existe pas légalement (Bordeaux, 23 août 1831), ni pour une créance dépendant d'un règlement de comptes sociaux soumis à des arbitres (Bordeaux, 15 juill. 1846 : *J. Huiss.*, t. 28, p. 28, et *Bull. spéc. des Huiss.*, t. 3, p. 188).

8. Il en est de même si le taux et les effets de la créance dépendent du résultat d'une expertise ou d'une enquête (Liège, 8 juill. 1854 : *J. Huiss.*, t. 36, p 61, et *Bull. spéc. des Huiss.*, t. 11, p. 46), ou s'il s'agit du reliquat éventuel d'un compte qui n'est pas encore réglé (Bruxelles, 25 juin 1829 : *J. Huiss.*, t. 11, p. 178; Nîmes, 18 mai 1850 : *Bull. spéc. des Huiss.*, t. 7, p. 303).

9. Les droits purement éventuels ne peuvent servir de base à une saisie-arrêt (Rouen, 23 nov. 1838 : *J. Huiss.*, t. 20, p. 93). Ainsi, une partie civile ne peut, durant l'instruction d'un délit ou d'un crime, former une saisie-arrêt contre l'inculpé, sous prétexte des dommages-intérêts qui pourraient lui être accordés (Paris, 9 mai 1812; Bruxelles, 2 mai 1829; Bordeaux, 23 août 1831 : *J. Huiss.*, t. 13, p. 172; Roger, n° 54).

10. La saisie-arrêt ne peut être formée par un associé contre un co-associé, à raison de la société, tant que la liquidation n'a pas fait connaître qui est débiteur et qui est créancier; alors, en effet, il y a incertitude sur l'existence de la créance (Bordeaux, 24 mai 1837 : *J. Huiss* , t. 8, p. 362).—V. *infrà*, n° 23.

11. On ne peut former une saisie-arrêt en vertu d'un droit, quoique reconnu par la loi, tant qu'il n'a pas été judiciairement décidé qu'il y a lieu à l'exercice de ce droit. C'est ce qui a été jugé spécialement à l'égard de la dette alimentaire entre ascendants et descendants (Douai, 9 mai 1853).

Jugé encore que la présomption, d'après laquelle le locataire est responsable de l'incendie, étant subordonnée au jugement de certaines exceptions que l'art. 1733, C. Nap., autorise, ne peut servir de base à une saisie-arrêt formée par le bailleur (Bordeaux, 26 nov. 1845).

12. Un mandataire comptable, étant réputé débiteur jusqu'à ce que son compte soit apuré, ne peut pratiquer une saisie-arrêt pour les sommes qu'il prétend lui être dues en vertu de ce compte (Cass. 18 sept. 1830 : *J. Huiss.*, t. 12, p. 93; Nîmes, 18 juin 1850).

13. L'ayant droit au partage d'une succession ou d'une communauté ne peut, avant la liquidation, saisir-arrêter ce qu'un tiers devrait aux copartageants (Orléans, 28 mai 1823; Douai, 4 mars 1833).

14. On ne peut saisir-arrêter en vertu d'un jugement frappé d'appel, et qui n'a pas ordonné l'exécution provisoire, la créance par cela même redevenant incertaine (Bordeaux, 28 août 1827; 5 mars 1853; Rennes, 5 déc. 1836 : *J. Huiss.*, t. 19, p. 149; Roger, nº 64. — *Contrà* Paris, 8 juill. 1808; Rennes, 14 avril 1815; Rouen, 14 juin 1828 : *J. Huiss.*, t. 11, p. 77; Bruxelles, 23 mai 1857).

15. Mais la saisie-arrêt n'est pas paralysée par le délai seul de l'appel; jusqu'à l'appel interjeté la saisie serait donc valablement formée, et l'appel qui survient ne saurait l'anéantir (Paris, 8 juill. 1808 : *J. Huiss.*, t. 5, p. 372; Roger, nº 67).

16. En matière de jugements par défaut, l'opposition formée, mais non le délai d'opposition, est seule suspensive de la saisie-arrêt. Mais, si le jugement par défaut est exécutoire par provision nonobstant opposition, l'opposition formée ne peut alors arrêter ni suspendre la saisie (Cass. 30 juin 1812 : *J. Huiss.*, t. 5, p. 349; Bruxelles, 22 janv. 1853 : t. 34, p. 222).

17. Quant aux jugements frappés de tierce opposition, les juges, d'après les art. 477 et 478, C. P. C., peuvent en suspendre ou non l'exécution, et par suite, ils peuvent entraver ou non la saisie-arrêt à laquelle ils serviraient de base.

18. La requête civile et le pourvoi en cassation n'étant pas suspensifs, une saisie-arrêt peut être valablement formée, nonobstant l'emploi de l'un de ces modes de recours, sauf toutefois en matière criminelle, correctionnelle, de simple police, où le pourvoi en cassation serait un obstacle à la saisie (Bordeaux, 24 déc. 1828 : *J. Huiss.*, t. 10, p. 143).

19. Les sentences arbitrales ne peuvent servir de base à une saisie-arrêt qu'après avoir été rendues exécutoires (C.P.C. art. 1020 et 1021). De même, on ne peut former une saisie-arrêt en vertu de jugements rendus à l'étranger qu'après qu'ils ont été revêtus de l'*exequatur* des tribunaux français.

20. Une saisie-arrêt peut être pratiquée en vertu d'une ordonnance de référé (Bilhard, *Référés*, p. 721).

21. Les créances conditionnelles n'ayant pas juridiquement d'existence avant l'arrivée de la condition, il suit qu'elles ne peuvent servir de base à une saisie-arrêt. On ne peut argumenter, pour soutenir le contraire, de l'art. 1180, C. Nap., qui permet les actes conservatoires avant l'arrivée de la condition, parce que la saisie-arrêt est un acte d'exécution (Bruxelles, 2 mai et 25 juin 1829). Jugé, en conséquence, qu'on ne peut pratiquer une saisie pour sûreté d'une pension *viagère* payable après le décès du constituant, si ce dernier n'est pas encore décédé (Bruxelles, 18 janv. 1832 : *J. Huiss.*, t. 14, p. 300).

22. *Créance liquide.* — Le principe qu'on ne peut saisir-arrêter pour dettes non liquides résulte de l'art. 551, C.P.C.; cependant cette règle trouve un tempérament dans l'art. 559, même Code, qui permet de saisir-arrêter, *pourvu qu'on fasse évaluer cette créance provisoirement par le juge* (Riom, 15 déc. 1846 : *J. Huiss.*, t. 28, p. 234).—Une dette n'est pas liquide, lorsqu'il n'apparaît pas clairement si réellement il est dû et combien il est dû.

23. En conséquence, un associé ne peut, avant la liquidation de la société, former une saisie-arrêt contre son coassocié à raison des opérations sociales, quand même sa créance serait incertaine, parce qu'elle n'est pas liquide (Bordeaux, 24 mai 1837).—V. *suprà*, n° 10.

24. Le dépositaire de sommes provenant d'une succession *indivise*, qui les détient pour le compte d'héritiers dont les droits ne sont pas encore liquidés, ne peut opposer la compensation aux saisies-arrêts formées entre ses mains par des créanciers de l'un des héritiers, entre la part revenant à cet héritier et sa créance contre lui (Cass. 13 déc. 1854).

25. Il n'est pas nécessaire que la liquidation d'une créance soit faite en argent pour pouvoir saisir-arrêter ; seulement, on doit, après la saisie, surseoir à toutes poursuites ultérieures jusqu'à l'appréciation en numéraire des causes de la saisie (C.P.C., art. 551).

26. *Créance exigible.* — Ne peuvent pas servir de base à une saisie-arrêt les créances à terme, avant l'échéance du terme (Bordeaux, 17 mai 1826 : *J. Huiss.*, t. 8, p. 3 ; 13 août 1846 ; Carré et Chauveau, *quest.* 1926) ; mais le terme de grâce n'est pas un obstacle à la saisie-arrêt (C. Nap., art. 1292 ; Roger, n° 120 ; Carré et Chauveau, *loc. cit.*), ni le terme stipulé en faveur du créancier (C. Nap., art. 1187 ; Roger, n° 119). La déchéance du terme, résultant de l'état de faillite ou de déconfiture, fait reparaître le droit de saisie-arrêt, en rendant la créance pure et simple (C. Nap., art. 1188).

27. Le vendeur d'effets mobiliers, par exemple, d'un fonds de commerce, ne peut, en cas de revente de ce fonds, et tant que l'échéance du terme n'est pas arrivée, former opposition entre les mains du nouvel acquéreur pour sûreté de son prix (Cass. 26 mai 1849 ; *Bull. spéc. des Huiss.*, t. 6, p. 45).

28. Le créancier à terme ne peut faire de saisie-arrêt contre son débiteur, alors même que celui-ci n'offrirait aucune sûreté pour le paiement à l'échéance du terme (Roger, n° 121 ; Chauveau, quest. 1926 ; *J. Huiss.*, t. 5, p. 381).

29. Le créancier d'une rente viagère a le droit, à défaut de paiement des arrérages, de saisir-arrêter les sommes dues au débiteur de la rente jusqu'à concurrence de ce qui est nécessaire pour assurer, même *dans l'avenir*, le service de cette rente (Cass. 16 avril 1859).

ART. II.—Titres en vertu desquels on peut faire une saisie-arrêt.

30. Tout créancier peut saisir-arrêter en vertu de titres *authentiques* ou privés (C. P. C., art. 557). La méconnaissance par le saisi du titre sous seing privé ne suffit pas pour paralyser cette saisie ; seulement il ne pourra être statué sur sa validité qu'après la vérification d'écriture (Roger, n° 131).

31. Si le titre est authentique, la plainte en faux principal suivie de la mise en accusation suspend la saisie-arrêt. Le faux incident laisse seulement aux juges la faculté de la suspendre (C. Nap., art. 1319).

32. Le titre, privé ou authentique, doit contenir une obligation et être revêtu de toutes les formes requises pour sa validité et sa mise à exécution. Ainsi, si le titre est un jugement, il doit être enregistré, expédié et de plus signifié. Mais, si le titre est un acte d'obligation, il n'a pas besoin d'être signifié (Roger, n° 135). — La saisie-arrêt étant une exécution, les titres exécutoires contre un défunt doivent, au cas de saisie-arrêt, être signifiés huit jours avant à l'héritier (C. Nap., art. 877).

33. Il n'est jamais nécessaire que la saisie-arrêt soit précédée d'un commandement; c'est là une conséquence de ce que la saisie-arrêt est permise même aux créanciers dénués de tout titre et par suite dans l'impossibilité de faire un commandement (Rennes, 2 août 1820).

34. S'il n'y a pas de titre, le juge du domicile du débiteur, et même celui du domicile du tiers saisi, pourront, sur requête, permettre la saisie-arrêt (C.P.C., art. 558). — Cette permission peut être accordée par le président du tribunal de commerce, comme par celui du tribunal civil, d'après les règles de leur compétence *ratione materiæ* (Turin, 3 mars 1813 : *J. Huiss.*, t. 5, p. 373 ; Colmar, 29 mai 1848 ; Trib. civ. de la Seine, 17 déc. 1850. — Peut-elle l'être aussi par un juge de paix, pour créances inférieures à 200 fr. ? Pour l'affirmative, V. Chauveau, quest. 1933 ; Thomine-Desmazures, t. 2, p. 65 ;—Pour la négative, V. Trib. civ. de la Seine, 14 oct. 1853 : *J. Huiss.*, t. 34, p. 317 ; Rodière, t. 3, p. 289.

35. Le refus du président de permettre, en l'absence de titre, une saisie-arrêt, est un acte de juridiction gracieuse qui n'est susceptible ni d'opposition ni d'appel de la part du saisissant (Paris, 29 juin 1855 ; 24 juill. 1858 ; 27 août 1859. — *Contrà* Bordeaux, 15 mars 1855 ; Lyon, 29 juin 1857). — Il en est de même à l'égard du saisi, qui ne peut interjeter appel ou former opposition contre l'ordonnance portant permission de saisir-arrêter ; et cela avec d'autant plus de raison que si la saisie peut causer au saisi un préjudice, il est toujours recevable, en justifiant du dommage qu'il en éprouve, à en obtenir la réparation (Roger, n° 149 *ter*. — *Contrà* Bordeaux, 24 août 1829 : *J. Huiss.*, t. 10, p. 363).

36. La permission du juge doit être apposée au bas de la requête. Cette requête doit indiquer : 1° le domicile du débiteur ; 2° celui du tiers saisi ; 3° les noms du tiers saisi ; 4° la nature de la créance pour laquelle l'autorisation de saisir est demandée et celle de la créance à saisir ; 5° la somme pour laquelle l'autorisation est demandée ; 6° l'indication, à peine de nullité, du domicile réel du saisissant ; 7° l'offre et le consentement de la part du requérant de référé en cas de difficulté (Debelleyme, *ord. sur req.*, t. 2, p. 142).

37. Il n'est pas indispensable que l'ordonnance qui permet de pratiquer une saisie-arrêt énonce littéralement la somme pour laquelle elle l'autorise: cette ordonnance satisfait au vœu de la loi, si elle porte permission de pratiquer la saisie requise (Bordeaux, 3 mars 1830 : *J. Huiss.*, t. 12, p. 52).

ART. III. — Sur qui et entre les mains de qui on peut saisir-arrêter.
—Saisie sur soi-même.

38. La saisie-arrêt ne peut être dirigée que contre celui qui est personnellement débiteur du saisissant. Ainsi, des créanciers hypothécaires ne peuvent saisir-arrêter, sur un tiers détenteur de l'immeuble hypothéqué, les revenus de cet immeuble (Paris, 23 déc. 1808).

39. Mais le propriétaire, ayant une action directe et personnelle contre le sous-locataire jusqu'à concurrence du prix de la sous-location, peut former contre lui une saisie-arrêt pour ce qui lui est dû par le principal locataire (Cass. 24 janv. 1853 : *J. Huiss.*, t. 34, p. 118 ; Limoges, 27 déc. 1853 : t. 35, p. 90, et *Bull. spéc. des Huiss.*, t. 10, p. 84).

40. Un créancier peut-il, du chef de son débiteur, pratiquer une saisie-arrêt entre les mains d'un débiteur du débiteur de son débiteur ? Même en invoquant pour l'affirmative l'art. 1166, C. Nap., qui permet à un créancier d'exercer les droits de son débiteur, il semble qu'il faudrait

au moins dans ce cas une subrogation judiciaire en faveur du saisissant
(Bordeaux, 3 janv. 1839 ; Orléans, 7 juin 1855 ; Chauveau, quest. 1929•
bis. — *Contrà* Cass. 23 janv. 1849 ; 2 juill. 1851 ; Roger, n° 126).

41. L'art. 557, C.P.C., ne prévoit que le cas de saisie-arrêt entre les
mains d'un *tiers*. Mais peut-on saisir sur soi-même, en ses propres mains
comme en mains tierces ?—V. *Saisie sur soi-même*.

ART. IV. — Choses saisissables et insaisissables.

42. L'art. 557, C.P.C., déclare expressément que « tout créancier peut
saisir-arrêter entre les mains d'un tiers les *sommes et effets* appartenant à
son débiteur. » Une seule classe de biens, celle des immeubles, est, en
principe, soustraite à la saisie-arrêt.

43. Sont donc saisissables les choses incorporelles, telles que les titres
de créances appartenant au débiteur ; les actions dans les compagnies de
finance et d'industrie (Paris, 2 mai 1811 ; Roger, n° 167) ; les brevets
d'invention. Dans ce cas, il n'y a pas lieu d'assigner le ministre du commerce en déclaration affirmative, la saisie étant faite aux mains d'un fonctionnaire public (Lyon, 20 juin 1857) ; les effets et sommes dus sous
condition ou à terme (Cass. 2 fév. 1820 ; Bordeaux, 29 mai 1840), par
exemple, des loyers ou des appointements non échus ; l'indemnité due par
une compagnie d'assurances en cas de sinistre (Roger, n° 170 ; Boudous-
quié, *des Assurances*, p. 362).

44. L'usufruit établi sur un immeuble, étant immeuble lui-même, ne
peut être saisi-arrêté ; mais les revenus ou fruits peuvent être saisis. Le
droit d'usage, étant un droit attaché à la personne, ne peut jamais être
saisi. Il en est de même de l'usufruit lorsqu'il porte sur des meubles se
détériorant par l'usage (Rennes, 21 mai 1835 ; Paris, 3 août 1857).

45. L'état d'indivision n'est pas un obstacle à la saisie-arrêt. Ainsi, la
part indivise d'un cohéritier dans une succession peut être frappée d'opposition, sauf que cette opposition restera sans effet si, lors du partage,
la chose saisie-arrêtée tombe dans le lot d'un héritier autre que celui
contre lequel a été dirigée la saisie-arrêt (C. Nap., art. 1220 ; Chauveau,
quest. 1924 *bis* ; Roger, n° 176.—*Contrà* Cass. 2 fév. 1820 ; Paris, 3 janv.
1829). — De même, le créancier d'un associé peut saisir-arrêter les portions de bénéfices qui lui sont payées annuellement ou qui devront lui être
payées, mais non celles qui sont dues à ses coassociés (Cass. 11 mars
1806 ; 13 mars 1823).

46. Les créanciers d'un légataire peuvent saisir-arrêter la chose léguée
entre les mains des héritiers débiteurs du legs, et cela avant même que le
légataire ait demandé la délivrance du legs, sauf à attendre la demande en
délivrance pour le paiement qui devra être fait au saisissant (Cass. 15
mars 1839 ; Bordeaux, 31 mai 1839 : *J. Huiss.*, t. 20, p. 264).

47. Alors même qu'une succession n'a été acceptée que sous bénéfice
d'inventaire, les créanciers du défunt peuvent former des saisies-arrêts
entre les mains des débiteurs de la succession. Le bénéfice d'inventaire est
établi, en effet, dans l'intérêt seul de l'héritier, et ne peut préjudicier aux
droits du créancier (Rennes, 5 mai 1814 ; Paris, 27 juin 1820 : *J. Huiss.*,
t. 5, p. 361 ; Douai, 3 mars 1830 : t. 12, p. 52 ; Toulouse, 15 avril 1836 :
t. 12, p. 253 ; Cass. 1er août 1849 : *Bull. spéc. des Huiss.*, t. 6, p. 80 ;
Carré, *quest.* 1924 *bis* ; Roger, n° 180. — *Contrà* Trib. civ. de la Seine,
6 déc. 1855 : *Bull. spéc. des Huiss.*, t. 12, p. 26, et *J. Huiss.*, t. 37,
p. 21).

48. De même, un légataire peut valablement former une saisie-arrêt
sur des valeurs dépendant d'une succession bénéficiaire (Trib. civ. de
la Seine, 27 mai 1856 : *Bull. spéc. des Huiss.*, t. 12, p. 251, et *J. Huiss.*,

t. 37, p. 250). — Les créanciers d'une succession vacante ont le droit de pratiquer des saisies–arrêts sur les sommes dues à cette succession par des tiers (Rouen, 21 janv. 1853 : *Bull. spéc. des Huiss.*, t. 9, p. 277, et *J. Huiss.*, t. 34, p. 313 ; Roger, n° 181 *bis*).

49. Si les époux sont mariés en communauté, tous les biens tombant dans la communauté peuvent être saisis arrêtés : 1° par les créanciers de la communauté, 2° par les créanciers personnels du mari (C. Nap., art. 1405), 3° par les créanciers de la femme, si la dette a date certaine avant le mariage, ou si la femme a été autorisée du mari, ou même seulement de justice dans les deux cas de l'art. 1427, C. Nap. (V. *Communauté de biens entre époux*). — Quant aux biens propres, ceux du mari sont saisissables par tous créanciers quelconques, et ceux de la femme, si elle a été autorisée de son mari, ou de justice, ou pour dettes antérieures au mariage (V. *Communauté de biens entre époux*). — En ce qui concerne les biens dotaux, V. *Régime dotal*.

50. On ne peut saisir-arrêter les titres et papiers de famille qui ne sont pas susceptibles d'être vendus (Roger, n° 205 *bis*), ni les papiers trouvés sur un prévenu et déposés au greffe (Amiens, 1er juin 1838), ni les manuscrits d'un auteur (Trib. civ. de la Seine, 8 mars 1850 ; Renouard, *Droits d'auteurs*, t. 2, p. 330. — V. *Saisie-exécution*). — Les prix décernés par l'Institut et les diverses Académies ou Sociétés savantes ne sont saisissables qu'autant qu'ils consistent en argent, et non en médailles, etc. (Roger, n° 207 *bis*).

51. Les créances que le débiteur a transportées ne sont insaisissables qu'autant que le transport a été notifié conformément à l'art. 1690, C. Nap. ; à défaut de cette notification, la saisie-arrêt est valable. — V. *Transport-cession*.

52. La faillite arrêtant les actes d'exécution ou de poursuites, une saisie-arrêt ne peut être pratiquée par le créancier d'un failli entre les mains du débiteur de celui-ci. — Les saisies pratiquées avant la faillite sont également suspendues par la déclaration de faillite, toute action individuelle, telle que la demande en validité, se trouvant arrêtée par la faillite. — Cependant, la saisie-arrêt est permise, en cas de faillite, au créancier qui a une hypothèque ou un privilége.

53. Aucune saisie-arrêt ne peut être formée, en matière de lettres de change ou de billets à ordre, entre les mains du souscripteur ou du tiré, si ce n'est dans deux cas, celui de perte de l'effet ou celui de faillite du porteur (C. Comm., art. 149. — V. *Lettre de change*). Il n'y a pas lieu de distinguer si le tiré a ou n'a pas accepté la lettre de change (Rouen, 20 août 1843 ; Cass. 19 nov. 1850 ; Rouen, 1er déc. 1854).

54. Mais en est-il de même après l'échéance et le protêt faute de paiement ? L'affirmative semble devoir être adoptée par suite de la jurisprudence qui admet que les effets de commerce peuvent encore être transmis par voie d'endossement après leur échéance (Cass. 22 mars 1853 ; 29 août 1854 ; 18 août 1856 ; Roger, n° 228).

55. Les billets et actions au porteur, tels que les billets de banque, les bons du Trésor, les reconnaissances du Mont-de-Piété, les obligations du Crédit foncier, des Chemins de fer, les actions ou obligations transmissibles par un simple transfert, ne sont pas non plus susceptibles de saisie-arrêt (Bordeaux, 22 mai 1840 ; Cass. 15 janv. 1755 ; Roger, n° 232).—V. *Saisie-exécution.*

56. Un objet remis à titre de gage peut être saisi-arrêté ; mais le saisissant ne pourra se faire payer sur le prix qu'après avoir désintéressé le créancier gagiste qui détient le gage (Cass. 31 janv. 1832 ; Paris, 20 août 1841 ; 30 mars 1842 ; Roger, n° 243).

57. Les valeurs remises à un agent de change à titre de couverture peuvent être saisies-arrêtées, tant qu'il n'y a pas eu arrêté de compte et que les opérations n'ont pas été liquidées entre l'agent de change et son client (Cass. 27 janv. 1852 ; Paris, 25 nov. 1858).

58. La loi a elle-même déclaré certaines choses insaisissables. Ainsi, sont insaisissables toutes les sommes dues à l'Etat, bien qu'elles soient exigibles (Arrêtés du 2 germ. an v et du 16 therm. an x); les biens des condamnés par contumace, tant qu'ils sont séquestrés (Poitiers, 7 août 1835).

59. La même insaisissabilité existe à l'égard des effets mobiliers de la liste civile et de la dotation de la couronne (Sénatus-consulte du 12 déc. 1852).

60. Les communes et les établissements publics ont aussi le privilége de ne pouvoir être poursuivis par voie de saisie-arrêt (Arrêté du 9 vent. an x ; Avis du Cons. d'Etat des 12 août 1807 et 11 mars 1813).—La voie administrative est seule permise.

61. Les revenus des fabriques d'églises, des consistoires protestants, ne peuvent être saisis-arrêtés (Dufour, *Droit administratif*, t. 5, n° 628).

62. Les créanciers d'un gouvernement étranger ne peuvent saisir-arrêter en France les sommes ou valeurs appartenant à ce gouvernement, par suite du principe de l'indépendance des Etats qui empêche qu'un gouvernement soit soumis pour les engagements qu'il contracte à la juridiction d'un état étranger (Cass. 22 janv. 1849).

63. Sont insaisissables les sommes dues par l'Etat aux entrepreneurs de travaux publics, si ce n'est pour créances provenant du salaire des ouvriers employés par les entrepreneurs, et pour sommes dues pour fournitures de matériaux servant à la construction des ouvrages (L. 27 pluv. an II), et cette insaisissabilité cesse après la réception définitive des travaux et l'expiration du délai de garantie.

64. La loi du 26 pluv. an II n'ayant trait qu'aux travaux faits pour le compte de l'Etat, il suit qu'elle ne s'applique pas aux travaux faits pour le compte des communes (Cass. 18 janv. 1854), des compagnies de chemin de fer, ni même des départements (Bordeaux, 30 nov. 1858 ; Poitiers, 8 mars 1859 ; Cass. 9 août 1859), ni de la couronne (Cass. 6 déc. 1959).

65. Les traitements et pensions dus par l'Etat ne sont saisissables, d'après l'art. 580, C.P.C., que pour la portion déterminée par les lois ou par les règlements et ordonnances.

66. Les traitements des fonctionnaires publics et employés civils sont saisissables jusqu'à concurrence du cinquième sur les premiers mille francs et sur toutes les sommes au-dessous, du quart sur les cinq mille francs suivants, et du tiers sur la portion excédant 6,000 fr., à quelque somme qu'elle s'élève (L. 21 vent. an IX). — Sont considérés comme fonctionnaires ou employés civils : les instituteurs communaux (Déc. cons. de l'inst. publ., 20 juin 1835 et 9 janv. 1836) ; les employés des octrois (Ord. 9 déc. 1814) ; les officiers de la garde nationale (Bordeaux, 31 mai 1826) ; les secrétaires de mairie (Roger, n° 277) ; les médecins et chirurgiens attachés aux hospices civils (Orléans, 24 déc. 1856) ; les percepteurs des contributions et les receveurs des hospices ou des communes (Inst. génér. 13 juin 1810) ; les employés civils à la suite des armées (Roger, n° 299) ; les membres de l'Institut, relativement à leur traitement et à leur droit de présence (L. 25 mess. an IV ; Ord. 21 mars 1816, art. 23).

67. Sont insaisissables pour la totalité : les traitements des agents diplomatiques (Avis Cons. d'Etat, 25 nov. 1810) ; les sommes allouées : aux agents consulaires pour frais d'établissement (Déc. du Minis. des fin., 29 sept. 1849), aux conducteurs et aux piqueurs des ponts et chaussées pour frais de déplacement et de découcher, aux agents des bâtiments civils et aux géomètres en Algérie pour indemnité de déplacement et de tournées, aux médecins coloniaux en Algérie pour remboursement du prix des médicaments distribués gratuitement aux indigents (Déc. du Min. des fin., 9 mai 1855), aux commissaires de police à titre de frais de tournées ou de bureau (Lettre du Min. des fin., 2 mars 1855), aux conservateurs et inspecteurs des forêts à titre de frais de tournées et de gratification (Déc. 22 oct. 1811 ; 21 fév. 1853), aux directeurs des fermes-écoles pour frais de nourriture, blanchissage, médicaments laissés à leur charge, et pour l'entretien du trousseau des élèves (Déc. 3 juin 1851), aux directeurs des contributions directes pour frais de bureau et confection des matrices cadastrales (Déc. 22 janv. 1838), aux inspecteurs et recteurs d'académie et autres fonctionnaires pour frais de tournées ou missions (Règl. 16 déc. 1841, art. 98 ; Règl. 1845, art. 114), et aux vérificateurs et contrôleurs d'armes de la garde nationale à titre d'indemnité pour frais de tournées (Arr. min. 17 janv. 1845).

68. Sont insaisissables pour la totalité les traitements ecclésiastiques (Arr. des Consuls du 18 niv. an XI). Il en est de même de ceux des ministres protestants (Arr. du 15 germ. an XII), et, par analogie, de ceux des ministres du culte israélite (Roger, n° 288). — En doit-il être de même du casuel, des revenus et biens de la cure? C'est là une question controversée. Pour l'insaisissabilité, V. Dumesnil, *Législ. du Très. publ.*, n° 102 ; — en sens contraire, Roger, n° 289.

69. Les traitements des membres des grands Corps de l'Etat, le Sénat, le Corps législatif, le Conseil d'Etat, sont saisissables dans la mesure fixée par la loi du 21 vent. an IX, nonobstant le décret du 10-16 juill. 1848 qui déclarait insaisissables ceux des représentants du peuple, et le décret du 24 mars 1852 qui frappait d'insaisissabilité les dotations que le chef de l'Etat pouvait accorder aux Sénateurs : ces deux décrets se trouvant abrogés par deux lois postérieures, par la loi du 15 mars 1849, art. 97, et par le Sénatus-consulte du 25 déc. 1852 (Roger, n° 282).

70. Les traitements des militaires ne sont saisissables que pour un cinquième ; les premiers 600 fr. restent complétement insaisissables. Les armes, chevaux et uniformes d'ordonnance, livres et instruments de service sont entièrement insaisissables (L. 8-10 juill. 1791 ; L. 19 pluv. anIII). — Cependant le ministre de la guerre peut prescrire sur la solde des officiers ou employés militaires de terre ou de mer, une retenue pour aliments, en faveur de la femme et des enfants (Ord. 25 juill. 1839; 22 juin 1847) ; et alors, cette retenue porte sur la partie insaisissable du traitement, en sorte que le cinquième reste toujours saisissable par les créanciers.

71. La solde des sous-officiers et soldats est pour le tout insaisissable ; il en est de même de la solde des cent-gardes qui, aux termes du décret du 24 mars 1854, ne sont pas officiers (Trib. civ. de la Seine, 14 mars 1857: *J. Huiss.*, t. 38, p. 121, et *Bull. spéc. des Huiss.*, t. 13, p. 138).

72. Les gages et salaires des matelots sont pour la totalité insaisissables, sauf pour loyers de maisons, subsistances ou hardes (Ord. du 7 nov. 1745 et du 17 juill. 1816; Cass. 13 fév. 1854: *J. Huiss.*, t. 35, p. 85). Il en est de même des parts de prise des matelots. Mais les gages et salaires des capitaines de navires sont saisissables ; ils ne peuvent profiter de la faveur accordée aux matelots (Douai, 3 juin 1829 : *J. Huis.*, t. 11, p. 20).

73. L'insaisissabilité partielle ou totale des traitements civils ou militaires cesse à partir du décès du titulaire (Arr. du 7 therm. an X ; Roger, n° 301).

74. Par une jurisprudence fondée en équité plutôt qu'en droit strict,

les tribunaux permettent aujourd'hui à la femme d'un employé de saisir-
arrêter le traitement de celui-ci pour cause d'aliments, même au delà de
la portion légalement saisissable, restreignant ainsi les règles de l'insaisissabilité aux créanciers ordinaires seulement (Toulouse, 18 janv. 1840 ;
Paris, 18 août 1842 ; Trib. civ. de la Seine, 23 sept. 1859 : *J. Huiss.*,
t. 40, p 324 ; Chauveau, *quest.* 1990 *ter* ; Roger, n° 301).

75. Sont entièrement saisissables les traitements des employés dans les
établissements particuliers, tels sont ceux des employés de chemins de fer
(Douai, 13 mai 1853 : *J. Huiss.*, t. 35, p. 298 ; Trib. civ. de la Seine, 19
avril 1855 : t. 36, p.218 ; Bordeaux, 17 mars 1858 : t. 39. p. 196); — des
acteurs dramatiques (Roger, n° 303).

76. ... Et même les salaires des ouvriers et domestiques, quoique, à
raison de leur modicité, ils puissent présenter un caractère alimentaire
(Cass. [Belgique], 27 déc. 1857 : *J. Huiss.*, t. 39, p. 206 ; Roger, n° 304).

77. Sont également saisissables les pensions de retraite accordées par
les établissements privés à leurs anciens employés (Lyon, 13 mai 1839 ;
Roger, n° 313 *bis*; Debelleyme, t. 2, p. 218).

78. Cependant, la jurisprudence, en s'appuyant sur l'art. 1244, C.Nap.,
qui autorise les juges à accorder des délais modérés pour le paiement et à
suspendre même l'exécution des poursuites, ne permet pas de saisir la totalité des traitements des employés particuliers et des salaires des ouvriers
et réduit les effets de la saisie-arrêt à la somme qu'exige la situation du
débiteur. Cette réserve rendue ainsi insaisissable par les tribunaux a été,
suivant les cas, des deux cinquièmes, du tiers, du quart, du cinquième
des appointements (Paris, 29 juill. 1811 ; Trib. civ. de la Seine, 27 mars
1828 ; 18 déc. 1840 ; 22 juill. 1841 ; 18 août 1842 ; Paris, 25 oct. 1843 ;
Debelleyme, t. 2, p. 215 ; Roger, n° 303).

79. Les sommes allouées par les hospices aux nourrices des enfants
trouvés ont été déclarées insaisissables par la jurisprudence (Cass. 28 janv.
1850 : *J. Huiss.*, t. 31, p. 129).

80. Les pensions civiles, depuis la loi du 9 juin 1853, art. 26, ne
peuvent être saisies que jusqu'à concurrence d'un cinquième pour débet
envers l'Etat, ou pour créances privilégiées, aux termes de l'art. 2101,
C. Nap., et d'un tiers dans les circonstances prévues par les art. 203, 205,
206, 207 et 214, même Code.

81. Les pensions de l'ancienne caisse de vétérance réunies aux indemnités viagères de retraite des agents de la dernière liste civile sont saisissables jusqu'à concurrence de moitié dans les cas prévus par les art. 203,
205, 206, 207 et 214, C. Nap. (Circ. minist. 10 mars 1857).

82. Les pensions des militaires des armées de terre ou de mer sont insaisissables, sauf pour débet envers l'Etat et dans les cas prévus par les art.
203 et 205, C. Nap., où elles deviennent saisissables dans la mesure du
cinquième pour cause de débet, et du tiers pour aliments (L. 11 et 18 avril
1831).

83. Sont encore insaisissables, même pour créances alimentaires, la
pension de retraite des Invalides (Trib. civ. de la Seine, 15 avril 1847 :
J. Huiss., t. 28, p. 203; Paris, 26 juill. 1847) ; le traitement des
membres de la Légion d'honneur (Avis Cons. d'Etat, 23 janv. – 2 fév.
1808) ; la rente viagère attachée à la médaille militaire (Décr. 29 fév.
1852, art. 3) ; les pensions allouées à l'occasion des journées de juin 1848
(L. 13 juin 1850, art. 9) ; et les secours accordés aux réfugiés (Roger,
n° 313).

84. Les rentes viagères servies par la caisse de retraite pour la vieillesse sont insaisissables jusqu'à concurrence de 360 fr. (L. 18 juin 1850,
art. 5).

85. Les rentes sur l'Etat sont insaisissables pour le capital et les arrérages (L. 8 niv. an VI, art. 4; L. 22 flor. an VII, art. 6 ; Arr. du minist. des fin., 28 août 1836 ; Cons. d'Etat, 19 nov. 1839). Par application de ce principe, les créanciers d'une succession même bénéficiaire n'ont pas le droit de saisir les rentes dépendant de la succession ou d'empêcher qu'elles soient immatriculées au nom des héritiers (Paris, 14 avril 1849; Debelleyme, t. 2, p. 206 ; Roger, n° 315).

86. Cependant, le jugement déclaratif de faillite, en dessaisissant le saisi de l'administration de ses biens, permet au syndic de retenir dans la masse à partager un titre de rente appartenant au failli et de l'aliéner valablement (Cass. 8 mars 1859 ; Roger, n°. 315 *bis*. — *Contrà* Cass. 8 mai 1854).

87. Les rentes sur l'Etat sont insaisissables même pour aliments (Paris, 22 janv. 1847).

88. Mais les sommes déposées à la caisse d'épargne sont saisissables (L. 5 juin 1835, art. 11).

89. Les valeurs contenues dans des lettres confiées à la poste sont, comme ces lettres, insaisissables, alors même qu'elles auraient été déclarées (Ord. de référé [Paris], 20 juin 1858 ; Roger, n° 322). Mais il en est autrement des mandats délivrés par la poste (Roger, *loc. cit.*).

90. Les sommes versées en compte courant dans les banques autorisées sont insaisissables (L. 24 germ. an XI, art. 33). — Même décision à l'égard des comptes courants des comptables publics (Roger, n° 224). Enfin, plus généralement, il en est de même de tous les comptes courants et crédits ouverts entre particuliers ; ils ne peuvent être saisis ni par les créanciers du créditeur ni par ceux du crédité (Paris, 27 janv. 1855 ; Roger, n° 224 *bis*).

91. Les revenus des majorats sont insaisissables, sauf pour les dettes déclarées privilégiées par les art. 2101 et 2103, n°s 4 et 5, C. Nap., et jusqu'à concurrence de la moitié seulement (Déc. 1er mars 1808, art. 52 et 53).

92. Les provisions alimentaires adjugées par justice sont insaisissables, si ce n'est pour cause d'aliments (C.P.C. art. 581 et 582). Et il n'y a pas à distinguer entre les créances alimentaires antérieures ou postérieures au jugement (Roger, n° 342 ; Chauveau, *quest.* 1986 *quater* ; Duranton, t. 2, n° 393). Le mot *aliments* comprend tout ce qui est nécessaire à la vie, tel que vêtements, logement, médicaments, visites de médecin (Roger, n° 344).

93. Les sommes accordées à une veuve pour ses frais de deuil, ayant le caractère de provision alimentaire, ne sont pas saisissables (Toulouse, 20 juill. 1822 : *J. Huiss.*, t. 4, p. 192).

94. Sont insaisissables les sommes et objets donnés ou légués avec condition d'insaisissabilité, par suite du principe qu'un donateur ou testateur est libre d'apposer à sa libéralité toutes les conditions que bon lui semble (C.P.C., art. 581, n° 3).

95. Mais cette insaisissabilité n'est pas absolue et n'existe qu'à l'égard des créanciers du légataire ou donataire antérieures à la libéralité. Les créanciers postérieurs ont donc le droit de saisir, mais en vertu de la permission du juge et pour la portion qu'il déterminera (C.P.C., art. 582) ; peu importe alors la cause de la saisie-arrêt.

96. Cependant, les créanciers pour cause d'aliments peuvent saisir en totalité les sommes ou objets donnés ou légués, sans considération de la date de leur créance et sans permission du juge (Liége, 14 août 1856 ; Roger, n° 353).

97. Sont insaisissables les sommes et pensions pour aliments, encore que le testament ou l'acte de donation ne les déclare pas insaisissables (C. P.C., art. 581); et ce sont les tribunaux qui apprécient souverainement si la somme ou la pension a été donnée ou léguée à titre d'aliments (Roger, n° 359).

98. L'avoué, qui a occupé dans une instance tendant à obtenir une pension alimentaire, ne peut saisir-arrêter les arrérages de cette pension, même pour le remboursement des frais dont il a fait l'avance (Paris, 8 juill. 1836 : *J. Huiss.*, t. 18, p. 206; Roger, n° 347).

99. La rente viagère n'a pas par elle-même le caractère de pension alimentaire, et par suite est saisissable (Pothier, *Contrat de rente*, n° 252; Roger, n° 358); par suite, la rente viagère, constituée comme supplément de prix d'une vente d'immeubles, doit être réputée stipulée à titre onéreux, et peut être saisissable (Toulouse, 30 nov. 1853 : *J. Huiss.*, t. 35, p. 85).

100. L'insaisissabilité des pensions alimentaires s'étend non-seulement aux arrérages à échoir, mais encore aux arrérages échus (Cass. 27 avril 1824; Roger, n° 360). Mais ces arrérages deviennent saisissables après la mort du rentier.

101. Quant aux pensions alimentaires accordées par la justice, elles sont saisissables seulement pour cause d'aliments, lorsqu'elles sont adjugées provisoirement; quand elles sont adjugées définitivement, elles sont saisissables par tous les créanciers postérieurs au jugement, en vertu de la permission du juge et pour la portion qu'il déterminera (Cass. 13 déc. 1827; Rouen, 9 avril 1850; Roger, n° 341; Chauveau, *quest.* 1986 *bis*; Debelleyme, t. 2, p. 218; Duranton, t. 2, p., 426).

102. La permission du juge, en vertu de laquelle la saisie-arrêt des sommes déclarées insaisissables par le testateur ou donateur peut avoir lieu, ne peut être donnée rétroactivement par le tribunal sur la demande en validité ou en mainlevée de ladite saisie (Trib. civ. de la Seine, 28 déc. 1853 : *J. Huiss.*, t. 35, p. 56).

103. Lorsque la saisie-arrêt a pour cause une dette d'aliments, les pensions alimentaires peuvent alors, comme les provisions alimentaires, être saisies, quelle que soit la date de la créance, sans permission du juge et sans limitation de quotité saisissable (Liége, 14 août 1856 : *J. Huiss.*, t. 38, p. 246; Carré, *quest.* 1989; Debelleyme, t. 2, p. 219; Roger, n° 353).

104. Quand la saisie d'une pension alimentaire est autorisée par le juge, elle ne peut l'être que pour une portion; il ne lui est pas permis de l'autoriser pour la totalité (Cass. 18 avril 1836; Roger, n° 165 *bis*; Carré et Chauveau, *quest.* 1980).

105. La permission du juge est demandée par requête; celle donnée à un créancier ne profite pas aux autres; et si elle est accordée à plusieurs créanciers, la portion saisie se partage par contribution.

ART. V. — Procédure.

§ 1er. — *Exploit de saisie-arrêt. — Ses effets.*

106. *Formalités.* — Les formalités de l'exploit de saisie-arrêt sont toutes prescrites à peine de nullité (C. P. C., art. 559). Il n'y a pas à distinguer entre les formalités communes à tous les exploits et celles qui sont spéciales à l'exploit de saisie-arrêt.

107. Cependant, la nullité ne peut être invoquée que par celui en faveur de qui les formalités ont été établies. Ainsi, le saisi peut faire valoir toute inobservation des formes prescrites par l'art. 559, C.P.C., tandis que l'inobservation des formalités prescrites par les art. 559 et 560 dans l'intérêt du tiers saisi seul ne peut être invoquée que par ce dernier (Roger, n° 382).

108. Tout exploit de saisie-arrêt, outre les formalités ordinaires des exploits, doit contenir : 1° l'énonciation du titre en vertu duquel la saisie-arrêt est faite, ou de l'ordonnance qui l'autorise, si elle a lieu en vertu de la permission du juge, et il doit alors être donné copie de l'ordonnance en tête de l'exploit ; 2° l'énonciation de la somme pour laquelle la saisie est faite, et, si la créance n'est pas liquidée, l'évaluation provisoire par le juge ; 3° une élection de domicile dans le lieu où demeure le tiers saisi, si le saisissant n'y demeure pas (C.P.C., art. 559). — V. *Formule* 2.

109. La loi exige l'énonciation et non la copie du titre. Il faut cependant que cette énonciation soit suffisante pour que les intéressés ne puissent se tromper sur l'acte en vertu duquel est faite la poursuite. L'erreur sur la date de ce titre n'annule pas la saisie, surtout lorsque la partie saisie n'a pu se méprendre sur ce titre (Bruxelles, 13 juin 1815 ; Cass. 6 août 1824 ; Roger, n° 396).

110. La somme pour laquelle on saisit doit être indiquée, à tel point que la copie du titre ou de l'ordonnance ne dispense pas de cette indication, le saisissant pouvant vouloir saisir pour des valeurs moindres que celle indiquées dans son titre (Roger, n° 392).

111. Si la saisie a été pratiquée pour une somme supérieure à celle due par le saisi, elle ne peut pour cela être déclarée nulle ; mais les effets en sont réductibles à la somme due (Bordeaux, 13 août 1835).

112. Par énonciation de somme il ne faut pas entendre une mention numérique et monétaire des causes de la saisie. Ainsi, en matière de grains et denrées, il suffit d'en indiquer la quantité et la nature. Mais alors la liquidation en argent, qui n'est pas nécessaire dans l'exploit de saisie, devra être faite avant la dénonciation de la saisie au débiteur (C.P.C., art. 551 ; Chauveau, *quest.* 1936 *bis*).

113. Si la somme due est liquide en argent, il n'est pas toujours besoin d'en indiquer le chiffre ; il suffit que ce chiffre puisse être facilement déterminé ; par exemple, à l'égard des arrérages de rentes, on peut indiquer seulement le nombre des termes échus (Roger, n° 389).

114. La signification des titres en vertu desquels la saisie-arrêt est formée n'est pas nécessaire à sa validité (Toulouse , 24 déc. 1842 : *J. Huiss.*, t. 24, p. 183).

115. L'élection de domicile par le saisissant doit être faite dans la commune même qu'habite le tiers saisi (Carré, *quest.* 1936 ; Roger, n° 399). L'Etat et les administrations publiques, telles que celles de l'enregistrement et des contributions directes, sont soumis à la même obligation (Chauveau, *loc. cit.*).

116. L'élection de domicile ne dispense pas le saisissant d'indiquer, dans l'exploit de saisie, son domicile réel (Colmar, 27 juill. 1829 ; Roger, n° 401).

117. L'exploit de saisie-arrêt doit être remis au tiers saisi lui-même, ou à son domicile, et est soumis aux règles générales sur la remise des exploits. — V. *Exploit*, n°s 319 et suiv. — Ainsi, est nul l'exploit signifié au domicile du mandataire du tiers saisi (Paris, 18 juin 1810 ; Roger, n° 404 ; Chauveau, *quest.* 1939).

118. La saisie-arrêt formée sur les appointements d'un employé de théâtre doit être formée entre les mains du directeur et non entre les mains du caissier (Paris , 18 juin 1831 : *J. Huiss.*, t. 13, p. 52 ; Carré et Chauveau, *quest.* 1939).

119. La saisie-arrêt entre les mains de personnes non demeurant en France sur le continent ne pourra être faite au domicile des procureurs impériaux ; elle devra être signifiée à personne ou à domicile (C.P.C., art. 560) ; c'est afin d'éviter que le tiers saisi, ignorant la saisie, ne paye avant l'arrivée de la copie et ne soit ainsi obligé de payer deux fois.

120 A l'égard des formes de l'exploit de saisie-arrêt signifié hors de la France continentale, on suit la règle *locus regit actum*, et il suffit que cet exploit soit revêtu des formalités prescrites dans le pays où il sera signifié (Roger, n° 410).

121. Le mode de signification prescrit par l'art. 560, C.P.C., ayant uniquement pour but d'assurer, à l'égard du tiers saisi, la connaissance de la saisie, celui-ci pourra refuser de payer le saisi, quoique l'exploit de saisie lui soit irrégulièrement signifié (Roger, n° 408 *bis*. — *Contrà* Chauveau, *quest.* 1940 *bis*).

122. En l'absence de toute prescription du Code de procédure civile à cet égard, il n'est pas nécessaire que l'exploit de saisie-arrêt indique l'heure de la signification, malgré l'utilité qu'aurait cette mention, en cas de concurrence entre plusieurs saisissants ou cessionnaires (Bordeaux, 15 juin 1827 ; Roger, n° 411 *bis*).

123. Dans la pensée d'empêcher les saisies-arrêts formées au nom des créanciers inconnus ou n'existant pas, la loi oblige l'huissier, s'il en est requis (V. *Formule* 5), à justifier de l'existence du saisissant, à peine d'interdiction et de dommages et intérêts (C P.C., art. 562) ; de là il résulte que l'huissier a le droit d'exiger que la personne, qui le charge de saisir, justifie de son identité (Roger, n° 426) — V. *Formule* 1.

124. Mais l'huissier n'a pas besoin d'exhiber un pouvoir spécial pour opérer la saisie. La simple remise des pièces suffira (Roger, n° 425 ; Carré et Chauveau, *quest.* 1944).

125. *Effets.*—L'effet de la saisie-arrêt est de mettre les objets ou les sommes saisies sous la main de la justice, de les frapper d'indisponibilité et d'en empêcher le paiement de la part du tiers saisi aussi bien que le transport par le saisi. Le paiement, dit l'art. 1242, C. Nap., fait par le débiteur à son créancier au préjudice d'une saisie, n'est pas valable à l'égard des créanciers saisissants ; ceux-ci peuvent le contraindre à payer de nouveau, sauf son recours contre le créancier.

126. Il en est ainsi quel que soit le titre auquel le tiers saisi doit l'objet ou les sommes saisies, fût-ce même à titre de dépôt (C. Nap., art. 1944).

127. Le tiers saisi, qui paie au mépris de la saisie-arrêt, est obligé de payer deux fois, alors même qu'il aurait agi de bonne foi. Jugé que le maître, entre les mains duquel une saisie-arrêt a été formée sur les gages qu'il doit ou pourra devoir à son domestique, est tenu, lorsqu'il continue à les lui payer, encore qu'il ait agi de bonne foi, de restituer au saisissant tout ce qu'il a remis à son domestique, sauf son recours contre ce dernier (Trib. civ. de la Seine, 6 déc. 1856 : *J. Huiss.*, t. 37, p. 164, et *Bull. spéc. des Huiss.*, t. 13, p. 72).

128. Cependant, le tiers saisi qui, malgré l'opposition, a payé un créancier autre que le saisissant, n'est pas tenu de payer deux fois, si la créance de celui qu'il a payé était préférable à celle du saisissant (Cass. 29 déc. 1841 ; Roger, n° 427).

129. Les paiements faits par le tiers saisi, au préjudice d'une saisie-arrêt, ne rendent pas ce tiers saisi débiteur personnel du saisissant ; ils n'emportent pas novation dans la créance de ce dernier (Cass. 8 nov. 1847 : *Bull. spéc. des Huiss.*, t. 5, p. 147).

130. La saisie-arrêt ne frappe d'indisponibilité qu'une somme égale à la créance pour laquelle elle est faite, et le tiers saisi paie valablement au saisi l'excédant de la somme arrêtée (Caen, 17 fév. 1846 : *J. Huiss.*, t. 30, p. 332, et *Bull. spéc. des Huiss.*, t. 2, p. 332 ; Roger, n° 428).

Cette décision ne souffre aucune difficulté lorsqu'il ne survient pas d'autres saisies.

131. Mais si, après le paiement de cet excédant, et avant la mainlevée de la première saisie, il survient de nouvelles oppositions, il semble, en combinant le principe que la saisie-arrêt n'affecte pas les sommes saisies au désintéressement exclusif du premier saisissant et que les autres créanciers saisissants ont le droit de concourir avec lui, et cet autre principe (C. Nap., art. 1242) que le tiers saisi ne peut payer au détriment du saisissant, qu'on devrait décider que le premier saisissant pourra contraindre le tiers saisi à lui payer la différence entre ce qu'il touche dans la distribution entre lui et les créanciers postérieurs et ce qu'il aurait reçu s'il n'avait point été fait de paiement au saisi (Bourges, 3 fév. 1836 : *J. Huiss.*, t. 17, p. 115 ; Roger, n° 428).

132. Cependant, il a été décidé que les premiers saisissants doivent obtenir toute la part que la distribution leur aurait attribuée dans la somme entière originairement saisie, et que les nouveaux opposants ne peuvent se partager entre eux que le surplus des sommes restant après ce prélèvement (Caen, 17 fév. 1846 : *J. Huiss.*, t. 30, p. 332, et *Bull. spéc. des Huiss.*, t. 2, p. 333. — *Contrà* Toulouse, 7 déc. 1838). Ce système a en sa faveur l'équité, qui ne veut pas que le créancier diligent souffre de la négligence de ses co-créanciers, et surtout une grande utilité pratique en empêchant que des sommes considérables soient pour leur totalité frappées d'indisponibilité par des saisies-arrêts d'une très-faible importance.

133. Les sommes et objets saisis étant frappés d'indisponibilité, il suit que le saisi ne peut en faire remise au tiers saisi (Roger, n° 435). Il en serait autrement de l'espèce de remise forcée résultant d'un concordat qui aurait été accordé au tiers saisi tombé en faillite.

134. Il suit encore que le tiers saisi n'a plus le droit de nover sa dette, sauf le cas où la nouvelle obligation aurait pour objet une somme égale à celle de la première (Cass. 10 janv. 1859).

135. Il suit encore que le saisi ne peut transporter postérieurement à l'opposition les sommes arrêtées. Si donc le tiers-saisi payait au cessionnaire de la créance, il devrait payer deux fois (Roger, n° 437).

136. Mais le transport d'une créance frappée de saisie-arrêt est valable pour tout ce qui excède les causes de l'opposition. Toutefois, le cessionnaire est tenu d'indemniser le créancier qui a formé opposition avant la signification de transport, si, par l'effet d'une distribution au marc le franc, celui-ci touche une somme moindre que celle pour laquelle il avait formé opposition (Cass. 20 fév. 1834 : *J. Huiss.*, t. 17, p. 117 et 145 ; 22 juin 1837 : t. 19, p. 156 ; Paris, 30 mai 1835 : t. 17, p. 120 ; 9 fév. 1837 : t. 19, p. 155).

137. Jugé cependant que les sommes excédant les causes de la saisie peuvent être l'objet d'un transport valable qui saisit le cessionnaire à l'égard des saisissants postérieurs dont les nouvelles oppositions ne peuvent préjudicier au droit exclusif du premier saisissant, ni au droit du cessionnaire (Trib. civ. de la Seine, 27 nov. 1852 : *Bull. spéc. des Huiss.*, t. 9, p. 78 ; Orléans, 11 mai 1859 : t. 15, p. 265, et *J. Huiss.*, t. 40, p. 328).

138. La saisie-arrêt signifiée mettant obstacle au paiement par le tiers saisi, et la compensation étant une espèce de paiement, il suit que l'opposition empêche la compensation de la dette du tiers saisi avec la créance qu'il pourrait acquérir sur le saisi postérieurement à la saisie-arrêt (C. Nap., art. 1298). Il en serait autrement de la compensation opérée avant la saisie (Cass. 14 août 1809).

139. Le tiers saisi, qui veut se libérer, peut le faire au moyen des offres réelles et de la consignation (C.P.C., art. 817). Il y aura même intérêt, car il a été jugé que l'acquéreur d'une chose qui produit des intérêts ou des revenus n'est pas dispensé de payer les intérêts de son prix sous prétexte que des saisies-arrêts ont été formées entre ses mains (Rennes, 24 fév. 1818; Troplong, *Vente*, t. 2, p. 611 ; Roger, n° 430). — Jugé encore que la saisie-arrêt, même valable et fondée, ne dépossède pas le débiteur saisitant qu'un jugement n'a pas ordonné que le tiers saisi viderait ses mains dans celles du saisissant, et que, par conséquent, la partie saisie conserve, malgré la saisie-arrêt, ses droits et sa liberté d'action contre le tiers saisi, qui ne peut se soustraire aux poursuites dirigées contre lui qu'en consignant la somme dont il est débiteur (Limoges, 4 fév. 1847).

140. La procédure d'offres doit être dirigée contre le saisi, mais en mettant en cause les saisissants (Cass. 24 janv. 1828; 24 janv. 1853; Roger, n° 431 ; Chauveau, *quest.* 1952 *bis*).

141. La saisie des arrérages d'une rente perpétuelle n'empêche pas de rembourser ou de transporter le capital, pourvu toutefois que ce capital reste entre les mains du tiers saisi jusqu'à ce qu'il ait produit des arrérages suffisants pour désintéresser le saisissant (Roger, n° 447. — *Contrà* Liége, 18 déc. 1819 ; Thomine-Desmazures, t. 2, p. 57).

142. Le saisissant, agissant au nom de son débiteur, le saisi, il suit que la saisie-arrêt interrompt la prescription qui courait en faveur du tiers saisi contre le saisi (Rennes, 22 avril 1839 : *J. Huiss.*, t. 20, p. 268 ; Toulouse, 24 déc. 1842 : t. 24, p. 183 ; Riom, 4 mars 1847 : *Bull. spéc. des Huiss.*, t. 3, p. 274 ; Roger, n° 451.)

143. Mais l'exploit de saisie-arrêt ne fait pas produire des intérêts aux sommes saisies (Cass. 25 fév. 1846).

§ 2. — *Dénonciation de la saisie au saisi.*

144. Dans la huitaine de la saisie-arrêt, outre un jour par cinq [et non trois] myriamètres de distance entre le domicile du tiers saisi et celui du saisissant, et un jour par cinq [et non trois] myriamètres de distance entre le domicile de ce dernier et celui du débiteur saisi, le saisissant est tenu de dénoncer la saisie-arrêt au débiteur saisi et de l'assigner en validité (C.P.C., art. 563 et 1033 nouv.)

145. Cette dénonciation se fait par la remise au saisi de la copie de l'exploit laissé au tiers saisi. Cette copie n'a pas besoin d'être textuelle, il suffit qu'elle fasse connaître le titre et la somme pour laquelle on a saisi (Roger, n° 453). Mais cette dénonciation est soumise aux formalités communes à tous les exploits.—V. *Formule* 3.

146. La huitaine prescrite par l'art. 563, C.P.C., n'est pas franche ; mais le jour où la saisie a été faite ne compte pas. Ainsi, une opposition formée le 1er juin, devra être dénoncée le 9 au plus tard (Toulouse, 22 mars 1827 ; Carré, *quest.* 1945 ; Debelleyme, t. 2, p. 229). Le délai ne doit pas être augmenté d'un jour, si le huitième se trouve férié (Cass. 27 fév. 1824).

147. La distance complète de cinq myriamètres donne seule lieu à une augmentation d'un jour de délai ; les fractions qui s'y ajoutent ne prolongent pas ce délai (Cass. 14 août 1840 ; Rouen, 31 déc. 1858. — *Contrà* Cass. 19 juill. 1826 ; Nîmes, 7 fév. 1849.; Roger, n° 159; Carré et Chauveau, *quest.* 1945 *ter*; Troplong, *Hypoth.*, t. 4, n° 936).

148. Lorsque le saisi ou le tiers saisi est domicilié hors de France, le délai se calcule, par analogie, d'après les règles posées dans l'art. 73, C.P.C.

149. La dénonciation doit-être faite au saisi lui-même et par le saïsissant. Si l'opposition est formée par le créancier d'une personne défunte, elle doit être dénoncée à tous les héritiers (Cass. 16 fév. 1858).

150. Les effets de la dénonciation de la saisie-arrêt sont : 1° d'inter-rompre la prescription qui pouvait courir contre le saisissant en faveur du saisi (Troplong, *Prescript.*, n° 570 ; Roger, n° 473.—*Contrà* Bordeaux, 13 mars 1828);—2° de constituer un acte d'exécution dans le sens de l'art. 156, C.P.C., par lequel le saisi a dû connaître l'exécution du jugement par défaut de manière à ne plus avoir droit d'y former opposition (Nîmes, 27 août 1809 ; Paris, 15 fév. 1825; Trib. civ. de la Seine, 10 avril 1832; Cass. 5 déc. 1838.—*Contrà* Roger, n° 478).

§ 3. — *Assignation en validité.*

151. Outre la dénonciation, le saisissant doit, dans le même délai de huitaine, assigner le saisi à fin de validité de la saisie (C.P.C., art. 563; Cass. 4 fév. 1834). Cette assignation en validité se fait ordinairement par le même acte que la dénonciation.

152. Quel que soit le nombre de personnes entre les mains de qui l'on a formé saisie-arrêt, une seule assignation en validité doit être faite au saisi (Bruxelles, 13 mai 1830).

153. L'exploit d'assignation est soumis aux formalités générales des exploits. Il doit donc indiquer le domicile réel du saisissant (Colmar, 27 juill. 1829). Il doit contenir constitution d'avoué, sauf à l'égard de la régie qui en est dispensée (L.L. 22 frim. an VII, art. 65 ; 27 vent. an IX, art. 17).

154. La demande en validité de saisie est dispensée du préliminaire de conciliation, lors même qu'elle comprend une demande en reconnais-sance du titre de la saisie et en condamnation de la somme due (C.P.C., art. 567 ; Cass. 17 juill. 1834; Douai, 9 mai 1853).

155. Les conclusions de la demande en validité doivent tendre, dans le cas où il n'existe pas de titre exécutoire, à ce que le tribunal condamne le débiteur à payer ce qui est dû ; s'il existe un titre exécutoire, à ce qu'il soit ordonné au tiers saisi de payer entre les mains du saisissant (Roger, n° 467 *bis*).

156. La compétence d'un tribunal étant souvent difficile à fixer, il suit que l'assignation en validité signifiée dans la huitaine suffit pour le maintien de la saisie, lors même qu'elle serait donnée devant un tribunal incompétent, sauf à assigner en validité de nouveau devant le tribunal compétent (Roger, n° 467).

157. La saisie-arrêt qui n'est pas suivie d'une demande en validité est nulle, et doit être considérée comme non avenue, sans qu'il soit né-cessaire de mettre en cause le saisissant (Rennes, 17 juin 1820 ; 17 juin 1824 ; Chauveau, *quest.* 1949).

158. Le tiers saisi peut payer valablement le saisi, si le délai de hui-taine depuis l'opposition s'est écoulé sans demande en validité, et il en sera averti par le défaut de contre-dénonciation dans le délai de huitaine, à partir de l'expiration du délai où aurait dû être formée la demande en validité.

§ 4. — *Contre-dénonciation au tiers saisi.*

159. Dans un délai de huitaine, outre celui en raison des distances, à compter du jour de la demande en validité, cette demande sera dénoncée à la requête du saisissant au tiers saisi (C.P.C., art. 564). Si la dénoncia-tion de la saisie et l'assignation en validité ont été faites par actes séparés, c'est du jour de la demande en validité et non de la dénonciation de la saisie que court ce délai (Carré et Chauveau, *quest.* 1946 *ter* ; Roger, n° 471).—V. *Formule* 4.

160. Cette contre-dénonciation consiste dans la copie entière de la demande en validité ; cette copie n'est donc pas frustratoire (Chauveau, *Comment. du tarif*, t. 2, p. 103).

161. Les effets du défaut de contre-dénonciation dans le délai légal sont de permettre au tiers saisi de ne faire aucune déclaration au saisissant (C.P.C., art. 564), et de valider tous les paiements faits par lui jusqu'à la dénonciation (art. 565).

162. Au contraire, les paiements que le tiers saisi ferait depuis la dénonciation qui lui aurait été faite de la demande en validité, seraient nuls, alors même que la contre-dénonciation serait tardive (Chauveau, *quest.* 1950 ; Roger, n° 485).

163. Le tiers saisi, et non le saisi, peut opposer le défaut de contre-dénonciation ; il peut l'opposer lorsque, ayant payé au saisi, il est poursuivi par le saisissant. Mais il ne semble pas que le saisi puisse immédiatement, dans le cas où la saisie n'a pas été contre-dénoncée, le contraindre à payer entre ses mains ; il doit préalablement faire déclarer nulle la saisie.

164. D'après l'art. 9 du décret du 18 août 1807, les dépositaires des deniers publics ne peuvent payer que du consentement des opposants ou après ordonnance de justice ; il en résulte que, à leur égard, la contre-dénonciation devient inutile (Roger, n° 488).

165. Dans les cas ordinaires, le tiers saisi n'est pas obligé d'attendre l'expiration du délai de contre-dénonciation, et peut consigner auparavant. Payer est pour lui un droit que rien ne peut paralyser.

§ 5. — *Tribunal compétent pour statuer sur la validité ou la demande en mainlevée de la saisie.*

166. Les tribunaux civils sont seuls compétents pour statuer sur la validité d'une saisie-arrêt. Sont incompétents à cet égard : 1° les tribunaux de commerce, même en matière commerciale et entre commerçants (Cass. 12 oct. 1814 ; 27 juin 1821 ; Limoges, 4 juin 1856 ; Carré et Chauveau, *quest.* 1953 ; Roger, n° 494) ;

167. 2° Les juges de paix, quelque minime que soit la créance pour laquelle la saisie a été formée (Rennes, 15 nov. 1831 ; Limoges, 4 juin 1856) ;

168. 3° Les présidents de tribunaux en audience de référé. En effet, leur ordonnance porterait forcément atteinte au principal et ne se bornerait pas à statuer provisoirement, puisqu'elle pourrait permettre au tiers saisi de vider ses mains au préjudice du saisissant (Paris, 3 oct. 1810 ; 10 mai 1848 ; 1er avril 1854 ; Orléans, 28 mars 1849 ; Debelleyme, t. 2, p. 223).

169. La demande en validité et la demande en mainlevée doivent être portées devant le tribunal du domicile du saisi (C. P. C., art. 567). S'il y a plusieurs défendeurs, la demande peut être portée au tribunal de l'un ou de l'autre (art. 59). Cependant, au cas d'élection de domicile, le tribunal du domicile élu sera compétent.

170. La demande en mainlevée, formée incidemment ou par action principale, est dispensée du préliminaire de conciliation (C.P.C., art. 49, n° 5).—V. *Formule* 6.

171. Le droit pour le saisi de porter sa demande en mainlevée devant le tribunal de son propre domicile étant une faveur que la loi lui accorde, il peut y renoncer et agir en mainlevée devant le tribunal du domicile du saisissant (Roger, n° 508 ; Chauveau, *quest.* 1956 *bis*).

172. La régie de l'enregistrement et des domaines peut, par exception, assigner en validité devant le tribunal du lieu où la contrainte a été décernée, et non devant celui du saisi (L. 22 frim. an vii, art. 64).

173. Le tribunal devant lequel des frais ont été faits par un officier ministériel est incompétent pour statuer sur la validité de la saisie-arrêt dont ces frais sont la cause. C'est le tribunal seul du débiteur saisi qui est compétent (Cass. 17 fév. 1817; Metz, 15 janv. 1857; Chauveau, *quest.* 1953; Roger, n° 510).

174. En matière de succession, avant le partage consommé, la demande en validité de saisie-arrêt doit être portée devant le tribunal du lieu où la succession s'est ouverte (Rennes, 10 janv. 1812). Mais après l'attribution et la prise de possession des lots, c'est le tribunal du domicile de chaque héritier saisi qui est compétent (Roger, n° 513).

175. En matière de saisie d'expéditions de navires, pratiquée sur le capitaine, le tribunal compétent est celui du lieu où le vaisseau est amarré, le capitaine ayant son domicile sur le vaisseau même (Rouen, 15 août 1819).

176. La connexité entre la demande en validité de saisie-arrêt et une autre instance dirigée contre le saisi devant un tribunal autre que celui de son domicile ne rend pas le tribunal saisi de cette instance compétent pour statuer sur la demande en validité. L'art. 567, C.P.C., est absolu (Roger, n° 511; *Contrà* Paris, 16 germ. an xi).

177. Lorsque la demande en mainlevée est formée, non par le saisi, mais par un tiers, le tribunal du domicile du saisissant devient alors le tribunal compétent en vertu de la règle générale *actor sequitur forum rei* (Roger, n° 515; Chauveau, *quest.* 1956).

178. Lorsque la saisie est faite par un Français sur un étranger, pour sommes dues en France, le tribunal compétent est celui du domicile du *tiers saisi*, par la raison que l'art. 567, C.P.C., devenant inapplicable, le saisi demeurant à l'étranger, on retombe sous la règle générale de l'art. 59, même Code (Roger, n° 520).

179. Lorsque la saisie est faite par un créancier étranger sur un débiteur français, le tribunal du domicile de ce dernier est compétent (C.P.C., art. 567).

180. Si la saisie est pratiquée par un étranger contre un étranger, sur des sommes dues en France, les tribunaux français, incompétents pour statuer sur le fond même de la contestation, sont compétents pour statuer sur la validité de la saisie, sauf à surseoir jusqu'au jugement du fond par le tribunal étranger (Liége, 21 fév. 1816; Paris, 18 avril 1846; 19 fév. 1850; 4 janv. 1856: Nouguier, *Trib. comm.*, t. 2, p. 423).

181. L'instance en validité de saisie est une instance ordinaire qui exige le ministère des avoués; elle ne doit pas être rangée d'une manière absolue parmi les causes sommaires (Paris, 25 mai 1808; Cass. 10 août 1829; Carré, *quest.* 1474; Roger, n° 529.— *Contrà* Bordeaux, 23 mars 1817).

182. Jugé que les tribunaux peuvent, avant de statuer définitivement sur le mérite de la saisie, permettre au saisi de toucher tout ou partie des sommes arrêtées, moyennant caution (Toulouse, 14 avril 1810).

183. Cette décision n'étant pas sans inconvénient pour le saisissant, obligé peut-être de plaider plus tard contre la caution, dans la pratique on agit de la manière suivante : La partie saisie cite le saisissant et le tiers saisi en référé devant le président du tribunal. Elle demande à ce magistrat à être autorisée à toucher le montant de la somme saisie, mais en laissant à la caisse des consignations des valeurs suffisantes pour assurer le paiement du montant des causes de l'opposition. Et pour empêcher que de nouvelles saisies ne viennent frapper ces valeurs et faire ouvrir une contribution entre le saisissant actuel et les saisissants nouveaux, elle consent, dès à présent, *transport et saisine* au saisissant jusqu'à concurrence de ce qui sera reconnu être dû à celui-ci. Le président rend ensuite une ordonnance conforme à cette demande (Roger, n° 530). — V. *Formule* 7.

184. Il s'élève, à l'occasion du jugement de validité de la saisie-arrêt une question fort grave, qui divise la jurisprudence et la doctrine. Il s'agit de savoir quel est l'effet de ce jugement, si dès le jour où il est signifié il attribue au saisissant un droit exclusif sur les sommes saisies jusqu'à concurrence du montant de sa créance, ou si cette attribution ne s'opère définitivement que lorsqu'il est passé en force de chose jugée, c'est-à-dire qu'après l'expiration des délais d'opposition ou d'appel. La cour de cassation, confirmant sa jurisprudence antérieure, a, par arrêt du 20 nov. 1860 (V. *J. Huiss.*, t. 44, p. 89), décidé que le jugement de validité n'appropriait le saisissant de la somme saisie que quand il avait acquis force de chose jugée. Sur le renvoi prononcé par cet arrêt, la Cour de Caen, saisie de la question, a admis la même interprétation (Arrêt du 19 juin 1862: *J. Huiss.*, *loc. cit.*). Cette question n'en peut pas moins toujours, suivant nous, être l'objet d'une sérieuse controverse.

§ 6. — *Déclaration affirmative.*

185. Une fois la saisie-arrêt validée par jugement, reste à contraindre le tiers saisi à déclarer et à payer au saisissant les sommes qui sont entre ses mains. Le tiers saisi ne peut, en effet, quand la saisie-arrêt n'a pas eu lieu en vertu d'un titre authentique, être assigné en déclaration affirmative qu'après qu'un jugement a validé la saisie (C.P.C., art. 568). — V. *Formule* 4.

186. Mais, si le saisissant a saisi en vertu d'un titre authentique, l'assignation en déclaration peut être faite au tiers saisi, même dans l'exploit de contre-dénonciation (Roger, n° 530.— V. *Formule* 4); mais le paiement ne peut être exigé qu'après le jugement de validité (Paris, 25 mars 1831).

187. L'assignation en déclaration affirmative doit contenir copie, au moins par extrait, du jugement de validité. Elle est dispensée du préliminaire de conciliation (C.P.C., art. 570). Elle doit contenir constitution d'avoué et est soumise aux formalités ordinaires des exploits.

188. Aucun délai n'est fixé au saisissant pour assigner le tiers saisi en déclaration ; il peut donc le faire quand bon lui semble, pourvu que l'assignation ne précède pas le jugement de validité, si la saisie est faite sans titre (Roger, n° 551).

189. L'assignation en déclaration affirmative n'est pas toujours nécessaire. S'il ne s'élève aucune contestation relativement aux sommes dont le tiers saisi est débiteur, il suffit que le saisissant signifie à ce dernier le jugement de validité, ainsi que le certificat de l'avoué et du greffier constatant qu'il n'existe ni opposition ni appel, avec sommation de payer (Thomine Desmazures, t. 2, p. 75 ; Chauveau, *quest.* 1956 *septies*).

190. C'est devant le tribunal qui a prononcé ou doit prononcer sur la validité de la saisie que le tiers saisi doit être assigné en déclaration. Mais il peut demander son renvoi devant ses juges naturels, si la déclaration est contestée (C.P.C., art. 570).—V. *Formule* 8.

191. Le tiers saisi doit faire sa déclaration dans le délai de huitaine, augmenté en raison des distances (Carré , *quest.* 1962 ; Roger, n° 553).

192. Faute de faire cette déclaration dans le délai fixé, le tiers saisi est déclaré débiteur pur et simple des causes de la saisie (C.P.C., art. 577). Il ne résulte pas cependant de cette disposition que le saisissant puisse, à l'expiration de ce délai, obtenir du tribunal un jugement par défaut qui reconnaisse le tiers saisi débiteur pur et simple de la saisie; il

peut seulement, si le tiers saisi ne comparaît pas sur l'assignation qui lui
a été donnée, faire ordonner, par défaut contre lui, qu'il sera tenu de faire
sa déclaration dans un délai déterminé par les juges, faute de quoi il sera
débiteur pur et simple des causes de la saisie (Cass. 28 déc. 1813; Bourges, 9 déc. 1814; Roger, n° 554). Si, dans ce dernier délai, il ne fait pas
sa déclaration, il intervient alors un second jugement qui le condamne
comme débiteur pur et simple.

193. Si plusieurs tiers saisis ont été assignés en déclaration, le défaut
de l'un d'eux ne donne pas lieu au défaut profit-joint (Paris, 27 déc. 1856).

194. Lorsque le tiers saisi a constitué avoué dans la huitaine de l'assignation, sans toutefois faire de déclaration, un jugement doit d'abord lui
ordonner de la faire, et à défaut d'accomplir cette obligation, lui appliquer l'art. 577 (Bruxelles, 22 fév. 1821).

195. Tant que le jugement qui a déclaré le tiers saisi débiteur pur et
simple des causes de la saisie est susceptible d'opposition ou d'appel, le
tiers saisi peut encore faire sa déclaration, et, au moyen de l'opposition
ou de l'appel, faire considérer comme non avenue la déchéance prononcée
contre lui (Turin, 27 fév. 1808; Cass. 28 déc. 1813; Lyon, 3 avril 1848;
Nîmes, 10 mars 1853; Carré, *quest.* 1976; Thomine-Desmazures, t. 2,
p. 82. — *Contrà* Bourges, 12 fév. 1822). Mais il devra supporter tous les
frais occasionnés par le retard qu'il a apporté à faire sa déclaration.

196. Les tribunaux, malgré la peine prononcée pour le défaut de déclaration par l'art. 577, considèrent le délai fixé par eux comme simplement comminatoire; si donc le tiers saisi ne fait pas de déclaration
dans le délai qu'ils ont fixé, ils peuvent lui en accorder un nouveau, au
lieu de le déclarer débiteur pur et simple des causes de la saisie (Paris, 30
août 1810).

197. Le tiers saisi doit faire sa déclaration et l'affirmer au greffe, avec
l'assistance d'un avoué, s'il est sur les lieux, sinon devant le juge de paix
de son domicile, sans qu'il soit besoin dans ce cas de réitérer l'affirmation
au greffe (C. P. C., art. 571). Le greffe sera celui de la Cour impériale, si
la déclaration est faite en appel (Paris, 12 mars 1811).

198. Lorsque la déclaration est faite devant le juge de paix du tiers
saisi, celui-ci doit lever une expédition de sa déclaration et l'adresser à
un avoué près le tribunal devant lequel il a été assigné, pour que cet avoué
la signifie au saisissant.

199. La déclaration affirmative, faite en dehors des formalités requises, comme celle écrite et signée sur l'exploit de saisie-arrêt, lie le
tiers saisi, si le saisissant l'a acceptée (Besançon, 16 nov. 1808).

200. La déclaration et l'affirmation peuvent être faites par un mandataire porteur d'une procuration spéciale (C. P. C., art. 572), et cette procuration n'a pas besoin d'être en forme authentique (Thomine-Desmazures, t. 2, p .78; Roger, n° 564).

201. L'affirmation n'a pas besoin d'être faite sous serment (Roger, *loc.cit.*

202. La déclaration affirmative, d'après l'art. 573, C. P.C., doit
énoncer:

1° *Les causes de la dette*, c'est-à-dire, outre le titre qui la constitue,
ses modalités, terme, condition, les exceptions qui peuvent lui être opposées, telles que celles résultant de l'incapacité, de la violence, de l'erreur, du dol.

2° *Le montant de la dette*, si elle est liquide, sinon il suffit de déclarer
qu'elle ne l'est pas.

3° *Les paiements à-compte, si aucuns ont été faits*; il est bon, sinon
nécessaire, d'en indiquer les dates, afin de prouver qu'ils n'ont pas été faits
au mépris de la saisie.

4° *L'acte ou les causes de la libération, si le tiers saisi n'est plus débiteur.* Le tiers saisi doit faire une déclaration, même dans le cas où il ne devrait rien au saisi. Il ne pourrait pas dire, sauf dans des cas exceptionnels, qu'il ne sait pas s'il est débiteur (Chauveau, *quest.* 1968).

5° *Les saisies-arrêts formées entre les mains du tiers saisi.* Le but de cette énonciation est de permettre au saisissant d'appeler tous les autres saisissants à la distribution des deniers. Par analogie, on décide que le tiers saisi doit aussi déclarer les transports-cessions qui lui ont été notifiées (Chauveau, *Quest.* 1968 *quater*).

203. Outre ces énonciations, le tiers saisi doit annexer à la déclaration les pièces justificatives (C.P.C., art. 574). Ce dépôt des pièces justificatives ne peut dans aucun cas être fait au greffe de la justice de paix du domicile du tiers saisi (Roger, n° 575).

204. Le tiers saisi peut se borner à l'indication des pièces justificatives, lorsque ces pièces sont d'ailleurs connues du saisissant (Cass. 4 mai 1857). Suivant les circonstances, on n'exigera pas même de preuves écrites, lorsque, par exemple, la dette était de telle nature que d'ordinaire on n'en retire pas de quittances. Il n'est pas non plus nécessaire que les quittances soient enregistrées ; elles font foi de leur date à l'égard du saisissant, si rien ne prouve qu'elles soient frauduleuses (Lyon, 7 déc. 1835).

205. Les titres de libération sous seings privés rapportés par le tiers saisi doivent, comme actes produits en justice, être enregistrés au plus tard en même temps que l'acte de dépôt (L. 22 frim. an vII).

206. Il doit être dressé un acte du dépôt des pièces justificatives au greffe. Une expédition de l'acte de déclaration et de dépôt est délivré au tiers saisi, et, ce dernier doit signifier au saisissant une copie de cet acte par un seul acte contenant en même temps constitution d'avoué (C.P.C., art. 574 ; Tar. 16 fév. 1807, art. 70).— V. *infrà*, n° 208.

207. La loi n'exige la signification que de la copie de l'acte de dépôt et non de la déclaration affirmative ni des pièces justificatives. Ces copies, si elles étaient signifiées et que les frais en fussent considérables, ne passeraient pas en taxe (Chauveau, *quest.* 1968 *sexies* ; Roger, n° 573).

208. La signification de la copie de l'acte de dépôt doit être faite par huissier ; si l'exploit doit contenir constitution d'avoué (V. *suprà*, n° 206), ce n'est pas cependant à peine de nullité.

209. Si la saisie-arrêt est formée sur effets mobiliers, le tiers saisi sera tenu de joindre à sa déclaration un état détaillé desdits effets (C.P.C., art. 578). Cet état sera détaillé en ce sens qu'il indiquera le nombre, le poids, la mesure, etc., des objets.

210. Malgré l'art. 574, C.P.C., qui veut que les pièces justificatives soient déposées en même temps que la déclaration affirmative, une jurisprudence constante décide qu'aucun délai fatal n'est imposé, sous ce rapport, au tiers saisi (Rennes, 26 nov. 1814 ; Colmar, 8 janv. 1830 ; Toulouse, 5 juin 1851 ; Roger, n° 577).

211. Le défaut de signification de l'acte de dépôt ne rend pas le tiers saisi débiteur pur et simple des causes de la saisie (Bordeaux, 16 juin 1814), non plus que le défaut de consignation dans un certain délai des sommes arrêtées entre ses mains (Cass. 8 fév. 1834).

212. Le tiers saisi n'est pas obligé à faire une nouvelle déclaration affirmative sur chaque nouvelle saisie ; il lui suffit de signifier aux nouveaux saisissants la première qu'il a faite et dont ils peuvent d'ailleurs prendre communication au greffe. Mais il devra dans cette signification indiquer les nouvelles sommes dont il est devenu débiteur envers le saisi (Roger, n° 581).

213. Il n'est besoin, au cas de plusieurs saisissants, que d'une seule communication des pièces justificatives qui sera faite par le plus ancien avoué constitué (Arg. art. 536, C.P.C.)

214. La déclaration affirmative est soumise au droit fixe de 2 fr. ; plus un droit de greffe de 1 fr. 25, si elle a lieu au greffe du tribunal de première instance. — Il n'est dû qu'un droit pour la minute de l'expédition.—L'état des effets mobiliers, joint à la déclaration affirmative, est soumis au droit fixe de 1 fr.

215. Le tiers saisi qui ne fait pas sa déclaration, ou qui ne fait pas les justifications ordonnées, est déclaré débiteur pur et simple des causes de la saisie (C. P. C., art. 577). Mais faut-il entendre cet article en ce sens que le tiers saisi devra payer au saisissant tout ce qu'il réclame, ou, au contraire, ne doit-il payer, même dans ce cas, que ce dont il sera reconnu être débiteur envers le saisi? Cette dernière opinion paraît être la plus équitable (Bordeaux, 16 juin 1814; Roger, n° 587 *bis*. — *Contrà* Chauveau, *quest.* 1973). En conséquence les juges déclareront le tiers saisi débiteur pur et simple, sauf, si la somme due par lui est reconnue inférieure, à le condamner seulement à payer cette somme.

216. La déclaration affirmative frauduleuse ou inexacte ne rend pas par cela seul le tiers saisi débiteur pur et simple de toutes les causes de la saisie; elle peut seulement ouvrir une action en dommages-intérêts au profit du saisissant (Cass. 31 janv. 1848; Bordeaux, 7 août 1858; Roger, n° 590).

217. Lorsque la déclaration du tiers saisi n'est pas contestée, il n'est fait aucune procédure, ni de la part du tiers saisi ni contre lui ; tous frais à cet égard seraient donc frustratoires (Trib. civ. de la Seine, 2 mars 1850).

218. Si, au contraire, la déclaration du tiers saisi est contestée, c'est au tribunal à statuer sur cette contestation. Cependant, si le tiers saisi n'a pas son domicile dans le ressort du tribunal qui a validé la saisie, il peut demander son renvoi devant ses juges naturels (C. P. C., art. 570).

219. Jugé que ce renvoi ne peut pas être demandé, lorsque la déclaration est contestée seulement pour défaut de production de pièces justificatives (Paris, 12 mars 1841 ; Bordeaux, 23 mars 1813 ; 22 juin 1855.— *Contrà* Chauveau, *quest.* 1959).

220. La demande en renvoi se fait par une requête à laquelle on peut répondre (Tar. 16 fév. 1807, art. 75). Et, le renvoi prononcé, la partie la plus diligente assigne devant le nouveau tribunal ; cette demande est dispensée du préliminaire de conciliation (C.P.C., art. 45, n° 5). Le saisi, étant intéressé, doit être également assigné.

221. Le jugement, qui condamne le tiers saisi comme débiteur pur et simple des causes de la saisie, est soumis au droit proportionnel de condamnation, outre le droit perçu sur le jugement obtenu contre le saisi. Il est dû de plus un droit de titre, à raison du titre que ce jugement confère à la partie saisie, sauf restitution au cas où il serait ultérieurement justifié d'un titre enregistré.

222. Le résultat définitif de la saisie-arrêt validée est que le tiers saisi ne peut se libérer qu'en payant au créancier saisissant, et ce dernier peut agir contre lui comme il aurait agi contre le saisi.

ART. VI. — Saisie-arrêt formée entre les mains des receveurs, dépositaires ou administrateurs de caisses ou de deniers publics.

223. De tout temps la saisie-arrêt formée ès-mains des fonctionnaires publics a été régie par des lois spéciales. Tel fut, dans l'ancien droit, l'objet de la déclaration du 20 janv. 1736 et des lettres patentes du 3 juin 1756 et du 19 janv. 1778; dans le droit intermédiaire, des lois du 19 fév.

1792 et 30 mai 1793, concernant le trésor public, et du décret du 13 pluv. an xiii, relatif à l'administration des domaines. — Aujourd'hui, cette matière est réglementée par les art. 561 et 569, C. P. C., par le décret du 18 août 1807, et par la loi du 9 juill. 1836. De ces lois résultent les règles suivantes :

224. L'exploit de saisie-arrêt doit : 1° exprimer les noms et qualités du saisi (Décr. 18 août 1807, art. 1er) ; — 2° contenir la désignation de l'objet saisi (mêmes décr. et art.); c'est-à-dire indiquer si c'est sur un traitement, un paiement de fournitures ou de travaux dus par l'État, etc., que porte la saisie-arrêt ; mais la saisie faite sur ce qui est dû à un militaire énonce suffisamment l'objet saisi (Paris, 4 déc. 1813), — 3° énoncer la somme pour laquelle la saisie-arrêt est faite (Décr. de 1807, art. 2) ; s'il existait des réserves pour intérêts ou frais, l'huissier devrait évaluer ces sommes à peine de refus de visa à leur égard (Instr. de la régie de 1845, art. 14) ; 4° contenir la copie ou extrait en forme du titre du saisissant, et non pas seulement, comme en matière ordinaire, la simple énonciation de ce titre (Décr. de 1807, art. 2).

225. En cas de contravention à l'une quelconque de ces quatre formalités, la saisie-arrêt n'est pas seulement nulle, mais *non avenue* (même décr. art. 3), en sorte que, sans avoir à en demander la nullité, le receveur peut alors et déjà payer le saisi, comme si elle n'existait pas.

226. L'exploit de saisie-arrêt doit, en outre, être signifié à la personne préposée pour le recevoir et visé par elle sur l'original, ou, au cas de refus, par le procureur impérial (même décr., art. 5). Quels sont donc les préposés de l'administration à cet égard ?

227. Les art. 561, C. P. C., et 5, Décr. 1807, en parlant limitativement des *receveurs, dépositaires, administrateurs des caisses et deniers publics*, c'est-à-dire des comptables, exclut par cela même tout fonctionnaire ordonnateur. Ainsi une saisie-arrêt ne peut être pratiquée entre les mains d'un préfet (Cass. 11 fév. 1834), ni d'un maire, à l'égard d'une commune (Bruxelles, 22 oct. 1825).

228. Toute saisie-arrêt est donc nécessairement faite aux mains d'un comptable des deniers publics ; mais tout comptable n'est pas apte à recevoir celle qui est dirigée sur lui. En effet, toutes saisies-arrêts doivent être formées entre les mains des payeurs, agents ou préposés *sur la caisse desquels les ordonnances ou mandats sont délivrés*. Et à Paris, pour tous les paiements à effectuer à la caisse du payeur central au trésor public, elles doivent être faites exclusivement entre les mains du conservateur des oppositions, au ministère des finances (L. 9 juill. 1836, art. 13).

229. Par application des ces principes, sont faites : Au préposé de la *Caisse des consignations*, les saisies-arrêts des sommes déposées à ladite caisse ; — Au trésor public, celles des *cautionnements* des journaux et écrits périodiques (L. 9 sept. 1835 ; Ord. 18 nov. 1835), celles des *cautionnements des officiers ministériels*, ou bien au greffe des tribunaux dans le ressort desquels les titulaires exercent leurs fonctions : savoir, pour les officiers ministériels proprement dits, au greffe des tribunaux civils, pour les agents de change et courtiers, au greffe des tribunaux de commerce (L. 25 niv. an xiii ; Ord. roy. 31 mai 1838, art. 127) ; — À Paris, au bureau des oppositions au Trésor, celles des cautionnements des titulaires inscrits, sans désignation de résidence (Déc. 28 août 1808 ; Ord. 25 sept. 1846 ; Ord. 31 mai 1838, art. 128).

230. Remarquons que les oppositions formées au Trésor affectent de plein droit le capital et les intérêts échus et à échoir, tandis que celles faites aux greffes ne portent que sur le capital (Avis Cons. d'État, 12 août 1807 ; Ord. 31 mai 1838, art 128).

231. Les saisies-arrêts de sommes dues pour travaux relatifs aux *chemins vicinaux de moyenne communication* sont faites entre les mains des payeurs ; — Celles des traitements des *commissaires de police cantonaux*, entre les mains des receveurs généraux préposés au paiement de leur allocation (Circ. comptab. génér. 15 mars et 3 juin 1853) ; — Celles des paiements à faire par les préposés de l'administration de l'*Enregistrement et des domaines*, entre les mains du directeur dans le département où le paiement doit être effectué (Déc. 13 pluv. an XIII), et à Paris, entre les mains du secrétaire général de l'administration (Décr. 28 flor. an XIII).

232. Sont faites : au conservateur des oppositions au Trésor, quand les arrérages étaient payables à Paris, les saisies des rentes nominatives, pratiquées par les propriétaires desdites rentes (L. 24 août 1793, art. 187 et 188) ; — Celles des rentes payables ailleurs qu'à Paris, aux mains des payeurs chargés de les acquitter ; — Celles de la solde des officiers et employés militaires, aux payeurs sur la caisse desquels les ordonnances ou mandats sont délivrés (à Paris, elles doivent être faites entre les mains du conservateur des oppositions au ministère des finances : Ord. 25 juill. 1839, art. 448, et 22 juin 1847) ; — Celles des remises qui sont faites aux percepteurs, entre les mains des receveurs des finances dont ils relèvent (Inst. gén. min. 17 juin 1840, art. 457 et 462).

233. La loi disant que ces saisies-arrêts doivent être faites « *à la personne préposée pour les recevoir* », et non pas au receveur, dépositaire ou administrateur lui-même, on en conclut généralement qu'elles sont valablement faites aux commis ou agents préposés pour les recevoir (Cass. 25 janv. 1825 ; Carré et Chauveau, *quest.* 1941). Mais il n'est pas douteux que la signification doive être faite au bureau même de l'administration, et non à la demeure particulière du préposé (Arg. art. 69, C.P.C.).

234. Le visa exigé par l'art. 5, Décr. 18 août 1807, l'étant dans l'intérêt de l'administration et pour éviter qu'elle ne paye au mépris d'une opposition et à ses risques, il suit que le saisi ne peut se prévaloir du défaut ou de l'irrégularité du visa (Cass. 25 janv. 1825). Il suit encore qu'il doit être donné sans frais (C.P.C., art. 1039).

235. Les règles ci-dessus sont applicables aux saisies-arrêts faites sur les fonds déposés dans les caisses d'épargnes, qui ont, sous ce rapport, été assimilées aux comptables des deniers publics (L. 5 juin 1835, art. 11).

236. Mais les saisies faites aux mains des receveurs communaux, des notaires, des huissiers, des commissaires-priseurs, lesquels ne sont pas dépositaires de deniers publics, ne sont soumises qu'aux formes ordinaires. Ils doivent néanmoins viser l'original, et, en cas de refus de leur part, l'huissier en dresserait un procès-verbal qu'il ferait viser par le maire de la commune (Besançon, 20 mars 1837 ; Rger, n° 420).

237. D'après la loi du 9 juill. 1836, art. 14, les saisies-arrêts sur des sommes dues par l'État n'ont d'effet que pendant cinq ans à compter de leur date : disposition également applicable aux sommes saisies à la caisse des dépôts et consignations (L. 8 juill. 1837, art. 11).

238. Mais cette prescription quinquennale ne s'applique pas aux saisies-arrêts de sommes dues par les départements (Inst. min. 28 mai et 19 juin 1844), ni à celles faites aux greffes des tribunaux sur les cautionnements (Circ du direct. des dom., 30 nov. 1849). En conséquence, l'opposition formée sur le cautionnement d'un huissier, pour le paiement d'amendes encourues pour contraventions, n'est point frappée de déchéance à défaut de renouvellement (Déc. min. 1er juill. 1847).

239. Lorsque la saisie-arrêt est formée entre les mains des fonctionnaires publics, la déclaration affirmative est remplacée à leur égard, par un certificat qu'ils sont tenus de délivrer. Ce certificat est soumis au droit fixe de 2 fr.

240. Il contient: 1° la mention de ce qui est dû au saisi ou l'énonciation qu'il ne lui est rien dû (C.P.C., art. 569) ;— 2° si la somme à lui due est liquide, et, dans ce cas, le montant de cette somme ; si elle n'est pas liquide, le certificat doit l'énoncer (Décr. 18 août 1807, art. 6).

241. Ces dispositions sont également applicables aux villes, communes, hospices et à tous autres établissements publics ; mais elles ne le sont pas aux commissaires priseurs, notaires, greffiers ou huissiers, à raison des sommes dont ils seraient détenteurs en vertu de leur ministère.

242. La demande de certificat se fait par voie de pétition, et tout tiers qui la forme au nom d'un ayant droit doit justifier d'un pouvoir spécial, à moins d'être avoué constitué. Une vacation est allouée à l'avoué pour réquisition (Tar. 16 fév. 1807 art. 91).

Formules.

1. *Pouvoir et attestation du saisissant inconnu à l'huissier.*

Je soussigné . . . (*nom, prénoms et profession*) demeurant à . . ., département d . . .

Donne pouvoir à M° . . ., huissier à . . ., de procéder, à ma requête, contre le sieur. . . ., (*nom, prénoms, profession et domicile*), et entre les mains du sieur. . . ., (*nom, prénoms, profession et domicile*), pour sûreté de 800 fr. à moi dus par le sieur . . ., à la saisie-arrêt de toutes sommes dues à ce dernier par ledit sieur . . .; dénoncer cette saisie, assigner en déclaration, et généralement faire tout ce que les circonstances exigeront.

A ce pouvoir sont intervenus les sieurs (*noms, prénoms, professions et demeures des deux témoins*), lesquels, aussi soussignés, ont déclaré audit M° . . ., huissier, également soussigné, connaître parfaitement l'individu présent et qui va signer le pouvoir ci-dessus et savoir qu'il est bien tel qu'il se qualifie audit pouvoir.

Fait à . . ., le . . .

　　　　　　　(*Signature du mandant, de l'huissier et des témoins.*)

Enregistrement : 2 fr. 20 cent.

V. n° 123.—Coût : il n'est rien alloué par le tarif pour le coût de ce pouvoir, qui se règle à l'amiable.

2. *Exploit de saisie-arrêt.*

L'an . . ., le . . .,

A la requête du sieur . . ., pour lequel domicile est élu à . . .

En vertu (*si c'est une ordonnance du juge*) d'une ordonnance rendue ensuite de la requête à lui présentée, par M. le président du tribunal de première instance de . ., le . . ., enregistrée le . . ., portant permission de pratiquer la présente saisie-arrêt pour la somme de . . , desquelles requête et ordonnance il est, avec celle du présent exploit, donné copie ;

(*Si c'est un jugement*) d'un jugement rendu contradictoirement (ou par défaut) par le tribunal de . . ., le . . ., et signifié le . . ., portant condamnation au profit du requérant contre le sieur . . ., de la somme de . . .;

(*Si c'est un acte authentique*) d'un acte reçu par M° . . ., notaire à . . ., le . . ., contenant obligation par le sieur . . ., au profit du requérant, de la somme de . . .

(*Si l'acte est sous seing privé, rapporter en entier la mention de l'enregistrement*) ;

Si la saisie est faite entre les mains d'un dépositaire de deniers publics, ajouter après l'analyse du jugement ou de l'acte :

Duquel jugement ou acte il est, avec celle du présent exploit, donné copie ; .

J'ai . ., huissier à . . ., soussigné.

Signifié et déclaré (*si le tiers saisi est un particulier*) au sieur . . ., propriétaire, demeurant à . . ., en son domicile où étant et parlant à sa personne, (*si le tiers saisi est dépositaire de deniers publics*) à M. . ., payeur du département de . . ., demeurant à . . ., en son bureau, où étant et parlant à sa personne, lequel a visé le présent ; (*en cas de refus*) : lequel a refusé de viser le présent, pourquoi je me suis transporté au parquet de M. le procureur impérial de. . ., où étant arrivé et parlant à ce magistrat, qui a reçu la copie du présent et visé l'original,

Que le requérant s'oppose formellement par ces présentes à ce que ledit sieur. . ., se dessaisisse, paye et vide ses mains en celles de qui que ce soit, jusqu'à ce qu'il en ait été autrement ordonné par justice, de toutes les sommes et objets mobiliers, sans exception, qu'il a ou aura, qu'il doit ou devra au sieur . . ., pour quelque cause et à quelque titre que ce soit, et notamment de la somme de . . ., par lui due audit sieur . . .;

Lui déclarant que la présente opposition est faite pour sûreté et avoir paiement de la somme de . . ., due ou requérant par ledit sieur . . ., en vertu de l'acte susdaté, et que, dans le cas où il payerait au mépris de la présente saisie, il sera contraint de payer deux fois, et passible de tous dommages-intérêts et de tous dépens.

A ce que ledit sieur n'en ignore, etc.

V. n° 408. — Coût : Tar., art. 29. Orig. : Paris, 2 fr.; R. P., 4 fr. 80 c ; Aill., 4 fr. 50 c.; Cop. le 4/4.

Enregistrement : 2 fr. 20 c.

VISA. *Lorsque l'exploit est adressé à un dépositaire de deniers publics, il doit être visé ainsi :* — Visé par nous . . ., le présent original dont copie nous a été remise ainsi que du titre y énoncé. A . . ., le . . .

3. Dénonciation au saisi de la saisie-arrêt.

L'an . . ., à la requête du sieur . . ., *(élire domicile et constituer avoué)*, j'ai . . ., 4° signifié et avec celle du présent exploit donné copie au sieur . . ., d'un exploit du ministère de *(analyser la saisie-arrêt)*, et 2° donné assignation au sieur. . ., à comparaître . . ., pour, — Attendu que le requérant est créancier du sieur . . . de la somme de . . ., ainsi qu'il résulte du jugement sus-énoncé, duquel il est aussi donné copie avec celle du présent exploit *(ou, s'il n'y a pas de titre, ainsi qu'il sera prouvé en cas de déni)* ; — Attendu que l'opposition ci-dessus analysée est régulière en la forme et juste au fond ; — *(lorsqu'il n'y a pas de titre :* s'entendre condamner à payer au sieur . . ., la somme de . . ., et les intérêts à compter du . . ., et pour arriver à ce paiement) ; — Voir déclarer bonne et valable ladite opposition, en conséquence, ordonner que ledit sieur . . ., sera tenu de vider ses mains en celles du requérant, jusqu'à concurrence de la somme principale due à ce dernier, des intérêts et frais, de tout ce que ledit sieur . . ., reconnaîtra devoir, ou de tout ce dont il sera déclaré débiteur ; qu'en cas de refus il y sera contraint par les voies de droit ; enfin qu'en payant, il sera valablement quitte et libéré d'autant envers ledit sieur . . . saisi ; s'entendre, en outre, ce dernier, condamner aux dépens, sous toutes réserves, etc.

V. n° 445. — Coût et enregistrement : V. *Formule* 2.

4. Dénonciation et assignation en déclaration.

L'an . . ., à la requête du sieur . . . *(constituer avoué)*, j'ai . . ., signifié, et, avec celle du présent exploit, laissé copie au sieur . . ., d'un exploit *(analyser l'exploit de dénonciation au saisi)* ;

(Lorsque la saisie-arrêt est faite sans titre, on en reste là, et on attend le jugement sur la validité pour assigner en déclaration dans la forme ci-après. Lorsque, au contraire, la saisie a eu lieu en vertu d'un titre, on continue ainsi qu'il suit :)

Et donné assignation au sieur. . ., à comparaître . . ., pour y faire et affirmer la déclaration des sommes par lui dues au sieur . . ., en principal, intérêts et frais, produire toutes pièces et quittances justificatives de cette déclaration; sinon, et faute de ce faire, se voir déclarer débiteur pur et simple des causes en principal et accessoires, de la saisie pratiquée par le requérant, et voir autoriser ce dernier à poursuivre, par les voies de droit, le recouvrement de tout ce qui lui est dû ; etc.

V. n°° 459, 485 et 486.—Coût et enregistrement : v. *Formule* 2.

5. Sommation de justifier de l'existence du saisissant.

L'an . . ., à la requête du sieur . . ., j'ai . . ., fait sommation au sieur. . ., de, conformément à l'art. 562 du Code de procédure civile, justifier. à l'instant de l'existence du sieur . . ., à la requête duquel il a procédé sur le requérant et entre les mains du sieur . . ., à une saisie-arrêt, suivant exploit de son ministère en date du . . .; lui déclarant que faute de ce faire, le requérant se pourvoira, sous toutes réserves.

A ce que dessus le sieur.... a répondu que le sieur . . ., saisissant, se nommait bien . . ., exerçait la profession de . . ., et était domicilié à . . ., rue . . ., n° . . ., ainsi d'ailleurs qu'il se l'était fait attester suivant un acte sous seing privé en date du . . ., qu'il nous a représenté et que nous lui avons à l'instant rendu, et a signé. . . Et j'ai laissé audit sieur . . ., copie, etc,

V. n° 123.—Coût et enregistrement : V. *Formule* 2.

6. *Demande en mainlevée de la saisie-arrêt.*

L'an . . . ., à la requête du sieur . . ., (*constituer avoué*), j'ai . . ., donné assignation au sieur . . ., à comparaître . . ., pour, — Attendu que le titre en vertu duquel cette saisie est pratiquée *lyser la saisie-arrêt*) ;—Attendu que le titre en vertu duquel cette saisie est pratiquée est éteint et soldé, ainsi qu'il en sera justifié en cas de déni ; — Voir dire et déclarer nulle et de nul effet ladite saisie-arrêt ; au besoin en donner mainlevée pure et simple, et ordonner que le sieur . . ., tiers saisi, devra n'y avoir nul égard, qu'il sera tenu, et en cas de refus contraint, de payer au requérant ce qu'il lui doit, dans les termes et de la manière convenus ; s'entendre condamner en . . . de dommages-intérêts et aux dépens, sous toutes réserves ; etc.

V. n° 170.—Coût et enregistrement: V. *Formule* 2.

7. *Assignation au tiers saisi et au saisissant en référé.*

L'an . . ., à la requête du sieur . . ., (*constituer avoué*), j'ai . . ., donné assignation au sieur . . , à comparaître . . ., pour, — Attendu que le sieur . . . (*tiers saisi*) doit au requérant la somme de 1,000 fr., suivant acte en date du . ., reçu par Me . . ., notaire à . . . ; — Attendu que, par exploit de . ., en date du . . ., enregistré, le sieur . . . (saisissant) a fait opposition sur cette somme afin d'avoir paiement de 500 fr. à lui dus par le requérant ;

Voir dire et ordonner que le requérant sera autorisé à toucher et recevoir du sieur . . . les 500 fr. excédant le montant de l'opposition susénoncée ; que le sieur . . . sera tenu de remettre cette somme au requérant, sinon qu'il y sera contraint par les voies de droit ; que les 500 fr. restant dus par le sieur . . ., et sur lesquels porte la saisie, seront déposés par ce dernier à la caisse des consignations de. . ., afin d'assurer le paiement des causes de ladite saisie en cas de validité ; etc.

V. n° 483.—Coût et enregistrement : V. *Formule* 2.

8. *Assignation par suite de renvoi.*

L'an . . ., à la requête du sieur . . ., (*constituer avoué*), j'ai . . ., donné assignation au sieur . . ., à comparaître, pour, — Attendu que, par exploit de . ., le requérant a formé sur le sieur . . ., ès-mains dudit sieur . . ., ajourné, une saisie-arrêt pour sûreté de la somme de . . . ; — Attendu que cette saisie a été dénoncée au sieur. . . ., le. . ., avec demande en validité, et que cette demande a été elle-même dénoncée au sieur . . ., avec assignation en déclaration affirmative ; — Atten u que ce dernier a fait sa déclaration au greffe de . . ., le . . , et qu'il prétend ne rien devoir au sieur . . . ; — Attendu que cette même déclaration ayan été contestée, le sieur . . . a demandé et obtenu du tribunal de . . . son renvoi devant le tribunal de . . .; que ce renvoi a été ordonné par jugement du . . . ; — Attendu que le sieur . . . était débiteur de la somme de . . ., en vertu d'un acte reçu par . . . ; — Attendu qu'il n'a point justifié s'être libéré de cette somme, et que dès lors il doit en être considéré encore comme débiteur ;

Voir dire et ordonner qu'il sera tenu de payer au requérant, en déduction de ce qu'il doit au sieur . . ., la somme de . . ., due audit requérant par ce dernier, et en outre s'entendre condamner aux dépens ; etc.

V. n° 190.—Coût et enregistrement : V. *Formule* 2.

SAISIE-BRANDON. — **1**. Saisie par laquelle un créancier met sous la main de la justice les fruits et récoltes pendants par racines, appartenant à son débiteur, pour les faire vendre à l'époque de leur maturité et être payé sur le prix de ce qui lui est dû. — Cette saisie a été appelée *saisie-brandon*, par suite de l'usage où l'on était autrefois de placer sur les champs saisis des faisceaux de paille appelés *brandons*, usage qui cependant n'a point été maintenu.

Indication alphabétique des matières.

§ 1. — *Fruits et récoltes saisissables.*
§ 2. — *Formalités de la saisie.*
§ 3. — *Vente des fruits et récoltes saisis.*
FORMULES.

§ 1er. — *Fruits et récoltes saisissables.*

2. Tous les fruits ou récoltes pendants par racines, appartenant à un débiteur, peuvent être l'objet d'une saisie-brandon. Et, par *fruits pendants par racines*, il faut entendre non-seulement les produits de toutes espèces d'arbres, tels que pommes, poires, prunes, cerises, olives, oranges, mais encore les fruits industriels, comme les blés, orges, seigles, avoines, foins, légumes, etc.

3. De ce que la saisie-brandon ne peut s'exercer que sur les fruits appartenant au débiteur du saisissant, il suit que les fruits d'un immeuble affermé ne peuvent être saisis pour une dette du propriétaire ; si, étant saisis pour une dette du propriétaire, ils l'étaient postérieurement pour une dette personnelle au fermier, la première saisie serait nulle ; celle faite sur le fermier serait seule valable.

4. Une saisie-brandon peut être pratiquée sur des récoltes de biens indivis entre le débiteur et un tiers, parce que ce dernier n'éprouve aucun préjudice ; il peut aussi bien partager les récoltes avec le saisissant qu'avec le co-propriétaire (Agen, 8 fév. 1824 : *J. Huiss.*, t. 6, p. 67).

5. Les fruits d'un immeuble dotal peuvent être saisis ; mais il est indispensable de laisser à la femme, sur le produit de la vente, de quoi subvenir à ses besoins et à ceux de sa famille, si d'ailleurs elle n'a pas d'autres ressources (Bordeaux, 12 avril 1836 : *J. Huiss.*, t. 17, p. 245 ;

21 août 1835 : même vol., p. 345 ; 17 janv. 1837 : t. 18, p. 283).—V. au surplus, *Régime dotal.*

6. Il en est de même des fruits des immeubles soumis à la jouissance légale des père et mère ; les enfants ont le droit de demander la distraction de la portion nécessaire à leur éducation, entretien et nourriture. — V. *Usufruit légal.*

7. Les fumiers et pailles et les foins nécessaires à la nourriture des animaux attachés à la culture du fonds affermé ne peuvent être saisis sur un fermier ; le propriétaire a le droit de s'opposer à ce qu'ils soient saisis, et s'ils l'étaient, il pourrait les revendiquer, car ils sont un accessoire de la propriété ; ce sont des immeubles par destination (Trib. civ. de Bourganeuf, 21 juill. 1849 : *J. Huiss.*, t. 31, p. 113).

8. Une saisie-brandon ne peut, comme la saisie-exécution, être faite qu'en vertu d'un titre exécutoire et que pour une créance certaine et liquide.—V. *Saisie-exécution.*

9. Si elle est pratiquée pour une somme supérieure à celle qui est véritablement due, elle ne peut, pour cela seul, être déclarée nulle (Cass. [Belgique], 14 mars 1833). C'est au débiteur à faire des offres, s'il veut arrêter les effets du titre qu'il doit encore en partie.

10. On ne peut opérer de saisie-brandon que dans les six semaines qui précèdent l'époque de la maturité des fruits (C.P.C., art. 626). Cette époque qui dépend des climats, du mode de culture et de la nature des fruits, est déterminée par les tribunaux en cas de contestation (Carré et Chauveau, *Lois de la procéd., quest.* 2112 ; *J. Huiss.*, t. 12, p. 284).

11. La saisie-brandon, faite avant les six semaines qui précèdent l'époque ordinaire de la maturité des fruits, est-elle nulle ?

Pour la négative, V. Merlin, *Quest. de Droit*, v° *Nullité*, § 1er, art. 8, 3me col. ; Favard de Langlade, *Répert.*, v° *Saisie-brandon*, § 3, n° 17 ; Carré, *quest.* 2114 ; Thomines-Desmazures, n° 698. — Mais, dans ce système, le saisissant doit supporter les frais de garde, antérieurement aux six semaines qui ont précédé la récolte.

V., au contraire, pour l'affirmative, c'est-à-dire pour la nullité de la saisie, Cass. 29 août 1853 : *J. Huiss.*, t. 35, p. 6 ; Rouen, 5 mai 1854 : même vol., p. 278 ; Pigeau, *Comment.*, t. 2, p. 213 ; Chauveau, *quest.* 2114. — La vente de fruits et récoltes, consentie par le débiteur avant les six semaines qui précèdent l'époque de la maturité, pourrait être annulée comme faite en fraude des droits de ses créanciers (Chauveau, *loc. cit.*).

12. Les arbres d'une pépinière sont en maturité lorsqu'ils sont âgés de plus de six ans (*J. Huiss.*, t. 20, p. 216). Il semble, dès lors, résulter de là qu'ils ne peuvent être saisis avant ce temps.

13. La saisie-brandon ne pouvant avoir lieu que pour les fruits ou récoltes encore pendants par racines, cette saisie ne peut donc porter sur des fruits qui sont déjà détachés du sol ; c'est uniquement en employant la voie de la saisie-exécution que ces fruits doivent être placés sous la main de la justice (Carré et Chauveau, *quest.* 2109).

14. Lorsque les immeubles sur lesquels existent les fruits et récoltes ont été saisis immobilièrement et que la saisie a été transcrite, ces fruits et récoltes ne peuvent plus être l'objet d'une saisie-brandon (C.P.C., art. 685 ; Carré et Chauveau, *quest.* 2107). Toutefois, en déclarant les fruits immobilisés à partir de la dénonciation de la saisie immobilière, la loi suppose qu'ils ont été compris dans cette saisie. Mais, s'ils n'y ont pas été compris, ils peuvent être saisis-brandonnés (Cass. [Belgique], 14 mars 1833 ; Carré et Chauveau, *loc. cit.*).

15. Lorsque des fruits ou récoltes ont été saisis sur un usufruitier, le décès de celui-ci avant que les fruits soient cueillis et les récoltes coupées a pour effet d'annuler la saisie (C. Nap., art. 585; Chauveau, *quest*. 2109 *ter*).

16. La saisie-brandon plaçant les fruits saisis sous la main de la justice, il s'ensuit que le saisi qui les enlèverait se rendrait coupable du délit prévu et puni par l'art. 400, C. Pén. Mais le tribunal correctionnel, devant lequel est cité un débiteur saisi prévenu d'enlèvement de récoltes saisies-brandonnées, doit surseoir à statuer, lorsque le saisi prétend que la saisie est nulle, en ce qu'elle comprend des fruits et récoltes non saisissables, et qu'il a porté sa demande en nullité devant le tribunal civil (*J. Huiss.*, t. 31, p. 111).

§ 2. — *Formalités de la saisie.*

17. *Commandement.*—La saisie-brandon doit être précédée d'un commandement avec un jour d'intervalle (C.P.C., art. 626; —V. *Formule* 1). Ce jour est franc (Carré et Chauveau, *quest*. 2213). Ainsi, lorsque le commandement est du 2, la saisie ne peut avoir lieu que le 4.

18. Le commandement tendant à saisie-brandon n'est pas susceptible de tomber en péremption. Il peut donc être procédé à cette saisie en vertu d'un commandement qui a une année de date (Toulouse, 1er sept. 1820 : *J. Huiss.*, t. 1er, p. 333), et même plusieurs années de date (*J. Huiss.*, t. 36, p. 9).

19. Le commandement doit contenir : 1° notification du titre, si déjà il n'a été signifié (Vervoort, *Tarif civ.*, p. 35, note 11; Sudraud-Desisles, *Manuel du juge taxateur*, p. 277, n° 937; Carré et Chauveau, *quest*. 2111 *ter*); — 2° élection de domicile dans la commune où doit se faire la saisie (Rodière, *Proc. civ.*, t. 3, p. 269).

20. *Procès-verbal.*—L'huissier, chargé de procéder à une saisie-brandon, n'a pas besoin, pour la rédaction du procès-verbal, d'être assisté de témoins (Tar. 16 fév. 1807, art. 43; Carré, *quest*. 2115; Chauveau, *Comment. du tar.*, t. 2, p. 141; *J. Huiss.*, t. 16, p. 324). Toutefois, le procès-verbal fait avec l'assistance de témoins ne serait pas nul (Bordeaux, 3 avril 1830). L'huissier doit se transporter sur les biens où sont les grains et les fruits à saisir (Arg. art. 627, C.P.C. : *J. Huiss.*, t. 17, p. 289, et t. 28, p. 321). — V. *infrà*, n° 23.

21. Le procès-verbal est soumis aux formalités générales des exploits (V. *Exploit*); il n'est pas nécessaire qu'il contienne itératif commandement, mais il doit contenir l'indication de chaque pièce de terre, sa contenance et sa situation, deux au moins des tenants et aboutissants, et la nature des fruits (C.P.C., art. 627).

22. Quoique la contenance approximative semble devoir suffire (Arg. art. 675, C.P.C.; Carré, *quest*. 2116), il est prudent néanmoins de déterminer la contenance d'après un extrait de la matrice du rôle.

23. Le transport de l'huissier sur les lieux (V. *suprà*, n° 20) et la mention de ce transport sont exigés à peine de nullité par M. Chauveau (*Lois de la procéd.*, *quest*. 2115). Toutefois, la loi ne prononçant pas à cet égard la peine de nullité, la conclusion adoptée par M. Chauveau paraît au moins rigoureuse (Arg. art. 1030, C.P.C.).

24. Le procès-verbal de saisie doit contenir l'établissement d'un gardien (V. *infrà*, n° 28 et suiv.). Toutefois, l'établissement de ce gardien n'est par aucune disposition prescrit à peine de nullité; nous ne croyons pas, dès lors, qu'on puisse suppléer au silence de la loi, et annuler pour défaut de gardien une saisie-brandon. Seulement, quand il n'y a pas de gardien, l'huissier, chargé de procéder à la saisie à la requête d'un nouveau créancier, ne peut se borner à un simple récolement des récoltes déjà saisies ; il doit les saisir de nouveau.

25. Lorsque le gardien est présent, il doit nécessairement signer l'original et la copie du procès-verbal ; s'il est absent, l'huissier doit en faire mention. Décidé néanmoins que la saisie n'est pas nulle par cela seul que la copie ne mentionne pas la cause qui a empêché le gardien de signer (Rennes, 22 juin 1836).

26. Copie du procès-verbal doit être laissée : 1° au gardien ; si le gardien est le garde champêtre et qu'il soit absent, la saisie doit lui être notifiée (C.P.C., art. 628. — V. *Formule* 3) ; — 2° au maire de la commune de la situation, lequel vise l'original ; — si les communes sur lesquelles ces biens sont situés, sont contiguës ou voisines, la copie doit être laissée au maire de la commune où est située la majeure partie des biens (C.P.C., art. 628) c'est-à-dire la partie des biens qui présente le plus grand revenu, d'après la matrice du rôle.—V. *Formule* 2.

27. La saisie doit en outre être dénoncée, avec copie, à la partie saisie (Tarif. art.44) sous les peines énoncées en l'art. 642, C.P.C., (Rodière, t. 3, p. 270).

28. *Gardien.*—Le garde champêtre, à moins qu'il n'en existe pas dans la commune de la situation des biens, ou qu'il ne se trouve compris dans l'exclusion portée par l'art. 598, C.P.C. (V. *Saisie-exécution*), doit être établi gardien (art. 628). L'exclusion prononcée par l'art. 598 précité n'atteint pas le garde champêtre qui est parent de l'huissier au degré de cousin issu de germain ; ainsi l'huissier peut l'établir pour gardien (*J. Huiss.*, t. 41, p. 232).

29. Lorsque les fruits existent sur plusieurs pièces de terre situées sur diverses communes voisines, il est établi un seul gardien, autre néanmoins qu'un garde champêtre (C.P.C., art. 628).

30 Quand il existe dans la commune de la situation des biens un garde champêtre que ne frappe aucune cause d'exclusion, l'huissier ne peut, même sur la réquisition du saisissant, commettre un autre gardien ; mais le saisissant peut faire surveiller les fruits, à ses frais, par une personne dans laquelle il aurait plus de confiance (Carré et Chauveau, *quest.* 2117), comme aussi, lorsque les biens sont situés dans des communes contiguës ou voisines, le saisissant peut, à ses frais, confier la garde des récoltes saisies au garde champêtre de chacune de ces communes (*J. Huiss.*, t. 36, p. 15).

31. Le garde champêtre, institué gardien par application de l'art. 628, C.P.C., ne peut ni refuser la garde, ni demander sa décharge (Thomine-Desmazures, t. 2, p. 150), tant que subsiste la saisie, et qu'il ne survient point en sa personne de cause d'exclusion.

32. Le salaire du gardien est fixé, savoir: si ce gardien est un garde champêtre, à 75 c. par jour, et si c'est une autre personne, à 1 fr. 25 c. aussi par jour, sans aucune distinction des localités (Tar. 16 fév. 1807, art. 45). — L'établissement du garde champêtre pour gardien ne donne lieu à aucun droit particulier d'enregistrement (*J. Huiss.*, t. 35, p. 239 ; Inst. gén. de la Rég., 28 avril 1854 : même vol., p. 303). Mais le droit est dû, s'il est établi un autre gardien que le garde champêtre.

33. Lorsque le gardien est le garde champêtre, il doit faire le rapport des dégâts commis sur les biens et l'affirmer devant le juge de paix, et, à son défaut, devant le maire de la commune. — Si le gardien est une autre personne, elle doit donner avis au saisissant des dégâts commis.

34. *Revendication.* — Les fruits et récoltes cessent d'être considérés comme grains en vert à partir des six semaines qui précèdent l'époque ordinaire de leur maturité ; ils peuvent donc, à compter de cette époque, être vendus (V. *Grains en vert*). Si, postérieurement à la vente, ils sont l'objet d'une saisie-brandon, l'acquéreur peut les revendiquer. Décidé que le jugement qui statue sur une demande en revendication de fruits ou récoltes saisis-brandonnés, dont la valeur n'a pas été déterminée dans la demande, est en premier ressort, et, par conséquent susceptible d'appel, quel que soit d'ailleurs le chiffre de la créance du saisissant (Bordeaux, 18 avril 1854 : *J. Huiss.*, t. 35, p. 197. — V. *Degrés de juridiction*, n° 43).

§ 3.—*Vente des fruits et récoltes saisis.*

35. Lorsque la saisie est pratiquée au moment même de la maturité des fruits et qu'il est impossible d'attendre les délais qu'exige l'accomplissement des formalités qui doivent précéder la vente, comment le saisissant doit-il procéder ? Il doit, selon nous, introduire un référé, soit devant le juge de paix, à l'effet de faire nommer un gérant qui fera les récoltes et qui les engrangera, si besoin est jusqu'à ce que la vente puisse en être annoncée, poursuivie et opérée ; soit devant le président du tribunal civil, en assignant la partie saisie à comparaître devant ce magistrat, pour se faire autoriser à récolter lui-même, et à engranger les grains par compte et nombre, en présence du saisi ou lui dûment appelé (Carré et Chauveau, *quest.* 2123 ; *J. Huiss.*, t. 12, p. 284). Dans ce dernier cas, aussitôt les grains engerbés, le saisi doit être intimé à venir compter les gerbes et à voir procéder à leur enlèvement et engrangement. Un procès-verbal dressé par l'huissier doit constater ces faits.

36. Il a été décidé aussi qu'une Cour, saisie de l'appel d'un jugement qui a validé une saisie-brandon, sans prononcer l'exécution provisoire, peut, avant de statuer sur le fond, ordonner, à titre de mesure conservatoire, que les fruits saisis seront, soit récoltés par compte et nombre et confiés à la garde d'un tiers jusqu'à décision définitive, soit vendus, sauf à laisser le prix ou partie du prix entre les mains de l'huissier instrumentaire (Caen, 12 août 1854 : *J. Huiss.*, t. 36, p. 166).

37. La vente doit être annoncée par placards affichés, huitaine au moins avant la vente, à la porte du saisi, à celle de la maison commune, et, s'il n'y en a pas, au lieu où s'apposent les actes de l'autorité publique; au principal marché du lieu, et, s'il n'y en a pas, au marché le plus voisin ; et à la porte de l'auditoire de la justice de paix (C.P.C., art. 629). La huitaine dont parle cet article est franche (Carré et Chauveau, *quest.* 2121). Lorsque la vente n'a pas lieu au jour indiqué, les placards doivent être renouvelés, en observant le même délai.

38. Les placards doivent désigner le jour, heure et lieu de la vente ; les noms et demeures du saisi et du saisissant ; la quantité d'hectares et la nature de chaque espèce de fruits, et la commune où ils sont situés, sans autre désignation (C.P.C., art. 630). — V. *Formule 4.*

39. L'apposition des placards est constatée comme en matière de saisie-exécution (C.P.C., art. 631).—V. *Saisie-exécution.*

40. La vente doit être faite un jour de dimanche ou de marché (art. 632), sur les lieux ou sur la place de la commune où est située la majeure partie des fruits ou récoltes saisis, ou sur le marché du lieu, et, s'il n'y en a pas, sur le marché le plus voisin (Art. 633); le tout au choix du saisissant. Mais le saisi, qui considère comme désavantageux le lieu indiqué dans les placards, peut se pourvoir pour en faire fixer un autre (Rodière, t. 3, p. 271).

41. Sur le surplus, on observe les formalités prescrites au titre *Des saisies-exécutions* (Art. 634) ; ce qui s'entend non-seulement des formalités de la vente, mais encore de toutes les autres formalités de la saisie-exécution non rappelées ou modifiées au titre *de la saisie-brandon* (Carré

40.

et Chauveau, *quest.* 2124; *J.Huiss.*, t.12, p.293).—V. *Saisie-exécution.*

42. Lorsqu'il ne se présente pas d'enchérisseur, le saisissant peut présenter requête au tribunal pour se faire autoriser, contradictoirement vec le saisi, à faire la récolte lui-même et à la faire vendre. Il doit compte u saisi et aux opposants de ce qui excède les causes de la saisie (Carré et hauveau, *quest.* 2125).

43. Le prix de la vente se distribue comme chose mobilière, si les fruits sont vendus séparément du fonds (V. *Distribution par contribution*) ; si, au contraire, la saisie-brandon a lieu après la saisie du fonds, postérieurement à la dénonciation, le produit de la vente des fruits est distribué comme celui du fonds, par ordre d'hypothèque.

44. La personne qui aurait acquis la récolte avant la saisie aurait qualité pour s'opposer à la vente qu'en voudrait faire un créancier du vendeur (Colmar, 18 brum. an XI).—V. *Suprà*, n° 11.

Formules.

1. *Commandement.*

L'an . . . ., à requête du sieur . . ., (*élire domicile dans le lieu de la saisie*), en vertu d'un acte (*analyser le titre*), duquel il est, avec celles du présent exploit donné copie, j'ai . . ., fait commandement au sieur . . ., de, dans 24 heures pour tout délai, payer au requérant, ou à moi, porteur de pièces, aux offres d'en donner quittance, la somme de . . ., montant de l'obligation sus énoncée, sans préjudice de tous autres droits, dépens et frais d'exécution ; lequel sieur . . . ayant refusé de payer, je lui ai déclaré que, faute par lui de ce faire dans le délai susdit, et icelui passé, il y serait contraint par les voies de droit et notamment par la saisie-brandon des blés lui appartenant, pendants par racines sur divers biens sis à . . ., etc.

V. n° 17. — Coût : tarif, art. 29. Orig., Paris, 2 fr.; R. P., 1 fr. 80 c.; Aill. 1 fr. 50 c ; — Cop. le 1/4.

Enregistrement : 2 fr. 20 c.

2. *Procès-verbal de saisie-brandon.*

L'an . . ., le . . ., heure de. . ., à la requête du sieur . . ., pour lequel domicile est élu à (*dans le lieu de la saisie*), en vertu de la grosse (*analyser le titre*), par suite d'un commandement resté infructueux (*analyser cet acte*), je. . ., soussigné, me suis transporté sur chacune des pièces de terre ci-après désignées, ensemencées en blé et appartenant audit sieur . . ., où étant arrivé j'ai saisi et mis sous la main de la loi et justice, la récolte à faire prochainement sur lesdites pièces de terre dont suit la désignation (*désigner ici les biens sur lesquels les blés sont à récolter*). La contenance de ces pièces de terre a été établie sur un extrait du rôle de la matrice de la commune de . . ., délivré à l'huissier soussigné par le maire de . . ., le . . ., et ainsi conçu : (*copier ici l'extrait de la matrice*).

Les récoltes présentement saisies seront vendues au plus offrant et dernier enchérisseur, après l'accomplissement des formalités voulues par la loi, à . . ., le . . ., heure de . . .

J'ai établi gardien desdites récoltes le sieur . . ., garde champêtre de la commune de . . ., présent, et qui a déclaré accepter cette mission et s'engager à la remplir en son âme et conscience, à la charge de lui payer le salaire déterminé par la loi. En conséquence, j'ai remis à l'instant audit sieur . . ., garde champêtre, une copie du présent procès-verbal, et il a signé l'original en cet endroit (*signature du garde-champêtre*).

Et je suis allé de suite remettre une copie entière de ce procès-verbal: 1° au sieur . . ., partie saisie demeurant à . . ., en son domicile, où étant et parlant à . . .; et 2° à M. le maire de la commune de . . ., demeurant à . . ., dite commune, en son domicile, où étant et parlant à sa personne, qui a visé l'original ; etc.

V. n° 26.—Coût : tarif, art. 43 et 44. Orig.— 1ʳᵉ *Vacation de trois heures* : Paris, 6 fr.; R. P., 5 fr. 40 c.; Villes où il y a un tribunal de première instance, 5 fr.; Ailleurs, 4 fr.—*Vacations subséquentes de trois heures chaque* : Paris, 5 fr.; R. P., 4 fr. 50 c.; Villes où il y a un tribunal de première instance, 4 fr.; Aill., 3 fr. —Chaque cop., le quart de l'original.

Enregistrement : 2 fr. 20 c.—(L. 28 avril 1816, art. 43).

Visa. Visé par nous, maire de la commune de . . ., le présent original dont copie nous a été remise A . . ., le . . .

. NOTE. Lorsque la partie saisie ne demeure pas dans l'arrondissement de la résidence de l'huissier qui saisit, on lui notifie la saisie par acte séparé. Au cas contraire, il est plus régulier de faire la notification par la saisie ; toutefois, si elle avait lieu par acte séparé, la saisie ne serait pas nulle, seulement on pourrait rejeter de la taxe le coût de l'original de la notification.

3. *Dénonciation de la saisie-brandon au garde champêtre qui n'était pas présent au procès-verbal.*

L'an . . ., à la requête du sieur . . . (*élire domicile*), j'ai . . ., dénoncé, et, avec celle du présent exploit, donné copie au sieur . . ., d'un procès-verbal (*analyser la saisie*); à ce que du contenu en ladite saisie le sieur . . . n'ignore et ait, en conséquence, à surveiller spécialement les fruits saisis qui, de plein droit, sont confiés à sa garde ; lui déclarant qu'il sera garant et responsable de tous dommages occasionnés auxdites récoltes par voie de fait, à moins qu'il n'en signale les auteurs et n'ait pu empêcher lesdits dommages, etc.

V. n° 26.—Coût : tarif, art. 29.—V. *Formule* 4.—Pour la copie de la saisie il est alloué le quart de l'original de la saisie.—V. *Formule* 2.

4. *Placard.*

VENTE PAR AUTORITÉ DE JUSTICE.

Au nom de l'Empereur, de la loi et justice.

Sachent tous que le . . ., heure de , . ., à . . ., il sera, par suite de la saisie-brandon faite à la requête du sieur . . ., sur le sieur . . ., par exploit de . . ., procédé par le ministère de . . ., à la vente par adjudication, au plus offrant et dernier enchérisseur, de la récolte à faire prochainement sur *tant* d'hectares, en *tant* de pièces ensemencées en . . ., sises commune de . . . La vente aura lieu au comptant. Pour original de placard. (*Signature de l'huissier*).

V. n° 38.—Coût : — V. *Saisie-exécution, Formule* 44.
Exempt d'enregistrement.

Ce placard se joint au procès-verbal qui en constate l'apposition, et ceux qu'on appose aux lieux indiqués par la loi, en sont la copie.—V. *Saisie-exécution.*

SAISIE CONSERVATOIRE. — 1. Mesure extraordinaire, rigoureuse, exorbitante, que le créancier peut être autorisé à employer pour mettre provisoirement sous la main de la justice les effets mobiliers et marchandises appartenant à son débiteur, afin d'assurer le paiement de sa créance, en empêchant ainsi ce dernier de faire disparaître les effets et marchandises qui sont sa seule garantie.

Indication alphabétique des matières.

Accepteur d'une lettre de change, 10 et s.
Acquéreur, 7.
Appel, 24, 26 et s., 30.
Appréciation, 18.
Arbres, 7.
Assignation, 30.
Autorisation, 16 et s.
— (défaut d'), 15.
Avoué, 17.
Billet à ordre, 2, 10 et s.
Caution, 19, 20, 23.
Commandement, 25.
Compétence, 9, 31 et s., 38 et s.
Conciliation (prélim. de), 47.
Concours entre deux saisies, 45.
Conditions, 22.

Connexité, 43.
Construction, 6.
Contrefaçon, 5.
Conversion en saisie-exécution, 34 et s.
Créancier, 7.
Débiteur forain, 2, 3.
Déclaration, 30.
Délai, 30, 44 et s., 51 et s.
Demande en mainlevée, 53 et s.
Domicile, 9.
— indiqué pour le paiement d'une lettre de change, 11.
Dommages-intérêts, 5.
Empêchement du président, 14.
Endosseur, 10 et s.
Étranger, 16.
Excès de pouvoir, 27.

Exécution, 24 et s.
— sur minute, 24.
Formalités, 25, 50.
Frais, 52.
Fruits, 7.
Honoraires, 53.
Huissier, 17, 28, 43, 51 et s.
Immeubles, 6.
— par destination, 7.
Incompétence, 33.
Instruments aratoires, 7.
Juge, 10 et s.
— le plus ancien, 14.
Lettre de change, 2, 10 et s.
Locataire, 6.
Matière civile, 2 et s.
— commerciale, 2 et s.
Nullité, 15, 22.

2. La saisie conservatoire ne peut avoir lieu que dans les cas et suivant la forme expressément déterminés par les art. 417 et 822, C.P.C., et par l'art. 172, C. Comm. (Paris, 29 janv. 1855 : *J. Huiss.*, t. 36, p. 86). Il résulte de là que la loi n'autorise la saisie conservatoire que dans trois cas : 1° en matière commerciale, lorsqu'il y a urgence, 2° en matière civile et commerciale, lorsqu'il s'agit d'un débiteur forain, et 3° lorsqu'une lettre de change ou un billet à ordre sont protestés faute de paiement. Il n'est pas permis de l'étendre, par analogie, à d'autres cas.

3. Nous nous occuperons ici exclusivement de la saisie conservatoire permise par les art. 417, C.P.C., et 172, C. Comm. Celle qui peut être autorisée en matière civile et commerciale, quand il s'agit d'un débiteur forain, est régie par l'art. 822, C.P.C. Elle prend plus spécialement le nom de *saisie foraine*. Nous avons cru devoir en faire l'objet d'un mot particulier, du mot *saisie foraine*, sous lequel nous exposerons toutes les règles qui la concernent.

4. L'art. 417, C.P.C., permet la saisie conservatoire des effets mobiliers du débiteur, en matière commerciale, dans les cas qui requièrent célérité, et avec l'autorisation du président du tribunal. Cet article, placé sous la rubrique *Procédure devant les tribunaux de commerce*, est spécial aux matières commerciales et ne peut être étendu aux matières civiles. Une saisie conservatoire ne peut donc être autorisée, par application de cet article, que sous la double condition d'un fait commercial et du péril dans le retard (Trib. civ. de la Seine, 11 mai 1859 : *J. Huiss.*, t. 40, p. 186).

5. Ainsi, spécialement, est nulle la saisie conservatoire faite pour assurer le paiement d'une créance qui a pour cause des dommages-intérêts judiciairement prononcés à raison d'un délit de contrefaçon, cette créance étant purement civile (Jugement précité du Trib. civ. de la Seine).

6. Il est à remarquer aussi que, même en matière commerciale, la saisie conservatoire doit être restreinte aux effets mobiliers, et qu'elle ne peut porter sur des immeubles. A plus forte raison, la saisie conservatoire d'une construction élevée par un débiteur sur un terrain qu'il a pris à bail ne peut être déclarée valable, si elle est pratiquée en vertu d'une créance civile, encore bien qu'elle ait été autorisée par une ordonnance du président du tribunal civil (Paris, 29 janv. 1855 : *J. Huiss.*, t. 36, p. 86). Peu importe que cette ordonnance soit fondée sur un motif d'urgence.

7. Cependant, par arrêt du 17 mai 1831, la cour de Bordeaux a jugé qu'un créancier qui avait requis, conformément à l'art. 2185, C. Nap., la mise aux enchères d'un domaine vendu par son débiteur, avait pu faire saisir conservatoirement les arbres et les fruits que l'acquéreur avait fait couper, ainsi que les bœufs, les instruments aratoires et les autres immeubles par destination dépendants du domaine. Mais nous ne pouvons admettre cette décision, encore bien que la saisie conservatoire ait paru à la cour de Bordeaux commandée par la situation du créancier et par les entreprises que l'acquéreur s'était permises, même avant de savoir s'il ne serait formé aucune surenchère. Elle contient, ce nous semble, une double violation de la loi, d'abord, en ce qu'elle valide une saisie conservatoire de meubles et d'immeubles en matière civile, et ensuite en ce qu'elle la valide nonobstant l'absence de toute autorisation antérieure.

8. En disposant que, dans les cas qui requièrent célérité, le *président du tribunal* peut permettre de saisir les effets mobiliers du débiteur, l'art. 417, C.P.C., ne dit pas au président dequel tribunal le créancier doit s'adresser, si c'est au président du tribunal civil ou au président du tribunal de commerce. La rubrique sous laquelle cet article est placé ne permet pas de douter que le président du tribunal de commerce n'ait le droit d'ordonner la saisie conservatoire, qu'il autorise (V. Nancy [motifs], 12 juill. 1854: *J. Huiss.*, t. 36, p. 300). Toutefois, nous ne croyons pas qu'il crée un droit exclusif en faveur du président du tribunal de commerce, et que, par suite, une saisie conservatoire doive être annulée, par cela seul qu'elle a eu lieu en vertu d'une ordonnance rendue par le président du tribunal civil, par application de l'art. 417, même dans les villes où il y a un tribunal de commerce.

9. Le président du tribunal civil ou de commerce, dans le ressort duquel se trouvent les objets à saisir conservatoirement, peut seul ordonner la saisie, quoique le débiteur soit domicilié dans un autre ressort (Bordeaux, 2 mai 1845: *J Huiss.*, t. 27, p. 107)

10. Aux termes de l'art. 172, C. Comm., le porteur d'une lettre de change protestée faute de paiement peut, indépendamment de l'exercice de l'action en garantie que la loi lui accorde (V. *Protêt.* nos 204, 308 et 316), faire saisir conservatoirement, en obtenant la permission du juge, les effets mobiliers des tireur, accepteur et endosseur. Le même droit appartient en vertu de l'art. 187, C. Comm., au porteur d'un billet à ordre protesté faute de paiement (Orléans, 26 août 1830), pourvu que la cause du billet soit commerciale (Alauzet, *Comment. du Code de comm.*, t. 2, no 991); si elle était civile, la saisie conservatoire ne pourrait être autorisée qu'à l'égard des effets mobiliers appartenant à un endosseur commerçant.

11. La disposition de l'art. 172 est limitative et ne peut pas être étendue arbitrairement par le juge à des cas autres que ceux que la loi a spécialement déterminés (Paris, 29 janv. 1855: *J. Huiss.*, t. 36, p. 86; Bordeaux, 29 juill. 1857: t. 39, p. 55). Ainsi, une saisie conservatoire ne peut être autorisée, en vertu de l'art. 172, contre celui au domicile duquel une lettre de change a été protestée faute de paiement, s'il n'est ni tireur, ni accepteur, ni endosseur de cette lettre de change (Arrêt de Bordeaux précité).

12. L'art. 172 attribue *au juge* le droit d'autoriser la saisie conservatoire dans le cas qu'il détermine. Mais quel est le juge compétent? Il faut se référer à cet égard à l'art. 417, C.P.C. Ainsi, dans les lieux où il existe un tribunal de commerce, le président de ce tribunal peut valablement permettre de saisir conservatoirement les effets mobiliers appartenant aux tireur, accepteur et endosseur d'une lettre de change, ou aux souscripteur et endosseur d'un billet à ordre ayant une cause commerciale (Arg. Bordeaux, 29 juill. 1857: *J. Huiss.*, t. 39, p. 55; Alauzet, t. 2, no 991).

13. Il a même été décidé que le droit d'autoriser la saisie conservatoire des effets mobiliers du souscripteur d'un billet à ordre protesté faute de paiement et ayant une cause commerciale appartient exclusivement au président du tribunal de commerce, et que la saisie pratiquée en vertu d'une ordonnance du président du tribunal civil est nulle comme n'étant pas valablement autorisée (Trib. civ. du Blanc, 1er fév. 1855: *J. Huiss.*, t. 36, p. 223). Toutefois, cette décision ne saurait, ce nous semble, être suivie comme règle. Le droit d'ordonner des mesures conservatoires appartient en principe au président du tribunal civil, et, quand il peut être exercé par le président du tribunal de commerce, ce n'est jamais que par exception. Pour que cette exception pût devenir la règle dans certains cas, il faudrait un texte formel. Or, l'art. 172, C. Comm., n'est pas assez explicite pour qu'on puisse en conclure que le législateur a entendu y déroger au droit commun. Aussi la jurisprudence a-t-elle quelquefois, mais implicitement, admis la validité d'une saisie conservatoire faite, dans le cas prévu par cet article, en vertu d'une ordonnance du président du tribunal civil, même dans les lieux où il y a un tribunal de commerce (Paris, 29 juin 1855 : *J. Huiss.*, t. 36, p. 262).

14. En l'absence du président du tribunal, la permission de saisir conservatoirement est accordée par le plus ancien juge, suivant l'ordre du tableau, ce juge remplaçant le président empêché (Carré et Chauveau, *Lois de la procéd.*, t. 3, *quest.* 1498 ; Chauveau et Glandaz, *Formulaire de procéd.*, t. 1er, p. 355, note 1).

15. D'après les art. 417, C.P.C., et 172, C. Comm., l'autorisation préalable du président ou du juge qui le remplace est une condition essentielle de la validité de la saisie conservatoire. Comme cette mesure exorbitante ne se justifie que par l'urgence, il y a là une appréciation qu'il s'agit de faire avant tout ; et le législateur a désigné le magistrat auquel il a entendu confier le soin de cette appréciation. Dès lors, il ne suffit pas au créancier pour cause commerciale d'être porteur d'un titre exécutoire, pour pouvoir faire saisir conservatoirement ; il est indispensable que la question du péril dans le retard soit soumise au président du tribunal et décidée par lui. La saisie conservatoire, faite sans l'autorisation du président, en vertu d'un titre exécutoire, et encore bien qu'il y eût urgence, ne pourrait, ce nous semble, être déclarée valable.

16. La saisie conservatoire peut être autorisée, dans les cas prévus par les art. 417 et 172 précités, au profit d'un étranger comme au profit d'un Français (Aix, 6 janv. 1831).

17. La demande à fin d'autorisation est formée par une requête présentée au président auquel le créancier s'adresse. Si c'est au président du tribunal civil, la requête doit être signée et présentée par un avoué, même dans les localités où le tribunal civil remplit les fonctions de tribunal de commerce. Mais, dans les villes où il y a un tribunal de commerce, la requête, signée par le créancier, peut être présentée au président de ce tribunal par un huissier, sans qu'il ait à craindre aucune poursuite pour délit de postulation.—V. *Postulation.*

18. Souverain appréciateur des circonstances sur lesquelles la demande en autorisation de saisie conservatoire est fondée (Toulouse, 26 fév. 1847 : *J. Huiss.*, t. 28, p. 166), le président a la faculté d'accorder ou de refuser l'autorisation de saisir, aussi bien dans le cas prévu par l'art. 417, C.P.C., que dans celui de l'art. 172, C. Comm., suivant que l'urgence lui paraît ou non rendre nécessaire l'emploi de cette mesure exorbitante.

19. Dans le cas de l'art. 417, C.P.C., le président, en autorisant la saisie, peut, suivant l'exigence des cas, assujettir le saisissant à donner caution ou à justifier de solvabilité suffisante. Il faut, en effet, que le saisissant puisse réparer le préjudice causé à son adversaire par la saisie, si, en définitive, la demande est reconnue mal fondée (Bonnier, *Eléments de procéd.*, t. 2, n° 1411, p. 503).

20. Le président obligera rarement le saisissant à donner caution, la procédure à suivre pour la réception de cette caution (V. *Cautionnement,* n°s 16 et suiv., et 26) se conciliant difficilement avec l'urgence qui doit motiver la saisie conservatoire. Néanmoins, cette procédure n'est pas ici une forme qui doive être rigoureusement employée pour la réception de la caution. Par exemple, la soumission de la caution peut être jointe à la requête, et, sa solvabilité se trouvant ainsi soumise à l'appréciation du président, ce magistrat peut, s'il la trouve suffisante, autoriser la saisie, en dispensant le saisissant de se conformer aux formalités ordinaires pour la réception de la caution (Pigeau, *Comment.*, t. 1er p. 712 ; Thomine-Desmazures, *Comment. du C. de procéd.*, n° 465).

21. Si le président assujettit le saisissant à justifier d'une solvabilité suffisante, cette justification doit s'entendre d'une manière large : ainsi, il n'est pas nécessaire qu'il produise des titres en forme ; il suffit qu'il établisse qu'il a toujours fait honneur à ses engagements, que son crédit est bien assis, et que ses billets se négocient sans difficulté au cours de la place (Carré et Chauveau, *Lois de la procéd.*, t. 3, *quest.* 1497 ; Bonnier, *loc. cit.*).

22. La permission de saisir peut aussi être limitée à certains effets mobiliers ou à une certaine somme, déterminés par l'ordonnance ; elle peut également n'être accordée qu'à la charge de remplir certaines conditions, par exemple, à la charge par le créancier de former sa demande principale dans les trois jours de la saisie ; et l'inaccomplissement de ces conditions entraîne la nullité de la saisie (Trib. civ. de la Seine, 3 août 1853 : *J. Huiss.*, t. 34, p. 320).

23. Dans le cas de l'art. 172, C. Comm., le président n'a pas, comme dans celui de l'art. 417, C.P.C., la faculté d'exiger que le saisissant donne caution ou qu'il justifie d'une solvabilité suffisante. Il ne peut pas davantage n'accorder la permission de saisir que jusqu'à concurrence d'une somme moindre que celle qui forme le montant de la lettre de change ou du billet à ordre protestés et des frais. Cependant, il a le droit de restreindre la saisie à certains effets mobiliers qu'il désigne.

24. L'ordonnance, par laquelle le président du tribunal de commerce ou du tribunal civil autorise, en matière commerciale, une saisie conservatoire, est exécutoire nonobstant opposition ou appel (C.P.C., art. 417). Et souvent, l'urgence est telle qu'elle est même déclarée exécutoire sur minute.

25. La saisie n'est pas ordinairement précédée de la signification de l'ordonnance d'autorisation. Elle se fait également sans commandement préalable. Quant au procès-verbal, on observe, pour sa rédaction, les mêmes formalités qu'en matière de saisie-exécution. — V. *Formule.* — V., d'ailleurs, *Saisie-exécution.*

26. L'exécution de l'ordonnance portant permission de saisir conservatoirement, nonobstant opposition ou appel, n'empêche pas qu'elle puisse être attaquée par l'une ou l'autre de ces deux voies (Arg. art. 417, C.P.C.). C'est même là une règle générale. Il y a lieu, dès lors, de l'appliquer aussi bien au cas où la saisie conservatoire est ordonnée en vertu de l'art. 172, C. Comm., que lorsqu'elle est autorisée en vertu de l'art. 417 précité (*J. Huiss.*, t. 36, p. 262, observations).

27. Spécialement, l'ordonnance par laquelle le président d'un tribunal de commerce autorise une saisie conservatoire en dehors des cas déterminés par l'art. 172 contient un excès de pouvoir qui la rend susceptible d'être attaquée par la voie de l'appel (Bordeaux, 29 juill. 1857 : *J. Huiss.*, t. 39, p. 55).

28. Mais l'huissier qui a exécuté cette ordonnance, en procédant à la saisie conservatoire, ne peut être mis en cause sur l'appel (Arrêt de Bordeaux précité).

29. Décidé, au contraire, que, lorsque le président du tribunal civil a autorisé une saisie conservatoire dans le cas prévu par l'art. 172, C. Comm., à la condition de lui en référer en cas de difficultés, la nouvelle ordonnance par laquelle, sur le référé introduit par le débiteur, sans qu'aucune contestation sur la propriété des objets à saisir n'ait été soulevée, il maintient la première, n'est pas susceptible d'appel (Paris, 29 juin 1855 : *J. Huiss.*, t. 36, p. 262). Il est difficile de concilier cette solution avec les termes généraux de l'art. 417, C.P.C., qui admet l'appel contre les ordonnances qui autorisent une saisie conservatoire. Puisque l'ordonnance d'autorisation est susceptible de recours, pourquoi l'ordonnance nouvelle qui, sur référé, maintient l'autorisation, en serait-elle affranchie ? Cette ordonnance nouvelle n'a pas moins que la première un caractère contentieux.

30. L'opposition à l'ordonnance qui autorise une saisie conservatoire peut être faite à l'instant même de l'exécution, par déclaration sur le procès-verbal de saisie, à la condition de la réitérer dans les trois jours de l'exploit contenant assignation (Arg. art. 438, C.P.C.). Si cette voie n'est pas suivie, elle doit être formée au plus tard dans la huitaine du jour de l'exécution, et, après l'expiration de ce délai, elle n'est plus recevable (Arg. art. 436). Quant à l'appel de l'ordonnance dont il s'agit, il doit être interjeté dans les trois mois du jour où l'opposition a cessé d'être recevable (Arg. art. 443).

31. L'opposition doit être portée, dit un auteur, devant le tribunal compétent pour connaître de la demande en mainlevée de la saisie. Mais quel est ce tribunal ? L'auteur que nous citons ne l'a pas dit ; et pourtant, c'est le point le plus important à préciser. D'abord, il faut, ce nous semble, distinguer entre le cas où l'opposition ne présente à juger que des difficultés relatives à l'exécution de l'ordonnance et celui où l'opposant soutient qu'elle a été rendue hors des prévisions de la loi et que par conséquent elle doit être rapportée.

32. Dans le premier cas, si l'autorisation a été accordée par le président d'un tribunal civil, ce président a qualité et compétence, comme juge de référé, pour connaître de l'opposition, dont il doit être saisi par assignation à comparaître devant lui donnée au saisissant. Dans le second, au contraire, il est incompétent ; il ne peut, en effet, apprécier au fond le mérite de son ordonnance et la rétracter (Rouen, 28 fév. 1846 : *J. Huiss.*, t. 27, p. 233). En serait-il autrement s'il s'était réservé le droit de rétracter son ordonnance, en référé, si son exécution donnait lieu à des difficultés ? L'affirmative a été décidée en matière de saisie-arrêt, et semble également résulter, pour le cas de saisie conservatoire, de l'arrêt de la Cour de Paris du 29 juin 1855, cité *suprà*, n° 13.

33. A défaut par le président du tribunal civil d'avoir fait la réserve dont il s'agit, l'opposition à l'ordonnance d'autorisation, qui n'est autre chose, en définitive, qu'une demande en mainlevée de la saisie, doit alors être portée devant le tribunal civil. Si elle est fondée uniquement sur ce que la saisie a été autorisée en dehors des cas déterminés par la loi, le tribunal apprécie ce motif et maintient la saisie ou en ordonne la mainlevée, sans décider la contestation au fond. Si, au contraire, elle est fondée sur la prétention du saisi de ne pas devoir la somme pour laquelle la saisie a été autorisée, le tribunal civil n'est pas tenu de surseoir au jugement de l'opposition jusqu'à ce qu'il ait été statué au fond par le tribunal de commerce ; il peut prononcer sur la prétention de l'opposant et le déclarer débiteur envers le saisissant, si les parties n'ont point proposé son incompétence *in limine litis* (V. *Compétence civile*, n°s 22 et 23, *Prorogation de juridiction*).

34. Lorsque l'autorisation est accordée par le président d'un tribunal de commerce, ce président ne peut jamais faire la même réserve que le président d'un tribunal civil. Quel est alors le tribunal compétent pour con-

naître de l'opposition à l'ordonnance ou de la demande en mainlevée? Il a
été décidé que le tribunal de commerce, dont le président avait autorisé
la saisie, était compétent (Nîmes, 3 déc. 1811 ; Aix, 6 janv. 1831). La
compétence de ce tribunal pour statuer sur la demande en paiement de la
créance doit lui conférer également, par voie de conséquence, le droit d'apprécier le mérite de l'opposition ou de la demande en mainlevée (Bordeaux, 2 mai 1845 : *J. Huiss.*, t. 27, p, 107). Mais, dans le cas de condamnation du saisi au paiement de la créance, il doit se borner à rejeter
l'opposition ou la demande en mainlevée. Il ne peut prononcer la conversion de la saisie conservatoire en saisie-exécution et ordonner la vente des
objets mobiliers saisis. Il y a là incompétence absolue de sa part. Le tribunal civil a seul le droit d'ordonner cette conversion et la vente.

35. Après le jugement du tribunal de commerce qui rejette l'opposition à l'ordonnance d'autorisation de saisir ou la demande en mainlevée
de la saisie et condamne le débiteur au paiement de la créance, le saisissant peut alors suivre l'une de ces deux voies : s'il veut arriver à la
vente des objets saisis, sans abandonner la saisie conservatoire, il doit en
demander la conversion devant le tribunal civil, qui peut refuser d'ordonner cette conversion, si la saisie ne lui paraît pas régulière en la forme;
il peut, d'un autre côté, renonçant à la saisie conservatoire, faire signifier
le jugement du tribunal de commerce, et, après commandement, faire procéder, en vertu de ce jugement, à la saisie-exécution des objets mobiliers
qui avaient été saisis conservatoirement.

36. La saisie conservatoire n'a pas besoin d'être validée. C'est une mesure provisoire dont le but principal est de donner au créancier le temps
d'obtenir un titre exécutoire, en vertu duquel il fera procéder à la saisie-exécution et à la vente des objets compris dans la saisie conservatoire.
Cependant, si le créancier veut arriver à la vente de ces objets, sans renoncer à la saisie conservatoire, il peut demander la validité de cette dernière saisie et par suite sa conversion en saisie-exécution. Or, il ne saurait
appartenir à un tribunal de commerce de prononcer sur cette demande,
qui, d'ailleurs, peut présenter à juger des questions de procédure. D'un
autre côté, l'ordonnance qui autorise une saisie conservatoire constitue
une véritable décision, puisqu'elle est susceptible d'opposition et d'appel,
et, aux termes de l'art. 442, C.P.C., les tribunaux de commerce sont incompétents pour connaître de l'exécution de leurs jugements. Ainsi, la
demande dont il s'agit doit être portée devant le tribunal civil, encore bien
que la saisie conservatoire ait été autorisée par une ordonnance du président
du tribunal de commerce (Nîmes, 4 janv. 1819 ; 12 juill. 1854: *J. Huiss.*,
t. 36, p. 300 ; Riom, 23 janv. 1855: t. 36, p. 109 ; Persil, *de la lettre de
change*, sur l'art. 172, n° 3.—*Contrà* Rennes, 19 août 1819).

37. La demande en validité de la saisie conservatoire doit d'autant
plus être portée devant le tribunal civil qu'elle peut donner lieu à décider
s'il existe au profit du saisissant un privilége sur le prix à provenir de
la vente des meubles saisis ; et, à cet égard, les tribunaux de commerce
sont encore incompétents (Arrêt de Riom précité du 23 janv. 1855).

38. Nulle difficulté ne peut s'élever sur la compétence du tribunal qui
doit connaître de l'opposition à l'ordonnance d'autorisation de saisie ou
de la demande en mainlevée, et de la demande en validité de la saisie,
lorsque le domicile du débiteur et le lieu de la situation des effets mobiliers saisis se trouvent dans le même arrondissement ; et ce sera le cas le
plus fréquent. Mais, s'ils se trouvent dans des arrondissements différents,
devant le tribunal de quel arrondissement l'opposition à l'ordonnance doit-
elle être portée ? Nous croyons qu'elle doit l'être devant le tribunal civil
ou de commerce de l'arrondissement du lieu de la situation des objets mo-

biliers, parce que l'ordonnance ne peut émaner que du président du tribunal
civil ou du tribunal de commerce de ce lieu et que ce tribunal peut seul
apprécier le mérite de l'opposition à une ordonnance rendue par son président, et non, en conséquence, devant le tribunal du domicile du saisi (Arg.
Bordeaux, 2 mai 1845 : *J. Huiss.*, t. 27, p. 107).

39. En ce qui concerne la demande en mainlevée d'une saisie conservatoire d'objets mobiliers qui se trouvent chez un tiers, dont le domicile
n'est pas situé dans le même arrondissement que celui du saisi, lorsqu'elle
est formée autrement que par opposition à l'ordonnance d'autorisation, et
en ce qui concerne la demande en validité de cette saisie, doit-on appliquer, relativement à la compétence, la disposition de l'art. 567, C.P.C.,
qui veut que la demande en mainlevée ou en validité d'une saisie-arrêt
soit portée devant le tribunal du domicile du saisi ?

40. Pour l'application de l'art. 567 en matière de saisie conservatoire,
on dit : si le législateur n'a point réglé d'une manière spéciale la compétence relativement à la demande en mainlevée ou en validité d'une saisie conservatoire, c'est qu'il a pensé qu'on suppléerait à son silence, en
appliquant par analogie la disposition de l'article précité. Cet article a
attribué en matière de saisie-arrêt, une compétence exceptionnelle au tribunal du domicile du saisi, afin que ce dernier ne pût être obligé d'aller
devant un tribunal, quelquefois fort éloigné de son domicile, discuter le
mérite de la saisie, qui, dans le cas de demande en mainlevée comme dans
celui de demande en validité, le constitue toujours véritable défendeur.
Or, cette raison est plus impérieuse encore lorsqu'il s'agit d'une saisie
conservatoire. Telle est, d'ailleurs, ajoute-t-on, l'opinion exprimée par
M. Orillard, *De la compétence des tribunaux de commerce*, p. 73, n° 78.

41. Mais on répond qu'il n'existe pas pour la saisie conservatoire de
dispositions dérogatoires au principe général de l'art. 59, C.P.C. ; qu'en
admettant qu'il y ait, pour le cas dont il s'agit, analogie entre la saisie-
arrêt et la saisie conservatoire, cette analogie n'est pas suffisante pour autoriser les tribunaux à créer, dans le silence de la loi, une exception au
droit commun ; que, dès lors, la demande en mainlevée ou en validité d'une
saisie conservatoire doit être portée devant le tribunal du domicile du défendeur.

42. Entre ces deux systèmes, il est permis d'hésiter. Toutefois, il nous
a semblé que la nature, le caractère d'une saisie conservatoire d'effets mobiliers se trouvant au domicile d'un tiers, devaient faire disparaître toute
espèce de doute. Dans ce cas, en effet, la saisie conservatoire n'est autre
chose qu'une véritable saisie-arrêt. Or, c'est alors la similitude entre ces
deux saisies, et non pas seulement l'analogie, qui rend applicable à la
demande en mainlevée ou en validité d'une saisie conservatoire, la règle
de compétence établie par l'art. 567, C. P. C. (Paris, 9 mars 1859 [sol.
impl.] : *J. Huiss.*, t. 40, p. 188). Et alors la demande est, comme en
matière de saisie-arrêt, de la compétence exclusive du tribunal civil.

43. Dans tous les cas, la Cour de Paris, par l'arrêt précité du 9 mars
1859, a décidé que, lorsque les parties (saisissant et saisi) sont en instance
devant le tribunal de commerce du lieu où la promesse a été faite et la
marchandise livrée, au sujet de la créance pour la sûreté de laquelle une
saisie conservatoire a été pratiquée, la demande en mainlevée de cette saisie doit être portée devant ce tribunal, et non devant le tribunal civil du
domicile du saisi. Cette décision est uniquement fondée sur la connexité
existant entre les deux demandes.

44. Voyons maintenant s'il existe un délai dans lequel la demande en
mainlevée ou en validité doit être formée. La loi n'en fixe aucun. Dès lors,
il a été décidé qu'une saisie conservatoire ne peut être déclarée nulle, par

ce qu'elle n'a pas été suivie, dans la huitaine, de la demande en validité, les délais édictés à peine de nullité pour la saisie-arrêt (C.P.C., art. 563 et 564) n'étant pas applicables à la saisie conservatoire (Nimes, 12 juill. 1854 : *J.Huiss.*, t. 36, p. 300). Cependant, il est prudent de ne pas laisser passer un trop long délai à dater de la saisie sans former la demande en validité : de cette manière, on évitera toute contestation.

45. D'ailleurs, il importe au saisissant de faire valider dans le plus bref délai la saisie conservatoire, afin de s'assurer la priorité dans l'exercice du droit de faire procéder à la vente des objets saisis, s'il venait à être formé une saisie-exécution postérieurement à la saisie conservatoire. Dans le cas de concours entre ces deux saisies, sans que la saisie conservatoire ait été validée, le droit de faire procéder à la vente appartient à l'huissier qui a procédé à la saisie-exécution.—V. *Saisie-exécution.*

46. Quant à la demande en mainlevée, elle peut être formée tant que le créancier n'a point obtenu la conversion de la saisie conservatoire en saisie-exécution.

47. La demande en mainlevée et celle en validité sont dispensées du préliminaire de conciliation (C.P.C., art. 49, § 7 ; Toulouse, 26 fév. 1847 : *J. Huiss.*, t. 28, p. 166).

48. La saisie conservatoire, comme la saisie-exécution, doit aboutir à la vente des objets saisis ; et c'est pour cela que, comme nous l'avons vu, le jugement qui valide la saisie conservatoire prononce la conversion de cette saisie en saisie-exécution et ordonne la vente des objets saisis. Aussi la revendication de ces objets par un tiers qui s'en prétend propriétaire doit-elle être formée conformément à l'art. 608, C.P.C. (Douai, 23 déc. 1847 : *J. Huiss.*, t. 29, p. 346).

49. Toutefois, le saisissant, qui a été seul actionné en revendication, ne peut pas, en appel, se prévaloir de l'absence du saisi pour demander la nullité de l'instance, lorsqu'il n'a pas réclamé la mise en cause du saisi devant les premiers juges (Arrêt de Douai précité).

50. La vente des effets mobiliers, compris dans une saisie conservatoire, ne pouvant avoir lieu qu'après que le jugement de validité qui l'ordonne a prononcé la conversion de cette saisie en saisie-exécution, il s'ensuit qu'elle doit être faite suivant les formes prescrites au titre *Des saisies-exécutions.*

51. La position du débiteur contre lequel une saisie conservatoire est ordonnée est tout à fait favorable : car cette mesure rigoureuse, étant autorisée sur requête, l'est à son insu ; il n'est point appelé devant le juge pour y faire valoir ses moyens de défense ; aucun avertissement préalable ne lui est donné, d'avoir à désintéresser le créancier dans tel délai, s'il veut éviter la saisie. Il suit de là que, lorsque le débiteur demande à l'huissier, qui se présente à son domicile pour y procéder à la saisie conservatoire, une suspension des poursuites, pendant le temps nécessaire, une heure par exemple, pour lui permettre de se libérer, cet officier ministériel ne doit pas lui refuser cette suspension. S'il procédait à la saisie sans tenir aucun compte de la demande du débiteur, il pourrait, suivant les circonstances, s'exposer à une peine disciplinaire.

52. Si, à l'expiration du délai accordé au débiteur, celui-ci se trouve en mesure de désintéresser le créancier et d'éviter la saisie, l'huissier doit se borner à recevoir le montant de la créance et en donner quittance ; il n'a pas le droit d'exiger le coût du procès-verbal de saisie, encore bien qu'il en ait d'avance, sur l'original et la copie, préparé le préambule. Il n'en peut être dans ce cas comme dans celui où l'huissier se rend, le lendemain du jour de l'échéance, au domicile du débiteur d'un effet de commerce pour y protester cet effet faute de paiement. Dans ce dernier cas, le débiteur sait pertinemment que son refus de paiement à l'échéance rend indispensable la signification du protêt, ou d'un acte équivalent, lorsque, le lendemain, il offre de payer, tandis que le procès-verbal de saisie conservatoire ne peut être préparé d'avance, le débiteur pouvant toujours rendre cette saisie impossible, en en faisant cesser les causes au moment où l'huissier se présente pour la pratiquer (V. *J. Huiss.*, t. 38, p. 34).

53. Mais si, dans l'hypothèse prévue au numéro qui précède, il n'est rien dû par le débiteur à l'huissier, ce dernier peut recevoir du créancier les honoraires que celui-ci juge convenable de lui accorder pour l'indemniser de son déplacement.

Formule.

Procès-verbal de saisie conservatoire.

L'an . . . à la requête du sieur . . . (*élire domicile*), en vertu d'une ordonnance rendue par M. le président du tribunal de commerce de. . ., le . . ., enregistrée le . . ., et de laquelle il est, avec celle du présent procès-verbal, donné copie ; j'ai . . ., pour sûreté, conservation et avoir paiement de la somme de . . ., due au requérant par le sieur . . ., pour *telle* cause, saisi conservatoirement et mis provisoirement sous la main de la justice, jusqu'à décision de la contestation pendante entre les parties, sauf, après cette décision, à convertir la présente saisie en saisie-exécution pure et simple, les objets dont suit le détail, que j'ai trouvés au domicile dudit sieur . . ., dans sa maison située à . . ., où je me suis transporté avec mes témoins ci-après nommés : (*détailler les objets saisis*), desquels objets j'ai établi gardien le sieur . . ., présent, qui a déclaré accepter cette mission aux charges et bénéfices de droit qu'il a dit bien connaître. dont acte fait et arrêté en présence de . . ., témoins qui ont signé avec moi et le gardien sus-nommé. Et j'ai laissé copie du présent tant au saisi qu'au gardien séparément, etc.

V. n° 25 —Coût : — V. *Saisie-exécution*, Formule 2.
Enregistrement : 4 fr. 40 c.

SAISIE-EXÉCUTION. — 1.

Acte par lequel un créancier fait mettre sous la main de la justice les objets mobiliers saisissables appartenant à son débiteur, à l'effet de les faire vendre, pour le prix en être employé au paiement de la dette du saisissant ou distribué entre ce dernier et les autres créanciers opposants.

Indication alphabétique des matières.

---

§ 1er. — *Par qui, sur qui, en vertu de quels titres et de quelles créances, et où la saisie-exécution peut être pratiquée.*

2. *Personnes qui peuvent saisir-exécuter.* — Toute personne envers laquelle une autre personne est obligée directement en vertu d'un titre exécutoire, et pour une somme certaine, liquide et exigible, et ayant l'exercice de ses droits, peut saisir-exécuter les meubles appartenant à cette dernière (V. *Exécution des actes et jugements*, nos 26 et suiv.).

3. Le bailleur, porteur d'un titre exécutoire, peut procéder par voie de saisie-exécution contre le cessionnaire du bail. (Paris, 10 mai 1849 :

J. Huiss., t. 30, p. 291). Quand il n'y a pas de titre exécutoire, le bailleur procède par la voie de la saisie-gagerie, aux termes de l'art. 819, C. P.C. (V. *Saisie gagerie*).

4. Le cessionnaire a le même droit que le créancier primitif. C'est ainsi qu'il a été décidé que, lorsqu'un fils, qui a obtenu une pension alimentaire contre son père, a transporté sa créance aux fournisseurs qui ont pourvu à ses besoins, ceux-ci peuvent pratiquer une saisie-exécution chez son père (Rennes, 24 sept. 1814). Mais il est indispensable que, avant de saisir, le cessionnaire signifie au débiteur une copie entière, non-seulement du titre originaire de la créance, mais encore de l'acte de transport (C. Nap., art. 1690 et 2214). A défaut de signification, le créancier primitif conserve le droit de faire pratiquer la saisie-exécution.

5. La saisie-exécution faite à la requête d'une partie qui n'avait pas qualité doit être annulée, encore bien que, pendant l'instance sur l'appel du jugement qui en avait prononcé la nullité, elle ait acquis cette qualité (Rennes, 22 avril 1817). Pour la validité de la saisie, le droit ou la qualité du saisissant doit exister dès le début de la poursuite (Chauveau, *Lois de la procéd.*, t. 4, quest. 2091 *in fine*).

6. Cependant, la nullité d'une saisie-exécution, résultant de ce qu'elle aurait été faite à la requête de mineurs, serait couverte par la reconnaissance faite par le saisi, depuis que les saisissants sont devenus majeurs, de leur véritable qualité, et par la défense au fond (Rennes, 3 janv. 1835).

7. *Sur qui une saisie-exécution peut être faite.* — La saisie-exécution ne peut être faite que sur la partie qui est directement obligée, soit seule, soit solidairement, ou sur ses représentants légaux. Toutefois, la saisie-exécution ne peut être pratiquée sur les héritiers du débiteur décédé, s'il s'agit de meubles leur appartenant personnellement, que huit jours après la signification du titre. Mais elle peut l'être avant l'expiration de ce délai, et quoique les héritiers soient encore dans les délais pour faire inventaire et délibérer, sur les biens de la succession (V. *Exécution des actes et jugements*, nos 46 et suiv.).

8. Une saisie-exécution ne peut être faite sur les mandataires ou dépositaires du débiteur, qui détiennent des effets mobiliers lui appartenant ; ils sont à son égard de véritables tiers, et c'est alors la voie de la saisie-arrêt qui doit être employée contre eux (Chauveau, *quest.* 1928 *bis*). — V. *infrà*, nos 33 et 35.

9. Mais, lorsqu'une femme s'est réservé en propres des meubles, le mari étant simplement préposé à leur conservation, et n'en ayant pas la détention qui continue à rester dans les mains de la femme, les créanciers personnels de celle-ci peuvent saisir-exécuter sur elle ces meubles ; ce n'est pas le cas pour eux de procéder par voie de saisie-arrêt contre le mari (Chauveau. *loc. cit.*).

10. L'état de faillite d'un débiteur n'empêche pas qu'un créancier ne puisse saisir-exécuter sur lui les objets mobiliers qui lui appartiennent et sont affectés par privilége au paiement de la créance (Cass. 10 mai 1809). — V. *Faillite*, nos 78 et suiv.

11. On ne peut procéder à une saisie-exécution sur l'Etat, les communes et les établissements publics ; les créanciers doivent s'adresser à l'autorité administrative, qui ordonne les mesures nécessaires pour faire effectuer le paiement. — V. *Commune, Etablissements publics, Fabrique d'église, Hospices.*

12. *Titres en vertu desquels on peut saisir-exécuter.* — Il ne peut, en principe, être procédé à la saisie-exécution en vertu d'un titre privé ou d'une permission du juge, mais seulement en vertu d'un titre exécutoire, selon la règle générale, de l'art. 551, C.P.C. (V. *Exécution des actes et jugements*).

13. Spécialement, une saisie-exécution ne peut être faite en vertu d'un jugement frappé d'appel et non exécutoire par provision (Turin, 8 août et 14 sep. 1810 ; Liége, 25 oct. 1820).

14. ... En vertu d'une sentence arbitrale, pendant l'instance sur l'opposition formée à l'ordonnance d'exécution de cette sentence (Trib. civ. de Mons [Belgique], 8 janv. 1859 : *J. Huiss.*, t. 41, p. 83) ; l'opposition dont il s'agit a un effet suspensif.

15. ... En vertu d'une seconde grosse d'obligation, quoique délivrée sur l'ordonnance du président du tribunal, si le débiteur n'a pas été sommé d'assister à la délivrance (Rennes, 8 déc. 1824). — V. *Grosse (seconde)*, n° 14.

16. ... En vertu d'une copie de jugement ou d'arrêt, encore bien que cette copie soit celle qui a été signifiée à la partie qui veut saisir, parce que cette copie ne forme pas pour elle un titre exécutoire (Chauveau sur Carré, t. 4, *quest.* 2001).

17. ... En vertu d'un titre qui a été déclaré éteint, quoique provisoirement, car tant que subsiste le jugement qui a prononcé l'extinction provisoire, il n'y a pas de titre exécutoire (Cass. 12 août 1807 ; Carré et Chauveau, *quest.* 2004).

18. Mais une saisie-exécution peut être faite en vertu d'un jugement en premier ressort, s'il est exécutoire par provision, nonobstant l'appel, et, si l'exécution provisoire n'en a pas été ordonnée, tant qu'il n'a pas été frappé d'appel ; seulement, dans ce dernier cas, l'appel interjeté suspend les poursuites, et si le jugement est infirmé, il doit être donné mainlevée de la saisie par l'intimé (Chauveau, *Suppl. aux Lois de la procéd., quest.* 2001), qui, à notre avis, ne peut être condamné à des dommages-intérêts envers le saisi, parce que, en faisant saisir avant l'appel et après l'accomplissement des formalités préalables, il n'a fait qu'user de son droit.

19. ... En vertu d'un jugement ou d'un arrêt contre lequel il a été formé un pourvoi en cassation (Orléans, 20 nov. 1815), le pourvoi, en matière civile, n'étant pas suspensif (V. *Cassation*, n° 99).

20. ... En vertu d'un jugement ou d'un arrêt qui prononce une subrogation judiciaire (Rennes, 14 juin 1815).

21. ... En vertu d'une ordonnance du président du tribunal, lorsqu'il y a urgence, et, alors, la saisie n'est faite qu'à titre conservatoire. L'ordonnance fixe, dans ce cas, le délai dans lequel la demande devra être formée. — Si cette ordonnance a été déclarée exécutoire sur minute avant l'enregistrement, l'huissier, qui ne la fait point enregistrer en même temps que le procès-verbal de saisie, n'encourt aucune amende ; il suffit qu'elle soit enregistrée avant l'expiration du délai de vingt jours (Trib. civ. de la Seine, 4 fév. 1852 : *J. Huiss.*, t. 33, p. 192).

22. ... En vertu des états de recouvrement, dressés par le maire, conformément à l'art. 63 de la loi du 18 juill. 1837, et visés par le sous-préfet ; ces états, en effet, sont exécutoires ; mais les poursuites sont suspendues par l'opposition du débiteur, jusqu'à ce qu'il ait été statué par les tribunaux sur l'existence de la dette (Cass. 2 juill. 1850 : *J. Huiss.*, t. 32, p. 236).

23. ... En vertu d'un acte sous seing privé déposé chez un notaire, alors surtout que le débiteur, qui a effectué le dépôt, a reconnu sa signature et autorisé la délivrance de toute grosse (V. *Acte sous seing privé*, n°s 26 et suiv.).

24. Le jugement obtenu contre l'un des codébiteurs solidaires étant

41.

censé obtenu contre l'autre, encore bien que celui-ci n'y ait pas été appelé, il s'ensuit qu'on peut, en vertu de ce jugement, procéder contre ce dernier à une saisie-exécution (Chauveau, *quest.* 2001 *bis*).

25. Doit être déclarée valable une saisie-exécution pratiquée en vertu d'un acte authentique passé dans un ressort autre que celui où il y a été procédé, quoiqu'il n'ait point été légalisé, si le débiteur en a reconnu la validité en faisant des offres réelles de la somme qui y est stipulée. (Poitiers, 15 janv. 1822).

26. Lorsque le titre en vertu duquel il a été procédé à une saisie-exécution a été annulé pour partie, et maintenu dans la proportion des droits héréditaires de celui qui en a poursuivi l'exécution, la saisie doit néanmoins être annulée ; les poursuites ne doivent pas être simplement suspendues jusqu'à la liquidation des droits (Cass. 20 août 1832).

27. La nullité du titre en vertu duquel une saisie-exécution a été opérée peut être invoquée, aux termes de l'art. 464, C.P.C., pour la première fois en appel par le garant du saisi (Même arrêt).

28. Le principe qu'une saisie-exécution ne peut avoir lieu sans titre exécutoire ne reçoit qu'une seule exception, dans le cas où la régie des domaines et de l'enregistrement poursuit la rentrée des créances dues à l'Etat. La même exception ne peut être étendue aux administrations municipales et aux commissions des hospices et de bienfaisance, qui, par conséquent, demeurent soumises à la règle générale (Bruxelles, 26 mai 1810; Carré et Chauveau, *quest.* 2002).

29. *Créances pour lesquelles on peut saisir-exécuter.* — Pour qu'une saisie-exécution puisse être pratiquée, il ne suffit pas qu'il y ait un titre exécutoire ; il faut, de plus, que la créance soit certaine, liquide et exigible (C.P.C., art. 551 ; Chauveau, *quest.* 2001).

30. Ainsi, lorsque le saisi oppose des répétitions qui compensent et au delà les causes de la saisie, il y a lieu d'en prononcer la nullité ; vainement le saisissant alléguerait qu'il est créancier pour d'autres causes, si les nouvelles créances dont il se prévaut ne sont pas encore liquides et certaines (Orléans, 15 mai 1818).

31. C'est parce qu'une saisie-exécution ne peut être pratiquée qu'en vertu d'une créance certaine et liquide, qu'il a été décidé aussi que l'exécutoire de dépens, délivré en vertu d'un jugement qui a condamné toutes les parties en cause aux dépens, en disposant qu'ils seront répartis entre elles suivant certaines proportions, ne peut, lorsqu'il ne contient pas cette répartition, servir de base à une saisie-exécution contre l'une des parties condamnées (Rennes, 6 août 1853 : *J. Huiss.*, t. 38, p. 223). Dans l'espèce, en effet, la répartition était nécessaire pour rendre la créance liquide.

32. *Où la saisie-exécution peut être faite.* — La saisie-exécution peut être pratiquée non-seulement au domicile ou dans la résidence du débiteur, mais aussi dans la rue, dans les champs, sur les chemins, soit que les objets mobiliers appartenant au débiteur soient entre ses mains, soit qu'ils soient entre celles d'un commis, d'un domestique, d'un homme de journée.

33. Lorsque les objets mobiliers appartenant au débiteur sont détenus par toutes autres personnes, il n'est pas permis aux huissiers de s'introduire dans leur domicile, si elles n'y consentent pas, pour opérer la saisie-exécution de ces objets ; ils ne peuvent, en pareil cas, employer que la voie de la saisie-arrêt. — V. *supra*, n° 8.

34. Toutefois, il a été décidé que des meubles donnés en gage peuvent être saisis-exécutés au domicile du créancier gagiste (Cass. 3 juill. 1834). Mais cette saisie ne peut évidemment avoir d'utilité qu'autant que le prix de ces meubles excède la valeur de la créance qu'ils garantissent. Au-

trement, nous croyons que la saisie pourrait être annulée, et que les frais
pourraient même, suivant les circonstances, en être laissés à la charge de
l'huissier.

§ 2. — Objets qui sont ou non saisissables.

35. Tous les objets mobiliers appartenant au débiteur et dont celui-ci
est en possession sont susceptibles de saisie-exécution, à moins qu'ils ne
soient frappés d'insaisissabilité. Les objets dont le débiteur n'est que locataire ne peuvent être saisis-exécutés à la requête de ses créanciers
(Paris, 13 janv. 1810), pourvu toutefois qu'il justifie d'un bail ayant date
certaine ; mais les créanciers peuvent attaquer ce bail comme frauduleux,
à la charge par eux de prouver la fraude. Si les objets appartiennent au débiteur ne sont pas en sa possession, le créancier doit procéder par voie de
saisie-arrêt (Colmar, 13 janv. 1806 : J. Huiss., t. 10, p. 356—V. suprà
nos 7 et 33).

36. Tous les effets mobiliers trouvés au domicile du saisi, étant présumés sa propriété, peuvent être compris dans la saisie (Bruxelles, 27
mars 1857 : J. Huiss., t. 40, p. 81). Spécialement, les effets mobiliers
trouvés dans la chambre du débiteur sont valablement saisis-exécutés,
encore bien que sa mère, chez laquelle il demeure, prétende que ces effets
ont été achetés et payés par elle (Trib. civ. de la Seine, 20 oct. 1848 :
J. Huiss., t. 40, p. 73). Un tiers ne peut s'opposer à la saisie des meubles existants au domicile du débiteur, en alléguant simplement qu'ils sont
sa propriété ; il n'a que la voie de la revendication ouverte par l'art. 608,
C.P.C. (Arrêt de Bruxelles précité. — V. infrà, nos 341 et suiv.).

37. Par suite, il a été décidé que des effets à usage de femme trouvés
au domicile du débiteur ont été valablement saisis, lorsqu'ils ne sont pas
revendiqués (Paris, 19 oct. 1854 : J. Huiss., t. 36, p. 42).

38. Un ballon et ses accessoires, ne rentrant dans aucune des exceptions prévues par l'art. 592, C.P.C., peuvent être l'objet d'une saisie-exécution (Bordeaux, 12 août 1852 : J. Huiss., t. 34, p. 72).

39. Les objets mobiliers dépendants d'une communauté de biens entre
époux peuvent, durant la communauté, être valablement saisis par les
créanciers personnels du mari, encore bien que ce dernier en ait fait la
vente à sa femme, en remploi de ses propres aliénés, si le mari est resté
comme chef de la communauté en possession desdits objets mobiliers
(Colmar, 15 avril 1834 ; Trib. civ. de Colmar, 12 mars 1862 : J. Huiss.,
t. 43, p. 311). Il en est ainsi surtout s'il résulte des faits que la vente
dont il s'agit a eu lieu frauduleusement, pour soustraire l'actif du mari à
l'action de ses créanciers (Jugement précité du trib. civ. de Colmar).

40. Les meubles dotaux d'une femme mariée sous le régime dotal peuvent également être saisis-exécutés pour dettes de la femme antérieures au
mariage, encore bien que ces meubles n'aient point fait partie de son pa-
trimoine avant le mariage et qu'ils lui aient été constitués en dot par un
tiers (C. Nap., art. 1558; Trib. civ. de Toulouse, 1er juin 1858 : J. Huiss.,
t. 39, p. 195).

41. Mais ne peuvent être saisis par les créanciers personnels du mari
les objets mobiliers qui existent au domicile que la femme séparée de
biens occupe en son nom et dont elle paie personnellement les loyers
(Rouen, 1er fév. 1855 : J. Huiss., t. 37, p. 23), à moins qu'ils ne prouvent qu'il en est réellement propriétaire, et, pour cela, il ne suffit pas
qu'ils établissent que parmi ces objets il s'en trouve quelques-uns (un
cheval, par exemple) qui servent le plus fréquemment aux besoins du
mari. L'usage de ces objets par le mari ne détruit pas la présomption de

propriété résultant en faveur de la femme, de la séparation de biens (Caen, 15 déc. 1859 : *J. Huiss.*, t. 43, p. 314).

42. Jugé aussi que ne sont pas saisissables les meubles qu'une femme mariée sous le régime dotal s'est constitués en dot, même après la séparation de biens, pour dettes contractées pendant le mariage (Rouen, 12 mars 1839 : *J. Huiss.*, t. 20, p. 219); — et les instruments aratoires acquis par une femme dotale séparée de biens avec les revenus de ses deniers dotaux, lorsque, à raison de la destination et du peu d'importance de ces instruments, ils sont considérés comme étant nécessaires au soutien de la famille (Caen, 20 juin 1855 : *J. Huiss.*, t. 37, p. 159).

43. Dans une espèce où les effets à l'usage personnel des enfants du débiteur, tels que leurs vêtements, linge et livres d'étude, avaient été compris dans une saisie-exécution, le tribunal civil de la Seine a décidé qu'ils devaient en être distraits, et qu'il y avait lieu également d'en distraire un petit bureau et une chaise en tapisserie, quoique trouvés au domicile du saisi, s'ils avaient été donnés en cadeau à l'un de ses enfants (Jugement du 13 avril 1859 : *J. Huiss.*, t. 40, p. 191).

44. Au contraire, d'après le même jugement, le piano, qui est dans le domicile du saisi, ne peut être distrait de la saisie, lorsqu'il n'est pas établi qu'il ait été donné à l'un des enfants; seulement, le tribunal peut ordonner qu'il ne sera mis en vente qu'après tous les autres objets saisis et qu'autant que le prix de ceux-ci ne serait pas suffisant pour désintéresser le saisissant.

45. En général, les objets qui peuvent être saisis mobilièrement sont tous ceux que l'art. 535, C. Nap., comprend sous la dénomination de *biens meubles* ou *effets mobiliers* (V. *Meubles*). Sont donc susceptibles d'être saisis :

L'argent comptant (C.P.C., art. 590; Chauveau, *quest.* 2034 *bis*) : ce qui comprend les billets de la Banque de France et de ses succursales, ces billets étant considérés comme une monnaie courante (Chauveau, *quest.* 2030 *in fine*), mais non les billets obligatoires (lettres de change, billets à ordre), dits billets de caisse, souscrits au profit du débiteur, lorsque le hasard les met sous les yeux de l'huissier (Carré et Chauveau, *quest.* 2030).

46. ... Les reconnaissances du Mont-de-Piété (Ord. de réf. [Paris], 8 sept. 1842); mais elles ne peuvent être vendues publiquement; il y a lieu de dégager les objets mobiliers indiqués dans ces reconnaissances, pour ensuite les comprendre dans la vente (Paris, 19 oct. 1854 : *J. Huiss.*, t. 36, p. 42).

47. ... L'argenterie et toute espèce de vaisselle d'argent, les bagues et joyaux (C.P.C., art. 589 et 621).

48. ... Les portraits de famille, sauf au tribunal à ordonner, suivant les circonstances, qu'ils soient distraits de la saisie.

49. ... Les marchandises (C.P.C., art. 588), et, plus généralement, tout ce qui fait l'objet d'un commerce. — En ce qui concerne la saisie du matériel d'une imprimerie, V. *Imprimerie*, n°s 12 et suiv., et la saisie d'une pharmacie, V. *Pharmacie*, n°s 6 et suiv.

49 bis. ... Les bacs, bateaux et autres bâtiments de rivière, ainsi que les moulins et autres édifices mobiles (C.P.C., art. 620). — Relativement à la saisie des bâtiments de mer, quel que soit leur tonnage, V. *Saisie de navires.*

50. Des meubles communs peuvent être saisis entre les mains du copropriétaire débiteur en la possession duquel ils se trouvent (Bordeaux, 30 mars 1852 : *J. Huiss.*, t. 33, p. 246) ; mais les autres copropriétaires sont recevables à en revendiquer leur part et à provoquer le partage avant la vente (Carré et Chauveau, *quest.* 1992 et suiv. ; *J. Huiss.*, t. 12, p. 271 ; Bordeaux, 30 mars 1832 : arrêt précité) ; s'ils n'interviennent pas, la présomption que le débiteur détenteur des meubles en est seul propriétaire doit alors prévaloir. La demande en revendication ou distraction doit être accompagnée de la demande en partage, parce que c'est le partage seul qui peut déterminer la part afférente au débiteur saisi ; il ne suffirait donc pas au copropriétaire non débiteur d'arguer de nullité le commandement qui a précédé la saisie (Trib. civ. de Villefranche, 11 fév. 1847 : *J. Huiss.*, t. 28, p. 139).

51. Il a même été jugé qu'une saisie portant sur des meubles mis en société par le débiteur a pu être déclarée valable pour la totalité, quoique l'acte de société eût été enregistré avant la saisie, si la société n'était qu'une manœuvre frauduleuse pour soustraire aux poursuites les meubles du saisi (Cass. 28 mai 1851 : *J. Huiss.*, t. 32, p. 263).

52. Voyons maintenant quelles sont les choses qui sont frappées d'insaisissabilité. Certains objets sont insaisissables d'une manière absolue : d'autres sont saisissables seulement pour certaines créances.

53. *Objets absolument insaisissables.* — Ces objets sont :

1° Les papiers du débiteur : s'il est présent à la saisie, il suffit qu'il les mette de côté ; s'il est absent, ils sont placés sous scellés, et, comme l'apposition des scellés n'a lieu que dans son intérêt, il en requiert la levée à son retour, sans avoir besoin d'appeler le saisissant (C.P.C., art. 591 ; Chauveau, sur l'art. 591, n° CCCCLXII).— Parmi les papiers qui ne peuvent être saisis au domicile du débiteur, figurent, ce nous semble, les manuscrits trouvés à son domicile ; l'auteur demeure toujours maître absolu du produit de sa pensée et du travail de son intelligence ; il ne saurait être vendu ou livré à l'impression sans sa volonté ; l'huissier, quand le débiteur est présent, n'a pas le droit d'examiner ses papiers, parmi lesquels sont compris ses manuscrits, et, s'il est absent, il doit s'abstenir de les comprendre dans la saisie et les faire mettre sous les scellés.

54. 2° Le coucher nécessaire des saisis et ceux de leurs enfants vivant avec eux (C.P.C., art. 592-2°). — Le coucher nécessaire, déclaré insaisissable, est celui de la maison où le saisi fait sa résidence habituelle, encore bien que là ne soit pas son domicile légal (Orléans, 24 août 1822). — Quand une saisie est pratiquée dans une maison où le saisi n'habite qu'accidentellement, par exemple dans une maison de campagne, elle peut comprendre tous les lits qui s'y trouvent.

55. Par *coucher nécessaire*, on doit entendre les parties du lit qui sont indispensables au repos, tels que bois de lit, sommier ou paillasse, matelas, traversins, oreillers, draps, couvertures, et même les rideaux, selon la position, l'âge ou l'état de santé du saisi. Tout ce qui est de luxe, comme ciel de lit, housses, tentures, tapisseries, est saisissable. Du reste, en cas de difficulté, les tribunaux apprécieront ce qui doit être considéré comme nécessaire ou comme de luxe (Carré et Chauveau, *quest.* 2037).

56. Le lit qui doit être laissé au saisi est celui où il couche ordinairement ; le saisissant ne pourrait lui en substituer un autre de moindre valeur, par exemple, substituer un lit en bois peint au lit en acajou ou en noyer (Just. de paix du 6ᵐᵉ arrondiss. de Paris, 6 nov. 1833).

57. Il n'est laissé qu'un lit pour le mari et la femme, s'ils sont valides et bien portants ; si l'un est malade ou infirme, l'humanité commande d'en laisser deux (Carré et Chauveau, *quest.* 2038). Il est, en pareille circonstance, laissé beaucoup à l'appréciation de l'huissier, qui saura toujours concilier la rigueur de son ministère avec la position du saisi, et dont l'opération pourra toujours être soumise au sage contrôle des tribunaux.

58. Si le saisi a plusieurs enfants, il convient de laisser à chacun d'eux, quel que soit leur âge, le lit que le père de famille lui a destiné (Carré et Chauveau, *loc. cit.*).

59. Encore bien que le débiteur ait disparu de son domicile, sans qu'on sache ce qu'il est devenu, son lit et celui de ses enfants n'en sont pas moins insaisissables (Trib. civ. de la Seine, 13 avril 1859 : *J. Huiss.*, t. 40, p. 191); et, pour obtenir la distraction de la saisie du lit de leur père et de leur coucher, s'ils y avaient à tort été compris, les enfants ne sont point obligés de justifier de l'existence de leur père.

60. Le coucher des père et mère du saisi et celui d'autres personnes auxquelles il devrait des aliments et qui vivraient avec lui doivent également être conservés (Thomine-Desmazures, *Comment. du Code de procéd. civ.*, t. 2, p. 108).

61. Quant au coucher des domestiques, il ne doit être saisi qu'autant qu'il apparaît à l'huissier que le saisi peut se servir lui-même, et que l'âge ou l'état de ses enfants lui permettent de se passer de domestiques (Chauveau, *quest.* 2038).

62. 3° Les habits dont les saisis sont vêtus et couverts (C.P.C. art. 592-2°). La loi ne distingue pas entre les habits qui sont nécessaires et ceux qui ne le sont pas. Ainsi, on ne peut exiger que les saisis se dépouillent des vêtements dont ils se sont couverts sans nécessité. Il en est de même en ce qui concerne la femme et les enfants du saisi (Carré et Chauveau, *quest.* 2039).

63. Les bijoux que portent sur eux le saisi, sa femme et ses enfants, quoique n'étant pas déclarés insaisissables, ne peuvent néanmoins être compris dans la saisie, s'ils ne consentent pas à s'en dessaisir. L'huissier ne peut que leur adresser à cet égard une simple demande ; il n'a sur eux aucun moyen de contrainte.

64. Le coucher et les habits ne peuvent être saisis pour aucune créance, même pour aliments fournis au saisi (C.P.C., art. 593).

65. 4° Les équipements des militaires, suivant l'ordonnance et le grade. Quoique l'art. 593, C.P.C., semble admettre qu'ils puissent être saisis pour aliments fournis au saisi ou pour sommes dues au fabricant ou au vendeur desdits objets, nous croyons néanmoins que des motifs d'intérêt public s'opposent à ce qu'ils soient saisissables, même pour ces causes (L. 10 juill. 1791, tit. 3, art. 65; Carré, *quest.* 2043.— *Contra* Chauveau, *ead. quest.*). Les fournisseurs des militaires peuvent alors exiger le paiement comptant des objets qu'ils leur fournissent.

66. 5° Les croix, décorations ou médailles conférées aux militaires ou à tous autres (Thomine-Desmazures, t. 2, p. 109; Chauveau, *quest.* 2043); le sabre d'un officier général et toutes les armes d'honneur qui lui sont données en récompense de ses services, alors même que cet officier est en retraite (Paris, 22 avril 1838 : *J. Huiss.*, t. 19, p. 263). L'huissier qui saisit ces objets est responsable des conséquences de la vente (V. *Responsabilité des huissiers*, n° 22).

67. 6° Les chevaux et équipages destinés au service de la poste aux lettres, pendant le temps qu'ils sont employés à ce service.

68. 7° Les objets qui, dans le cas de faillite, ont été réservés au failli et à sa famille (C. Comm., art. 469. — V. *Faillite*, n° 145).

69. Sur la question de savoir si les ruches peuvent être saisies pendant le temps des travaux des abeilles, V. *Abeilles*, n° 7.— Quant aux vers à soie élevés par un individu qui n'a pas de propriété et achète les feuilles de mûrier, M. Chauveau, *quest.* 2035 *bis*, s'appuyant sur la loi du 28 sept.-6 oct. 1791, pense qu'ils sont insaisissables pendant le temps de leur travail. — Nous comprenons que pendant ce temps la vente publique n'en puisse avoir lieu. Mais, puisque le produit des vers à soie est le gage du créancier, ne doit-il pas au moins leur être permis de les placer conservatoirement sous la main de la justice ?

70. *Objets qui ne sont saisissables que pour certaines créances.* — Ces objets sont :

1° Les objets que la loi déclare immeubles par destination (C.P.C., art. 592-1°). — Sur ce qu'il faut entendre par *immeubles par destination,* V. *Immeubles,* nos 10 et suiv.—Ainsi, spécialement, ne peuvent être frappés de saisie-exécution les animaux attachés par le propriétaire à la culture d'un fonds, les troupeaux de brebis attachés aux biens des landes, qui ne sont productifs que par les engrais que ces animaux procurent (Bordeaux, 14 déc. 1829 : *J. Huiss.,* t. 11, p. 186) ; les ustensiles aratoires que le propriétaire a placés dans sa ferme, lorsque ces animaux et ustensiles sont indispensables à l'exploitation (Orléans, 11 déc. 1817; Lyon, 15 juin 1820 : *J. Huiss.,* t. 11, p. 186, note), encore qu'ils soient employés à d'autres travaux (Bourges, 10 fév. 1821) ; et les machines et ustensiles nécessaires à l'exploitation d'une manufacture et que le propriétaire y a placés (Cass. 27 mars 1821).

71. Consulté sur la question de savoir si l'on peut saisir sur un propriétaire les bêtes de charge et de trait dont il se sert pour l'exploitation de son fonds, ainsi que le troupeau de menu bétail qu'il y entretient, j'ai pensé qu'ils étaient saisissables, s'ils n'étaient pas attachés au service du fonds et n'étaient pas rigoureusement nécessaires pour sa culture et sa production. La solution de cette question dépend donc de circonstances que le saisissant et l'huissier doivent apprécier (*J. Huiss.,* t. 38, p. 65, 10°). En cas de difficulté, le créancier peut prouver tant par titres que par témoins que les animaux, qu'un propriétaire prétend être immeubles par destination, ne sont pas nécessaires pour le service et l'exploitation du fonds (Orléans, 11 déc. 1817; Lyon, 15 juin 1820 : *J. Huiss.,* t. 11, p. 186, note. — V. *Immeubles,* nos 15 et suiv.).

72. Les poissons des étangs étant immeubles par destination (C. Nap., art. 524), jusqu'au moment où la bonde des étangs est levée pour les mettre en pêche, ils ne peuvent jusqu'à ce moment être l'objet d'une saisie-exécution. Mais il en est autrement quand la bonde est levée, parce qu'alors les poissons deviennent meubles (Chauveau, *J. Huiss.,* t. 37, p. 132, XIII). A partir de la levée de la bonde, les poissons peuvent donc être saisis-exécutés soit sur le propriétaire par ses créanciers, soit par le propriétaire sur le fermier auquel il a affermé la pêche de l'étang.

73. Mais ne sont pas atteints par l'exception, et, par conséquent, peuvent être saisis, pour toute espèce de créances, les objets que le fermier a placés sur un domaine pour son exploitation (*J. Huiss.,* t. 12, p. 280, n° 20 ; Carré et Chauveau, *quest.* 2035), par exemple, les bestiaux placés par un fermier dans la ferme pour son exploitation (Liége, 14 fév. 1834). Jugé aussi qu'on peut saisir un four construit par le locataire qui doit l'enlever à la fin de son bail, alors même qu'il appartient à un boulanger (Lyon, 14 janv. 1832), une machine à vapeur placée par le locataire dans une usine, et pour son exploitation, les accessoires de cette machine et tout le matériel de l'usine (Trib. civ. de la Seine, 16 mars 1858 : *J. Huiss.,* t. 39, p. 124). Il en est de même des décorations et effets mobiliers d'un théâtre, qui appartiennent non au propriétaire de ce théâtre, mais au directeur qui les y a placés (Décis. du minist. des fin., 24 mars 1806). S'il était prouvé par actes authentiques ou par actes sous seings privés ayant date certaine que le bail n'a été consenti qu'à la condition que les objets placés sur les lieux par le locataire ou fermier resteraient à la fin du bail au propriétaire, ces objets seraient alors insaisissables (Carré, édit. Chauveau t. 4, p. 714, note).

74. Peuvent également être compris dans une saisie-exécution pratiquée contre un fermier les pailles et engrais appartenant au fermier (*J. Huiss.*, t. 12, p. 279, n° 19) ; les fruits et récoltes détachés du sol, mais existant encore sur les terres (*J. Huiss.*, même vol., p. 284, n° 26. — V. *Saisie-brandon*).

75. ... Les chevaux et la charrette d'un voiturier qui possède quelques ares de terre, lorsqu'il y a toute apparence qu'ils sont destinés au roulage, et non à la culture (*J. Huiss.*, t. 16, p. 259) ; le cheval et la charrette d'un brasseur ou d'un meunier (Bruxelles, 22 juin 1807 ; Orléans, 20 nov. 1823). Ces objets ne peuvent être considérés comme immeubles par destination ni assimilés aux outils nécessaires aux occupations personnelles du saisi (V. cependant Chauveau, *quest.* 2036). Il en est de même des bœufs et des chevaux dont un propriétaire fait le commerce, et qu'il élève dans des pâturages.

76. ... Les matériaux provenant de la démolition d'un bâtiment, quoique le bâtiment n'ait été démoli que pour être reconstruit, tant qu'ils n'ont pas été employés pour la nouvelle construction (Lyon, 23 déc. 1811).

77. Au surplus, la défense de saisir les objets que la loi déclare immeubles par destination cesse toutes les fois que ces objets ne peuvent plus être employés à la culture à laquelle ils étaient destinés. Ainsi, spécialement, lorsqu'un propriétaire, en vendant les charrues, charrettes, pailles et fourrages d'une ferme, a rendu par là impossible la culture des terres, les bœufs de la même ferme peuvent alors être saisis (Bourges, 9 fév. 1830). — La même défense cesse aussi en faveur du vendeur non payé d'un objet mobilier incorporé à un immeuble, par exemple, d'une machine incorporée à une fabrique (Cass. 22 janv. 1837 ; Caen, 1er août 1837 ; Dijon, 18 août 1842 ; Troplong, *Privil. et Hypoth.*, t. 1er, n° 113).

78. Sont saisissables par les créanciers du fermier les bestiaux qui composent le cheptel de fer, pourvu que les autres animaux du fermier suffisent pour garantir au propriétaire la valeur estimative du cheptel qu'il a fourni (C. Nap., art. 1805 et 1821 ; Cass. 8 déc. 1806), et par le propriétaire, le cheptel fourni par un tiers à son fermier, si cette circonstance ne lui a pas été notifiée avant l'introduction des bestiaux dans la ferme (C. Nap., art. 1813 ; Nîmes, 7 août 1812 ; Cass. 9 août 1815 ; Paris, 31 juill. 1818). Le cheptel à moitié peut être saisi sur le fermier jusqu'à concurrence de la portion lui appartenant (C. Nap., art. 1818).

79. 2° Les livres relatifs à la profession du saisi, jusqu'à la somme de 300 fr., à son choix (C.P.C., art. 592-3°). Cette disposition est applicable aux hommes de lettres, aux auteurs, aux magistrats, aux avocats, notaires, avoués et huissiers (*J. Huiss.*, t. 17, p. 209).

80. Lorsque le saisi est présent, il choisit lui-même les livres qu'il veut conserver, et l'évaluation en est faite par lui et par l'huissier, s'ils peuvent s'entendre ; mais, s'ils ne s'accordent pas, il y a lieu de s'adresser au juge de référé pour obtenir la nomination d'un expert, qui procède seul à l'évaluation (Carré et Chauveau, *quest.* 2010). Si le saisi, présent, refuse de faire son choix, ou, s'il est absent, l'huissier constate le refus ou l'absence, et requiert la nomination d'un expert qui procède au choix et à l'évaluation. Dans l'un et l'autre cas, l'huissier doit constater quels sont les livres qui n'ont pas été saisis et quelle est la valeur qui a été donnée à chacun d'eux.

81. Si le débiteur n'exerce aucune profession, l'exception admise par l'art. 592-3° cesse d'être applicable, et tous les livres trouvés à son domicile sont alors valablement compris dans la saisie (Paris, 19 oct. 1854 : *J. Huiss.*, t. 36, p. 42).

82. 3° Les machines et instruments servant à l'enseignement pratique

ou exercice des sciences et arts, jusqu'à concurrence de 300 fr., et au
choix du saisi (C.P.C., art. 592-4°). Cette disposition a pour but de laisser au saisi le moyen de continuer sa profession ; mais ne lui permet pas
d'exiger l'allocation d'une somme équivalente à la valeur des objets réservés
sur le prix de la vente (Toulouse, 5 mars 1837 ; Chauveau, *quest.* 2041
ter). Pour l'exécution de cette disposition, il est procédé comme il est dit
au numéro 80.

83. Les dispositions de l'art. 592, C.P.C., relatives à l'insaisissabilité
des livres et des instruments, sont séparées, distinctes ; de sorte que l'exécution de l'une ne peut empêcher l'exécution de l'autre. Le saisi
a donc le droit de retenir cumulativement les livres et instruments ; ces
objets lui restent jusqu'à concurrence d'une somme de 600 fr. (Carré et
Chauveau, *quest.* 2041).

84. Lorsque la saisie est pratiquée sur un ecclésiastique, on doit lui
laisser, outre ses livres, les vases et ornements qui sont nécessaires au
service divin (Thomine-Desmazures, t. 2, p. 109 ; Carré et Chauveau,
quest. 2042).

85. 4° Les outils des artisans, nécessaires à leurs occupations personnelles (C.P.C., art. 592-6°), quand même ils excéderaient 300 fr. ; la loi
ne se préoccupe pas, comme dans les deux cas précédents, de la valeur des
outils, elle les réserve tous.

86. Parmi les outils déclarés insaisissables, il y a lieu de comprendre
les forge, soufflet, marteau, enclume et autres objets mobiliers nécessaires à l'exercice de la profession de charron-forgeron (*J. Huiss.*, t. 37,
p. 256, 3°).

87. Ont été considérés aussi comme outils d'artisans, et dès lors comme
n'étant pas saisissables, le cheval et la voiture d'un porteur d'eau (Paris,
4 déc. 1829). Ce sont là des instruments servant au travail personnel du
saisi, et qui sont pour lui l'unique moyen de gagner son pain de tous les
jours.

88. Il a été décidé, au contraire, que les objets mobiliers composant le
matériel d'une imprimerie ne rentrent ni dans la catégorie des machines
et ustensiles ni dans celle des outils des artisans, dont l'art. 592, §§ 4 et 6,
interdit la saisie (Toulouse, 5 mars 1837 : *J. Huiss*, t. 18, p. 336). Il
semble, en effet, en règle générale, difficile de faire l'application de l'art.
592 à un chef d'industrie. Cependant, nous croyons qu'un imprimeur,
malheureux dans ses spéculations, pouvant travailler comme ouvrier, a le
droit de conserver les instruments servant à la pratique ou à l'exercice
de son industrie, et qu'ainsi il peut empêcher la saisie, pour une valeur
de 300 fr., d'un composteur, d'une pointe, d'une pince, d'un marteau, et
enfin de tout le petit mobilier qui est indispensable à l'ouvrier compo-
siteur ou imprimeur (V., dans le même sens, *J. Huiss*, t. 30, p. 173).

89. De ce que la loi ne déclare insaisissables que les outils nécessaires
aux occupations personnelles du saisi, il suit qu'on peut saisir, chez un
artisan, les outils qui servent à ses ouvriers (Carré et Chauveau, *quest.*
2044), et même tous ceux des outils de l'artisan dont la privation ne l'empêche pas de se livrer à ses occupations journalières ; par exemple, quand
une saisie est pratiquée sur un menuisier ou sur un charron-forgeron qui
ont tous leurs outils en nombre pair, on peut saisir un outil de chaque
espèce, de manière à leur laisser la moitié de ceux qu'ils possédaient (*J.
Huiss.*, t. 37, p. 256, 3°).

90. 5° Les farines et menues denrées nécessaires à la consommation
du saisi et de sa famille pendant un mois (C.P.C., art. 592-7°). En restreignant la prohibition à ce qui est nécessaire à la subsistance du saisi
pendant un mois, la loi a laissé à l'huissier le soin de proportionner la

quantité au nombre d'enfants et de personnes composant le ménage du saisi (Carré, *quest.* 2045). Dans le cas de difficulté entre l'huissier et le saisi, il peut, ce nous semble, être statué par le juge de référé.

91. Par les *menues denrées*, dont parle l'art. 592-7°, C.P.C., il faut entendre le pain, les volailles, les viandes coupées, le gibier et tous autres objets destinés à la nourriture de la famille (Carré et Chauveau, *quest.* 2045).

92. A défaut de farines et de menues denrées, il convient de laisser au saisi, sur les deniers comptants, s'il y en a, une somme équivalente à la valeur de ces objets, c'est-à-dire suffisante pour la subsistance du saisi et de sa famille pendant un mois (Carré et Chauveau, *quest.* 2026). L'huissier et le saisi peuvent s'entendre pour la fixation de cette somme ; s'ils ne sont point d'accord, nous croyons que l'huissier a la faculté de la fixer seul, sauf au saisi, s'il le juge utile, à se pourvoir en référé.

93. 6° Enfin, une vache ou trois brebis, ou deux chèvres, au choix du saisi, avec les pailles, fourrages et grains nécessaires pour la litière et la nourriture desdits animaux pendant un mois (C.P.C., art. 592-8°). Cette réserve doit être faite en dehors de celle des bestiaux attachés à la culture. Mais, établie en faveur de l'indigence, elle ne peut guère être invoquée par le saisi qui a donné ses bestiaux à bail à cheptel (Cass. 1er therm. an XI). — Quant à la fixation de la quantité des pailles, fourrages et grains, elle est faite par l'huissier et le saisi, ou, s'ils ne peuvent se mettre d'accord à cet égard, par le juge.

94. Les objets, dont il est question dans les n°s 1, 3, 4, 6, 7 et 8, de l'art. 592, ne peuvent être saisis pour aucune créance, même celle de l'Etat, si ce n'est : 1° pour aliments fournis à la partie saisie (C.P.C., art. 593), ce qui comprend le pain, la viande, la boisson, l'épicerie, mais non les vêtements et le bois de chauffage. Peu importe l'époque à laquelle les aliments ont été fournis, la loi ne fait pas ici de distinction comme lorsqu'il s'agit de privilège.

95. 2° Pour sommes dues aux fabricants ou vendeurs desdits objets, ou à celui qui a prêté pour les acheter, fabriquer ou réparer (C.P.C., art. 593). Mais, pour cela, il faut, ce nous semble, qu'il ne puisse exister aucune incertitude sur l'origine de la créance et qu'il ne puisse s'élever aucun doute sur l'identité de l'objet vendu, payé, fabriqué ou réparé et de celui saisi.

96. Quoique l'art. 593 ne s'explique pas à l'égard du prix des réparations faites à un objet mobilier, cependant il ne saurait être douteux que la saisie ne puisse être faite également pour le paiement de ce prix, comme elle peut être opérée à la requête de celui qui a prêté la somme nécessaire pour payer les réparations (Carré et Chauveau, *quest.* 2046).

97. 3° Pour fermages et moissons des terres à la culture desquelles les objets sont employés, loyers des manufactures, moulins, pressoirs, usines dont ils dépendent, et loyers des lieux servant à l'habitation personnelle du débiteur (C.P.C., art. 593). Le mot *fermages* désigne à la fois le prix de ferme en argent et le prix en denrées, et le mot *moissons*, les créances des ouvriers qui ont fait les récoltes (C. Nap., art. 2102-1°; Carré et Chauveau, *quest.* 2047).

98. Les dispositions de l'art. 592, C.P.C., ont été établies dans des vues d'ordre et de bienséance. La partie saisie ne pourrait donc renoncer au bénéfice résultant de l'insaisissabilité des objets que la loi lui réserve, et l'huissier ne pourrait saisir et vendre lesdits objets, même du consentement du saisi (Carré et Chauveau, *quest.* 2032), sans s'exposer à des peines disciplinaires. Toutefois, il en serait autrement, s'il résultait des circonstances que le saisi n'a plus besoin des objets qui lui étaient réservés (Chauveau, *loc. cit.* ; *J. Huiss.*, t. 11, p. 169).

99. Du reste, une saisie-exécution n'est pas nulle parce qu'elle comprend des objets déclarés insaisissables (Cass. 1er therm. an XI; Metz, 10 mai 1825 ; Carré et Chauveau, *quest.* 2034). Mais, si le saisissant ne consent pas à ce qu'il soit fait distraction des objets saisis à tort, le saisi a le droit de demander cette distraction, pourvu qu'il le fasse avant la vente (Toulouse, 3 mars 1837 : *J. Huiss.*, t. 18, p. 336), et de réclamer contre le saisissant des dommages-intérêts (Cass. 1er therm. an XI). — V. *Formule* 5.

100. Si la distraction n'a pas été demandée avant la vente, et si les objets insaisissables ont été vendus, le saisi n'a plus qu'une action en dommages-intérêts pour réparation du préjudice qu'il a éprouvé (Paris, 22 avril 1838). Cette action peut être dirigée non-seulement contre le saisissant, mais aussi contre l'huissier (Chauveau, *quest.* 2034).

101. La demande en distraction peut être portée devant le juge des référés (C.P.C., art. 806), ou devant le tribunal (Arg. art. 584, C.P.C.). Elle ne peut l'être que devant le tribunal lorsqu'il y est conclu en même temps à des dommages-intérêts. — Si la saisie a été pratiquée pour paiement de contributions directes, la demande est du ressort de l'autorité administrative (V. *Contributions directes*, nos 23 et suiv.).

§ 3. — *Formalités préalables à la saisie-exécution. — Commandement. — Délai.*

102. COMMANDEMENT.—Toute saisie-exécution doit être précédée d'un commandement signifié au débiteur (C.P.C., art. 583), même quand elle est pratiquée à la requête de l'administration des domaines (Rennes, 29 août 1816), et ce à peine de nullité de la saisie (même arrêt). — V. *Formule* 1.

103. Le commandement de payer, sous peine d'y être contraint par les voies de droit, est suffisant pour autoriser une saisie-exécution (Arg. Turin, 7 août 1809; Carré et Chauveau, *quest.* 1998).

104. Jugé également qu'un commandement à fin de saisie immobilière, bien qu'il ne contienne la réserve d'aucune autre voie de contrainte, peut servir de base à une saisie-exécution, alors même qu'il s'est écoulé plus de trois mois depuis ce commandement (Cass. 27 mars 1821 : *J. Huiss.*, t. 2, p. 140).

105. Lorsqu'une saisie-exécution a été suivie de la vente des meubles saisis, et que, par suite de l'insuffisance des deniers provenant de cette vente, le créancier est forcé d'opérer une nouvelle saisie sur d'autres objets, cette nouvelle saisie doit, à peine de nullité, être précédée d'un nouveau commandement (Trib. civ. de la Seine, 21 nov. 1844).

106. Mais, lorsqu'un commandement a été fait à un voiturier par eau, aux fins de saisir les marchandises qui sont dans ses bateaux, et que, au moment de procéder à la saisie, on ne retrouve plus ces bateaux, le saisissant peut, sans nouveau commandement, pratiquer une saisie-exécution sur d'autres marchandises emmagasinées par le débiteur (Orléans, 24 janv. 1817).

107. Dans le cas où le débiteur a formé opposition au jugement par défaut en vertu duquel ses meubles ont été saisis, M. Chauveau, *quest.* 1997 *bis*, enseigne que, si le créancier veut procéder à une nouvelle saisie en vertu du jugement qui a débouté le débiteur de son opposition, il est nécessaire de lui faire préalablement un nouveau commandement.

108. Nous pensons aussi que le commandement tendant à saisie mobilière fait partie des actes d'exécution interdits par l'effet suspensif que l'art. 457, C P.C., attribue à l'appel ; de sorte que le commandement signifié après que l'appel du jugement, en vertu duquel il a lieu, a été interjeté, ne peut servir de base à une saisie-exécution, quoique le jugement ait été confirmé ; un nouveau commandement est nécessaire (*J. Huiss.*, t. 44, p. 67, 8°).

109. *Signification.* — Le commandement doit être signifié à la personne ou au domicile du débiteur (C.P.C., art. 583). Le créancier n'est pas dispensé de faire signifier ce commandement, alors même qu'il ignore le domicile actuel du débiteur (Pau, 3 juill. 1807); en ce cas, la signification doit être faite dans la forme prescrite au n° 8 de l'art. 69, C.P.C. (Carré et Chauveau, *quest.* 1999).

110. La signification du commandement peut aussi être faite au domicile élu pour l'exécution de l'obligation (C. Nap., art. 111 ; Chauveau *quest.* 1999.— *Contrà* Thomine-Desmazures, t. 2, p. 92).

111. Mais, lorsque la saisie-exécution est pratiquée sur une compagnie de chemin de fer, le commandement n'est pas valablement signifié à un chef de gare, qui n'a ni mandat ni capacité pour la représenter en justice et répondre aux actes d'exécution dirigés contre elle ; il doit l'être à la personne du directeur de la compagnie et au siége social de celle-ci (Cass. 27 juill. 1858 : *J. Huiss.*, t. 39, p. 263).

112. Lorsqu'une saisie doit porter sur des meubles communs à plusieurs débiteurs, le commandement doit être signifié à chacun d'eux individuellement ; si cependant les meubles communs sont en la possession de l'un d'eux seulement, il suffit de signifier à celui-ci le commandement, la possession qu'il a des meubles le faisant considérer comme propriétaire. —V. *suprà*, n° 50.

113. La signification du commandement est faite par un huissier, sans assistance de recors ou témoins (Carré et Chauveau, *quest.* 2007) ; elle peut être faite par tout huissier de l'arrondissement dans lequel le débiteur a son domicile, et non pas seulement par l'huissier du canton dans lequel le débiteur est domicilié.

114. *Ce que doit contenir le commandement.* — Le commandement doit contenir :

1° La notification du titre, s'il n'a déjà été notifié (C P.C., art. 583), et ce, à peine de nullité (Limoges, 26 avril 1823 ; Montpellier, 18 juill. 1850).

115. Lorsqu'on procède au recouvrement de dépens adjugés, en vertu d'un exécutoire de dépens, cet exécutoire doit être notifié avec le commandement tendant à saisie-exécution (Bruxelles, 13 août 1811).

116. Si le titre a déjà été notifié, il est inutile d'en donner de nouveau copie en tête du commandement ; cette seconde copie serait frustratoire (Thomine-Desmazures, t. 2, p. 93). Il suffit alors d'énoncer dans le commandemnt la date et le contenu du titre, d'y indiquer la nature et le *quantum* de la créance, et d'y rappeler la précédente signification (Orléans, 2 juin 1809 ; Carré et Chauveau, *quest.* 2000).

117. Lorsque le titre est un jugement par défaut contre avoué, la Cour de Turin avait jugé, par arrêt du 1er fév. 1811, que la signification à avoué, qui en avait été faite, dispensait d'en donner copie avec le commandement. Mais M. Chauveau, *quest.* 2000 bis, fait remarquer, avec raison, que c'est là une violation de l'art. 147, C.P C., qui défend d'exécuter aucun jugement, avant de l'avoir signifié à partie ; disposition qui s'applique même aux jugements par défaut contre avoué. Il doit donc être donné, en tête du commandement, copie de ces jugements, quoiqu'ils aient été précédemment signifiés à avoué.

118. La notification du titre, quand elle est nécessaire, ne doit pas être faite par extrait ; elle doit, à peine de nullité, comprendre la copie entière du titre. Ainsi, est nulle la saisie-exécution faite en vertu d'un jugement ou arrêt, dont la copie notifiée, en tête du commandement ne contenait ni les points de fait et de droit ni les motifs (Rennes, 29 août 1816; Carré et Chauveau, *quest.* 1991). De même, l'omission dans la copie du titre donnée par le commandement de la formule exécutoire emporte nullité (Carré, *loc. cit.*).

119. La nullité résultant de ce que le commandement ne contient pas copie du titre exécutoire, alors que ce titre n'a pas encore été notifié, n'est pas cependant d'ordre public; il semble, par conséquent, qu'elle peut être couverte par des défenses au fond, et que le débiteur, qui ne l'a pas proposée en première instance, mais s'est borné à contester l'existence de la dette, n'est pas recevable à l'invoquer pour la première fois en appel (*Contra* Montpellier, 18 juill. 1850).

120. C'est le titre constitutif de la créance qui, seul, doit être notifié avec le commandement. Par conséquent, le commandement, qui précède
* la saisie-exécution qu'un rentier viager se propose de faire opérer pour avoir paiement des arrérages échus de la rente, ne doit pas, à peine de nullité, contenir la copie du certificat de vie du rentier. Ce certificat ne saurait être, au point de vue de la validité du commandement, assimilé au titre (Trib. civ. de Toulouse, 17 juin 1857 : *J. Huiss.*, t. 38, p. 323).

121. 2° L'énonciation de la somme liquide pour laquelle le commandement est fait (C.P.C., art. 551), et ce, à peine de nullité (Biret, *Des nullités*, t. 2, p. 161).

122. 3° Election de domicile jusqu'à la fin de la poursuite, dans la commune où doit se faire l'exécution, si le créancier n'y demeure pas (C.P.C., art. 584). Si l'exécution doit avoir lieu dans plusieurs communes, il est nécessaire d'élire domicile dans chacune des communes où le créancier ne demeure pas (Carré, édit. Chauveau, t. 4, p. 678, note 2; Chauveau, *quest.* 2006 *in fine*).

123. L'élection de domicile étant exigée par la loi, le pouvoir qui est donné à l'huissier de faire le commandement lui confère le droit de remplir cette formalité. Il suit de là que lorsque, ayant reçu un commandement tout préparé, à la requête d'une partie non domiciliée dans la commune où l'exécution doit se faire, et ne contenant pas élection de domicile dans cette commune, il y a ajouté cette élection de domicile, le créancier ne peut, à raison de ce fait, le désavouer (Orléans, 25 janv. 1849 : *J. Huiss.*, t. 30, p. 293 ; Chauveau, *Suppl. aux Lois de la procéd.*, quest. 2004 *bis*).

124. Si le saisissant, domicilié dans la commune où l'exécution doit avoir lieu, vient à changer de domicile, sans faire une élection de domicile dans cette commune, l'ancien domicile du créancier doit tenir lieu du domicile qu'il eût dû y élire, si, dès le commencement des poursuites, il n'avait pas demeuré dans la commune (Carré et Chauvean, *quest.* 2006).

125. Si c'est le débiteur qui, depuis le commandement contenant, dans la commune où il demeurait, élection de domicile pour le créancier, et avant la saisie, change de domicile et le transporte dans une autre commune, le créancier peut, en vertu de ce même commandement, y faire opérer la saisie-exécution, et il suffit, pour la régularité de la procédure, de faire dans le procès-verbal de saisie, élection de domicile dans la nouvelle commune où le débiteur est allé résider (Colmar, 4 juill. 1810; *J. Huiss.*, t. 33, p. 57, réponse à une question qui m'avait été proposée).

126. Au surplus, l'omission dans le commandement d'une élection de domicile au lieu de l'exécution n'entraîne point la nullité ni du commandement ni de la saisie (Orléans, 10 mars 1840 ; Colmar, 4 juill. 1810;

Turin, 1er fév. 1811 ; Paris, 20 janv. 1848 ; Carré et Chauveau, *quest*. 2004 *bis*).

127. En admettant, d'ailleurs, que cette omission fût une cause de nullité du commandement, la nullité serait couverte par l'élection de domicile qui serait faite dans l'exploit de saisie (Colmar, 4 juill. 1810 ; Carré et Chauveau, *quest*. 2005).

128. 4° Et, en outre, toutes les formalités prescrites pour la validité des exploits en général (V. *Commandement, Exploit*).— Mais il n'est pas nécessaire que le commandement contienne constitution d'avoué (Rennes, 19 mai 1820 ; Chauveau, t. 4, p. 684, note), ni qu'il soit visé par le maire.

129. Dans le cas où la nullité d'une saisie-exécution est prononcée à raison d'une irrégularité du commandement, provenant du fait de l'huissier, cet officier ministériel peut être condamné à l'amende, et même, suivant les circonstances, à des dommages-intérêts (C.P.C., art. 1030).

130. Délai.— Lorsque le titre en vertu duquel le créancier veut faire procéder à la saisie-exécution est un jugement, doit-il exister un délai entre la signification de ce jugement et le commandement tendant à la saisie? Il faut distinguer entre le cas où le jugement est contradictoire, en premier ou en dernier ressort, et celui où il est par défaut (V. *Commandement, Exécution des actes et jugements*). Spécialement, il a été décidé que, lorsque la signification d'un jugement par défaut, rendu par un tribunal de commerce, et le commandement à fin d'exécution, ont été faits le même jour, par un même acte, la saisie-exécution qui a suivi cet acte doit être déclarée nulle (Bordeaux, 27 août 1851 : *J. Huiss.*, t. 33, p. 105).

131. Quant au délai qui doit **exister** entre le commandement et la saisie-exécution, il est déterminé par l'art. 583, C.P.C. Ainsi, d'après cet article, la saisie ne peut être faite qu'un jour au moins après le commandement. — Le jour dont il s'agit ici ne doit pas s'entendre d'un intervalle de 24 heures entre le commandement et la saisie ; ce jour doit être franc, c'est-à-dire ne se compter que depuis le temps qui s'écoule depuis minuit jusqu'à l'autre minuit. D'où il suit que, si le commandement a été fait le 13 à midi, la saisie qui a eu lieu le 14 à une heure est nulle (Bourges, 2 juill. 1823 : *J. Huiss.*, t. 7, p. 375 ; Thomine-Desmazures, t. 2, p. 92 ; Chauveau, *quest*. 1995.— *Contrà* Trib. civ. de Châteaudun, 24 sept. 1830 ; Carré, *quest*. 1995).

132. Si, dans le cas de saisie faite sur un commandement signifié la veille, sans qu'il y ait un intervalle d'un jour, et avant toutes poursuites ultérieures, le débiteur fait des offres réelles suffisantes et obtient ensuite la nullité de la saisie, il n'y a pas lieu de lui adjuger des dommages-intérêts, parce qu'il n'a pas satisfait au commandement ; seulement, les frais de la saisie doivent rester à la charge du créancier (Thomine-Desmazures, t. 2, p. 92).

133. Le délai qui doit s'écouler entre le commandement et la saisie est susceptible d'augmentation à raison des distances, conformément à l'art. 1033, C.P.C., si le saisi ne demeure pas dans le lieu de l'exécution (Thomine-Desmazures, *loc. cit.*; Chauveau, *quest*. 3410.— *Contrà* Carré, *quest*. 1996).

134. La loi n'a pas limité le temps pendant lequel le commandement tendant à une saisie-exécution serait valable, comme elle a pris soin de le faire pour le commandement qui précède la saisie immobilière (V. *Saisie immobilière*), ou pour celui qui doit être fait au débiteur avant l'emprisonnement (V. *Contrainte par corps*). Et comme il s'agit de prescription ou déchéance, les tribunaux ne peuvent à cet égard suppléer au silence de la loi. Il suit de là que le commandement tendant à saisie-exécution, n'est pas susceptible de tomber en péremption (Arg. Toulouse, 1er sept. 1820 : *J. Huiss.*, t. 1er, p. 333), et que, par conséquent, le saisissant peut faire procéder à la saisie après le délai fixé par l'art. 583, sans renouveler le commandement (Thomine-Desmazures, *loc. cit.*; Carré et Chauveau, *quest.* 1997), et même quoiqu'il se soit écoulé plusieurs années à partir du commandement (Pau, 29 juin 1821 : *J. Huiss.*, t. 11, p. 167). La question m'ayant été soumise, c'est aussi en ce sens que je l'ai résolue (V. *J. Huiss.*, t. 36, p. 9, 4°).

135. Toutefois, le commandement devrait être renouvelé dans le cas où il résulterait de faits survenus depuis que le créancier aurait renoncé à ses poursuites, par exemple, s'il avait reçu un à-compte et accordé terme pour le surplus (Chauveau, *loc. cit.*), ou dans le cas où il se serait écoulé plus de trente ans depuis sa date.

§ 4. — Effets de l'élection de domicile contenue dans le commandement

136. Aux termes de l'art. 584, C.P.C., le débiteur peut faire au domicile élu dans le commandement tendant à saisie-exécution toutes significations, même d'offres réelles et d'appel. Les significations dont il s'agit ici sont toutes celles qui sont relatives à la saisie, et non pas seulement les exploits d'offres réelles et d'appel. Le but du législateur a été d'étendre et non de restreindre les effets de l'élection de domicile.

137. Cependant, l'art. 584 ne crée en faveur du débiteur qu'une faculté; il ne déroge pas à la règle générale; de sorte que, nonobstant l'élection de domicile, toutes les significations peuvent être faites au domicile réel du créancier (Cass. 23 vent. an x; Chauveau, *quest.* 2008 *bis.* — *Contra* Douai, 30 janv. 1813).

138. L'exception à la règle générale est établie en faveur du débiteur nominativement. A-t-il donc seul le droit d'en profiter? Quelques arrêts se sont prononcés pour l'affirmative. Ainsi, décidé que le gardien qui demande sa décharge ne peut assigner le saisissant au domicile élu par celui-ci dans le commandement tendant à saisie-exécution (Poitiers, 25 fév. 1834); que le tiers qui revendique tout ou partie des objets saisis doit faire signifier sa demande en revendication au domicile réel du saisissant, et non au domicile élu (Paris, 26 juin 1811; 20 nov. 1829; Cass. 3 juin 1812; Toulouse, 26 fév. 1828 : *J. Huiss.*, t. 9, p. 337; Caen, 2 janv. 1836 : t. 37, p. 248).

139. Mais M. Thomine-Desmazures, t. 2, p. 94 et suiv., critiquant cette jurisprudence, fait ressortir l'injustice qu'il y a à traiter moins favorablement le gardien, les opposants et le revendicant que le saisi, et en conclut que, de même que ce dernier, ils doivent pouvoir faire au domicile élu toutes leurs significations. C'est aussi l'avis de M. Chauveau, *quest.* 2009). Dans ce système, la sommation faite au saisissant dans le cas prévu par l'art. 612, C.P.C., ne peut-elle pas également être signifiée au domicile élu? — V. *infra*, n°s 156 et 397.

140. Du reste, les créanciers du débiteur, qui agissent en son nom, en vertu de l'art. 1166, C. Nap., peuvent incontestablement, profiter de l'élection de domicile faite dans le commandement tendant à saisie-exécution (Carré, quest. 2009; Arg. Colmar, 5 août 1809).

141. La signification faite au domicile élu dispense de la signification au domicile réel du créancier (Cass. 16 juill. 1811; 20 août 1822.) Toutefois, si ce dernier a son domicile réel dans la commune où il doit être procédé à la saisie, la signification doit alors être faite à ce domicile, quoique le créancier y ait élu domicile chez une autre personne, l'élection de domicile n'étant prescrite que quand il ne demeure pas dans la commune où l'exécution doit se faire (Paris, 5 janv. 1809 ; Douai, 30 janv. 1815).

142. Si, lorsque le créancier ne demeure pas dans la commune de l'exécution, le commandement signifié à sa requête contient l'élection de deux domiciles, l'un au lieu du domicile du débiteur, l'autre dans un autre lieu, par exemple chez l'avoué du créancier ou chez l'huissier instrumentaire, les significations peuvent-elles être faites indifféremment à l'un ou à l'autre ? Cette question divise la jurisprudence. — Pour l'affirmative, Nîmes, 6 août 1822 ; Metz, 11 mars 1826 : Douai, 27 juin 1835 ; Cass. 20 juin 1838. — Pour la négative, Cass. 20 juill. 1824 ; Montpellier, 1er juin 1828 ; Rennes, 12 mars 1835 ; Rouen, 17 janv. 1845. — On ne peut, ce nous semble, supposer au créancier, pour lequel est faite dans un commandement à fin de saisie la double élection de domicile dont il s'agit, d'autre but que d'y appeler indistinctement les significations que ce commandement peut provoquer. Nous admettons, dès lors, la solution affirmative, en faveur de laquelle paraît également se prononcer M. Chauveau, *quest.* 2008 *bis.*

143. Dans le cas où plusieurs coïntéressés ont élu un seul domicile dans le commandement tendant à saisie-exécution, les significations ne peuvent y être adressées en une seule copie ; elles doivent être faites en autant de copies qu'il y a de coïntéressés (Poitiers, 10 mai 1814 ; Cass.15 fév. 1815 ; Liége, 21 oct. 1822 ; Chauveau, *quest.* 2008 *ter.* — *Contrà* Limoges, 14 juill. 1813 ; Bruxelles, 14 juill. et 6 oct. 1815).

144. Des offres réelles peuvent, ce nous semble, être valablement faites au domicile élu dans le commandement à fin de saisie-exécution, quand bien même il aurait été, dans le contrat, fixé un autre lieu pour le paiement ; l'art 584, C.P.C., ne distingue pas (*Contrà* Thomine-Desmazures, t. 2, n° 645). Mais, nous croyons que le débiteur doit réitérer les offres, à peine de nullité, au lieu indiqué pour le paiement (V. aussi, en ce sens, Trib. civ. de Vendôme, 28 déc. 1849 ; Chauveau, *Suppl. aux lois de la procéd.*, quest. 2007 *bis*), et qu'il doit effectuer à ce lieu la consignation. — V. *Offres réelles*, n° 110. — En faisant des offres après la saisie, le débiteur peut réserver ses droits contre le saisissant, pour le cas de détérioration des objets saisis, arrivée par la négligence apportée à leur conservation (Cass. 31 janv. 1820).

145. Suffisante pour déterminer le lieu où les offres réelles doivent être faites, l'élection de domicile ne donne pas, par elle-même, à celui qui habite le domicile élu, pouvoir de recevoir les offres ; elles ne peuvent être acceptées qu'en vertu d'une procuration spéciale (Cass. 6 brum. an XIII ; Chauveau, *quest.* 2010 *bis*). Spécialement, l'avoué, chez lequel le commandement tendant à saisie-exécution contient élection de domicile, n'acquiert pas, par le fait seul de cette élection, qualité suffisante pour recevoir les sommes dues par le débiteur (Bruxelles, 9 janv. 1812).

146. Mais l'huissier a qualité pour recevoir paiement au moment où il signifie le commandement (Colmar, 21 déc. 1832 ; Chauveau, *quest.* 2010 *ter.* — *Contrà* Aix, 13 fév. 1833). Toutefois, le pouvoir de l'huissier ne se prolonge pas au delà du moment où il instrumente (Colmar, 25 janv. 1820 ; Chauveau, *loc. cit.*), et il ne peut recevoir un paiement conditionnel (Chauveau, *loc. cit.*).

147. L'art. 584, C.P.C., en permettant l'appel au domicile élu dans le commandement, fait exception à la règle générale de l'art. 456, même code, qui veut que l'appel soit signifié à personne ou domicile (V. *Appel en matière civile*). Cette disposition de l'art. 584 s'applique à l'appel du jugement en vertu duquel il est procédé à la saisie-exécution, ainsi que le

décident de nombreux arrêts, comme à l'appel des jugements qui statuent
sur des incidents relatifs à la saisie.

148. L'appel du jugement de condamnation obtenu contre le débiteur
peut être signifié au domicile élu dans le commandement, quoique la saisie n'ait pas encore été commencée (Toulouse, 7 mai et 15 juin 1824; Chauveau, *quest.* 2007 *bis*).

149. La partie condamnée par un jugement exécutoire par provision
peut signifier au domicile élu dans le commandement l'appel qu'elle interjette de ce jugement, alors même qu'elle l'a exécuté au moyen d'offres
réelles, acceptées, du montant de la condamnation et des dépens taxés, si
ces offres contiennent la réserve d'appeler, et si le créancier a, de son
côté, en les acceptant, fait des réserves relativement à tous autres dépens
(Caen, 6 fév. 1860 : *J. Huiss.*, t. 42, p. 163).

150. Est aussi valablement signifié au domicile élu dans le commandement tendant à saisie-exécution, l'appel : 1° du jugement par lequel un
tribunal civil se déclare incompétent pour statuer sur l'opposition à ce
commandement, par la raison qu'il s'agirait de l'exécution d'un arrêt, et
que ce serait le cas d'appliquer l'art. 472, C.P.C. (Rouen, 24 janv. 1838 :
J. Huiss., t. 39, p. 187) ; 2° du jugement qui déboute le débiteur
de son opposition au commandement (Bourges, 1er juin 1814) : ce dernier
appel ne serait pas valablement interjeté au domicile élu dans l'exploit
de signification de ce jugement (Bourges, 26 nov. 1839).

151. Lorsque l'appel est signifié au domicile élu dans le commandement, l'exploit doit néanmoins indiquer le domicile réel de l'intimé
(Bruxelles, 14 juill. 1807).

152. De ce que l'art. 584 permet de faire toutes significations au domicile élu dans le commandement à fin de saisie-exécution, il suit qu'on
peut signifier ce domicile l'opposition au jugement par défaut en vertu
duquel le commandement a été fait (*J. Huiss.*, t. 39, p. 145).

153. ... La demande en péremption de l'instance qui avait eu pour
cause le titre en vertu duquel la saisie-exécution a été pratiquée (Douai,
27 juin 1835) ; cette demande n'est, en effet, qu'un incident à la saisie.

154. ... L'opposition, faite en vertu de l'art. 608, C.P.C., à la vente
des objets saisis et l'assignation en validité de cette opposition (Bordeaux, 8 mai 1830; Chauveau, *quest.* 2068 *bis*. — *Contrà* Cass. 3 juin
1812).

155. ... L'opposition, autorisée par l'art. 609, C.P.C., sur le prix de
la vente des objets saisis (Bruxelles, 7 mai 1822 ; Chauveau, *quest.* 2007
bis in fine. — *Contrà* Limoges, 19 août 1843 : *J. Huiss.*, t. 25, p. 178 ;
Réponse à une question qui m'avait été proposée : *J. Huiss.*, t. 37, p. 257,
5°). — V. *suprà*, nos 138 et 139, et *infrà*, n° 386.

156. ... La sommation de vendre, exigée soit par l'art. 611, soit par
l'art. 612, C.P.C. (Chauveau, *quest.* 2079).

157. L'élection de domicile faite dans le commandement tendant à
saisie-exécution est-elle attributive de juridiction au tribunal du lieu de
la saisie ? Plusieurs hypothèses peuvent se présenter ; il importe de les
distinguer.

158. S'il s'agit de l'opposition au jugement par défaut ou de l'appel du
jugement contradictoire, en vertu duquel le commandement à fin de
saisie a été signifié, ou il a été procédé à la saisie, le tribunal qui a rendu
le jugement par défaut, et la Cour de laquelle dépend le tribunal qui a
rendu le jugement contradictoire sont, évidemment, seuls compétents pour
connaître, le tribunal, de l'opposition au jugement par défaut, et la Cour,
de l'appel du jugement contradictoire (**V.** *Appel en matière civile, Compétence, Jugement par défaut*).

42.

159. S'il s'agit de la demande en validité des offres réelles, nous croyons qu'elle peut être déférée au tribunal du domicile élu dans le commandement, parce qu'elle se rattache à la procédure de la saisie, qu'elle en constitue un incident, puisqu'elle a précisément pour objet d'en détruire l'effet, si déjà elle a été opérée, ou d'empêcher qu'elle le soit. Ce n'est donc pas le cas d'appliquer ni les art. 1258, n° 6, C. Nap., et 815, C.P.C. (Toulouse [motifs], 25 mars 1843 : *J. Huiss.*, t. 24, p. 101 ; Arg. Douai, 14 janv. 1842 : *J. Huiss.*, t. 23, p. 209 ; Thomine-Desmazures, t. 2, p. 93 et 94 ; *J. Huiss.*, t. 39, p. 145 et suiv., 3°, où j'ai émis la même opinion en répondant à une question proposée. — *Contrà* Paris, 15 juin 1814 ; Chauveau, *quest.* 2009 *bis*).

160. S'il s'agit de la demande en nullité de la saisie-exécution, nous pensons qu'elle peut également être portée devant le tribunal du domicile élu dans le commandement, et, contrairement à l'opinion émise par M. Chauveau, *quest.* 2009, qu'il n'y a pas lieu de distinguer entre le cas où cette demande s'appuie sur un vice de forme et celui où elle est fondée sur un moyen du fond, par exemple sur l'extinction de la dette ou la nullité du titre ; en d'autres termes, et plus généralement, toutes les difficultés relatives à la saisie-exécution et qui tendent à en arrêter les effets peuvent être portées devant le tribunal du domicile élu (Paris, 13 pluv. an XIII ; Grenoble, 3 fév. 1825 ; Toulouse, 25 mars 1843 ; Orléans, 25 janv. 1849 ; Metz, 17 fév. 1857 ; Thomine-Desmazures, *loc. cit.* ; *J. Huiss.*, t. 39, p. 145 et suiv., 2°).

161. Spécialement, peuvent être portées devant le tribunal du domicile élu, la demande formée par le débiteur en nullité du commandement quoiqu'il n'ait pas encore été suivi de la saisie (Toulouse, 25 mars 1843 : *J. Huiss.*, t. 24, p. 101 ; Orléans, 25 janv. 1849 ; Metz, 17 fév. 1857) ; la demande en nullité du titre en vertu duquel agit le créancier, lorsqu'elle est formée après le commandement, parce qu'elle se produit au cours des poursuites et a pour objet de les arrêter (Trib. civ. de la Seine, 16 mars 1855 : *J. Huiss.*, t. 36, p. 149) ; et, à plus forte raison, l'opposition par le saisi au commandement et à la saisie, avec demande en nullité de l'un et de l'autre, fondées sur ce que le titre qui leur sert de base est nul, encore bien que ce titre contienne une élection de domicile pour son exécution (Grenoble, 3 fév. 1825 ; Orléans, 25 janv. 1849). Mais si, dans ce dernier cas, la nullité du titre, au lieu d'être opposée par voie d'exception aux poursuites de saisie-exécution, était demandée par action principale, le saisi devrait alors porter son action devant le tribunal du domicile élu pour l'exécution de l'acte (Grenoble, 3 fév. 1825).

162. Jugé aussi que, lorsque le commandement tendant à saisie-exécution a été fait en vertu d'un arrêt, c'est le tribunal du domicile élu qui est compétent pour connaître de l'opposition à ce commandement, et non la Cour qui a rendu l'arrêt, encore bien que le débiteur prétende que la cause de la condamnation prononcée contre lui soit éteinte par un paiement à titre de compensation, car il ne s'agit pas là d'une difficulté relative à l'exécution de l'arrêt (Rouen, 24 janv. 1858 : *J. Huiss.*, t. 39, p. 187).

§ 5. — *Formalités de la saisie. — Obstacles à la saisie.*

163. Formalités. — *Huissier.* — Le créancier a le droit de faire procéder à une saisie-exécution par tel huissier de l'arrondissement qu'il lui convient de choisir ; il n'est pas tenu de recourir au ministère de celui dont la résidence est la plus rapprochée du domicile du saisi, ni de celui qui a été commis pour la signification du jugement par défaut en vertu duquel l'exécution a lieu ; et s'il choisit un huissier résidant au chef-lieu d'arrondissement pour faire une saisie dans un canton, cet huissier a droit à une indemnité de transport, qui est à la charge du débiteur. — V. *Huissier*, nos 321 et 322.

164. L'huissier, chargé de procéder à une saisie-exécution, n'a pas besoin d'être muni d'un pouvoir spécial ; il suffit qu'il soit porteur de la grosse de l'acte ou du jugement en vertu duquel la saisie a lieu. — V. *Exécution des actes et jugements*, nos 139 et suiv.

165. *Témoins.* — L'huissier doit être assisté de deux témoins (C.P.C., art. 585. — V. *Huissier*, n° 185). C'est là une formalité substantielle de la saisie (Carré, *quest.* 2014). Par conséquent, le défaut d'assistance de témoins en entraînerait la nullité (Dijon, 15 pluv. an XI ; Cass. 28 mars 1809), quoique la loi ne la prononce pas, et nonobstant la disposition de l'art. 1030, C.P.C.; et cette nullité pourrait être proposée sur l'appel du jugement par défaut rendu contre le saisi (Dijon, 15 pluv. an XI).

166. Le bon ordre, la sûreté de l'huissier, l'intérêt du saisi et aussi celui du saisissant, ont fait exiger la présence de deux témoins. L'huissier ne peut donc, même avec l'autorisation du saisi, ne se faire assister que d'un seul témoin. La saisie pourrait être déclarée nulle, s'il procédait avec l'assistance d'un seul témoin, quoique le saisi l'y eût autorisé (V *J. Huiss.*, t. 40, p. 92, 7°, où j'ai résolu en ce sens une question qui m'avait été adressée à cet égard).

167. Les témoins doivent être Français (C.P.C., art. 585), et jouir des droits civils ; mais il n'est pas nécessaire qu'ils soient citoyens français (Carré et Chauveau, *quest.* 2011). — L'étranger ne peut servir de témoin, alors même qu'il a été admis à établir son domicile en France (Bourges, 9 mars 1821 ; Carré et Chauveau, *loc. cit.*), et quoiqu'il y jouisse des droits civils (C. Nap., art. 13. — V. *Etranger*, n° 16). — Si cependant la commune renommée le considérait comme Français, son assistance comme témoin à la saisie ne saurait en être une cause de nullité. — Il a été jugé, d'ailleurs, qu'une saisie-exécution ne peut être déclarée nulle, parce que l'un des témoins n'avait pas la qualité de français (Bordeaux, 5 juin 1832).

168. L'art. 585, C.P.C., exige que les témoins soient majeurs. Toutefois, il ne le prescrit pas à peine de nullité. Il semble, dès lors, en présence de l'art. 1030, même Code, que la minorité de l'un des témoins, que l'huissier croyait majeur, ne doit pas faire annuler la saisie (V., en ce sens, *J. Huiss.*, t. 42, p. 266, 15°). En tout cas, si la nullité pour minorité de l'un des témoins peut être demandée par le débiteur, cette nullité ne peut causer de préjudice qu'au saisissant, et, par suite, devenir la base d'une action en dommages-intérêts de la part du débiteur contre l'huissier (*J. Huiss.*, *loc. cit.*).

169. Ne peuvent être témoins à une saisie-exécution, les parents ou alliés des parties ou de l'huissier, jusqu'au degré de cousin issu de germain inclusivement (C.P.C., art. 585). Le mari de la cousine germaine du saisi est incontestablement l'allié d'une des parties au degré prohibé, et l'huissier doit éviter de le choisir pour témoin. Si cependant il a assisté l'huissier en cette qualité, en résulte-il que la saisie soit nulle ? Consulté sur cette question, je l'ai résolue négativement, en m'appuyant sur ce que la peine de nullité n'est point attachée à l'inobservation de l'art. 585 en ce qui concerne la parenté ou l'alliance des témoins avec les parties, sur l'art. 1030, et sur un arrêt de la Cour de Rennes du 21 déc. 1812, qui a validé une saisie-exécution, quoique les témoins fussent de ceux dont l'art. 585 prononce l'exclusion (*J. Huiss.*, t. 39, p. 324, 8°).

170. L'art. 585 exclut également comme témoins les domestiques des parties et de l'huissier. Or, la profession de clerc n'a rien qui touche à la domesticité. Il s'ensuit que le clerc d'un huissier, bien que nourri chez son patron, peut l'assister comme témoin à une saisie-exécution (Paris, 14 janv. 1825 : J. Huiss., t. 6, p. 372 ; Chauveau, quest. 2011 bis). — V. Clerc, nᵒˢ 8 et 16.

171. Enfin les témoins doivent savoir signer (C.P.C., art. 585). — V. infrà, nᵒˢ 252 et 253.

172. Saisissant, assistance. — Le saisissant ne peut être présent à la saisie (C.P.C., art. 585). Mais est-ce à peine de nullité ? Oui, selon M. Biret, des Nullités, t. 2, p. 162. Au contraire, par jugement du 11 fév. 1857 (J. Huiss., t. 28, p. 139), le tribunal civil de Villefranche a décidé que la présence du saisissant à la saisie n'entraîne pas nullité de cette saisie.

173. La défense contenue en l'art. 585 est conçue en termes impératifs ; et il semble en résulter que le saisissant ne pourrait même se faire représenter à la saisie par un tiers. Dans la pensée du législateur, l'huissier est le seul représentant du créancier pour lequel il agit. Cependant, le saisissant ne pourrait-il pas envoyer quelqu'un pour désigner à l'huissier les lieux et les personnes, s'ils n'étaient pas connus de lui ? Les auteurs se sont prononcés pour la négative (Carré et Chauveau, quest. 2013 ; Thomine-Desmazures, t. 2, p. 98 ; Rodière, Lois de compét. et de procéd., t. 3, p. 244).

174. Itératif commandement. — Itératif commandement doit être fait au débiteur, si la saisie doit avoir lieu en sa demeure, avant qu'il y soit procédé (C.P.C., art. 586). Dans ce cas, le commandement doit être réitéré, encore bien que le débiteur soit absent ; il est fait à la personne de ceux qui le remplacent et auxquels il peut avoir laissé des fonds. L'huissier n'est dispensé de l'itératif commandement qu'autant qu'il n'est trouvé personne au domicile du saisi (Carré et Chauveau, quest. 2017 ; Thomine-Desmazures, t. 2, p. 100).

175. Quand il est procédé à la saisie hors de la demeure du saisi, l'itératif commandement doit également être fait à ce dernier ; mais si le saisi n'est pas présent au lieu et au moment de la saisie, aucun nouveau commandement n'est alors nécessaire (Orléans, 26 déc. 1816 ; Carré et Chauveau, quest. 2016 ; Thomine-Desmazures, loc. cit.).

176. La loi n'a point exigé l'itératif commandement à peine de nullité. Aussi a-t-il été décidé, par application du principe que les nullités ne peuvent être suppléées, que l'absence de ce commandement n'était point une cause de nullité de la saisie (Toulouse, 16 avril 1819). La saisie ne pourrait surtout être annulée pour défaut d'itératif commandement, lorsque personne ne s'est trouvé au domicile du saisi au moment de la saisie (Bruxelles, 17 juin 1854 : J. Huiss., t. 35, p. 277).

177. L'itératif commandement doit être constaté par le procès-verbal même du saisi ; fait par acte séparé, il demeurerait à la charge de l'huissier (Chauveau, quest. 2016 in fine). — V. infrà, nᵒ 239.

178. Procès-verbal de perquisition et de carence. — Lorsque l'huissier ne trouve au domicile du débiteur aucun effet saisissable, il doit dresser un procès-verbal de perquisition et de carence, c'est-à-dire un procès-verbal constatant qu'il a cherché et qu'il n'a rien trouvé (Carré et Chauveau, quest. 2024). Il doit également dresser un procès-verbal de carence, quand il ne trouve que des objets dont la valeur serait absorbée par les frais seuls de la vente (Colmar, 27 nov. 1824 : J. Huiss., t. 6, p. 265). — V. Procès-verbal de carence.

179. L'huissier, qui, dans ce dernier cas, procède à la saisie-exécution, peut être considéré comme ayant manqué à un devoir de sa profession ; et, par suite, les frais de la saisie et ceux de la vente peuvent être mis à sa charge. Il s'exposerait même à être poursuivi disciplinairement (V., en ce sens, ma réponse à une question proposée : J. Huiss., t. 37, p. 256, 4ᵒ).

180. *Saisi, papiers.* — L'ordonnance de 1485 défendait à l'huissier de fouiller le débiteur et les personnes qui lui sont attachées. Cette défense n'avait pas besoin d'être reproduite dans nos lois. Il s'agit là d'un acte qui est complétement en opposition avec nos mœurs. L'huissier, qui se permettrait de fouiller le débiteur ou les personnes qui lui sont attachées, s'exposerait à des dommages-intérêts, et même, suivant les circonstances, à des peines correctionnelles (*J. Huiss.*, t. 12, p. 273, n° 7 ; Carré et Chauveau, *quest.* 2023).

181. En ce qui concerne les papiers trouvés au domicile du saisi, V. *suprà*, n° 53, où est indiqué ce que doit faire l'huissier.

182. *Argent comptant. Consignation.* — Les deniers comptants saisis par l'huissier doivent être déposés par lui à la Caisse des consignations, à moins que le saisissant, la partie saisie et les opposants, s'il y en a, ne conviennent d'un autre dépositaire (C P.C., art. 590). Toutefois, le dépôt prescrit par cet article ne l'est pas à peine de nullité ; les droits des parties sont à couvert par la responsabilité de l'huissier (Rennes, 28 fév. 1818 ; Carré, *quest.* 2028). S'il n'y a pas d'opposants, l'huissier peut même remettre les deniers comptants au saisissant, en déduction de ce qui lui est dû (Thomine-Desmazures, t. 2, p. 103 ; Chauveau, *quest.* 2028).

183. Lorsque l'huissier, pour effectuer le dépôt des sommes saisies, est obligé de se transporter à plus d'un demi-myriamètre du lieu de sa résidence, des frais de voyage doivent lui être alloués (Chauveau, *Comment. du tarif*, t. 2, p. 118).

184. L'huissier ne dresse point un procès-verbal particulier de ce dépôt ; il doit seulement indiquer dans le procès-verbal de saisie le jour où il fera la consignation ; le reçu du receveur suffit pour constater le dépôt.

185. *Gardien.* — En règle générale, les objets saisis sont laissés dans les lieux où il se trouvent au moment de la saisie ; ils sont confiés à la surveillance d'un gardien (V. *infrà*, § 8). Cependant, s'il s'agit de bestiaux, de chevaux par exemple, ayant seuls une valeur réelle parmi les objets saisis, l'huissier peut, dans certains cas, par mesure de sûreté, les faire conduire en fourrière. — V. *Fourrière*.

186. OBSTACLES. — L'huissier, qui se présente au domicile d'un débiteur pour y opérer une saisie-exécution, peut rencontrer différents obstacles.

187. 1° *Portes fermées.* — Si les portes sont fermées, ou si l'ouverture en est refusée, l'huissier peut établir gardien aux portes pour empêcher le divertissement (C.P.C., art. 587). Ce gardien doit donc s'opposer à l'enlèvement des objets mobiliers qui se trouvent dans le domicile du débiteur. Mais il ne lui est pas permis de se livrer à aucune violence ou voie de fait. Si, malgré sa résistance, des objets sont enlevés, il doit essayer de savoir où ils sont déposés. L'huissier mentionne sur son procès-verbal les tentatives de détournement qui ont pu être faites ou le détournement effectué.

188. Après avoir établi un gardien aux portes, l'huissier se retire sur-le-champ, sans assignation, devant le juge de paix, ou, à son défaut, devant le commissaire de police, et, dans les communes où il n'y en a pas, devant le maire, et à son défaut, devant l'adjoint, en présence desquels l'ouverture des portes, même celle des meubles fermants, est faite, au fur et à mesure de la saisie (C.P.C., art. 587).

189. Cette disposition n'est pas applicable dans le cas d'absence du saisi, lorsque l'huissier trouve son domicile habité et les portes ouvertes (Cass. 28 mai 1851 : *J. Huiss.*, t. 32, p. 263). Mais il y a lieu d'observer les prescriptions qu'elle contient aussi bien lorsque l'ouverture des portes

est refusée par les parents, ou domestiques du saisi que lorsqu'elle l'est
par le saisi lui-même (Chauveau, *Suppl. aux lois de la procéd.*, quest.
2019 *quater*).

190. L'huissier doit également les observer quoique la clef du domicile du débiteur absent lui soit remise par un voisin, si ce dernier ne peut
être considéré comme le mandataire ou le *negotiorum gestor* du débiteur
(Just. de paix de Vouziers, 12 mai 1853).

191. L'huissier, qui ne trouve personne au domicile du saisi, et dont
les portes sont fermées, ne peut s'y introduire sans l'assistance d'un magistrat, quoiqu'il puisse ouvrir les portes sans fracture ni violence, à
peine de nullité de la saisie (Poitiers, 7 mai 1818 : *J. Huiss.*, t. 1, p. 130;
Chauveau, *Lois de la procéd.* et *Suppl.*, quest. 2019 *quater*).

192. Pour réclamer l'assistance de l'un des fonctionnaires désignés en
l'art. 587, C.P.C., l'huissier n'est pas obligé de présenter une requête à
ce fonctionnaire; une demande verbale suffit (Chauveau, *quest.* 2019 *bis
in fine*). La demande est faite par l'huissier seul, en l'absence du saisissant; il n'a pas besoin non plus de faire préalablement aucune sommation
à la partie saisie.

193. D'après l'art. 587, le juge de paix est le premier fonctionnaire
que l'huissier doit requérir pour l'assister à l'ouverture des portes. Cependant, il n'est pas nécessaire qu'il suive l'ordre hiérarchique tracé par
cet article. Dans une exécution où le moindre retard peut être fatal au
créancier, il doit être permis à l'huissier de réclamer l'assistance du fonctionnaire qu'il rencontre le premier (*J. Huiss.*, t. 31, p. 163; Chauveau,
Suppl., quest. 2019 *bis*).

194. Ainsi, si le juge de paix est absent ou empêché, l'huissier fera
bien, sans doute, de s'adresser aux suppléants avant de requérir le commissaire de police; l'art. 587 n'exclut pas l'assistance des suppléants du
juge de paix (V. cependant *J. Huiss.*, t. 18, p. 33). Mais la saisie n'en
serait pas moins valable, si ce dernier fonctionnaire avait assisté l'huissier, sans que celui-ci eût requis le suppléant du juge de paix (Caen, 20
juill. 1850).

195. Lorsque la saisie-exécution a lieu dans une commune dépendant d'un chef-lieu de canton, l'huissier peut s'adresser au maire, sans
avoir besoin de constater l'absence ou l'empêchement du juge de paix ou
de ses suppléants.

196. Jugé aussi qu'un adjoint peut être requis, dans le cas d'absence
ou d'empêchement du maire, encore bien que l'empêchement du juge de
paix n'ait point été constaté (Cass. 1er avril 1813), et que ce soit à la requête de cet adjoint qu'il soit procédé à la saisie (Trib. civ. de Villefranche,
11 fév. 1847 : *J. Huiss.*, t. 28, p. 139).

197. En cas d'absence du maire et de l'adjoint, l'huissier peut également requérir l'assistance d'un des conseillers municipaux, d'après l'ordre
du tableau. Mais le conseiller municipal requis doit exiger la constatation
préalable de l'absence ou de l'empêchement du maire ou de l'adjoint ou
des conseillers qui le précèdent (*J. Huiss.*, t. 18, p. 33; Chauveau, *quest.*
2019 *ter*).

198. La parenté du fonctionnaire requis avec l'une des parties ou avec
l'huissier n'est point un obstacle suffisant pour l'empêcher d'assister cet
officier ministériel (Metz, 20 nov. 1818; Thomine-Desmazures, t. 2, p. 101;
Chauveau, *quest.* 2019 *bis*).

199. Quand c'est le juge de paix ou son suppléant qui a été requis,
l'assistance du greffier de la justice de paix n'est pas nécessaire; cette assistance, si elle avait lieu, ne donnerait droit à aucune vacation au profit
du greffier (Sudraud-Desisles, *Manuel du juge taxateur*, p. 51, n° 154).

200. Si les fonctionnaires désignés en l'art. 587 refusaient leur assistance, l'huissier devrait dresser un procès-verbal pour constater ce refus. Le refus constaté, il doit surseoir à l'exécution : autrement, il s'exposerait à une action en violation de domicile et en dommages-intérêts. Le refus d'assistance de l'un des fonctionnaires désignés de l'ordre administratif, quand la cause n'en est pas légitime, donne lieu contre lui à une action en dommages-intérêts de la part du saisissant (C. Nap., art. 1382). Mais cette action ne peut être exercée qu'en vertu d'une autorisation préalable du Conseil d'Etat. Si le refus émanait du juge de paix ou de l'un de ses suppléants, ces magistrats pourraient être pris à partie (*J. Huiss.*, t. 18, p. 34 ; Carré et Chauveau, *quest.* 2020).

201. Après avoir requis l'un des fonctionnaires désignés en l'art. 587, l'huissier doit faire de suite sommation à un serrurier, ou, s'il n'y en a pas dans le lieu de la saisie, à un maréchal-ferrant, de se transporter avec lui au domicile du saisi pour y faire l'ouverture des portes, à la charge de lui payer son salaire. En cas de refus de l'artisan requis, l'huissier constate ce refus et requiert un autre artisan. — V. *Formule* 6. — L'artisan dont le refus ne repose sur aucune raison sérieuse peut être condamné en des dommages-intérêts s'il a empêché la saisie.

202. Si l'huissier ne trouve aucun ouvrier qui veuille l'accompagner pour ouvrir les portes, il ne doit pas se retirer, en mentionnant cette circonstance, et en remettant l'exécution à un autre jour, avec établissement de gardien aux portes. Il peut, ce nous semble, avec l'assistance de ses témoins, et en présence du fonctionnaire requis, ouvrir les portes par les moyens qu'il croit pouvoir adopter. Ce n'est qu'autant qu'il ne peut y parvenir qu'il doit remettre la saisie à un autre jour.

203. L'ouvrier, qui défère à la sommation de l'huissier, ne doit pas seulement procéder à l'ouverture des portes de la maison ; il doit également ouvrir les meubles fermant à clef ; il ne se retire que quand il ne reste plus rien à ouvrir, et après avoir signé le procès-verbal de l'huissier.

204. Le fonctionnaire requis pour l'ouverture des portes doit assister l'huissier pendant toute l'opération de la saisie ; ainsi, il doit être présent à l'ouverture des meubles fermants, à peine de nullité de la saisie (Rennes, 27 août 1835 : *J. Huiss.*, t. 17, p. 267 ; Thomine-Desmazures, t. 2, p. 101 ; Carré et Chauveau, *quest.* 2021).

205. Ce fonctionnaire ne dresse point de procès-verbal ; sa présence est constatée dans celui de l'huissier, qui ne peut dresser du tout qu'un seul et même procès-verbal, que doit signer le fonctionnaire requis (C.P.C., art. 587).

206. Le saisi, qui outrage par paroles le fonctionnaire qui assiste l'huissier pour l'ouverture des portes, est passible des peines portées par l'art. 222, C. Pén. (Cass. 1er avril 1813), sans que, si ce fonctionnaire est un adjoint, le saisi puisse invoquer comme excuse que le juge de paix aurait dû être requis.

207. 2° *Menaces ou voies de fait.*— Si l'huissier, entré dans la maison sans obstacle, éprouve de la résistance de la part du débiteur ou des personnes qui lui sont attachées, ou si ceux-ci se portent envers lui à des voies de fait ou lui font des menaces qui l'empêchent d'accomplir sa mission, il en dresse procès-verbal, et, après avoir établi gardien aux portes, se retire devant le commissaire de police, le commandant de la gendarmerie, ou devant le maire ou l'adjoint, pour en requérir main-forte suffisante.

208. Suivant la gravité des menaces, des voies de fait, l'huissier peut déposer une copie de son procès-verbal au parquet, et il est procédé contre les auteurs de ces menaces ou voies de fait conformément au Code pénal.

209. Les agents de police, les gendarmes ou toutes autres personnes qui, en pareille circonstance, assistent l'huissier, ne doivent se retirer qu'avec lui et signent son procès-verbal.

210. 3° *Saisie précédente*. — « Saisie sur saisie ne vaut, » disait-on, sous l'ancienne jurisprudence. L'art. 611, C. P. C., contient une application de ce principe. En effet, d'après cet article, l'huissier qui, se présentant pour saisir, trouve une saisie déjà faite et un gardien établi, ne peut pas saisir de nouveau. Toutefois une saisie-gagerie ou une saisie conservatoire ne s'opposent point à ce qu'une saisie-exécution soit faite des mêmes objets (Carré et Chauveau, *quest*. 2078 bis ; J. *Huiss*., t. 33, p. 58; et t. 37, p. 144, où j'ai déjà exprimé la même opinion, en répondant à des questions proposées).

211. Dans le cas de saisie-exécution précédente, l'huissier doit se borner à procéder au récolement des meubles et effets sur le procès-verbal, que le gardien est tenu de lui représenter (C. P. C., art. 611). Il ouvre son procès-verbal de la même manière que s'il procédait à la saisie ; puis, à l'endroit où il aurait dû décrire les objets, il constate que tel individu lui a déclaré être constitué gardien à une précédente saisie, et que, sur la copie du procès-verbal que cet individu lui a représentée, il a procédé au récolement des objets précédemment saisis (Carré, *quest*. 2078).—V. *Formule 2*.

212. Lorsque le gardien ne représente pas sa copie, et que le saisi refuse de représenter la sienne, l'huissier doit alors procéder à une nouvelle saisie ; il peut constituer le même gardien, mais la loi ne lui défend pas d'en constituer un autre. S'il en constitue un autre, le premier gardien perd ses frais de garde (Thomine-Desmazures, t. 2, p. 128). L'huissier procède de la même manière, lorsque le gardien est absent, et que le saisi ne veut pas lui représenter sa copie. Dans l'un et l'autre cas, la seconde saisie vaut comme procès-verbal de récolement, si le premier saisissant notifie au nouveau la saisie par lui faite (Chauveau, *quest*. 2078) Seulement, les frais de la seconde saisie restent à la charge du premier saisissant, sous déduction du coût du procès-verbal de récolement, sauf son recours contre qui de droit.

213. La seconde saisie ne vaut que comme procès-verbal de récolement même dans le cas où l'huissier qui y a procédé avait ignoré complétement l'existence de la première (Limoges, 18 déc. 1813 : J. *Huiss*., t. 4, p. 359). Dans une espèce où il n'est pas établi par les motifs de l'arrêt si l'huissier avait ou non connu la première saisie, la Cour de Caen a également décidé que la seconde saisie valait comme récolement (Arrêt du 1er mai 1855 : J. *Huiss*., t. 37, p. 107). Il résulte de là que la seconde saisie ne doit point être déclarée nulle (Chauveau, *Suppl*., quest. 2078 ; J. *Huiss*., t. 37, p. 108, Observations). Il ne peut s'élever de difficulté qu'au sujet des frais, qui, cependant, ne peuvent être supportés par l'huissier, qui a procédé à la seconde saisie, qu'autant qu'il y aurait eu faute constatée de sa part.

214. Mais, lorsqu'il n'y a pas eu de gardien constitué à une première saisie, l'existence de cette saisie n'est plus un obstacle à ce qu'il en soit pratiqué une seconde ; et cette seconde saisie prévaut alors sur la première et confère au second saisissant le droit de faire vendre (Caen, 10 avril 1827).

215. De même, lorsqu'un huissier a saisi conservatoirement, en vertu d'une ordonnance du président du tribunal, les meubles du débiteur, et que, postérieurement à cette saisie, un autre huissier, agissant à la requête d'un autre créancier du débiteur, en vertu d'un titre authentique, procède, après commandement préalable à la saisie-exécution des mêmes meubles, c'est à l'huissier qui a procédé à cette seconde saisie, et non à celui qui a fait la saisie conservatoire, qu'appartient le droit de continuer les poursuites. C'est là une conséquence de ce que l'existence d'une saisie conservatoire n'est point un obstacle à ce qu'il soit procédé à une saisie-exécution. Mais, si le créancier, à la requête duquel avait été faite la saisie conservatoire, avait obtenu un jugement prononçant la conversion de cette saisie en saisie-exécution, il ne pourrait être dressé postérieurement, à la requête d'un autre créancier, qu'un procès-verbal de récolement (V. ma réponse à une question proposée : *J. Huiss.*, t. 37, p. 144).

216. Si, dans le cas d'existence d'une première saisie-exécution régulière, l'huissier, chargé de procéder à une nouvelle saisie et obligé de dresser un procès-verbal de récolement, saisit des effets qui avaient été omis dans la première saisie (C.P.C., art. 611), il en ajoute la description à la suite du procès-verbal de récolement, pour lequel il est nécessaire de se conformer aux règles prescrites pour la saisie-exécution (Carré, *quest.* 2078).

217. Ainsi, il doit être constitué gardien aux objets nouvellement saisis. Il est naturel et moins coûteux de confier la garde de ces objets au gardien établi pour la première saisie (Thomine-Desmazures, t. 2, p. 128 ; Carré et Chauveau, *quest.* 2081). Le procès-verbal doit être signé par le gardien, ce qui n'est pas nécessaire quand le procès-verbal de récolement ne contient pas plus ample saisie.

218. Le procès-verbal de récolement doit, en outre, contenir sommation au premier saisissant de vendre dans la huitaine tous les objets saisis (C.P.C., art. 611.— V. *suprà*, n° 156). Cette sommation ne pourrait être faite par acte séparé (Tar. 16 fév. 1807, art. 36). Le procès-verbal vaut opposition sur les deniers de la vente (C.P.C., art. 611), et rend le créancier, à la requête duquel il est fait, partie dans la saisie.

219. Le procès-verbal de récolement doit être notifié : 1° au saisi, qu'il y ait ou non plus ample saisie ; 2° au gardien, s'il y a saisie d'effets omis, parce que, alors seulement, le procès-verbal lui impose de nouvelles obligations, notification qui, par conséquent, est inutile, quand il n'y a que récolement ; 3° et enfin au premier saisissant, dans tous les cas (C.P.C., art. 599, 601 et 609 ; Tar. 16 fév. 1807, art. 36 ; Thomine-Desmazures, *loc. cit.* ; Carré et Chauveau, *quest.* 2080). — V. *Formule* 7.

220. La notification de ce procès-verbal ne doit pas nécessairement être faite au domicile réel du premier saisissant ; elle peut l'être au domicile par lui élu dans le commandement tendant à saisie, si ce domicile est connu du nouveau saisissant ; et l'huissier pourra facilement le connaître en s'en informant auprès du saisi qui a reçu le commandement (Chauveau, *quest.* 2079).

221. 4° *Opposition du saisi ou de tiers.* — Les réclamations de la partie saisie n'empêchent pas l'huissier de continuer la saisie ; ces réclamations ne peuvent faire que l'objet d'un référé (C.P.C., art. 607). Cette disposition s'applique à toute espèce de réclamation que le saisi peut élever, même à celle qui serait fondée sur un paiement prouvé par écrit, par exemple, par une quittance (Carré et Chauveau, *quest.* 2066). Mais, si l'huissier n'est pas tenu de faire juger la réclamation avant de continuer la saisie, il peut néanmoins, et sans qu'il y ait de sa part aucune obligation, lorsque cette réclamation lui paraît grave et sérieuse, y avoir égard et suspendre l'exécution. C'est en ce sens, ce nous semble, que doit être entendu l'art. 607 (V. aussi, dans le même sens, Carré et Chauveau, *quest.* 2065).

222. Toutefois, et par exception, l'huissier doit surseoir à la saisie : 1° si le jugement, en vertu duquel il procède, est un jugement par défaut, auquel le débiteur déclare former opposition ; 2° si le jugement étant contradictoire, mais non exécutoire nonobstant appel, le débiteur produit l'acte d'appel (Thomine-Desmazures, t. 2, p. 122 ; Carré et Chauveau, quest. 2066) ; 3° si le débiteur représente une ordonnance de référé ordonnant un sursis.

223. Nous croyons que l'huissier doit aussi suspendre les poursuites, lorsque le débiteur excipe d'une demande, déjà portée devant le tribunal civil, en validité de l'opposition qu'il a formée au commandement tendant à la saisie, et justifie de l'existence réelle de cette demande. Du reste, en pareil cas, le juge des référés peut incontestablement ordonner, par application des art. 607 et 806, C.P.C., la discontinuation des poursuites, encore bien qu'il y soit procédé en vertu d'un arrêt de cassation (V. Cass. 17 déc. 1860 [J. Huiss., t. 43, p. 95], et la note).

224. Mais le juge des référés ne peut faire défense, d'une manière absolue, de continuer les poursuites ; il ne peut qu'ordonner, d'urgence et par mesure provisoire, un sursis à la saisie, en renvoyant les parties à se pourvoir devant le tribunal (Lyon, 2 mars 1860 ; Riom, 4 janv. 1862 : J. Huiss., t. 43, p. 96 et 234). Et, si l'ordonnance de référé, qui prescrit la suspension des poursuites, ne porte pas qu'elle est exécutoire sur minute, elle doit, pour empêcher le saisissant de passer outre, lui être signifiée (Riom, 4 mai 1852 : J. Huiss., t. 34, p. 191). — V. Référé, n° 8.

225. Au surplus, les réclamations du saisi sont les seules auxquelles, hors les cas exceptionnels qui viennent d'être indiqués, l'art. 607, C.P.C., refuse un effet suspensif. Les réclamations élevées par des tiers entraînent, au contraire, la suspension immédiate des poursuites, au moyen du seul ajournement en référé donné à l'huissier ou au créancier qui veut faire procéder à la saisie (Chauveau, quest. 2066 bis).

226. La simple allégation d'un tiers qu'il est propriétaire des objets mobiliers qu'on se propose de saisir ne suffit donc pas pour arrêter les poursuites. D'où il suit que c'est avec raison qu'il a été décidé que si, lorsqu'un huissier se présente au domicile du débiteur pour y opérer une saisie-exécution, un tiers s'oppose à ce que les meubles qui se trouvent dans certaines pièces de la maison louée au débiteur soient compris dans la saisie, prétendant que ces pièces lui ont été sous-louées et que les meubles lui appartiennent, mais sans faire aucune justification, et que l'huissier procède néanmoins à la saisie desdits meubles, il ne peut, à raison de ce fait, être passible de dommages-intérêts envers le tiers s'en disant propriétaire (Bruxelles, 2 mars 1853 : J. Huiss., t. 36, p. 179).

227. Mais le tiers, qui, pour empêcher que des objets mobiliers qu'il prétend lui appartenir soient compris dans une saisie-exécution, veut obtenir la discontinuation des poursuites, ne doit pas agir par la voie de la demande en revendication, applicable seulement lorsque la saisie est complétement opérée ; il ne peut que se pourvoir devant le juge des référés (Paris, 6 août 1856 : J. Huiss., t. 37, p. 334 ; Chauveau, Suppl., quest. 2066 bis. — Contrà Bruxelles, 2 mars 1855 : arrêt précité).

228. Décidé, en effet, que le juge des référés est compétent pour ordonner, sur l'opposition formée à une saisie-exécution par un tiers qui se prétend propriétaire des objets à saisir, qu'il sera sursis à la saisie, sauf aux parties à se pourvoir au fond (Liége, 13 juill. 1824 ; Aix, 1er fév. 1831 ; Douai, 29 juill. 1854 : J. Huiss., t. 36, p. 203). — V. Référé, n° 8. Mais, suivant les circonstances, le juge des référés peut, au lieu de surseoir aux poursuites, ordonner la continuation de la saisie jusqu'à la vente, à la charge par le réclamant de former une demande au principal dans un délai déterminé (J. Huiss., t. 36, p. 203, note).

229. Si, devant le juge des référés, il s'élève sur la demande en discontinuation des poursuites, une question de propriété au sujet des meubles à saisir, l'ordonnance qui, en prononçant la discontinuation desdites poursuites, statue sur cette question, est susceptible d'appel, quoique les poursuites aient été exercées pour sûreté d'une somme inférieure à 1,500fr. (Paris, 6 août 1856 : arrêt cité au n° 227).

230. Jugé aussi que le saisissant peut se pourvoir par appel contre l'ordonnance du président qui, sur une simple requête non communiquée, accorde un sursis à la saisie-exécution, hors sa présence (Bruxelles, 4 janv. 1843).

231. *Maladie.* — Si, au moment où l'huissier se présente au domicile du débiteur pour y effectuer une saisie-exécution, celui-ci, ou sa femme, ou son père ou sa mère demeurant avec lui, sont atteints d'une maladie grave, qu'une émotion comme celle que peut occasionner une saisie peut rendre mortelle, il nous semble que l'humanité lui commande de s'abstenir de remplir, en pareille circonstance, la mission dont il a été chargé. La coutume d'Epinal défendait aux huissiers de procéder à une saisie-exécution dans la maison du débiteur dont la femme était sur le point d'accoucher et pendant les neuf jours de l'accouchement (*J. Huiss.*, t. 9, p. 119). Il s'agit là d'une trop sage prohibition pour que, malgré le silence de nos lois sur ce point, elle ne continue pas d'exister.

§ 6.—*Procès-verbal de saisie.*

232. La saisie est constatée par un procès-verbal, qui est soumis aux formalités des exploits (C.P.C., art. 586. — V. *Exploit*). Ainsi, il doit contenir : 1° la date ; mais s'il n'est pas indispensable, il est utile d'y énoncer l'heure à laquelle la saisie est pratiquée, afin de déterminer la priorité en cas de plusieurs saisies faites le même jour (Carré et Chauveau, *quest.* 2015) ; 2° l'immatricule ; 3° la désignation des parties ; 4° la remise ou le parlant à (Carré, sur l'art. 586, n° CCCCLX).— V. *Formule 2.*

233. L'art. 586 ne prescrivant pas que les formalités des exploits soient observées dans les procès-verbaux de saisie-exécution sous peine de nullité, il en résulte que l'omission des formalités substantielles peut seule entraîner la nullité de ces procès-verbaux (Carré et Chauveau, *quest.* 2018).

234. Il a été décidé, notamment, qu'une saisie-exécution n'est pas nulle, bien que le procès-verbal ne désigne le créancier poursuivant que par son prénom, si les actes antérieurement signifiés ne laissent aucun doute sur l'identité de ce créancier (Bordeaux, 28 mars 1851).

235. ...Que l'omission du parlant à... ou de l'indication expresse du domicile du saisi ne rend pas nul le procès-verbal, si cet acte renferme des énonciations équipollentes, ou s'il résulte des énonciations qui y sont contenues que le saisi a eu connaissance suffisante des poursuites (Trib. civ. de Nevers, 10 janv. 1852).

236. Du reste, les formalités particulières aux ajournements ne sont pas exigées ; par exemple, il n'est pas nécessaire que le procès-verbal contienne constitution d'avoué ; néanmoins, il est prudent de faire cette constitution, s'il s'agit de l'exécution d'un jugement dans l'année de sa prononciation (Carré, sur l'art. 586, n° CCCCLX).

237. Indépendamment des formalités communes aux exploits en général, le procès-verbal de saisie-exécution doit contenir:

1° La relation exacte de toutes les circonstances de la saisie. Ainsi, l'huissier doit y mentionner la date du titre ou du jugement en vertu duquel il procède. Toutefois, un procès-verbal de saisie-exécution ne saurait être déclaré nul par cela seul qu'il ne contient pas la date exacte du jugement, si, dans l'exploit de signification de ce jugement et dans le commandement où il en est de nouveau donné copie, sa véritable date se trouve indiquée (V. ma réponse à une question proposée : *J. Huiss.*, t. 36, p. 58, 2°).

238. 2° L'énonciation des noms, professions et demeures des témoins (C.P.C., art. 585. — V. *suprà*, n°s 165 et suiv.) : peu importe l'endroit où cette énonciation est faite ; il suffit qu'elle ait lieu avant la clôture du procès-verbal, si d'ailleurs la qualité des témoins n'est pas contestée (Rennes, 21 déc. 1812). Il a même été jugé qu'un procès-verbal de saisie-exécution n'est pas nul pour défaut de mention de la profession des témoins (Metz, 10 mai 1825. — V. aussi, en ce sens, Carré, *quest.* 2014).

239. 3° La mention de l'itératif commandement, alors même qu'il serait fait par acte séparé. — V. *suprà*, n°s 174 et suiv.

240. 4° La désignation détaillée des objets saisis (C.P.C., art. 588). Cette désignation doit être aussi complète que possible, de manière que les objets saisis puissent être facilement reconnus, et pour empêcher les détournements ou les substitutions frauduleuses. La saisie de tous les meubles et effets du débiteur, sans les détailler, serait nulle (Bruxelles, 4 janv. 1813).

241. La désignation doit se faire article par article, quand il s'agit de choses de nature différente. Les objets de même nature peuvent être saisis en bloc (Orléans, 15 avril 1818) ; par exemple, on peut comprendre sous le même article les gerbes de blé qui sont dans une grange, les fûts de vin de même qualité, les draps de même toile et de même grandeur, etc.

242. S'il y a des marchandises, elles doivent être pesées, mesurées ou jaugées, suivant leur nature (C.P.C., art. 588). Il peut aussi être nécessaire d'en désigner la qualité, afin d'empêcher que des marchandises d'une qualité inférieure y soient substituées (Carré, *quest.* 2022). Toutefois, il a été jugé que l'inobservation de l'art. 588 peut n'être pas une cause de nullité (Besançon, 15 mars 1822).

243. L'huissier, qui saisit une bibliothèque, peut ne désigner que les principaux ouvrages qui la composent, et non les titres de tous les livres, quand ils ont peu de valeur. D'ailleurs, la loi n'attache point la peine de nullité au défaut de désignation des livres saisis. Seulement, ce défaut de désignation peut, suivant les circonstances, compromettre la responsabilité de l'huissier (Orléans, 24 août 1822).

244. L'argenterie doit être spécifiée par pièces et poinçons, et pesée (C.P.C., art. 589). Pour se conformer à cette disposition, l'huissier doit énoncer le poinçon du titre, c'est-à-dire l'empreinte apposée sur chaque pièce d'or ou d'argenterie pour en déterminer le titre. Il y a trois titres pour l'or et deux pour l'argent. L'huissier spécifie par poinçon un objet d'or ou d'argent, lorsqu'il énonce, pour l'objet d'or, qu'il est marqué au premier, second ou troisième titre, et, pour l'objet d'argent, qu'il est marqué au premier ou au second titre. S'il est dans l'impossibilité d'indiquer le poinçon, il doit faire autrement de l'objet une désignation claire et suffisante, ou appeler un orfèvre (Thomine-Desmazures, t. 2, p. 103 ; Carré et Chauveau, *quest.* 2025).

245. 5° La mention du nombre et de la qualité des espèces, quand la saisie comprend des deniers comptants (C.P.C., art. 590). L'huissier, qui négligerait de faire cette mention, serait tenu de représenter toujours la même valeur, sans égard à la diminution que les pièces auraient pu subir (Thomine-Desmazures, *loc. cit.* ; Carré et Chauveau, *quest.* 2027). — Si l'huissier doit consigner les deniers comptants (V. *suprà*, n°s 182 et suiv.), il indique dans le procès-verbal l'heure où il fera la consignation.

246. 6° L'énumération des objets laissés au saisi comme insaisissables (V. *suprà*, n°s 53 et suiv.) ; c'est une garantie pour le créancier qu'il n'a pas été compris sous ce titre des objets auxquels la loi refuse le caractère

d'insaisissabilité (Carré et Chauveau, *Lois de la procéd.* et *Suppl.*, quest.
2033 ; *J. Huiss.*, t. 11, p. 169). Toutefois, lorsqu'un procès-verbal de
saisie-exécution mentionne la saisie d'un lit, sans énoncer qu'il a été
laissé un coucher au saisi, on ne peut induire de ce silence que le n° 2 de
l'art. 592, C. P. C., n'a pas été observé, surtout si les circonstances prouvent le contraire (Bordeaux, 1er fév. 1850).

247. 7° Les noms du fonctionnaire qui a assisté à l'ouverture des
portes, des ouvriers qui ont procédé à cette ouverture, et de l'orfèvre appelé pour constater le poinçon des pièces d'or ou d'argent, et le montant du
salaire qui leur a été payé.

248. 8° La mention de l'établissement d'un gardien et de la remise de
la copie qui lui est faite. — V. *infrà*, § 8.

249. 9° L'énonciation des oppositions formées soit à la saisie, si elles
ne sont pas de nature à déterminer l'huissier à suspendre l'exécution, soit
sur le prix à provenir de la vente des objets saisis.

250. 10° L'indication du jour de la vente (C. P. C., art. 595). L'omission de cette indication n'entraîne pas, cependant, la nullité du procès-
verbal de saisie (Bourges, 21 nov. 1836 : *J. Huiss.*, t. 18, p. 154 ; Thomine-Desmazures, t. 2, p. 111 ; Carré et Chauveau, *quest.* 2030.—*Contrà*
Rennes, 22 sept. 1810 ; Besançon, 26 juin 1824). Elle peut, d'ailleurs,
être réparée par la signification d'un acte subséquent, dont les frais seraient
à la charge du saisissant (*J. Huiss.*, t. 12, p. 274, n° 10 ; Carré et Chauveau, *quest.* 2030). Si elle ne l'était pas, il y aurait lieu à des dommages-
intérêts au profit du saisi, dans le cas où le défaut d'indication du jour de
la vente lui aurait été préjudiciable (Bourges, 21 nov. 1836 : arrêt précité ;
Thomine-Desmazures et Chauveau, *loc. cit.*).

251. Le procès-verbal doit être fait sans déplacer (C. P. C., art. 599). Les
mots *sans déplacer* signifient non que l'huissier ne peut déplacer les objets
saisis, mais qu'il doit rédiger son procès-verbal *uno contextu*, c'est-à-
dire sans divertir à d'autres actes, sur le lieu même, et non ailleurs
(*J. Huiss.*, t. 12, p. 272, n° 6 ; Carré et Chauveau, *quest.* 2055). Cependant, si la saisie est trop considérable pour être achevée le même jour,
l'huissier peut l'interrompre et en remettre la continuation au lendemain,
en ayant soin d'établir un gardien aux objets déjà saisis (Thomine-Desmazures, t. 2, p. 113 ; Carré et Chauveau, t. 4, p. 730, note).

252. Le procès-verbal de saisie doit être signé sur l'original et sur les
copies :

1° Par les témoins (C. P. C, art. 585. — V. *suprà*, n° 171). M. Carré,
quest. 2014, pense que la signature des témoins est une formalité substantielle, et que, par conséquent, s'ils ne signent pas, il y a nullité de la
saisie (en ce sens, Colmar, 16 fév. 1813). Dans cette opinion, il ne suffirait pas, pour la régularité du procès-verbal de saisie, que l'huissier y atteste que les témoins qui l'assistent ne peuvent ou ne savent signer (Carré,
quest. 2012).

253. Cependant, il a été décidé que le défaut de signature des témoins
ou de l'un des témoins sur la copie du procès-verbal de saisie-exécution
remise au saisi ne saurait être une cause de nullité de la saisie (Bourges,
26 août 1825 · *J. Huiss.*, t. 7, p. 132 ; Bordeaux, 13 avril 1832 : t. 13,
p. 345), si, d'ailleurs, la copie mentionne que la signature a été apposée
sur l'original (Besançon, 15 mars 1822), si réellement l'original porte la
signature des deux témoins et si le saisi ne démontre pas qu'il est résulté
pour lui un préjudice du défaut de signature des témoins sur la copie (Trib.
civ. de Bruxelles, 17 juin 1854 : *J. Huiss.*, t. 35, p. 277). Il en est ainsi
alors surtout que la saisie a été faite hors du domicile du saisi (Bordeaux,
27 août 1851 : *J. Huiss.*, t. 33, p. 105).

254. 2° Par le gardien (C.P.C., art. 599), même dans le cas où il se charge volontairement des effets (Carré, quest. 2038) ; et s'il ne sait signer, il en doit être fait mention (C.P.C., art. 599). Mais il a été jugé aussi que le défaut de signature par le gardien du procès-verbal ou de la copie n'entraîne pas la nullité de la saisie (Toulouse, 1er sept. 1820 ; Besançon, 17 déc. 1824 ; Bourges, 26 août 1825 ; J. Huiss., t. 7, p. 132 ; Bordeaux, 27 août 1851 : t. 33, p. 103 ; Chambéry, 21 mars 1861 : t. 43, p. 286.— V. dans le même sens, Chauveau, quest. 2057.— Contrà Carré, même quest.).

255. 3° Par le fonctionnaire qui assiste l'huissier à l'ouverture des portes (V. suprà, n° 188). Mais l'art. 587, C.P.C., ne paraît exiger la signature de ce fonctionnaire que sur l'original du procès-verbal. Du reste, cette signature n'est pas non plus prescrite à peine de nullité.

256. 4° Par les ouvriers qui ont procédé à l'ouverture des portes (V. suprà, n° 201), et par les gendarmes ou agents de police qui, dans le cas de voies de fait ou de menaces envers l'huissier, ont été requis pour lui prêter main-forte (V. suprà, nos 207 et suiv.), sans que cependant l'absence de la signature par ces personnes ne puisse en rien altérer la validité de la saisie.

257. 5° Par l'huissier, et ce à peine de nullité (Chauveau, Lois de la procéd., quest. 305 bis, et Suppl., quest. 2057).—Jugé, spécialement, que l'omission de la signature de l'huissier sur la copie du procès-verbal de saisie remise au gardien emporte nullité de la saisie (Lyon, 12 janv. 1848 : J. Huiss.,t. 29, p. 315), et qu'il en est de même de l'omission de la signature de l'huissier sur la copie remise au commissaire de police qui avait procédé à l'ouverture des portes (Trib. civ. de Marseille, 14 août 1862 : J. Huiss., t. 44, p. 139). — La signature de l'huissier est, en effet, une formalité substantielle, de l'essence même de l'original ou de la copie, qui, par conséquent, sans cette signature, n'existent pas. — La signification régulière du procès-verbal, faite postérieurement au saisi, ne couvrirait pas la nullité résultant de l'omission de la signature de l'huissier sur l'une des copies (Trib. civ. de Marseille, 14 août 1862 : jugement précité).

258. Si, lorsque l'huissier emploie plusieurs vacations, il est plus prudent et plus régulier de clore chaque jour le procès-verbal, néanmoins l'omission par l'huissier de signer à la fin de chaque vacation ne serait pas une cause de nullité de la saisie. Le procès-verbal ne fait toujours qu'un seul et même acte dont toutes les parties sont régies par la signature apposée à la fin (Carré et Chauveau, quest. 2056).

259. Lorsque la saisie est faite au domicile de la partie, et que celle-ci est présente, il doit lui être laissé sur-le-champ une copie du procès-verbal, signée des personnes qui ont signé l'original (C.P.C., art. 601). L'huissier contrevient donc à cette disposition en ne remettant pas, dans ce cas, immédiatement au saisi la copie du procès-verbal (Rennes, 22 sept. 1810). M. Chauveau, quest. 2060 bis, a pensé que la saisie ne pouvait être opposée au saisi qui, avant la notification, avait fait disparaître des objets. Mais la connaissance qu'a le débiteur de la saisie doit, ce nous semble, l'empêcher de disposer des objets saisis, sous peine de se rendre coupable du délit de détournement, comme si la copie du procès-verbal lui a été remise (V. infrà, n° 338).

260. S'il y a plusieurs débiteurs saisis, il doit être donné à chacun d'eux copie du procès-verbal, encore bien qu'ils soient solidaires (Carré et Chauveau, quest. 2061). Le coût de ces copies nous paraît compris dans l'émolument alloué par l'art. 31 du tarif du 16 fév. 1807, sauf l'augmentation par vacation.

261. Du reste, si le procès-verbal dure plusieurs jours, quoique clos à chaque séance, il n'est pas nécessaire de le signifier au saisi après chacune d'elle ; il suffit de lui en remettre une copie après la clôture définitive (Nancy, 14 déc. 1829 : *J. Huiss.*, t. 11, p. 206 ; Thomine-Desmazures, t. 2, p. 117 ; Chauveau, *quest.* 2060 *bis*).

262. Le procès-verbal de saisie-exécution, même dressé en une seule vacation, exige nécessairement, pour sa rédaction, un certain temps, pendant lequel le saisi peut ne pas être présent : de sorte que si l'huissier commence l'opération en parlant à ce dernier, il peut arriver qu'il la termine en parlant à une autre personne de sa maison ; et, dans ce cas, la saisie n'en doit pas moins être considérée comme faite en présence du saisi.

263. Lorsque la partie saisie est absente de son domicile, à qui la copie du procès-verbal doit-elle être laissée ? L'art. 601, C.P.C., contient la disposition suivante : « Si la partie est absente, copie sera remise au maire ou adjoint, ou au magistrat qui, en cas de refus de portes, aura fait faire ouverture, et qui visera l'original. » Ne faut-il pas, cependant, pour l'application de cette disposition, distinguer entre le cas où l'huissier trouve au domicile du saisi des parents ou serviteurs et celui où il n'y est trouvé personne ?

264. Il a été décidé que, lorsqu'au moment de la saisie-exécution la partie saisie n'est pas dans son domicile, la copie du procès-verbal doit être remise au maire, encore bien que des parents ou serviteurs du saisi soient présents à son domicile et aient fait l'ouverture des portes (Amiens, 24 juin 1822) ; que si la copie est remise à une personne de la famille du saisi, au lieu de l'être aux magistrats désignés en l'art. 601, C.P.C., la saisie-exécution est nulle. et que l'huissier doit en supporter le coût (Trib. civ. de Castelnaudary, 12 janv. 1849 : *J. Huiss.*, t. 30, p. 166).

265. Toutefois, l'art. 586, C.P.C., portant que les formalités des exploits doivent être observées dans les procès-verbaux de saisie-exécution, n'est-on pas fondé à en conclure que la disposition précitée de l'art. 601 ne s'applique que dans le cas d'absence du saisi avec ouverture des portes ? Nous le croyons (*Contrà J. Huiss.*, t. 2, p. 273, n° 9) ; par conséquent, il nous semble que la copie du procès-verbal de saisie est valablement remise, en l'absence du saisi, à ses parents ou serviteurs trouvés à son domicile, conformément à l'art. 68, C.P.C. (*Sic* Rennes, 27 août 1835 : *J. Huiss.*, t. 17, p. 267 ; Thomine-Desmazures, t. 2, p. 117. — *Contrà* Carré, *quest.* 2060) ; surtout s'il n'en est résulté aucun dommage pour le saisi (Chauveau, même quest.). Mais, si les parents ou serviteurs du saisi refusaient de recevoir la copie, ne pourrait-elle pas être laissée à un voisin ? Non (Liége, 14 fév. 1824). V. cependant, sur ces différents points, ma réponse à une question proposée (*J. Huiss.*, t, 32, p. 131).

266. Lorsque le saisi est absent de son domicile, qu'il n'y est trouvé personne, et qu'il y a lieu à ouverture des portes, la copie doit alors nécessairement être remise au maire ou adjoint, ou au magistrat appelé pour faire l'ouverture. C'est là une faculté que crée l'art. 601 (Orléans, 23 avril 1819 ; Carré, *quest.* 2060), c'est-à-dire que l'huissier peut indifféremment remettre la copie au maire ou adjoint, ou au magistrat qui l'a assisté pour l'ouverture des portes (V. *J. Huiss.*, t. 32, p. 131).

267. Jugé que, lorsqu'un procès-verbal de saisie-exécution constate que, en l'absence du saisi, la copie en a été laissée au juge de paix qui a fait l'ouverture des portes, et que ce magistrat a visé l'original, la saisie ne peut être déclarée nulle parce que le parlant à ne contient pas le nom du juge de paix (Trib. civ. de Bruxelles, 17 juin 1834 : *J. Huiss.*, t. 35, p. 277). Il peut, en effet, quand le parlant à n'est pas rempli dans un procès-verbal de saisie-exécution, être suppléé à cette omission, comme lorsqu'il s'agit d'un exploit ordinaire, par des équipollents tirés des énonciations mêmes de ce procès-verbal.

268. Il doit également être laissé copie du procès-verbal de saisie-exécution au gardien (C.P.C., art. 599), à peine de nullité (Biret, *Nullités*, t. 2, p. 165).

269. Lorsque la saisie est faite hors du domicile et en l'absence du saisi, saisie pour laquelle les mêmes formalités que celles qui sont prescrites pour la saisie faite au domicile du saisi doivent être remplies, sauf que l'huissier n'est pas tenu de faire itératif commandement (V. *Formule* 3), la copie du procès-verbal doit lui être notifiée dans le jour, outre un jour par cinq (et non trois) myriamètres (C.P.C., art. 602 et 1033 nouv. — V. *Formule* 4). Le défaut de notification dans le jour n'entraîne pas nullité de la saisie (Colmar, 23 nov. 1844; Chauveau, quest. 2060 *bis*). Seulement, les frais de garde et le délai pour la vente ne courent que du jour de la notification (C.P.C., art. 602); l'huissier est, de plus, exposé à l'amende prononcée par l'art. 1030, C.P.C.

270. La copie du procès-verbal notifiée au saisi ne doit pas, à peine de nullité, faire mention de la remise au gardien de la copie du même procès-verbal; il suffit que cette remise soit constatée dans l'original du procès-verbal qui reste aux mains de l'huissier (Rennes, 19 mai 1820; Chauveau, quest. 2061 *ter*).

§ 7. — *Effets de la saisie.*

271. La saisie plaçant sous la main de la justice tous les objets qu'elle comprend, toute disposition s'en trouve désormais interdite de la part du débiteur au préjudice du saisissant et des opposants, s'il en est survenu. La Cour de Rouen a fait application de ce principe, en décidant que le débiteur, dont les meubles et les bestiaux qui garnissent la ferme qu'il exploite ont été saisis, ne peut plus disposer des bestiaux sans le consentement du saisissant (Arrêt du 25 avril 1857 : *J. Huiss.*, t. 39, p. 250).

272. Dans ce cas, celui qui, après la saisie, achète ces bestiaux, ne peut, vis-à-vis du saisissant, invoquer la vente, qu'en offrant de le désintéresser intégralement des causes de la saisie ; il ne lui suffit pas d'offrir le prix de la vente, alors surtout que ce prix est inférieur à la valeur réelle des objets vendus (Même arrêt).

273. L'indisponibilité des objets saisis est même, dans certain cas, assurée par des peines corporelles (V. le § 9).

274. Le saisissant ne peut s'attribuer ces objets en paiement; la saisie ne lui confère que le droit de les faire vendre pour se payer sur le prix, de ce qui leur est dû. — V. *infrà*, § 11.

275. Le premier saisissant n'acquiert pas, d'ailleurs, par l'effet de cette position seule, un droit de préférence sur le prix provenant de la vente : de sorte que, quand il y a des créanciers récolants ou opposants, la vente d'objets compris dans la saisie, volontairement consentie par le débiteur, est nulle à leur égard; alors même qu'elle a eu lieu pour désintéresser le premier saisissant (Caen, 1er mai 1855 : *J. Huiss.*, t. 37, p. 107).

§ 8. — *Gardien à la saisie.— Gérant à l'exploitation.*

276. GARDIEN. — *Nomination.* — 'Le gardien qui doit être nommé à la saisie, est désigné par le saisi ou choisi par l'huissier. « Si la partie saisie, porte l'art. 596, C.P.C., offre un gardien solvable, et qui se charge volontairement et sur-le-champ, il sera établi par l'huissier. » Et l'art. 597

ajoute : « Si le saisi ne présente gardien, solvable et de la qualité requise, il en sera établi un par l'huissier. »

277. Il résulte de ces deux articles, d'une part, qu'il n'est pas nécessaire que l'huissier interpelle le saisi pour savoir s'il entend ou non présenter un gardien, que c'est à lui à prendre l'initiative et à en offrir un, s'il le juge à propos, et, d'autre part, qu'il ne doit être établi qu'un seul gardien, à moins que la saisie ne soit faite en divers lieux ou qu'il soit impossible qu'une seule personne suffise à la garde de tous les objets saisis.

278. Toutefois, l'établissement d'un gardien à une saisie-exécution n'est prescrit à peine de nullité par aucune disposition du Code de procédure; il ne peut à cet égard être suppléé au silence du législateur; seulement, le défaut d'établissement de gardien ne permet pas d'observer l'art. 611, C.P.C.; dès lors, l'huissier, agissant à la requête d'un créancier autre que celui qui a fait faire la première saisie, ne peut se borner à procéder au récolement des meubles saisis; et, s'il établit un gardien à la saisie nouvelle qu'il doit pratiquer, toutes les autres formalités étant d'ailleurs remplies, le second saisissant acquiert le droit de faire vendre, par préférence au premier, les objets saisis; la première saisie n'équivaut qu'à un simple récolement (V. ma réponse à une question proposée : *J. Huiss.*, t. 35, p. 173, 5°; Caen [motifs], 10 avril 1827 : t. 9, p. 225).

279. Le gardien, une fois nommé, n'est pas révocable à la volonté du saisissant; c'est un mandataire de justice, et la justice seule peut le révoquer (Bordeaux, 26 nov. 1828; Chauveau, *quest.* 2052 *ter*).

280. *Qui peut être gardien.* — Pour être gardien, il faut :

1° Être solvable (C.P.C., art. 596). Du reste, la solvabilité que la loi exige ne doit pas s'entendre d'une solvabilité qu'il faudrait justifier par titres et documents, mais d'une solvabilité apparente, présumable (Thomine-Desmazures, t. 2, p. 112; Chauveau, *quest.* 2054 *bis*).

281. Toutefois, il est à remarquer que la condition de solvabilité n'est imposée que pour le gardien désigné par le saisi, et non pour celui qui est choisi d'office par l'huissier (Art. 596 et 597). Aucune des parties ne peut se plaindre du choix de l'huissier : le saisissant, parce que l'huissier est responsable envers lui du gardien qu'il commet; le saisi, parce que la loi ne lui enlève aucun moyen de veiller, comme auparavant, à la conservation des objets saisis (Carré, t. 4, p. 726, note; Chauveau, *quest.* 2052 *bis*; Thomine-Desmazures, t. 2, p. 113).

282. 2° Être contraignable par corps (C. Nap., art. 2060); c'est ce que l'art. 597, C.P.C., entend par *qualité requise*. Le gardien doit donc être majeur et du sexe masculin (C. Nap., art. 2064 et 2066). Mais il n'est pas nécessaire qu'il soit français (Arg. art. 585 et 598, C.P C.). Néanmoins, le caractère public d'un ambassadeur étranger et l'inviolabilité de son domicile s'opposent à ce qu'il soit constitué gardien (Paris, 19 mai 1829 : *J. Huiss.*, t. 12, p. 123).

283. Les femmes ou filles, n'étant pas contraignables par corps (C. Nap., art. 2066), ne peuvent être établies gardiennes à une saisie, à moins que le saisissant n'intervienne et ne déclare renoncer à la garantie de la contrainte par corps (Thomine-Desmazures, t. 2, p. 112; Carré et Chauveau, *quest.* 2051).

284. La loi a elle-même exclu des fonctions de gardien certaines personnes. Ainsi, ne peuvent être établis gardiens : le saisissant, son conjoint, ses parents et alliés jusqu'au degré de cousin issu de germain inclusivement, et ses domestiques; mais le saisi, son conjoint, ses parents, alliés et domestiques, peuvent être établis gardiens, de leur consentement et de celui du saisissant (C.P.C., art. 598).

43.

285. Le consentement exigé par cet article ne doit pas nécessairement être donné par acte séparé ; il suffit qu'il soit énoncé dans le procès-verbal de saisie (Carré et Chauveau, *quest.* 2054).

286. Le consentement donné par le saisissant à ce que la femme du saisi soit établie gardienne implique, de sa part, renonciation à exercer contre elle la contrainte par corps (Paris, 21 prair. an XIII ; Chauveau, *quest.* 2051 *in fine*).

287. Le saisissant n'étant pas présent à la saisie, l'huissier, qui le représente, peut, selon nous, donner en son nom le consentement ou la renonciation dont il s'agit. Toutefois, si le saisissant se trouve dans le lieu de l'exécution, il peut, pour mettre sa responsabilité à couvert, lui en référer et lui demander son autorisation écrite.

288. Les incapacités créées par l'art. 598 ne peuvent, au surplus, être étendues. Toutes les personnes qu'il n'exclut pas et qui réunissent les conditions prescrites peuvent donc être constituées gardiennes. Par exemple, l'huissier peut établir gardien l'un des témoins qui l'ont assisté dans la saisie (Metz, 20 nov. 1818 ; Rennes, 19 mai 1820 ; Carré et Chauveau, *quest.* 2053). Mais il ne convient pas qu'il se désigne lui-même (Carré, *loc. cit.*). Il ne peut non plus, cependant, désigner un ecclésiastique, quoique les ecclésiastiques ne soient pas aujourd'hui dispensés de la contrainte par corps, mais *honestatis causâ* (Bugnet sur Pothier, t. 10, p. 213, note 6).

289. Les prohibitions portées en l'art. 598 ne sont pas d'ailleurs établies à peine de nullités : de sorte que la violation de ces prohibitions ne pourrait faire annuler la saisie qu'autant qu'elle aurait eu lieu dans une intention de fraude, qu'elle aurait occasionné un dommage, et qu'enfin aucune circonstance ne pourrait la justifier. Une saisie-exécution ne serait donc pas nulle par cela seul que le gardien serait parent du saisissant au degré prohibé (Chauveau, *quest.* 2503 *bis*).

290. Quoique l'art. 598 exige le consentement du saisissant pour que le saisi puisse être établi gardien, il a été aussi jugé, néanmoins, que le saisi peut être constitué gardien même malgré le saisissant, lorsque les objets saisis sont des animaux qui font partie d'une ménagerie et exigent une vigilance et une expérience particulières (Bordeaux, 1er juill. 1833 : J. *Huiss.*, t. 15, p. 93). Il en peut être de même, quand les objets saisis sont de si peu d'importance que leur valeur serait absorbée par les frais de garde (Thomine-Desmazures, t. 2, p. 112).

291. Les fonctions de gardien ne sont point obligatoires, et celui que l'huissier choisit pour les remplir peut refuser de les accepter (Thomine-Desmazures, *loc. cit.*; Rodière, t. 3, p. 256 ; Carré et Chauveau, *quest.* 2052).

292. Dans ce cas, nous ne croyons pas que, comme l'a admis la Cour de Toulouse (Arrêt du 31 juill. 1832), l'huissier puisse faire transporter les objets saisis au domicile de celui qu'il voulait établir gardien, ni que, comme l'enseigne Pothier (*Procéd. civ.*, 4e part., chap. 2, sect. 2, S. 1er, n° 461), l'huissier doive l'assigner devant le tribunal pour le faire condamner à se charger de la garde, s'il n'a quelque cause d'excuse qui l'en exempte. Mais il doit, après avoir établi un gardien provisoire aux portes, se retirer en référé devant le président du tribunal, pour obtenir de ce magistrat la commission d'un gardien, qui est alors choisi parmi les agents de la force publique.

293. Du reste, ceux qui, par menaces ou voies de fait, empêchent l'établissement d'un gardien, peuvent être poursuivis conformément au Code d'instruction criminelle (C.P.C., art. 600). Il y a là un délit dont l'huissier doit dresser procès-verbal, sans cela il deviendrait difficile d'en poursuivre la répression (Carré, *quest.* 2059).

294. *Devoirs et obligations du gardien.* — *Responsabilité.* — Le gardien doit apporter à la conservation de la chose saisie tous les soins d'un bon père de famille (C. Nap., art. 1862) ; il répond des détériorations survenues par sa faute (Cass. 31 janv. 1820).

295. Il est tenu de représenter les objets saisis, soit à la décharge du saisissant pour la vente, soit à la partie contre laquelle l'exécution a été faite, en cas de mainlevée de la saisie (C. Nap., art. 1962). Sa responsabilité, à défaut de représentation, est plus ou moins grande, suivant les cas.

296. S'il s'est offert lui-même, il n'est déchargé de la perte qu'en prouvant que c'est par cas forfuit qu'il ne peut représenter les objets confiés à sa garde ; à défaut de cette preuve, il doit être condamné à payer la valeur des objets non-représentés, même par corps ; mais il n'est pas tenu des causes de la saisie (Bourges, 25 therm. an VIII).

297. Le gardien, qui, présenté par le saisi ou établi par l'huissier, n'a pas veillé avec soin à la conservation des objets mis sous sa garde et en a laissé enlever une partie, perd ses frais de garde, et, de plus, peut, à défaut par lui de représenter les objets manquants, être condamné, par corps, à en payer la valeur (Bordeaux, 21 déc. 1827 : *J. Huiss.*, t. 9, p. 282). Mais il ne répond pas de la perte des objets arrivée sans sa faute. Il suit de là que, dans ce cas, pour que la responsabilité du gardien se trouve engagée, le saisissant ou le saisi doit prouver sa faute.

298. Il est certain que les créanciers du saisi, qui ne sont point intervenus comme parties dans la saisie en faisant dresser un procès-verbal de récolement, et se sont bornés à former opposition sur le prix de la vente, ne peuvent se prévaloir de la saisie, puisqu'elle leur est étrangère, pour intenter contre le gardien établi par l'huissier une action en responsabilité à raison de la non-représentation d'objets saisis (*J. Huiss.*, t. 12, p. 286, n° 31). Ils peuvent, au contraire, lui intenter cette action, même après la vente, si le prix n'a pas suffi pour les désintéresser, comme exerçant les droits de leur débiteur (Chauveau, *quest.* 2063).

299. Le procès-verbal dressé par l'huissier pour constater la non-représentation par le gardien d'objets saisis ne doit pas lui être notifié (Besançon, 22 mars 1809).

300. Le gardien ne peut, pour se soustraire à la responsabilité résultant du défaut de représentation d'objets saisis, se prévaloir des moyens de nullité qui vicient le procès-verbal de saisie ; ils n'ont pas été établis en sa faveur (Rennes, 19 nov. 1813).

301. Il ne pourrait pas davantage s'y soustraire, en dénonçant immédiatement au saisissant la soustraction qui aurait été faite d'objets saisis ; car cette dénonciation ne prouve pas qu'il n'y ait ni faute ni négligence de sa part.

302. L'action en responsabilité à laquelle le gardien est soumis dure 30 ans (C. Nap., art. 2262).

303. De ce que le gardien est tenu de veiller à la conservation des objets saisis, il suit qu'il ne peut se servir de ces objets, ni les louer, ni les prêter, à peine de privation de frais de garde, et de dommages-intérêts, au paiement desquels il est contraignable par corps (C.P.C., art. 603), pourvu qu'ils excèdent 300 fr., l'art. 603, C.P.C., ne dérogeant pas à l'art, 2065, C. Nap. (Chauveau, *quest.* 2063 *quinquies*).

304. Mais le gardien, qui a loué ou prêté des animaux saisis, ne peut être privé des frais de la nourriture de ces animaux (Trib. civ. de Toulouse, 19 janv. 1847 : *J. Huiss.*, t. 28, p. 149).

305. Si les objets saisis ont produit quelques fruits ou revenus, le gardien est tenu également d'en rendre compte, même par corps (C.P.C., art. 604). Cette disposition s'entend des fruits naturels qui viennent spontanément sans le secours de l'homme, comme le croît des animaux. Mais le législateur n'a pas voulu priver le saisi d'une faveur que lui accordait un édit de sept. 1674, celle d'user du lait (Thomine-Desmazures, t. 2, p. 120 ; Carré et Chauveau, t. 4, p. 739, note).

306. La non-représentation par le gardien d'objets saisis ne peut-elle pas, lorsque ce gardien a été choisi par l'huissier, donner lieu également contre ce dernier à une action en responsabilité ? L'affirmative s'induit de quelques arrêts. Il a été, en effet, décidé, notamment, que l'huissier est tenu solidairement avec le gardien qu'il a choisi au paiement des effets soustraits par suite de la négligence de ce dernier (Paris, 20 août 1825 : J. Huiss., t. 7, p. 142 ; Cass. 18 avril 1827 : t. 8, p. 216), ou par suite de son défaut de surveillance, comme dans le cas où, étant attaché à la direction des contributions directes en qualité de porteur d'avertissements et de contraintes, il s'est trouvé dans la nécessité d'être habituellement en course (Poitiers, 7 mars 1827 : J. Huiss., t. 8, p. 218).

307. Mais l'huissier ne peut répondre des infidélités ou soustractions commises par le gardien qu'il a choisi, lorsqu'on ne peut lui reprocher ni fraude, ni négligence, ni aucune faute personnelle (Caen, 12 déc. 1826 : J. Huiss., t. 8, p. 330 ; Rouen, 5 déc. 1831, et 18 août 1832 : t. 14, p. 152 et suiv.; Cass. 24 avril 1833 : t. 14, p. 158, 3ᵉ espèce ; 25 juin 1836 : t. 17, p. 129 ; Chauveau, quest. 2052 bis in fine et 2062).

308. Quant au saisissant, il ne peut, en aucun cas, être responsable des fautes commises par le gardien (Rennes, 8 janv. 1834 ; Carré et Chauveau, quest. 2062).

309. Décharge. — Les fonctions du gardien cessent au moment de la vente, lorsqu'elle a lieu au domicile du saisi ; s'il doit y être procédé à un autre endroit, elles cessent au moment de l'enlèvement des meubles que l'huissier fait effectuer ; le gardien n'est tenu de représenter les objets saisis qu'au lieu où la garde lui en a été confiée (Tar. 16 fév. 1807, art. 38 ; Carré et Chauveau, quest. 2088).

310. Mais le gardien peut demander sa décharge avant la vente, si, par exemple, elle n'a pas été faite au jour indiqué par le procès-verbal, sans qu'elle ait été empêchée par quelque obstacle ; en cas d'empêchement, la décharge ne peut être demandée que deux mois après la saisie, sauf au saisissant à faire nommer un autre gardien (C.P.C., art. 605).

311. Quoique le terme de deux mois soit le plus court que cet article assigne à la durée des obligations du gardien, cependant il peut, avant l'expiration de ce délai, demander sa décharge, si des circonstances majeures, survenues depuis qu'il a été établi, le mettent dans l'impossibilité de continuer à remplir ses devoirs (Thomine-Desmazures, t. 2, p. 120 ; Chauveau, quest. 2963 sexies).

312. La décharge du gardien ne s'opère pas de plein droit, comme sous l'ordonnance de 1667 (Colmar, 16 fév. 1813). L'art. 666, C.P.C., veut, en effet, qu'elle soit demandée. Si le gardien ne demande pas sa décharge, l'action du saisissant pour le contraindre à représenter les meubles et effets saisis ne se prescrit que par trente ans (Nîmes, 20 déc. 1820 : J. Huiss., t. 3, p. 227 ; Chauveau, quest. 2064 bis).

313. La décharge doit être demandée contre le saisissant et le saisi, par assignation en référé devant le juge du lieu de la saisie (C.P.C., art. 606). L'assignation ne peut être signifiée au domicile élu par le saisissant dans le commandement tendant à la saisie, mais doit l'être à son domicile réel (Poitiers, 25 fév. 1834 : *J. Huiss.*, t. 15, p. 313). — V. *Formule* 8.

314. Si la décharge est accordée, il est préalablement procédé au récolement des effets saisis, parties appelées (C.P.C., art. 606) ; à cet effet, il est signifié au saisissant et au saisi un exploit contenant sommation d'assister au récolement (Tar. 16 fév. 1807, art. 29). — V. *Formule* 9.

315. L'huissier procède au récolement sans assistance de témoins ; il dresse un procès-verbal par lequel il constate qu'il a trouvé tous les objets détaillés dans la saisie, ou que tels ou tels objets qu'il décrit ne sont pas représentés ; il laisse copie de ce procès-verbal au gardien qui a obtenu sa décharge, à celui qui le remplace, auquel il signifie en même temps une copie du procès-verbal de saisie, et au saisissant et au saisi (Tar. 16 fév. 1837, art. 35 ; Carré et Chauveau, *quest.* 2064). — V. *Formule* 10.

316. Les frais de changement de gardien sont avancés par le saisissant, qui en est remboursé sur le prix de la vente comme de frais de justice. Si, dans le délai fixé par le juge, il n'a pas été établi un nouveau gardien, l'ancien gardien peut poursuivre lui-même cet établissement à ses frais ; il lui en est délivré exécutoire contre le saisissant, ainsi que des frais de garde.

317. Dans le cas de décès du gardien, ses fonctions ne passent pas à ses héritiers ; ceux-ci doivent néanmoins continuer à veiller à la conservation des objets saisis : mais, s'ils ne veulent pas rester gardiens, ils doivent immédiatement prévenir le saisissant du décès de leur auteur et réclamer l'établissement d'un nouveau gardien ; si ce dernier n'établissait pas de nouveau gardien, ils pourraient l'assigner et demander leur décharge.

318. *Frais de garde.* — Les frais de garde sont déterminés par l'art. 34 du tarif du 16 fév. 1807 et par le 2me décret du même jour. — Ces frais courent du jour de la saisie, si elle est faite au domicile du saisi, ou si, étant faite hors de ce domicile, elle est notifiée au saisi dans le jour, outre un jour par cinq myriamètres ; sinon, ils ne courent que du jour de la notification (C.P.C., art. 602). — V. *suprà*, n° 269.

319. Ils doivent être alloués au gardien, ou, dans le cas de décès de celui-ci dans l'exercice de ses fonctions, à ses héritiers, s'ils ont conservé la garde des objets saisis, jusqu'à leur décharge, quelle que soit l'importance de la somme, et sans qu'il soit permis aux juges de la modérer (Bourges, 19 août 1825 : *J. Huiss.*, t. 8, p. 332). Si cependant la garde effective avait cessé avant cette époque, nous croyons qu'alors les frais pourraient être réduits.

320. Toutefois, le gardien n'a droit à aucun salaire, s'il a laissé détourner des objets saisis, en ne veillant pas avec soin à leur conservation, ou s'il s'est servi de ces objets, les a loués ou prêtés. — V. *suprà*, n°ˢ 297 et 303. — Il a même été jugé que, dans le cas d'enlèvement des objets saisis, le gardien ne peut réclamer aucun salaire, quoiqu'il ne soit pas déclaré responsable de l'enlèvement (Poitiers, 20 janv. 1826 : *J. Huiss.*, t. 7, p. 138).

321. Les frais de garde ne peuvent être réclamés qu'après le récolement des effets saisis (Poitiers, 20 janv. 1826 : arrêt précité). — Ils sont prélevés sur le prix de la vente ; et, lorsque ce prix est insuffisant pour payer les frais de garde, le gardien a une action solidaire contre le saisissant et les créanciers opposants qui sont devenus parties dans la saisie (C. Nap., art. 1962 et 2002) ; ceux-ci doivent alors contribuer au paiement des frais de garde par portions égales (Arg. art. 793, C.P.C.), et non pas en proportion du montant de leurs créances.

322. Lorsque la saisie a été annulée soit sur la demande du saisi, soit sur la demande d'un tiers qui a prouvé être propriétaire des objets saisis, le gardien ne peut réclamer ses frais de garde que contre le saisissant ; il ne peut retenir les objets qui avaient été saisis pour se faire payer par privilége du montant de ses salaires (Bordeaux, 17 mars 1831 : J. Huiss., t. 12, p. 253 ; Chauveau, quest. 2063 ter).

323. Dans le cas où le saisissant, venant à être payé par le débiteur, donne mainlevée de la saisie, le gardien doit faire taxer ses frais de garde par le président du tribunal ; et, pour faire donner à la taxe la forme exécutoire, il doit simplement déposer l'ordonnance au greffe et y prendre exécutoire ; il n'est pas nécessaire qu'il assigne le saisissant devant le tribunal. Mais, s'il y a opposition à l'ordonnance, cette opposition doit être portée devant le tribunal, et non devant le président qui a rendu l'ordonnance (Cass. 23 août 1830 : J. Huiss., t. 12, p. 136).

324. Jugé, d'ailleurs, que la demande en règlement et paiement de frais de garde n'est pas de la compétence du juge de paix, quoique la somme réclamée n'excède pas 100 fr., mais du tribunal civil, surtout quand la saisie a été pratiquée en exécution d'un jugement de ce tribunal, et qu'elle peut être considérée comme requérant célérité et être soumise à la chambre des vacations (Cass. 28 mai 1816).

325. Le gardien d'objets mobiliers saisis, qui donne quittance de son salaire à la suite et sur la copie du procès-verbal qui lui a été laissée par l'huissier, ne contrevient pas à l'art. 23 de la loi du 13 Brum. an VII : car cette copie est évidemment le titre du gardien au salaire qui lui est dû (J. Huiss., t. 39, p. 256).

326. GÉRANT A L'EXPLOITATION. — Dans le cas de saisie d'animaux et ustensiles servant à l'exploitation des terres, le juge de paix peut, sur la demande du saisissant, le propriétaire et le saisi entendus ou appelés, établir un gérant à l'exploitation (C.P.C., art. 594).

327. Toutefois, cette mesure, à la différence de la nomination d'un gardien, n'est pas commandée par la loi ; elle n'est que facultative ; c'est au juge de paix à examiner s'il est à craindre que le saisi néglige l'exploitation, et il n'usera de la faculté que lui confère l'art. 594 qu'autant qu'il aura quelques raisons de concevoir cette crainte (Carré, sur l'art. 594, n° CCCCLXIV).

328. La mesure établie par l'art. 594 peut être étendue au cas où ce sont les ustensiles d'un moulin, d'un pressoir ou d'une usine, qui ont été saisis. La nomination d'un gérant est nécessaire, en effet, s'il y a lieu de craindre que, par suite de la saisie, le service de ces établissements ne soit suspendu (J. Huiss., t. 12, p. 288, n° 133 ; Thomine-Desmazures, t. 2, p. 110 ; Carré et Chauveau, quest. 2048).

329. D'après l'art. 594, la demande peut être formée par le saisissant ; elle pourrait l'être aussi par le saisi, ou par le propriétaire soit de la ferme soit des moulins ou usines. Dans le premier cas, elle est dirigée contre le propriétaire et le saisi ; dans le second, contre le saisissant et le propriétaire ; dans le troisième, contre le saisissant et le saisi. — V. Formule 11.

330. Elle doit être portée devant le juge de paix du lieu où la saisie est pratiquée (Arg. art. 594). — Sa sentence est susceptible d'appel.

331. Le gérant, nommé en vertu de l'art. 594, est soumis aux mêmes devoirs et obligations, et à la même responsabilité que le gardien (Carré et Chauveau, quest. 2049).

§ 9. — Destruction et détournement d'objets saisis.

332. Aux termes de l'article 600, C.P.C., ceux qui enlèvent ou détournent des effets saisis sont poursuivis conformément au Code d'instruc-

tion criminelle (art. 22, 59, 61 et suiv.) La pénalité encourue est déterminée par l'art. 400, C. Pén., qui contient les dispositions suivantes : « Le
saisi qui aura détruit, détourné ou tenté de détourner des objets saisis sur
lui ou confiés à sa garde, sera puni des peines portées en l'art. 406. — Il
sera puni des peines portées en l'art. 401, si la garde des objets saisis et
par lui détruits ou détournés avait été confiée à un tiers. — Celui qui aura
recélé sciemment les objets détournés, le conjoint, les ascendants et descendants du saisi qui l'auront aidé dans la destruction ou le détournement
de ces objets, seront punis d'une peine égale à celle qu'il aura encourue. »

333. Il a été plusieurs fois fait application de ces dispositions. Ainsi,
jugé que le mari qui détourne des objets saisis sur lui par sa femme et
confiés à la garde d'un tiers est passible des peines édictées par l'art. 401,
C. Pén. (Paris, 19 fév. 1857 : *J. Huiss.*, t. 38, p. 104 ; Cass. 18 avril
1857), et qu'il en est de même d'une femme mariée qui soustrait frauduleusement des choses saisies sur son mari à la requête d'un créancier de
ce dernier (Cass. 19 fév. 1842 ; 21 avril 1842), sans que, dans l'un et
l'autre cas, l'exception de l'art. 380, C. Pén., qui exempte de toute criminalité le vol entre conjoints, puisse être appliquée (Mêmes arrêts).

334. Décidé aussi que le fils de la partie saisie, qui soustrait frauduleusement des objets compris dans la saisie et confiés à la garde du saisi,
est passible des peines prononcées par l'art. 401, C. Pén., et qu'il n'y a
pas lieu d'appliquer ici l'exception de l'art. 380, même code, qui exempte
de toute criminalité le vol par des enfants au préjudice de leur père ou
mère (Bourges, 9 nov. 1854 : *J. Huiss.*, t. 38, p. 162).

335. Lorsque, la saisie ayant eu lieu à la requête d'une femme sur son
mari, celui-ci soustrait des objets compris dans la saisie, il peut indépendamment de la peine qu'il encourt, être condamné envers sa femme à
des dommages-intérêts, pour l'indemniser du préjudice que le détournement lui a fait éprouver ; mais l'art. 41 de la loi du 17 avril 1832 s'oppose
à ce que la contrainte par corps puisse être prononcée contre le mari à
raison de cette condamnation (Paris, 19 fév. 1857 : *J. Huiss.*, t. 38,
p. 104).

336. Toutefois, il a été jugé que le tiers (par exemple, le bailleur à
cheptel), qui, sans s'être concerté avec un fermier sur lequel une saisie a
été opérée à la requête du propriétaire de la ferme, reprend des objets lui
appartenant, et spécialement des bestiaux qu'il avait donnés à cheptel au
saisi, lesquels avaient été compris par erreur dans la saisie, n'est pas passible des peines portées en l'art. 401, C. Pén. (Cass. 1er juill. 1852 : *J.
Huiss.*, t. 34, p. 275).

337. Le détournement d'objets saisis peut être constaté par le procès-
verbal de récolement dressé par l'huissier, et ce procès-verbal peut servir de
base à l'application de la loi pénale. Mais, pour contenir les éléments consti-
tutifs du délit de détournement, il importe que le procès-verbal de récolement
soit dressé en présence du gardien et du saisi. L'interpellation de représenter les objets manquants, adressée par l'huissier à la femme du saisi en
l'absence de celui-ci et du gardien, ne saurait remplacer l'interpellation
qui doit être faite à ces derniers (Paris, 15 déc. 1852 : *J. Huiss.*, t. 34,
p. 22).

338. Le délit qui résulte du détournement par un débiteur des objets
saisis sur lui existe indépendamment du mérite de la saisie. Il suit de là
que le débiteur qui détourne les objets saisis et confiés à la garde d'un
tiers encourt les peines portées par les art. 400 et 401, C. Pén., alors
même qu'il soutient que la saisie est nulle (Bourges, 7 fév. 1830 ; Grenoble, 16 janv. 1862 : *J. Huiss.*, t. 43, p. 284), ou encore bien que la

saisie, pratiquée hors de son domicile, ne lui ait pas encore été dénoncée, s'il résulte des circonstances qu'il en avait connaissance (Cass. 18 mars 1852 : *J. Huiss.*, t. 34, p. 275. — V. *suprà*, n° 259).

339. Et le tribunal correctionnel ne peut surseoir à prononcer les peines encourues par le débiteur, jusqu'à ce qu'il ait été statué par la juridiction civile sur le mérite de la saisie (Bourges, 7 fév. 1850 ; Grenoble, 16 janv. 1862 : arrêts précités. — *Contrà* Chauveau, *J. Huiss.*, t. 31, p. 111). Mais, si les objets qui avaient été détournés sont représentés à l'audience, l'auteur du détournement ne doit-il pas être renvoyé des fins de la citation ? L'affirmative résulte implicitement de l'arrêt de la Cour de Paris du 15 déc. 1852 : *J. Huiss.*, t. 34, p. 22).

340. Si, après que le saisi a été condamné pour détournement d'objets saisis, ces objets se retrouvent à son domicile après la vente de ceux qui y avaient été laissés, ils ne peuvent pas seulement être, de la part du créancier que le prix de cette vente n'a pas complétement désintéressé, l'objet d'un procès-verbal de récolement, quoique trois ans ne se soient point encore écoulés depuis le détournement ; ils doivent être l'objet d'une nouvelle saisie (*J. Huiss.*, t. 44, p. 11, 8°).

§ 10. — *Incidents en matière de saisie-exécution. — Revendication, demande en nullité, oppositions sur le prix de la vente.*

341. *Revendication ou opposition à la vente.* — Ceux qui se prétendent propriétaires des objets qui ont été compris dans une saisie-exécution ou d'une partie de ces objets peuvent les revendiquer, en s'opposant à la vente (C.P.C., art. 608). Mais la voie de la revendication, dans les formes tracées par cet article, leur est seule ouverte (Rouen, 9 janv. 1857 : *J. Huiss.*, t. 38, p. 308) ; ils ne pourraient agir en demandant la nullité des poursuites, la demande en nullité étant spécialement réservée au saisi (Carré et Chauveau, *quest.* 2075. — *Contrà* Bordeaux, 31 août 1831 : *J. Huiss.*, t. 13, p. 145).

342. Il a été jugé, notamment, que la femme qui se prétend propriétaire des meubles saisis sur son mari n'a pas qualité pour demander la nullité de la saisie pour irrégularité du commandement qui l'a précédée, et qu'elle doit agir par voie de revendication ou d'opposition à la vente (Bruxelles, 3 juill. 1809 ; Nîmes, 16 mai 1829 ; Trib. civ. de Villefranche, 11 fév. 1847 : *J. Huiss.*, t. 28, p. 139. — V. aussi, en ce sens, Carré et Chauveau, *loc. cit.*).

343. La revendication ne peut être exercée que par le propriétaire même, qui est tenu de prouver que les meubles saisis lui appartiennent réellement ; le saisi n'a pas qualité pour s'opposer à la vente des meubles qui ont été saisis dans son domicile, en prétendant qu'ils ne lui appartiennent pas (Paris, 13 janv. 1814 ; Chauveau, *quest.* 2075 *bis*).

344. Toutefois, la faculté de former opposition à la vente n'appartient pas seulement à celui qui se prétend propriétaire des objets saisis ; elle appartient aussi à toute personne ayant sur ces objets un droit réel, par exemple, à l'usufruitier (Chauveau, *quest.* 2068 *ter*).

345. Mais la revendication ne peut être exercée au préjudice du propriétaire de la maison ou de la ferme, qui saisit, pour prix des loyers, les meubles qui la garnissent, et dont le privilége est consacré par l'art. 2102, C. Nap., sur tous ces meubles, sans distinction entre ceux qui appartiennent au locataire ou fermier et ceux qui ne leur appartiennent pas ; sauf le seul cas prévu par l'art. 820, C.P.C. (Rennes, 19 août 1817 ; Chauveau, *quest.* 2068 *ter*).

346. Lorsque, parmi les objets saisis, se trouvent des chevaux que, par mesure de sûreté, l'huissier a dû conduire en fourrière pour les soustraire à l'enlèvement déjà tenté par le saisi, le propriétaire de l'immeuble où étaient les chevaux au moment de la saisie, et auquel des loyers sont dus, n'est point obligé, pour conserver son privilége sur le prix à provenir de la vente desdits chevaux, d'en faire la revendication, conformément aux art. 2102, C. Nap., et 819, C. P. C. La mise en fourrière dont il s'agit ici laisse subsister les droits du bailleur, comme les maintient intacts la saisie elle-même, dans le cas où les bestiaux saisis sont laissés en la possession du débiteur. Cette mesure ne peut évidemment avoir lieu que sous le respect des droits acquis aux divers intéressés (V. ma réponse à une question proposée : *J. Huiss.*, t. 42, p. 316).

347. L'art. 608, C. P. C., ne fixe aucun délai pour l'exercice de la revendication ; il suit de là qu'elle peut être utilement formée tant que la vente n'est pas consommée (Grenoble, 21 fév. 1832 ; Chauveau, *quest.* 2068 *quater*). Si une première opposition venait à être déclarée nulle, le propriétaire des objets saisis pourrait également la renouveler jusqu'à la vente (Thomine-Desmazures, t. 2, p. 124 ; Chauveau, *loc. cit.*).

348. Mais, si la revendication n'est formée qu'après l'apposition des affiches et les publications dans les journaux, destinées à annoncer la vente, le revendicant doit supporter les frais des affiches et de publications, occasionnés par le retard qu'il a mis à faire valoir ses droits.

349. Après la vente, le propriétaire des objets qui avaient été saisis est déchu du droit de se les faire restituer ; il peut seulement s'en faire remettre le prix, s'il n'a pas encore été distribué, ou, s'il l'a été, se faire rembourser ce prix par le saisi (Bruxelles, 12 mars 1816 ; Chauveau, *loc. cit.*). — Lorsque le prix n'a pas été distribué, et si la propriété du revendicant est contestée par le saisissant ou le saisi, il assigne ces derniers devant le tribunal à l'effet de faire reconnaître sa propriété et décider que le prix des objets vendus lui sera remis ; il dénonce en même temps cette demande à l'officier public qui a procédé à la vente, avec défense de se dessaisir du prix en provenant.

350. S'il s'agit d'animaux saisis et vendus comme épaves, c'est au tribunal qui a statué sur la contravention que le propriétaire de ces animaux doit s'adresser pour faire reconnaître ses droits et obtenir un jugement qui autorise, s'il y a lieu, la restitution du prix. Ce jugement obtenu, le propriétaire doit, après l'expiration du délai d'appel, en joindre une expédition à une demande en remboursement, rédigée sur timbre, qu'il adresse au préfet, et ce fonctionnaire liquide, par un arrêté en forme d'avis, la somme à rembourser. Le directeur des domaines délivre ensuite, au profit de l'ayant droit, qui doit donner quittance sur une feuille de papier timbré, si la somme excède 10 fr., un mandat de paiement sur la caisse du receveur qui a reçu le prix de la vente. Avis de la délivrance de de ce mandat est donné à la partie par le directeur (*J. Huiss.*, t. 37, p. 325).

351. L'opposition d'un tiers à la vente des objets saisis ne peut plus, comme autrefois, être faite entre les mains de l'huissier qui a procédé à la saisie, même avec assignation en référé (Rouen, 9 janv. 1857 : *J. Huiss.*, t. 38, p. 308) ; elle doit l'être par exploit signifié au gardien, et dénoncé au saisissant et au saisi (C. P. C., art. 608). — Sur le point de savoir si la dénonciation peut être faite au domicile élu par le saisissant dans le commandement tendant à saisie, V. *suprà*, n° 154.

352. Aucun délai n'est déterminé pour la dénonciation de l'opposition entre les mains du gardien ; aussi il a été jugé que la dénonciation au saisi peut être postérieure à celle faite au saisissant et qu'elle peut avoir lieu tant qu'il n'est pas intervenu un jugement sur l'opposition (Grenoble, 24 fév. 1832). Mais le jugement qui statue sur l'opposition doit en prononcer la nullité, si elle n'a été dénoncée soit au saisi, soit au saisissant (Rennes, 9 août 1839; Chauveau, *quest.* 2068 *quater*).

353. L'exploit de dénonciation de l'opposition au saisi et au saisissant doit contenir assignation libellée et l'énonciation des preuves de propriété, à peine de nullité (C.P.C., art. 608). — V. *Formule* 12 et 13.

354. Le saisi et le saisissant sont seuls assignés; le gardien ne doit pas l'être (Tar. 16 fév. 1807, art. 29; Thomine-Desmazures, t. 2, p. 124; Carré et Chauveau, *quest.* 2071).

255. Il n'est pas nécessaire non plus de libeller l'opposition qui lui est signifiée, ni d'y énoncer les preuves de propriété (Metz, 19 juin 1819; Chauveau, *loc. cit.*).

356. Les créanciers opposants ne doivent pas davantage être mis en cause; mais ils peuvent intervenir à leurs frais, s'ils le jugent à propos (Carré et Chauveau, *quest.* 2074).

357. L'assignation au saisi et au saisissant doit être donnée aux délais ordinaires (C.P.C., art. 72 et 1033; Besançon, 30 août 1814), à moins que la permission de les abréger n'ait été obtenue du président du tribunal du lieu (Chauveau, *quest.* 2075 *ter*).

358. Quant à l'énonciation des preuves de propriété que doit contenir l'exploit de dénonciation, il est assurément satisfait à la prescription de l'art. 608 à cet égard, en énonçant le titre en vertu duquel le revendicant se prétend propriétaire (Rennes, 17 déc. 1811; Bordeaux, 19 juill. 1816). Mais l'énonciation des titres n'est pas indispensable; il suffit de mentionner les faits qui rendent certaine ou vraisemblable la propriété alléguée (Besançon, 22 déc. 1854; Chauveau, *quest.* 2071 *bis*).

359. Spécialement, un exploit de revendication satisfait au vœu de l'art. 608, C.P.C., en ce qui touche l'énonciation des preuves de propriété, lorsque le demandeur déclare que les bestiaux qu'il revendique lui appartiennent comme ayant été placés par lui dans une métairie exploitée par le saisi, et ce de l'agrément du saisissant, propriétaire de cette métairie (Limoges, 17 déc. 1839).

360. Mais l'énonciation ou la production d'un acte de bail en vertu duquel le réclamant serait locataire des lieux dans lesquels la saisie a été faite ne serait pas par elle-même suffisante, si ces lieux sont habités par le saisi, et non par le réclamant (Bruxelles, 24 fév. 1827; Chauveau, *quest.* 2071 *bis*).

361. La revendication n'est recevable que lorsqu'elle est formée dans les conditions prescrites par l'art. 608. Ainsi, le tiers, qui n'a pas observé ces conditions, ne peut, pour réclamer, à titre de propriétaire, les objets saisis, intervenir dans l'instance à laquelle la saisie a donné lieu entre le saisi et le saisissant (Paris, 13 janv. 1814; Chauveau, *quest.* 2068 *quater*). — *Contrà* Rennes, 23 fév. 1819).

362. Du reste, la nullité résultant de l'omission de l'une des formalités prescrites par l'art. 608, par exemple, de l'omission de l'énonciation des preuves de propriété, est couverte par la défense au fond (Orléans, 18 janv. 1819). — Le revendicant peut aussi invoquer, dans l'instance engagée sur l'opposition qu'il a formée, et même en appel, d'autres preuves de sa propriété que celles énoncées dans l'exploit de revendication (Chauveau, *Suppl.*, *quest.* 2071 *bis*. — *Contrà* Cologne (Prusse), 3 avril 1852).

363. L'étranger, qui forme une demande en revendication d'objets saisis, doit, de plus, fournir la caution *judicatum solvi*, si elle est requise (Paris, 3 mars 1854; J. *Huiss.*, t. 35, p. 223).

364. La demande en revendication doit être portée, non devant le juge de référé (Liége, 13 juill. 1824), mais devant le tribunal civil du lieu de la saisie, qui statue comme en matière sommaire (C.P.C., art. 608 ; Orléans, 17 fév. 1847 : *J. Huiss.*, t. 28, p. 307). C'est également devant le tribunal civil, et non devant l'autorité administrative, que doit être portée la demande en revendication d'objets saisis, à la requête du percepteur sur un contribuable (Décr. 16 sept. 1806 ; Chauveau, *quest.* 2073 *quinquies*).

365. Le tribunal du lieu de la saisie doit également connaître de la demande accessoire en dommages-intérêts réclamés par le revendicant contre le saisissant, quoique ce dernier ait donné mainlevée de la saisie, s'il n'a pas offert les dommages-intérêts demandés et si le revendicant persiste à réclamer la mainlevée en justice (Orléans, 17 fév. 1847 : *J. Huiss.*, t. 28, p. 307). Mais si, après une mainlevée de la saisie, et sans qu'il y ait demande en revendication, le propriétaire des objets saisis réclame des dommages-intérêts il doit alors former sa demande devant le tribunal du domicile du défendeur.

366. Le revendicant qui succombe est condamné, s'il y a lieu, à des dommages-intérêts envers le saisissant (C.P.C., art. 608), et, dans tous les cas, aux dépens. Le jugement qui rejette la demande est signifié au revendicant et au gardien.

367. Si la revendication est admise, le jugement est signifié au gardien, au saisi et au saisissant, avec défense de procéder à la vente des objets distraits.

368. Le jugement qui statue sur la demande en revendication, soit qu'il l'admette, soit qu'il la rejette, est susceptible d'appel, si la valeur de la chose revendiquée excède 1,500 fr. ou si cette valeur est indéterminée (Limoges, 17 déc. 1839 ; 9 janv. 1840). Ainsi, c'est la valeur des objets revendiqués, et non le montant des causes de la saisie, qui détermine si ce jugement est ou non en dernier ressort.

369. Si l'appel est interjeté par le saisissant, il doit être dirigé contre le saisi et le revendicant. Toutefois, l'appel signifié à ce dernier seulement n'est pas nul. Mais il y a lieu de surseoir à statuer jusqu'à ce que le saisi ait été mis en cause (Bruxelles, 22 janv. 1855 : *J. Huiss.*, t. 37, p. 17).

370. Après la signification du jugement qui admet la revendication, s'il est en dernier ressort, ou de l'arrêt confirmatif, si ce jugement, étant en premier ressort, a été frappé d'appel, et si les parties ne consentent pas volontairement à l'exécution, commandement est fait au gardien, au saisi et au saisissant, d'avoir à remettre les objets dont la distraction a été ordonnée, et, faute par eux d'obéir à ce commandement, l'huissier procède à la recherche desdits objets et les met en la possession du revendicant, après avoir dressé procès-verbal.

371. *Demande en nullité.*—On a vu (n°s 341 et 342) que les tiers, qui se prétendent propriétaires d'objets saisis, ne peuvent agir par voie de demande en nullité de la saisie ; il en est ainsi même que l'irrégularité dont elle serait entachée porterait sur l'omission d'une formalité substantielle ; la demande en nullité de la saisie n'appartient qu'au saisi ou à ses ayants cause (Bordeaux, 16 mai 1829 ; Carré et Chauveau, *quest.* 2075).

372. Toutefois, lorsque le saisi a dispensé l'huissier de certaines formalités, par exemple du détail des effets saisis, et à déclaré approuver le procès-verbal de saisie-exécution et le tenir pour valable, il ne peut plus se prévaloir des irrégularités qu'il renferme pour demander la nullité de la saisie (Bruxelles, 23 pluv. an IX ; Thomine-Desmazures, t. 2, p. 102).

373. La demande en nullité ne peut être portée devant le juge de référé, ni, par conséquent, jugée par le tribunal sur le renvoi qui lui en est

fait par le juge de référé (Paris, 18 sept. 1812 ; Chauveau, quest. 2068).
L'incompétence du juge de référé est une incompétence *ratione materiæ*,
qui peut être proposée devant la Cour, quoiqu'elle n'ait point été soulevée
dans l'exploit contenant appel de l'ordonnance par laquelle le juge de
référé avait annulé la saisie (Riom, 4 janv. 1862 : *J. Huiss.*, t. 49,
p. 235).

374. La demande doit être formée par exploit contenant assignation.
et signifié à la personne ou au domicile du saisissant, et portée devant le
tribunal du lieu de la saisie.

375. Cependant, une requête d'avoué à avoué est suffisante, si la saisie a été faite en vertu d'un jugement rendu par le tribunal même qui
peut connaître de son exécution, pourvu que la saisie ait eu lieu dans
l'année de la prononciation de ce jugement (Carré et Chauveau, *quest.*
2068).

376. Lorsque la saisie-exécution est annulée comme n'étant pas fondée, le saisi peut réclamer des dommages-intérêts contre le saisissant et
contre l'huissier (Bruxelles, 2 juin 1807). Mais il n'a pas droit à des dommages-intérêts, si la saisie n'est déclarée nulle que pour vices de formes
(Metz, 18 déc. 1812 ; Rennes, 29 août 1816).

377. Le jugement qui statue sur une demande en nullité d'une saisie-
exécution pratiquée pour une créance de 200 fr., est en premier ressort,
lorsque le saisi réclame, en outre, 2,000 fr. de dommages-intérêts (Rouen,
24 août 1849 : *J. Huiss.*, t. 31, p. 70).

378. *Oppositions sur le prix de la vente.* — Autrefois, les créanciers
du saisi pouvaient former des oppositions à la vente. Mais cet usage n'a
pas été maintenu. Aux termes de l'art. 609, C.P.C., les créanciers du
saisi, pour quelque cause que ce soit, même pour loyers, ne peuvent former
opposition que sur le prix de la vente.

379. Cependant, si les effets saisis par un créancier consistent en objets
précieux dont la vente publique et trop précipitée causerait un préjudice
réel au débiteur et à ses autres créanciers, les tribunaux peuvent, sur la
demande de ces derniers, ordonner un sursis à la vente, s'ils ont intérêt à
ce que le débiteur maintienne son établissement et liquide ses affaires (Paris, 7 août 1809).

380. Mais il a été jugé que l'huissier qui, malgré l'opposition à lui
signifiée par des créanciers du saisi, même avec assignation en référé, et
fondée sur ce qu'une demande en déclaration de faillite est formée contre
ce dernier, procède, à la requête du saisissant, à la vente des objets mobiliers servant à l'exploitation du commerce du saisi, ne méconnaît point
les devoirs de sa profession, le jugement déclaratif de faillite ayant seul
un effet suspensif (Rennes, 23 janv. 1858 : *J. Huiss.*, t. 39, p. 300).

381. ... Que le commissaire-priseur, requis par un huissier, porteur
d'une procédure régulière, de procéder à la vente publique de meubles
saisis, n'est pas tenu de surseoir à cette vente sur la simple allégation
d'individus sans qualité que le saisi vient d'être déclaré en faillite (Paris, 9
mai 1862 : *J. Huiss.*, t. 43, p. 160).

382. Dans ce cas, le commissaire-priseur n'est point responsable du
préjudice qui a pu résulter de la vente pour la masse des créanciers de la
faillite (même arrêt). Cependant, il résulte de l'arrêt précité de la Cour
de Rouen, du 23 janv. 1858, que les créanciers qui, dans l'espèce qu'il
prévoit, ont formé opposition entre les mains de l'huissier, ont contre lui,
s'il a procédé à la vente au mépris de leur opposition, une action en dommages-intérêts pour réparation du préjudice que cette vente leur a causé.
Cette dernière solution nous paraît contraire aux art. 609, C.P.C., et 450,
C. Comm. Ce n'est, en effet, qu'à partir du jugement déclaratif de faillite

que la saisie-exécution se trouve paralysée (Bourges, 10 juill. 1838. *J. Huiss.*, t. 20, p. 28.; Paris, 2 juill. 1846; Rennes, 12 mai 1852. — V. cependant Chauveau, *quest.* 2082 *ter*).

383. Au contraire, l'huissier ou le commissaire-priseur doivent surseoir à la vente, si le syndic de la faillite y a formé opposition, ou si même il leur a fait seulement parvenir un avis régulier de la déclaration de faillite (Paris, 9 mai 1862 : arrêt précité). Le syndic de la faillite, qui a laissé procéder à la vente, peut seul être responsable envers la masse du préjudice qui en est résulté pour elle.

384. Le bailleur, auquel des loyers sont dus, ne peut, comme les autres créanciers du saisi, s'opposer à la vente. S'il ne se trouve en présence que du créancier saisissant, il peut s'entendre à l'amiable avec lui pour la distribution du prix. Mais, si une distribution judiciaire doit avoir lieu, il est nécessaire, s'il veut conserver son privilége, qu'il forme opposition sur le prix de la vente, conformément à l'art. 609, C.P.C., comme il est également soumis, après l'ouverture de la contribution, aux dispositions générales des art. 660 et 661, même Code (Carré et Chauveau; *quest.* 2076; Thomine-Desmazures, t. 2, p. 125; *J. Huiss.*, t. 42, p. 315, 6°).

385. L'opposition sur le prix peut être utilement faite même depuis la vente, tant que ce prix n'est pas remis au saisissant ou n'est pas distribué (Orléans, 11 juill. 1860; *J. Huiss.*, t. 42, p. 76). Après la distribution de ce prix au saisissant et aux créanciers opposants lors de la vente, aucune opposition n'est plus recevable, alors même qu'il ne s'est pas encore écoulé un mois depuis la vente (Bruxelles, 7 mai 1822).

386. L'opposition doit être faite par exploit signifié au saisissant et à l'huissier ou autre officier chargé de la vente, avec élection de domicile dans le lieu où la saisie est faite, si l'opposant n'y est pas domicilié (C. P.C., art. 609. — V. *Formule* 24). L'exploit d'opposition signifié au saisissant peut l'être à son domicile réel ou au domicile par lui élu dans le commandement tendant à saisie (V. *suprà*, n° 155).

387. L'opposition doit en énoncer les causes (C.P.C., art. 609). Mais il n'est pas nécessaire qu'elle soit basée sur un titre, ou, à défaut, sur une ordonnance du juge (Thomine-Desmazures, t. 2, p. 125; Carré et Chauveau, *quest.* 2077).

388. Les formalités exigées par l'art. 609 et qui viennent d'être rappelées sont prescrites à peine de nullité des oppositions et de dommages-intérêts contre l'huissier, s'il y a lieu (Même art. 609).

389. Ainsi, spécialement, l'opposition serait nulle, si elle n'était formulée que sur le procès-verbal de saisie, ou seulement entre les mains de l'huissier (Chauveau, *quest.* 2077 *ter*. — *Contrà* Thomine-Desmazures, t. 2, p. 126). Même après la vente, l'opposition doit, et non pas seulement peut (Liége, 14 avril 1823), être signifiée à l'huissier qui y a procédé, comme au saisissant.

390. Si la vente de meubles saisis a lieu un jour de fête légale, l'opposition formée sur le prix ce jour-là même n'est pas nulle, quoiqu'elle l'ait été sans permission du juge (C.P.C., art. 1030 et 1037); seulement, l'huissier qui a signifié cette opposition peut être condamné à l'amende (*J. Huiss.*, t. 34, p. 199).

391. L'opposition sur le prix de la vente signifiée par le même exploit au saisissant et à l'officier ministériel chargé de la vente, n'est pas passible de deux droits d'enregistrement. En répondant à une question qui m'avait été soumise, je l'ai déjà décidé ainsi, par la raison que l'opposition a pour le saisissant et pour l'officier ministériel un effet commun (*J. Huiss.*, t. 37, p. 149, 14°).

392. Lorsque, après la vente, il survient de nouvelles oppositions, le saisissant n'est pas garant envers les opposants de la solvabilité de l'huissier (Orléans, 20 mai 1820 ; Chauveau, *quest.* 2077 *quinquiès*).

393. Du reste, les formalités indiquées en l'art. 609, C.P.C., sont les seules qui soient exigées pour la validité des oppositions. Ces oppositions ne doivent, en effet, ni être dénoncées au saisi, ni être suivies de demande en validité ; ce serait là une procédure frustratoire (Chauveau, *Comment. du tarif*, t. 2, p. 128).

394. Les opposants ne peuvent faire aucune poursuite, si ce n'est contre le saisi et pour obtenir condamnation ; il n'en est également fait aucune contre eux, sauf à discuter les causes de leur opposition lors de la distribution des deniers (C.P.C., art. 610).

395. Lorsque les oppositions sont antérieures à la vente, elles n'obligent pas le saisissant à y appeler les opposants (Chauveau, *quest.* 2077 *quater*).

§ 11. — *Vente des objets saisis.* — *Formalités.*

396. *Créancier à la requête duquel il est procédé à la vente.* — C'est au créancier saisissant, de préférence à ceux à la requête desquels il n'a été dressé qu'un procès-verbal de récolement, qu'il appartient de faire procéder à la vente des objets saisis. A cet effet, les créanciers récolants lui font, comme on l'a vu (n° 218), par le procès-verbal de récolement, sommation de vendre dans la huitaine ; délai qui, cependant, est purement comminatoire, et peut être prorogé, selon les circonstances (Paris, 29 août 1829 ; Carré, t. 4, p. 753, note).

397. Faute par le saisissant de vendre dans ce délai de huitaine, ou après l'expiration des huit jours qui suivent la signification de la saisie au débiteur, tout opposant ayant titre exécutoire peut, sommation préalablement faite au saisissant (V. *suprà*, n°s 139 et 156), et sans former aucune demande en subrogation, faire procéder au récolement des effets saisis, sur la copie du procès-verbal de saisie, que le gardien est tenu de représenter, et de suite à la vente (C.P.C., art. 612), en remplissant toutefois les formalités prescrites pour la publicité de la vente (Carré et Chauveau, *quest.* 2082).—V. *Formule* 23.

398. Le procès-verbal de récolement dont parle l'art. 612 se fait sans témoins ; il n'en est délivré copie à qui que ce soit ; le coût des copies qui seraient délivrées ne passerait point en taxe (Tar. 16 fév. 1807, art. 37).

399. Ce récolement rend les créanciers à la requête desquels il est fait, encore bien qu'ils aient simplement formé opposition sur le prix de la vente, par application de l'art. 609, cosaisissants avec un droit indépendant de celui de l'auteur de la saisie : de sorte que la nullité de la saisie, prononcée à l'égard de ce dernier pour toute autre cause que pour défaut de forme, par exemple, parce que la saisie a été faite *pro non debito*, n'est point opposable aux créanciers qui ont fait procéder au récolement dans le cas prévu par l'art. 612 (Arg. Cass. 7 juin 1853 : *J. Huiss.*, t. 35, p. 8 ; Chauveau, *Suppl.*, quest. 2082 *bis*).

400. La Cour de Bordeaux a appliqué le même principe, en décidant que les créanciers autres que le créancier saisissant, qui ont fait régulièrement procéder à un récolement, peuvent faire procéder à la vente, sans que l'on puisse leur opposer la nullité de la saisie-exécution, provenant de l'irrégularité du commandement qui émane du saisissant (Arrêt du 27 août 1851 : *J. Huiss.*, t. 33, p. 105).

401. Mais si c'était le procès-verbal même de saisie qui fût nul, la nullité nuirait alors aux opposants, qui ne pourraient se prévaloir de la saisie (Chauveau, *Suppl.*, quest. 2082 *bis*).

402. Lorsque le mobilier saisi par un débiteur se compose de meubles

payés et de meubles non encore payés, et est grevé du privilége du propriétaire de la maison que le débiteur occupe, indépendamment du privilége
du vendeur des meubles non payés, ce dernier peut faire vendre le mobilier
par distinction des objets saisis. Mais, pour cela, il ne lui suffit pas de
faire à l'officier ministériel chargé de procéder à la vente une simple sommation; il est indispensable qu'il fasse ordonner par justice la vente par
distinction. Dans ce cas, le propriétaire de la maison louée doit exercer son
privilége, non proportionnellement sur le prix des deux catégories de
meubles, mais, d'abord, sur la partie du prix produite par la vente des
meubles payés, et, ensuite, jusqu'à concurrence de ce qui lui reste dû, sur
la partie du prix produite par la vente des meubles non payés; et l'excédant de cette dernière partie, doit être attribué au vendeur des meubles
non payés, par préférence aux autres créanciers chirographaires du débiteur (Paris, 16 avril 1859; *J. Huiss.*, t. 41, p. 49, 10°).

403. *Délai pendant ou avant lequel la vente ne peut avoir lieu.* —
La vente ne peut, être faite, en aucun cas, qu'après qu'il s'est écoulé huit
jours au moins depuis la signification du procès-verbal de saisie au débiteur (C.P.C., art. 613). — Ce délai de huit jours doit être franc (Thomine-Desmazures, t. 2, p. 130 ; Carré et Chauveau, *quest.* 2083). Ainsi, le
jour de la signification et celui de l'échéance n'y sont pas compris. Ce délai
est également susceptible d'augmentation à raison des distances (Arg. art.
614, C.P.C.).

404. Le délai fixé par l'art. 613 est de rigueur, en ce sens qu'il ne
peut être moindre de huitaine franche (Carré, *quest.* 2083). Toutefois, si
les objets saisis sont sujets à dépérissement, la vente en peut être faite
avant l'expiration de ce délai, en vertu d'une ordonnance du juge rendue
en référé (Carré, édit. Chauveau, t. 4, p. 757, note).

405. Mais, si le législateur a tracé le délai avant lequel il ne peut être
procédé à la vente, il n'a point déterminé celui dans lequel elle doit être
faite ; elle peut donc être effectuée après l'expiration du délai de huitaine,
sans qu'il soit besoin de faire une nouvelle saisie (Carré, *quest.* 2083). Il
est même un cas, celui de l'art. 620, C.P.C., dans lequel le délai dépasse
nécessairement la huitaine.

406. Le saisissant est libre d'indiquer lui-même un délai plus long ;
mais un créancier nouveau saisissant ou opposant peut le contraindre à
faire la vente immédiatement après la huitaine, à dater de la notification
du récolement, qui lui est faite (Carré, t. 4, p. 757, note ; Chauveau, *quest.*
2083 *in fine*). Le débiteur peut également le forcer à faire la vente immédiatement après la huitaine, afin d'éviter de plus grands frais de
garde.

407. Hors ces deux cas, la vente peut même être faite plusieurs années après la saisie. Une saisie-exécution ne se périme pas par un an
(Paris, 28 germ. an IX). Elle peut durer trente ans (Pigeau, *Comment.*, t. 2,
p. 194).

408. *Affiches, publications et expositions destinées à annoncer la
vente.* — La vente, en quelque lieu qu'elle se fasse, doit être annoncée,
un jour auparavant, par quatre placards au moins, affichés : l'un, au lieu
où sont les effets, le second à la porte de la maison commune, le troisième,
au marché du lieu, et, s'il n'y en a pas, au marché voisin, et le quatrième,
à la porte de la justice de paix ; si la vente se fait dans un lieu autre que
le marché ou le lieu où sont les effets, un cinquième placard doit être apposé
au lieu où se fait la vente (C.P.C., art. 617). Si d'autres placards étaient
apposés, le coût en serait-il compris dans les frais de saisie ? Oui, s'il avait
été utile de donner une plus grande publicité à la vente. C'est au juge
taxateur à apprécier cette utilité.

409. Le législateur a pensé que la publicité faite un jour avant la vente pouvait être suffisante. Mais l'art. 617, en exigeant que la vente soit annoncée un jour auparavant, laisse évidemment au créancier poursuivant la faculté de faire apposer plus tôt les placards, de manière qu'il y ait plus d'un jour entre l'apposition et la vente (V. en ce sens, ma réponse à une question proposée : *J. Huiss.*, t. 42, p. 267, 16°).

410. Le but du législateur ayant été de donner à la vente, dans l'intérêt du saisi et de ses créanciers, la plus grande publicité possible, il en résulte que, s'il y a plusieurs marchés dans une même commune, c'est de préférence sur l'emplacement où se tient le principal que le placard doit être apposé. Il ne doit pas l'être sur l'emplacement où se tient une foire annuelle, si, comme cela a lieu dans beaucoup de communes, cet emplacement est distinct de celui où se tient le marché ordinaire (*J. Huiss.*, t. 41, p. 298, 23°).

411. Les placards doivent indiquer les lieu, jour et heure de la vente, et la nature des objets sans détail particulier (C.P.C., art. 618). — V. *Formule* 14.

412. Sur la question de savoir à qui appartient le droit de rédiger les placards, quand la vente doit être faite par un commissaire-priseur, notaire ou greffier de justice de paix, V. *Vente publiques de meubles.*

413. L'original de ces placards n'est pas soumis à l'enregistrement : mais tous les placards doivent être sur un timbre de dimension (V. ma réponse à une question proposée : *J. Huiss.*, t. 39, p. 35, 7° ; Chauveau, *Suppl.*, quest. 2086 *bis*).

414. Les placards peuvent être imprimés ; l'huissier est remboursé des frais d'impression sur la quittance de l'imprimeur (Tar. 16 fév. 1807, art. 38).

415. L'huissier n'est pas tenu d'afficher lui-même les placards ; il a la faculté de se servir d'un afficheur, même quand les affiches sont manuscrites (V. ma réponse à une question proposée : *J. Huiss.*, t. 38, p. 121, 7°). Il est alors remboursé des frais de l'affichage sur la quittance de l'afficheur (Tar. 16 fév. 1807, art. 38) ; si ce dernier ne sait pas signer, l'huissier mentionne dans le procès-verbal d'apposition de placards le salaire qu'il lui a payé. — Si le salaire réclamé par l'afficheur paraissait excessif, il pourrait être réduit par le juge taxateur.

416. L'apposition des placards est constatée par un exploit (C.P.C., art. 619). Cet exploit est nécessairement un acte du ministère des huissiers. Les notaires, commissaires-priseurs et greffiers de justice de paix, alors même qu'ils sont chargés de procéder à la vente, ne peuvent dresser le procès-verbal constatant l'apposition des placards (Chauveau, *Suppl.*, quest. 2090 *bis in fine*).

417. Si ce procès-verbal était rédigé sur un exemplaire des placards, nous ne croyons pas qu'une amende serait encourue par l'huissier pour contravention à la loi du 13 brum. an VII (*Sic* Chauveau, *Suppl.*, quest. 2090 *ter*). Mais il est plus prudent de le rédiger sur une feuille de timbre séparée, en y annexant un exemplaire desdits placards, comme le prescrit l'art. 619, C.P.C. Il fait alors avec cet exemplaire un seul et même acte ; il doit être enregistré.

418. L'huissier y atteste que les placards ont été apposés aux endroits désignés par la loi. Il ne nous paraît pas nécessaire qu'il y indique ces endroits. Cependant, cette indication serait peut-être plus régulière, et nous donnerons le conseil de la faire.— V. *Formule* 15.

419. Enfin, le procès-verbal d'apposition de placards ne doit pas être signifié (Arg. art. 39, Tar. 16 fév. 1807 ; Carré et Chauveau, *quest.* 2089, et sur l'art. 619, CCCCLXXV).

420. La vente ne doit pas seulement être annoncée par l'apposition de placards aux endroits indiqués ; elle doit l'être aussi par la voie des journaux, dans les villes où il y en a (C.P.C., art. 617). L'annonce doit être faite dans le journal ou les journaux désignés, conformément à l'art. 23 du décret du 17 fév. 1852, pour l'insertion des annonces judiciaires de l'arrondissement dans lequel la vente doit avoir lieu (V., sur ce point, ma réponse à une question proposée : *J. Huiss.*, t. 36, p. 143, 2°).

421. Il est justifié de l'insertion dans les journaux par la reproduction d'un numéro revêtu de la signature légalisée de l'imprimeur, comme en matière de saisie immobilière. (V., *Saisie immobilière*).

422. Au surplus, les formalités prescrites par les art. 617, 618 et 619, C.P.C., ne sont point exigées à peine de nullité (Riom, 24 juin 1846 ; Chauveau, *Suppl.*, quest. 2086). Il n'y a donc pas lieu d'annuler la procédure, et, à plus forte raison, la vente, si elle a été effectuée, soit parce que l'huissier a indiqué dans les placards, pour la vente, un marché qui n'aurait pas été le plus voisin du lieu de la saisie, (Carré et Chauveau, *quest.* 2086), soit même pour défaut d'apposition de placards ou d'insertion dans les journaux (Chauveau, *quest.* 2086 *bis*).

423. Mais si l'inobservation de ces formalités a causé un préjudice au saisi ou à des créanciers de ce dernier, ils ont contre le saisissant ou le créancier qui a fait procéder à la vente et contre l'huissier qui y a procédé une action en dommages-intérêts (Thomine-Desmazures, t. 2, p. 132 ; Chauveau, *quest.* 2086 et 2086 *bis*).

424. Spécialement, l'huissier, qui s'est fait autoriser à vendre sur les lieux à cause du peu d'importance des objets saisis, n'est passible d'aucuns dommages-intérêts, si, dans un but d'économie, il n'a pas fait annoncer la vente par la voie des journaux, alors d'ailleurs que le saisi ou ses créanciers ne prouvent pas que l'omission d'insertion dans les journaux ait été pour eux la cause d'un préjudice (V. ma réponse à une question proposée : *J. Huiss.*, t. 35, p. 228, 4°).

425. Lorsqu'il s'agit de barques, bateaux et autres bâtiments de rivière, moulins et autres édifices mobiles, assis sur bateaux ou autrement, indépendamment des quatre placards au moins affichés, conformément à l'art. 617, il doit être fait, à trois divers jours consécutifs, trois publications au lieu où sont lesdits objets : la première publication ne peut être faite que huit jours au moins après la signification de la saisie. (C.P.C., art. 620).

426. La loi ne détermine pas le mode de ces publications. Il nous semble que son but est atteint lorsque l'huissier fait annoncer à son de caisse que la vente des objets dont il s'agit aura lieu à tel endroit, tel jour et à telle heure. Chaque publication doit être constatée par un procès-verbal ; la troisième l'est par le procès-verbal de vente (Tar. 16 fév. 1807, art. 41). — V. *Formule* 16.

427. Dans les villes où il s'imprime des journaux, il est suppléé à ces trois publications par l'insertion qui est faite au journal, de l'annonce de ladite vente, laquelle annonce est répétée trois fois dans le cours du mois précédant la vente (C.P.C., art. 620) : de sorte que, d'après cette disposition, il doit y avoir au moins un intervalle d'un mois entre la saisie et la vente.

428. L'intervalle qui doit exister entre chaque insertion n'est pas fixé ; il convient de les faire, comme les publications, à trois jours consécutifs ; et il semble résulter de l'art. 620 que la première ne peut précéder la vente de plus d'un mois.

429. Lorsqu'il s'agit de vaisselle d'argent, de bagues et joyaux de la valeur de 300 fr. au moins, la vente ne doit pas seulement être annoncée par les placards apposés, conformément à l'art. 617, elle doit, en outre, être précédée de trois expositions, soit au marché, soit dans l'endroit où sont lesdits effets (C.P.C., art. 621). Dans les villes où il s'imprime des journaux, les trois expositions sont suppléées par les insertions faites dans ces journaux comme il est dit ci-dessus, n° 427 (même art.).

430. L'exposition des objets mentionnés en l'art. 621 doit être faite à trois marchés différents (Thomine-Desmazures, t. 2, p. 137; Carré et Chauveau, quest. 2092), sans qu'il doive y avoir un intervalle d'un mois entre la vente et la saisie, comme dans le cas de publications faites par insertion dans les journaux (Chauveau, quest. 2094 bis).

431. Il n'y a pas d'intervalle fixé entre les trois expositions : la première est faite huit jours après la signification de la saisie (Arg. art. 620); la troisième peut être faite le jour de la vente. Les deux premières sont constatées par un procès-verbal dressé par l'huissier; la troisième par le procès-verbal de vente (Tar. 16 fév. 1807, art. 41). — V. Formule 17.

432. De ce que l'art. 41, Tar. 16 fév. 1807, comprend la troisième exposition dans la vacation de vente, il suit que les objets désignés en l'art. 621 peuvent être vendus non-seulement le surlendemain de la troisième exposition (J. Huiss., t. 12, p. 288, n° 34), mais le jour même de cette exposition (Carré et Chauveau, quest. 2094).

433. Dans les villes où il s'imprime des journaux, il n'est pas facultatif d'opter entre les publications dont parle l'art. 620 ou les expositions dont il est fait mention en l'art. 621 et l'insertion dans les journaux. La loi dit impérativement qu'il sera suppléé à ces publications ou expositions par l'insertion; elle ne laisse pas l'alternative (J. Huiss., t. 12, p. 288, note 2; Chauveau, quest. 2094 bis).

434. Indépendamment des conditions de publicité de la vente, l'art. 621, C.P.C., exige, s'il s'agit de vaisselle d'argent, qu'elle ne puisse être vendue au-dessous de sa valeur réelle, et s'il s'agit de bagues et joyaux, qu'ils ne puissent être vendus au-dessous de l'estimation qui en doit être faite par des gens de l'art.

435. L'expert est choisi par le saisissant ou l'huissier qui procède à la vente; il ne prête aucun serment. L'estimation se fait sur le procès-verbal d'exposition, qui est signé par l'expert (Carré et Chauveau, quest. 2095).

436. Aucune vacation n'est accordée à l'huissier qui assiste à l'estimation; il avance les frais de l'estimation, dont il est remboursé sur les quittances de l'expert (Chauveau, Comment. du tarif, t. 2, p. 135).

437. Les formalités prescrites par l'art. 621, C.P.C., ne doivent pas être observées pour la vente d'autres objets que ceux qu'il énumère (J. Huiss., t. 12, p. 290, n° 38; Thomine-Desmazures, t. 2, p. 137; Carré et Chauveau, quest. 2092).

438. Récolement qui doit précéder la vente. — La vente est précédée d'un procès-verbal de récolement (C.P.C., art. 616). Ce récolement est dressé en présence du gardien, que l'huissier somme à cet effet de se trouver sur le lieu de la saisie, pour faire la délivrance des objets saisis, à peine d'y être contraint par toutes les voies de droit, même par corps (C. Nap., art. 2060-4°. — V. Formule 21), et avec l'assistance de deux témoins (Tar. 16 fév. 1807, art. 37). L'huissier doit également sommer le saisi d'y assister, parce que le procès-verbal de récolement peut constater le détournement d'objets saisis (Chauveau, Suppl., quest. 2085).

439. Le récolement doit être fait au moment de la vente. Or, la vente pouvant avoir lieu un jour de fête légale (C.P.C., art. 617. — V. infrà, n° 475), il suit que le procès-verbal de récolement peut être dressé ce jour-là, sans que l'huissier ait besoin de la permission du juge (Chauveau, Suppl., quest. 2085 bis).

440. Ce procès-verbal ne doit contenir aucune énonciation des effets saisis, mais seulement l'énonciation de ceux en déficit, s'il y en a (C.P.C., art. 616). — V. *Formule* 22.

441. S'il contient plus que ne porte l'art. 616, par exemple, le détail des objets saisis, il ne peut pour cela être déclaré nul : mais il n'est passé en taxe qu'à raison de ce que prescrit cet article (Carré, édit. Chauveau, t. 4, p. 739, note).

442. Si l'huissier, qui, dans le cas prévu par l'art. 611, a procédé au récolement des effets saisis, et est chargé de la continuation des poursuites, ne peut, pour dresser le procès-verbal de récolement qui doit précéder la vente, obtenir du gardien la représentation du procès-verbal de saisie, et si celui de ses confrères qui a dressé ce procès-verbal ne réside pas au lieu de la saisie, ce qui ne lui permet pas de s'adresser à lui pour en obtenir la communication, il est prudent, ce nous semble, que, après avoir constaté ces faits, il dresse, en présence des témoins qui devaient l'assister au procès-verbal de récolement, un procès-verbal que ces témoins signeraient avec lui et constatant le nombre et l'état des meubles et effets mobiliers trouvés au domicile du saisi, à la vente desquels il procéderait ensuite, en laissant au saisi les objets que la loi déclare insaisissables (V. ma réponse à une question proposée : *J. Huiss.*, t. 41, p. 264, 11°).

443. Il n'est pas donné copie du procès-verbal de récolement prescrit par l'art. 616, C.P.C. (Carré et Chauveau, *quest.* 2085).

444. Lorsque, au jour fixé pour la vente et au moment du récolement préalable, un référé est introduit par le débiteur à l'effet de s'opposer à la vente, si le juge de référé devant lequel les parties se rendent immédiatement ordonne la continuation des poursuites, l'huissier peut, dans le cas où l'ordonnance n'est pas susceptible d'appel, et si, le référé s'étant terminé à une heure non avancée de la journée, les personnes qui étaient venues pour acheter ne se sont pas retirées, reprendre immédiatement le récolement, et procéder à la vente, s'il pense qu'elle peut avoir lieu sans préjudice pour les droits du saisissant et les intérêts du débiteur (*J. Huiss.*, t. 36, p. 11).

445. Autrement, comme au cas où l'ordonnance est susceptible d'appel, l'huissier doit surseoir à la vente. Il est vrai que le sursis exigera qu'une nouvelle signification soit faite au débiteur pour lui faire connaître le jour de la vente et que de nouvelles affiches et annonces soient faites, ce qui, par conséquent, contribuera à augmenter les frais. Mais ni le créancier saisissant ni l'huissier ne peuvent être répréhensibles, à raison de cette augmentation de frais. Celle-ci est uniquement imputable au débiteur qui a introduit le référé et par le fait duquel le sursis est devenu nécessaire (*J. Huiss., loc. cit.*).

446. Dans le cas où la vente ne peut se faire qu'en plusieurs jours, il n'est pas nécessaire que l'huissier, chargé d'y procéder, dresse, à chaque reprise de cette vente, un procès-verbal de récolement des objets qui restent à vendre. Les motifs de cette solution se trouvent exposés dans ma réponse à une question qui m'avait été soumise, réponse insérée *J. Huiss.*, t. 35, p. 151, 6°.

447. Le procès-verbal de récolement exigé par l'art. 616, C.P.C. n'est pas un acte distinct, mais un préliminaire de la vente, avec laquelle il se confond. Dès lors, je persiste à croire, comme je l'ai déjà décidé en répondant à une question proposée (*J. Huiss.*, t. 33, p. 56), qu'il peut être inscrit sur la même feuille de timbre que le procès-verbal de vente, sans que l'huissier soit passible de l'amende portée par l'art. 23 de la loi du 13 brumaire an VII.

448. Si l'enlèvement des effets saisis a lieu immédiatement, le procès-verbal de récolement doit contenir la décharge du gardien (V. *Formule* 22). Il n'en est autrement qu'autant que la vente doit durer plusieurs jours. Dans ce cas, décharge est donnée au gardien dans le procès-verbal de vente.

449. Le saisi, qui a été établi gardien des objets saisis-exécutés à son préjudice, et a présenté lesdits objets lors du procès-verbal de récolement et de la vente, sans protestations ni réserves contre le jugement en vertu duquel a eu lieu la saisie, est censé avoir acquiescé à ce jugement, et, par conséquent, n'est plus recevable à en interjeter appel (Limoges, 12 juill. 1855 : *J. Huiss.*, t. 37, p. 140).

450. *Déclarations préalables à la vente.* — La vente doit être précédée d'une déclaration faite au bureau de l'enregistrement dans l'arrondissement duquel elle a lieu, à peine d'amende contre l'officier ministériel qui y aurait procédé sans cette déclaration (L.L. 22 pluv. an VII, art. 2 et 7 ; 16 juin 1824, art. 10). — V. *Vente publique de meubles.*

451. Lorsque des pièces de vin se trouvent au nombre des objets compris dans une saisie-exécution, l'huissier, chargé de la vente, doit, avant d'y procéder, faire à la régie la déclaration prescrite et se munir des expéditions nécessaires pour le transport des pièces de vin au lieu où elles doivent être vendues. Obligé de remplir les formalités qui sont inhérentes à l'exécution, il est, à défaut par lui de faire la déclaration et de se pourvoir des expéditions exigées, personnellement responsable du paiement de l'amende encourue (L. 1er germ. an XIII, art. 34 ; L. 28 avril 1816, art. 6 ; Cass. 2 fév. 1826 : *J. Huiss.*, t. 7, p. 229 ; Chauveau, *J. Huiss.*, t. 37, p. 132, et *Suppl. aux Lois de la procéd.*, quest. 2088 *ter*).

452. Si la saisie-exécution comprend des objets d'or ou d'argent non revêtus du poinçon de garantie, l'huissier doit également faire à l'administration une déclaration préalable de la mise en vente de ces objets (Circul. minist. 28 juin 1823). Cette déclaration, faite sur timbre et signée par l'huissier, doit indiquer l'heure, le jour et le lieu de la vente, et il lui en est donné, également sur timbre, un récépissé qui est annexé au procès-verbal de vente.

453. Toutefois, l'omission de cette déclaration ne soumet pas l'huissier à l'amende prononcée par la loi du 19 brum. an VI, qui n'est applicable qu'aux fabricants ou marchands d'objets d'or ou d'argent ; mais elle le rend passible de peines disciplinaires (Cass. 27 fév. 1837).

454. L'huissier transcrit en tête du procès-verbal de vente les déclarations par lui faites (Jeannin, *Formul. de procéd.*, p. 213).

455. *Officiers par lesquels la vente peut être faite.* — Sur le point de savoir quels sont les officiers ministériels qui ont qualité pour procéder aux ventes publiques de meubles par suite de saisie-exécution, V. *Vente publique de meubles.*

456. Lorsqu'il doit être procédé à la vente dans le lieu de la résidence de commissaires-priseurs, dans les attributions desquels elle rentre alors exclusivement, l'huissier, qui a pratiqué la saisie-exécution, a droit à une vacation pour la réquisition qu'il adresse au commissaire-priseur chargé de la vente (Tar. 16 fév. 1807, art. 39).

457. Dans les lieux où il n'existe pas de commissaires-priseurs, l'huissier procède lui-même à la vente. S'il se fait assister d'un crieur, il est admis à réclamer ce qu'il lui a payé (Chauveau, *Comment. du tarif*, t. 2, p. 136).

458. L'huissier, qui est chargé d'effectuer une vente publique de meubles par suite de saisie-exécution, n'a pas besoin d'être assisté de témoins pour cette opération (Arg. art. 585 et 617, C. P. C., et 39, Tar. 16

fév. 1807; Jeannin, *Formul. de procéd.*, p. 213; Chauveau, *Suppl. aux Lois de la procéd.*, quest. 2088 *bis*. Les témoins qui l'assisteraient n'auraient droit à aucun émolument.

459. *Lieu où la vente doit être faite.* — *Enlèvement et transport des objets saisis.* — La vente doit être faite au plus prochain marché public (C.P.C., art. 617). C'est donc ce marché qui doit être indiqué dans les placards et dans les insertions faites dans les journaux. Dans l'ordonnance de 1667, le procès-verbal d'apposition de placards était nul, lorsque ces placards indiquaient un marché autre que le plus voisin pour la vente des objets saisis (Bruxelles, 12 flor. an XII). Mais le Code de procédure ne prononce pas la nullité pour infraction à la disposition précitée de l'art. 617. Si donc la vente était faite à un marché autre que le plus voisin, elle pourrait seulement donner lieu à des dommages-intérêts contre le saisissant et l'huissier, dans le cas où il en serait résulté un préjudice pour le saisi et les créanciers opposants (Thomine-Desmazures, t. 2, p. 132; Chauveau, *quest.* 2086).

460. S'il y a plusieurs marchés dans une même commune, c'est de préférence sur l'emplacement où se tient le principal que la vente doit être faite. L'emplacement où se tient une foire annuelle ne remplace pas, dans le sens de l'art. 617, le lieu du marché. Cependant, si la vente semblait devoir être plus avantageusement faite sur l'emplacement de la foire, il pourrait néanmoins y être procédé, mais en vertu d'une autorisation du tribunal (*J. Huiss.*, t. 41, p. 298, 23°).

461. Le tribunal peut, en effet, permettre de vendre les objets saisis en tout autre lieu que le plus prochain marché public, si ce lieu paraît plus avantageux (C.P.C., art. 617). La permission est demandée par requête présentée au tribunal, et non au président seul (Thomine-Desmazures, t. 2, p. 134; Carré et Chauveau, *quest.* 2087). Cette requête n'est pas grossoyée (Tar. 16 fév. 1807, art. 76). Toutefois, dans la pratique, la permission s'obtient souvent en référé.

462. Le saisi n'est point appelé; seulement, l'ordonnance lui est signifiée, avec intimation de se trouver, si bon lui semble, au lieu indiqué pour la vente (V. *Formule* 18). S'il a quelque sujet de craindre que le changement de lieu ne lui cause préjudice, ne peut-il pas interjeter appel de l'ordonnance ?

463. Les parties, c'est-à-dire le saisi, le saisissant et les créanciers qui ont formé opposition sur le prix de la vente, s'il y en a, peuvent elles-mêmes consentir à ce qu'il soit procédé à la vente des objets saisis au lieu où ils se trouvent, sans la permission du tribunal ou du juge des référés, et, dans ce cas, il est évident qu'elles seraient non recevables à intenter une action en dommages-intérêts contre l'huissier. Mais ce dernier peut et doit même, pour sa garantie, exiger que le consentement soit écrit, et il joindra l'acte qui le constate à la minute de son procès-verbal (V. ma réponse à une question proposée : *J. Huiss.*, t. 40, p. 93, 8°).

464. Lorsque la vente se fait ailleurs qu'au lieu de la saisie, les objets saisis sont transportés par les soins d'un voiturier, sous la surveillance de l'huissier, chargé de la vente, qui est remboursé des frais de transport, dont il fait l'avance, sur les quittances qu'il représente, ou sur sa simple déclaration, si le voiturier et les gens de peine ne savent écrire, ce qu'il constate par son procès-verbal de vente (Tar. 16 fév. 1807, art. 38). Le juge peut réduire les frais réclamés par le voiturier, s'ils sont exagérés (Chauveau, *Comment. du tarif*, t. 2, p. 133).

465. L'huissier peut s'entendre à l'amiable, à cet égard, avec un voiturier; autrement, il doit lui faire sommation de se trouver tel jour et à telle heure, avec une voiture attelée et des hommes de peine, pour effec-

tuer le transport des objets saisis à tel endroit, lieu de la vente, et en
même temps il lui fait offre du salaire qu'il croit convenable. — V. *Formule* 19.

466. Le voiturier qui, sans cause légitime, refuserait d'obéir à cette
sommation, serait, ce nous semble, passible de dommages-intérêts à raison
du préjudice occasionné par son refus. Chaque citoyen est tenu, en effet,
de se prêter à l'exécution de la loi ; et il y a lieu d'appliquer l'art. 1383,
C. Nap., au voiturier qui, par son refus non justifié, empêche qu'une
vente par suite de saisie puisse être effectuée au jour indiqué.

467. L'huissier doit, à notre avis, dresser procès-verbal du transport
des effets ; il importe d'ailleurs de donner décharge au voiturier, car tant
que lesdits objets sont en sa possession, il en est responsable. — V.
Formule 20.

468. L'art. 38 du tarif du 16 fév. 1807 a fait naître la question de
savoir si, dans le cas où il doit être procédé par un commissaire-priseur à
une vente de meubles par suite de saisie-exécution, c'est par l'huissier
qui a opéré la saisie que doivent être effectués l'enlèvement des objets
saisis et leur transport au lieu de la vente, ou si ce n'est pas, au contraire,
par le commissaire-priseur. Consulté sur cette question, j'ai pensé que
l'art. 38 du Tarif supposait que l'huissier saisissant est chargé de procéder à la vente, et qu'il ne pouvait pas s'appliquer au cas où la vente
doit être faite par un commissaire-priseur, en ce sens que ce dernier soit
autorisé à exiger que l'huissier, qui a fait la saisie, effectue le transport,
au lieu de la vente, des objets saisis (V. *J. Huiss.*, t. 42, p. 269, 18°).
Examen nouveau fait de la question, je crois devoir maintenir cette opinion.

469. En effet, lorsque la vente rentre dans les attributions exclusives
des commissaires-priseurs, la mission de l'huissier se termine par le procès-verbal de récolement qui doit être dressé aux termes de l'art. 616, C.
P. C. Ce procès-verbal ne peut pas, pour la garantie et la décharge de
l'huissier, avoir lieu autrement qu'en présence du commissaire-priseur
choisi pour procéder à la vente, et en la possession duquel les objets
saisis et à vendre se trouvent ainsi remis. L'huissier n'a plus alors rien à
faire. Le commissaire-priseur dispose ou fait disposer les objets dans l'ordre suivant lequel il lui paraît utile que la vente en soit faite. C'est donc
uniquement à lui, puisqu'il est en possession desdits objets, que peut
incomber l'obligation de les faire enlever et transporter au lieu de la vente ;
et les frais occasionnés à cet effet sont compris parmi les frais de vente
(Arg. art. 1er, Tar. 18 juin 1843 ; *J. Huiss.*, loc. cit.).

470. Au surplus, lorsqu'une saisie-exécution comprend du vin ou du
blé, il m'a également semblé que ces objets ne doivent pas nécessairement
être transportés au lieu de la vente, et qu'ils peuvent y être vendus sur
échantillons. Mais le saisissant doit obtenir du tribunal [ou du juge de
référé] l'autorisation de procéder de cette manière à la vente, afin d'éviter
d'avoir à répondre à une action en dommages-intérêts de la part du saisi,
qui prétendrait que les objets se seraient mieux vendus s'ils avaient été
transportés au lieu de la vente. Toutefois, la vente de ces produits, faite
à ce lieu sur échantillons sans autorisation du tribunal, ne saurait être,
pour cela seul, déclarée nulle (V. ma réponse à une question proposée :
J. Huiss., t. 40, p. 212, 41p. — V. aussi, en ce sens, Chauveau, *Suppl.
aux Lois de la procéd.*, quest. 2088 *quinquies*, qui reproduit, en l'adop-
tant, cette réponse).

471. L'huissier, qui procède à une vente publique de meubles par
suite de saisie-exécution sur la place d'un marché public, est-il soumis
au droit de place ? Pour la négative, V. *J. Huiss.*, t. 30, p. 257, Clerc

d'Hyères, consultation insérée J. *Huiss.*, t. 36, p. 455. La Cour de cassation a également décidé qu'il n'y avait pas lieu à exiger de l'huissier le paiement d'un droit de place, dans une espèce où les termes de l'arrêté réglant le tarif des droits de location sur le marché excluaient cette perception (Arrêt du 1er déc. 1847 : *J. Huiss.*, t. 36, p. 456, observations).

472. Jugé, au contraire, que, lorsqu'un arrêté municipal légalement approuvé, a expressément compris parmi les droits de place dans les halles, foires et marchés, le droit à percevoir pour l'emplacement de chaque mobilier vendu par justice, l'huissier, qui procède sur la place du marché à une vente publique de meubles par suite de saisie-exécution, ne peut se soustraire au paiement du droit de place déterminé par l'arrêté municipal, sous prétexte que cet arrêté ne s'applique qu'aux ventes volontaires (Just. de paix de Dun-le-Roi (Cher), 3 fév. 1862 : *J. Huiss.*, t. 43, p. 73).

473. Mais il est douteux qu'un arrêté municipal puisse légalement soumettre à un droit de place dans les halles, foires et marchés, l'emplacement qu'un huissier y occupe pour la vente d'un mobilier après saisie. Car les lois des 15-28 mars 1790 et 12-20 août suivant ne permettent d'établir une perception fiscale que sur des marchands proprement dits, pour lesquels le droit de place est l'équivalent d'un avantage, d'un lucre espéré. Or, l'huissier, dans l'hypothèse dont il s'agit ne fait point un acte de commerce ; en transportant et vendant les meubles saisis sur la place du marché, il obéit à la loi, il agit avec un caractère public, en vertu d'un mandement de justice. Il n'est donc pas possible de l'assimiler à un marchand. D'un autre côté, l'huissier ne saurait être tenu de supporter personnellement le droit de place ; ce droit ne peut être perçu que sur le saisi. Or, quelque modéré qu'il soit, il est une aggravation de sa position, aggravation qui n'est pas conforme à l'esprit de la loi. Enfin, si le droit de place eût pu être exigé dans le cas dont il s'agit, comme l'huissier serait nécessairement tenu d'en faire l'avance, le législateur lui en eût assuré le recouvrement et eût indiqué le moyen de l'effectuer.

474. Quand ce sont des barques, chaloupes, bateaux et autres bâtiments de rivière, ou des moulins et autres édifices mobiles, assis sur bateaux ou autrement qui ont été saisis, il est procédé à leur adjudication sur les ports, gares ou quais où ils se trouvent (C.P.C., art. 620).

475. *Jour et heure où la vente doit avoir lieu.* — La vente doit être faite aux jour et heure ordinaires des marchés, ou un jour de dimanche (C.P.C., art. 617), pourvu que, dans ce cas, ce soit à une heure autre que celle de l'office divin (Thomine-Desmazures, t. 2, p. 133).

476. Le tribunal ou le juge de référé peut permettre de procéder à la vente à un autre jour que le dimanche (Thomine-Desmazures, t. 2, p. 134), par exemple un jour de foire, s'il y a lieu de penser que, dans un intérêt commun, la vente pourra être plus utilement faite ce jour-là. La permission est demandée par une requête présentée au tribunal ou au juge de référé.

477. Si, lorsque la vente a lieu dans le jour où se tient le marché, et que l'huissier ne puisse vendre ce jour-là tous les objets saisis, il doit, non remettre au lendemain pour la continuation de la vente, mais renvoyer au plus prochain jour de marché (Carré et Chauveau, quest. 2090).

478. *Qui doit être appelé à la vente.* — On a vu (n° 250) que le procès-verbal de saisie-exécution doit contenir l'indication du jour de la vente ; par conséquent, ce jour est connu du débiteur, par la signification qui lui est faite du procès-verbal. Si aucune circonstance ne s'oppose à ce que la vente ait lieu ce même jour, le saisi est ainsi mis en demeure d'y assister, s'il le juge utile.

479. Mais si la vente se fait à un jour autre que celui indiqué par la signification du procès-verbal, la partie saisie doit alors être appelée, avec un jour d'intervalle, outre un jour par cinq [et non trois] myriamètres en raison de la distance de son domicile et du lieu où les effets doivent être vendus (C.P.C., art. 614 et 1033 nouv.).

480. La partie saisie est appelée à la vente par une sommation signifiée à personne ou domicile (Tar. 16 fév. 1807, art. 39.; Garré. quest. 2084). Le délai entre cette sommation et la vente doit être d'un jour franc (Pigeau, Comment., t. 2, p. 203.; Chauveau, quest. 2084). Si le saisi est domicilié hors du continent français, la sommation est signifiée conformément à l'art. 69, 9°, C.P.C. — V. Formule 18.

481. Lorsque le saisi n'est pas présent à la vente, l'huissier constate son absence; et il n'est nommé aucun officier pour le représenter (C. P.C., art. 623; Tar. 16 fév. 1807, art. 40; Carré et Chauveau, quest. 2099).

482. Autrefois, les opposants devaient être également appelés à la vente par une sommation. Mais cet usage a été supprimé. L'art. 615, C. P.C., porte, en effet, que « les opposants ne seront point appelés. » Ils sont suffisamment avertis par les placards qui annoncent la vente.

483. Adjudication. — L'adjudication est faite au plus offrant (C.P. C., art. 624). Toutefois, comme on l'a vu (n° 434), la vaisselle d'argent ne peut être vendue au-dessous de sa valeur réelle, et les bagues et joyaux, au-dessous de l'estimation faite par expert.

484. L'huissier préposé à la vente ne peut se rendre adjudicataire des objets mobiliers qu'il vend, à peine d'amende, de suspension, et même de destitution (V. Huissier, n°s 225 et suiv.). Mais, si l'huissier, qui a pratiqué la saisie au nom du créancier à la requête duquel la vente est poursuivie, n'est pas chargé d'y procéder, comme dans le cas où cette vente a lieu par le ministère d'un commissaire-priseur, il lui est alors permis de se rendre adjudicataire (C. Nap., art. 1596; Bordeaux, 8 janv. 1833 : J. Huiss., t. 14, p. 187).

485. Au reste, les incapacités établies pour les ventes d'immeubles par l'art. 711, C.P.C., ne peuvent être étendues aux ventes publiques de meubles par suite de saisie (Chauveau. quest. 2400).

486. L'art. 624, C.P.C., veut que le prix soit payé comptant, et que, faute de paiement, l'effet soit revendu sur-le-champ à la folle enchère de l'adjudicataire. Cependant, dans l'usage, il est accordé un délai aux adjudicataires.

487. L'huissier chargé de la vente est en quelque sorte juge sur le point de savoir s'il doit revendre à la folle enchère de l'adjudicataire l'objet non payé comptant. La revente devant avoir lieu sur-le-champ, il en résulte que, pour y procéder, l'huissier n'a pas besoin d'une ordonnance du juge (Thomine-Desmazures, t. 2, p. 440; Carré et Chauveau, quest. 2401).

488. Si, dans le cas de revente sur folle enchère, le prix est inférieur à celui de la première adjudication, le premier adjudicataire doit acquitter la différence; mais il n'y est pas tenu sous peine de contrainte par corps (Thomine-Desmazures; Carré et Chauveau, quest. 2402).

489. Le procès-verbal de vente n'étant pas exécutoire, l'adjudicataire ne peut être contraint, en vertu de ce procès-verbal, à payer la différence; il faut qu'il intervienne un jugement, partie appelée (Carré et Chauveau, quest. 2403).

490. L'adjudication rend l'adjudicataire propriétaire des objets qui lui ont été adjugés, sans qu'aucune action en revendication puisse être formée contre lui. Il en est ainsi, encore bien que les objets adjugés soient insaisissables. (Seulement, dans ce dernier cas, le saisissant est passible de dommages-intérêts envers le saisi.

491. Il a été jugé que, lorsqu'une grille, qu'un locataire a fait sceller, pour la clôture de sa boutique, dans le mur de la maison qu'il occupe, a été comprise dans la saisie de son mobilier, le commissaire-priseur, qui procède à l'adjudication de ladite grille, avant d'avoir vérifié si le propriétaire de la maison entend la retenir, est tenu, dans le cas où plus tard il déclare vouloir user du droit que lui confère l'art. 555, C. Nap., de rembourser à l'adjudicataire, non-seulement le prix de cette grille qu'il a payé, mais aussi les frais qu'il a faits pour s'en mettre en possession (Trib. civ. de la Seine, 1er déc. 1859 : J. Huiss., t. 41, p. 66).

492. La grille dont il s'agit était, en effet, un ouvrage que le propriétaire avait le droit de retenir, en en remboursant la valeur conformément à l'art. 555, C. Nap. Dès lors, il y avait nécessité de le mettre en demeure, préalablement à l'adjudication, de s'expliquer sur le point de savoir s'il entendait exercer la faculté que cet article lui concède. Ainsi, dans le cas où une pareille circonstance se présenterait, ou toute autre analogue, je conseille aux huissiers, chargés de procéder à la vente, de remplir, avant tout, cette dernière formalité, s'ils ne veulent pas engager leur responsabilité.

493. *Nécessité d'arrêter la vente quand les causes de la saisie et des oppositions sont couvertes.* — Aux termes de l'art. 622, C.P.C., lorsque la valeur des objets saisis excède le montant des causes de la saisie et des oppositions, il n'est procédé qu'à la vente des objets suffisants à fournir somme nécessaire pour le paiement des créances et frais. Cet article doit être entendu en ce sens que la vente doit être arrêtée dès l'instant où les objets vendus ont produit une somme suffisante pour payer : 1° les causes de la saisie ; 2° les sommes dues aux créanciers opposants ; 3° les frais de la saisie et de la vente (Thomine-Desmazures, t. 2, p. 231 ; Carré et Chauveau, *quest.* 2096).

494. Dès que cette somme est atteinte, l'huissier ne peut donc continuer la vente ; il doit l'arrêter, même d'office, c'est-à-dire sans être obligé de se faire autoriser par une ordonnance de référé, et sans même qu'une opposition de la part du débiteur soit nécessaire, et qu'il ait besoin de l'autorisation du saisissant et des opposants. Toutefois, la prudence lui commande de se faire autoriser par le saisissant et les opposants, car le défaut de consentement des intéressés peut l'exposer aux dommages-intérêts de ceux-ci, s'il est démontré qu'en ne continuant pas la vente il leur a causé un préjudice (Pigeau, *Comment.*, t. 2, p. 110 ; Carré, édit. Chauveau, t. 4, p. 764, note 2 ; J. Huiss., t. 42, p. 291, n° 39, et t. 39, p. 288, observations).

495. L'huissier doit, en arrêtant la vente, déclarer que les sommes qui en proviennent sont suffisantes et vont servir, du consentement du saisi, à payer intégralement à l'instant le saisissant et les opposants ; il n'a point alors à tenir compte des oppositions qui peuvent survenir après la vente, autrement l'application de l'art. 624 serait rarement possible ; il en est ainsi quelque imminentes que soient ces oppositions (Chauveau, *Suppl.*, quest. 2096. — *Contra* Rennes, 12 mai 1852).

496. Cependant, s'il y a lieu de craindre que de nouvelles oppositions soient formées avant la remise au saisissant et aux opposants déjà existants des fonds provenant de la vente, l'huissier peut constater le résultat atteint et suspendre la vente, en laissant les choses en l'état jusqu'après le versement du produit des meubles vendus dans les mains des ayants-droit. Si des oppositions surviennent avant la distribution de ces fonds, la vente est reprise; si elles surviennent après, elles n'ont aucun effet (Chauveau, *loc. cit.*)

497. Lorsque l'huissier, chargé de procéder à la vente du mobilier saisi, la continue au delà de la somme nécessaire pour le paiement de la créance du saisissant et des frais (dans l'espèce, il n'y avait pas d'opposants), le saisissant peut être condamné envers le débiteur à réparer le préjudice que lui a causé cette vente abusive (Orléans, 31 août 1858 : *J. Huiss.*, t. 39. p. 285).

498. Si la continuation de la vente a eu lieu par la volonté du saisissant, celui-ci est seul passible de dommages-intérêts envers le débiteur. Si elle a eu lieu sans son consentement, l'huissier peut être garant envers lui des dommages-intérêts qu'il a encourus. Il lui importe donc, à défaut de mandat de la part du saisissant et des opposants, s'il y en a, de se renfermer dans l'exécution littérale de l'art. 622, C.P.C. (*J. Huiss.*, t. 39, p. 288, observations).

499. Dans le cas où, après que le montant des créances et des frais se trouve couvert, il reste des meubles, s'ils ont été déplacés, par exemple transportés sur la place du marché, l'huissier doit les faire remettre immédiatement au pouvoir du saisi; celui-ci doit lui en donner décharge au bas du procès-verbal ; s'il refuse, ou s'il ne sait signer, l'huissier y fait mention de ces circonstances (*J. Huiss., loc. cit.*).

500. Si, après que le saisissant et les opposants ont été désintéressés, et que l'huissier a prélevé les frais de la saisie et de la vente, il reste également un excédant sur la somme produite par les objets vendus, l'huissier doit le remettre immédiatement au saisi, qui est tenu aussi de lui en donner décharge. Il n'en serait autrement qu'autant qu'il serait survenu des oppositions sur cet excédant (*J. Huiss.*, t. 12, p. 291, note ; Carré et Chauveau, *quest.* 2097).

501. *Procès-verbal de vente.* — Ce procès-verbal doit être précédé de la déclaration faite à l'enregistrement et de celle faite à l'administration pour les matières d'or et d'argent; et il doit contenir :

1° La date (année, mois, jour et heure) ;

2° Les nom, prénoms, qualité et demeure du saisissant (nous ne croyons pas qu'il soit nécessaire que le procès-verbal contienne élection de domicile, pour ce dernier, dans le lieu de la saisie) ;

3° Les nom, profession et demeure de la partie saisie ;

4° Les nom, prénoms, demeure et immatricule de l'huissier ;

5° L'énonciation du titre en vertu duquel la saisie a été pratiquée, du commandement, du procès-verbal de saisie, des récolements, des oppositions sur le prix, du procès verbal d'apposition de placards, des insertions, des expositions et estimations, de la sommation au saisi, s'il en a été fait une, du procès-verbal de transport des effets, des ordonnances permettant de vendre ailleurs qu'au lieu prescrit, à un jour autre que celui déterminé par l'art. 617, s'il en a été obtenu, en un mot de tous les actes et de toutes les circonstances qui ont précédé la vente ;

6° La mention de la présence ou de l'absence de la partie saisie (C.P.C., art. 623. — V. *suprà*, n°s 478 et suiv.);

7° La mention que les adjudications ont été faites au plus offrant et dernier enchérisseur, en deniers comptants, ou sur folle enchère, à défaut de paiement (C.P.C., art. 624. — V. *suprà*, n°s 483 et suiv.) ;

8° Les noms et domiciles des adjudicataires (art. 625), encore bien que ceux-ci aient payé comptant, et si un adjudicataire refusait de dire son nom, l'huissier serait en droit de remettre l'objet aux enchères (Chauveau, *quest.* 2105 *bis*) ;

9° La mention des objets mis en vente et non adjugés (Ord. 1er mai

1816 ; Trib. civ. de Valenciennes, 26 juill. 1855 ; Chauveau, *Suppl.*, quest. 2103 *bis*. — V. *Vente publique de meubles*).

10° La mention des frais payés pour la restitution en la possession du saisi des objets non vendus par application de l'art. 622, C.P.C. (V. *suprà*, n°s 499) ;

11° L'heure de la clôture et la mention du nombre des vacations employées à la vente. — V. *Formule* 25.

502. Le procès-verbal de vente reste comme minute entre les mains de l'officier instrumentaire ; et il en est délivré une expédition aux parties qui le réclament, mais à leurs frais. Il doit, ce nous semble, leur être alloué à cet égard, par rôle, le même émolument qu'aux greffiers de justice de paix.

503. *Distribution amiable du prix ou consignation.* — Si le produit de la vente est suffisant pour désintéresser le saisissant et les opposants, l'huissier leur en distribue le montant, déduction faite de ses frais, et s'il reste un excédant, il le remet au saisi (V. *suprà*, n° 500).

504. Si le produit de la vente est insuffisant, et que le saisissant et les opposants ne s'entendent pas dans le mois de la vente pour la distribution amiable du prix, l'huissier doit alors consigner les sommes qu'il a reçues. — V. *Consignation*, n°s 18 et 21 ; *Distribution par contribution*, n°s 22 et 23.

505. Il ne peut se dispenser de consigner le prix provenant de la vente, sous prétexte que les oppositions seraient nulles pour défaut de signification au saisissant. En conséquence, si, sur la sommation qui lui est faite à cet effet par le créancier saisissant, l'huissier, dans ce cas, lui remet le prix, les opposants ont contre lui, non une action en dommages-intérêts, mais une action pour le contraindre à consigner, sauf son recours contre le saisissant (Lyon, 11 déc. 1860 : *J. Huiss.*, t. 42, p. 236 ; Cass. 20 janv. 1862 : t. 43, p. 79).

506. Nous croyons donc que c'est à tort que, par arrêt du 19 août 1843 (*J. Huiss.*, t. 23, p. 178), la Cour de Limoges (et non Rennes) a validé le paiement fait par un huissier entre les mains du saisissant du prix de la vente, nonobstant l'opposition d'un créancier, que cette Cour a annulée pour avoir été signifiée au domicile élu du saisissant dans le commandement préalable à la saisie, et non à son domicile réel. Car les oppositions, dont la signification ne serait pas faite régulièrement, ne sont pas nulles de plein droit. Et l'huissier ne peut s'ériger en juge de leur régularité ou de leur irrégularité. Il ne peut appartenir qu'aux tribunaux de décider si les formalités prescrites pour la validité des oppositions ont été ou non remplies (*J. Huiss.*, t. 42, p. 238, observations).

507. L'huissier, qui a procédé à la vente par suite de saisie-exécution, a le droit de déduire sur la somme qui en est le produit, avant sa consignation, les frais de saisie et de vente, d'après la taxe, alors même que cette taxe comprendrait de nouveaux procès-verbaux d'apposition d'affiches et de nouvelles annonces, à raison d'un ou de plusieurs incidents ou de tout autre motif légal qui aurait retardé la vente aux jours successivement indiqués (Trib. civ. de la Seine, 19 avril 1856 : *J. Huiss.*, t. 37, p. 179).

508. En conséquence, le saisi, ou, s'il a été déclaré en faillite, le syndic de la faillite n'est pas fondé à prétendre qu'il y a lieu de distinguer entre ces frais, de rejeter ceux relatifs aux incidents, et d'admettre, dans le compte de vente qu'il réclame de l'huissier, la simple déduction des frais strictement nécessaire pour arriver à la vente (même jugement).

509. *Responsabilité des huissiers.* — Les huissiers, de même que les commissaires-priseurs, sont personnellement responsables du prix des judications (C. P. C., art. 625). C'est une conséquence de ce que ces adjudications doivent être faites au comptant. Cette responsabilité entraîne même la contrainte par corps (C. Nap., art. 2060, § 7; Carré et Chauveau, quest. 2406. — V. Contrainte par corps, n° 78).

510. L'huissier qui, en matière de vente par suite de saisie, accorde des termes pour le paiement du prix des adjudications, sans le consentement des parties, ne peut le faire qu'à ses risques et périls; il importe peu qu'il y ait ou non des oppositions entre ses mains sur le prix.

511. Mais, lorsque le saisissant, les créanciers opposants, s'il y en a, et le saisi, consentent à ce que des termes soient accordés, l'huissier n'est plus responsable de l'insolvabilité des adjudicataires (Thomine-Desmazures, t. 2, p. 142).

512. Dans le cas où l'huissier a admis l'obligation de l'un des adjudicataires comme argent comptant; si cependant cet adjudicataire n'exécute pas cette obligation, c'est à l'huissier, dépositaire dans un intérêt commun et responsable, qu'appartient l'action en paiement (Trib. civ. de la Seine, 4 fév. 1853 : J. Huiss., t. 34, p. 88; Orléans, 11 juill. 1860 : t. 42, p. 76).

513. Le saisissant est sans qualité pour exercer cette action, encore bien qu'il ait reçu de l'huissier un bordereau sur l'adjudicataire qui doit le prix de son adjudication, et que, par suite, décharge ait été donnée à cet officier ministériel par le saisi et le saisissant. (Arrêt précité de la Cour d'Orléans).

514. Et l'adjudicataire ne peut se soustraire au paiement qui lui est réclamé par l'huissier qu'en rapportant la mainlevée régulière de toutes les oppositions qui avaient été formées et le consentement de la partie saisie à ce qu'il ne verse pas son prix entre les mains de l'officier vendeur (Trib. civ. de la Seine, 4 fév. 1853 : jugement précité).

515. L'action en responsabilité contre les huissiers qui y sont soumis peut être exercée pendant trente ans à partir de la vente, quoique l'action en paiement des frais qui leur sont dus, s'ils ne les ont pas prélevés sur le prix, se prescrive par un an (Trib. civ. de Caen, 5 mars 1825).

516. Les huissiers et commissaires-priseurs ne peuvent recevoir des adjudicataires aucune somme au-dessus de l'enchère, à peine de concussion (C.P.C., art. 623).

517. *Salaires.* — Les salaires dus aux huissiers qui procèdent à une vente publique de meubles par suite de saisie-exécution sont déterminés à raison du nombre des vacations, conformément à l'art. 39, Tar. 16 fév. 1807; ils ne peuvent stipuler et recevoir d'autres salaires que ceux qui sont fixés par cet article (Circul. du procur. gén. près la Cour de Paris, 4 janv. 1856 : J. Huiss., t. 37, p. 85; ma réponse à une question proposée : même journ. et même vol., p. 313, II).

518. Lorsqu'une vente publique de meubles par suite de saisie-exécution a eu lieu avec termes pour le paiement du prix, en vertu du consentement des parties, cette vente n'en conserve pas moins son caractère de vente forcée, et, dès lors, l'huissier, qui a été chargé d'y procéder, ne peut également percevoir que les salaires réglés par l'art. 39, Tar. 16 fév. 1807, et non des émoluments proportionnels, soit 6 pour 100 (J. Huiss., t. 39, p. 37, 10°).

519. Il en est de même lorsque, au jour fixé pour procéder sur la place du marché à une vente publique de meubles par suite de saisie-exécution, l'huissier est autorisé par le débiteur et le saisissant à remettre cette vente et à y procéder sur place, c'est-à-dire en la demeure du débiteur, à un autre jour indiqué, la vente ne se trouvant pas par là convertie en vente volontaire (J. Huiss., t. 42, p. 270, 19°).

520. Les frais dus à l'huissier par lequel a été faite une vente publique de meubles par suite de saisie sont taxés par le juge, sur la minute du procès-verbal de vente (Tar. 16 fév. 1807, art. 42; Carré et Chauveau, *quest.* 2098). Cette minute doit être enregistrée avant que l'huissier puisse faire aucun usage de la taxe (Décis. de la Rég., 19 mai 1820).

Formules.

1. Commandement.

L'an . . ., à la requête du sieur . . . (*élire domicile* : V. *suprà*, n°° 122 et suiv.), en vertu . . . (*analyser le jugement ou l'acte en vertu duquel le commandement est fait*), duquel jugement ou acte il est avec celle des présentes donné copie (V. *suprà*, n°° 144 et suiv.);

J'ai fait commandement au sieur . . ., de payer, dans 24 heures pour tout délai, au requérant, ou de suite à moi, huissier, porteur des pièces 1° la somme de . . ., montant de la condamnation prononcée par le jugement ci-dessus, ou de l'obligation souscrite par l'acte susénoncé; 2° et celle de . . ., pour intérêts de ladite somme, courus depuis le . . . jusqu'à ce jour, sous réserve de tous autres droits, lui déclarant que, faute par lui de payer lesdites sommes dans ledit délai, il y sera contraint par toutes voies de droit et notamment par la saisie de ses meubles et effets mobiliers.

A ce que ledit sieur . . . n'en ignore, je lui ai.

V. n° 102. — Coût : Tar., art. 29: Orig. : Paris, 2 fr.; R. P., 4 fr. 80 c.; Aill., 4 fr. 50 c.; Cop. le 1/4.

Enregistrement : 2 fr. 20 c.

2. Procès-verbal de saisie.

L'an . . ., le . ., heure de . . ., à la requête du sieur . . ., pour lequel domicile est élu à . . .,

En vertu d'un jugement rendu par le tribunal civil de première instance de . . ., le . . ., enregistré le . . ., signifié à avoué le . . ., et à partie, le . . ., portant condamnation au profit du requérant, contre le sieur . . ., ci-après nommé, d'une somme principale de . . ., des intérêts et des dépens;

Et par suite du commandement de payer cette somme, resté infructueux et fait audit sieur . . ., par exploit de . . ., en date du . . ., enregistré le . . .,

J'ai . . ., soussigné,

Assisté des sieurs . . ., témoins aussi soussignés,

Fait itérati. commandement au sieur . . . (*nom, prénoms et profession*), demeurant à . . ., où étant et parlant à . . .,

De payer immédiatement au requérant, ou, pour lui, à moi huissier, porteur de la grosse du jugement susdaté, la somme de . . ., composée 1° de . . . pour le principal des condamnations prononcées par le jugement susdaté; 2° et de . . ., pour les intérêts de cette somme courus jusqu'à ce jour; sous réserve expresse des dépens, du coût du jugement et de la signification auxquels le sieur . . . a été pareillement condamné, et de tous autres droits et actions;

Lequel sieur . . . ayant refusé de payer, je lui ai déclaré que j'allais à l'instant procéder à la saisie de ses meubles et effets mobiliers;

Et de suite, en effet, j'ai saisi-exécuté et placé sous la main de la loi et justice les objets dont suit le détail :

(*Désigner les objets saisis, la pièce où ils se trouvent et les objets insaisissables laissés au saisi, puis continuer ainsi*):

Les meubles ci-dessus détaillés sont les seuls que nous avons trouvés dans les lieux ci-devant désignés et que nous avons saisis-exécutés;

Ce fait, nous avons demandé au sieur . . . saisi s'il voulait nous présenter une personne solvable pour la garde desdits effets; sur sa réponse négative, nous avons établi en garnison réelle dans ladite maison, le sieur . . . présent, qui a déclaré accepter cette mission et s'est obligé de représenter les objets saisis à toute réquisition et comme doit le faire tout dépositaire judiciaire, à la charge de ses frais de garde qu'il réclamera du saisissant.

Et j'ai déclaré au sieur . . . que la vente des objets saisis aura lieu le . . . heure de . . ., sur la place publique du marché de . . . après l'accomplissement des formalités prescrites par la loi, faisant sommation audit sieur . . . de s'y trouver si

Lon lui semble, et lui déclarant qu'il sera procédé à ladite vente, même en son absence.

De tout ce qui précède, j'ai dressé le présent procès-verbal, clos à. . ., heure de. . ., en présence des témoins et du gardien susnommés, lesquels ont signé le présent avec moi huissier.

Et j'ai laissé copie de ce procès-verbal au saisi en parlant comme dit est, et au gardien en parlant à sa personne.

V. n°s 214 et 232.— Coût : Tar., art. 34. — Enregistrement : 2 fr. 20 c.

Nota. *L'huissier prépare toujours son procès-verbal jusqu'à l'endroit de la désignation des meubles, et suivant les circonstances, il ajoute à la formule précédente tout ou partie de ce qui suit :*

(*Cas où les portes sont fermées*). — Et au moment de pénétrer dans le domicile du saisi, nous avons trouvé les portes de ce domicile fermées ; supposant que le saisi pouvait se trouver chez lui, nous avons demandé l'ouverture desdites portes, mais inutilement ; en conséquence, nous avons établi gardiens aux portes les sieurs . . ., avec injonction de ne laisser sortir aucuns meubles et effets mobiliers de la maison du sieur. . ., pendant notre absence ; et aussitôt nous nous sommes transporté au domicile de M. le juge de paix du canton de . . ., sis à . . ., où étant arrivé, nous n'avons pas trouvé ce magistrat : ensuite nous sommes allé chez M. le maire de la commune de . . ., que nous avons trouvé et requis de nous accompagner au domicile du sieur. . ., à l'effet de faire ouvrir en sa présence les portes de ce domicile ; déférant à cette réquisition, M. le maire nous a accompagné au domicile du sieur . . ., saisi, ainsi que le sieur . . ., serrurier, demeurant à . . ., auquel nous avons fait sommation, par acte séparé, de nous suivre ; arrivé audit domicile, M. le maire de. . . a invité les personnes qui pouvaient se trouver dans la maison du sieur . . . à ouvrir les portes ; aucune réponse n'ayant été faite, M. le maire a ordonné au sieur . . ., serrurier, d'ouvrir les portes, ce que celui-ci a fait ; nous nous sommes, en conséquence, de suite introduit dans la maison du sieur . . ., et nous avons procédé ainsi qu'il suit à la saisie-exécution dont s'agit, en présence de M. le maire de . . .

Nota. *Le maire reste jusqu'à la fin de l'opération, signe le procès-verbal de l'huissier et reçoit la copie du saisi.*

(*Cas où il y a menaces et voies de fait*). — Et au moment de saisir, le sieur . . . s'est opposé de la manière la plus violente à ce que nous procédions à notre opération ; il s'est mis devant ses meubles et a menacé de nous frapper si nous tentions de les ouvrir ; il nous a traité de . . ., et s'est porté à des voies de fait envers un de nos témoins qui nous indiquait un objet à saisir ; ce que voyant, nous avons dressé, par acte séparé, un procès-verbal de rébellion pour être envoyé à qui de droit et y être donné telle suite qu'il appartiendra ; ensuite, nous avons établi les sieurs . . ., gardiens aux portes, et nous nous sommes transporté chez M. le commandant de la gendarmerie de . . ., et l'avons requis de nous prêter main-forte, en lui exhibant la grosse du jugement susdaté ; obtempérant à notre réquisition, M. le commandant a désigné les sieurs . . ., gendarmes, à l'effet de nous accompagner, et, assisté de ceux-ci, nous sommes retournés au domicile du sieur . . ., où, étant arrivés, nous avons procédé à la saisie dont il s'agit, ainsi qu'il suit :

(*Cas où il y a une saisie précédente*).— Et au moment de saisir, le sieur . . . s'est présenté et nous a déclaré être gardien à une précédente saisie desdits effets faite sur le sieur . . ., à la requête du sieur . . ., suivant procès-verbal de . . ., huissier à . . ., en date du . . . et duquel il a présenté copie. Sur cette copie, j'ai procédé au récolement desdits effets, et ayant remarqué qu'ils étaient tous compris en la saisie susdatée, je me suis retiré après avoir dressé le présent procès-verbal. Et j'ai fait, par ce même procès-verbal, sommation audit sieur . . . de vendre dans la huitaine les objets par lui saisis, faute de quoi le requérant poursuivra lui-même cette vente, ainsi qu'il en a le droit ; déclarant audit sieur . . . que, en tout cas, le présent récolement voudra opposition sur les deniers à provenir de la vente desdits effets.

(*Cas où les réclamations de la partie saisie arrêtent la saisie*).—Et en cet instant le sieur. . . nous a représenté l'original d'un exploit du ministère de. . ., huissier à . . ., portant appel par lui du jugement en vertu duquel nous agissons, et a déclaré s'opposer à la saisie de ses meubles et effets ; faisant droit à cette opposition, nous nous sommes retirés, après avoir dressé le présent procès-verbal.

(*Cas de maladie*).—Et au moment d'entrer dans son domicile, le sieur . . . est venu me donner avis que sa femme était dangereusement malade ou sur le point d'accoucher, et m'a prié de différer de quelques jours la saisie de ses effets. D'après cet avis, j'ai laissé les témoins dans la rue et je suis entré seul chez ledit sieur . . ., à l'effet de vérifier l'exactitude de la déclaration qu'il m'avait faite; ayant reconnu qu'il ne me trompait pas, j'ai dû, par des motifs d'humanité, renvoyer la présente saisie à un autre jour, sauf à prendre, s'il y a lieu, des mesures à l'effet d'empêcher le divertissement des effets dudit sieur. . .

(*Cas où il ne se trouve pas de meubles à saisir*). — Dans ce cas, l'huissier dresse un procès-verbal de carence : V. *Procès-verbal de carence*.

3. Saisie hors du domicile et en l'absence du saisi.

L'an . . ., à la requête du sieur. . . . (*élire domicile*), en vertu de. . . . (*analyser l'acte ou le jugement en vertu duquel la saisie est faite*), par suite d'un commandement (*analyser cet acte*), je . . ., assisté de . . ., me suis transporté à . . ., à l'effet de saisir sur le sieur . . . différents objets mobiliers lui appartenant, pour sûreté et avoir paiement de . . ., dus en vertu de l'acte ou du jugement susdaté, sans préjudice de tous autres droits et actions. Arrivé audit lieu avec les sieurs. . . témoins, j'ai saisi-exécuté et mis sous la main de la justice les objets ci-après, trouvés dans tel lieu (*les désigner*). . . .

Pour le surplus : V. *Formule* 2.

V. nº 269. — Coût et enregistrement : V. *Formule* 2.

4. Notification de la saisie faite hors du domicile du saisi.

L'an . . ., à la requête du sieur. . . . (*élire domicile*). j'ai . . ., signifié et avec celle du présent exploit donné copie au sieur . . ., de l'original d'un exploit du ministère de . . ., contenant (*analyser la saisie*).

A ce que ledit sieur. . . n'en ignore, je lui ai . . .

V. nº 269. — Coût : V. *Formule* 4.

Enregistrement : 2 fr. 20 c.

5. Demande en distraction d'objets insaisissables.

L'an . . ., à la requête du sieur. . . . (*constituer avoué*), j'ai . . ., donné assignation au sieur . . ., à comparaître le . . ., devant . . ., tenant l'audience des référés, à . . ., pour, — Attendu que, par exploit de . . ., en date du . . ., le sieur. . . a fait pratiquer une saisie-exécution au domicile du requérant et qu'il a fait comprendre dans cette saisie une vache ; — Attendu que cet animal est déclaré insaisissable par l'art. 592, C.P.C., et que dès lors il devait être laissé en la possession du requérant ; — Voir dire et ordonner que ladite vache sera distraite de la saisie et ne pourra par conséquent être vendue ; que le gardien établi à cette saisie sera tenu de la remettre au requérant dans le jour de la signification du jugement à intervenir, sinon contraint, et en outre, s'entendre condamner en . . . de dommages-intérêts et aux dépens ; etc.

V. nº 99. — Coût et enregistrement : V. *Formule* 4.

6. Sommation à un serrurier d'ouvrir les portes.

L'an . . ., à la requête du sieur . . ., j'ai . . . fait sommation au sieur . . ., de m'accompagner immédiatement au domicile du sieur . . ., demeurant à . . . à l'effet de procéder, sur l'ordre et en présence de M. le maire de. . ., à l'ouverture des portes de la mai du dudit sieur . . . et à celle des meubles de ce dernier qui pourraient être fermés, aux offres de lui tenir compte de son salaire. A quoi ledit sieur a répondu qu'il allait m'accompagner à l'instant, et je lui ai laissé copie du présent.

V. nº 204. — Coût et enregistrement : V. *Formule* 4.

7. Notification au saisissant du procès-verbal de récolement.

L'an . . ., à la requête du sieur . . ., j'ai . . ., signifié et, avec celle du présent, donné copie au sieur . . ., de l'original d'un exploit de mon ministère en date du . . ., contenant (*analyser le récolement*) ; à ce que ledit sieur . . . n'en ignore et ait à avoir audit acte tel égard que de raison, je lui ai, etc.

V. nº 249. — Coût et enregistrement : V. *Formule* 4.

8. Demande par le gardien de sa décharge.

L'an. . ., à la requête du sieur. . . (constituer avoué), j'ai. . . ., donné assignation 1° au sieur. . .; et 2° au sieur . . . à comparaître. . ., pour,—Attendu que par exploit de. . ., le requérant a été établi gardien à une saisie pratiquée par le sieur. . .; — Attendu que la vente des objets saisis, qui devait avoir lieu dès le. . ., est encore à faire;—Attendu, dès lors, que le requérant peut demander sa décharge aux termes de l'art. 605, C.P.C.; — Voir dire qu'au principal les parties seront renvoyées à se pourvoir; que cependant, dès à présent et par provision, le sieur . . . sera déchargé de la garde desdits effets, à la charge par lui de les représenter d'après le récolement qui en sera fait, parties appelées; s'entendre en outre, les sieurs . . ., condamner aux dépens sous toutes réserves.

V. n° 213.—Coût : V. Formule 1.
Enregistrement ; 4 fr. 40 c.

9. Sommation au saisissant et au saisi d'assister au récolement.

L'an. . . ., à la requête du sieur . . ., j'ai . . ., donné sommation 1° au sieur. . ., et 2° au sieur . . ., de,—Attendu que le requérant, constitué gardien à une saisie faite sur le sieur . . ., par le sieur . . ., suivant exploit de . . ., en date du . . ., a obtenu sa décharge par ordonnance de référé du . . ., enregistrée le. . ., et dont il est, avec celle du présent, donné copie ; — se trouver à . . ., au domicile dudit sieur . . ., le . . ., heure de . . ., pour procéder conjointement avec le requérant au récolement et à la représentation et remise des effets saisis ; leur déclarant qu'il sera procédé tant en leur absence que présence ; et j'ai, etc.

V. n° 314.—Coût : V. Formule 1.
Enregistrement : 4 fr. 40 c.

10. Récolement et nomination de nouveau gardien.

L'an . . ., à la requête du sieur . . ., je . . ., me suis transporté à . . ., au domicile du sieur. . ., à l'effet de procéder, en vertu d'une ordonnance de référé en date du . . ., au récolement des effets par moi saisis, suivant exploit de . . ., sur le sieur . . ., à la requête du sieur . . ., et desquels le requérant avait été constitué gardien.

Arrivé audit domicile, j'y ai trouvé 1° les sieurs . . . (saisi et saisissant), qui m'ont dit comparaître sur l'intimation à eux donnée, suivant exploit de mon ministère en date du . . .; 2° le sieur. . .; lesquels m'ont requis de procéder de suite au récolement dont s'agit sur la copie qui m'est à l'instant remise par le gardien.

Déférant à cette réquisition, et vérification faite en présence de toutes les parties des objets saisis par mon procès-verbal du . . ., je n'en ai trouvé aucun en déficit ; tous ont, en conséquence, été fidèlement remis, en bon état, par le requérant, au nouveau gardien ci-après constitué, et décharge pure et simple a été accordée audit requérant.

Et de suite le sieur . . ., présent, a été établi gardien desdits effets ; il a déclaré accepter cette mission et s'obliger de représenter les objets confiés à sa garde quand il en sera légalement requis, à la charge de ses salaires, tels que de droit.

Ont, les requérant, saisissant, saisi et nouveau gardien, signé avec moi tant le présent original que les copies.

Et j'ai laissé et délivré copie du présent auxdits requérant, saisissant, saisi et gardien, à chacun séparément ; et de plus j'ai remis à ce dernier, qui le reconnaît, la copie de la saisie du . . ., que le gardien déchargé m'avait donnée au commencement de cet acte.

V. n° 345. — Coût : Tar. art. 35. Orig. : Paris, 3 fr. ; R. P., 2 fr. 70 c. ; aill., 2 fr. 25 c. — Cop. le 1/4.
Enregistrement, droits de décharge et d'établissement de gardien : 4 fr. 40 c.

11. Citation à fin de nomination d'un gérant à l'exploitation d'une ferme ou d'une usine.

L'an. . ., à la requête du sieur. . ., j'ai . . ., donné citation 1° au sieur. . . (saisi), et 2° au sieur . . . (propriétaire de la ferme ou de l'usine), à comparaître le . . ., pour,—Attendu que, suivant exploit du ministère de. . ., en date du. . ., le sieur . . . a fait saisir-exécuter les biens meubles du sieur . . ., et notamment les bestiaux et

ustensiles servant à l'exploitation de la ferme de . . . . que tient le sieur . . . ; Attendu qu'il est indispensable d'établir un gérant à l'exploitation de la ferme dont s'agit,
afin d'empêcher l'interruption des travaux ; — Voir dire et ordonner qu'une personne,
du choix des parties, sera nommée auxdites fonctions de gérant, sinon qu'il en sera
nommé une d'office par M. le juge de paix ; que le gérant nommé tiendra état de toutes
les recettes et dépenses qui seront faites pour l'exploitation, pendant sa gestion, dont il
rendra compte à qui de droit ; que ledit gérant sera d'ailleurs soumis aux obligations
et aux charges des gardiens judiciaires ; et pour en outre procéder tel que de raison à fin
de dépens, etc.

V. n° 329. — Coût : V. *Citation.*
Enregistrement (deux droits), 3 fr. 30 c.

12. *Opposition à la vente d'objets revendiqués.*

L'an . . ., à la requête du sieur . . ., j'ai . . ., signifié et déclaré au sieur . . .,
établi gardien à la saisie faite par exploit de . . ., en date du . . ., requête du
sieur . . ., sur le sieur . . ., où étant et parlant audit sieur . . . ; — que le requérant s'oppose formellement à ce qu'il soit procédé à la vente des effets qui suivent et
qui ont été compris à tort dans le procès-verbal de saisie susdaté ; savoir : (*désigner
les objets réclamés*) ; cette opposition est fondée sur ce que lesdits effets appartiennent
au requérant, ainsi que cela résulte de . . ., et sur ce qu'ils n'étaient qu'en dépôt au
domicile du sieur . . ., au moment de la saisie, comme cela est d'ailleurs constaté
par un acte du . . . ; à ce que du tout ledit sieur. . . : n'en ignore, et protestant de
nullité de tout ce qui serait fait au préjudice de la présente opposition, j'ai, etc.

V. n° 353. — Coût : V. *Formule* 1.
Enregistrement : 2 fr. 20 c.

13. *Dénonciation de l'opposition et demande en distraction.*

L'an . . ., à la requête du sieur. . . (*constituer avoué*), j'ai . . ., signifié, dénoncé
et, avec celle du présent, donné copie : 1° au sieur . . ., saisissant, 2° et au sieur. . .,
partie saisie, de l'original d'un exploit (*analyser l'opposition qui précède*).
Et de suite j'ai donné assignation aux susnommés à comparaître . . ., pour, —
Attendu que, suivant un exploit en date du . . ., le sieur . . . a fait procéder à la
saisie des meubles et effets du sieur . . ., notamment de (*désigner les objets revendiqués*) ; — Attendu que ces derniers objets appartiennent au requérant, ainsi que cela
résulte de . . . ; — Attendu qu'ils n'étaient en la possession du saisi qu'à titre de dépôt, ainsi que le constate un acte du . . . . ; — Voir dire et ordonner que les objets
susdésignés seront distraits de la saisie dont s'agit, et remis au requérant, à toute
réquisition, par le gardien qui en sera valablement déchargé, sinon que ledit gardien
sera contraint à cette remise par les voies de droit.
A ce que lesdits sieurs n'en ignorent, etc.

V. n° 353. — Coût : V. *Formule* 1.
Enregistrement, 4 fr. 40 c.

14. *Placard annonçant la vente.*

VENTE PAR SUITE DE SAISIE-EXÉCUTION.

Le . . ., heure de . . ., à . . ., il sera procédé, par autorité de justice et par le
ministère de . . ., à la vente au plus offrant et dernier enchérisseur, des objets dont
suit le détail (*désigner la nature des objets à vendre*). Le prix de la vente sera payé
comptant et en francs. Pour placard. (*Signature de l'huissier*).

V. n° 441. — Coût : Tar., art. 38., Orig. : 1 fr. ; chaque copie manuscrite : 50 c. —
Papier timbré...
Exempt d'enregistrement.

15. *Procès-verbal d'apposition de placards.*

L'an . . ., à la requête du sieur . . ., saisissant sur le sieur . . ., par procès-
verbal du ministère de . . ., en date du . . ., enregistré, je . . ., soussigné, certifie
avoir fait apposer aujourd'hui, en ma présence, par le sieur . . ., afficheur . . .,
dans chacun des endroits désignés par la loi, un exemplaire de placard pareil à celui
ci-annexé, dressé pour parvenir à la vente des objets saisis par l'acte susdaté, laquelle

45.

aura lieu le . . ., à . . ., et j'ai rédigé le présent procès-verbal pour constater ladite opposition.

V. n° 418.—Tar. art. 34; Paris, 3 fr.; R. P., 2 fr. 70 c.; Aill. 2 fr. 25 c.

Enregistrement : 2 fr. 20 c.

NOTA. L'huissier écrit sur l'exemplaire du placard annexé : Annexé par moi, huissier soussigné, à mon procès-verbal d'apposition de placards de ce jour...

16. Procès-verbal de publication de la vente de bâtiments de rivière.

L'an . . ., à la requête du sieur . . ., saisissant sur le sieur . . ., suivant procès-verbal de mon ministère en date du . . ., je . . ., soussigné, certifie que cejourd'hui, en ma présence, il a été publié . . ., à son de caisse, par le sieur . . ., tambour de . . . ., dans tous les endroits accoutumés de . . ., que la vente de . . ., saisis par le procès-verbal susdaté, aurait lieu à l'encan, le . . ., heure de . . ., au comptant, et pour constater la publication, j'ai dressé le présent procès-verbal.

V. n° 426. - Coût : Tar., art. 44. Paris, 6 fr.; R. P. 5 fr., 40 c.; Villes où il y a un tribunal de 1re instance, 4 fr.; Aill., 3 fr.

Enregistrement : 2 fr. 20 c.

17. Procès-verbal d'exposition d'argenterie.

L'an . . ., à la requête du sieur . . ., saisissant sur le sieur . . ., suivant procès-verbal de mon ministère en date du . . ., je . . ., soussigné, certifie que cejourd'hui, en ma présence, le sieur . . ., gardien établi à la saisie susdatée, a exposé aux yeux du public, sur la place du marché de . . ., de telle heure à telle heure, les objets dont suit le détail (les désigner), faisant partie de ceux compris en la saisie susdatée, et destinés à être vendus sur ladite place, le . . .

Lorsqu'il y a lieu à estimation, on ajoute : lesdits objets ont été estimés par le sieur . . ., orfévre, demeurant à . . ., savoir : (mettre ici l'estimation), et a, ledit sieur. . . . signé en cet endroit.

Et du tout, j'ai dressé le présent procès-verbal, dont le coût est de . . .

V. n° 434.—Coût : V. Formule 16.

Enregistrement : 2 fr. 20 c.

18. Signification d'ordonnance et intimation à la partie saisie.

L'an . . ., à la requête du sieur . . ., j'ai . . ., signifié, et, avec celle du présent, donné copie au sieur . . ., de l'expédition d'une ordonnance rendue par le tribunal civil de . . ., le . . ., portant permission de vendre . . ., le . . ., heure de . . ., les effets saisis sur le sieur . . ., à la requête du sieur . . ., par exploit de . . ., lui faisant sommation de se trouver aux jour, heure et lieu susindiqués, afin d'être présent, si bon lui semble, à la vente desdits objets, et lui déclarant qu'il sera procédé à ladite vente, tant en son absence qu'en sa présence ; etc.

V. n° 462 et 480.—Coût : V. Formule 4.

Enregistrement : 2 fr. 20 c.

19. Sommation à un voiturier et à des hommes de peine.

L'an . . ., à la requête du sieur . . ., j'ai . . ., donné sommation : 1° au sieur . . ., voiturier à . . .; 2° et aux sieurs . . ., portefaix à . . ., de se trouver, le premier avec une voiture attelée de deux chevaux et les autres, à . . ., au domicile du sieur V. . ., le . . ., heure de . . ., à l'effet, les sieurs . . ., de charger, et le sieur . . . . de conduire de l'endroit susdésigné, sur la place publique de . . ., les meubles saisis-exécutés sur le sieur . . ., suivant procès-verbal de mon ministère en date du . . ., aux offres de leur payer ce qui leur sera légitimement dû pour ladite opération ; et je leur ai laissé à chacun copie de ladite sommation.

V. n° 465.—Coût : V. Formule 4.

Enregistrement : 2 fr. 20 c.

20. Procès-verbal du transport des meubles.

L'an . . ., à la requête du sieur . . ., je . . ., me suis transporté . . ., au domicile du sieur . . ., où étant arrivé j'ai trouvé les sieurs . . ., voiturier, et . . ., hommes de peine, lesquels m'ont dit se présenter à l'effet d'obéir à la sommation à eux faite, par exploit de mon ministère en date du . . .; après avoir procédé au récole-

ment des effets saisis par exploit de mon ministère, en date du . . ., sur le sieur ;
lesquels objets m'ont été représentés par le sieur . . .; gardien; et après avoir reconnu
qu'aucun d'eux n'était en défaut, j'ai accordé au sieur . . ., gardien, décharge de sa
mission, sans aucune réserve; ensuite, j'ai donné l'ordre aux sieurs . . . de charger
tous lesdits meubles et effets sur la voiture du sieur . . ., ce qu'ils ont fait; et j'ai invité le sieur . . . à conduire lesdits meubles et effets sur la place publique de . . .,
ce qu'il a fait également. Arrivés sur ladite place, lesdits sieurs, . . . ont déchargé lesdits meubles et effets, et leur mission étant finie, ainsi que celle du sieur . . ., voiturier, ils se sont retirés après avoir signé le présent procès-verbal; dont le coût est
de . . .

V. n° 467.—Coût : V. *Formule* 4.
Enregistrement : 2 fr. 20.

21. *Sommation au gardien.*

L'an . . ., à la requête du sieur . . ., saisissant sur le sieur . . ., suivant exploit
de mon ministère en date du . . ., j'ai . . ., fait sommation au sieur . . ., gardien
établi à ladite saisie, de se trouver présent au domicile du sieur . . ., saisi, le . . .,
heure de . . ., à l'effet d'assister au récolement des effets saisis et d'en faire la délivrance, à peine d'y être contraint par corps ; etc.

V. n° 438.— Coût : V. *Formule* 4.
Enregistrement : 2 fr. 20 c.

22. *Récolement.*

L'an . . ., à la requête du sieur . . ., saisissant sur le sieur . . ., suivant exploit
de mon ministère en date du . . ., je . . ., soussigné, me suis transporté à . . .,
au domicile du sieur . . ., où j'ai trouvé le sieur . . ., constitué gardien de ladite
saisie, et l'ai sommé de me remettre sa copie afin de procéder au récolement des effets
compris en cette saisie, ce qu'il a fait. Ayant vérifié avec lui tous lesdits effets, j'ai reconnu qu'il n'y en avait pas en déficit et qu'ils étaient tous en bon état ; et j'ai déclaré
audit sieur . . ., gardien, que la vente desdits effets aurait lieu demain à . . .,
heure de . . ., et qu'il ait à se trouver au lieu de la saisie, à l'effet de remettre les
objets confiés à sa garde et d'obtenir sa décharge définitive. J'ai alors dressé le présent
procès-verbal, que le sieur . . ., gardien, a signé avec moi.

V. n° 440 et 448.—Coût : Tar. art. 37. Paris, 6 fr.; R. P., 5 fr. 40 c.; Aill. 4 fr. 50.
Enregistrement : 2 fr. 20 c.

23. *Sommation par un opposant ayant titre exécutoire, de faire vendre dans la huitaine.*

L'an . . ., à la requête du sieur . . ., créancier du sieur . . ., saisi (*énoncer le
titre de la créance*), et opposant à la vente dont sera ci-après parlé, par exploit de
mon ministère en date du . . ., j'ai . . ., fait sommation au sieur . . ., de, dans le
délai de huit jours, faire procéder au récolement des meubles et effets saisis à sa requête sur le sieur . . ., par exploit de . . ., en date du . . ., et de suite à la vente
desdits meubles et effets, en la forme accoutumée ; lui déclarant que faute par lui
d'obéir à la présente sommation dans le délai qu'elle prescrit, et, ce délai passé, le requérant fera lui-même procéder auxdits récolement et vente, en suivant les formes
prescrites par la loi, etc.

V. n° 397.—Coût : V. *Formule* 4.
Enregistrement : 2 fr. 20 c.

24. *Opposition sur le prix des deniers de la vente.*

L'an . . ., à la requête du sieur . . ., j'ai . . ., signifié et déclaré: 1° au sieur . . .,
saisissant ; 2° et au sieur . . ., chargé de procéder à la vente ; — que le requérant
s'oppose formellement à ce que les deniers à provenir de la vente des meubles et effets
mobiliers saisis par exploit de . . ., à la requête du sieur . . ., sur le sieur . . .,
soient remis, sans son consentement, à qui que ce soit, à peine de tous dépens et dommages-intérêts. La présente opposition est faite pour avoir paiement de la somme
de . . ., pour *telle* cause, ainsi qu'il en sera justifié en cas de dénégation.
A ce que les susnommés n'ignorent, etc.

V. n° 386.—Coût : V. *Formule* 4.
Enregistrement : 2 fr. 20 c.

23. *Procès-verbal de vente.*

L'an . . ., à la requête du sieur . . ., je . . ., soussigné, assisté de . . .; — En vertu d'un jugement rendu *(analyser le titre en vertu duquel on poursuit)*; et, par suite; 1° de la saisie ; 2° des placards ; 3° du récolement *(analyser ces actes ainsi que tous ceux qui ont eu lieu depuis la saisie),*—me suis transporté à . . ., à l'effet de procéder à la vente des objets saisis sur le sieur . . ., par le procès-verbal sus-daté.

Arrivé audit lieu et trouvant un assez grand nombre d'amateurs, j'ai annoncé que la vente dont s'agit allait avoir lieu aux conditions suivantes :

1° Les adjudicataires auront la propriété et jouissance des objets qui leur seront ad-jugés dès l'instant de la prononciation des adjudications.

2° Ils prendront lesdits objets dans l'état où ils se trouveront, sans recours contre qui que ce soit, pour cassure ou vétusté.

3° Ils paieront comptant le prix de leurs adjudications. Faute de paiement, les ob-jets adjugés seront revendus immédiatement, et le précédent adjudicataire sera tenu du déficit, s'il y en a, sans pouvoir réclamer l'excédant.

A ces conditions les objets ci-après ont été successivement mis en vente, criés et adjugés aux ci-après nommés, comme plus offrants et derniers enchérisseurs, savoir :

(Indiquer ici *les objets vendus, les noms des adjudicataires et le montant des adjudications).*

(Lorsque la vente est arrêtée comme ayant atteint le chiffre des sommes dues, on termine le procès-verbal). Et, attendu que le chiffre de la vente a atteint la somme due en principal, intérêts et frais, au saisissant et qu'il n'y a point d'opposant, j'ai arrêté ladite vente en cet endroit, du consentement du saisissant et de la partie saisie, et j'ai laissé, au domicile et en la possession de cette dernière qui le reconnaît, tous les autres effets saisis et non vendus.

(Lorsque la vente est renvoyée au lendemain, on ajoute à fin de la vacation) : Et attendu qu'il est nuit et qu'il ne se présente plus d'amateurs, j'ai renvoyé à . . ., le . . ., à *telle* heure, la continuation de la présente vente.

(Lorsque tous les objets sont vendus, on termine ainsi) : Et attendu qu'il ne reste plus rien à vendre, j'ai clos et arrêté le présent procès-verbal les jour, mois et an que dessus.

V. n° 504.—Coût : Tar., art. 39. Chaque vacation de trois heures : Paris, 8 fr.; R. P., 7 fr. 20 c.; Villes où il y a un trib. de 1re instance, 5 fr.; Aill., 4 fr.

V., au surplus, *Vente publique de meubles.*

SAISIE FORAINE.—1. Acte par lequel le créancier d'un individu qui vient faire commerce dans une commune où il n'habite pas saisit les objets que cet individu peut avoir dans cette commune, ou, plus générale-ment, exécution faite par le créancier sur les meubles de son débiteur, trouvés hors de la commune de celui-ci et dans celle qu'habite le créan-cier (Carré, *Lois de la procéd.*, édit. Chauveau, t. 6, p. 329).

2. « Tout créancier, même sans titre, peut, — porte l'art. 822, C.P.C., — sans commandement préalable, mais avec permission du président du tribunal de première instance et même du juge de paix, faire saisir les effets trouvés dans la commune qu'il habite, appartenant à son débiteur forain. »

3. L'étranger non domicilié en France et qui n'y possède ni immeubles ni établissement doit être considéré comme débiteur forain, et peut, dès lors, être soumis à la saisie prévue par l'art. 822 (Paris, 25 août 1842).

4. Toutefois, on doit entendre par *débiteur forain*, dans le sens de cet article, non-seulement les étrangers à la France, les marchands forains, enfin ceux qui n'ont aucun domicile connu, mais même tout débiteur qui n'a pas son domicile dans la commune qu'habite le créancier, quand même il aurait ailleurs un domicile connu (Trib. civ. de Lourdes, 11 fév. 1857 : J. *Huiss.*, t. 38, p. 315; Ferrière, *Dictionn.*, v° *Forain*; Pigeau, *Comment.*, t. 2, p. 512 ; Thomine-Desmazures, *Comment. du Code de procéd.*,

t. 2, n° 959 ; Carré et Chauveau, *quest.* 2807 *ter* ; *J. Huiss.*, t. 21, p. 348), et quelles que soient la profession et la qualité du créancier (Bruxelles, 7 juill. 1819).

5. Ainsi, une saisie foraine est valablement pratiquée, en vertu de l'autorisation du président du tribunal de première instance ou du juge de paix, sur des bestiaux se trouvant dans la commune où réside le créancier, encore bien que le débiteur auquel ils appartiennent ait son domicile dans une commune très-voisine où il est fermier et propriétaire (Trib. civ. de Lourdes, 11 fév. 1857 : jugement précité).

6. Mais, par cela seul qu'un débiteur a quitté son domicile d'origine sans en faire de déclaration, et qu'il n'en a pas fait, non plus à la municipalité du lieu qu'il est venu habiter, il ne saurait être réputé *forain* dans le sens de l'art. 822, C.P.C., alors surtout que les circonstances démontrent évidemment son intention d'habiter dans le dernier de ces endroits. En conséquence, la saisie pratiquée sur les effets mobiliers leur appartenant et trouvés dans ce dernier endroit est nulle, si elle n'a pas été précédée d'un commandement (Pau, 3 juill. 1807).

7. L'art. 822 suppose que la saisie foraine peut être permise aussi bien lorsqu'il n'y a pas de titre que quand il existe un titre exécutoire. Dans ce dernier cas, le créancier pourrait employer la saisie-exécution, préférable en ce qu'il n'est pas nécessaire de la faire déclarer valable. Mais le commandement dont elle doit être précédée aurait l'inconvénient de donner l'éveil au débiteur et de le décider à quitter immédiatement la commune. Le créancier qui considère comme plus convenable à ses intérêts la voie de la saisie-gagerie n'en doit pas moins, quoiqu'il ait titre exécutoire, obtenir la permission exigée par l'art. 822.

8. Le président du tribunal de première instance et le juge de paix compétents pour autoriser la saisie foraine sont évidemment ceux du lieu où se trouvent les objets qu'on entend saisir (Carré et Chauveau, *quest.* 2808 ; *J. Huiss.*, t. 28, p. 97). Le juge de paix peut autoriser la saisie, quel que soit le chiffre de la créance de celui qui requiert l'autorisation (Carou, *Compét des juges de paix*, n° 223).

9. Lorsque la permission d'exercer une saisie foraine est demandée au président du tribunal, elle doit l'être par voie de requête ; et s'il est convenable que cette requête soit signée par un avoué, la loi n'exige pas cependant cette signature à peine de nullité (Trib. civ. de Toulouse, 13 juill. 1852 : *J. Huiss.*, t. 34, p. 51). Elle peut donc être signée par le créancier ou par son mandataire autre qu'un avoué. — Lorsque la permission est demandée à un juge de paix, l'huissier qui a rédigé la requête présentée à ce magistrat ne peut pas réclamer l'émolument fixé par l'art. 76 du tarif du 16 fév. 1807 (Chauveau et Glandaz, *Formul. de procéd.*, t. 1ᵉʳ, p. 546).

10. L'ordonnance par laquelle le président du tribunal permet une saisie foraine ne peut être attaquée par la voie de la demande en nullité portée devant le tribunal, qui est incompétent à cet égard (Jugement précité du trib. civ. de Toulouse).

11. Mais la voie de l'appel n'est-elle pas ouverte pour faire réformer cette ordonnance ? Le tribunal civil de Toulouse (jugement ci-dessus) s'est prononcé pour l'affirmative. Au contraire, par arrêt du 30 mars 1852 (*J. Huiss.*, t. 34, p. 51), la Cour de Paris a décidé que l'ordonnance dont il s'agit, émanant de l'appréciation souveraine du président, n'était pas susceptible d'appel. — V. *Appel en matière civile*, n°ˢ 95 et suiv.

12. La saisie foraine exigeant une grande célérité dans l'exécution, l'huissier peut ne présenter à l'enregistrement l'ordonnance qui l'autorise qu'avec le procès-verbal de saisie (Sol. de la rég., 11 mars 1832 ; J? Huiss., et 18, p. 134) ; ... ...

13. Les *effets* sur lesquels la saisie foraine peut s'exercer, aux termes de l'art. 622 comprennent non-seulement les marchandises, mais encore toute espèce de meubles. Ainsi, un cheval, une voiture, des habits, une ménagerie d'animaux, peuvent faire l'objet d'une saisie foraine.

14. Au surplus, les règles prescrites pour la saisie-exécution, la vente et la distribution des deniers, sont applicables en matière de saisie foraine (C.P.C., art. 825).

15. Dès lors, comme en matière de saisie-exécution, le défaut de signature par le gardien du procès-verbal de saisie foraine n'entraîne pas la nullité de la saisie (Chambéry, 21 mars 1821 : J. Huiss., t. 43, p. 286).

16. Il en est de même de l'omission par l'huissier de remettre au gardien une copie de ce procès-verbal (Arrêt précité de la Cour de Chambéry).

17. Si les effets saisis sont entre les mains du saisissant, ce dernier en est gardien (C.P.C., art. 823) : cette disposition est impérative ; de sorte que le saisissant est de droit constitué gardien (Carré et Chauveau, *quest.* 2809). Il ne peut refuser la garde des objets qu'il détient, et il a droit à des frais de garde, qu'il peut répéter contre le débiteur (Mêmes auteurs, *quest.* 2810 *bis*).

18. Si les effets sont dans les mains d'un tiers, l'huissier ne peut constituer le créancier gardien (C.P.C., art. 598, 822 et 825); l'huissier pourrait, en faisant défense au tiers détenteur de se dessaisir des effets, l'en constituer gardien (Thomine-Desmazures, t. 2, n° 967). Mais le but de la saisie foraine s'oppose à ce que la garde puisse être confiée au saisi, qui serait ainsi, en effet, mis à même de les faire disparaître avec lui (Carré et Chauveau, *quest.* 2810).

19. Il ne peut être procédé à la vente sur saisie foraine qu'après que la saisie a été déclarée valable (C.P.C., art. 824). La demande en validité doit être portée, non devant le tribunal du domicile du saisi, mais devant le tribunal civil du lieu où se trouvent les effets saisis (Thomine-Desmazures, t. 2, p. 968 ; Carré et Chauveau, *quest.* 2811 ; J. Huiss., t. 28, p. 97).

20. Mais le tribunal civil, saisi d'une demande en validité de saisie foraine, doit, avant de juger la saisie, la maintenir provisoirement, sauf le renvoi devant les juges compétents pour faire statuer sur le mérite de l'obligation commerciale qui lui sert de base, si cette obligation est contestée (Rennes, 28 déc. 1820).

21. La demande en validité d'une saisie foraine pratiquée pour une somme inférieure à 1,500 fr. doit être jugée en dernier ressort, quoique les dommages-intérêts réclamés par le saisi, à raison du préjudice que lui ont occasionné les poursuites, s'élèvent à 2,000 fr. (Toulouse, 22 fév. 1850 : J. Huiss., t. 31, p. 355).

22. Le tribunal statue également en dernier ressort sur la demande en validité d'une saisie foraine pratiquée pour une somme inférieure à 1,500 fr., encore bien que le saisi demande la nullité de la saisie par le motif qu'elle n'est pas foraine dans le sens de la loi, et son renvoi devant les juges de son domicile (Bruxelles, 14 janv. 1822).

23. L'ordonnance du président du tribunal de première instance portant permission de saisir les effets du débiteur forain est passible du droit de 3 fr. ; celle du juge de paix n'est soumise qu'au droit de 1 fr. (L. 22 frim. an VII, art. 68). (C.P.C., art. 822.)

24. Le procès-verbal de saisie est soumis au droit fixe de 2 fr. (L. 25 avril 1816, art. 43). — Quant au procès-verbal de vente, V° *Vente publique de meubles.* A.

Le propriétaire d'un étang, qui en a aleviné la pêche, peut

SAISIE-GAGERIE. — 1. Acte par lequel le propriétaire ou principal locataire saisit, pour sûreté des loyers ou fermages qui lui sont dus, les meubles garnissant des lieux loués et les fruits qui se trouvent sur les terres.

Indication alphabétique des matières.

Amende, 66, 86.
Animaux donnés à cheptel, 3.
Appel, 32.
Avertissement, 192.
Avoué, 51.
Bail authentique, 27.
— sous seing privé, 27.
— verbal, 27.
Bailleur à cheptel, 5.
Billet, 9.
Canal, 26.
Cheptel, 41.
Citation en validité, 89.
Colon partiaire, 20.
Commandement, 56, 57.
Compétence, 14, 85 et s.
Conditions, 59.
Continuation de la saisie, 65, 66.
Contrainte par corps, 70.
Contravention, 89.
Copie, 73, 79.
— (remise de), 64.
Coucher nécessaire, 45.
Croît d'animaux, 47.
Décharge, 70.
Degrés de juridiction, 94, 95.
Délai, 56, 102.
— pour faire invent. et délib., 47.
Déplacement de meubles, 48 et s.
Dépôt, 40 et s.
Dommages-intérêts, 38, 45.
Droit de place, 26.
— de stationnement, 26.
Echéance, 9.
Effets mobiliers, 34 et s.
— non payés, 39.
— se trouvant dans des bâtiments d'autrui, 37, 38.
Election de domicile, 61.
Enregistrement, 53.
Etang (louage d'), 4.
Exagération, 25.
Faillite, 101, 102.
Fermages échus, 18, 21 et s.
— à échoir, 21 et s.

Fermier, 10 et s.
— (principal), 2, 6, 10 et s.
— (sous-), 10 et s.
Fête légale, 71.
Formalités, 56 et s.
Fraude, 13 et s.
Fruits, 51, 53, 75 et s.
Garantie, 95.
Garde champêtre, 77, 78.
Gardien, 67 et s., 73, 77, 78, 81.
Habits, 45.
Halles, 26.
Héritiers, 17.
Huissier, 58, 45, 62 et s., 74, 89.
— de canton voisin, 89.
Incompétence, 81, 84.
Interruption, 71.
Jour de la vente (indication), 72, 102.
Juge de paix, 14, 29, 30, 32, 86 et s., 95.
— (incompétence), 81.
Locataire, 10 et s., 101, 102.
— (principal), 2, 10 et s., 48 et s.
Loyers échus, 18, 21 et s.
— à échoir, 21 et s., 54, 55.
Mainlevée, 14.
Maître d'hôtel garni, 44.
— de pension, 44.
Mandat, 63.
Marchés, 26.
Meubles, 53.
Modèle en plâtre de statue, 35.
Notification, 40 et s.
Nullité, 7, 8, 25, 38, 61, 64, 65, 99.
Opposition, 13, 65, 66.
— sur le prix de la vente, 93.
Ordonnance, 32, 33.
Original, 79.
Ouverture de portes, 62 et s.
Paiement, 15, 14.
— anticipé, 15.
Permission de justice, 28 et s., 56, 57.
Président du trib. civ., 29 et s.

Prêt, 40 et s.
Privilége, 100.
Procès-verbal de saisie, 59 et s.
— distinct, 80.
Propriétaire, 2 et s., 55 et s., 48 et s., 69.
— ancien, 5 et s.
— nouveau, 7, 8.
Quittances (signification), 14.
Récolement, 7, 8.
Récoltes, 75 et s.
Réparations locatives, 19.
Représentation des objets saisis, 70.
Requête, 29, 31.
Réserve, 5.
Résiliation de bail, 21, 51.
Ressort, 94, 95.
Revendication, 42 et s.
et s.
Saisi, 67, 68, 95.
Saisie-arrêt, 16.
Saisie-brandon, 57, 75 et s.
Saisie-exécution, 27, 52.
Saisie-gagerie vexatoire, 25.
Saisie-revendication, 43.
Salaire, 81.
Signature, 73, 74.
Sommation de payer, 58.
Sommes dues au propriétaire, 19, 20.
Sous-locataires, 10 et s.
Sous-location verbale, 12.
Statuaire, 35, 36, 98, 99.
Statue, 35, 36, 98.
— non achevée, 35, 98.
Témoins, 74, 78.
Tribunal civil, 14, 81, 90, 91, 93.
— de commerce, 84.
Urgence, 57.
Usine, 46.
Ustensiles, 46.
Validité, 82 et s.
Vente, 7, 8, 96 et s.
— (jour de la), 71, 102.
Visa, 79.
Voisin, 65.

2. *Qui peut saisir-gager.* — Le droit de saisir-gager appartient aux propriétaires et principaux locataires de maisons ou biens ruraux, auxquels sont dus des loyers ou fermages (C. P. C., art. 819).

3. Le bailleur à cheptel peut, en vertu de cet article, saisir-gager pour inexécution du bail comme le bailleur à loyer. (Liége, 26 mai 1823).

4. Le propriétaire d'un étang, qui en a affermé la pêche, peut, pour

obtenir le paiement des loyers qui lui sont dus, surtout s'il n'a pas de titre exécutoire, agir contre son fermier par voie de saisie-gagerie (Chauveau, *J. Huiss.*, t. 37, p. 132).

5. Mais le droit de saisir-gager ne peut être exercé que par le propriétaire actuel des lieux loués ou affermés ; il ne peut l'être par celui qui a cessé d'être propriétaire, alors même qu'il s'agirait de loyers échus pendant qu'il avait encore cette qualité (Nîmes, 31 janv. 1820), et quoique, lors de la vente de la maison, il se soit formellement réservé son privilége à raison des loyers lui restant dus (Orléans, 23 nov. 1838 : *J. Huiss.*, t. 20, p. 248).

6. Cependant, par jugement du 30 nov. 1852 (*J. Huiss.*, t. 34, p. 116), le tribunal civil de Châteauroux a décidé que, lorsque le fermier principal a sous-affermé une portion des terres qui lui avaient été louées, le droit de procéder par voie de saisie-gagerie, pour obtenir le paiement des fermages à lui dus par le sous-fermier, ne s'anéantit pas dans ses mains le jour même de l'expiration de son bail, et qu'il peut user de ce droit tant qu'il reste entre les mains du débiteur des objets affectés à son privilége (C. Nap., art. 2102).

7. La saisie-gagerie, nulle parce que, à l'époque où elle a été pratiquée, le saisissant n'était plus propriétaire de l'immeuble loué, conserve son effet à l'égard du nouveau propriétaire saisissant postérieur, qui, en présence de la saisie déjà existante, s'est borné à faire dresser un procès-verbal de récolement, et peut, dès lors, servir de base à la vente, à sa requête, des objets saisis (Cass. 7 juin 1853 : *J. Huiss.*, t. 35, p. 8).

8. Si, au contraire, la première saisie-gagerie était nulle pour vice de forme, par exemple pour défaut de constitution de gardien, le nouveau propriétaire ne pourrait se prévaloir du procès-verbal de récolement ; il devrait alors faire dresser une nouvelle saisie.

9. Le bailleur qui, pour les loyers à lui dus, a accepté un billet payable à une époque déterminée, ne peut, avant l'échéance, pratiquer de saisie-gagerie au préjudice du débiteur (Bordeaux, 31 juill. 1839).

10. *Sur qui on peut saisir-gager.* — Les propriétaires peuvent saisir-gager sur les locataires ou fermiers, et, s'il y a un principal locataire ou fermier, sur ce dernier et sur les sous-locataires ou sous-fermiers ; le principal locataire ou fermier, sur les sous-locataires ou sous-fermiers (C. P.C., art. 819 et 820).

11. Ainsi, aux termes de l'art. 820, C.P.C., les effets des sous-fermiers et sous-locataires, garnissant les lieux par eux occupés, et les fruits des terres qu'ils sous-louent, peuvent être saisis-gagés pour les loyers et fermages dus par le locataire ou fermier de qui ils tiennent.

12. Il n'est pas nécessaire, pour cela, que la sous-location soit constatée par un bail authentique ou ayant date certaine ; la sous-location peut être verbale, il suffit qu'elle soit justifiée par le fait (Cass. 2 avril 1806 ; Carré et Chauveau, *quest.* 2804).

13. Mais les sous-locataires ou sous-fermiers peuvent obtenir la main-levée de la saisie, en justifiant qu'ils ont payé sans fraude (C.P.C., art. 820). Il y a fraude de leur part, quoiqu'ils paient à l'échéance les loyers ou fermages au principal locataire ou fermier, si ce paiement a lieu au mépris de l'opposition antérieure du propriétaire. Par conséquent, dans ce cas, les effets et fruits leur appartenant n'en seraient pas moins valablement saisis-gagés (Chauveau, *Suppl. aux Lois de la procéd.*, quest. 2803 bis, et *J. Huiss.*, t. 30, p. 6).

14. La justification du paiement sans fraude se fait par la signification au saisissant des quittances données aux sous-fermiers ou sous-locataires. Cette signification contient en même temps sommation de donner mainlevée de la saisie. Le saisissant, qui refuse cette mainlevée, est alors assigné devant le juge de paix ou le tribunal civil du lieu de la saisie, suivant que la sous-location est inférieure à 400 fr. ou excède cette somme, pour voir dire que la mainlevée sera prononcée à ses frais.

15. Les sous-locataires ou sous-fermiers ne peuvent opposer les paiements faits par anticipation (C.P.C., art. 820). Or, ne sont pas réputés faits par anticipation les paiements qui ont été effectués soit en vertu d'une stipulation du bail, soit en conséquence de l'usage des lieux. C'est, au surplus, aux juges qu'il appartient d'apprécier si les paiements anticipés ont été faits pour enlever au propriétaire le gage que la loi lui confère (Carré et Chauveau, *quest.* 2803).

16. Du reste, la saisie-gagerie ne peut produire d'effet contre le sous-locataire ou sous-fermier que jusqu'à concurrence du prix de la sous-location dont il peut être débiteur au moment de la saisie. Mais il est obligé vis-à-vis du propriétaire au paiement de ce prix, de la même manière et au même titre que le locataire principal. En conséquence, le propriétaire peut non-seulement faire saisir-gager les meubles appartenant au sous-locataire, mais aussi faire saisir-arrêter les sommes dues à ce dernier (Cass. 24 janv. 1853 : *J. Huiss.*, t. 34, p. 118).

17. La saisie-gagerie peut être pratiquée sur les héritiers des locataires ou fermiers, ou des sous-locataires ou sous-fermiers, même pendant les délais qui leur sont accordés pour faire inventaire et délibérer (Carré et Chauveau, *quest.* 2796).

18. *Créances pour lesquelles on peut saisir-gager.* — La saisie-gagerie peut être pratiquée :

Pour loyers et fermages échus (C.P.C., art. 819), soit qu'ils consistent en argent, soit qu'ils soient dus en denrées ou en fruits.

19. ... Pour réparations locatives, et, en général, pour toutes créances résultant de l'exécution du bail (Arg. art. 2102, C. Nap.; Besançon, 3 juin 1824).

20. Spécialement, la saisie-gagerie peut être pratiquée pour obtenir le paiement de sommes dues au propriétaire par le colon partiaire, en exécution du bail qui lui a été consenti (Lyon, 9 juill. 1860 : *J. Huiss.*, t. 42, p. 82).

21. En cas de résiliation du bail, la saisie-gagerie peut être pratiquée non-seulement pour les loyers échus, mais encore pour ceux que le locataire est tenu de payer, aux termes de l'art. 1760, C. Nap., après la résiliation, pendant le temps nécessaire à la relocation (Cass. 16 [et non 26] mai 1849 : *J. Huiss.*, t. 30, p. 292, et 31, p. 26 ; Chauveau, *Suppl.*, quest. 2799).

22. Toutefois, des termes de l'art. 819, C.P.C., il résulte que la saisie-gagerie ne peut être pratiquée que pour loyers et fermages échus ; par suite, il a été décidé que cet article ne permet pas de saisir-gager pour des loyers à échoir (Bourges, 16 déc. 1837 ; Rouen, 4 fév. 1839 : *J. Huiss.*, t. 21, p. 46. — *Contrà* Nancy, 5 déc. 1837).

23. En tout cas, la saisie-gagerie faite à la fois pour loyers échus et pour loyers à échoir ne peut pour cela être déclarée nulle ; il y a lieu seulement de réduire la somme pour laquelle il y a été procédé au montant des loyers échus (Douai, 7 mai 1856 ; Chauveau, *Suppl.*, quest. 2799).

24. Il a été jugé également que la saisie-gagerie pratiquée pour loyers échus s'étend de plein droit aux loyers à échoir depuis, et que le propriétaire, encore bien qu'il ait été payé des loyers échus au moment de la saisie, peut se servir de cette saisie pour faire vendre les meubles sur lesquels elle portait pour obtenir le paiement des loyers échus depuis ladite saisie, la réitération d'une saisie-gagerie à chaque terme nouvellement échu entraînerait des frais frustratoires (Paris, 6 avril 1830).

25. Mais jugé qu'une saisie-gagerie peut être déclarée vexatoire et nulle, encore que le fermier fût en retard d'acquitter un terme échu au moment où elle a été pratiquée, lorsqu'il est constaté en fait que le propriétaire, pour obtenir la permission du juge, a exagéré la dette du fermier et faussement allégué que la ferme n'était pas suffisamment garnie de meubles (Cass. 6 janv. 1857: *J. Huiss.*, t. 38, p. 56).

26. Le droit de stationnement sur un canal, étant le prix d'une location, et non d'un impôt, peut être recouvré par la voie de la saisie-gagerie (Cass. 14 mai 1855). Il en est de même de tous les droits dus à une ville pour les places occupées dans les halles, marchés, abattoirs et sur la voie publique (Chauveau, *Suppl.*, quest. 2793 *ter*).

27. *En vertu de quel titre on peut saisir-gager.* — La saisie-gagerie peut être faite en vertu d'un bail authentique ou sous seing privé, ou même en vertu d'un bail verbal, sans que même dans ce dernier cas, il soit nécessaire d'obtenir la permission du juge (C.P.C., art. 819). S'il y a bail authentique, le propriétaire peut de préférence employer la saisie-exécution, qui n'a pas besoin d'être validée. La saisie-gagerie n'a pour lui d'intérêt que quand il s'agit de saisir à l'instant.

28. Lorsqu'il y a lieu de craindre le détournement par le débiteur des effets mobiliers qui lui appartiennent, les propriétaires et principaux locataires peuvent faire saisir-gager à l'instant, en vertu de permission de justice (C.P.C., art. 819).

29. Cette permission est donnée, sur requête, par le juge de paix du lieu de la saisie, quand la location annuelle n'excède pas 400 fr. (L. 25 mai 1838, art. 10; L. 2 mai 1855, art. 1er), et, lorsqu'elle est supérieure à cette somme, par le président du tribunal de première instance (C.P.C., art. 819).

30. Dans le cas où la location annuelle n'excède pas 400 fr., la permission ne serait pas valablement donnée par le président du tribunal de première instance (Trib. civ. de Nîmes, 15 nov. 1848 : *J. Huiss.*, t. 30, p. 129 ; Just. de paix de Vouziers, 12 mai 1852 : *J. Huiss.*, t. 35, p. 74).

31. La requête présentée au président du tribunal pour obtenir l'autorisation de saisir-gager à l'instant doit être signée par un avoué (Chauveau, *Suppl. aux Lois de la procéd.*, quest. 2808 *bis*).

32. L'ordonnance du juge de paix ou du président du tribunal, qui autorise la saisie-gagerie, doit être pure et simple, c'est-à-dire se borner à permettre de saisir-gager à l'instant les effets et, les fruits appartenant au débiteur ou présumés lui appartenir et se trouvant dans les maisons ou bâtiments ruraux et sur les terres loués. Si cette autorisation est subordonnée à des conditions, l'ordonnance peut alors être considérée comme excédant les termes de la loi et être attaquée par la voie de l'appel (Chauveau, *Suppl.*, quest. 2808 *ter*).

33. L'ordonnance du président du tribunal, qui permet de saisir-gager à l'instant, sans commandement préalable, doit être enregistrée et est assujettie au droit fixe de 3 fr. (L. 22 frim. an VII, art. 68).

34. *Objets qui peuvent être saisis-gagés.* — Peuvent être saisis-gagés tous les effets et fruits qui sont dans les maisons ou bâtiments ruraux et sur les terres que le propriétaire a loués (C.P.C., art. 819).

35. Spécialement, en vertu de cette disposition, le propriétaire peut, pour obtenir le paiement de loyers qui lui sont dus par un statuaire, faire saisir-gager les œuvres de ce statuaire, notamment le modèle en plâtre d'une statue et la statue en marbre elle-même, quoiqu'elle ne soit pas complétement terminée. Les œuvres d'art ne sont pas, en effet, compris parmi les objets déclarés insaisissables; elles sont donc, comme tous autres objets mobiliers, le gage des créanciers du débiteur (Trib. civ. de la Seine, 30 déc. 1859 : J. Huiss., t. 41, p. 490).

36. Toutefois, le propriétaire de la maison, dans laquelle demeure un statuaire, à qui le Gouvernement a confié l'exécution d'une statue, ne peut, dans la saisie-gagerie qu'il pratique au domicile et dans l'atelier de ce statuaire pour avoir paiement des loyers qu'il lui doit, comprendre cette statue, alors que le marbre en a été payé des deniers du Gouvernement et que son aspect monumental indique d'une manière évidente qu'elle est destinée à un édifice public (Trib. civ. de la Seine, 2 avril 1852 : J. Huiss., t. 33, p. 185).

37. Mais l'art. 819 ne permet la saisie-gagerie que des effets mobiliers du débiteur qui se trouvent dans les maisons ou bâtiments ou sur les terres que le propriétaire a loués lui-même ; il suit de là que le propriétaire de terres affermées ne peut pas employer la saisie-gagerie à l'égard des effets mobiliers de son débiteur, quoiqu'ils servent à l'exploitation des terres, lorsqu'ils se trouvent dans des bâtiments occupés, soit avant, soit depuis le bail des terres, par le fermier, en vertu de la location qui lui en a été consentie par le propriétaire desdits bâtiments. Ces effets mobiliers ne sont alors susceptibles de saisie-gagerie que de la part de ce dernier (V. ma réponse à une question proposée : J. Huiss., t. 42, p. 212, 6°).

38. La saisie-gagerie pratiquée dans ce cas par le propriétaire des terres affermées est nulle. Mais, en l'annulant, le tribunal ne peut condamner le propriétaire à la requête duquel elle a été opérée et l'huissier qui y a procédé au paiement de dommages-intérêts envers le fermier, qu'autant que ce dernier établit qu'elle a été pour lui la cause d'un préjudice réel (J. Huiss., loc. cit.).

39. La saisie-gagerie peut comprendre tous les effets mobiliers trouvés dans la maison ou les bâtiments occupés par le locataire ou fermier, même ceux qui n'auraient point encore été payés (Troplong, du Louage, t. 1er, n° 131).

40. Mais le propriétaire d'une maison, n'a pas le droit de faire saisir-gager les effets qui n'auraient été confiés au locataire qu'à titre de dépôt ou de prêt, alors qu'il a été instruit que ces effets n'appartenaient pas au locataire au moment où ils ont été introduits dans les lieux loués (Paris, 26 mai 1814 ; Troplong, loc. cit.—Contra Cass. 22 juill. 1823).

41. Ainsi les animaux donnés à cheptel à un fermier ne peuvent être saisis-gagés par le propriétaire de la ferme, lorsque le bail à cheptel lui a été notifié.

42. Au contraire, le propriétaire peut valablement faire saisir-gager tous les objets mobiliers qui se trouvent dans les lieux loués, encore bien que parmi eux, il y en ait qui n'appartiennent pas au locataire ou fermier, si le tiers, propriétaire des meubles, n'a pas, lors de leur introduction, sauvegardé ses droits par une notification au bailleur; dans ce cas, le tiers n'est donc pas recevable à les revendiquer (Trib. civ. de Bruxelles, 12 août 1852 : J. Huiss., t. 34, p. 17 ; Trib. civ. de la Seine, 3 déc. 1856, t. 38, p. 44).

43. En l'absence de toute notification propre à faire connaître au bailleur les droits des tiers sur les objets mobiliers qui se trouvent dans la maison ou la ferme louées, il y a présomption que ces objets appartiennent au locataire ou fermier (Rennes, 19 août 1817).

44. Toutefois, la saisie-gagerie pratiquée chez un maître de pension ne doit jamais comprendre des meubles appartenant à l'un des élèves (Poitiers, 30 juin 1825). Jugé aussi qu'un maître d'hôtel garni ne peut faire saisir-gager les objets mobiliers loués par un tiers à son locataire et introduits dans les lieux après l'entrée de ce dernier (Paris, 2 mars 1829).

45. La disposition de l'art. 593, C. P. C., d'après laquelle on ne peut saisir, pour avoir paiement de loyers, le coucher nécessaire du saisi et à ses enfants vivant avec lui et les habits dont ils sont vêtus ou couverts, est applicable en matière de saisie-gagerie (Carré, *quest.* 2794 ; *J. Huiss.*, t. 40, p. 95, 9°, où est insérée ma réponse à une question qui m'avait été soumise à cet égard). L'huissier doit s'abstenir de saisir ces objets, nonobstant les instructions qu'il aurait reçues du propriétaire ; la saisie et la vente qu'il en ferait l'exposeraient à des dommages-intérêts et à une peine disciplinaire (*J. Huiss., loc. cit.*).

46. Le coucher et les habits sont-ils les seuls objets qu'une saisie-gagerie ne puisse atteindre? Il a été décidé que le propriétaire qui fait une saisie-gagerie sur les meubles appartenant à un locataire manufacturier ne peut l'étendre aux ustensiles nécessaires à l'exploitation de l'usine, par la raison que, quelque puisse être le privilége du bailleur sur les objets qui garnissent la maison louée, il ne comprend pas les machines et les instruments d'art et métiers (Orléans, 14 juin 1821). Mais cette solution n'est pas admise par M. Chauveau (*quest.* 2794), d'après lequel les ustensiles ne sont insaisissables que lorsqu'ils ont été affectés par des tiers aux nécessités de l'exploitation de l'usine, et non lorsqu'ils y ont été mis par le locataire lui-même, auquel ils appartiennent.

47. Lorsque, parmi les objets saisis, se trouvent des animaux, le croît de ces animaux est compris dans la saisie ; l'accessoire suit le sort du principal ; ainsi, quand une brebis pleine a été saisie, l'agneau est, comme la brebis, placé sous la main de la justice et soumis à l'action du saisissant (*J. Huiss.*, t. 25, p. 39, note).

48. *Déplacement des meubles.* — Les propriétaires et principaux locataires peuvent faire saisir les meubles qui garnissent la maison ou la ferme, lorsqu'ils ont été déplacés sans leur consentement, et ils conservent sur eux leur privilége, pourvu qu'ils en aient fait la revendication, conformément à l'art. 2102, C. Nap. (C.P.C., art. 819).

49. Si l'art. 819 parle d'une revendication à exercer sur les meubles déplacés, le propriétaire, qui veut faire saisir ces meubles, ne doit pas néanmoins procéder par voie de saisie-revendication, conformément aux art. 826 et suiv., C.P.C.; il doit agir par voie de saisie-gagerie, et c'est par le procès-verbal de saisie-gagerie que s'exerce la revendication. Toutefois, ce mode de procéder ne peut être employé que lorsque les meubles déplacés sont restés la propriété du locataire et n'ont pas cessé d'être en sa possession. Mais, lorsque le locataire qui a déplacé les meubles en a en même temps transporté la propriété ou la possession à un tiers, soit par vente, soit autrement, le propriétaire doit alors agir par la voie de la saisie-revendication entre les mains de ce tiers. La saisie-gagerie et la saisie-revendication ont, dans ce cas, cela de commun, qu'elles doivent être l'une et l'autre pratiquées dans les délais fixés par l'art. 2102-1°, alin. 5, C. Nap. (Rennes, 7 mars 1816 ; Trib. civ. de Nîmes [motifs], 15 nov. 1848 ; *J. Huiss.*, t. 30, p. 129 ; Trib. civ. de Bordeaux [motifs], 20 mars 1851 ; t. 33, p. 90; Trib. civ. d'Anvers [motifs], 30 oct. 1852 ; t. 34, p. 19 ; Thomine-Desmazures, t. 2, n° 964 ; Carré et Chauveau, *Lois de la procéd.* et *Suppl.*, quest. 2800 ; ma réponse à une question proposée ; *J. Huiss.*, t. 34, p. 17).

50. Cependant, pour que, dans le cas de déplacement de meubles, une saisie-gagerie puisse être utilement pratiquée, il ne suffit pas que les meubles qui garnissent la maison ou la ferme soient restés en la possession du locataire ou fermier ; il faut que le déplacement ait eu lieu sans le consentement du bailleur; c'est ce qui résulte formellement de la disposition précitée de l'art. 819.

51. Ainsi, spécialement, lorsqu'un bail à ferme a été résilié d'un commun accord entre le bailleur et le fermier, si, en vertu de cette résiliation, le fermier a transféré ses meubles de la ferme à son nouveau domicile, sans que le bailleur se soit opposé à cette translation, ce dernier ne peut faire saisir-gager ces meubles pour avoir paiement des fermages qui lui restent dus (Trib. civ. d'Anvers, 30 oct. 1852 : *J. Huiss.*, t. 34, p. 19).

52. Il est évident, en effet, que le bailleur, qui a connaissance de l'enlèvement des meubles, et ne s'y oppose pas, ainsi qu'il a le droit de le faire, doit être réputé y avoir consenti. Mais par là il perd la voie de la saisie-gagerie que lui ouvre la loi pour obtenir le paiement des loyers ou fermages qui lui sont dus. Il se trouve alors dans la position d'un créancier ordinaire, et ne peut plus que faire saisir-exécuter les meubles de son débiteur, après avoir obtenu contre lui un titre exécutoire.

53. Il a été jugé que la disposition de l'art. 819, C.P.C., qui autorise la saisie-gagerie des meubles déplacés sans le consentement du propriétaire, comprend, sous la dénomination générale de *meubles*, les fruits récoltés, et que, par conséquent, ces fruits peuvent, comme tous autres objets mobiliers, être saisis-gagés par le propriétaire en cas de déplacement (Nancy, 5 déc. 1837). Il est vrai que ces fruits peuvent former la garantie principale du propriétaire. Mais l'art. 2102, § 1er *in fine*, C. Nap., dont l'art. 819 ne fait que rappeler le texte, parle uniquement des meubles, ce qui s'entend des meubles proprement dits, et l'alin. 3 de l'art. 819, en se servant de cette expression, au lieu des mots *effets et fruits* employés dans l'alin. 1er, paraît avoir voulu interdire la saisie-gagerie des fruits déplacés (V., en ce sens, Thomine-Desmazures, t. 2, p. 414; Carré et Chauveau, *quest.* 2797).

54. Dans le cas où des meubles garnissant la maison ou la ferme ont été déplacés sans le consentement du propriétaire, celui-ci peut le faire saisir-gager encore bien que des loyers ne soient pas échus (Thomine-Desmazures, t. 2, p. 413), et surtout lorsque l'intention, bien établie, du locataire est de soustraire son mobilier aux poursuites ultérieures du propriétaire (Carré et Chauveau, *quest.* 2799). La saisie-gagerie peut, d'ailleurs, dans le cas de déplacement de meubles sans le consentement du propriétaire, être pratiquée aussi bien pour loyers à échoir que pour loyers échus (Douai, 8 fév. 1854 ; Chauveau, *Suppl.*, quest. 2799).

55. Mais, lorsque le locataire a déplacé seulement une partie des meubles garnissant la maison louée, en y laissant des meubles d'une valeur suffisante pour le paiement des loyers échus et à échoir, le propriétaire ne peut saisir-gager les meubles déplacés et contraindre le locataire à les rapporter, parce qu'alors il serait sans intérêt (Rouen, 30 juin 1846; Carré et Chauveau, *quest.* 2798. — *Contrà* Paris, 2 oct. 1806).

56. *Saisie.* — *Formalités.* — En principe, la saisie-gagerie doit être précédée d'un commandement (Just. de paix de Vouziers, 12 mai 1853 : *J. Huiss.*, t. 35, p. 74), et il ne peut y être procédé qu'un jour après ce commandement (C.P.C., art. 819. — V. *Formule* 1). Mais aucun commandement préalable n'est nécessaire quand la saisie a lieu à l'instant, en vertu de permission du juge (Bordeaux, 2 déc. 1831 : *J. Huiss.*, t. 14, p. 126).

57. Jugé, spécialement, que la saisie-gagerie, pratiquée sous forme de saisie-brandon, ne doit pas être précédée d'un commandement, avec un jour intervalle, quand le juge de paix, dans le cas où les causes de la saisie rentrent dans les limites de sa compétence, a, pour des causes d'urgence, accordé l'autorisation de saisir à l'instant (Just. de paix de Gisors, 1er sept. 1856 : *J. Huiss.*, t. 38, p. 300).

58. Mais, comme le refus de paiement peut seul justifier une mesure d'exécution, il est indispensable que, avant de procéder à la saisie, l'huissier fasse au débiteur sommation de payer ; et il doit, dans le procès-verbal, relater cette sommation et constater le refus du débiteur (Thomine-Desmazures, t. 2, p. 413 ; Carré et Chauveau, *quest.* 2795).

59. La forme de la saisie-gagerie varie suivant qu'il s'agit d'effets mobiliers ordinaires ou de fruits ou récoltes pendants par racines.

60. Quand il s'agit de meubles, la saisie-gagerie est faite dans la même forme que la saisie-exécution (C.P.C., art. 821).—V. *Formule 2.*

61. Ainsi, le procès-verbal de saisie-gagerie doit, à peine de nullité, contenir l'élection de domicile prescrite par l'art. 584, C.P.C. (Rennes, 22 sept. 1810).

62. Lorsque les portes de l'habitation du locataire sont fermées, soit qu'il soit absent, soit que, étant présent, il refuse de les ouvrir, l'huissier, qui est chargé de procéder à la saisie-gagerie, ne peut en faire l'ouverture qu'en présence de l'un des magistrats désignés en l'art. 587, C.P.C. (Just. de paix de Vouziers, 12 mai 1853 : *J. Huiss.*, t. 35, p. 74).

63. L'huissier n'est point dispensé d'observer les formes prescrites par la loi pour l'ouverture des portes, par cela seul qu'un voisin, dépositaire de la clef de l'habitation du locataire absent, lui offre d'ouvrir les portes, si ce voisin n'est pas muni d'un mandat spécial et formel à cet égard! Vainement on prétendrait que le voisin doit être considéré, dans ce cas, comme le *negotiorum gestor* du locataire ; car si l'on peut gérer volontairement l'affaire d'autrui à son insu, ce ne peut pas être contre son intérêt, mais seulement pour son avantage (même décis.).

64. Une copie du procès-verbal de saisie doit, à peine de nullité, être remise au magistrat qui a fait l'ouverture des portes, alors même que la femme, les enfants ou d'autres proches parents du saisi seraient sur les lieux (même décis.).

65. La saisie-gagerie, commencée pendant les heures légales, n'est pas nulle par cela seul qu'elle a été terminée après l'expiration de ces heures, alors que la continuation de l'opération a eu lieu sans opposition de la part du débiteur (C.P.C., art. 1037 ; Trib. civ. du Havre, 9 mai 1856 : *J. Huiss.*, t. 37, p. 239 ; Cass. 17 déc. 1856 : t. 38, p. 94 ; Chauveau, *J. Huiss.*, t. 37, p. 274, et t. 38, p. 95).

66. Si le débiteur s'opposait à la continuation de la saisie après l'heure légale, l'huissier, quelque court que fût le temps nécessaire pour terminer l'opération, devrait s'arrêter et renvoyer au lendemain. Le refus de la part de l'huissier de discontinuer, en pareil cas, la saisie, pourrait le rendre passible d'amende (V. mes observations sur le jugement précité du trib. civ. du Havre : *J. Huiss.*, t. 37, p. 240).

67. Le saisi peut être constitué gardien (C.P.C., art. 821). Selon M. Carré (*quest.* 2800), le consentement du saisissant n'est pas nécessaire ; il a seulement le droit de s'opposer à ce que la garde soit confiée au saisi, en faisant statuer sur son opposition, en référé, par le président du tribunal. Mais l'art. 821 ne crée à cet égard qu'une faculté, et nous croyons, avec M. Chauveau (même quest. 2806), que l'huissier, mandataire du saisissant, ne peut, contre le gré de ce dernier, constituer le saisi gardien.

68. Le saisi peut refuser d'être gardien, en consentant toutefois à ce que les objets saisis soient enlevés et remis à un gardien ou à ce qu'un gardien soit établi chez lui (Chauveau, *quest.* 2806 *in fine*.—*Contrà* Thomine-Desmazures, t. 2, p. 418). Dans ce cas, l'huissier peut nommer gardien celui que le saisi lui désigne, ou choisir telle autre personne à laquelle il confie les effets, même en les déplaçant, si cela est nécessaire (Carré et Chauveau, *quest.* 2807).

69. Quant au propriétaire, à la requête duquel la saisie est pratiquée, il ne peut, à peine de nullité de la saisie, être établi gardien des objets qu'elle comprend (Paris, 19 mars 1825). — *Contra* Liége, 26 mai 1823).

70. Le gardien est contraint par corps à la représentation des effets saisis (C.P.C., art. 624). — Il peut demander sa décharge dans les divers cas prévus par l'art. 605, C.P.C. (Liége, 26 mai 1823).

71. La saisie-gagerie est valable, quoique la rédaction du procès-verbal ait été interrompue pendant deux jours, si ces deux jours étaient fériés (Rennes, 22 juin 1836 : *J. Huiss.*, t. 19, p. 150).

72. Cette saisie ne pouvant produire ses effets qu'après qu'elle a été déclarée valable, il suit que le jour de la vente ne peut pas, comme au cas de saisie-exécution, être indiqué dans le procès-verbal (Rennes, 23 fév. 1819; Bordeaux, 3 avril 1830 : *J. Huiss.*, t. 11, p. 313; Chauveau, *quest.* 2804 *bis*).

73. Le procès-verbal de saisie-gagerie n'est pas nul par cela seul que la copie laissée au saisi ne mentionne pas la cause qui a empêché le gardien de signer, surtout si l'original contient cette mention : une semblable omission n'est pas substantielle (Rennes, 22 juin 1836 : *J. Huiss.*, t. 19, p. 150).

74. Le procès-verbal de saisie-gagerie est également valable, quoique la signature de l'huissier et des témoins, au lieu de se trouver immédiatement après le procès-verbal, ne se trouve qu'à la suite de l'assignation en validité, placée à la fin et sur la même feuille (même arrêt).

75. Quand il s'agit de fruits et récoltes pendants par racines, la saisie-gagerie doit être faite dans la forme établie pour les saisies-brandons (V. *Saisie-brandon*). — V. *Formule 2.*

76. Toutefois, cette saisie n'est pas nulle pour n'avoir pas été faite dans les six semaines de la maturité des fruits (Bordeaux, 3 avril 1830 : *J. Huiss.*, t. 11, p. 313).

77. Les termes de l'art. 821, C.P.C., ne paraissent pas permettre de confier au saisi la garde des fruits ou récoltes saisis-gagés. C'est le garde champêtre qui en doit être chargé, conformément à l'art. 698, C.P.C. (Carré et Chauveau, *quest.* 2805).

78. L'huissier peut prendre pour témoin le garde champêtre et le constituer ensuite gardien (Bordeaux, 3 avril 1830 : *J. Huiss.*, t. 11, p. 312).

79. La copie du procès-verbal de saisie-gagerie pratiquée sous forme de saisie-brandon, laissée au maire de la commune de la situation des biens, par application de l'art. 628, C.P.C., ne doit pas être visée par ce fonctionnaire; c'est l'original du procès-verbal qui doit contenir le visa (Just. de paix de Gisors, 1er sept. 1836 : *J. Huiss.*, t. 38, p. 301).

80. Lorsqu'il y a à saisir-gager en même temps des meubles et des fruits ou récoltes pendants par racines, l'huissier pourrait, à la rigueur, faire deux procès-verbaux, puisque le Code a exigé des formalités particulières pour la saisie de chacune de ces espèces d'objets mobiliers. Mais nous conseillons de ne faire qu'un seul procès-verbal dans lequel les formalités de la saisie-exécution et de la saisie-brandon seront réunies. — V. *Formule 2.*

81. Le gardien d'une saisie-gagerie, faite en vertu d'une ordonnance du président du tribunal, doit, pour obtenir le paiement de son salaire, quelque modique qu'il soit, s'adresser au tribunal civil dont le président a autorisé la saisie, et non au juge de paix (Trib. civ. de Castres, 21 nov.

1849 : *J. Huiss.*, t. 31, p. 80). Il en est ainsi surtout, lorsque la saisie-gagerie a été faite en exécution d'un jugément (Cass. 28 avril 1816 ; Chauveau, *Suppl. aux Lois de la procéd.*, quest. 2806 *bis*).

82. *Validité.* — La saisie-gagerie ne peut être suivie de la vente des effets et fruits saisis qu'après qu'elle a été déclarée valable (C. P. C., art. 824).

83. La saisie-gagerie doit être déclarée valable, encore bien qu'elle ait été faite en vertu d'un titre exécutoire et sans permission du juge. L'art. 824 ne fait aucune distinction, et il n'y a pas lieu, en effet, de distinguer, parce que ce n'est qu'au moyen de la déclaration de validité que la saisie-gagerie se trouve convertie en saisie-exécution (Carré et Chauveau, *quest.* 2812 ; Carou, n° 202 ; Rodière, *Lois de compét. et de procéd.*, t. 3, p. 315. — *Contrà* Rennes, 7 mars 1816).

84. Un tribunal de commerce est incompétent pour statuer sur la demande en validité d'une saisie-gagerie pratiquée sur les effets mobiliers d'une société commerciale, en vertu d'une ordonnance rendue par le président de ce tribunal, cette demande pouvant présenter des questions de procédure qui ne peuvent être décidées par des juges prononçant commercialement (Riom, 4 août 1855 : *J. Huiss.*, t. 37, p. 95).

85. La demande en validité de saisie-gagerie est de la compétence du juge de paix, lorsque les locations verbales ou par écrit n'excèdent pas annuellement 400 fr. (L. 25 mai 1838, art. 3 ; L. 2 mai 1855, art. 1er) ; et, dans ce cas, il doit seul connaître de la demande en validité (Trib. civ. de Nîmes, 15 nov. 1848 : *J. Huiss.*, t. 30, p. 129).

86. Décidé, spécialement, que la demande en validité d'une saisie-gagerie, pratiquée sous forme d'une saisie-brandon par un propriétaire pour avoir paiement de ses fermages, est de la compétence du juge de paix, si le prix annuel du bail n'excède pas 400 fr. (Just. de paix de Gisors, 16 août 1856 : *J. Huiss.*, t. 38, p. 300).

87. Ce magistrat statue sur cette demande sans appel, jusqu'à la valeur de 100 fr., et, à charge d'appel, lorsque la créance du saisissant excède cette somme et à quelque valeur qu'elle puisse s'élever (L. 25 mai 1838, art. 3 ; L. 2 mai 1855, art. 1er). — V. *Justice de paix*, nos 50 et suiv.

88. Lorsque la location n'excède pas annuellement 400 fr., et encore bien que la saisie-gagerie ait été pratiquée en vertu de la permission du président du tribunal de première instance, le juge de paix n'en est pas moins compétent pour statuer sur la demande en validité, et il peut annuler la saisie par le motif qu'elle n'a pas été valablement autorisée par le président du tribunal civil (Just. de paix de Vouziers, 12 mai 1853 : *J. Huiss.*, t. 35, p. 74).

89. L'huissier, qui procède, dans un canton autre que celui de sa résidence, à une saisie-gagerie, dont la demande en validité est de la compétence du juge de paix, ne peut donner la citation en validité par son procès-verbal. Cette citation est un acte réservé aux huissiers du canton où il est procédé à la saisie (L. 25 mai 1838, art. 16). Toutefois, la citation donnée par l'huissier du canton voisin dans le procès-verbal de saisie ne serait pas nulle ; mais elle constituerait une contravention à l'art. 16 de la loi de 1838, et l'huissier pourrait être condamné par le juge de paix appelé à statuer sur la demande en validité à l'amende prononcée par l'art. 1030, C.P.C. (V. ma réponse à une question proposée : *J. Huiss.*, t. 41, p. 233, 9°).

90. Toutes les fois que la location excède annuellement 400 fr., la demande en validité de la saisie-gagerie est de la compétence du tribunal civil.

91. Le juge de paix et le tribunal civil compétents sont ceux du lieu où la saisie a été pratiquée. — V. *Formule* 3.

92. Lorsque la demande en validité est portée devant le juge de paix, il n'est pas nécessaire qu'elle soit précédée d'un avertissement (*J. Huiss.*, t. 39, p. 35, 6°). — V. *Justice de paix*, n° 267.

93. Si des oppositions sont formées par des tiers sur le prix de la vente, elles sont de la compétence du juge de paix, conformément à l'art. 1er de la loi du 25 mai 1838. Mais, quand elles sont formées pour des causes et des sommes qui, réunies, excèdent le taux de la compétence ordinaire de ce magistrat, le jugement en appartient au tribunal de première instance (même loi, art. 10).

94. Le jugement qui statue sur une demande en validité d'offres réelles, en nullité de saisie-gagerie et en condamnation de 1,500 fr. de dommages-intérêts, est en dernier ressort, alors que la cause de la saisie et la somme offerte n'excèdent ni l'une ni l'autre le taux du dernier ressort. En pareille circonstance, le saisissant est demandeur, et c'est le montant de sa créance qui fixe l'importance du litige (Orléans, 25 août 1847).

95. De même est en dernier ressort le jugement qui statue sur la validité d'une saisie-gagerie formée pour avoir paiement d'une somme de 635 fr., quoique le saisi exerce un recours en garantie contre un tiers auquel il réclame en outre une somme qui réunie au montant de la créance du saisissant excède 1,500 fr. (Toulouse, 2 août 1849 : *J. Huiss.*, t. 30, p. 360).

96. *Vente.* — Pour la vente des objets saisis-gagés et la distribution des deniers, on observe les formalités prescrites au titre des *Saisies-exécutions* (C.P.C. art. 825. — V. *Saisie-exécution*). — Spécialement, il doit exister entre la signification du jugement qui valide la saisie-gagerie et la vente un intervalle de huit jours au moins.

97. La vente doit être faite au plus prochain marché public, aux jour et heure ordinaires des marchés, ou un jour de dimanche. Mais le juge de paix, comme le tribunal civil, peuvent, en statuant sur la demande en validité d'une saisie-gagerie, user de la faculté que confère l'art. 617, C.P.C., et ordonner la vente des objets saisis-gagés dans un lieu autre que le plus prochain marché public, par exemple, dans le lieu où ces objets se trouvent. Et, si la cause de la saisie-gagerie n'excède pas le taux de la compétence en dernier ressort du juge de paix ou du tribunal civil, le jugement qui autorise la vente dans le lieu où les objets se trouvent n'est pas susceptible d'appel (V. ma réponse à une question proposée : *J. Huiss.*, t. 37, p. 145, 8°).

98. Lorsqu'une saisie-gagerie comprend les œuvres d'un statuaire, et notamment le modèle en plâtre d'une statue et la statue en marbre elle-même, il peut être procédé à la vente publique de ces œuvres, sans qu'elle ait besoin d'être préalablement autorisée par le statuaire, encore bien que la statue en marbre ne soit pas complétement terminée (Trib. civ. de la Seine, 30 déc. 1859 : *J. Huiss.*, t. 41, p. 190).

99. Dans tous les cas, le statuaire ne peut, lorsqu'il a reçu de l'officier ministériel chargé de procéder à la vente, le paiement du solde du prix lui revenant après l'acquittement des dettes, demander la nullité de la vente (même jugement).

100. Sur le prix de la vente s'exerce le privilége du propriétaire conformément à l'art. 2102, C. Nap. Mais jugé que ce privilége ne s'applique qu'aux objets sur lesquels a porté la saisie-gagerie, et ne peut être étendu à des animaux nés ou à des grains récoltés depuis cette saisie, alors même

46.

que ceux qui ont été saisis n'existent plus (Cass. 19 déc. 1843 : *J. Huiss.*, t. 25, p. 39). — V. cependant *supra*, n° 47.

101. *Faillite du locataire.* — La survenance de la faillite du locataire pendant le cours de la saisie-gagerie a donné lieu à plusieurs systèmes. L'un consiste à soutenir que la déclaration de faillite du locataire met obstacle à la continuation des poursuites; d'après un autre système, les poursuites peuvent être continuées, mais non commencées; enfin, dans un troisième système, les poursuites peuvent être soit continuées, soit même commencées. C'est pour ce dernier système que se prononce M. Chauveau (*Suppl.*, quest. 2793 *bis*); et nous croyons que c'est avec raison; l'art. 450, C. Comm., reconnaissant au propriétaire, à raison de la nature privilégiée de sa créance, le droit d'exécution sur les effets mobiliers garnissant la maison louée au failli.

102. Mais la vente des meubles servant à l'exploitation du fonds de commerce d'un locataire failli, saisis-gagés par le propriétaire, quelques jours avant la déclaration de faillite, ne peut être mise à fin avant l'expiration de trente jours à partir du jugement déclaratif de faillite, conformément à l'art. 450, C. Comm. L'indication du jour de la vente faite du consentement du failli avant le jugement déclaratif, ne fait point fléchir ce principe (Cass. 26 août 1844 : *J. Huiss.*, t. 25, p. 339).

Formules.

1. *Commandement qui tend à saisie-gagerie.*

L'an . . ., à la requête du sieur . . . (*élire domicile dans le lieu de la saisie*), en vertu de l'art. 819, C.P.C., j'ai . . ., fait commandement au sieur . . ., locataire verbal d'une maison sise à . . ., rue . . ., appartenant au requérant, moyennant quatre cents francs payables annuellement le . . ., de payer au requérant, dans le délai de 24 heures ou de suite, à moi huissier, porteur des pièces, la somme de 400 fr. pour un an de loyer de ladite m ison, échu le . . ., sous réserve du loyer courant et sans préjudice de tous autres droits et actions ; lequel sieur . . . ayant refusé de payer, je lui ai déclaré que, faute par lui de ce faire dans le délai susénoncé, il y serait contraint par toutes voies de droit, notamment par la saisie-gagerie des meubles et effets se trouvant dans ladite maison par lui occupée ; etc.

V. n° 56. — Coût : Tar. art. 29. Orig., Paris, 2 fr.; R. P., 4 fr. 80 c.; Aill., 4 fr. 60 c.; — Cop. le 1/4.

Enregistrement : 2 fr. 20 c.

2. *Procès-verbal de saisie-gagerie en vertu de la permission du juge.*

L'an . . ., à la requête du sieur . . . (*élire domicile dans le lieu de la saisie*), en vertu : 1° de l'art. 819, C. P. C.; 2° d'une ordonnance (*analyser la permission de saisir-gager*), desquelles requête et ordonnance il est, avec celle de présent, donné copie; j'ai . . ., fait commandement au sieur : . ., fermier verbal de . . ., appartenant au requérant, pour . . . ans, moyennant . . . payable à telle époque, de, présentement et sans délai (*faire ici, commandement de payer, et ajouter*) : lequel sieur . . . ayant refusé de payer, je lui ai déclaré que j'allais l'y contraindre par la saisie-gagerie de tous les meubles et bestiaux se trouvant dans les lieux susdésignés, par lui occupés, et de tous les fruits pendants par racines, sur les terres de ladite ferme.

Et de suite, en effet, j'ai saisi-gagé et mis sous la main de la justice les objets dont suit le détail (*continuer comme à la formule 2 du mot Saisie-exécution*), sauf l'indication du jour de la vente qui n'a pas besoin d'être faite ici (V. *supra*, n° 72).

Ce fait, je me suis transporté . . . (*continuer comme à la formule 2 du mot Saisie-brandon*), sauf l'indication du jour de la vente, qu'il n'est pas nécessaire de faire ici.

Le tout a été fait et arrêté en présence et assisté des sieurs . . . témoins, qui ont signé avec moi et les deux gardiens susnommés ; et j'ai laissé copie du présent, à chacun séparément, aux deux gardiens et au saisi, aux lieux et en parlant comme dessus.

V. n° 60 et 75. — Coût : V. Saisie-exécution et Saisie-brandon.

Enregistrement : (droit de saisie), 23 fr. 20 c.; (2 gardiens), 2 fr. 20 c.

33. *Demande en validité de saisie-gagerie.*

L'an . . . . à requête du sieur . . . . (constituer avoué, si l'affaire est portée devant un tribunal de première instance). J'ai . . . . donné assignation au sieur . . . . à comparaître . . . . pour,—Attendu que le sieur . . . . a loué au sieur . . . . (analyse du bail). Attendu que, par exploit de *analyser la saisie*;—Voir déclarer ladite saisie bonne et valable; en conséquence voir dire que le sieur . . . . sera tenu de payer au sieur . . . . dans le jour de la signification du jugement à intervenir, la somme de . . . . sinon que le sieur . . . . pourra poursuivre le paiement de ladite somme par la vente, après l'accomplissement des formalités voulues par la loi, des objets par lui saisis-gagés; que cette vente aura lieu à l'endroit où sont déposés lesdits effets, afin d'éviter les frais de transport; qu'enfin le requérant percevra sur les deniers de ladite vente et par préférence à tous autres, attendu la nature de son privilège, ce qui lui sera dû en principal, intérêts, frais et accessoires. etc.

V. n° 91—Coût : — V. *Formule* 4.
Enregistrement : 2 fr. 20 c.

SAISIE IMMOBILIÈRE. — 1. Procédure au moyen de laquelle un créancier fait mettre sous la main de la justice les immeubles appartenant à son débiteur, pour les faire vendre publiquement et se faire payer sur le prix de l'adjudication du montant de sa créance.

Indication alphabétique des matières.

Art. 1. — *Historique.* — *Dispositions générales.*

Art. 2. — *Par qui et sur qui la saisie peut être pratiquée.*

Art. 3. — *En vertu de quelles créances et de quels titres il peut y être procédé.*

Art. 4. — *Quels biens peuvent être saisis.*

Art. 5. — *Formalités préalables à la saisie.*

§ 1. — *Commandement.*

§ 2. — *Délai entre le commandement et la saisie.*

§ 3. — *Pouvoir nécessaire à l'huissier chargé de saisir.*

Art. 6. — *De la saisie.*

§ 1. — *Procès-verbal de saisie.*

§ 2. — *Dénonciation de la saisie.*

§ 3. — *Transcription de la saisie.*

§ 4. — *Effets de la saisie et de sa transcription.*

Art. 7. — *Formalités préalables à l'adjudication.*

§ 1. — *Cahier des charges.* — *Dépôt.*

§ 2. — *Sommation de prendre communication du cahier des charges.*

§ 3. — *Publication du cahier des charges.* — *Règlement des contestations.*

ART. Iᵉʳ. — HISTORIQUE. — DISPOSITIONS GÉNÉRALES.

2. Dans l'ancien droit, les expropriations forcées étaient régies par plusieurs édits, dont le principal était l'*Édit des criées*, par des déclarations générales ou particulières, des règlements de Cours souveraines, des coutumes et usages. L'expropriation s'opérait alors par *décret forcé*. On appelait ainsi le jugement d'audience qui prononçait l'adjudication définitive de l'immeuble saisi (V. *Décret d'immeubles*).

3. Le décret forcé subsista jusqu'à la loi du 2 mess. an III, qui fut remplacée par celle du 11 brum. an VII. Ces lois substituèrent la saisie immobilière au décret forcé. Plus tard, l'expropriation forcée fut réglée par le Code Napoléon (art. 2204 à 2210) et par le Code de procédure civile. La procédure organisée par ce Code fut complétée par la loi du 14 nov. 1808 et par le décret du 2 fév. 1811.

4. Les dispositions du Code de procédure ont été, à leur tour, remplacées par la loi du 2 juin 1841, dont le but a été de simplifier les formalités de l'expropriation. Cette loi a également abrogé le décret du 2 fév. 1811. Mais elle n'a pas abrogé la loi du 14 nov. 1808.

5. Enfin, la loi du 21 mai 1858 a modifié les art. 692, 696 et 717, C.P.C.

6. Les dispositions contenues aux titres XII et XIII du livre 5 du Code de procédure ne sont applicables que dans le cas de saisie. Ainsi, les immeubles appartenant à des majeurs maîtres de disposer de leurs droits ne peuvent, à peine de nullité, être mis aux enchères en justice, lorsqu'il ne s'agit que de ventes volontaires (C.P.C., art. 743).

7. Néanmoins, lorsqu'un immeuble a été saisi et que la saisie a été transcrite, il est libre aux intéressés majeurs et maîtres de leurs droits de vendre sans les formalités de la saisie immobilière, en vertu d'une conversion autorisée par le tribunal, autorisation qui ne peut être demandée qu'après la transcription de la saisie. V. *infrà*, art. 8, §8.

8. Le créancier ne peut non plus, dans le cas d'inexécution par le débiteur de ses engagements, être dispensé de suivre, pour la vente des immeubles hypothéqués à sa créance, les formalités de la saisie immobilière. Toute convention portant qu'il aurait le droit de faire vendre les immeubles de son débiteur sans l'accomplissement de ces formalités serait nulle et non avenue (C.P.C., art. 742). La convention proscrite par cette disposition constitue ce qu'on appelait la *clause de voie parée*.

9. La vente qui aurait lieu en vertu d'une telle convention et par suite d'actes dont elle prescrivait la signification serait radicalement nulle. Il en serait ainsi encore bien que depuis et au moment de la vente le débiteur aurait consenti à ce qu'elle eût lieu sans les formalités de la saisie immobilière.

10. Toutefois, l'art. 742, C.P.C., n'interdit nullement au créancier ou au débiteur, afin d'épargner les frais d'une saisie immobilière, de convenir que le créancier pourra, au moyen d'une procuration toujours révocable, donnée par le débiteur, faire vendre à l'amiable les immeubles qui sont le gage de sa créance ; une telle convention n'enchaîne en rien le débiteur, puisqu'il peut toujours modifier ou révoquer le pouvoir qu'il a donné ; le pouvoir spécial dont il s'agit ne tombe donc pas sous la prohibition de l'art. 742 précité (Bordeaux, 29 nov. 1849 : *J. Huiss.*, t. 31, p. 154).

11. La saisie immobilière est une voie d'exécution rigoureuse, qui ne se justifie que par l'impossibilité pour le créancier d'obtenir autrement le paiement de ce qui lui est dû. Il suit de là que si le débiteur justifie par baux authentiques que le revenu net et libre de ses immeubles pendant une année suffit pour le paiement de la dette en capital, intérêts et frais, et s'il en offre la délégation au créancier, la poursuite peut être suspendue par les juges, sauf à être reprise s'il survient quelque opposition ou obstacle au paiement (C. Nap., art. 2212). L'existence de baux sous seing privé serait insuffisante pour autoriser le débiteur à réclamer l'application de cette disposition.

12. Le débiteur qui veut user du bénéfice de l'art. 2212 doit s'opposer par exploit aux poursuites en expropriation, signifier les baux authentiques, offrir au créancier délégation des revenus jusqu'à due concurrence, et l'assigner pour voir déclarer cette offre valable, et, en conséquence, pour voir ordonner la suspension des poursuites.

ART. II. — PAR QUI ET SUR QUI LA SAISIE PEUT ÊTRE PRATIQUÉE.

1° *Par qui la saisie peut être pratiquée.*

13. Les créanciers, quels qu'ils soient, d'un débiteur, ayant pour gage commun tous les biens de celui-ci, chacun d'eux peut recourir à la saisie immobilière pour obtenir le paiement de sa créance, pourvu qu'elle réunisse les conditions exigées par la loi (V. *infra*, n°s 42 et suiv.).

14. Ainsi, tout créancier hypothécaire inscrit a le droit de faire saisir les immeubles de son débiteur, encore bien que le prix à provenir de la vente dût être absorbé en totalité par des créanciers qui le primeraient en ordre d'hypothèque (Cass. 10 fév. 1818 ; Paris, 8 fév. 1819).

15. Un créancier, auquel une hypothèque a été conférée, quoique non encore inscrit (Lyon, 27 nov. 1811), et même un simple créancier chirographaire, s'il est porteur d'un titre authentique et exécutoire, peuvent faire saisir valablement les immeubles de leur débiteur (C. Nap., art. 2204 ; Riom, 29 janv. 1816 ; Chauveau, *Saisie immobilière*, 3e édit., quest. 2198).

16. Le même droit appartient aux créanciers d'une succession bénéficiaire à l'égard des immeubles qui en dépendent (Nîmes ; 1er août 1860 [2 arrêts] : *J. Huiss.*, t. 41, p. 113). Ils peuvent les faire saisir sans que l'héritier bénéficiaire puisse s'opposer à leur poursuite, et sans qu'il soit nécessaire de le mettre préalablement en demeure de vendre les immeubles (Chauveau, *quest.* 2198, § 1, 4°). Il en est ainsi encore bien que, depuis le commandement signifié à la requête des créanciers, l'héritier bénéficiaire se soit fait autoriser par justice à vendre les immeubles de la succession, et, dans ce cas, le tribunal peut ordonner qu'il soit procédé sur la saisie immobilière, si la voie de l'expropriation forcée lui paraît plus avantageuse que l'aliénation volontaire (Nîmes, 1er août 1860 : arrêt précité).

17. Quant à la faillite du débiteur, elle forme obstacle à ce que les créanciers simplement chirographaires puissent poursuivre l'expropriation des immeubles appartenant à ce dernier, c'est-à-dire intenter ou commencer des poursuites à fin d'expropriation, quoiqu'ils soient porteurs d'un titre exécutoire : c'est ce qui résulte des dispositions du Code de commerce (art. 443, 571 et 572). Mais ils peuvent mener à fin une saisie immobilière commencée avant le jugement déclaratif de la faillite de leur débiteur, sauf à continuer les poursuites contre les syndics (Toulouse, 14 mars 1846 : *J. Huiss.*, t. 27, p. 222 ; Bordeaux, 16 mars 1852 : t. 33, p. 334 ; Caen, 12 oct. 1861, et Rouen, 10 oct. 1862 : t. 44, p. 150 ; Bédarride, *Faillites*, t. 2, n° 1082 ; Esnault, t. 3, n° 615 ; Chauveau, *quest.* 2198, § II,4°. — *Contrà* Caen, 30 août 1850 ; *J. Huiss.*, t. 32, p. 222 ; Renouard, *Faillites*, 2e édit., t. 2, p. 319 *in fine*).

18. Le droit de continuer et de mener à fin une saisie immobilière, commencée avant le jugement déclaratif de la faillite du débiteur appartient, par suite, au créancier qui avait pris, en vertu d'un titre régulier, une inscription hypothécaire sur l'immeuble appartenant à son débiteur, encore bien que cette inscription ait été anéantie à l'égard de la masse, par l'effet de la fixation de l'époque de la cessation, par le débiteur, de ses paiements à une date antérieure à l'inscription (Caen, 12 oct. 1861 ; Rouen, 10 oct. 1862 : arrêts précités).

19. Dans le cas de vente d'un immeuble par deux personnes copropriétaires par indivis, chacune d'elles a le droit de faire saisir cet immeuble, en totalité pour le paiement de la part qui lui revient dans le prix (Bordeaux, 30 avril 1841).

20. Les créanciers d'un même débiteur peuvent aussi réunir leurs créances et pratiquer en commun, en vertu du même procès-verbal, une saisie immobilière contre leur débiteur (Bordeaux, 27 août 1813).

21. Le créancier, qui a transporté sa créance à un tiers, peut, nonobstant le transport, exercer ou continuer les poursuites en saisie, s'il n'a pas été dessaisi par la notification du transport au débiteur (Besançon, 17 déc. 1808). Après la notification du transport, le droit de faire saisir les immeubles du débiteur n'appartient plus qu'au cessionnaire. La notification du transport est valablement faite avec le commandement tendant à saisie, laquelle est alors régulièrement pratiquée à la requête du cessionnaire (Nîmes, 2 juill. 1809 ; Toulouse, 8 août 1850 : *J. Huiss.*, t. 32, p. 50). — V. *infrà*, n° 116.

22. Si le créancier est incapable, la saisie se poursuit en son nom à la requête de la personne qui le représente. Le tuteur, qui fait pratiquer une saisie immobilière sur le débiteur de son pupille, n'a pas besoin de l'autorisation du conseil de famille ; car il ne s'agit que du recouvrement d'une créance mobilière (Bruxelles, 12 nov. 1806 ; Chauveau, *quest.* 2198, § 1er,1°).

23. Lorsqu'une femme mariée est séparée de biens, ou qu'il s'agit d'une créance paraphernale, elle peut elle-même, mais avec l'autorisation de son mari ou de justice, faire procéder à la saisie des immeubles de son débiteur. En dehors de ces deux cas, le droit de faire saisir pour le recouvrement d'une créance de femme mariée appartient exclusivement au mari.

24. Le syndic d'une faillite peut faire saisir les immeubles du débiteur du failli, sans avoir besoin de l'autorisation du juge-commissaire. (Besançon, 14 août 1811.)

25. Les communes et les établissements publics peuvent, comme les particuliers, recourir à la saisie immobilière et y faire procéder. Aucune autorisation ne leur est, pour cela, nécessaire. Mais une autorisation leur devient indispensable lorsqu'il s'agit de suivre sur les contestations auxquelles la saisie a donné lieu.

26. Le Trésor public, a également, comme tout créancier, le droit de faire saisir les immeubles du redevable pour le paiement des contributions directes, indépendamment de son privilége sur les fruits et revenus (Cass. 23 mars 1820).

27. Le créancier peut faire pratiquer une saisie immobilière par l'entremise d'un mandataire ; mais la procuration donnée par le mandant doit contenir spécialement pouvoir de saisir immobilièrement ; le mandat général de gérer les affaires et de faire opérer tous remboursements serait insuffisant (Colmar, 5 mars 1832 ; Poitiers, 16 juill. 1846 ; Chauveau, quest. 2198, § 1er, 3°).

2° Sur ou contre qui la saisie peut être pratiquée.

28. La saisie immobilière doit être pratiquée directement sur le propriétaire débiteur ; s'il est incapable, elle doit être dirigée contre son représentant, en sa qualité. (V. *Exécution des actes et jugements*).

29. La saisie est valablement dirigée contre le donataire ou légataire d'un immeuble, lorsqu'il s'est personnellement obligé au paiement de la créance (Paris, 13 oct. 1813), et contre les héritiers du débiteur, après leur avoir fait notifier huit jours au moins avant le commandement le titre exécutoire contre leur auteur (C. Nap., art. 877), de même que les poursuites commencées contre le défunt ne peuvent être continuées contre les héritiers qu'après la notification de ce titre (Paris, 19 avril 1839). Mais les héritiers peuvent obtenir un sursis aux poursuites pendant les délais pour faire inventaire et délibérer (Angers, 17 août 1848).

30. Lorsque les immeubles d'une succession sont possédés par un seul des héritiers du débiteur, le créancier inscrit sur ces immeubles peut en faire pratiquer la saisie après notification du titre et commandement à cet héritier, sans être tenu de lui faire, comme à un tiers détenteur, sommation de payer, ni de faire commandement à ses cohéritiers. (Cass. 19 juill. 1837.)

31. Est nulle la saisie immobilière dirigée contre les héritiers du débiteur, s'ils ont renoncé à la succession, car par l'effet de cette renonciation ils sont tout à fait étrangers à la dette (Nîmes, 8 nov. 1827). Si par suite de cette renonciation, la succession devient vacante, la saisie immobilière ne peut alors être dirigée que contre le curateur à la succession.

32. La saisie des immeubles, dépendant d'une succession bénéficiaire, est valablement dirigée contre l'héritier bénéficiaire en cette qualité ; mais un créancier de la succession ne peut former une saisie contre cet héritier personnellement, et sur ses immeubles (Paris, 8 janv. 1808).

33. Lorsque l'immeuble hypothéqué a été vendu par le débiteur, la saisie doit être poursuivie contre l'acquéreur après sommation de payer la dette ou de délaisser, et non contre le débiteur originaire ; il suffit de faire un commandement préalable à ce dernier ; il n'y aurait pas nullité de la saisie parce que les actes de la poursuite ne lui auraient pas été signifiés (Cass. 4 janv. 1837).

34. S'il s'agit d'immeubles dépendant d'une communauté de biens entre époux, la saisie se poursuit contre le mari débiteur seul, quoique la femme soit obligée à la dette (C. Nap., art. 2208). Néanmoins, aucune

cause de nullité ne résulte de ce que la saisie a été faite contre le mari et
la femme conjointement, surtout si, avant l'adjudication, le saisissant s'est
désisté des poursuites contre la femme (Cass. 4 mai 1825).

35. S'il s'agit d'immeubles propres à une femme mariée sous le régime
de la communauté, la saisie en doit être poursuivie contre elle et son mari
(C. Nap., art. 2208 ; Cass. 18 nov. 1828). La nullité résultant de ce que
le mari n'a pas été compris dans la poursuite peut être invoquée par la
femme, nonobstant l'intervention postérieure du mari, si elle n'a pas renoncé à se prévaloir de cette nullité (Trib. civ. de Toulouse, 30 avril 1853 :
J. Huiss., t. 34, p. 327). L'intervention postérieure du mari ne produit point
d'effet rétroactif au préjudice de la femme.

36. Si le mari refuse de procéder avec la femme, celle-ci doit être autorisée par justice à défendre aux poursuites de saisie immobilière ; il en est
de même lorsque le mari est mineur (C. Nap., art. 2208).

37. En cas de minorité du mari et de la femme, ou de minorité de la
femme seule, si son mari majeur refuse de procéder avec elle, il est nommé
par le tribunal un tuteur à la femme, contre lequel la poursuite est exercée (même art.).

38. S'il s'agit de biens appartenant à un mineur ou à un interdit, la
poursuite est dirigée contre le tuteur, qui n'a pas besoin de l'autorisation
du conseil de famille pour y défendre (Paris. 19 prair. an XII). Mais, pour
agir régulièrement, il importe de mettre le subrogé tuteur en cause (Paris,
7 août 1811). Toutefois, les immeubles d'un mineur, même émancipé, ou
d'un interdit, ne peuvent être mis en vente avant la discussion du mobilier
(C. Nap., art. 2206). — V. *infrà*, nᵒˢ 87 et suiv.

39. Après la déclaration de faillite du débiteur, la saisie de ses immeubles
hypothéqués est valablement dirigée contre lui, sauf à appeler les syndics
en cause (C. Comm., art. 443).

40. On peut poursuivre cumulativement et par les mêmes actes la saisie immobilière des biens de plusieurs débiteurs solidaires (Cass. 20 frim.
an XII ; Riom, 24 fév. 1813). Mais chacun d'eux a le droit de demander la
séparation des ventes et des charges vis-à-vis de ses créanciers propres
(Riom, 24 fév. 1813).

41. Une saisie immobilière ne peut être pratiquée contre l'individu en
état d'interdiction légale, interdiction qui a remplacé la mort civile ; elle
ne peut l'être que contre le tuteur qui doit être nommé pour la gestion
et l'administration de ses biens (V. *Interdiction légale*).

ART. III. — Créances et titres en vertu desquels il peut être procédé a la saisie.

1° *Créances pour lesquelles la saisie peut être pratiquée.*

42. La saisie immobilière, et, par suite, la vente forcée des immeubles
ne peuvent être poursuivies que pour une dette certaine, liquide et exigible (C. Nap., art. 2213 ; C.P.C., art. 551). — V. *Exécution des actes
et jugements.* — Une créance éventuelle ou conditionnelle ne permet pas
de procéder à la poursuite.

43. Une créance basée sur des factures et connaissements non con-
testés peut constituer une dette certaine et liquide, à raison de laquelle
le créancier est fondé à poursuivre l'expropriation forcée des immeubles
de son débiteur (Cass. 18 pluv. an XII).

44. La créance n'est pas moins certaine et liquide bien que des à-compte
donnés par le débiteur en aient réduit le montant. Elle peut, dès lors,
servir de base à une saisie immobilière (Cass. 7 oct. 1807 ; Metz, 21 août

1811), quoique le créancier n'ait fait dans les quittances aucune réserve à cet égard.

45. Les intérêts échus d'un capital non encore exigible, les intérêts restés dus d'un capital remboursé, et les frais de l'instance introduite pour obtenir ce remboursement, taxés par le jugement ou par exécutoire, sont une créance certaine et liquide qui autorise la poursuite en saisie immobilière (Bruxelles, 4 janv. 1821 ; Cass. 25 janv. 1837 ; Lyon, 22 nov. 1838).

46. Mais le créancier poursuivant, qui a reçu pendant les poursuites le principal et les intérêts de sa créance, même sous la réserve des frais, ne peut continuer ses poursuites pour se faire payer de ces frais, s'ils ne sont pas liquidés (Paris, 4 fév. 1833 ; 2 janv. 1834).

47. Toutefois. il résulte d'une disposition expresse de l'art. 2213, C. Nap., que si la dette consiste en espèces non liquidées, cette circonstance ne s'oppose point à la saisie, qui néanmoins est valablement faite, ni aux actes ultérieurs de la poursuite, mais seulement à l'adjudication, laquelle ne peut avoir lieu qu'après la liquidation.

48. Au contraire, si la dette consiste non en une somme en argent, mais en denrées, il doit être sursis, après la saisie, à toutes poursuites ultérieures, jusqu'à ce que l'appréciation en ait été faite (C.P.C., art. 551).

49. Dans ce cas, l'appréciation en argent de la dette doit être faite en justice, à moins qu'il ne s'agisse de denrées susceptibles d'évaluation au moyen des mercuriales, évaluation que le créancier peut alors faire lui-même, sauf contestation de la part du débiteur, s'il y a lieu.

50. Quant à l'exigibilité de la créance, elle est une condition rigoureuse de la validité de la saisie. Ainsi est nulle la saisie faite pour une dette non exigible (Besançon, 16 déc. 1812), encore bien que l'échéance du terme arrive dans le cours de la procédure (Bruxelles, 5 déc. 1811).

51. Si l'exigibilité de la créance est subordonnée à la formalité d'un avertissement donné au moins quinze jours à l'avance au débiteur, le commandement signifié sans qu'aucun avertissement l'ait précédé est nul et la nullité du commandement entraîne celle de la saisie (Angers, 13 juin 1845).

52. De ce que la créance doit être exigible au moment de la saisie, il semble résulter que le créancier, qui avait pratiqué une saisie immobilière, à raison d'intérêts échus d'un capital non encore exigible, qui lui ont été payés depuis, ne puisse ultérieurement reprendre les poursuites pour un nouveau terme d'intérêts et pour le capital devenu exigible, quoiqu'il n'ait donné aucune mainlevée de la saisie. La Cour de Paris s'est du reste prononcée en ce sens par arrêt du 28 août 1850. Mais la solution contraire a été admise par arrêt de la Cour d'Amiens du 19 juin 1852.

2° Titres en vertu desquels il peut être procédé à la saisie.

53. La saisie immobilière ne peut être pratiquée qu'en vertu d'un titre authentique et exécutoire (C. Nap., art. 2213). Mais le créancier n'est pas tenu préalablement de requérir inscription (Liége, 28 nov. 1808 ; Lyon, 27 nov. 1814 ; Orléans, 7 juill. 1826).

54. Un acte sous seing privé deviendrait authentique et exécutoire par le dépôt qui en serait fait chez un notaire, et servirait alors utilement de base à une saisie immobilière. Jugé aussi qu'on peut saisir en vertu d'un acte authentique qui porte reconnaissance d'une dette contractée par acte sous seing privé (Nîmes, 5 août 1822).

55. Une saisie immobilière peut être pratiquée en vertu d'un acte authentique d'ouverture de crédit, alors même que le règlement de la créance n'est pas établi par un compte amiable ou par un jugement (V. *infra* n° 114. — *Contrà* trib. civ. de la Seine, 16 sept. 1847 : *J. Huiss.*, t. 29, p. 206).

56. Lorsqu'un acte authentique, en vertu duquel il doit être procédé à une saisie immobilière, a été passé dans un autre ressort que celui où les biens à saisir sont situés, il n'est pas nécessaire qu'il soit légalisé (Poitiers, 15 janv. et 19 mars 1822).

57. Le titre authentique et exécutoire exigé par l'art. 2213, C. Nap., s'entend uniquement du titre en vertu duquel le débiteur est obligé. Ainsi, le cessionnaire par acte sous seing privé a le droit de faire saisir les immeubles du débiteur, lorsque le titre qui constate la créance cédée est authentique et exécutoire (Pau, 25 janv. 1832; Cass. 16 nov. 1840), et que la cession a été notifiée au débiteur (C. Nap., art. 2214).— V. *suprà*, n° 21, et *infrà*, n° 116.

58. Il peut également être procédé à la saisie en vertu d'un titre authentique où le créancier n'a point été partie, mais qui contient délégation à son profit (Nîmes, 5 août 1812); le créancier peut n'accepter la délégation que par le commandement (Bruxelles, 12 mai 1810).

59. Lorsqu'une saisie immobilière a été pratiquée en vertu de deux titres, dont l'un seulement est valable, elle ne peut être annulée pour cause de l'irrégularité de l'autre, résultant par exemple de ce qu'il n'est pas revêtu de la formule exécutoire (Cass. 18 prair. an xi; Nancy, 9 juill. 1824).

60. Mais une saisie immobilière ne serait pas valablement pratiquée en vertu d'une sentence arbitrale qui n'aurait pas la forme exécutoire (Colmar, 11 mars 1835).

61. ... Ni en vertu d'une **seconde** grosse qui n'aurait pas été délivrée avec les formalités exigées par la loi (Bourges, 17 août 1816), alors même que l'obligation ne serait pas méconnue (*Contrà* Metz, 6 juin 1817).

62. La poursuite de saisie immobilière peut avoir lieu en vertu d'un jugement provisoire ou définitif, exécutoire par provision, nonobstant appel ; mais l'adjudication ne peut se faire qu'en vertu d'un jugement définitif en dernier ressort ou passé en force de chose jugée (C. Nap., art. 2215).

63. N'est pas valable la saisie immobilière pratiquée en vertu d'un jugement non exécutoire par provision frappé d'appel (Paris, 29 mai 1809).

64. ... Ou en vertu d'un jugement qui, sur la procédure en vérification d'écriture, se borne à tenir un acte sous seing privé pour reconnu, ce jugement ne donnant pas à l'acte sous seing privé la force exécutoire au profit du créancier (Rouen, 28 janv. 1856 : *J. Huiss.*, t. 37, p. 194).

65. La poursuite ne peut s'exercer en vertu de jugements par défaut pendant le délai de l'opposition (C. Nap., art. 2215), c'est-à-dire pendant la huitaine de la signification ; l'art. 159, C.P.C., suppose, en effet, qu'on peut saisir après ce délai, puisqu'il répute le jugement exécuté par la notification au débiteur de la saisie d'un de ses immeubles.

66. Le créancier, qui n'est porteur que de la copie signifiée d'un jugement ou d'un arrêt, ne peut, en vertu de cette copie, faire valablement procéder à une saisie immobilière (*Contrà* Toulouse, 17 déc. 1829).

ART. IV. — QUELS BIENS PEUVENT ÊTRE SAISIS.

67. Tous les biens immobiliers et leurs accessoires réputés immeubles, appartenant en propriété au débiteur, sont saisissables (C. Nap., art. 2204).

68. Par application de la disposition précitée de l'art. 2204, la Cour de cassation a considéré comme compris dans la saisie immobilière d'une usine le mobilier immobilisé par destination, ce qui comprend tous les objets indispensables à l'exploitation de l'usine (Cass. 27 mars 1821; 21 avril 1833). Cependant, en saisissant immobilièrement une usine, les huissiers feront bien d'énoncer formellement dans le procès-verbal qu'ils saisissent en même temps tous les objets mobiliers servant à l'exploitation et réputés immeubles par destination. — V. *infra*, n⁰ˢ 216 et suiv.).

69. Peut également être saisi immobilièrement l'usufruit auquel le débiteur a droit sur un immeuble (C. Nap., art. 2204) : ce qui comprend l'usufruit légal que la loi confère aux père et mère sur les biens de leurs enfants jusqu'à l'âge de dix-huit ans, sauf les charges de cet usufruit (V. *Usufruit légal*).

70. Le créancier du nu propriétaire et de l'usufruitier peut faire saisir et vendre la nue propriété et l'usufruit à la fois, de manière qu'il n'y ait qu'un seul adjudicataire pour le tout ; seulement, il y a lieu à ventilation pour déterminer quelle est dans le prix la part afférente à la nue propriété et celle relative à l'usufruit (Caen, 29 janv. 1855 : *J. Huiss.*, t. 36, p. 270).

71. Mais ne sont pas saisissables : les immeubles qui ne sont pas dans le commerce, tels que les domaines de la couronne, les immeubles apanagés, et ceux constitués en majorats (Arg. art. 2118, C. Nap.; Décr. 1ᵉʳ mars 1808), dans les limites, pour les immeubles constitués en majorats, tracées par la loi du 7 mai 1849 ; les biens particuliers de l'Etat, les immeubles appartenant aux communes et aux établissements publics ; les servitudes, sans le fonds auquel elles sont attachées (V. *Servitudes*) ; l'action en revendication d'un immeuble ou en rescision d'une vente d'immeuble que le débiteur aurait le droit d'exercer (Cass. 14 mai 1806), les créanciers ne peuvent qu'exercer cette action au nom du débiteur ; un droit de réméré (Orléans, 27 janv. 1842).

72. Les droits d'habitation et d'usage sont également insaisissables, lorsqu'ils ont été constitués sous cette condition par un tiers et à titre gratuit. Mais le propriétaire d'une maison grevée d'un droit d'habitation, qui est créancier de l'usager, peut faire saisir immobilièrement le droit d'habitation, si ce droit a été acquis par l'usager à titre onéreux (Aix, 4 fév. 1853 : *J. Huiss.*, t. 33, p. 214).

73. Plusieurs auteurs enseignent qu'une jouissance emphytéotique ne peut être saisie immobilièrement. Mais la jurisprudence s'est généralement prononcée en sens contraire (Paris, 10 mai 1831; Cass. 19 juill. et 13 déc. 1832).

74. Décidé, toutefois, que, par suite de leur nature de voie publique, les chemins de fer, n'étant pas susceptibles d'une propriété privée, ne peuvent être l'objet d'une saisie immobilière et d'une vente judiciaire (Trib. civ. de la Seine, 27 juill. 1850 : *J. Huiss.*, t. 31, p. 333). — V. *infra*, n° 95.

75. Des immeubles peuvent être donnés ou légués sous la condition qu'ils seront insaisissables de la part des créanciers du donataire ou légataire ; cette condition, en effet, n'est ni impossible, ni prohibée par la loi, ni contraire aux mœurs. Toutefois, elle ne peut concerner que les créanciers du donataire ou légataire antérieurs à la libéralité ; elle ne saurait atteindre les personnes qui plus tard auraient traité avec lui, en considération des biens par lui recueillis. Ainsi, si les créanciers du débiteur, antérieurs à la donation ou au testament, ne peuvent saisir les immeubles donnés ou légués sous la condition expresse qu'ils seront insaisissables, il en est autrement des créanciers qui ne sont devenus tels que postérieurement à la donation ou au testament (Caen, 17 fév. 1851, et Cass. 10 mars 1852 : *J. Huiss.*, t. 33, p. 154. — *Contrà* Riom, 23 janv. 1847).

76. Les immeubles dotaux peuvent être saisis à l'effet d'obtenir le paiement d'une dette contractée par la femme dans son contrat de mariage , par exemple, d'une rente annuelle et viagère qu'elle y a constituée au profit de son père, par suite d'une donation que celui-ci lui a faite (Riom, 27 déc. 1859 : *J. Huiss.*, t. 41, p. 167).

77. Mais les immeubles dotaux ne peuvent être valablement saisis pour obtenir le paiement d'une dette contractée par la femme mariée sous le régime dotal , postérieurement au mariage , et conjointement avec son mari.

78. Il a même été décidé que le créancier d'époux mariés sous le régime dotal ne peut comprendre dans la saisie immobilière à laquelle il fait procéder, pour obtenir le remboursement de sa créance , des immeubles abandonnés à la femme après sa séparation de biens , en paiement de sa dot mobilière, qu'en en remboursant au préalable le montant à la femme, la dot mobilière étant, aussi bien que la dot immobilière, inaliénable. hors des cas expressément déterminés par la loi (Cass. 31 janv. 1842 ; Riom, 8 août 1843 ; Montpellier, 18 fév. 1853 : *J. Huiss.*, t. 36, p. 134).

79. S'il a été plusieurs fois décidé que les constructions élevées par un tiers sur le terrain d'autrui, et notamment par un locataire sur le terrain qui lui a été donné à bail, ne peuvent être saisis immobilièrement par les créanciers de ce tiers ou locataire (V. *Constructions*, nos 14 et suiv.), la jurisprudence n'a pas persisté dans cette décision. En effet, des arrêts récents ont admis que les créanciers d'un locataire peuvent faire saisir immobilièrement les constructions qu'il a élevées sur le terrain loué , alors surtout qu'il résulte des conventions intervenues entre le locataire et le propriétaire, que ce dernier a entendu renoncer au bénéfice du droit d'accession sur ces constructions ; et la saisie desdites constructions comprend nécessairement le droit au bail du terrain sur lequel elles ont été élevées (Rouen, 20 août 1859 : *J. Huiss.*, t. 44, p. 245 ; Cass. 7 avril 1862 : t. 43, p. 206). — V. aussi Trib. civ. de Wissembourg, 20 mars 1863 [*J. Huiss.*, t. 43, p. 210], et les observations qui suivent ce jugement).

80. Si la partie indivise d'un copropriétaire dans un immeuble sujet à partage, ou d'un cohéritier dans les immeubles d'une succession, ne peut être mise en vente par les créanciers personnels avant ce partage ou la licitation (C. Nap., art. 2205) , en résulte-t-il que, avant le partage ou la licitation, cette part ne puisse être immobilièrement saisie?

Cette question, qui s'était déjà plusieurs fois présentée avant la loi du 2 juin 1841, divisait la jurisprudence.

Plusieurs arrêts avaient, en effet, décidé que l'art. 2205 ne défend que la mise en vente, et non la saisie, qui, par conséquent, peut être pratiquée, mais qu'il y a lieu de surseoir aux poursuites ultérieures jusqu'après l'événement du partage (Cass. 14 déc. 1819 ; Lyon, 9 janv. 1830 ; Poitiers, 20 août 1835 : *J. Huiss.*, t. 48, p. 185 ; Nimes, 15 mai 1848 ; Paris, 18 déc. 1841).— Au contraire, d'autres arrêts avaient jugé que l'art. 2205 prohibe tous les actes de la poursuite en expropriation forcée, sauf le commandement qui précède cette poursuite (Besançon, 24 juin 1810 ; Cass. 22 juill. 1822 ; 3 juill. 1826 ; Nimes, 10 fév. 1823 ; Pau , 10 déc. 1832 : *J. Huiss.*, t. 14, p. 271).

81. La loi du 2 juin 1841 n'a point fait cesser cette dissidence.—Ainsi, depuis cette loi, jugé que la part indivise, qui appartient à l'un des copropriétaires d'un immeuble sujet à partage, constitue un droit effectif de propriété, et peut, dès lors, être l'objet d'une saisie immobilière, aux termes de l'art. 2204, C. Nap. (Grenoble , 15 mars 1855 : *J. Huiss.*, t. 36, p. 320.—V., dans le même sens, Bruxelles, 25 mars 1850 : *J. Huiss.*, t. 33, p. 258).

82. La Cour de Lyon, par arrêt du 20 mai 1854 (V. J. Huiss., t. 36, p. 322), a même validé la saisie qui avait été faite d'un immeuble indivis à la requête d'un créancier de l'un des copropriétaires, alors que, dans le cours des poursuites, un jugement a fait cesser l'indivision et déclaré le saisi seul propriétaire de cet immeuble. — Mais, autrement, dans ce système, jusqu'au partage, la saisie est nulle à l'égard du copropriétaire non débiteur (Douai, 26 juill. et 26 déc. 1852).

83. Décidé, au contraire, qu'un immeuble indivis ne peut être valablement saisi par le créancier de l'un des copropriétaires (Montpellier, 23 nov. 1854 : J. Huiss., t. 36, p. 336), et qu'il n'y a pas lieu de distinguer, à cet égard, entre le cas où la saisie frappe tout l'immeuble et celui où elle frappe seulement la part indivise du débiteur (Bordeaux, 21 mars 1855 : J. Huiss., t. 36, p. 336).

84. La nullité résultant de ce qu'un créancier personnel d'un des cohéritiers, copropriétaires ou communistes, a saisi la part indivise de ce dernier dans l'immeuble commun, peut être invoquée par le saisi comme par les autres cohéritiers, copropriétaires ou communistes (Besançon, 21 juin 1810; Nîmes, 10 fév. 1823; Lyon, 9 janv. 1830; Bordeaux, 5 juill. 1832; Douai, 26 déc. 1852 : J. Huiss., t. 34, p. 327). Elle doit être proposée avant l'adjudication (Bruxelles, 25 mai 1822). S'il s'agit d'un immeuble successif, la demande en nullité doit être portée devant le tribunal de l'ouverture de la succession, si ce tribunal est déjà saisi de la demande en partage (Cass. 22 juill. 1822).

85. Du reste, l'art. 2205, C. Nap., ne prohiberait que la saisie de la part indivise d'un héritier dans l'immeuble successif par un créancier personnel de cet héritier; il ne s'oppose point à ce qu'un créancier du défunt fasse saisir avant le partage la portion indivise de chacun des cohéritiers dans l'immeuble (Lyon, 11 fév. 1841).

86. Jugé aussi qu'un immeuble indivis peut être valablement saisi à la requête d'un créancier ayant hypothèque sur la totalité de l'immeuble (Douai, 26 déc. 1852 : J. Huiss., t. 34, p. 327; Lyon, 14 mars 1856 : t. 38, p. 271). Le créancier hypothécaire est dans ce cas le créancier de tous les copropriétaires.

87. De ce que les immeubles d'un mineur, même émancipé, ou d'un interdit, ne peuvent être mis en vente avant la discussion du mobilier (V. suprà, n° 38), il ne s'ensuit pas, ce nous semble, que cette discussion doive nécessairement précéder la saisie; elle peut n'avoir lieu qu'après. Mais, dans tous les cas, elle doit précéder l'adjudication (Gênes, 23 et 28 juill. 1812).

88. Au surplus, la discussion du mobilier n'est pas requise lorsque les immeubles qu'il s'agit d'exproprier appartiennent par indivis à un majeur et à un mineur ou interdit, si la dette leur est commune, ou lorsque les poursuites ont été commencées contre un majeur ou avant l'interdiction (C. Nap., art. 2207), ou lorsque, l'expropriation étant poursuivie contre un mineur ou interdit, l'inutilité de la mesure exigée par l'art. 2206, C. Nap., est constatée à l'avance par une délibération du conseil de famille (Paris, 2 août 1814). Elle n'est pas non plus requise lorsqu'il s'agit d'exproprier des individus frappés d'interdiction légale (C. Pén., art. 29).

89. La discussion du mobilier, quand elle a lieu, doit porter non-seulement sur les meubles meublants, mais encore sur tous les objets que la loi répute meubles (Bordeaux, 20 janv. 1842), par exemple, sur des créances, des rentes, et sur le reliquat du compte de tutelle dû au mineur. Il a même été décidé que si les créances ne sont découvertes ou n'acquièrent une existence certaine que depuis le commencement de la procédure, il doit y être sursis jusqu'à ce qu'elles aient été discutées (Turin, 14 août 1811).

90. Pour arriver à la discussion du mobilier, le créancier doit mettre le tuteur en demeure, par une sommation, de lui désigner les biens meubles exploitables et de présenter un état de ce qu'il peut devoir au mineur. — Le tuteur doit répondre à cette sommation par exploit contenant la désignation du mobilier du mineur et l'énonciation de la somme qu'il lui doit, ou la déclaration que le mineur n'a ni meubles ni créances et qu'il ne lui doit rien. Dans le premier cas, le créancier doit poursuivre la vente du mobilier et la distribution du prix en provenant, car la discussion n'est consommée que par cette dernière opération. Dans le second cas, il est dressé un procès-verbal de carence, et ensuite procédé à la saisie immobilière. — Si le tuteur ne répond pas à la sommation, le créancier peut faire saisir après un délai raisonnable, et s'il ne répond que pendant les poursuites, il doit y être sursis jusqu'après la discussion (Thomine-Desmazures, *Comment. du Cod. de procéd.*, t. 2, p. 196).

91. En admettant que le défaut de discussion préalable du mobilier soit une cause de nullité de la saisie, cette nullité doit être proposée avant le jugement d'adjudication ; elle ne pourrait l'être pour la première fois en appel (Cass. 13 avril 1812).

92. Le créancier hypothécaire doit d'abord faire porter ses poursuites en expropriation sur les immeubles qui lui sont hypothéqués; ce n'est que dans le cas d'insuffisance de ces immeubles qu'il peut faire saisir et vendre ceux qui ne lui sont pas hypothéqués (C. Nap., art. 2209).

93. Dans le cas où le créancier considère comme insuffisante la valeur des biens hypothéqués, il n'est pas tenu de discuter préalablement ces biens (Cass. 6 fév. 1843). S'il est tenu d'établir l'insuffisance, comme cela a été décidé (Toulouse, 26 juill. 1835. — *Contrà* Cass. 7 oct. 1807, arrêt qui met à la charge du débiteur la preuve de la suffisance), il peut le faire par les moyens indiqués dans l'art. 2165, C. Nap. (Cass. 27 juin 1827) ; et les tribunaux apprécient la suffisance ou l'insuffisance d'après les documents qui leur sont soumis (Pau, 9 mai 1837).

94. Le créancier, qui a à la fois une hypothèque spéciale et une hypothèque générale, doit commencer par faire saisir et vendre les immeubles qui sont spécialement affectés à sa créance, et ce n'est qu'en cas d'insuffisance de ces immeubles qu'il peut faire saisir les autres (Toulouse, 23 avril 1812). Le créancier, qui a une hypothèque spéciale, peut aussi faire saisir les immeubles de son débiteur non affectés à sa créance, pour obtenir le paiement d'intérêts que ne garantit pas suffisamment son hypothèque (Rouen, 10 mai 1839).

95. Lorsque l'immeuble hypothéqué est susceptible de division, et de vente par portions, le créancier peut n'en faire saisir qu'une partie, sauf au saisi à requérir la vente de la totalité de l'immeuble, s'il y a intérêt. Mais un chemin de fer, ne pouvant être vendu par portions séparées, devrait, s'il était permis de le saisir (V. *suprà*, n° 74), être saisi dans son intégrité (Lyon, 20 fév. 1840).

96. Les immeubles situés dans différents arrondissements ne peuvent être saisis et vendus que successivement, à moins : 1° qu'ils ne fassent partie d'une seule et même exploitation, et, alors l'expropriation doit être suivie devant le tribunal dans le ressort duquel se trouve le chef-lieu de l'exploitation, ou, à défaut du chef-lieu, la partie de biens qui présente le plus grand revenu d'après la matrice du rôle (C. Nap., art. 2210).

97. Cette disposition n'a eu pour effet de proscrire que la poursuite devant plusieurs tribunaux à la fois ; de sorte que, quand les immeubles distribués en plusieurs exploitations sont situés dans le même arrondissement, ou dans plusieurs arrondissements, pour lesquels il n'y a qu'un seul tribunal, comme dans le département de la Seine, ils peuvent être compris simultanément dans la même poursuite (Cass. 7 oct. 1807; Paris, 24 janv. 1815).

98. Les immeubles qu'un débiteur possède dans plusieurs arrondissements peuvent être saisis simultanément à la requête de créanciers différents (Cass. 12 nov. 1828).

99. Si les biens hypothéqués au créancier et les biens non hypothéqués, ou les biens situés dans divers arrondissements font partie de la même exploitation, la vente des uns et des autres est poursuivie ensemble, si le débiteur le requiert, et ventilation se fait du prix de l'adjudication, s'il y a lieu (C. Nap., art. 2211).

100. 2° Que la valeur totale des biens dont on veut poursuivre la vente ne soit inférieure au montant réuni des sommes dues tant aux saisissants qu'aux créanciers inscrits (L. 14 nov. 1808, art. 1er). La valeur des biens est établie d'après les derniers baux authentiques, sur le pied du denier vingt-cinq; à défaut de baux authentiques, elle est calculée d'après le rôle des contributions foncières sur le pied du denier trente (Même loi, art. 2).

101. Dans ce cas, le créancier ne peut saisir simultanément plusieurs immeubles situés dans des arrondissements différents qu'avec la permission du tribunal du débiteur (même loi, art. 1er). A cet égard, le créancier présente requête au président de ce tribunal; il y joint : 1° copie en forme des baux authentiques, ou, à leur défaut, copie également en forme du rôle de la contribution foncière; 2° l'extrait des inscriptions prises sur le débiteur dans les divers arrondissements où les biens sont situés, ou le certificat qu'il n'en existe aucune. La requête est communiquée au ministère public; et, sur ses conclusions, une ordonnance autorise la saisie de tous les biens situés dans les arrondissements qu'elle désigne. Mais les procédures d'expropriation doivent être portées devant les tribunaux respectifs de la situation des biens.

102. Lorsqu'une saisie immobilière a été pratiquée sur d'autres biens que ceux sur lesquels on avait le droit de la faire, le moyen de nullité qui en résulte doit être proposé en première instance dans le délai fixé par la loi; il ne peut être proposé pour la première fois en appel (C.P.C., art. 728 et 729; Caen, 24 nov. 1852 : *J. Huiss.*, t. 34, p. 244).

ART. V. — FORMALITÉS PRÉALABLES A LA SAISIE.

§ 1er. — *Commandement.*

103. La saisie immobilière doit, à peine de nullité, être précédée d'un commandement de payer signifié, à la requête du créancier, au débiteur (C.P.C., art. 673 et 715). Ce commandement fait partie des actes d'exécution interdits par l'effet suspensif que l'art. 457, C.P.C., attribue à l'appel : de sorte qu'un commandement signifié après que l'appel d'un jugement a été interjeté ne peut servir de base à une saisie immobilière, encore bien que le jugement ait été confirmé (V. *J. Huiss.*, t. 44, p. 67, 8°, ma réponse à une question proposée).

104. Le créancier hypothécaire colloqué dans un ordre ouvert pour la distribution du prix d'une vente volontaire qui, dans le cas où l'acquéreur revend l'immeuble avant d'avoir payé le bordereau de collocation, veut saisir cet immeuble sur le second acquéreur, doit seulement faire commandement au premier acquéreur de payer le montant du bordereau délivré sur lui, et sommation au second de payer ou de délaisser; il n'est pas nécessaire qu'il fasse commandement au premier vendeur, débiteur originaire (Bourges, 3 avril 1852 : *J. Huiss.*, t. 35, p. 220).

105. Lorsque d'un acte authentique contenant vente d'immeuble à terme, il résulte que, faute de paiement des intérêts du prix de ladite vente, et un mois après un commandement resté infructueux, le vendeur aura le droit d'exiger le capital et de poursuivre immobilièrement, il n'est pas nécessaire de signifier deux commandements à l'acquéreur en retard, l'un relatif au paiment des intérêts, l'autre relatif au paiement du capital ; un seul suffit, contenant tout à la fois ordre de payer les intérêts et déclaration que, faute de paiement desdits intérêts, le créancier à l'expiration du mois entend rendre exigible le capital et poursuivre immobilièrement (Paris, 1er juill. 1850 : *J. Huiss.*, t. 31, p. 221).

1° *Formalités.*

106. Le commandement tendant à saisie immobilière doit être signifié par le ministère d'un huissier, à peine de nullité (C.P.C., art. 673 et 715). L'huissier n'a pas besoin d'être assisté de témoins (Art. 673).

107. Le commandement est soumis aux formalités communes à tous les exploits. Ainsi, il doit, à peine de nullité, contenir la date des jour, mois et an où il est signifié, les noms et domiciles du poursuivant et du débiteur, l'immatricule de l'huissier, le parlant à..., etc. (V. *Exploit*). Mais la constitution d'avoué n'est pas nécessaire.

108. Cet acte est en outre soumis à certaines formalités particulières. Il doit, à peine de nullité : 1° contenir copie entière du titre en vertu duquel la saisie doit être pratiquée (C.P.C., art. 673), alors même que ce titre aurait été déjà signifié (Carré et Chauveau, *quest.* 2200 *bis*). La connaissance que la partie poursuivie aurait de la créance ne couvrirait pas la nullité du commandement résultant de ce qu'il n'y aurait pas été donné copie du titre (Pau, 3 sept. 1829).

109. L'art. 673 exigeant que la copie soit entière, il suit que la copie faite par extrait ne serait pas régulière. Toutefois, de légères omissions, surtout si elles pouvaient être réparées par les autres énonciations du commandement, n'en seraient pas une cause de nullité. Spécialement, n'emportent pas nullité l'omission d'un mot dans la copie du titre (Bordeaux, 20 mai 1828), l'erreur commise sur la date du titre (Paris, 29 août 1845 ; Bordeaux, 8 déc. 1831), ni même le défaut de relation de cette date, si elle est d'ailleurs rappelée dans le commandement (Paris, 17 mars 1813).

110. Mais est nul le commandement si la copie du titre qui y est donnée ne contient pas la formule exécutoire dont il doit être revêtu, parce qu'alors la copie n'est pas entière dans le sens de l'art 673 (Besançon, 18 mars 1808 ; Bruxelles, 16 fév. 1809 ; Riom, 25 mai 1813).

111. Au reste, il suffit, pour la validité de la saisie, que la copie du titre donnée en tête du commandement soit entière ; il n'est pas nécessaire que l'huissier y mentionne que cette copie est entière (Bordeaux, 25 mars 1829).

112. Le commandement tendant à saisie immobilière ne doit pas nécessairement contenir copie du titre primordial ; il suffit qu'il contienne copie du titre nouvel (Bordeaux, 4 août 1829 ; Caen, 24 nov. 1852 : *J. Huiss.*, t. 34, p. 243).

113. L'obligation de donner copie du titre ne s'entend que du titre principal, et non des actes accessoires à ce titre. Par exemple, le commandement est valable quoique, si c'est en vertu d'un jugement que la saisie doit être pratiquée, il ne soit pas donné copie d'un billet au paiement duquel le jugement porte condamnation (Rouen, 19 mars 1813;

Bordeaux, 20 mars 1835), quoique, si c'est en vertu d'un jugement par défaut, il ne soit pas donné copie de l'acquiescement du débiteur à ce jugement (Toulouse, 28 avril 1826; Bordeaux, 20 mai 1828), où, à plus forte raison, de la signification antérieure du jugement, et quoique, si c'est l'exécution d'une obligation qui est poursuivie, il ne soit pas donné copie de la procuration en vertu de laquelle elle a été consentie (Bourges, 11 janv. 1822; Caen, 24 nov. 1852 : *J. Huiss.*, t. 34, p. 244).

114. Lorsque le commandement tendant à saisie immobilière est fait en vertu d'un titre contenant ouverture de crédit (V. *suprà*, n° 55), il suffit qu'il contienne copie de ce titre; il n'est pas nécessaire d'y donner en même temps copie de tous les documents propres à déterminer le chiffre des versements effectués (Cass. 25 juill. 1859 : *J. Huiss.*, t. 41, p. 249). Mais il est utile d'indiquer dans le commandement si le crédit a été épuisé ou d'y mentionner le montant des versements effectués, en d'autres termes, de faire connaître la somme pour laquelle la saisie sera pratiquée, s'il n'est point satisfait au commandement.

115. Néanmoins, le commandement n'est pas nul par cela seul qu'il a été fait pour une somme supérieure à celle qui est réellement due (C. Nap., art 2216).

116. Si le commandement est fait à la requête du cessionnaire, il doit contenir, outre la copie du titre, celle du transport (V. *suprà*, n°s 21 et 57), à moins que ce transport n'ait été déjà signifié au débiteur; en pareil cas, en effet, il ne paraît pas nécessaire d'en donner une nouvelle copie avec le commandement (Colmar, 12 mai 1809; Cass. 16 avril 1824; Bordeaux, 1er août 1834. — *Contrà* Toulouse, 29 avril 1820; 21 déc. 1837). Mais il est utile alors de donner copie de l'exploit de signification (Metz, 12 fév. 1817).

117. Lorsqu'une saisie immobilière est poursuivie à la requête d'un héritier ou d'un légataire, il peut être prudent de donner copie, en tête du commandement, des actes qui établissent la qualité d'héritier ou de légataire. Mais l'absence de copie de ces actes dans le commandement n'en entraînerait pas la nullité (Paris, 31 mars 1806; Bruxelles, 19 juin 1811; Rouen, 31 janv. 1823; Bordeaux, 25 mars 1829).

118. Dans le cas d'une saisie immobilière poursuivie par le créancier d'une rente viagère, ce créancier doit, dans le commandement, fournir la preuve de son existence. Cette preuve se fait ordinairement par la signification d'un certificat de vie. Il appartient, au surplus, aux juges d'en apprécier la suffisance (Paris, 4 juin 1807; 17 mars 1840; Cass. 18 juin 1817; 18 déc. 1841).—V. *Rente viagère.*

119. 2° Contenir élection de domicile dans le lieu où siége le tribunal qui doit connaître de la saisie, si le créancier n'y demeure pas (C.P.C., art. 673). L'élection de domicile doit être faite dans la ville même où siége le tribunal, à l'exclusion de tout autre lieu du ressort de ce tribunal, et la nullité résultant d'une élection irrégulière de domicile dans le commandement n'est pas réparée au moyen d'une élection régulière dans le procès-verbal de saisie (Bordeaux, 23 mai 1846).

120. L'élection de domicile que doit contenir le commandement est faite dans l'intérêt du débiteur seul, et non dans celui des tiers; ceux-ci ne peuvent donc faire au domicile élu les significations qu'ils ont à adresser au saisissant (Paris, 26 juin 1811; Grenoble, 16 janv. 1826).

121. Cette élection de domicile étant prescrite uniquement dans le but de faciliter au débiteur la signification des actes qu'il croit utiles à sa défense, le débiteur lui-même ne peut, par conséquent, faire signifier au domicile élu que les actes relatifs aux contestations incidentes qu'il élève contre la poursuite (Cass. 8 août 1809; Rouen, 25 juin 1812).

122. Ainsi, le débiteur ne peut valablement faire signifier au domicile élu un acte d'appel (Cass. 14 juin 1813; Paris, 21 oct. 1813; Colmar, 19 mars 1816. — *Contrà*, Toulouse, 15 juin 1839), ni des offres réelles (Rouen, 25 juin 1812; 13 juin 1845; Carré et Chauveau, *quest.* 2010. — *Contrà* Nimes, 23 janv. 1827). Mais il y peut faire signifier une opposition à la saisie (Nimes, 24 mess. an XIII. — V. *infrà*, n° 141).

123. L'élection de domicile faite dans le commandement cesse d'avoir son effet au moment de la dénonciation du procès-verbal de saisie au saisi, en ce qui concerne les actes qui doivent être signifiés au domicile de l'avoué constitué par le poursuivant dans le procès-verbal de saisie.

124. 3° Enoncer que, faute de paiement, il sera procédé à la saisie des immeubles du débiteur (C.P.C., art. 673). Il n'est pas nécessaire de désigner les immeubles que le créancier se propose de faire saisir, ni de dire que la saisie aura lieu au bout de trente jours.

125. Comme tous les exploits en général, le commandement tendant à saisie immobilière doit, à peine de nullité, être signifié à personne ou domicile (C.P.C., art. 673 et 715).

126. Pour le commandement fait à domicile, les règles générales tracées pour la signification des exploits doivent être observées (V. *Exploit*). Jugé spécialement que l'erreur dans la désignation de la rue où demeure le débiteur n'est pas une cause de nullité du commandement, si la personne du débiteur y est du reste indiquée d'une manière certaine (Lyon, 4 juin 1833).

127. Si le débiteur est sans domicile ni résidence connus, le commandement doit lui être signifié au parquet, non du tribunal qui a rendu le jugement en vertu duquel la saisie est poursuivie, ni du tribunal du lieu de la situation des biens, mais du tribunal du lieu où il avait son dernier domicile connu, avec affiche à la porte de ce tribunal (Paris, 3 fév. 1812).

128. Lorsqu'un huissier se présente au domicile indiqué du débiteur pour lui signifier un commandement tendant à saisie immobilière, la réponse que lui fait le concierge que le débiteur ne demeure plus dans la maison, et qu'il en est sorti après avoir vendu ses meubles et sans laisser sa nouvelle adresse, autorise l'huissier à considérer, sans plus d'information, le débiteur comme étant sans domicile ni résidence connus. Par conséquent, en pareil cas, le commandement ne doit pas être affiché à la porte du tribunal de l'arrondissement dans lequel la saisie immobilière doit être pratiquée, mais à la porte du tribunal du dernier domicile connu du débiteur; et il doit être visé par le procureur impérial près ce tribunal (Paris, 8 mars 1860 : *J. Huiss.*, t. 41, p. 181).

129. Le commandement doit être signifié à la personne ou au domicile du tuteur, en cette qualité, en cas de minorité ou d'interdiction du débiteur (C. Nap., art. 450); du mineur et du curateur, si le débiteur est émancipé (Art 482); du curateur, en cas de succession vacante (Art. 813); des syndics, en cas de faillite du débiteur (C. Comm., art. 443).

130. Le commandement peut être valablement signifié au domicile élu pour l'exécution de l'acte en vertu duquel la saisie doit être pratiquée (Nimes 21 mai 1808; Cass. 5 fév. 1811; 24 janv. 1816; Bourges, 27 juin 1823),—à moins que le débiteur ne soit décédé; le commandement signifié alors au domicile élu serait nul, et la nullité entraînerait celle de la saisie (Trib. civ. d'Auxerre, 1er déc. 1858 : *J. Huiss.*, t. 40, p. 109); dans ce dernier cas, l'exécution de l'acte doit être poursuivie contre les héritiers du débiteur par actes signifiés à ces derniers suivant la forme ordinaire.

131. 4° L'huissier doit faire dans le jour, viser l'original du commandement par le maire du lieu où il est signifié (C.P.C., art. 673), et ce à peine de nullité (Art. 715).

132. Les mots *dans le jour*, dont se sert l'art. 673, doivent être entendus en ce sens que le visa doit être obtenu dans la même journée ; il ne suffirait pas qu'il fût requis dans les 24 heures à partir du moment où la signification est faite (Paris, 29 août 1815 ; Carré et Chauveau, *quest.* 2210. — *Contrà* Rennes, 28 oct. 1816).

133. Le visa doit être donné sur l'original : il y aurait irrégularité s'il était apposé sur la copie (Metz, 29 fév. 1820 ; Cass. 2 fév. 1830). — Jugé que la copie ne doit pas, à peine de nullité, contenir la mention du visa apposé sur l'original (Bourges, 3 fév. 1832).

134. Le commandement doit être visé aussi bien lorsqu'il est signifié à personne que lorsqu'il l'est au domicile réel ou au domicile élu.

135. C'est le maire du lieu où le commandement est signifié qui doit en viser l'original. Dans les villes divisées en plusieurs arrondissements, le commandement, lorsqu'il est affiché à la porte et visé par le procureur impérial du tribunal du dernier domicile connu du débiteur, n'en doit pas moins être visé par le maire de l'arrondissement de ce domicile, et non par celui de l'arrondissement dans lequel se trouve situé le parquet du procureur impérial (Paris, 8 mars 1860 : *J. Huiss.*, t. 41, p. 182).

136. En cas d'absence ou d'empêchement du maire ou de l'adjoint, le commandement doit être visé par l'adjoint ou celui des adjoints qui est le premier dans l'ordre du tableau, ou par les conseillers municipaux dans le même ordre, conformément à l'art. 5 de la loi du 21 mars 1831 et à l'art. 14 de la loi du 18 juill. 1837. Si le visa est donné par un conseiller municipal, l'huissier doit constater l'empêchement ou l'absence du maire ou de l'adjoint. Mais, lorsque l'adjoint remplit les fonctions de maire, il y a présomption suffisante que le maire est absent ou empêché ; il n'est pas alors nécessaire que l'huissier constate l'absence ou l'empêchement du maire (Cass. 12 juin 1839).

137. Le visa peut être donné par le maire ou l'adjoint, bien qu'ils soient parents du saisi (Bourges, 1er juill. 1820 ; Nîmes, 6 fév. 1828), ou du saisissant. Décidé aussi que le visa est valablement donné par le débiteur lui-même, s'il est maire de sa commune (Douai, 3 janv. 1825). V., au surplus, *Formule* 1.

2° *Opposition.*

138. Quoique le commandement ne soit qu'une formalité pour parvenir à l'exécution, le débiteur peut néanmoins en demander la nullité, avant la saisie, par voie d'opposition (Toulouse, 11 janv. 1832). Mais le droit de former opposition au commandement n'appartient point aux tiers, alors même qu'ils se prétendraient propriétaires des immeubles sur lesquels devra porter la saisie ; ils ne peuvent que demander la distraction desdits immeubles après la saisie pratiquée (Besançon, 19 fév. 1811).

139. Le débiteur est recevable à s'opposer au commandement, soit parce qu'il contiendrait un vice de forme qui le rendrait nul, et, dans ce cas, la nullité doit être proposée avant toute défense au fond, — soit parce que la créance aurait été éteinte au moyen d'un paiement, d'une prescription ou d'une compensation (Besançon, 30 avril 1813 ; 13 août 1817 ; 23 avril 1825).

140. Mais il ne peut demander la nullité du commandement, soit par le motif qu'il a été fait pour une somme plus forte que celle qui est véritablement due (Bordeaux, 4 avril 1826), soit sous le prétexte qu'il existe des saisies-arrêts pratiquées entre ses mains par les créanciers de son créancier, pour des sommes supérieures à celles dont il est lui-même débiteur (Poitiers, 30 déc. 1841).

141. L'opposition doit être formée par exploit contenant assignation ; elle peut être signifiée au domicile élu dans le commandement (V. *suprà*, n° 122); elle doit être portée devant le tribunal de la situation des biens dont la saisie est poursuivie, et non devant le tribunal qui a rendu le jugement en vertu duquel le commandement a été fait (Bruxelles, 3 mai 1821). — V. *Formule* 2.

142. L'élection de domicile, qui, dans le commandement, est faite, conformément à l'art. 673, au lieu de la situation des immeubles à saisir, est, à l'égard de toutes les contestations que soulèvent les actes qui y peuvent être signifiés, attributive de juridiction au tribunal de ce lieu. En conséquence, c'est devant ce tribunal, et non devant celui du domicile du débiteur, que l'opposition au commandement doit être portée (Douai, 19 fév. 1857 : *J. Huiss.*, t. 39, p. 169).

143. ... Encore bien que cette opposition, tendant à la discontinuation des poursuites, soit fondée sur l'interprétation des clauses du titre de la créance, et que ce titre contienne attribution expresse de juridiction au tribunal du domicile du créancier (Paris, 8 mai 1851).

144. Décidé, toutefois, que, lorsqu'un commandement a été attaqué par le débiteur devant le tribunal du domicile du créancier, par le motif que la créance est éteinte, le débiteur dont les biens ont été saisis ne peut pas, incidemment à la saisie immobilière, demander la nullité de forme du commandement devant le tribunal de la situation des biens, parce que son action au fond devant le premier tribunal a couvert toute nullité de forme de ce commandement (Poitiers, 23 janv. 1850 : *J. Huiss.*, t. 31, p. 226).

145. En principe, il est nécessaire de faire statuer sur l'opposition avant de passer outre à la saisie (Cass. 1er fév. 1830). Toutefois, lorsque le commandement a eu lieu en vertu d'un jugement passé en force de chose jugée, l'opposition faite à ce commandement ne constitue pas un obstacle légal à la continuation des poursuites. La validité de la saisie est bien, il est vrai, subordonnée à celle du commandement. Mais la saisie n'est pas nulle par cela seul qu'elle a été opérée nonobstant l'opposition au commandement (Colmar, 12 mai 1819 ; Nîmes, 18 mars 1831 : *J. Huiss.*, t 44, p. 116).

146. De même, l'opposition au commandement n'est point un obstacle à la saisie, lorsqu'il y est procédé en vertu d'un acte notarié revêtu de toutes les formalités (Colmar, 14 avril 1815 ; Bourges, 23 avril 1855), sauf au créancier poursuivant, comme dans le cas précédent, à supporter les frais de la procédure par lui faite, si l'opposition est plus tard reconnue fondée (Poitiers, 29 juill. 1851 : *J. Huiss.*, t. 33, p. 52).

147. Le commandement portant atteinte au crédit du débiteur peut, si le jugement sur l'opposition reconnaît, en l'annulant, que le prétendu créancier, à la requête duquel il a été signifié, n'avait pas le droit de le faire, donner lieu contre ce créancier à des dommages-intérêts au profit du débiteur (Toulouse, 11 janv. 1831). Les dommages-intérêts seraient encore plus considérables si la saisie immobilière avait été pratiquée au mépris de l'opposition et annulée plus tard.

148. L'instance sur l'opposition suspend le délai de péremption du commandement : d'où il suit que, quelle qu'ait été la durée de cette instance, le créancier, qui a obtenu gain de cause, peut faire procéder à la saisie en vertu de ce commandement ; il n'est pas nécessaire qu'il en fasse signifier un nouveau (Cass. 7 juill. 1818).

149. Lorsque le débiteur a formé une opposition pure et simple, sans demande en nullité, à un commandement tendant à saisie immobilière, le

créancier peut l'assigner immédiatement en mainlevée de cette opposition.
S'il n'est donné aucune suite à cette assignation, le créancier peut, après
l'expiration des délais fixés pour la péremption du commandement, et en
déclarant s'en désister ainsi que de tout ce qui l'a suivi, faire signifier un
nouveau commandement, et poursuivre l'expropriation. Il ne saurait alors
lui être objecté qu'il aurait dû préalablement faire prononcer par le tribunal la mainlevée de l'opposition formée au premier commandement
(Bruxelles, 3 nov. 1810).

§ 2. — Délai entre le commandement et la saisie.

150. La saisie immobilière ne peut être faite que trente jours après le
commandement (C.P.C., art. 674). Ce délai de trente jours étant un délai
prohibitif doit être franc (Trib. civ. de Condom, 19 déc. 1846 ; Chauveau,
quest. 2217, I).

151. C'est un délai de faveur qui est accordé au débiteur pour se libérer; par conséquent, dans le silence de l'art. 674 sur ce point, il n'y a
pas lieu d'appliquer ici la disposition de l'art. 1033, C.P.C., quant à l'augmentation des délais à raison des distances. C'est donc avec raison
qu'il a été décidé que le délai de trente jours, qui doit séparer le commandement de la saisie immobilière, ne doit pas être augmenté à raison de la
distance qui existe entre le domicile du créancier et celui du débiteur (Cass.
8 avril 1862 : J. Huiss., t. 44, p. 149. V. aussi, en ce sens, Chauveau,
quest. 2217, III).

152. Toutefois, il a été décidé qu'il n'est pas nécessaire de laisser un
délai de trente jours entre la radiation d'une première saisie et le procès-
verbal de la seconde ; la disposition précitée de l'art. 674 n'est pas applicable à ce cas (Cass. 24 mars 1835).

153. La loi, en disposant que la saisie immobilière ne peut être faite que
trente jours après le commandement a également déterminé la durée du
commandement, c'est-à-dire le temps à l'expiration duquel il ne peut plus
servir de base à la saisie. « Si le créancier, porte l'art. 674, C.P.C., laisse
écouler plus de quatre-vingt-dix jours entre le commandement et la saisie, il sera tenu de le réitérer dans les formes et avec les délais ci-dessus. »

154. Les deux dispositions de l'art. 674, C.P.C., s'appliquent aussi
bien dans le cas de sommation faite à un tiers détenteur que lorsqu'il s'a-
git de commandement fait au débiteur originaire. Mais, pour faire courir
le délai de trente jours à l'égard du tiers détenteur, la sommation doit le
mettre en demeure, non pas seulement de notifier son contrat d'acquisition, mais de payer ou de délaisser (Paris, 17 fév. 1853 : J. Huiss., t. 34,
p. 327).

155. Ainsi, dans ce cas, est nulle la saisie immobilière pratiquée avant
qu'il se soit écoulé un délai de trente jours depuis la sommation faite au
tiers détenteur, de même qu'elle ne peut plus avoir lieu après les quatre-
vingt-dix jours à partir de cette sommation (Chauveau, quest. 2218).

156. Lorsque les immeubles, qui doivent faire l'objet de la saisie, se
trouvent en la possession d'un unique détenteur, le délai de trente jours
court du jour de la sommation qui lui est faite : à cet égard pas de difficulté. Dans le cas où un même immeuble est possédé individuellement par
plusieurs tiers détenteurs, si alors une sommation est faite par originaux
séparés à chacun d'eux, le délai de trente jours à l'expiration duquel la
saisie peut être pratiquée ne commence à courir qu'à partir de la date de
la dernière sommation. Le tiers détenteur auquel a été faite la dernière
sommation peut, en effet, en faisant offre, avant l'expiration du délai de
trente jours, de payer tant pour son compte que pour celui de ces codé-

tenteurs, avec lesquels il a un intérêt indivis, éviter le délaissement ou la saisie.

157. Supposons maintenant qu'il s'agisse d'immeubles distincts hypo-théqués à une même dette et possédés divisément par plusieurs détenteurs. L'huissier, chargé de poursuivre la saisie de ces immeubles, a, après commandement préalable au débiteur, fait d'abord une première sommation par un seul original à des détenteurs de quelques-uns des immeubles, et postérieurement une seconde sommation aussi par un seul acte aux détenteurs des autres immeubles. Dans ce cas, nous croyons que la saisie qu'il pratique à l'égard des premiers détenteurs plus de trente jours après la sommation qui leur a été faite, mais avant l'expiration des trente jours à partir de la sommation faite aux seconds détenteurs, et par continuation à l'égard de ceux-ci après ces trente jours, ne peut être déclarée nulle en ce qui concerne ces derniers, alors surtout que l'huissier n'a fait qu'un seul procès-verbal, pour la rédaction duquel il a employé autant de vacations qu'il y avait d'immeubles possédés par les tiers détenteurs divisément sommés (V. *J. Huiss.*, t. 34, p. 61, réponse à une question proposée).

158. Le délai de quatre-vingt-dix jours est, comme celui de trente jours, un délai franc ; ainsi, dans le calcul des quatre-vingt-dix jours, on ne doit comprendre ni le jour du commandement ni celui de la saisie (Rouen, 16 mai 1842 ; Trib. civ. de Condom, 19 déc. 1846 ; Carré et Chauveau, quest. 2217 ; *J. Huiss.*, t. 38, p. 239, réponse à une question proposée). — Au contraire, d'après un arrêt de la Cour de Lyon, du 30 janv. 1858 (*J. Huiss.*, t. 39, p. 272), la saisie immobilière doit, à peine de déchéance, être faite avant l'expiration du quatre-vingt-dixième jour après le commandement ; elle n'est pas valablement opérée le quatre-vingt-onzième jour. Dans ce dernier système, le jour de la signification du commandement reste seul en dehors du délai.

159. Du reste, la disposition de l'art. 674, C.P.C., qui veut que, lorsqu'il s'est écoulé plus de quatre-vingt-dix jours depuis le commandement, il soit réitéré préalablement à la saisie, n'est pas applicable lorsqu'un obstacle sérieux contre les poursuites du créancier est venu interrompre ou suspendre ce délai et en prolonger ainsi la durée (Riom, 21 ou 23 mai 1854 : *J. Huiss.*, t. 35, p. 312, et t. 36, p. 323), ou lorsque le saisissant s'est trouvé dans l'impossibilité d'agir par le fait du saisi (Cass. 23 juill. 1849 : *J. Huiss.*, t. 31, p. 83).

160. Spécialement, les contestations élevées entre le créancier et le débiteur, qui sont un obstacle à la saisie, et par exemple l'opposition formée par le saisi au commandement, suspendent le cours du délai de quatre-vingt-dix jours (Cass. 19 juill. 1837 ; 23 mars 1841 ; Rouen, 16 mai 1842 ; Paris, 9 mars 1852 ; Riom, 21 ou 23 mai 1854 : arrêt précité. — *Contrà* Poitiers, 29 juill. 1851 : *J. Huiss.*, t. 33, p. 52).

161. Dans ce cas, le délai se trouve interrompu depuis le jour où l'opposition a été formée jusqu'au moment de la signification du jugement qui rejette cette opposition ; il reprend son cours à partir de cette signification (Riom, 21 ou 23 mai 1854 : arrêt précité).

162. En dehors de ce cas, le commandement est périmé par l'expiration du délai de quatre-vingt-dix jours ; la péremption est encourue de plein droit ; il n'est pas nécessaire de la faire prononcer. Si néanmoins la saisie immobilière était faite plus de quatre-vingt-dix jours après le commandement, la nullité qui en résulterait devrait être proposée trois jours au moins avant la publication du cahier des charges (C.P.C., art. 728).

163. Toutefois, l'art. 674, en obligeant le créancier de réitérer le commandement, lorsqu'il s'est écoulé depuis plus de quatre-vingt-dix jours, sans que la saisie ait été faite, n'exige pas que la saisie soit terminée dans ce délai ; il suffit que le procès-verbal soit commencé dans les quatre-vingt-dix jours de la date du commandement et continué sans interruption ; la saisie n'est pas nulle parce qu'elle n'a été achevée qu'après l'expiration de ce délai (Orléans, 29 juin 1847 ; Cass. 31 janv. 1848 : *J. Huiss.*, t. 29, p. 254 ; Nimes, 9 août 1849 : t. 31, p. 9).

164. Du reste, le commandement périmé n'est réputé non avenu que relativement aux poursuites de saisie immobilière ; il continue de valoir comme acte interruptif de la prescription, conformément à l'art. 2244, C. Nap. (V. *Prescription*).

165. Les frais du commandement périmé ne peuvent être employés en frais de saisie et de vente et prélevés sur le prix. Mais ils n'en doivent pas moins, ce semble, rester à la charge du débiteur, qui est en faute de n'avoir pas rempli ses engagements à l'échéance.

§ 3. — *Pouvoir nécessaire à l'huissier chargé de saisir.*

166. La saisie immobilière ne peut être faite que par un huissier, qui n'a pas besoin d'être assisté de témoins, comme en matière de saisie-exécution (C.P.C., art. 673 et 675). Mais, indépendamment de la grosse du titre, que l'huissier doit avoir en sa possession, il doit être porteur d'un pouvoir spécial (C.P.C., art. 556). — V. *Formule 3.* — V. *Huissier.*

167. Il n'est pas nécessaire, que ce pouvoir soit donné par acte authentique ; il peut l'être par acte sous seing privé (Bruxelles, 13 juin 1807 ; Cass. 15 avril 1822).

168. Lorsqu'une saisie immobilière est faite à la requête de deux créanciers, elle n'est pas nulle parce que le pouvoir spécial n'a été signé que par l'un d'eux (Cass. 20 (et non 10) avril 1818 : *J. Huiss.*, t. 2, p. 94 et suiv.). Mais elle n'est valable qu'à l'égard du saisi, de l'huissier et du créancier qui a signé le pouvoir (Chauveau, *Lois de la procéd.*, t. 4, p. 531, note), et non à l'égard du créancier non signataire (V. *infrà*, n° 484).

169. L'huissier doit représenter au débiteur, à la première réquisition de sa part, le pouvoir spécial dont il doit être porteur ; mais il n'est pas obligé, à peine de nullité, d'en signifier ou d'en remettre une copie au saisi avant la saisie (Metz, 16 juill. 1813 ; Cass. 4 oct. 1814 ; 12 janv. 1820 ; Rennes, 28 oct. 1816).

170. De ce que l'huissier est tenu de justifier de l'existence du pouvoir spécial au moment de la saisie, il a été décidé que ce pouvoir devait avoir une date certaine antérieure à la saisie, et que, par conséquent, il devait être préalablement enregistré (Rouen, 1er juin 1812 ; Colmar, 3 juin 1812 ; Trèves, 23 déc. 1812). Mais cette solution n'est pas celle qui a prévalu ; il a été, en effet, généralement décidé que l'enregistrement préalable du pouvoir spécial n'était pas nécessaire, et qu'il suffisait qu'il fût démontré aux juges que le pouvoir spécial existait au moment de la saisie (Cass. 12 mai 1813 ; 24 janv., 12 juill. et 10 août 1814 ; 15 avril 1822 ; Colmar, 8 janv. 1820 ; Paris, 28 déc. 1820 ; Orléans, 6 déc. 1833).

171. Une procuration générale, portant pouvoir de faire procéder à toute saisie immobilière, sans indication des noms et des biens du débiteur, et donnée avant le jugement qui a servi de base aux poursuites, ne peut être considérée comme constituant un pouvoir spécial dans le sens de l'art. 556, C.P.C. (Orléans, 14 août 1838).

172. Jugé, cependant, que l'huissier procède valablement à une saisie immobilière en vertu d'un pouvoir donné en blanc, s'il l'a rempli avant de commencer la saisie ; peu importe que la remise du pouvoir en blanc ait été faite à un huissier qui depuis a vendu son office et que ce pouvoir ait été rempli par son successeur (Riom, 7 mai 1818).

173. Mais, après l'enregistrement d'un pouvoir spécial donné à un huissier, il ne peut être substitué à son nom celui d'un autre huissier (Rouen, 4 fév. 1819).

174. L'huissier qui, muni d'un pouvoir spécial, a procédé à une saisie immobilière, peut, en vertu du même pouvoir, procéder à une seconde saisie, lorsque la première a été abandonnée (Nîmes, 30 mai 1812; Cass., 4 oct. 1814; 12 janv. 1820).

175. Jugé aussi que, lorsqu'une saisie immobilière a été déclarée nulle pour vice de forme, l'huissier peut valablement pratiquer une seconde saisie en vertu du pouvoir spécial qui lui avait servi pour procéder à celle qui a été annulée (Trib. civ. de Nevers, 23 avril 1853 : *J. Huiss.*, t. 35, p. 54). Le pouvoir ne contient pas mandat de faire strictement une seule saisie; il ne peut surtout être interprété qu'en ce sens qu'il autorise une saisie valable; or, la saisie pratiquée étant nulle est censée n'avoir jamais existé (Chauveau, *J. Huiss.*, loc. cit., note).

176. Il n'est pas indispensable que le pouvoir spécial, dont l'huissier doit être porteur, émane du saisissant lui-même; ce pouvoir peut être conféré par un mandataire général au nom du mandant (Paris, 28 déc. 1820; Bruxelles, 5 janv. 1822).

177. L'huissier procède valablement à une saisie immobilière en vertu d'un pouvoir spécial que lui a donné le créancier décédé depuis, si le décès ne lui a pas été notifié et s'il a agi de bonne foi (Paris, 13 fév. 1826).

178. S'il peut être utile que l'huissier mentionne dans le procès-verbal de saisie le pouvoir spécial dont il est porteur, cette mention cependant n'est pas nécessaire; la loi n'exige point, en effet, que le procès-verbal de saisie constate que l'huissier avait un pouvoir de la faire (Besançon, 18 mars 1808; Paris, 2 août 1814; 16 nov. 1815). Mais, lorsque l'huissier énonce dans le procès-verbal le pouvoir spécial, ce pouvoir doit alors être préalablement enregistré, ou annexé au procès-verbal et soumis en même temps à la formalité de l'enregistrement : autrement le receveur de l'enregistrement serait fondé à relever contre l'huissier une contravention à l'art. 44 de la loi du 22 frim. an vii (*J. Huiss.*, t. 42, p. 179, ma réponse à une question proposée).

179. Décidé, au contraire, que l'huissier qui, dans un procès-verbal de saisie immobilière, mentionne le pouvoir spécial que lui a donné le saisissant, sans que ce pouvoir ait été préalablement enregistré, n'est passible d'aucune amende envers l'enregistrement (Trib. civ. de Neufchâteau, 5 déc. 1851 : *J. Huiss.*, t. 34, p. 242. — V. toutefois les observations critiques insérées à la suite de ce jugement).

180. La saisie immobilière, à laquelle un huissier procéderait sans pouvoir spécial ou en vertu d'un pouvoir insuffisant, serait nulle; et la nullité pourrait être invoquée par le saisi, nonobstant la ratification faite après coup par le créancier saisissant (Lyon, 4 sept. 1810; Cass. 6 janv. 1812; Orléans, 11 août 1838).

181. Jugé aussi, en ce sens, que, dans le cas de saisie immobilière pratiquée à la requête de plusieurs créanciers, dont l'un d'eux seulement a signé le pouvoir spécial remis à l'huissier, en se portant fort pour les autres, la saisie immobilière est nulle à l'égard de ces derniers, nonobstant leurs ratifications ultérieures (Metz, 29 janv. 1861 : *J. Huiss.*, t. 42, p. 93). — V. *supra*, nº 168.

182. Il résulte de là que la nécessité d'être muni d'un pouvoir spécial n'est pas imposée à l'huissier dans son intérêt seulement, mais aussi dans l'intérêt du saisi et du poursuivant. Il ne pourrait donc suffire que, dans le cas de contestation de la part du saisi sur le droit de l'huissier, fondée sur ce qu'il n'aurait pas été porteur, au moment de la saisie, d'un pouvoir spécial, le poursuivant vînt déclarer, par écrit ou verbalement, qu'il avait chargé l'huissier de procéder en son nom à la saisie. S'il n'est pas établi que, lors de la saisie, l'huissier était réellement porteur d'un pouvoir spécial régulier, la saisie doit être annulée (V. supra, nos 170 et 180).

183. Du reste, le pouvoir spécial n'est nécessaire que pour la saisie ; il n'est pas besoin que ce pouvoir précède le commandement, et il n'est pas exigé pour les autres actes de la poursuite (Besançon, 16 déc. 1812), qui, dès lors, peuvent être faits par tous autres huissiers, sans pouvoir spécial.

ART. VI. — De la saisie.

§ 1er. — Procès-verbal de saisie.

184. La saisie se fait par un procès-verbal qui doit contenir toutes les formalités communes à tous les exploits et est en outre soumis à certaines formalités spéciales ; les unes et les autres sont prescrites à peine de nullité (C.P.C., art. 675 et 715).

1° Formalités communes à tous les exploits.

185. En soumettant le procès-verbal de saisie aux formalités communes à tous les exploits, l'art. 675 exige qu'il contienne :

1° La date des jour, mois et an.

186. 2° Les noms, profession et domicile du saisissant. — L'indication du nom propre, sans celle des prénoms, suffit, si, d'ailleurs, l'identité du saisissant n'est pas douteuse. — Dans le même cas, le défaut de mention de la profession du saisissant n'entraînerait pas nullité du procès-verbal (Cass. 19 août 1814). — L'énonciation de la demeure du saisissant équivaut à celle du domicile (Bruxelles, 4 avril 1810).

187. 3° Les noms, demeure et immatricule de l'huissier. — Si plusieurs vacations sont employées à une saisie immobilière, il suffit que l'immatricule de l'huissier soit énoncé dans le procès-verbal de la première vacation (Bordeaux, 20 janv. 1842).

188. 4° Les noms, demeure et profession du saisi. — L'énonciation des prénoms de la partie saisie n'est pas, cependant, prescrite à peine de nullité (Paris, 20 août 1814). — L'indication de la demeure du saisi peut être remplacée par des énonciations équipollentes (Cass. 24 mars 1835). Est suffisante l'indication du domicile empruntée à des actes extrajudiciaires signifiés à la requête du saisi, encore bien qu'il ait un autre domicile, si ce domicile n'est pas connu (Bourges, 15 juin 1835). — Le défaut de mention de la profession ou de la qualité du saisi ne serait pas une cause de nullité du procès-verbal, si elles n'étaient pas connues, ou si, d'ailleurs, aucune méprise ne pouvait exister sur sa personne.

189. 5° Le lieu où le procès-verbal est dressé, et le coût de ce procès-verbal.

Il n'est pas fait de remise immédiate de copie du procès-verbal ; et aucune mention de parlant à n'est prescrite.

2° Formalités spéciales.

190. Outre les formalités communes à tous les exploits, le procès-verbal de saisie doit contenir :

1° L'énonciation du titre exécutoire en vertu duquel la saisie est faite (C.P.C., art. 675). L'énonciation de ce titre suffit parce qu'il en est donné copie entière en tête du commandement. Si c'est une obligation notariée, l'huissier en relate la nature, la date et le nom du notaire qui l'a reçue ; si c'est un jugement, il en indique la date et l'objet, avec mention du tribunal qui l'a rendu.

191. Mais le défaut d'énonciation du commandement qui a précédé une saisie immobilière, dans le procès-verbal, n'est point une cause de nullité de la saisie, aucune disposition de la loi ne prescrivant cette énonciation (Riom, 21 ou 23 mai 1854 : J. Huiss., t. 35, p. 311, et t. 36, p. 323).

192. 2° La mention du transport de l'huissier sur les biens saisis (C. P.C., art. 675). — Le transport de l'huissier sur les biens saisis est indispensable ; la mention qu'il s'est transporté dans la commune de la situation de ces biens ne satisferait pas aux prescriptions de la loi (*Contrà* Besançon, 20 nov. 1816).

193. Il n'est aucune partie du procès-verbal de saisie qui, d'après le texte ou l'esprit de la loi, soit spécialement consacrée à recevoir la mention du transport de l'huissier. Il suit de là que cette mention peut être faite dans quelque partie que ce soit du procès-verbal. Ainsi, lorsqu'une saisie comprend des immeubles situés dans diverses communes, le transport de l'huissier, sur chacun de ces immeubles, est régulièrement mentionné en tête de la partie du procès-verbal relative à chaque commune, et, en outre, dans la partie qui précède immédiatement la clôture du procès-verbal ; il n'est pas nécessaire qu'il soit mentionné à la fin de chaque procès-verbal partiel (Pau, 4 août 1857 : J. Huiss., t. 38, p. 336).

194. S'il peut être convenable que le procès-verbal de saisie soit rédigé sur les lieux mêmes, il n'y a pas cependant nullité lorsque l'huissier le rédige ailleurs (Paris, 28 déc. 1820). Il n'est pas non plus nécessaire qu'il soit écrit en entier de la main de l'huissier ; il peut l'être par un clerc (Paris, 20 janv. 1823).

195. Lorsque les immeubles à saisir se trouvent dans diverses communes situées au delà d'un demi-myriamètre du lieu de la résidence de l'huissier, et où il ne peut, soit à cause de la distance qui les sépare, soit à cause de l'importance des immeubles compris dans chacune d'elles, se rendre le même jour, il n'est pas douteux qu'il a droit à une indemnité distincte pour son transport successif dans chacune de ces communes (Pau [Sol. impl.], 4 août 1857 : J. Huiss., t. 38, p. 335 et suiv.).

196. Si, dans la même journée, l'huissier se rend dans deux communes différentes, situées sur la même ligne, pour y saisir les immeubles que possède le débiteur, l'indemnité se calcule sur la plus longue distance qu'il a parcourue.

197. Quand les immeubles se trouvent dans la même commune, l'huissier ne peut être contraint d'y séjourner pendant les quelques jours nécessaires pour en opérer la saisie complète. La nature de l'exercice de ses fonctions, les autres affaires dont il peut être chargé, paraissent exiger qu'il revienne chaque jour à son étude. La loi elle-même ne l'admet-elle pas, puisqu'elle n'a déterminé le droit de transport qui lui est dû qu'en vue d'une absence d'un jour (C.P.C., art. 62 ; Tar. 16 fév. 1807, art. 66, § 2 ; Ord. 10 oct. 1841, art. 5)? Il résulte de là que, dans le cas dont il s'agit, il y a lieu d'allouer à l'huissier une indemnité de transport pour chaque journée de voyage que nécessite de sa part, dans la même commune, l'opération de la saisie immobilière dont il est chargé (V., en ce sens, J. Huiss., t. 44, p. 234, ma réponse à une question proposée).

198. La loi n'exige pas, au surplus, que la saisie immobilière soit opérée sans discontinuation : ce qui serait même quelquefois impossible, si, par exemple, le lendemain du jour où l'huissier aurait commencé à y procéder se trouvait un jour férié. Mais, l'huissier doit, dans l'intérêt du créancier saisissant, avoir soin de remettre l'opération au jour le plus prochain.

199. Lorsqu'il y a interruption d'un ou de plusieurs jours dans les opérations de la saisie, l'huissier peut procéder soit par voie de continuation, sur le même procès-verbal, surtout si les immeubles restant à saisir sont situés dans la même commune que ceux déjà saisis, soit par voie de procès-verbaux distincts et séparés.

200. Dans l'un et l'autre cas, il importe de mentionner l'ouverture et la clôture de chaque vacation. Toutefois, il a été décidé qu'il n'y avait pas nullité du procès-verbal qui ne contenait pas cette mention (Paris, 20 janv. 1823).

201. Lorsque l'huissier procède par vacations à une saisie immobilière, chacune des vacations, alors même qu'elles sont transcrites à la suite l'une de l'autre, sur la même feuille de timbre, n'en constitue pas moins un acte distinct et séparé, et, par suite, doit, non-seulement être enregistrée au droit fixe, mais aussi être présentée à la formalité de l'enregistrement dans les quatre jours de sa date (V. *J. Huiss.*, t. 41, p. 34, ma réponse à une question proposée).

202. 3° L'indication des biens saisis (C.P.C., art. 675).

1° *Biens urbains.*

Lorsqu'il s'agit de la saisie d'une maison située dans une ville, il n'est plus nécessaire, comme autrefois, de décrire extérieurement cette maison. Mais l'huissier doit indiquer, — à peine de nullité du procès-verbal, et sans qu'on puisse soutenir que les mentions autres que celles prescrites par la loi sont suffisantes pour ne laisser aucune incertitude sur l'immeuble saisi, — l'arrondissement, la commune, la rue, le numéro, s'il y en a, et, dans le cas contraire, deux au moins des tenants et aboutissants (C.P.C., art. 675).

203. Quoique la nullité d'un procès-verbal de saisie immobilière ait été prononcée pour défaut d'indication de l'arrondissement de la situation des biens saisis, encore que la commune chef-lieu de cet arrondissement y fût énoncée (Aix, 25 fév. 1808), nous croyons néanmoins que l'arrondissement, dans lequel une maison saisie immobilièrement est située, est suffisamment désigné dans le procès-verbal de saisie par l'indication de la ville où elle existe (Rennes, 14 août 1813).

204. D'ailleurs, aucune forme n'est prescrite pour la désignation de l'arrondissement; le vœu de la loi est rempli la désignation est faite par équivalents : par exemple, il n'y a pas nullité si l'indication de l'arrondissement se trouve dans la copie de la matrice du rôle qui fait partie du procès-verbal où elle est insérée (Liége, 26 mars 1824), ou si le procès-verbal contient l'indication du canton et du département de la situation des biens saisis, alors qu'il n'existe qu'un seul canton de ce nom (Cass. 30 déc. 1851 : *J. Huiss.*, t. 33, p. 333).

205. Le défaut d'indication de la commune où la maison est située, soit que le nom de cette commune ait été omis, soit qu'il ait été remplacé par le nom d'une autre commune, est une cause de nullité du procès-verbal (Bordeaux, 1er mai 1816).

206. Il en est de même de l'omission ou de la fausse indication de la rue où se trouve la maison saisie (Besançon, 17 déc. 1808; Paris, 8 juin 1812). Mais l'erreur sur le nom de la rue n'annule pas le procès-verbal, lorsque les autres énonciations qu'il contient sont telles qu'aucune incertitude ne peut exister sur la nature et l'identité de l'immeuble (Cass. 8 déc. 1851).

207. Le numéro, s'il y en a, ajouté aux indications qui précèdent, fait connaître sans confusion possible l'immeuble saisi La loi ne prescrit l'indication de deux au moins des tenants et aboutissants que lorsqu'il n'existe pas de numéro. Il semblerait résulter de là que, s'il y avait un numéro, l'indication de ce numéro ne pourrait être remplacée par celle de deux tenants et aboutissants. Cependant, si cette dernière indication ne laissait aucun doute sur l'identité de l'immeuble saisi, nous pensons qu'il serait rigoureux de prononcer la nullité du procès-verbal pour omission du numéro. Il y a là un équipollent suffisant.

208. Lorsqu'un jardin est attenant à la maison saisie, il peut être considéré comme l'accessoire de celle-ci et compris comme tel dans la saisie, avec la seule indication de sa nature et de sa contenance approximative.

2° *Biens ruraux.*

209. Si la saisie doit porter sur des biens ruraux, — et ont été considérés comme tels une maison et un jardin situés aux portes d'une ville, bien qu'en dedans des limites de l'octroi (Toulouse, 26 mai 1837), — le procès-verbal doit contenir la désignation des bâtiments, quand il y en a, la nature et la contenance approximative de chaque pièce, le nom du fermier ou colon, s'il y en a, l'arrondissement et la commune où les biens sont situés (C. P. C., art. 675).

210. Les bâtiments doivent être désignés sans en faire la description extérieure et en termes généraux (Bordeaux, 13 mars 1832). Ainsi, ils se désignent en énonçant qu'ils consistent en granges, étables, four, logements de maître ou de fermier, en d'autres termes en indiquant la destination particulière de chacun d'eux, de manière qu'ils puissent être facilement distingués.

211. Les biens, autres que les bâtiments sont désignés pièce par pièce ; il doit être fait un article pour chaque partie d'une propriété, qui a pour tenants ou aboutissants des propriétés appartenant à des tiers, ou qui se trouve séparée d'autres parties de la propriété du saisi par des haies, fossés ou autrement (Cass. 25 août 1842). Mais une pièce de terre divisée en plusieurs saisons, si elle n'est séparée par aucune clôture, peut être comprise dans un même article.

212. La nature des pièces s'exprime en énonçant si ce sont des terres labourables en récolte ou en guéret, des prés, des bois, des vignes, des oseraies, des landes, des bruyères. La désignation erronée ou inexacte de la nature d'un des immeubles saisis n'entraînerait pas la nullité de la saisie pour le tout, mais seulement quant à cet immeuble (Besançon, 8 mai 1840; Paris, 22 août 1811; Rouen, 27 juin 1822; Cass. 29 juill. 1828; Bordeaux, 3 fév. 1837).

213. Du reste, lorsqu'un procès-verbal de saisie immobilière constate que tous les biens qui se trouvent décrits dans la matrice cadastrale, dont il est donné copie, ont été saisis, si deux parcelles de bois taillis, par exemple, portées sur cette matrice, n'ont pas été spécifiées d'une manière distincte dans la désignation des articles saisis, elles doivent néanmoins être considérées comme comprises dans la saisie (Caen, 17 nov. 1857 : *J. Huiss.*, t. 39, p. 336).

214. La contenance approximative se désigne habituellement par le mot *environ.* Une légère erreur dans l'indication de la contenance ne serait pas une cause de nullité (Bordeaux, 20 déc. 1833 ; 3 fév. 1837), surtout si les autres indications et descriptions du procès-verbal ne laissaient aucun doute sur l'identité de l'objet saisi (Paris, 10 juin 1850 : *J. Huiss.*, t. 31, p. 318). Il n'y aurait pas non plus nullité pour fausse indication de la contenance réelle des biens saisis, si d'ailleurs cette indication était conforme à la matrice du rôle (Agen, 12 mars 1810). Et, comme l'omission de l'indication de la nature, l'omission de la contenance de l'un des objets saisis ne vicierait le procès-verbal que relativement à cet objet (Cass. 29 juill. 1828). — V. *infrà*, n° 229).

215. Lorsqu'il s'agit de biens ruraux, l'énonciation des tenants et aboutissants n'est en aucun cas exigée. C'est donc à tort qu'il a été décidé (Paris, 8 juin 1812) que l'absence d'indication de deux des tenants et aboutissants d'une pièce de terre rend nulle la saisie de cette pièce de terre.

216. Quand un immeuble est saisi en corps de domaine, la saisie comprend tous les immeubles par destination qui font partie de ce domaine, encore bien que le procès-verbal ne contienne l'énumération que de quelques-uns d'entre eux, cette énumération n'étant pas limitative (Grenoble, 8 fév. 1858 : *J. Huiss.*, t. 39, p. 142).

217. Il a même été décidé que la saisie d'un corps de domaine comprend celle des immeubles par destination qui en font partie, sans qu'il soit besoin de détailler et d'énoncer en quoi consistent lesdits immeubles. Ainsi, les bestiaux donnés à cheptel, les semences, fourrages, pailles et engrais, sont compris dans la saisie du domaine principal, encore qu'ils ne se trouvent pas mentionnés dans le procès-verbal (Riom, 30 août 1820 ; Cass. 11 avril 1833 ; Grenoble, 3 fév. 1851 ; Lyon, 7 avril 1853 : *J. Huiss.*, t. 33, p. 208. — *Contrà* Limoges, 26 juill. 1847 : *Bull. spéc. des Huiss.*, t. 3, p. 321; Poitiers, 13 juill. 1854 ; Montpellier, 31 juill. 1855). En présence de l'état de la jurisprudence, les huissiers agiront prudemment en indiquant, dans le procès-verbal de saisie, les immeubles par destination qui font partie du domaine saisi, avec le même soin que celui qu'ils doivent apporter à la désignation de ce domaine (V. *suprà*, n° 68).

218. Jugé, d'ailleurs, que les immeubles par destination sont suffisamment indiqués dans le procès-verbal de saisie par ces mots : *Circonstances et dépendances*, ajoutés à la suite de la désignation du corps du domaine (Cass. 14 janv. 1814). Spécialement, la saisie d'une filature *avec ses dépendances* comprend tous les objets et machines nécessaires à son exploitation, quoique non détaillés dans le procès-verbal (Bordeaux, 19 juill. 1849 : *J. Huiss.*, t. 31, p. 79).

219. Sont compris dans la saisie d'une maison en construction les objets, tels que croisées et volets, qui, après avoir été adaptés aux fenêtres de ladite maison, en ont été détachés momentanément, pour leur complet achèvement ; il en est de même des objets qui, comme des appuis de croisées en pierre de taille, étaient en place lors de la saisie, quoiqu'ils ne fussent pas encore scellés. Mais les matériaux destinés à être employés à la construction d'une maison, quoiqu'ils soient déjà préparés, ne sont pas compris dans la saisie (Caen, 17 nov. 1857 : *J. Huiss.*, t. 39, p. 336).

220. Lorsque les immeubles saisis sont exploités par des colons ou fermiers, l'art. 675, C.P.C., veut que le procès-verbal de saisie en mentionne le nom. Cette formalité s'accomplit en énonçant que les immeubles saisis ou que tels d'entre eux sont exploités actuellement par le sieur...., cultivateur, demeurant à.... C'est là une formalité indispensable. L'omission du nom du colon ou du fermier serait une cause de nullité. Si une partie seulement des biens saisis est affermée, l'omission du nom du fermier n'entraîne la nullité du procès-verbal que relativement à ces biens (Riom, 30 mai 1819).

221. Du reste, il n'est nécessaire d'indiquer le nom du fermier qu'autant qu'il exploite, qu'il est en possession (Bordeaux, 8 fév. 1817; Bourges, 15 juin 1833). L'huissier n'est point obligé de faire connaître les noms de colons ou fermiers qui ne sont point encore en possession au moment de la saisie (Carré et Chauveau, quest. 2236 et 2283). Ainsi, dans le cas de relocation de l'immeuble saisi, il n'est tenu que d'indiquer le nom du fermier encore exploitant, et non celui du fermier qui devra le remplacer (Bordeaux, 7 mai 1829).

222. Il n'est pas nécessaire d'énoncer si le bail est écrit, authentique ou sous seing privé, ou s'il est verbal, ni de dire combien de temps doit durer encore la jouissance du fermier en possession.

223. Dans le cas où il n'y a pas de colon ou de fermier, l'huissier l'exprime en disant que les biens saisis sont exploités par le saisi lui-même.

224. La nécessité de l'indication du nom du fermier ne s'applique qu'à l'égard des biens ruraux. Ainsi, lorsqu'il s'agit de la saisie d'une maison située à la campagne, la saisie n'est pas nulle pour défaut d'énonciation du nom du locataire (Bordeaux, 9 mai 1829). Cependant, il est prudent que l'huissier en fasse mention.

225. L'indication du nom des ouvriers ou journaliers employés à la culture de biens ruraux compris dans une saisie n'est point exigée (Bordeaux, 8 fév. 1817).

226. Enfin, en ce qui concerne l'indication, dans le procès-verbal, lorsqu'il s'agit de la saisie de biens ruraux, de l'arrondissement et de la commune où ces biens sont situés, l'huissier satisfait à la disposition de l'art. 675, qui la prescrit, en déclarant qu'il s'est transporté au hameau de..., commune de..., canton de..., arrondissement de..., sur les biens appartenant au sieur..., et dont la désignation suit (Cass. 12 nov. 1828). Ainsi, il n'est pas nécessaire de désigner l'arrondissement et la commune pour chaque immeuble saisi qui s'y trouve situé. Mais, si les immeubles sont situés dans des communes différentes, chaque commune doit être indiquée ; il ne suffirait pas de mentionner que les communes dans lesquelles sont situés les biens à saisir font partie du même arrondissement.

227. A défaut d'indication, dans le procès-verbal, de l'arrondissement dans lequel les immeubles saisis sont situés, il peut y être suppléé par des énonciations de ce procès-verbal autres que celles prescrites par le Code de procédure à peine de nullité, par exemple, par l'indication du bureau des hypothèques où a été prise une inscription qui grève ces immeubles, en vertu du titre même dont l'exécution est poursuivie, mais non par les autres indications exigées par l'art. 675 et par le visa prescrit par l'art. 676 (Bordeaux, 18 janv. 1854 : *J. Huiss.*, t. 35, p. 314).

228. Si la saisie comprend des bâtiments ruraux, il n'est pas nécessaire d'indiquer la rue où ils se trouvent, lorsqu'il y en a une ; la loi ne l'exige pas (Paris, 22 août 1811).

229. Le défaut de désignation ou la désignation incomplète de l'un des immeubles saisis ne peuvent entraîner la nullité de la saisie qu'à l'égard de cet immeuble ; la saisie subsiste pour les autres immeubles (C.P.C., art. 715). — V. *suprà*, n° 214.

230. 4° La copie *littérale* de la matrice du rôle de la contribution foncière pour les articles saisis (C.P.C., art. 675). L'*extrait* de la matrice du rôle dont se contentait l'ancien article du Code de procédure ne serait pas suffisant.

231. La copie littérale de la matrice du rôle doit être transcrite dans le procès-verbal de saisie, et après l'indication des biens saisis, qu'elle complète et dont elle indique la valeur. Toutefois, il a été décidé que la transcription de la copie de la matrice du rôle à la suite du procès-verbal, et même après qu'il avait été visé et enregistré, remplissait suffisamment le vœu de l'art. 675 (Orléans, 11 nov. 1846 ; *J. Huiss.*, t. 28, p. 312).

232. La copie de la matrice cadastrale, dont la loi exige l'insertion dans le procès-verbal de saisie, doit, ce nous semble, être sur timbre (L.

13 brum. an VII, art. 12, n° 1), et le timbre de cette copie est admis en taxe (*J. Huiss.*, t. 35, p. 17).

233. Toutefois, il résulte d'une solution de la régie du 26 oct. 1853 (*J. Huiss.*, t. 35, p. 300), que l'huissier, qui, dans un procès-verbal de saisie, transcrit la copie de la matrice cadastrale, sans mentionner le timbre de cette copie, n'encourt pas l'amende prononcée par l'art. 49 de la loi du 5 juin 1850 (V. aussi, en ce sens, *J. Huiss.*, même vol., p. 17 et 118 ; Chauveau, *quest.* 2237 *in fine*).

234. Pour obtenir la copie de la matrice du rôle, l'huissier doit s'adresser au maire de la commune de la situation des biens à saisir, la matrice du rôle les concernant étant déposée à la mairie de cette commune. Si le maire refuse de délivrer cette copie, l'huissier peut, après avoir fait sommation à ce fonctionnaire et constaté son refus, ou s'adresser à l'autorité administrative pour le contraindre à délivrer la copie, les tribunaux ordinaires étant incompétents pour prononcer cette contrainte (Cass. 26 avril 1830), ou se transporter à la direction des contributions directes du chef-lieu du département et adresser sa demande en délivrance de copie au directeur (Chauveau, *quest.* 2237), qui peut aussi bien que le maire délivrer la copie de la matrice du rôle (Bordeaux, 21 juill. 1832 ; 1er août 1834). L'ordonnance du 10 oct. 1841 n'alloue aucune vacation à l'huissier pour cet objet.

235. A défaut du maire, la copie de la matrice du rôle peut être délivrée par l'adjoint. — Jugé que, sur la communication qui lui est faite de la matrice du rôle, l'huissier peut en prendre lui-même la copie et en certifier l'exactitude (Caen, 21 fév. 1855 : *J. Huiss.*, t. 37, p. 19).

236. Le maire ou l'adjoint, qui refuseraient sans motif légitime de délivrer à l'huissier une copie de la matrice du rôle ou de lui communiquer cette matrice, se rendraient passibles de dommages-intérêts ; mais ils ne pourraient être poursuivis à cet effet devant les tribunaux ordinaires qu'en vertu d'une autorisation du Gouvernement (Cass. 26 avril 1830).

237. La disposition de l'art. 675, qui exige que le procès-verbal de saisie contienne la copie littérale de la matrice du rôle, ne peut, du reste, s'entendre, quant à son exécution, que dans un sens possible, régulier, pratique et légal (Riom, 8 nov. 1847 : *J. Huiss.*, t. 29, p. 223). Nul doute, donc, que s'il a été possible de se procurer une copie littérale de la matrice du rôle, le défaut de transcription de cette copie dans le procès-verbal de saisie en entraîne la nullité (Cass. 30 janv. 1855 : *J. Huiss.*, t. 36, p. 204).

238. Mais le procès-verbal de saisie ne peut être déclaré nul par cela seul qu'il ne contient pas la copie littérale de la matrice du rôle de la contribution foncière, alors que, par suite d'un événement de force majeure, la matrice du rôle de la commune de la situation de l'immeuble saisi a dû être déplacée et transportée dans une autre localité, si, d'ailleurs, l'huissier a transcrit le rôle de la contribution et désigné d'une manière suffisante l'immeuble qui était l'objet de la saisie (Trib. civ. de Péronne, 20 janv. 1858 : *J. Huiss.*, t. 39, p. 115).

239. De même, un procès-verbal de saisie ne peut être déclaré nul par ce que l'huissier, au lieu de la copie littérale de la matrice cadastrale, s'il n'y en a aucune qui soit applicable aux immeubles saisis, y a transcrit le certificat du directeur des contributions directes, attestant qu'il n'existe pas d'immeubles inscrits sur la matrice cadastrale sous le nom du saisi (Nîmes, 11 déc. 1854 : *J. Huiss.*, t. 36, p. 130).

240. S'il n'existait pas de matrice cadastrale pour la commune où les biens à saisir sont situés, ce fait devrait être prouvé par un certificat du maire, transcrit alors dans le procès-verbal de saisie. Décidé aussi que lorsque la matrice du rôle est tellement défectueuse qu'il est impossible d'en délivrer une copie relativement aux biens saisis, il suffit, pour la régularité du procès-verbal de saisie, que le certificat du maire attestant l'état défectueux de la matrice y soit inséré (Cass. 26 janv. 1831).

240. Le maire, dans son certificat, ne peut se borner à constater, comme cela est arrivé quelquefois, qu'il lui est *complétement impossible* de délivrer une copie littérale de la matrice cadastrale relativement aux immeubles saisis. Il convient qu'il y indique la cause de l'impossibilité. Ainsi, il doit dire si elle tient à l'absence de matrice cadastrale ou à l'état de défectuosité de cette matière.

242. Si les immeubles, qui font l'objet de la saisie, sont devenus la propriété du débiteur, soit par acquisition ou autrement, avant la reconfection de la matrice cadastrale pour la commune de leur situation, l'huissier doit, dans ce cas, obtenir un certificat du maire constatant qu'il n'existe pas encore de matrice du rôle pour l'année courante et une copie littérale de la matrice du rôle pour l'année précédente, c'est-à-dire une copie de la partie de cette matrice concernant les précédents propriétaires. En transcrivant dans son procès-verbal le certificat et cette copie, qu'il a d'ailleurs le soin de faire suivre de la déclaration que le débiteur est devenu propriétaire à telle époque et de telle manière des immeubles saisis, il satisfait alors suffisamment à l'art. 675, C.P.C. (V. *J. Huiss.*, t. 34, p. 59, ma réponse à une question proposée).

243. Toutefois, la copie de la matrice cadastrale, délivrée sous le nom même de l'auteur du saisi, ne peut être utilement transcrite dans le procès-verbal qu'autant que cette transcription ferait connaître spécialement l'immeuble saisi. Elle serait inutile, si la copie de la matrice délivrée sous le nom de l'auteur du saisi comprenait un grand nombre d'immeubles non saisis et n'indiquait pas d'une manière spéciale celui sur lequel portait la saisie (Nîmes [sol. imp.], 11 déc. 1854 : *J. Huiss.*, t. 36, p. 130).

244. Au surplus, bien que la transcription, dans un procès-verbal de saisie, de la copie de la matrice du rôle de la contribution foncière, applicable aux immeubles saisis, soit exigée à peine de nullité, néanmoins, dans le cas où cette copie n'a pu être obtenue, il appartient aux tribunaux d'apprécier si les énonciations supplétives, quelles qu'elles soient, insérées au procès-verbal, remplissent le vœu de l'art. 675 ; car le législateur n'a pu vouloir qu'une chose possible.

245. Jugé qu'il n'y a pas nullité de la saisie parce que le procès-verbal ne contient pas la copie de la matrice cadastrale relativement à un article saisi, lorsque cet article se trouve encore sur la tête de l'ancien propriétaire, le saisi ayant négligé de s'en faire charger (Nîmes, 9 août 1849 : *J. Huiss.*, t. 31, p. 10).

246. Lorsqu'un immeuble saisi se compose de parties différentes qui, sur la matrice du rôle de la contribution foncière, sont l'objet d'articles distincts, il ne suffit pas que l'huissier relate dans le procès-verbal de saisie la copie seulement de l'un de ces articles ; ce procès-verbal doit, à peine de nullité, contenir la copie littérale de chacun d'eux (Cass. 14 nov. 1853 : *J. Huiss.*, t. 35, p. 313).

247. Mais, si les copies de la matrice cadastrale sont incomplètes par suite d'omissions commises par le maire, ou contiennent des irrégularités qui proviennent de la faute de ce fonctionnaire, ces omissions ou irrégularités ne sauraient alors entraîner la nullité de la saisie (Cass. [sol. impl.], 14 nov. 1853 : arrêt précité ; Carré et Chauveau, *quest.* 2237). Il avait été déjà jugé aussi, avant la loi du 2 juin 1841, que l'insertion, dans le procès-verbal de saisie, de l'extrait de la matrice du rôle, tel qu'il avait été délivré par l'autorité compétente, remplissait le vœu de la loi, encore bien qu'il contînt 'des' erreurs, le saisissant n'ayant point qualité pour en demander la rectification. (Bordeaux, 25 mars 1829). Pour éviter toutes difficultés, l'huissier peut, du reste, lorsque la matrice du rôle existe à la mairie, collationner sur l'original la copie qui lui est délivrée.

248. L'inobservation de la disposition de l'art. 675, qui exige, à peine de nullité, que le procès-verbal de saisie contienne la copie littérale de la matrice du rôle de la contribution foncière pour les articles saisis, ne peut être excusée sous aucun prétexte. Cette disposition, en effet, est générale et absolue. D'où il suit que, dans le cas où une partie de la matrice du rôle a été omise, on ne peut, pour éluder l'application de la disposition précitée, prétendre que l'omission n'a causé aucun préjudice, la reproduction de la partie omise étant inutile (Cass. 30 janv. 1855 : *J. Huiss.*, t. 36, p. 204).

249. Décidé qu'un procès-verbal de saisie immobilière, à la rédaction duquel l'huissier a consacré plusieurs vacations, ne peut être annulé par cela seul que la date de la délivrance de la copie de la matrice du rôle qui y est énoncée est postérieure à celle de la première vacation (Rennes, 4 avril 1810 ; Cass. 7 mars 1827).

250. ... Que l'huissier, qui procède à une saisie pour laquelle plusieurs vacations sont nécessaires, n'est pas tenu de morceler la matrice cadastrale et d'en donner une copie à la suite de chaque vacation, et qu'il suffit que la copie soit donnée pour tous les articles saisis à la suite de la dernière vacation (Nîmes, 9 août 1849 : *J. Huiss.*, t. 31, p. 9).

251. 5° L'indication du tribunal où la saisie sera portée (C.P.C., art. 675). — Ce tribunal est celui du lieu de la situation des biens (L. 14 nov. 1808, art. 4). Si différents biens compris dans plusieurs saisies font partie d'une même exploitation, le tribunal compétent est celui du chef-lieu de l'exploitation (Carré et Chauveau, *quest.* 2245). — Dans le cas où la saisie porte sur des actions immobilisées de la Banque de France, qui n'ont pas de situation par elles-mêmes, le tribunal compétent est celui du domicile du débiteur (Pigeau, t. 2, p. 227).

252. La loi n'exigeant que l'indication du tribunal qui doit connaître de la saisie, il suit qu'il n'est pas nécessaire que le procès-verbal contienne ajournement au débiteur devant le tribunal (Bordeaux, 25 fév. 1809).

253. 6° Et enfin constitution d'avoué chez lequel le domicile du saisissant sera élu de droit (C.P.C., art. 675). — Cette élection de domicile emporte révocation de celle que le saisissant avait pu faire dans le commandement chez une personne autre que l'avoué. Mais le saisi n'ayant légalement connaissance du procès-verbal de saisie qu'à partir du jour où il lui est dénoncé, l'élection de domicile faite dans le commandement subsiste avec ses effets, à son égard, jusqu'à la dénonciation (Nîmes, 22 juin 1808).

3° *Visa du procès-verbal.*

254. Le procès-verbal de saisie doit être visé, avant l'enregistrement, par le maire de la commune dans laquelle est situé l'immeuble saisi (C. P.C., art. 676). Cette disposition affranchit de la nécessité, imposée par l'ancien art. 676, de laisser une copie de la saisie au maire qui vise l'original et d'en remettre une au greffier de la justice de paix. La copie, qui aujourd'hui serait laissée au maire, n'entrerait pas en taxe.

255. La formalité du visa avant l'enregistrement est prescrite à peine de nullité (C.P.C., art. 715). Le procès-verbal de saisie est donc nul s'il n'est visé qu'après avoir été enregistré (Orléans, 11 nov. 1846 : *J. Huiss.*, t. 28, p. 312).

256. Sous l'empire de l'ancien art. 676, il avait été décidé qu'une saisie immobilière n'était pas nulle, parce que la remise de la copie du procès-verbal que le nouvel art. 676 a remplacée par le visa, avait été faite au maire après l'enregistrement des premières vacations, si elle l'avait été avant l'enregistrement de la dernière (Toulouse, 14 déc. 1829 : *J. Huiss.*, t. 11, p. 348). — Décidé également, depuis la loi du 2 juin 1841, que, lorsqu'une saisie immobilière est faite en plusieurs vacations, le visa du maire est valablement donné à la suite de la dernière vacation, encore bien que les vacations antérieures aient été déjà enregistrées, l'enregistrement que le visa doit précéder, aux termes du nouvel art. 676, ne pouvant s'entendre que de l'enregistrement de la dernière vacation, et que, en conséquence, lorsque la saisie immobilière a été visée avant l'enregistrement de la dernière vacation, elle ne peut être déclarée nulle par le motif que les vacations précédentes n'ont point été visées avant leur enregistrement (Pau, 4 août 1857 : *J. Huiss.*, t. 38, p. 335). Cette solution est conforme aux termes et à l'esprit de l'art. 676.

257. Dans les villes où il y a plusieurs circonscriptions et plusieurs mairies, c'est par le maire de la circonscription dans laquelle sont situés les biens saisis que le procès-verbal doit être visé.

258. Lorsque la saisie comprend des biens situés dans plusieurs communes, il faut, à peine de nullité, que le visa soit donné successivement par chacun des maires à la suite de la partie du procès-verbal relative aux biens situés dans sa commune (C.P.C., art. 676 et 715). Il ne suffit pas que le visa des maires des différentes communes soit mis à la fin du procès-verbal entier (Agen, 1er juin 1855 : *J. Huiss.*, t. 36, p. 225).

259. Les réquisitions successives de visa par l'huissier instrumentaire sont, dans ce cas, ainsi constatées : « Après avoir parcouru et visité les articles qui précèdent, et attendu qu'il n'existe plus dans ladite commune de... d'immeubles à saisir, dépendant dudit domaine de..., je me suis transporté, avant de continuer mes opérations, à la mairie de..., pour y faire viser par M. le maire la partie du procès-verbal qui précède, relative aux biens situés dans sa commune. » Quoique la loi n'exige pas la mention par l'huissier, dans le procès-verbal de saisie, du visa donné par le maire, il est néanmoins, en effet, plus régulier d'y indiquer que cette formalité a été remplie.

260. Le procès-verbal de saisie n'est pas indivisible. Dès lors, si, lorsque des biens situés dans plusieurs communes sont saisis, une seule partie du procès-verbal est irrégulière, par exemple, en ce qu'elle n'est pas immédiatement suivie du visa du maire, le procès-verbal peut être annulé pour cette partie et validé pour les autres (Agen, 1er juin 1855 : *J. Huiss.*, t. 36, p. 225).

261. Les frais de la partie du procès-verbal de saisie, qui, dans cette circonstance, est annulée, peuvent être mis à la charge de l'huissier (même arrêt).

262. En cas d'absence ou d'empêchement du maire, le visa peut être donné par l'adjoint, ou, à défaut, par un conseiller municipal, dans l'ordre du tableau.

263. Le visa donné par l'adjoint ou par un conseiller municipal, par exemple, par le conseiller qui est le sixième dans l'ordre hiérarchique, fait présumer l'absence ou l'empêchement du maire, ou l'absence ou l'empêchement de l'adjoint et des conseillers municipaux antérieurs ; ainsi, l'omission de la constatation de l'absence ou de l'empêchement n'entraîne pas nullité (Bordeaux, 4 fév. 1846 ; Rennes, 1er août 1851). Néanmoins, les huissiers ne doivent point négliger de constater l'empêchement ou l'absence des fonctionnaires hiérarchiquement supérieurs à celui qui donne lo visa.

264. La parenté du fonctionnaire qui donne le visa avec le saisissant ne peut servir de base à une annulation du procès-verbal de saisie (Nîmes, 6 fév. 1828. — *Contrà* Besançon, 18 juill. 1811).

265. L'erreur dans la date du visa n'est pas non plus une cause de nullité, si la date indiquée est antérieure à l'enregistrement ; si elle est postérieure, on peut échapper à la nullité en prouvant l'erreur.

V., au surplus, *Formule 4.*

§ 2. — *Dénonciation de la saisie.*

266. Aux termes de l'art. 677, C.P.C., la saisie immobilière doit être dénoncée au saisi dans les quinze jours qui suivent celui de la clôture du procès-verbal, outre un jour par cinq myriamètres de distance entre le domicile du saisi et le lieu où siège le tribunal qui doit connaître de la saisie, et ce à peine de nullité (C.P.C., art. 715). — V. *Formule 5.*

267. La dénonciation est faite par exploit du ministère d'huissier ; elle doit contenir une copie littérale du procès-verbal de saisie ; un extrait ne suffirait pas (Cass. 5 août 1812 ; Orléans [motifs], 11 nov. 1846 ; *J. Huiss.*, t. 28, p. 312). Cette copie tient lieu pour le saisi du titre original lui-même.

268. Toutefois, l'omission, dans la copie du procès-verbal contenue en l'exploit de dénonciation, de plusieurs articles saisis, n'entraîne pas nullité de la saisie pour le tout, mais seulement pour ces articles (Bourges, 9 fév. 1829).

269. L'omission de la date du procès-verbal dans la copie qui en est signifiée au saisi ne peut constituer une cause de nullité de la poursuite, si l'on trouve d'ailleurs dans ce procès-verbal et dans l'exploit de dénonciation des termes et des indications qui ne laissent aucun doute sur la véritable date du procès-verbal, que, dès lors, le saisi n'a pu ignorer (Limoges, 24 juill. 1847 : *J. Huiss.*, t. 29, p. 205).

270. Décidé également qu'une saisie immobilière n'est pas nulle parce qu'à la suite de la copie du procès-verbal de saisie, qui est donnée en tête de l'exploit de dénonciation, l'huissier a omis de copier le visa du maire de la commune où les biens saisis sont situés, alors que l'exploit de dénonciation supplée à cette omission en mentionnant explicitement ce visa (Metz, 14 fév. 1844 : *J. Huiss.*, t. 25, p. 208).

271. Mais la dénonciation du procès-verbal de saisie est nulle lorsque la copie de ce procès-verbal ne contient la relation ou mention ni de la signature de l'huissier instrumentaire ni de l'enregistrement (Orléans, 11 nov. 1846 : *J. Huiss.*, t. 28, p. 312).

272. La copie du procès-verbal de saisie, dénoncée au saisi, peut contenir des surcharges ou ratures, sans qu'il en résulte une cause de nullité de l'exploit de dénonciation, si ces surcharges ou ratures ne présentent aucune ambiguïté (Besançon, 8 mai 1810). — V. *Exploit,* n°° 36, 37 et 40.

273. L'exploit de dénonciation est, d'ailleurs, soumis aux formalités des exploits. Mais il n'est pas nécessaire d'y renouveler la constitution d'avoué faite dans le procès-verbal de saisie (Rennes, 4 avril 1810).

274. Cet exploit, signifié au saisi, ou à son représentant légal, s'il est incapable, peut l'être soit en parlant à la personne, soit au domicile réel. Il peut aussi être valablement signifié soit au domicile indiqué par le saisi dans les actes faits à sa requête antérieurement au jugement en vertu duquel la saisie a eu lieu (Cass. 2 mars 1819), soit au domicile élu pour l'exécution de l'acte qui a servi de base à la saisie (Rouen, 10 fév. 1834).

275. Lorsque le saisi est mineur, la dénonciation est nulle si elle est faite à lui-même, et non au tuteur, encore bien que l'exploit ait été remis au domicile et en parlant à la personne de ce dernier (Bastia, 22 mai 1823).

276. La copie de l'exploit de dénonciation, signifié au saisi, est valablement remise au domicile de celui-ci en parlant à son père, quoique ce dernier n'habite pas avec son fils (Toulouse, 8 août 1850 : *J. Huiss.*, t. 32, p. 50).

277. Lorsque la saisie comprend un immeuble propre à une femme mariée, le procès-verbal doit être dénoncé par copie séparée tant au mari qu'à la femme, alors même que celle-ci s'est obligée solidairement à la dette ; faite en ce cas par une seule copie, la dénonciation n'est pas régulière (Orléans, 13 mars 1850).

278. S'il y a plusieurs parties saisies, par exemple plusieurs cohéritiers, la nullité de la dénonciation en ce qui concerne l'un d'eux n'entraîne pas la nullité de la saisie à l'égard des autres (Bastia, 22 mai 1823).

279. En fixant le délai de quinze jours pour la dénonciation de la saisie au saisi, le législateur n'a eu en vue que l'intérêt de ce dernier ; il a voulu qu'il fût instruit le plus promptement possible de la mesure dont il avait été l'objet. Et ce délai de quinze jours, augmenté, conformément à l'art. 677, C.P.C., à raison des distances, est tellement rigoureux que la saisie est nulle, si elle est dénoncée après qu'il est expiré (Carré et Chauveau, *quest.* 2249).

280. Il n'est pas franc ; le jour de l'échéance y est compris. Ainsi, la saisie, close le 1er d'un mois, doit être dénoncée le 16 au plus tard, s'il n'y a pas lieu à augmentation à raison des distances ; le 17, la dénonciation serait tardive.

281. Mais, si le législateur n'a indiqué comme point de départ des quinze jours que le lendemain du jour de la clôture du procès-verbal, et non ce jour-là même, c'est afin de laisser au saisissant le temps de faire préparer la copie du procès-verbal et l'exploit de dénonciation. Dès lors, rien ne s'oppose à ce que le saisissant, s'il est en mesure, puisse faire faire la dénonciation le jour même de la clôture du procès-verbal de saisie. Le saisi ne saurait être fondé à se plaindre de la diligence du saisissant, puisqu'il se trouve informé plus tôt des actes faits contre lui (V. *J. Huiss.*, t. 36, p. 198, ma réponse à une question proposée).

282. Toutefois, le délai de quinze jours fixé par l'art. 677 pour la dénonciation de la saisie est suspendu pendant l'instance engagée sur l'opposition formée par le saisi aux poursuites (Riom, 7 mai 1818), ou en cas de force majeure (Cass. 24 nov. 1814).

283. Le saisissant pouvant faire faire la dénonciation dès le lendemain du jour de la clôture du procès-verbal, et même dès ce jour, à une époque, par conséquent, où le procès-verbal peut n'être pas encore enregistré, puisque, aux termes de l'art. 20, L. 22 frim. an VII, l'huissier a quatre jours pour le soumettre à cette formalité, il s'ensuit qu'il n'est pas indispensable que le procès-verbal de saisie soit enregistré préalablement à la dénonciation. La saisie ne peut donc être annulée par cela seul que le procès-verbal a été dénoncé avant qu'il soit enregistré (Caen, 1er mai 1858 : *J. Huiss.*, t. 39, p. 229).

284. L'huissier ne contrevient pas non plus, en agissant ainsi, à la loi du 22 frim. an VII (art. 41 et 42) et n'encourt aucune amende, si, en dénonçant le procès-verbal de saisie, il mentionne dans l'exploit de dénonciation que le procès-verbal sera présenté à l'enregistrement en même temps que cet exploit ; il suffit que ces deux actes soient enregistrés dans le délai prescrit (même arrêt).

285. Mais le défaut d'enregistrement de l'un de ces actes, procès-verbal de saisie et exploit de dénonciation, en temps utile, c'est-à-dire dans les quatre jours de leur date, entraînerait la nullité de la saisie ; et les tribunaux, en prononçant cette nullité, prononceraient en même temps la mainlevée de la saisie et ordonneraient sa radiation sur les registres du conservateur.

286. L'original de l'exploit de dénonciation doit, à peine de nullité, être visé dans le jour par le maire du lieu où il est signifié (C.P.C., art. 677 et 715), soit que l'huissier ait trouvé le saisi à son domicile, soit qu'il ne l'y ait pas trouvé.

287. Le visa doit être donné *dans le jour*, c'est-à-dire le jour même de la dénonciation, et non dans les vingt-quatre heures. Ainsi, une dénonciation, datée du 1er à six heures du soir, serait nulle, si elle n'était visée que le 2, quoique avant l'expiration des vingt-quatre heures.

288. Une copie de l'exploit de dénonciation ne doit pas être remise au maire qui donne le visa. Mais si l'huissier ne trouve au domicile du saisi ni celui-ci, ni aucun de ses parents ou serviteurs, ni aucun voisin qui veuille recevoir la copie destinée au saisi, cette copie est alors laissée au maire (C.P.C., art. 68. — V. *Exploit*).

289. Il n'est pas nécessaire de mentionner sur la copie remise au saisi que l'original de l'exploit de dénonciation a été visé par le maire.

§ 3. — *Transcription de la saisie.*

290. La saisie immobilière et l'exploit de dénonciation doivent être transcrits, au plus tard, dans les quinze jours qui suivent celui de la dénonciation, sur le registre à ce destiné au bureau des hypothèques de la situation des biens, pour la partie des objets saisis qui se trouvent dans l'arrondissement (C.P.C., art. 678).

291. D'après les art. 677 et 678, C.P.C., la dénonciation de la saisie au débiteur doit être faite antérieurement à la transcription, et la transcription doit avoir lieu simultanément tant pour le procès-verbal que pour l'exploit de dénonciation : en d'autres termes, la transcription du procès-verbal et de l'exploit de dénonciation doit se faire par un seul et même acte. Et ces formalités sont prescrites à peine de nullité (C.P.C., art. 715).

292. Ainsi, le saisissant n'étant pas libre d'intervertir à son gré l'ordre à suivre dans les actes de la procédure de saisie immobilière, cette saisie est nulle, si le procès-verbal a été transcrit avant la dénonciation au débiteur (Toulouse, 12 août 1853 ; Angers, 1er déc. 1858 ; Cass. 13 juin 1860 : *J. Huiss.*, t. 44, p. 52) ; peu importe que la dénonciation de la saisie, faite postérieurement à la transcription, ait eu lieu dans le délai de quinze jours dont parle l'art. 678, et qu'on ne fasse produire à la transcription ses effets qu'à partir du jour où la dénonciation a été transcrite (*Contrà* Grenoble, 28 janv. 1854).

293. La nullité de la saisie résultant de ce que la transcription a précédé la dénonciation peut être opposée même par les créanciers inscrits (Toulouse, 12 août 1853).

294. Le procès-verbal de saisie et l'exploit de dénonciation existant par eux-mêmes, indépendamment de la formalité extrinsèque de l'enregistrement, qui n'est prescrite que dans un intérêt fiscal, le conservateur des hypothèques peut en opérer la transcription pendant le délai accordé pour les faire enregistrer, sans que cette transcription puisse être frappée d'une nullité qui n'est prononcée en ce cas par aucune loi, et dont le sort doit être le même que celui des actes transcrits (Caen, 1er mai 1858 : *J. Huiss.*, t. 39, p. 229). Si, en effet, l'art. 678 fixe le délai dans lequel la transcription de la saisie et de la dénonciation doit avoir lieu, il ne détermine aucun délai avant lequel cette transcription ne puisse être faite.

295. Le jour de la dénonciation n'est pas compris dans le délai de quinze jours dont parle l'art. 678. Mais le lendemain de ce jour et le jour de l'échéance font partie du délai.

296. La transcription qui a lieu un jour de fête légale ne peut pour cela seul être déclarée nulle, aucune disposition de la loi n'en prononçant en ce cas la nullité (Riom, 12 mai 1808; Chauveau, quest. 2261).

297. La transcription doit être faite dans chaque bureau des hypothèques de la situation des biens saisis, quoique la saisie soit portée devant un seul tribunal (Carré et Chauveau, quest. 2260).

298. Elle consiste dans la copie entière, textuelle, du procès-verbal de saisie et de l'exploit de dénonciation; une simple énonciation de ce procès-verbal et de cet exploit ne serait pas suffisante (Carré et Chauveau, quest. 2259).

299. Le procès-verbal et l'exploit de dénonciation se transcrivent sur le même registre; il est alloué au conservateur un droit de 1 fr. par rôle pour la transcription de ces deux actes (Ord. 10 oct. 1841, art. 2, § 2).

300. Le soin de faire procéder à l'accomplissement de cette formalité est confié à l'avoué constitué dans le procès-verbal de saisie. C'est ce qui résultait de l'art. 102 du tarif du 16 fév. 1807, et l'art. 7 de l'ordonnance du 10 oct. 1841 a maintenu dans ses attributions la transcription du procès-verbal et de la dénonciation, en fixant l'émolument dû aux avoués pour la vacation à fin de réquisition de cette transcription (V. J. Huiss., t. 37, p. 8, ma réponse à une question proposée).

301. Le fait par un huissier, même par l'huissier instrumentaire, de déposer au bureau des hypothèques le procès-verbal de saisie et l'exploit de dénonciation, pour en faire opérer la transcription, pourrait, alors même qu'il ne réclamerait aucun droit de vacation à raison de ce dépôt, être considéré comme un empiétement de sa part sur les attributions des avoués (J. Huiss., loc. cit.).

302. Le conservateur doit, si cela lui est possible, transcrire immédiatement le procès-verbal de saisie et l'exploit de dénonciation qui lui sont présentés; s'il ne le peut, il fait mention, sur l'original de l'exploit de dénonciation qui lui est laissé, des jour, heure, mois et an auxquels les deux actes lui ont été remis, et, en cas de concurrence, les premiers actes présentés sont transcrits (C.P.C., art. 679). L'omission de cette mention ne vicierait pas la saisie; mais elle donnerait lieu contre le conservateur à une action en dommages-intérêts de la part de la partie à laquelle elle aurait causé préjudice (Carré et Chauveau, quest. 2264).

303. S'il y a eu précédente saisie, le conservateur constate son refus en marge de la seconde; il énonce la date de la précédente saisie, les noms, demeures et professions du saisissant et du saisi, l'indication du tribunal où la saisie est portée, le nom de l'avoué du saisissant et la date de la transcription (C.P.C., art. 680).

304. Pour qu'il y ait lieu à l'application de cette disposition, il faut que la première saisie ait été transcrite ou présentée à la transcription; le conservateur ne pourrait refuser de transcrire une saisie, alors même qu'il saurait qu'une saisie a été antérieurement faite, si elle ne lui avait pas encore été présentée (Carré et Chauveau, quest. 2267).

305. Mais, dans le cas où une première saisie, qui a été transcrite et est restée sans suite, n'a point été rayée, le conservateur peut refuser de transcrire une seconde saisie formée à la requête du même créancier (Trib. civ. de la Seine, 29 mai 1857; J. Huiss., t. 39, p. 411). La transcription de la seconde saisie ne peut donc avoir lieu, en pareille circonstance, qu'après la radiation de la première. A cet effet, le créancier doit faire sommation à son débiteur de se trouver au bureau du conservateur pour assister à la radiation. Si le débiteur ne satisfait point à cette sommation, le créancier l'assigne alors devant le tribunal civil pour entendre ordonner la radiation de la première saisie et la continuation des poursuites (Chauveau et Glandaz, *Formul. de procéd.*, t. 2, p. 94, note 1).

306. Le défaut de transcription d'une saisie ne peut être une cause de nullité lorsque le conservateur a refusé d'en transcrire le procès-verbal et l'exploit de dénonciation, attendu l'existence d'une saisie précédente (Rennes, 1er août 1831).

307. Deux saisies du même immeuble ne peuvent coexister et être poursuivies en même temps. La première qui a été transcrite doit seule être maintenue. La seconde, quoique également transcrite, est non avenue. Les poursuites faites sur cette seconde saisie sont nulles et restent à la charge du poursuivant (Carré et Chauveau *quest.* 2265), sauf son recours contre le conservateur.

308. Si deux saisies sont présentées en même temps à la transcription, le conservateur ne peut décider la question de préférence. Les avoués doivent se retirer devant le président du tribunal, en référé. Ce magistrat tranche la difficulté par une ordonnance qui est mise au bas de celle des deux saisies à laquelle il croit devoir accorder la préférence. Cette ordonnance n'est susceptible d'aucun recours (Arg. art. 130, § 2, Tar. 16 fév. 1807; Chauveau, *quest.* 2266).

§ 4. — *Effets de la saisie et de sa transcription.*

309. La saisie immobilière produit, à partir du moment où elle a été transcrite au bureau des hypothèques, plusieurs effets importants, que nous allons, d'une manière sommaire, et en indiquant avec soin les formalités qui peuvent intéresser les huissiers, examiner successivement.

1° *Administration des biens saisis. — Vente des fruits.*

310. Lorsque les immeubles saisis ne sont ni loués ni affermés, le saisi reste, à moins qu'il n'en soit autrement ordonné, en possession jusqu'à la vente, comme séquestre judiciaire (C.P.C., art. 681).

311. La qualité de séquestre ne commence pour le saisi et ne peut le soumettre aux obligations qui en dérivent qu'après la dénonciation et même la transcription de la saisie, puisque, jusqu'à la transcription, la loi ne cesse de le considérer comme propriétaire, en lui reconnaissant le droit d'aliéner (V. *infrà*, n° 346).

312. Il suit de là que le saisi qui fait démolir les bâtiments compris dans la saisie, et les ouvriers employés pour effectuer la démolition, ne se rendent point coupables, le premier comme auteur et les seconds comme complices, du délit de destruction d'objets saisis, prévu et puni par les art. 400 et 406, C. Pén., si la démolition a eu lieu avant la dénonciation et la transcription de la saisie, par conséquent, avant que le saisi ait été constitué séquestre judiciaire desdits bâtiments, et alors surtout que la saisie a été opérée en son absence, et qu'il n'est point établi qu'il en ait eu connaissance (Pau, 5 mai 1859 : J. *Huiss.*, t. 41, p. 12; Observations insérées à la suite de cet arrêt).

313. Mais si, dans l'intervalle de la saisie à la dénonciation et à la transcription, le saisi dégradait ou détruisait, avec l'intention de causer un préjudice à ses créanciers, les immeubles saisis, il pourrait être déclaré passible envers lesdits créanciers de dommages-intérêts.

314. Le saisi ne devenant séquestre judiciaire qu'à compter de la transcription de la saisie, les fruits que jusque-là il a perçus lui appartiennent; il ne peut être tenu de les représenter. Mais, avant la transcription, les créanciers peuvent agir sur ces fruits par voie de saisie-arrêt ou de saisie-brandon.

315. Aux termes de l'art. 681, C.P.C., plusieurs créanciers du saisi ou même seulement l'un d'eux peuvent demander que le saisi soit dépossédé de l'administration des biens saisis. La demande doit être motivée sur la mauvaise gestion du saisi, ou sur les dégradations qu'il aurait commises, ou sur toute autre raison grave. Elle est introduite, par voie d'assignation à personne ou domicile, signifiée au saisissant et au saisi, devant le président du tribunal qui doit connaître de la saisie. Ce magistrat statue dans la forme des ordonnances sur référé (même art.).

316. Si le président ordonne la dépossession, il peut confier l'administration des biens saisis, soit à un tiers, soit à l'un des créanciers. Le saisissant peut lui-même être nommé séquestre de ces biens (Montpellier, 14 août 1849 : *J. Huiss.*, t. 31, p. 28). Le séquestre nommé en référé a droit à un salaire (C. Nap., art. 1962), qui varie suivant l'importance des biens.

317. Soit que le saisi reste en possession, soit qu'un autre séquestre soit nommé, les créanciers peuvent, sans être tenus de justifier d'aucune mauvaise administration du séquestre, mais après y avoir été autorisés par ordonnance du président du tribunal, rendue dans la forme des ordonnances sur référé, faire procéder à la coupe et à la vente des *fruits pendants par racines* (C.P.C., art. 681), expressions qui comprennent les coupes de bois taillis.

318. Les fruits sont vendus aux enchères ou de toute autre manière autorisée par le président, dans le délai qu'il fixe, et le prix est déposé à la Caisse des dépôts et consignations (même art.).

319. Lorsque la vente doit être faite aux enchères, elle ne peut avoir lieu que par le ministère d'un des officiers publics que la loi a investis du droit de procéder aux ventes publiques de fruits et récoltes. En désignant l'officier public par lequel devra être faite la vente aux enchères des fruits dont il s'agit, le président du tribunal peut en même temps déterminer les conditions de publicité auxquelles cette vente devra être préalablement soumise.

320. Si le président du tribunal n'a pas déterminé les conditions de publicité préalables à la vente, il n'est pas nécessaire d'observer les formalités prescrites par les art. 696 et 699, C.P.C. Les formalités à suivre dans ce cas sont celles qui sont tracées dans les art. 629 et 630, même Code, pour les ventes de fruits et récoltes qui ont lieu sur saisie-brandon (V. *Saisie-brandon*). Il peut néanmoins y avoir avantage à faire insérer un extrait des placards dans le journal le plus répandu de la localité (C. P.C., art. 617 *in fine* et 634). Les frais de cette insertion ne sont pas du nombre de ceux que le législateur de 1841 a entendu proscrire

321. Quant à la vente, il doit aussi y être procédé de la même manière et dans la même forme que s'il s'agissait d'une vente de fruits et récoltes par suite de saisie-brandon.

322. La vente de fruits qui a lieu en exécution de l'art. 681, C.P.C., n'est pas une vente volontaire, mais une véritable vente judiciaire. Dès lors, l'huissier, qui a été désigné par ordonnance du président pour y procéder, n'a pas droit à l'émolument de 6 pour 100 fixé par la loi du 18 juin 1843, ni à celui qui est alloué par le décret du 5 nov. 1851 ; cette loi et ce décret ne concernent que les ventes volontaires. Les seuls émoluments qu'il puisse réclamer sont ceux fixés par l'art. 39 du tarif du 16 fév. 1807.

323. Mais si, pour procéder à la vente dont il s'agit, l'huissier se transporte à plus d'un demi-myriamètre de sa résidence, il a droit aussi à l'indemnité de transport allouée par l'art. 66 du même tarif de 1807.

2° Immobilisation des fruits.

324. L'immobilisation s'applique aux fruits naturels ou industriels ou aux fruits civils ; l'immobilisation des fruits naturels ou industriels est régie par l'art. 682, et celle des fruits civils par l'art. 685, C.P.C.

325. Aux termes de l'art. 682, C.P.C., les fruits naturels et industriels recueillis postérieurement à la transcription, ou le prix qui en proviendra, seront immobilisés pour être distribués avec le prix de l'immeuble par ordre d'hypothèque.

326. L'immobilisation des fruits naturels et industriels a lieu de plein droit, alors même que les créanciers n'ont pas cru devoir provoquer la dépossession du saisi, qui peut être contraint par corps à représenter ces fruits à partir du jour où ils sont immobilisés, c'est-à-dire de la transcription, sauf la portion dont il a pu se servir jusqu'à concurrence de ses besoins personnels.

327. De ce que l'immobilisation des fruits naturels et industriels s'opère par la seule force de la loi, il suit que ces fruits sont immobilisés nonobstant une saisie-brandon pratiquée postérieurement à la transcription. Mais, si la saisie-brandon était pratiquée avant la transcription, comme elle distrairait les fruits du fonds et leur conférerait la qualité de meubles, elle serait un obstacle à l'immobilisation (Carré et Chauveau, *quest.* 2277).

328. Quant aux fruits civils, loyers et fermages, ils sont également immobilisés à partir de la transcription de la saisie, pour être distribués avec le prix de l'immeuble par ordre d'hypothèque (C.P.C., art. 685). Les mots *par ordre d'hypothèque* n'ont pas pour but d'exclure les privilèges, qui, par conséquent, s'exercent sur les fruits immobilisés, comme sur l'immeuble lui-même. Spécialement, le vendeur non payé doit être colloqué sur ces fruits pour son privilège avant tout autre créancier hypothécaire (Chauveau, *quest.* 2288).

329. Les fruits civils étant réputés s'acquérir jour par jour (C. Nap., art. 586), les loyers ou fermages ne sont immobilisés que pour la portion échue depuis la transcription ; le montant des loyers ou fermages échus antérieurement à cette époque, quoique perçus depuis, doit être distribué par contribution (Carré et Chauveau, *quest.* 2287).

330. Pour empêcher les locataires ou fermiers de se libérer entre les mains du propriétaire saisi, une saisie-arrêt n'est pas nécessaire. Un simple acte d'opposition à la requête du poursuivant ou de tout autre créancier vaut saisie-arrêt entre les mains des fermiers et locataires, qui ne pourront se libérer qu'en vertu de mandements de collocation, ou par le versement des loyers et fermages à la Caisse des consignations (C.P.C., art. 586.)

331. Le simple acte d'opposition dont il est parlé dans la disposition qui précède est du ministère des huissiers ; il doit être fort court ; l'huissier doit se borner à y énoncer la date de la saisie, sa dénonciation, sa transcription et le motif de l'acte (Chauveau, *quest.* 2289) ; il y doit être fait défense aux locataires ou fermiers de se libérer autrement que sur mandements de collocation ou que par le versement à la Caisse des consignations. — V. *Formule* 6.

332. Il est inutile de dénoncer le simple acte d'opposition, ni de le faire valider, ni d'obtenir une déclaration affirmative. Mais, pour la signification de cet acte aux locataires ou fermiers, les huissiers doivent se conformer aux règles prescrites pour la validité de la signification des exploits ordinaires. — V. *Exploit.*

333. Jugé que les locataires d'une maison saisie immobilièrement peuvent, lorsque, ayant acquitté leurs loyers entre les mains du propriétaire, nonobstant l'opposition qui leur a été signifiée, ils sont poursuivis par un créancier de ce dernier en paiement de ces mêmes loyers, prouver qu'ils n'ont pas reçu la copie de l'opposition, cette copie ayant été laissée au portier de leur maison, qui ne la leur a pas remise ; et cette preuve rend l'action du créancier non recevable, sauf son recours contre qui de droit (Trib. civ. de la Seine, 19 fév. 1853 : *J. Huiss.*, t. 34, p. 462).

334. Le versement des loyers ou fermages à la Caisse des consignations a lieu à la réquisition des locataires ou fermiers, ou sur la simple sommation des créanciers (C.P.C., art. 685). Il n'est pas nécessaire que cette sommation fasse l'objet d'un acte distinct et séparé ; elle peut être contenue dans l'exploit d'opposition.

335. Si les locataires ou fermiers ne se conforment pas à la sommation qui leur est faite, il y a lieu de les assigner à bref délai pour faire fixer le montant de la somme due et en ordonner le dépôt. Si le jugement intervenu n'est pas volontairement exécuté, l'exécution en est poursuivie par les voies ordinaires (Chauveau, *quest.* 2289 *bis*).

336. A défaut d'opposition, les paiements faits au débiteur sont valables, et celui-ci est comptable, comme séquestre judiciaire, des sommes qu'il a reçues (C.P.C., art. 685).

337. La faillite du débiteur déclarée avant la transcription d'une saisie immobilière pratiquée par un créancier hypothécaire n'empêche pas cette transcription de produire tous ses effets, et, par conséquent, elle n'est point un obstacle à ce que les fruits naturels et industriels ou civils soient immobilisés (Paris, 18 avril 1833 ; Chauveau, *quest.* 2290).

338. Toutefois, l'art. 685, C.P.C., qui déclare les loyers et fermages immobilisés à partir de la transcription de la saisie ne dispose que pour le cas où ces loyers et fermages sont restés la propriété du débiteur saisi, et n'est point applicable à celui où il les a régulièrement cédés à un tiers (Douai, 27 avril 1830).

3° *Baux annulables.*

339. Les baux qui n'ont pas acquis date certaine avant le commandement peuvent être annulés, si les créanciers ou l'adjudicataire le demandent (C.P.C., art. 684). Le droit de demander la nullité appartient à tous les créanciers sans distinction, par exemple, au créancier poursuivant même, simple chirographaire, et au créancier non poursuivant et simple chirographaire (Chauveau, *Saisie immobilière*, 3ᵉ édit., t. 1ᵉʳ, p. 565, note).

340. La date certaine, pour mettre les baux à l'abri d'une action en nullité, doit être acquise conformément à l'art. 1328, C. Nap. L'entrée en jouissance du locataire ou fermier avant le commandement ne suffirait pas pour donner au bail une date certaine (Chauveau, *quest.* 2283).

341. L'art. 684, C.P.C., en maintenant les baux ayant date certaine avant le commandement, établit une règle générale qui s'applique à tous les baux sans distinction, et même à ceux qui ont une longue durée ou qui ont été faits par anticipation pour avoir effet les uns à la suite des autres. Les créanciers ne sont pas recevables à faire annuler ni même à faire réduire de semblables baux. Toutefois, il y a exception à cette règle pour le cas de fraude. Ainsi, les créanciers peuvent, en prouvant que les baux ayant date certaine avant le commandement sont le résultat d'un concert frauduleux entre le bailleur et le preneur, en obtenir l'annulation ; l'art. 484, C.

P.C., ne déroge point à l'art. 1167, C. Nap. (Paris, 3 mai 1810 ; Dijon, 26 nov. 1816 ; Carré et Chauveau, *quest.* 2281).

342. Les baux qui n'ont pas acquis date certaine avant le commandement ne sont pas d'ailleurs nuls de droit ; ils sont seulement annulables ; les termes de l'art. 684, C. P. C., n'offrent aucun doute à cet égard ; les tribunaux peuvent donc, suivant les circonstances, ou en prononcer la nullité ou en ordonner le maintien et l'exécution.

343. Ainsi, le bail, qui n'a pas acquis date certaine avant le commandement, et quoiqu'il ait été enregistré depuis, peut être annulé, sur la demande de l'adjudicataire, encore bien qu'il en ait eu connaissance avant l'adjudication, et que même il en ait été fait mention dans le cahier des charges ; et, pour cela, il n'est pas nécessaire qu'il y ait eu fraude entre le preneur et le saisi, il suffit que les juges reconnaissent que, de la part du saisi, il y a eu mauvaise administration ou intention de nuire au résultat de l'adjudication, ou que le bail cause un préjudice sérieux à l'adjudicataire (Paris, 19 août 1852 : *J. Huiss.*, t. 33, p. 335 ; Trib. civ. de la Seine, 20 mars et 17 nov. 1858 : t. 39, p. 206, 16°, et t. 40, p. 144).

344. Mais l'adjudicataire ne peut demander la nullité d'un bail consenti par le saisi et n'ayant pas acquis date certaine avant le commandement, lorsqu'une clause du cahier des charges lui impose l'obligation de l'exécuter et fait de cette exécution une condition de l'adjudication, à moins qu'il ne prouve qu'il est entaché de fraude (Montpellier, 26 janv. 1853 : *J. Huiss.*, t. 34, p. 329, § IX).

345. Pour que les baux qui n'ont pas date certaine puissent être maintenus, il faut, dans tous les cas, qu'il soit bien constant que la date en est antérieure au commandement ou au moins à la transcription de la saisie ; car cette transcription rend le saisi absolument sans pouvoir pour louer l'immeuble ; en conséquence, est nul, et non pas seulement susceptible d'être annulé pour cause de fraude, le bail consenti par le saisi postérieurement à la transcription (Toulouse, 26 fév. 1852).

4° *Prohibition d'aliéner.*

346. La partie saisie ne peut, à compter du jour de la transcription de la saisie, aliéner les immeubles saisis, à peine de nullité, et sans qu'il soit besoin de la faire prononcer (C. P. C., art. 686). Si cet article ne déclare nulles que les ventes consenties par le saisi postérieurement à la transcription, il ne s'oppose point à ce que les aliénations antérieures ne puissent, si elles sont empreintes de fraude, être annulées sur la demande des créanciers (C. Nap., art. 1167).

347. L'aliénation d'un immeuble saisi, qui a acquis date certaine avant la transcription de la saisie, est opposable, si elle est exempte de fraude, au créancier saisissant, encore bien qu'elle n'ait elle-même été transcrite qu'après la transcription de la saisie. La loi du 23 mars 1855, sur la transcription, et dont l'art. 3 dispose que « jusqu'à la transcription, les droits résultant des actes et jugements énoncés aux articles précédents, ne peuvent être opposés aux tiers qui ont des droits sur l'immeuble et qui les ont conservés en se conformant aux lois », nous paraît sans influence sur l'application de l'art. 686, C. P. C. (*Contrà* Caen, 1er mai 1858 : *J. Huiss.*, t. 39, p. 229). V., au surplus, sur cette importante question, Chauveau, *quest.* 2291 *bis*, et les auteurs et décisions qui y sont cités.

348. L'art. 686 ne prohibant que l'aliénation, et toute prohibition devant être circonscrite dans ses termes, le saisi peut, dès lors, même après la transcription de la saisie, valablement consentir une hypothèque sur l'immeuble saisi (Chauveau, *quest.* 2295). Les créanciers chirographaires ne pourraient demander la nullité d'une hypothèque consentie par le saisi depuis la transcription de la saisie qu'autant qu'ils prouveraient que cette hypothèque a été conférée en fraude de leurs droits.

349. La nullité de la vente faite par le saisi après la transcription de la saisie n'a été introduite que dans l'intérêt des créanciers inscrits ; à eux seuls appartient le droit de s'en prévaloir ; elle ne peut être invoquée ni par les créanciers chirographaires (Rouen, 29 avril 1820), ni par l'acquéreur (Cass. 5 déc. 1827 ; Paris, 9 déc. 1833 ; Limoges, 17 déc. 1846 ; Bordeaux, 1er août 1851 : *J. Huiss.*, t. 33, p. 167), ni par le saisi.

350. De ce que la nullité de l'aliénation postérieure à la transcription de la saisie n'a pas besoin d'être prononcée, il suit que le poursuivant peut continuer la procédure et faire procéder à l'adjudication sans appeler l'acquéreur ; l'adjudication n'en produit pas moins tous ses effets, comme si l'immeuble fût resté en la possession du saisi.

351. Jugé aussi que, de ce que la vente d'un immeuble frappé de saisie immobilière, consentie nonobstant cette saisie, n'est pas nulle à l'égard de l'acquéreur, il résulte qu'un créancier inscrit sur cet immeuble du chef du vendeur peut valablement, après avoir fait à l'acquéreur une sommation, restée infructueuse, de payer ou délaisser, poursuivre contre lui, par voie de saisie immobilière, l'immeuble affecté à la garantie de sa créance (Bordeaux, 1er août 1851 : *J. Huiss.*, t. 33, p. 167).

352. Néanmoins, l'aliénation de l'immeuble saisi faite par le débiteur après la transcription de la saisie aura son exécution, c'est-à-dire, que les créanciers inscrits et le saisissant ne pourront se prévaloir de la nullité qui l'entachait, si, avant le jour fixé pour l'adjudication, l'acquéreur consigne somme suffisante pour acquitter en principal, intérêts et frais, ce qui leur est dû, et s'il leur signifie l'acte de consignation (C.P.C., art. 687) ; et l'art. 689, même Code, ajoute que, « à défaut de consignation avant l'adjudication, il ne pourra être accordé, sous aucun prétexte, de délai pour l'effectuer. »

353. De la combinaison de ces deux articles il résulte que l'art. 689 a prorogé le délai de la consignation ouvert par l'art. 687, et que l'acquéreur ne doit être déclaré forclos que si, au moment où l'immeuble saisi va être mis aux enchères, il ne justifie pas de la consignation et de la signification ; il ne suffirait pas que, à ce moment, il vînt à l'audience faire des offres verbales, dont la discussion entraînerait un délai (Chauveau, *quest.* 2300) ; il ne suffirait pas non plus que, le jour de l'adjudication, et avant que l'immeuble fût mis aux enchères, le saisi ou l'acquéreur apportassent somme suffisante à la table du greffier (Paris, 17 août 1811 ; Chauveau, sur les art. 687 à 689, n° CCCXCIV *bis*, *in fine*).

354. En cas de revente par suite de surenchère ou de folle enchère, la consignation exigée par l'art. 687 peut être faite avant la nouvelle adjudication (Chauveau, *quest.* 2304).

355. Ce n'est que dans l'intérêt des créanciers inscrits et du saisissant qu'a été introduite la faculté de la consignation. L'acquéreur ne doit donc avoir égard qu'aux hypothèques inscrites. Si les créanciers à hypothèque légale n'ont pas répondu à la sommation qui leur a été faite, et n'ont point pris inscription, il n'a pas à s'en préoccuper. Leur existence ne peut mettre aucun obstacle à la validité de la consignation faite dans les termes de l'art. 687, C.P.C., et, par conséquent, de l'aliénation (Chauveau, *quest.* 2305 ter).

356. La consignation, pour arrêter les poursuites et empêcher qu'il ne soit procédé à l'adjudication, doit être suffisante pour acquitter en principal, intérêts et frais, les créances inscrites et celle du saisissant, sans distinction entre les créances exigibles et celles qui ne le sont pas ; il ne suffirait pas de consigner les intérêts échus de ces dernières (Cass. 3 mai 1858).

357. L'art. 687 n'exige que la consignation sans parler d'offres réelles ; il n'est donc pas nécessaire que des offres au saisi et aux créanciers inscrits précèdent la consignation (Chauveau, *quest.* 2301), à moins que, dans le contrat d'aliénation, le saisi n'ait reconnu les créances des créanciers inscrits et ne leur ait délégué le prix ; en ce cas, des offres pourraient être faites et signifiées aux créanciers.

358. La consignation s'effectue à la Caisse des dépôts et consignations établie au chef-lieu de l'arrondissement de la situation des biens et du tribunal qui doit connaître de la saisie ; elle est constatée par exploit du ministère d'huissier.

359. La signification de la consignation a lieu par exploit en la forme ordinaire ; il ne suffirait pas qu'elle fût faite au poursuivant et à l'avoué le plus ancien des créanciers inscrits ; elle doit l'être à chacun des créanciers individuellement (Carré et Chauveau, *quest.* 2302). Il doit être donné copie à chaque créancier du procès-verbal de consignation et du récépissé donné par le préposé à la Caisse des dépôts et consignations.

360. L'aliénation ne peut, comme on l'a vu, être maintenue qu'autant que la consignation comprend le montant de toutes les créances inscrites en principal, intérêts et frais. Mais, comment s'assurer que la consignation est suffisante, qu'elle satisfait à la loi, si ce n'est par une vérification faite en justice contradictoirement entre l'acquéreur, le saisi et les créanciers inscrits ? Nous pensons que le plus diligent des intéressés a le droit d'assigner les autres pour voir dire que la vérification des créances aura lieu, et que, dans le cas où la somme consignée ne serait pas suffisante, l'acquéreur sera tenu de la compléter immédiatement, sinon qu'il sera procédé à l'adjudication au jour et à l'heure indiqués, et que, dans le cas où la consignation serait suffisante ou complétée, chaque créancier sera autorisé à retirer de la caisse des consignations le montant de sa créance, et le préposé contraint de la lui payer sur le vu d'un extrait du jugement ou de l'ordonnance à intervenir.

361. Si la consignation vaut paiement et attribution aux créanciers inscrits, ce ne peut être, en effet, qu'après que leurs créances ont été examinées, reconnues, et que le montant en principal, intérêts et frais, en a été judiciairement constaté. Le tribunal peut renvoyer cette constatation devant un des juges qui devra y procéder sans retard. Ce mode de procéder évitera d'ailleurs des oppositions à la Caisse des consignations et des lenteurs.

362. Les frais de consignation, ceux de signification aux créanciers et ceux de vérification doivent être considérés comme une charge de l'acquisition, et, dès lors, être supportés par l'acquéreur, sauf toute convention à cet égard entre lui et le débiteur.

363. Si les deniers déposés à la Caisse des consignations ont été empruntés, les prêteurs n'ont d'hypothèque que postérieurement aux créanciers inscrits lors de l'adjudication (C.P.C., art. 688).

ART. VII. — FORMALITÉS PRÉALABLES A L'ADJUDICATION.

§ 1er. — *Cahier des charges.* — *Dépôt.*

364. Dans les vingt jours, au plus tard, après la transcription, le poursuivant doit déposer au greffe le cahier des charges (C.P.C., art. 690), à peine de nullité (Art. 715). — Le jour de la transcription n'est pas compris dans ce délai ; mais le dépôt doit avoir lieu le vingtième jour : en d'autres termes, le délai de vingt jours n'est pas franc. — Il est suspendu par tout incident de nature à entraver la continuation de la procédure (Rennes, 1er août 1851 ; Chauveau, *quest.* 2313 *bis*).

365. Le cahier des charges doit être rédigé par l'avoué du poursuivant,

49.

et être, à peine de nullité, signé de lui; l'art. 11 de l'ordonnance du 10 oct. 1841 fixe d'émolument dû à l'avoué pour sa rédaction.

366. Le cahier des charges doit contenir:

1° L'énonciation du titre exécutoire en vertu duquel la saisie a été faite, du commandement, du procès-verbal de saisie, ainsi que des autres actes et jugements, intervenus postérieurement (C.P.C., art. 690). Il y aurait, par conséquent, nullité si le cahier des charges n'énonçait pas la dénonciation au débiteur et la transcription de la saisie (Metz, 21 août 1811; Toulouse, 4 mai 1813; Orléans, 7 juill. 1826).

367. Mais il n'est pas nécessaire de mentionner dans le cahier des charges les titres de propriété des objets saisis, le pouvoir spécial donné à l'huissier pour saisir, l'état des inscriptions (Chauveau, *quest.* 2317).

368. 2° La désignation des immeubles, telle qu'elle a été insérée dans le procès-verbal (C.P.C., art. 690). Ainsi, le cahier des charges serait nul si les objets saisis y étaient désignés d'une manière générale, sans les détails indicatifs contenus au procès-verbal (Chauveau, *quest.* 2318). Mais une simple erreur de copiste, par suite de laquelle la contenance serait autrement indiquée dans le cahier des charges qu'au procès-verbal, ne vicierait pas la procédure, si d'ailleurs la différence n'était pas de nature à compromettre les intérêts des parties (Bordeaux, 8 déc. 1831).

369. 3° Les conditions de la vente (C.P.C., art. 690). — Ces conditions peuvent varier à l'infini; c'est le poursuivant qui les stipule; elles ne doivent nuire ni au saisi ni aux créanciers inscrits (V. à cet égard, Chauveau, *quest.* 2320). Les parties intéressées peuvent d'ailleurs faire réformer, par jugement, les clauses du cahier des charges qu'elles jugeraient leur être préjudiciables (Cass. 25 juill. 1837).

370. 4° Une mise à prix de la part du poursuivant (C.P.C., art. 690). — La loi ne fixe aucune base pour la mise à prix; sa détermination est abandonnée à l'appréciation du poursuivant, sauf les réclamations du saisi ou des créanciers; les réclamations sont formulées par un dire sur le cahier des charges; avenir est donné, et le tribunal statue. Le tribunal ne peut changer d'office la mise à prix (Chauveau, *quest.* 2321).

371. Le cahier des charges reste déposé au greffe; le dépôt doit être constaté par un acte que dresse le greffier; un acte énonçant que l'avoué du poursuivant a produit au greffe le cahier des charges, sans mentionner qu'il y est resté déposé, ne serait pas suffisant (Bastia, 16 nov. 1822). L'acte de dépôt ne peut être rédigé à la suite du cahier des charges et sur la même feuille de timbre (Décis. de la rég., 29 juin 1842).

372. Le cahier des charges ne doit être signifié ni au saisi ni aux créanciers inscrits; une telle signification ne serait pas admise en taxe (Carré et Chauveau, *quest.* 2322). Mais sommation doit être faite de venir en prendre communication au greffe (V. le §. qui suit).

§ 2. — Sommation de prendre communication du cahier des charges.

1° Sommation au saisi.

373. Dans les huit jours, au plus tard, après le dépôt au greffe, outre un jour par cinq myriamètres de distance entre le domicile du saisi et le lieu où siège le tribunal, sommation doit être faite au saisi, à personne ou domicile, de prendre communication du cahier des charges, de fournir ses dires et observations, et d'assister à la lecture et publication qui en sera faite, ainsi qu'à la fixation du jour de l'adjudication; cette sommation indique les jour, lieu et heure de la publication (C.P.C., art. 691), le tout, à peine de nullité (Art. 715). — V. *Formule* 7.

374. Le délai de huit jours dans lequel la sommation doit être faite n'est pas franc (Chauveau, *quest.* 2323). Le jour du dépôt n'y est pas compris, mais le huitième jour en fait partie.

375. La Cour de Nîmes a décidé que ce délai doit être augmenté non seulement d'un jour par cinq myriamètres de distance entre le domicile du saisi et le lieu où siège le tribunal, mais encore d'un jour pour toute fraction excédant cinq myriamètres (Arrêt du 7 févr. 1849 : J. *Huiss.* t. 30, p. 156). « La jurisprudence hésite cependant, » observe à cet égard M. Chauveau, *quest.* 2323, « à se montrer aussi favorable sur la concession du délai, et, en général, les fractions sont considérées comme n'existant pas. »

376. La sommation ne doit pas nécessairement être faite au domicile réel du saisi ; elle peut l'être aussi au domicile élu pour l'exécution de la convention (Chauveau, *quest.* 2324).

377. Cette sommation est d'ailleurs assujettie aux formalités prescrites pour la régularité des exploits. Ainsi, spécialement, lorsque l'huissier ne trouve au domicile du saisi absent aucun parent ou serviteur, il peut remettre la copie à un voisin, et, à défaut de voisin, au maire de la commune qui vise l'original (Bordeaux, 8 mai 1844 : J. *Huiss.* t. 25, p. 223).

378. La nullité de la sommation pour défaut d'accomplissement des formalités prescrites n'atteint pas le dépôt du cahier des charges régulièrement effectué ; le jugement qui la prononce sert de point de départ au nouveau délai dans lequel une nouvelle sommation doit être signifiée (Trib. civ. du Blanc, 27 déc. 1854).

379. Le saisi, auquel n'aurait pas été faite la sommation prescrite par l'art. 691, C.P.C., pourrait demander la nullité de l'adjudication ; il ne semble pas qu'on pût lui appliquer la déchéance prononcée par les art. 728 et 729, C.P.C., puisqu'il n'aurait pas connu le jour et l'heure de la publication du cahier des charges et de l'adjudication. En admettant, en tout cas, que cette déchéance lui fût applicable, elle ne serait point un obstacle à ce qu'il pût obtenir des dommages-intérêts contre le créancier poursuivant (V., en ce sens, Chauveau, *quest.* 2321 ter).

2° Sommation aux créanciers inscrits et aux créanciers à hypothèques légales non inscrites.

380. Une sommation pareille à celle que la loi prescrit de faire au saisi doit, aux termes de l'art. 692, C.P.C., modifié par la loi du 21 mai 1858, être faite, dans le même délai de huitaine, outre un jour par cinq myriamètres :

1° Aux créanciers inscrits sur les biens saisis, au domicile élu dans les inscriptions. Si, parmi les créanciers inscrits, se trouve le vendeur de l'immeuble saisi, la sommation à ce créancier est faite, à défaut de domicile élu par lui, à son domicile réel, pourvu qu'il soit fixé en France ; elle porte que, à défaut de former sa demande en résolution et de la notification au greffe avant l'adjudication, il sera définitivement déchu, à l'égard de l'adjudicataire, du droit de la faire prononcer ;

2° A la femme du saisi, aux femmes des précédents propriétaires, au subrogé tuteur des mineurs ou interdits, ou aux mineurs devenus majeurs, si, dans l'un et l'autre cas, le mariage et tutelle sont connus du poursuivant, d'après son titre ; la sommation contient en outre l'avertissement que, pour conserver les hypothèques légales sur l'immeuble exproprié, il est nécessaire de les faire inscrire avant la transcription du jugement d'adjudication ;

Dans ce dernier cas, une copie de la sommation est notifiée au procureur impérial de l'arrondissement où les biens sont situés, lequel est tenu de requérir l'inscription des hypothèques légales existant du chef du saisi seulement sur les biens compris dans la saisie. — V. *Formules* 8 et 9.

381. Dans la pensée du législateur de 1858, et depuis la loi du 21 mai de cette année, la purge des hypothèques inscrites et des hypothèques légales dispensées d'inscription est associée à la poursuite et à la procédure de saisie immobilière. Nous avons été ainsi amené à examiner, expliquer et commenter, au mot *Purge des hypothèques et priviléges*, les diverses dispositions dont se compose le nouvel art. 692, C.P.C. Nous devons d'abord ici, par conséquent, renvoyer à ce mot et aux formules insérées à la suite. Nous n'aurons que quelques additions à y faire.

382. De ce que la sommation ne doit être faite qu'aux créanciers inscrits au moment où l'état des inscriptions est délivré, et de ce qu'elle doit être signifiée au domicile élu, il résulte que le défaut de sommation au créancier subrogé dans les droits du créancier inscrit n'entraîne pas nullité, lorsque la mention de subrogation sur les registres du conservateur ne contient pas, de la part du subrogé, élection de domicile dans l'arrondissement (Trib. civ. de Libourne, 12 août 1851 : *J. Huiss.*, t. 35, p. 336).

383. Mais la sommation doit être faite à tous les créanciers inscrits indistinctement, à ceux qui sont inscrits du chef des précédents propriétaires comme à ceux qui sont inscrits du chef du saisi (Bourges, 13 déc. 1851 : *J. Huiss.*, t. 33, p. 335).

384. Si la poursuite est dirigée contre un tiers détenteur, le poursuivant doit demander au conservateur l'état des inscriptions existant de son chef sur l'immeuble saisi, et faire en outre aux créanciers inscrits de ce tiers détenteur la sommation prescrite par l'art. 692 (Chauveau, *quest.* 2329).

385. S'il existe, au profit du même créancier, plusieurs inscriptions sur les immeubles saisis, dans lesquelles se trouve élu le même domicile, il n'est pas nécessaire de signifier à ce créancier autant de copies de la sommation qu'il y a d'inscriptions ; une seule suffit. Mais, lorsque les inscriptions contiennent un domicile élu différent, il peut être utile de signifier à chacun de ces domiciles une copie de la sommation. Il faut à cet égard consulter les circonstances et examiner si le créancier a intérêt à recevoir à chaque domicile la signification (Chauveau, *quest.* 2332).

386. Dans le cas où une inscription existe au profit de plusieurs intéressés au même titre, la signification d'une seule copie pour tous peut être suffisante, si l'inscription a été prise collectivement avec une seule élection de domicile.

387. Jugé, en ce sens, que, lorsque des héritiers bénéficiaires ont pris une inscription collective sur les biens de la succession, et fait dans cette inscription une élection de domicile commun, il n'est pas nécessaire de leur signifier individuellement la sommation prescrite par l'art. 692, et que cette sommation est valablement faite par une seule copie au domicile élu en commun (Paris, 14 nov. 1851 : *J. Huiss.*, t. 33, p. 14).

388. Quant à la disposition de l'art. 692 concernant le vendeur de l'immeuble saisi, lorsqu'il se trouve parmi les créanciers inscrits, elle s'applique non-seulement au vendeur lui-même, mais à tout créancier inscrit dont la créance résulte d'un prix de vente, par exemple, aux personnes subrogées dans les droits du vendeur et dont les subrogations ont été régulièrement inscrites, au coéchangiste créancier d'une soulte, au créancier porteur d'un bordereau de collocation (Chauveau, *quest.* 2333 *quater*).

389. La sommation, faite au domicile réel du vendeur, doit être notifiée de manière qu'il existe entre le jour de la notification et celui fixé

pour l'adjudication un délai suffisant, qui lui permette d'exercer utilement
le droit que l'art. 692 lui confère, de former sa demande en résolution.

390. Indépendamment de la sommation faite au vendeur de prendre
communication du cahier des charges et d'assister à sa publication, l'exploit doit en même temps le mettre spécialement et formellement en demeure de former sa demande en résolution et l'avertir de la déchéance
qui l'atteindra, si l'adjudication est prononcée sans qu'il ait régulièrement formé sa demande (C.P.C., art. 692). L'omission de cette mise en
demeure et de cet avertissement équivaudrait au défaut absolu de sommation, et le vendeur serait recevable à exercer l'action en résolution même
après l'adjudication.

391. La demande en résolution de la part du vendeur est intentée
contre le saisi en la forme ordinaire (V. *Action résolutoire*); elle est dénoncée au greffier du tribunal où se poursuit la saisie; à cet effet, il lui est
signifié copie de cette demande (V. *Formules* 10 et 11).

392. Lorsque les domiciles élus ou réels des créanciers auxquels doit être
faite, aux termes de l'art. 692, C.P.C., la sommation de prendre communication du cahier des charges, sont situés dans une commune autre que
celle où le saisi a son domicile, ou lorsqu'ils sont eux-mêmes situés dans
des communes différentes et éloignées les unes des autres, il peut être nécessaire de faire deux ou plusieurs originaux séparés, et alors le coût de
chaque acte doit être admis en taxe. Mais, si les domiciles élus ou réels
des créanciers sont situés dans la même commune que le domicile du saisi,
il n'est pas indispensable que la sommation à ce dernier et aux créanciers
soit faite par deux actes séparés; dans ce cas, un seul original peut suffire.
Il en doit être de même lorsque le domicile du saisi et les domiciles élus
ou réels des créanciers se trouvent dans plusieurs communes assez rap-
prochées pour que l'huissier puisse s'y rendre dans une même course (*J.
Huiss.*, t. 36, p. 31).

3º *Mention des notifications prescrites par les art. 691 et 692.*

393. Aux termes de l'art. 693, C.P.C., mention des notifications prescrites par les art. 691 et 692, même Code, doit être faite dans les huit
jours de la date du dernier exploit de notification, en marge de la transcription de la saisie au bureau des hypothèques, et, du jour de cette mention, la saisie ne peut plus être rayée que du consentement des créanciers inscrits, ou en vertu de jugements rendus contre eux.

394. La mention exigée par l'art. 693 est prescrite à peine de nullité
(C.P.C., art. 715). Mais la nullité ne vicie pas la procédure antérieure
(Art. 728). Par conséquent, elle n'atteint pas la sommation (Cass. 22 fév.
1819). La procédure postérieure à la mention doit seule être annulée (Chauveau, *quest.* 2334).

395. La nullité résultant de ce que la mention n'a pas été faite ou de
ce qu'elle a été faite après le délai fixé doit être proposée, à peine de déchéance, trois jours au plus tard avant la publication du cahier des charges (C.P.C., art. 728). Selon M. Chauveau (*quest.* 2334), le saisi peut seul
invoquer cette nullité; les créanciers inscrits n'ont pas intérêt à s'en prévaloir; ils sont seulement intéressés à faire consigner la mention, lorsqu'ils s'aperçoivent qu'elle n'a point été faite.

396. A partir du jour où est faite la mention dont il s'agit, les créanciers inscrits sont associés à la saisie, puisqu'elle ne peut plus être rayée
sans leur consentement ou qu'en vertu de jugements rendus contre eux.
Or, par les *créanciers inscrits* dont le consentement est nécessaire pour
la radiation de la saisie, on ne peut entendre que ceux auxquels la sommation a dû être faite, qui étaient inscrits au moment de la signification de

cet acte, et non ceux, dont l'inscription ne figurait point alors sur l'état délivré par le conservateur et qui n'ont requis inscription que plus tard. Ces derniers peuvent donc voir rayer la saisie sans leur consentement (Chauveau, *quest.* 2335).

397. Mais ils ont le droit de demander, avant la radiation, la subrogation aux poursuites de la saisie; ce droit, ils le tiennent de leur titre hypothécaire. S'ils laissent opérer la radiation de la saisie existante, il ne leur reste plus qu'à en commencer une nouvelle, de leur chef.

§ 3. — *Publication du cahier des charges. — Règlement des contestations.*

398. Trente jours au plus tôt et quarante jours au plus tard après le dépôt du cahier des charges, il doit être fait à l'audience, et au jour indiqué par la sommation, publication et lecture du cahier des charges (C. P. C., art. 694). Le délai fixé ici a pour objet de laisser aux parties le temps nécessaire pour la recherche des rectifications à faire au procès-verbal; il doit dès lors être considéré comme un délai pour défendre, et être franc (Chauveau, *quest.* 2313).

399. L'inobservation du délai, qui, d'après l'art. 694, doit exister entre le jour du dépôt du cahier des charges et celui de l'audience à laquelle la publication de ce cahier doit avoir lieu, entraîne nullité (C. P. C., art. 715).

400. Mais la nullité n'affecte pas toute la procédure de saisie; la procédure doit être reprise et continuée à partir du dépôt du cahier des charges; si ce dépôt a été fait régulièrement, et les nouveaux délais qui doivent être observés ne peuvent commencer à courir, aux termes de l'art. 728, C. P. C., que du jour du jugement ou de l'arrêt qui a définitivement statué sur la nullité (Douai, 24 août 1849; *J. Huiss.*, t. 31, p. 178).

401. La publication du cahier des charges consiste dans la lecture publique qui est faite de ce cahier par l'huissier audiencier à l'audience indiquée; ce n'est point à l'avoué poursuivant à faire lui-même cette lecture; l'huissier audiencier publie, et si l'avoué assiste à la publication (Tar. 16 fév. 1807, art. 140; Ord. 10 oct. 1841, art. 6 et 7; Montpellier, 28 avril 1851; *J. Huiss.*, t. 32, p. 232).

402. L'art. 6, § 1er, ord. 10 oct. 1841, alloue 1 fr. d'honoraires à l'huissier pour la lecture du cahier des charges; l'huissier ne doit pas se borner à un simple appel, il semble même que la lecture du cahier des charges doive être entière. Cependant, dans l'usage, elle n'est presque jamais complète; elle ne comprend généralement que l'intitulé de ce cahier et la mise à prix. L'avoué qui enchérit est réputé avoir pris connaissance de toutes les clauses qu'il contient.

403. Le cahier des charges peut être lu et publié en l'audience de vacations (Chauveau, *quest.* 2340). Il a même été jugé que la publication du cahier des charges d'une adjudication sur saisie immobilière est valablement faite au jour indiqué par la sommation, pendant le temps des vacations, bien que ce jour ne soit pas celui d'une audience ordinaire de vacations (Bordeaux, 24 nov. 1851).

404. Trois jours au plus tard avant la publication du cahier des charges, le poursuivant, la partie saisie et les créanciers inscrits sont tenus de faire insérer, à la suite de la mise à prix, leurs dires et observations ayant pour objet d'introduire des modifications dans ledit cahier; passé ce délai, ils ne sont plus recevables à proposer de changements, dires ou observations (C. P. C., art. 694).

405. Cette disposition, en restreignant au poursuivant, à la saisie et aux créanciers inscrits, le droit de faire des dires ou des observations ou dé proposer des changements au cahier des charges, est exclusive des tiers. Cependant, il a été décidé que les créanciers chirographaires peuvent intervenir pour demander la rectification des clauses du cahier des charges, qu'ils croiraient pouvoir leur nuire (Toulouse, 24 janv. 1851). Les créanciers à hypothèques légales, qui n'ont pris inscription qu'après la sommation, peuvent aussi, à plus forte raison, proposer des modifications au cahier des charges; ils sont compris parmi les créanciers inscrits dont parle l'art. 694.

406. Les modifications proposées après la publication et avant le jour de l'adjudication sont évidemment tardives; l'utilité en peut être contestée par le saisi, le poursuivant et les créanciers inscrits. La contestation, toutefois, pour être recevable doit être formée trois jours avant l'adjudication, si les modifications ont été proposées antérieurement; si elles ne sont proposées que dans ces trois jours, les intéressés sont recevables à les critiquer et à les combattre, dès qu'elles se sont fait connaître (Chauveau, quest. 2342).

407. L'insertion des dires, quel qu'en soit l'objet, sur le cahier des charges, combinée avec la sommation adressée au saisi et aux créanciers d'en prendre connaissance et de se trouver aux lieu et jour où la publication sera faite et où les dires seront jugés, suffit pour dispenser de toute signification à avoué. Il est donc inutile, pour statuer sur ces dires, de donner avenir par acte d'avoué à avoué aux intéressés (Chauveau, quest. 2343).

408. Au jour indiqué par la sommation faite au saisi et aux créanciers, le tribunal donne acte au poursuivant des lecture et publication du cahier des charges, statue sur les dires et observations qui y ont été insérés, et fixe les jour et heure où il sera procédé à l'adjudication; le délai entre la publication et l'adjudication doit être de trente jours au moins et de soixante au plus; le jugement est porté sur le cahier des charges à la suite de la mise à prix ou des dires des parties (C. P. C., art. 695).

409. Si le jugement se borne à donner acte de la publication du cahier des charges et à fixer le jour de l'adjudication, il ne doit être ni levé ni signifié (Rouen, 4 juin 1842; Chauveau, quest. 2346). Ce jugement n'étant pas susceptible d'appel (C. P. C., art. 730), la signification en serait frustratoire.

410. Mais, si le jugement statue en même temps sur un incident, sur ces dires faits au cahier des charges, comme il est, relativement à ce chef, susceptible d'appel (C. P. C., art. 730), la signification en est utile pour faire courir le délai de l'appel (art. 731).

411. Dans le cas d'appel du jugement, si l'appel est jugé et l'arrêt signifié avant l'échéance du jour fixé par le jugement pour l'adjudication, cette fixation tient, sauf au tribunal à accorder une remise, comme le lui permet l'art. 703 (C. P. C. (Chauveau, quest. 2349 in fine).

412. Si l'appel n'est pas vidé avant le jour fixé, l'adjudication est nécessairement retardée, l'appel est suspensif. Il y a lieu alors de fixer un nouveau jour pour l'adjudication. C'est à la Cour qu'il appartient de désigner ce nouveau jour, si le jugement est infirmé; il doit l'être par le tribunal, si son jugement est confirmé (Chauveau, quest. 2349).

413. En pareil cas, il n'est pas nécessaire qu'il y ait entre l'arrêt ou le jugement qui fixe un nouveau jour et le jour désigné un délai de trente jours au moins et de soixante au plus; il suffit que le délai puisse permettre l'observation des formalités prescrites par les art. 704 et 741, C. P. C. (Chauveau, loc. cit.).

414. Lorsqu'il y a lieu à l'application de l'art. 695, C. P. C., en ce qui concerne le délai qui doit exister entre la publication et l'adjudication, ce délai n'est pas soumis à une augmentation à raison de la distance qui sépare le domicile du saisi du lieu où siége le tribunal qui doit prononcer l'adjudication (Chauveau, quest. 2347).

§ 4. — Insertion dans les journaux.

415. L'art. 696, C.P.C., modifié par la loi du 21 mai 1858, veut que, quarante jours au plus tôt et vingt jours au plus tard avant l'adjudication, l'avoué du poursuivant fasse insérer, dans un journal publié dans le département où sont situés les biens, un extrait signé de lui et contenant les énonciations qu'il indique. Cette insertion est prescrite à peine de nullité (C.P.C., art. 715).

416. L'original de l'extrait doit être rédigé sur timbre et enregistré. Dans l'usage, une copie sur papier libre est envoyée au bureau du journal pour l'insertion; une autre copie, également sur papier libre, est transmise à l'imprimeur pour l'impression des placards (V. le § qui suit). Ces deux copies doivent être signées de l'avoué pour la garantie du directeur, du gérant du journal et de l'imprimeur; elles doivent contenir la mention de l'enregistrement.

417. L'insertion dans le journal peut, comme l'apposition du placard, être valablement faite un dimanche; elle ne rentre pas, en effet, dans la catégorie des significations et des actes d'exécution, que l'art. 1037, C.P.C., interdit de faire les jours fériés, si ce n'est en vertu de permission du juge (Chauveau, quest. 2351 quater).

418. L'extrait à insérer dans le journal doit contenir:
1° La date de la saisie et de sa transcription (C.P.C., art. 696). — Il n'y aurait pas cependant nullité si l'extrait ne contenait que la date du jour où la saisie a été commencée, sans faire mention des jours pendant lesquels elle a été continuée (Metz, 14 nov. 1823).

419. 2° Les noms, professions, demeures du saisi, du saisissant et de l'avoué de ce dernier (C.P.C., art. 696). — L'omission du prénom du débiteur ne serait pas une cause de nullité (Paris, 12 vent. an XII).

420. 3° La désignation des immeubles, telle qu'elle a été insérée dans le procès-verbal (C.P.C., art. 696). — La copie de la matrice du rôle, étant un des éléments de la désignation des immeubles saisis, doit figurer littéralement dans l'extrait à insérer (Chauveau, quest. 2351 quinquies). Toutefois, il paraît que, dans la pratique, cette copie n'y est pas généralement insérée.

421. 4° La mise à prix (C.P.C. art. 696). — Il y aurait nullité si la mise à prix indiquée dans l'insertion n'était pas la même que celle fixée dans le cahier des charges (Bordeaux, 28 juin 1831).

422. 5° L'indication du tribunal où la saisie se poursuit, et des jours, lieu et heure de l'adjudication (C.P.C., art. 696).

423. 6° La déclaration que tous ceux du chef desquels il pourrait être pris inscription pour raison d'hypothèques légales devront requérir cette inscription avant la transcription du jugement d'adjudication (même art.). — La nullité provenant de l'omission de cette déclaration peut être invoquée par le saisi et par tous les créanciers, par les créanciers inscrits, comme par les créanciers à hypothèque légale inconnus d'après le titre du poursuivant (Chauveau, quest. 2351 sexies).

424. S'il y avait erreur dans une insertion, il ne serait pas nécessaire de renouveler cette insertion complétement; l'erreur pourrait être réparée par une simple rectification dans un numéro subséquent du journal, pourvu que l'insertion de la rectification ait lieu dans le délai indiqué par l'art. 696 (Chauveau, quest. 2355).

425. Toutes les annonces judiciaires relatives à la même saisie doivent être insérées dans le même journal (C.P.C., art. 696) : ce qui comprend les annonces jusqu'à l'adjudication, les annonces par suite de surenchère ou de folle enchère, les annonces de vente sur conversion, mais non les annonces extraordinaires qui font l'objet de l'art. 697, C.P.C.

426. Le journal, dans lequel doivent être insérées les annonces relatives à une saisie immobilière, est celui du lieu de la situation des biens, où l'adjudication doit être prononcée, qui est désigné chaque année, par le préfet, pour recevoir les annonces judiciaires, conformément à l'art. 23 du décret du 17 fév. 1832.

427. Le propriétaire-gérant du journal désigné pour recevoir les annonces judiciaires qui y a inséré l'extrait prescrit par l'art. 696, et signé par l'avoué poursuivant, n'est pas tenu de publier la réponse émanée d'une personne désignée dans cet extrait, spécialement, d'un locataire des immeubles saisis, qui prétend que l'annonce a été faite d'une manière inexacte ou incomplète, et, par conséquent, nuisible à ses intérêts (Amiens, 11 fév. 1864. — *Contrà* Trib. corr. de Château-Thierry, 3 déc. 1863 : jugement infirmé par l'arrêt de la Cour d'Amiens).

428. Lorsque, indépendamment de l'insertion prescrite par l'art. 696, le poursuivant, le saisi, ou l'un des créanciers inscrits, estime qu'il y a lieu de faire d'autres annonces de l'adjudication par la voie de journaux autres que celui désigné pour l'insertion des annonces judiciaires, le président du tribunal devant lequel se poursuit la vente peut, si l'importance des biens paraît l'exiger, autoriser cette insertion, et l'ordonnance qu'il rend à cet égard n'est soumise à aucun recours (C.P.C., art. 697)

429. Les frais occasionnés par les insertions extraordinaires autorisées sont taxés comme frais privilégiés et mis à la charge de l'immeuble. Mais les frais occasionnés par des insertions extraordinaires non autorisées n'entrent pas en taxe. C'est également ce qui résulte de l'art. 697 précité.

430. Il est justifié de l'insertion aux journaux par un exemplaire de de la feuille, contenant l'extrait dont l'art. 696 prescrit à peine de nullité la publication ; cet exemplaire doit porter la signature de l'imprimeur, légalisée par le maire (C.P.C., art. 698).

431. Le propriétaire, gérant ou rédacteur du journal, ne peut signer l'exemplaire où est inséré l'extrait dont il s'agit, s'il n'est pas en même temps l'imprimeur de ce journal (Carré et Chauveau, *quest.* 2356). — En cas d'absence ou d'empêchement du maire, la signature de l'imprimeur serait valablement légalisée par l'adjoint ; la parenté qui existerait entre le maire ou adjoint et l'imprimeur ne vicierait pas la légalisation (Rennes, 6 juin 1814 ; Bastia, 16 nov. 1822). — Le certificat de légalisation, apposé au bas de l'exemplaire du journal, doit être enregistré ; mais il n'est pas soumis à un timbre autre que celui du journal (Chauveau, *quest.* 2357 *bis*).

432. Lorsqu'il s'agit d'insertions extraordinaires autorisées, l'exemplaire du journal produit pour en justifier n'a pas besoin de porter la signature de l'imprimeur légalisée comme le prescrit l'art. 698 pour l'exemplaire du journal qui contient l'insertion de l'annonce forcée.

§ 5. — *Apposition de placards.* — *Procès-verbal.*

433. Un extrait pareil à celui qui est prescrit par l'art. 696, C.P.C., pour insertion dans le journal désigné pour recevoir les annonces judiciaires, doit être imprimé en forme de placard et affiché dans le même délai (C.P.C., art. 699), c'est-à-dire quarante jours au plus tôt et vingt jours au plus tard avant l'adjudication.

434. Il est nécessaire de dresser un original de l'extrait. Cet extrait affiché à la porte du domicile réel (Chauv., 20 mars 1807). — S'il est rédigé et composé par l'avoué poursuivant, il sert à la fois, à l'insertion dans le journal des annonces judiciaires et aux affiches placardées. L'original est signé par l'avoué qui l'a composé, et est mis au rang des pièces du dossier.

435. Il doit être rédigé sur timbre, il est soumis à l'enregistrement. Il ne peut être employé avant l'accomplissement de cette formalité. C'est donc une copie de cet original qui est remise au bureau du journal, pour l'insertion, et imprimée en forme de placard.

436. Les placards doivent, à peine de nullité, être imprimés, (C.P.C., art. 699 et 715; Carré et Chauveau, *quest.* 2359). Toutefois, une simple addition manuscrite ne suffirait pas pour que la nullité pût être demandée, surtout si cette addition n'a d'autre but que de régulariser la procédure (Rennes, 5 déc. 1812; Cass. 16 janv. 1822; Bordeaux, 31 janv. 1832).

437. Les placards doivent aussi être frappés du timbre de dimension (Cass. 2 avril 1818), sans que cependant l'inobservation de cette mesure puisse entraîner nullité; elle ne pourrait donner lieu qu'à une amende (Turin, 2 juill. 1810; Carré et Chauveau, *quest.* 2359).

438. C'est, dans la pratique, l'avoué poursuivant qui fait timbrer les placards à apposer; comme aussi c'est lui qui soumet à l'enregistrement l'original de l'extrait qui sert à l'impression de ces placards, et dont il est le rédacteur. L'huissier, chargé de les apposer, n'est tenu que de faire enregistrer dans le délai utile le procès-verbal d'apposition, qu'il rédige au bas de l'un des exemplaires du placard. Si cependant l'original de placard était remis à l'huissier sans avoir été revêtu de la formalité de l'enregistrement, c'est à lui qu'incomberait alors l'obligation de la remplir préalablement (Trib. civ. d'Avesnes, 19 mars 1856 ; *J. Huiss.*, t. 37, p. 225).

439. Les placards imprimés portent ordinairement la mention de l'enregistrement de l'original de l'extrait. Mais il n'est nullement exigé que chaque exemplaire du placard qui est affiché, ni même que celui au bas duquel est inscrit le procès-verbal d'apposition, soit enregistré; il suffit que ces exemplaires soient sur timbre prescrit. Si les employés de l'administration de l'enregistrement veulent s'assurer que l'original de l'extrait a été réellement enregistré avant l'apposition des placards, ils peuvent le faire en exigeant de l'huissier la représentation de cet original. Mais le défaut d'enregistrement préalable du placard sur lequel est dressé le procès-verbal d'apposition ne peut rendre l'huissier passible d'amende, puisqu'il n'est qu'une copie d'un original revêtu de cette formalité (V. *J. Huiss.*, t. 35, p. 145, ma réponse à une question proposée).

440. Les placards n'étant que la reproduction de l'extrait inséré dans le journal doivent contenir les mêmes énonciations (V. *supra*, n°s 418 et suiv.). Ainsi, spécialement, la déclaration relative à la réquisition d'inscription pour raison d'hypothèques légales doit se retrouver dans les placards.

441. Les placards doivent également indiquer le véritable jour de l'adjudication. Une fausse indication de ce jour pourrait être une cause de nullité de la saisie (Besançon, 31 janv. 1817), encore bien que l'erreur n'existe point dans l'annonce insérée au journal (Bourges, 30 mars 1808).

442. Mais jugé que le défaut de mention, dans les placards, que le poursuivant agit en qualité de mari et de maître de la dot et des droits de sa femme, n'est pas une cause de nullité (Aix, 2 déc. 1837).

443. Les placards doivent être affichés :
1° A la porte du domicile du saisi (C.P.C., art. 699), c'est-à-dire de son domicile réel (Chauveau, *quest.* 2360). — Le tiers détenteur, contre lequel la poursuite a lieu, étant assimilé au saisi, un placard doit aussi être

affiché à la porte de son domicile réel (Colmar, 20 mars 1807). — S'il y a plusieurs parties saisies, l'affiche doit être apposée au domicile réel de chacune d'elles (Chauveau, *loc. cit.*). Dans le cas de faillite du débiteur, un placard doit être affiché à la porte du domicile du saisi et un autre au domicile du syndic de sa faillite (Chauveau, *eod. loc.*).

444. Dans le cas où le logement du saisi n'a pas de porte extérieure, le placard doit être apposé sur la porte extérieure du bâtiment où se trouve ce logement (Cass. 10 juill. 1817, Chauveau, *quest.* 2361). — S'il y a plusieurs portes d'entrée pour arriver au domicile du saisi, il suffit d'apposer le placard à l'une de ces portes (Chauveau, *loc. cit.*).

445. Lorsque le saisi n'a ni domicile ni résidence connus, ou lorsqu'il est domicilié à l'étranger, l'huissier doit suivre les règles tracées par l'art. 69, n° 8 et 9, C.P.C., pour la remise des exploits ordinaires dans les mêmes cas (Chauveau, *loc. cit.*; Cass. 16 juin 1812).

446. L'observation des formalités prescrites par l'art. 699, C.P.C., étant imposée à peine de nullité (Art. 715), il s'ensuit que le défaut d'apposition de placard à la porte du domicile du saisi pourrait faire annuler l'adjudication. Le poursuivant, devenu adjudicataire, pourrait aussi n'être condamné qu'à des dommages-intérêts envers le saisi (Agen, 23 août 1834).

447. 2° A la porte principale des édifices saisis (C.P.C., art. 699). — Dans le cas de saisie d'un domaine ou d'une ferme, desquels dépendent de petits édifices ou des bâtiments, il n'est pas nécessaire d'apposer un placard à la porte de ces petits édifices ou bâtiments; le placard affiché à la porte principale et extérieure du domaine ou de la ferme suffit (Cass. 6 fruct. an XI; Bruxelles, 3 nov. 1810).

448. 3° A la principale place de la commune où le saisi est domicilié, ainsi qu'à la principale place de la commune où les biens sont situés, et de celle où siège le tribunal devant lequel se poursuit la vente (C.P.C., art. 699). Le placard doit y être apposé à l'endroit où sont ordinairement les affiches.

449. 4° A la porte extérieure des mairies du domicile du saisi et des communes de la situation des biens (C.P.C., art. 699).

450. 5° Au lieu où se tient le principal marché de chacune de ces communes, et, lorsqu'il n'y en a pas, au lieu où se tient le principal marché de chacune des deux communes les plus voisines dans l'arrondissement (Même art.). Cette disposition doit être entendue en ce sens, non que, pour son application, il est nécessaire qu'il n'existe pas de marché dans aucune des communes désignées au n° 3 de l'art. 699, mais que, lorsqu'une seule de ces communes manque de marché, des placards doivent être apposés dans les deux communes les plus voisines par la distance dans l'arrondissement de celle qui n'a pas de marché (Poitiers, 9 juin 1809; Carré et Chauveau, *quest.* 2365), et non pas de celle de la situation des biens.

451. Jugé aussi que, quand il y a lieu d'apposer des placards aux marchés des communes les plus voisines, c'est aux deux marchés les plus voisins de la commune où il n'existe pas de marché que des placards doivent, à peine de nullité, être affichés, et qu'il ne suffirait pas que l'apposition eût lieu aux deux marchés les plus importants dans le voisinage (Cass. 8 mai 1838).

452. C'est au lieu où se tient le marché principal de chaque commune qu'un placard doit être apposé. L'apposition ne serait pas régulière si elle était faite dans cette commune mais en un autre lieu (Chauveau, *quest.* 2364).

453. Lorsqu'il existe dans une commune plusieurs marchés reconnus comme tels par l'autorité administrative, il faut entendre par le *principal marché* dont parle l'art. 699 celui qui est le plus fréquenté, où se trouve le plus grand concours de vendeurs ou d'acheteurs (Carré et Chauveau, *quest.* 2363).

454. Quand il n'existe pas de marché dans l'une des communes indiquées au n° 3 de l'art. 699, le saisi peut se faire un moyen de nullité de ce que les placards, au lieu d'avoir été apposés aux marchés les plus voisins, conformément au n° 3 du même article, l'ont été en des marchés un peu plus éloignés, encore bien que, ces marchés étant plus fréquentés, il ait dû en résulter une publicité plus grande (Chauveau, *quest.* 2366).

455. Mais la nullité résultant de ce que les appositions d'affiches relatives à certains biens compris avec d'autres dans une même procédure de saisie immobilière auraient été faites aux deux marchés les plus importants du voisinage, au lieu de l'être aux deux marchés les plus proches, peut, suivant les circonstances, par exemple, si ces biens ne font pas corps avec les autres et peuvent être vendus divisément, ne pas entraîner la nullité de la procédure tout entière (Orléans, 13 juill. 1839; Cass. 19 janv. 1842).

456. S'il n'y a dans les communes où les appositions doivent être faites qu'un seul marché légal, c'est au lieu de ce marché que les placards doivent être apposés; peu importe que ce marché soit peu fréquenté; l'huissier s'étant en pareil cas conformé à la loi, aucune nullité ne pourrait être prononcée (Toulouse, 12 avril 1825; Chauveau, *quest.* 2362). S'il s'élevait quelque contestation relativement à l'existence du marché, cette existence pourrait être établie par un certificat du préfet ou du sous-préfet.

457. Lorsque les biens sont situés dans une section de commune, l'apposition des placards est valablement faite au principal marché de celle dans laquelle est située la mairie (Montpellier, 14 janv. 1833).

458. Il suffit, pour l'exécution du n° 5 de l'art. 699, que les placards soient apposés au lieu où se tient le principal marché dans les communes indiquées; il n'est pas indispensable qu'ils le soient un jour de marché et pendant la tenue du marché; la loi ne le prescrit pas. Plusieurs arrêts l'avaient déjà décidé aussi avant la loi du 2 juin 1841; et c'est la même solution qui, depuis, a été admise (V. Chauveau, *quest.* 2367).

459. 6° A la porte de l'auditoire du juge de paix de la situation des bâtiments, et, s'il n'y a pas de bâtiments, à la porte de l'auditoire de la justice de paix où se trouve la majeure partie des biens saisis (C.P.C., art. 699), c'est-à-dire la partie qui produit le plus de revenu d'après la matrice du rôle de la contribution foncière.

460. 7° Aux portes extérieures des tribunaux du domicile du saisi, de la situation des biens et de la vente (Même art.).—Il semble que le mot *tribunaux* ne doit s'entendre ici que des tribunaux ordinaires et que, par conséquent, il n'est pas nécessaire d'apposer des placards aux portes des justices de paix et des tribunaux de commerce qui se trouvent dans les communes mentionnées au n° 7 de l'art. 699. Cependant MM. Carré et Chauveau (*quest.* 2368) pensent qu'il est prudent d'afficher des placards aux portes extérieures des tribunaux ordinaires ou d'exception qui siégent aux lieux que la loi indique.

461. L'apposition des placards est constatée par un procès-verbal dressé par un huissier et rédigé sur un exemplaire de ces placards; l'huissier atteste que l'apposition a été faite aux lieux déterminés par la loi (C. P.C., art. 699), et ce à peine de nullité (Art. 715). — V. *Formule* 42.

462. Le procès-verbal d'apposition ne doit pas détailler les lieux où les placards ont été apposés (Art. 699). L'huissier satisfait au vœu de la loi en, y énonçant qu'il s'est transporté dans tous les lieux qu'elle indique et qu'il y a fait l'apposition des affiches aux endroits habituels (Lyon, 4 juin 1833 : *J. Huiss.*, t. 15, p. 47).

462. Néanmoins, si l'huissier mentionnait dans le procès-verbal les noms des communes dans lesquelles il se serait transporté et aurait apposé des placards, en ajoutant que l'apposition a été faite dans tous les endroits apparents et habitués à recevoir des affiches, il n'y aurait pas nullité (Cass. 23 nov. 1836 : *J. Huiss.*, t. 19, p. 58).

463. Les placards ne peuvent être apposés dans chaque commune que par un huissier ayant le droit d'instrumenter; autrement, il y aurait nullité (Carré et Chauveau, *quest.* 2370). Il suit de là qu'il peut arriver que, pour l'apposition des placards, le ministère d'huissiers différents soit nécessaire. Dans ce cas, chacun d'eux doit rédiger un procès-verbal et le faire viser ainsi qu'il est prescrit par l'art. 699.

465. Quoique le même huissier eût le droit d'instrumenter dans tous les lieux désignés par la loi, les appositions que le poursuivant y aurait fait faire par des huissiers différents n'en seraient pas moins régulières, si elles étaient constatées par un procès-verbal dressé par chacun d'eux. Mais, comme le poursuivant, en employant ainsi plusieurs huissiers sans nécessité, aurait évidemment fait des frais frustratoires, il y aurait lieu de rejeter de la taxe le coût de procès-verbaux dont on eût pu se dispenser (Carré et Chauveau, *quest.* 2371).

466. Lorsque les placards prescrits par l'art. 699 doivent être apposés dans diverses communes, l'huissier, chargé de l'apposition, doit, s'il peut accomplir sa mission dans la même journée, ne dresser qu'un seul procès-verbal; il ne peut, en ce cas, dresser un procès-verbal distinct pour chaque commune dans laquelle un placard doit être apposé; du moins, le coût de chaque procès-verbal ainsi dressé ne serait pas admis en taxe.

467. Mais, si l'huissier est dans l'impossibilité, à raison des distances qui séparent les communes les unes des autres, de faire toutes les appositions en un seul jour, s'il doit consacrer à cette opération plusieurs jours pendant lesquels il resterait absent de son étude et éloigné de ses affaires, il semble juste et équitable qu'il puisse alors dresser autant de procès-verbaux qu'il emploierait de journées de voyage à l'opération dont il s'agit, et percevoir un émolument pour la rédaction de chacun de ces procès-verbaux (V. *J. Huiss.*, t. 35, p. 144, et t. 41, p. 235, ma réponse à des questions proposées).

468. En déterminant, dans l'ordonnance du 10 oct. 1841, l'émolument afférent au procès-verbal d'apposition de placards, et en y comprenant le salaire de l'afficheur, le législateur n'a pu disposer qu'en vue du cas où l'apposition des placards aurait lieu par le même afficheur, et, par conséquent, dans la même commune. Lorsque l'huissier se transporte, pendant la même journée, dans plusieurs communes, l'émolument qui lui est alloué par l'ordonnance de 1841 doit, par chaque commune, outre la première, s'augmenter du salaire qu'il a payé à l'afficheur, salaire qui n'est, au surplus, qu'un véritable déboursé. Autrement, l'émolument que la loi accorde à l'huissier pour le procès-verbal d'apposition de placards pourrait, dans le cas où il se transporterait, dans une même journée, dans plusieurs communes, se trouver absorbé en grande partie par le salaire qu'il serait obligé de payer à l'afficheur dans chaque commune (V. *J. Huiss.*, t. 41, p. 235, ma réponse à une question proposée).

469. L'apposition de placards n'est pas une signification rentrant dans les actes d'exécution que l'art. 1037, C. P. C., a eu en vue; dès lors, elle peut être terminée après l'heure légale; elle peut aussi, de même que l'insertion, dans les journaux, être faite un dimanche (Chauveau, quest. 2367 bis).

470. Le procès-verbal d'apposition de placards doit être visé par le maire de chacune des communes dans lesquelles l'apposition a été faite (C.P.C., art. 699), à peine de nullité. (Art. 715).

471. Quoique l'art. 699 ne prévoie que le cas de la situation des immeubles dans des communes différentes, il doit également être étendu au cas où les immeubles saisis sont situés dans les différents arrondissements ou sections d'une ville ayant chacun une mairie distincte. L'huissier doit donc, dans cette hypothèse, présenter successivement le procès-verbal au visa du maire de chaque arrondissement ou section de la situation des biens saisis ; le visa du procès-verbal par le maire de l'un de ces arrondissements ou sections seulement ne serait pas une constatation suffisante et régulière de l'apposition (V. J. Huiss., t. 37, p. 203, ma réponse à une question proposée).

472. La Cour de Grenoble a décidé, par arrêt du 19 juill. 1808, que le certificat par lequel le maire constate au bas du procès-verbal que les placards ont été apposés peut remplacer le visa exigé par la loi. Mais, selon M. Chauveau (quest. 2373), de pareils équipollents ne sont pas admissibles.

473. En cas d'absence ou d'empêchement du maire, le procès-verbal d'apposition peut être visé par l'adjoint ou par un conseiller municipal dans l'ordre du tableau (Carré et Chauveau, quest. 2372). Le défaut de mention de l'empêchement du maire ou de l'adjoint n'est pas une cause de nullité du procès-verbal (Riom, 4 janv. 1814).

474. Il ne doit pas être laissé au fonctionnaire qui vise le procès-verbal d'apposition de placards une copie de ce procès-verbal, dont la transcription au bureau des hypothèques n'est pas non plus prescrite (Carré et Chauveau, quest. 2374).

475. Il est difficile de ne pas considérer comme faisant partie des frais intrinsèques au procès-verbal le timbre des placards dont il a précisément pour objet de constater l'apposition. Vainement on objecte que le fait de faire timbrer les placards n'est pas une formalité remplie par l'huissier chargé de les apposer. On peut répondre, en effet, qu'il en est de ce cas comme de celui où il s'agit de copies de pièces préparées et certifiées par l'avoué, auquel appartient l'émolument afférent à ces copies. L'huissier, qui les signifie, n'en doit pas moins mentionner, dans le coût de l'exploit de signification, le timbre employé pour ces copies de pièces et l'émolument qui y est attaché. Dans l'indication du coût du procès-verbal d'apposition de placards, l'huissier doit donc également comprendre le timbre de ces placards (Décr. 14 juin 1813 ; J. Huiss., t. 38, p. 294, ma réponse à une question proposée).

476. L'huissier doit détailler les articles de frais qui composent le coût du procès-verbal d'apposition de la manière suivante :

Timbre des placards apposés et de celui au bas duquel est écrit le procès-verbal.

Vacation à l'apposition, compris le salaire de l'afficheur (Ord. 10 oct. 1841, art. 4, § 7).

Transport, s'il y a lieu (Même ord., art. 5, §§ 2 et 3).

Visa par les maires des communes dans lesquelles les appositions ont été faites (Même ord., art. 5, § 4).

Enregistrement du procès-verbal.

Ce détail ne doit être inscrit qu'au bas du procès-verbal ; il n'est pas nécessaire de le reproduire sur chaque placard apposé (J. Huiss., loc. cit.).

477. L'huissier, qui se transporte à plus d'un demi-myriamètre de son domicile pour apposer les placards exigés par l'art. 699, C.P.C. a droit à l'indemnité fixée par l'art. 85 de l'ordonnance du 10 oct. 1841 (*J. Huiss.*, t. 23, p. 385).

478. Cette indemnité appartient aussi bien aux huissiers des cantons ruraux qui se transportent dans la ville chef-lieu judiciaire de leur arrondissement, pour y apposer les placards, dont ils agit, qu'aux huissiers de la ville qui se transportent dans les cantons ruraux pour y effectuer la même apposition. Spécialement, l'huissier résidant dans un canton, qui a été chargé de procéder à une saisie immobilière contre un débiteur demeurant dans le même canton, a droit à une indemnité de transport pour l'apposition du placard qui a dû être faite à la porte extérieure du tribunal civil de l'arrondissement, lorsque la ville où siège ce tribunal est distante de sa résidence de plus d'un demi-myriamètre. La taxe par laquelle un juge taxateur refuserait, dans ce cas, l'indemnité de transport à l'huissier de canton, serait assurément susceptible d'opposition (V. *J. Huiss.*, t. 37, p. 309, ma réponse à une question proposée).

479. L'huissier, qui s'est transporté dans plusieurs communes pour y apposer les placards exigés par l'art. 699, et qui a parcouru cinq myriamètres et demi pour remplir la mission dont il était chargé, peut réclamer 20 fr. pour droit de transport (*J. Huiss.*, t. 23, p. 386).

480. Les originaux de placards et le procès-verbal d'apposition ne peuvent sous aucun prétexte être grossoyés. S'il l'avaient été, il n'en résulterait néanmoins aucune nullité; seulement, les frais de minute entraîneraient seuls en taxe (Ord. 10 oct. 1841, art. 11).

481. Indépendamment du nombre de placards dont l'art. 699 prescrit l'apposition à peine de nullité, il peut, selon la nature et l'importance des biens, être passé en taxe jusqu'à cinq cents exemplaires des placards (C.P. C., art. 700). Tous les placards alloués en taxe peuvent être apposés ou distribués, sans qu'aucun procès-verbal doive être dressé pour constater leur apposition ou distribution.

482. Aux termes d'un décret du 15 janv. 1853 modificatif de l'art. 19 de l'ordonnance du 10 oct. 1841, le timbre des placards autorisés par les art. 699 et 700, C.P.C., ne passe en taxe que sur un certificat délivré sans frais par le receveur du timbre ou de l'enregistrement du bureau dans l'arrondissement duquel la vente a eu lieu, constatant que le nombre des exemplaires a été vérifié par lui, et indiquant le montant total des droits de timbre. Il est alloué à l'avoué une vacation pour obtenir le certificat du receveur.

483. Non-seulement les droits de timbre des exemplaires des placards dont parle l'art. 700, C.P.C., mais aussi les frais d'impression de ces placards, sont admis en taxe. Y doit-on admettre également les frais d'apposition et de distribution desdits placards? Comment ces frais sont-ils constatés?

484. La conservation des placards est une chose d'autant plus importante qu'il n'est fait qu'une seule apposition. La loi du 2 juin 1841 (art. 10) autorisait le Gouvernement à y pourvoir par une ordonnance rendue dans la forme des règlements d'administration publique. Mais il n'a encore été fait aucun règlement à ce sujet.

485. La destruction frauduleuse des placards apposés aux endroits prescrits par la loi serait une cause de nullité de la poursuite ou de l'adjudication, si elle était le fait du poursuivant ou de l'adjudicataire. Mais si l'un ou l'autre n'y avait pris part, les parties intéressées n'auraient qu'une action en dommages-intérêts contre ceux qui se seraient rendus coupables de cette destruction (Chauveau, *quest.* 2375).

§ 6. — Taxe des frais.

486. Les frais de la poursuite doivent, préalablement à l'adjudication, être taxés par le juge, et il ne peut être rien exigé au delà du montant de la taxe. Toute stipulation contraire, quelle qu'en soit la forme, est nulle de droit (C.P.C., art. 701). Cette disposition étant d'ordre public, la nullité pourrait être invoquée par toutes les parties, spécialement par l'adjudicataire (Cass. 7 déc. 1847).

487. Le montant de la taxe doit être publiquement annoncé avant l'ouverture des enchères, et il en est fait mention dans le jugement d'adjudication (C.P.C., art. 701. — V. infrà, n° 685). — Si, au moment de l'adjudication, les frais n'ont pas été taxés, M. Chauveau, sur l'art. 701, n° CCCCXCVI sexies, pense que l'adjudication doit être renvoyée à un autre jour, aux frais de l'avoué poursuivant. C'est donc, ajoute-t-il, à cet officier ministériel à faire toutes les diligences nécessaires et à faire taxer ses frais quelques jours avant le jour fixé pour l'adjudication.

488. Dans le cas où un incident, élevé soit par le saisi, soit par un créancier inscrit, est rejeté, il n'est pas nécessaire que le tribunal fasse immédiatement la taxe des frais et ordonne que le montant de ces frais soit ajouté sur le cahier des charges; ils ne doivent pas, en effet, être payés par l'adjudicataire en sus du prix; ils sont prélevés par privilége sur ce prix (C.P.C, art. 714; Chauveau, loc cit.).

489. Si la taxe annoncée au moment de procéder à l'adjudication contient des erreurs, les parties intéressées peuvent en demander la rectification, et ce, de la manière suivante : l'avoué qui croit avoir à se plaindre de la taxe doit y faire opposition dans la forme ordinaire; l'adjudicataire, à la charge duquel sont mis les frais, doit, dans les vingt jours que la loi lui accorde pour remplir les conditions préalables à la délivrance du jugement d'adjudication, former opposition à la taxe et la signifier avec assignation à l'avoué poursuivant; les créanciers inscrits, dans le cas où les frais restent une charge du prix, peuvent critiquer la taxe jusque dans l'ordre (Chauveau, quest. 2375 bis).

ART. VIII. — INCIDENTS SUR LA POURSUITE DE SAISIE.

§ 1er. — Dispositions générales.

490. Toute demande incidente à une poursuite en saisie immobilière doit être formée par un simple acte d'avoué à avoué, contenant les moyens et conclusions (C.P.C., art. 718), lorsque les parties contre lesquelles elle est formée ont constitué avoué.

491. Toutefois la disposition précitée de l'art. 718 n'est pas prescrite à peine de nullité. La demande incidente qui, nonobstant la constitution d'avoué par celui contre qui elle est introduite, serait formée par exploit à personne ou domicile, contenant assignation, ne pourrait donc être déclarée nulle. Mais les frais occasionnés par l'assignation ne seraient pas admis en taxe (Chauveau, quest. 2412), et l'avoué du défendeur pourrait suivre l'audience sans attendre l'expiration du délai de huitaine.

492. Lorsque la partie contre laquelle est dirigée la demande incidente n'a pas d'avoué, la demande doit alors être formée par exploit d'ajournement à huit jours, sans augmentation de délai à raison des distances, si ce n'est dans le cas de l'art. 725 (au lieu de l'art. 726), c'est-à-dire, dans le cas où il s'agit d'une demande en distraction (C.P.C., art. 718). — V. Formule 13.

493. Sur la question de savoir contre qui les demandes incidentes doivent être introduites, V. les différents paragraphes qui suivent, où se trouvent exposées les règles relatives et particulières aux divers incidents en matière de saisie, prévus par la loi.

494. Les demandes incidentes sont dispensées du préliminaire de conciliation (C.P.C., art. 718) ; elles doivent être portées devant le tribunal compétent pour connaître de la saisie, c'est-à-dire devant le tribunal de la situation des biens (Bruxelles, 16 déc. 1857; Douai, 15 mars 1858; Chauveau, *quest.* 2412 *quinquies*).

495. Elles sont instruites et jugées comme affaires sommaires (C.P.C., art. 718). — Ainsi il ne peut y avoir d'écritures et de réponses par requêtes ordinaires ; l'art. 405, C.P.C., est applicable en cette matière (Chauveau, *quest.* 2412 *octies*) ; peu importe que les incidents portent sur le fond du droit du saisissant, et qu'ils soient élevés en appel (même auteur, *loc. cit.*); par suite, les dépens en sont taxés comme en matière sommaire (Ord. 10 oct. 1841, art. 12, § 2).

496. Tout jugement qui intervient ne peut être rendu que sur les conclusions du ministère public (C.P.C., art. 718). L'inobservation de cette formalité entraîne nullité du jugement (Bordeaux, 21 juin 1842; Chauveau, *quest.* 2412). Cette nullité est d'ordre public; elle peut être proposée en appel, bien qu'elle n'ait pas été énoncée dans l'exploit d'appel (Rennes 1er août 1851), ou devant la Cour de cassation, si le jugement n'est pas susceptible d'appel (Chauveau, *quest.* 2412 *septies*).

497. Les jugements sur incidents doivent être rédigés de la manière la plus simple, mais dans la forme ordinaire des jugements. S'ils peuvent être exécutés sans signification préalable, et ne sont même pas sujets à appel (C.P.C., art. 728, 729 et 730), comme il n'est pas utile que, en ce cas, ils soient expédiés, la rédaction des motifs et du dispositif doit suffire. Mais, s'ils doivent être signifiés avant leur mise à exécution, comme dans le cas où il s'agit d'une demande en distraction, il est nécessaire qu'ils réunissent toutes les parties ordinaires des jugements et qu'ils contiennent les points de fait et de droit, les qualités (Chauveau, *quest.* 2412 *sexies*).

498. Même lorsque les jugements sur incidents ne sont pas susceptibles d'appel, mais s'ils sont signifiés pour faire courir les délais du pourvoi en cassation, il est également indispensable qu'ils renferment toutes les parties exigées par l'art. 141, C.P.C. (Chauveau, *loc. cit.*).

§ 2. *Jonction de plusieurs saisies.*

1° *Jonction de deux saisies de biens différents.*

499. Si deux saisissants ont fait transcrire deux saisies de biens différents, poursuivies devant le même tribunal, elles sont réunies sur la requête de la partie la plus diligente et continuées par le premier saisissant (C.P.C., art. 719). D'après cette disposition, deux saisies pendantes devant deux tribunaux différents ne peuvent être réunies. Elle suppose aussi que les deux saisies ont été faites sur la même personne, et que les biens qui y sont compris appartiennent également au même débiteur.

500. La faculté de demander, dans le cas qui vient d'être défini, la jonction des différentes saisies appartient à toutes les parties intéressées, au saisi, aux saisissants, aux créanciers inscrits et même aux créanciers chirographaires (Carré et Chauveau, *quest.* 2413 *bis*).

501. La demande en jonction se forme, non par une requête grossoyée, signifiée d'avoué à avoué, mais par un simple acte motivé, dont le papier timbré seul et l'enregistrement passent en taxe (Ord. 10 oct. 1841, art. 12, § 5; Chauveau, *quest.* 2413 *ter*).

502. Si la demande est formée par un des saisissants ou par un créancier, il est utile d'appeler dans la procédure le saisi qui est celui de tous les intéressés que cette demande intéresse le plus (Chauveau, quest. 2413 bis). La demande en jonction lui est dénoncée par acte d'avoué à avoué, s'il a constitué avoué ; sinon, par exploit à personne ou domicile.

503. La demande doit précéder le dépôt du cahier des charges. Après ce dépôt, la jonction ne peut, en aucun cas, être demandée (C.P.C., art. 719). C'est le dépôt du cahier des charges de l'une des saisies qui entraîne déchéance de la faculté de demander la jonction ; aucune distinction ne doit être faite entre la première saisie et la seconde. Dès que l'un des saisissants a fait le dépôt de son cahier des charges, la jonction des saisies ne peut plus être demandée contre lui (Carré et Chauveau, quest. 2413 quater).

504. La circonstance que l'une des saisies est plus ample que l'autre n'est point un obstacle à ce que la jonction soit ordonnée (C.P.C., art. 719). Mais elle ne peut l'être qu'autant qu'elle est demandée ; le tribunal n'a pas le droit de l'ordonner d'office (Chauveau, quest. 2413).

505. Le jugement qui ordonne la jonction doit être signifié au saisi (Chauveau, quest. 2413 bis).

506. Dans le cas où la jonction est ordonnée, la poursuite est continuée par le premier saisissant ; en cas de concurrence, elle appartient à l'avoué porteur du titre plus ancien, et, si les titres sont de la même date, à l'avoué le plus ancien (C.P.C., art. 719). Pour qu'il y ait concurrence, il ne suffit pas que les saisies aient été transcrites le même jour ; il faut que les deux saisies soient présentées en même temps au conservateur. Ce n'est pas la date, en effet, mais l'ordre, le rang de la transcription qui détermine la préférence entre les poursuivants (Chauveau, quest. 2413 quinquies).

507. Si les saisies réunies sont au même état, le poursuivant suit immédiatement sur l'une et sur l'autre; dans le cas contraire, il sursoit aux poursuites de celle qui est la plus avancée jusqu'à ce qu'il ait conduit l'autre au même point (Arg. art. 720, C.P.C.).

2° Jonction de deux saisies dont la seconde est plus ample que la première.

508. Si une seconde saisie, présentée à la transcription, est plus ample que la première, elle est transcrite pour les objets non compris dans la première saisie, et le second saisissant est tenu de dénoncer sa saisie au premier saisissant (C.P.C., art. 720). — Pour que cette disposition puisse recevoir son application, la seconde saisie doit être présentée à la transcription dans le délai fixé par l'art. 678, C.P.C. (Chauveau, quest. 2414) ; il faut aussi que la seconde saisie soit transcrite avant le dépôt du cahier des charges de la première : le cas spécial prévu en l'art. 720 est soumis à la règle générale posée en l'art. 719 (Même auteur, quest. 2414 quater).

509. Dans l'espèce de l'art. 720, la jonction est obligatoire ; elle s'opère de plein droit ; il n'est donc pas nécessaire de la faire ordonner ; si elle était judiciairement demandée, le tribunal devrait déclarer non recevable celui qui aurait poursuivi l'audience, et les frais qu'il aurait faits resteraient à sa charge comme frustratoires (Chauveau, quest. 2414 ter).

510. Toutefois, pour que la jonction des deux saisies puisse avoir lieu, il ne suffit pas que la seconde soit plus ample que la première ; il est indispensable que les biens compris dans chaque saisie soient situés dans le même arrondissement, ou que, l'étant dans un arrondissement différent, ils forment une dépendance de l'immeuble principal sur lequel frappe la première saisie (Carré et Chauveau, quest. 2414 bis).

511. Lorsqu'il y a lieu à jonction des deux saisies, comme elle s'opère de plein droit, la dénonciation de la seconde saisie au saisissant le constitue en demeure de poursuivre sur le tout. Cette dénonciation est le premier acte de la procédure. Et, la jonction étant considérée comme un incident, il est naturel d'observer, pour la forme de la dénonciation, les dispositions générales de l'art. 718, C.P.C. Ainsi, la dénonciation doit être faite par un simple acte d'avoué signifié à l'avoué constitué par le premier saisissant dans le procès-verbal de saisie (Carré et Chauveau, *quest.* 2414 *quinquies*).

512. La loi ne fixe point le délai dans lequel la dénonciation doit être faite. Néanmoins, le second saisissant doit faire à cet égard toutes diligences. Il est même prudent qu'il fasse la dénonciation dans la quinzaine de la transcription de la seconde saisie, outre un jour par cinq myriamètres de distance entre le lieu de la situation des biens et celui où siège le tribunal, s'il ne veut pas être exposé, non à voir annuler les actes postérieurs qu'il aurait faits, mais à en voir déclarer les frais frustratoires, lesquels seraient alors laissés à sa charge (Chauveau, *quest.* 2414 *sexies*).

513. Après la dénonciation qui lui est faite, le premier saisissant doit poursuivre sur les deux saisies, si elles sont au même état ; sinon, il sursoit à la première et suit sur la deuxième jusqu'à ce qu'elle soit au même degré ; les deux saisies sont alors réunies en une seule poursuite, qui est portée devant le tribunal de la première saisie (C.P.C., art. 720). Si le saisissant ne poursuit pas sur la seconde saisie ou sur les deux en même temps, le second saisissant peut demander et obtenir, aux frais du premier, la subrogation aux poursuites (V. le § 3 qui suit). Les frais des actes faits, après la dénonciation de la seconde saisie, par le premier saisissant sur sa saisie seulement, seraient considérés comme frustratoires.

514. Si, dans le cas de jonction de deux saisies, l'une d'elles est annulée, toutes les poursuites faites postérieurement à la jonction sont également nulles, et la partie à laquelle la saisie annulée appartient doit supporter tous les dépens. Mais la nullité de cette saisie n'entraîne pas la nullité de celle à laquelle elle avait été jointe ; la partie dont la saisie est valable reprend ses poursuites à partir de l'état dans lequel elles étaient au moment de la jonction (Orléans, 9 fév. 1810 ; Carré et Chauveau, *quest.* 2414 *septies*).

§ 3. — *Subrogation dans la poursuite.*

515. La subrogation dans une poursuite de saisie immobilière peut être demandée :

1° Dans le cas de seconde saisie, lorsque le premier saisissant ne poursuit pas sur cette seconde saisie à lui dénoncée, conformément à l'art. 720, C.P.C. (art. 721). — Le second saisissant peut obtenir la subrogation, encore bien que, depuis la dénonciation faite au premier saisissant, celui-ci ait fait un nouvel acte sur la première saisie, s'il n'a point commencé les poursuites sur la seconde (Carré et Chauveau, *quest.* 2415 *quater*).

516. 2° Dans le cas de collusion, fraude ou négligence, sous la réserve, lorsqu'il y a collusion ou fraude, de dommages-intérêts envers qui il appartiendra (C.P.C., art. 722). — Il y a *collusion*, quand le poursuivant s'entend avec le saisi pour ne pas continuer les poursuites commencées, ou procède irrégulièrement, afin de ménager au saisi la possibilité de faire annuler la saisie ; *fraude*, quand ce n'est que par dol ou par ruse que le poursuivant se trouve être le premier (Carré et Chauveau, *quest.* 2416 *bis*) ; et *négligence*, quand le poursuivant n'a pas rempli une formalité ni fait un acte de procédure dans les délais prescrits (C.P.C., art. 722).

517. 3° Dans le cas où la poursuite, par l'effet de contestations sur le titre du saisissant, se trouve entravée, et, plus généralement, lorsqu'elle est arrêtée par un fait particulier au poursuivant, l'art. 722 n'étant pas limitatif (Dijon, 21 mars 1817 ; 1ᵉʳ mars 1831 ; Montpellier, 23 oct. 1827 ; Nîmes, 4 juill. 1839 ; Chauveau, t. 2, nᵒ DI *quinquies*).

518. Dans le cas prévu par l'art. 721, le droit de demander la subrogation n'est pas restreint au second saisissant, quoiqu'il soit seul nommément désigné ; il appartient également à tout créancier inscrit, surtout lorsque la sommation de prendre communication du cahier des charges a été faite aux créanciers inscrits. Le même droit appartient aussi à tous les créanciers inscrits indistinctement dans l'hypothèse qui fait l'objet de l'art. 722. Il peut même être exercé par un créancier non inscrit, mais porteur d'un titre exécutoire (Chauveau, *quest.* 2416 *ter*).—V. *Formule* 14.

519. L'avoué, créancier inscrit sur l'immeuble saisi pour frais accessoires à la créance principale qui a servi de base à la saisie, convertie depuis en vente sur publications volontaires, a également le droit, s'il n'est pas payé de ses frais, de se faire subroger dans les poursuites de vente, sans être obligé de faire procéder à une nouvelle saisie, et de reprendre, après sommation par lui faite, lesdites poursuites (Paris, 10 oct. 1850 : *J. Huiss.*, t. 32, p. 113).

520. Lorsque la procédure entière est entachée de nullité, la subrogation n'est pas possible ; on ne saurait concevoir, en effet, une subrogation à ce qui n'existe pas (Paris, 29 avril 1809 ; Nancy, 19 mars 1827). Mais, s'il n'y a nullité que d'une partie de la procédure, la subrogation peut bien alors être accordée. Le créancier qui veut se faire subroger doit, d'abord, examiner tous les actes de la poursuite ; il fera prononcer par le jugement qui lui accordera la subrogation la nullité des actes reconnus irréguliers ; et il reprendra la procédure à partir du dernier acte valable (Arg. art. 728, C.P.C. ; Chauveau, *quest.* 2416 *decies*).

521. M. Chauveau, *quest.* 2416 *ter*, tout en exprimant l'opinion que la subrogation peut être demandée avant la transcription et même avant la dénonciation de la saisie, ajoute cependant que, en pareil cas, pour éviter toute contestation, il vaut mieux saisir, parce que, à cette période de la procédure, le saisissant et le saisi étant encore maîtres absolus de la poursuite, rien ne les empêche de l'anéantir. Mais la transcription ne s'oppose pas non plus à ce que le saisissant, qui viendrait à être désintéressé, renonce à ses poursuites et donne mainlevée de la saisie. Il semble, dès lors, que, ainsi que cela résulte d'un arrêt de la Cour de Montpellier du 28 déc. 1843, la subrogation ne doive pouvoir être demandée qu'après la sommation faite en exécution de l'art. 692, la saisie n'étant rendue commune aux créanciers inscrits que par cette sommation.

522. La demande en subrogation est formée par un simple acte d'avoué à avoué, contenant seulement les moyens et conclusions (C.P.C., art. 718 et 721), et doit être portée devant le tribunal du lieu de la situation des immeubles saisis, ou devant la Cour, lorsque l'instance est pendante en appel sur la validité de la saisie, si le poursuivant néglige de suivre l'instance. Mais, hors ce cas, la demande en subrogation ne peut être portée *de plano* devant la Cour (Chauveau, *quest.* 2416 *quinquies*).

523. Elle est formée contre le poursuivant ; c'est le défendeur naturel et principal. Elle doit aussi, pour être admissible, être signifiée au saisi, soit par acte d'avoué, s'il a constitué avoué, soit, dans le cas contraire, par exploit à personne ou domicile ; le saisi a, en effet, le plus grand intérêt à connaître son nouvel adversaire ; d'un autre côté, il peut contester sa demande et lui opposer toutes les exceptions qui lui seraient personnelles (Cass. 10 janv. 1853 : *J. Huiss.*, t. 34, p. 327, § IV ; Chauveau, *quest.* 2415 *bis* et 2416 *quater*).

524. L'avoué est responsable de la nullité résultant de ce que la demande en subrogation n'est pas signifiée par exploit au saisi qui n'a pas constitué avoué (Bourges, 22 fév. 1855). A cet égard, nous ferons remarquer que la loi ne prescrit pas que, pour demander subrogation à des poursuites de saisie immobilière, l'avoué soit muni d'un pouvoir spécial ; il n'y aurait donc pas lieu d'annuler la demande parce que l'avoué ne représenterait pas ce pouvoir (Chauveau, quest. 2416). Mais il serait soumis à un désaveu de la part de son client : ce n'est qu'à ce point de vue qu'il peut être utile pour l'avoué d'exiger un pouvoir spécial. — Lorsque la demande doit être signifiée par exploit au saisi, l'huissier n'a pas besoin non plus d'être muni d'un pouvoir spécial. La disposition de l'art. 556, C.P.C., est applicable ici.

525. Lorsqu'une demande en subrogation est formée le même jour par plusieurs créanciers, la poursuite peut être déclarée appartenir à l'avoué porteur du titre le plus ancien, et, si les titres sont de la même date, à l'avoué le plus ancien (Chauveau, quest. 2415 quinquies).

526. La partie qui succombe sur la demande en subrogation est condamnée personnellement aux dépens (C.P.C., art. 723). Mais les dépens, en ce qui concerne la partie qui a triomphé, rentrent dans la règle commune et doivent être classés parmi les frais privilégiés de poursuite, puisque cette partie a agi dans l'intérêt de la masse (Rodière, Proc. civ., t. 3, p. 175 ; Chauveau, quest. 2417), sauf à subroger dans l'ordre, observe M. Rodière, les créanciers sur lesquels les fonds manqueront au bénéfice de la condamnation prononcée contre la partie qui a succombé dans l'incident.

527. Le poursuivant contre lequel la subrogation a été prononcée est tenu de remettre les pièces de la poursuite au subrogé, sur son simple récépissé (C.P.C., art. 723). Pour l'exécution de cette disposition, le tribunal doit, en accueillant la demande en subrogation, ordonner que l'avoué du poursuivant, détenteur de toutes les pièces de la procédure, les remettra directement au subrogé, sur son simple récépissé (Chauveau, quest. 2417 bis).

528. S'il arrivait que le poursuivant refusât de remettre les pièces, il pourrait être condamné à cette remise, avec des dommages-intérêts pour réparation du préjudice causé par son refus et par chaque jour de retard. Le tribunal, en le condamnant à plus de 300 fr. de dommages-intérêts, pourrait en même temps prononcer contre lui la contrainte par corps (C. P.C., art. 126).

529. Le poursuivant contre lequel la subrogation a été prononcée n'est payé de ses frais de poursuite qu'après l'adjudication, soit sur le prix, soit par l'adjudicataire (C.P.C., art. 723). Il ne peut donc pas immédiatement demander son remboursement au subrogé (Chauveau, quest. 2417 quater).

§ 4. — Radiation d'une précédente saisie.

530. Lorsqu'une saisie immobilière a été rayée, le plus diligent des saisissants postérieurs peut poursuivre sur sa saisie, encore qu'il ne se soit pas présenté le premier à la transcription (C.P.C., art. 724). — Un jugement, dans ce cas, n'est pas nécessaire pour autoriser la poursuite ; le saisissant postérieur agit en vertu de son titre et du procès-verbal de saisie dressé à sa requête, procès-verbal que la radiation de la saisie antérieure fait revivre.

531. Après la radiation d'une saisie immobilière, aucun créancier ne peut plus obtenir la subrogation aux poursuites ; par conséquent, celui qui n'a pas saisi ne peut pas davantage poursuivre sur la saisie rayée (Chauveau, quest. 2418 quater).

532. Il résulte implicitement de l'art. 724 que, pour qu'il y ait lieu à son application, il est indispensable que le saisissant postérieur ait fait transcrire sa saisie. Si cette saisie est nulle faute d'avoir été transcrite ou d'avoir été présentée à la transcription, dans le délai prescrit, elle ne peut autoriser le saisissant postérieur à poursuivre. La validité de la saisie qu'il a fait pratiquer est une condition indispensable de l'exercice du droit que lui accorde l'art. 724 (Carré et Chauveau, *quest.* 2418 *bis*).

533. Il semble aussi résulter des termes de l'art. 724 que la transcription de la saisie postérieure doive avoir précédé la radiation de la première. Cependant, cela n'est pas nécessaire : la seconde saisie peut être utilement transcrite après la radiation de la première, pourvu qu'elle le soit dans le délai de quinzaine à dater de cette radiation (Chauveau, *quest.* 2418 *ter*).

534. Du reste, l'observation d'un délai quelconque entre la radiation d'une première saisie déclarée nulle et une nouvelle saisie pratiquée à la requête du même créancier n'est pas prescrite par la loi (Cass. 24 mars 1835).

§ 5. — Demandes en distraction.

535. La distraction de tout ou partie des objets saisis, étant fondée sur ce que ces objets n'appartiennent pas au débiteur, ne peut être demandée par ce dernier, mais seulement par le tiers qui prétend en avoir la propriété (Amiens, 10 mai 1847 ; Lyon, 30 août 1850). Les créanciers hypothécaires de ce tiers peuvent aussi intenter l'action en son nom, comme exerçant ses droits (Poitiers, 16 janv. 1824).

536. La demande en distraction peut être formée jusqu'à l'adjudication (Bastia, 21 fév. 1838) ; après l'adjudication, le tiers, dont les biens ont été indûment compris dans la saisie, ne peut agir que par action directe et principale en revendication contre l'adjudicataire, sans préjudice de l'action en dommages-intérêts qui lui appartient contre le poursuivant ou l'huissier instrumentaire, suivant les circonstances.

537. Toutefois, lorsqu'il y a eu surenchère, l'exercice de la demande en distraction ne peut être limité et circonscrit dans l'espace de temps qui s'écoule depuis le commandement jusqu'à l'adjudication ; au moyen de la surenchère, l'adjudication qui a eu lieu est remise en question, un nouveau délai est ouvert à la demande en distraction, qui peut alors être intentée jusqu'à l'adjudication sur surenchère (Besançon, 24 déc. 1850 : *J. Huiss.*, t. 33, p. 264).

538. La demande en distraction doit être formée contre le saisissant, la partie saisie, et le créancier premier inscrit, auquel elle est signifiée au domicile par lui élu dans l'inscription (C.P.C., art. 725). Si le premier créancier inscrit est le poursuivant lui-même, la demande est signifiée au second créancier inscrit (Colmar, 22 août 1835).

539. Les créanciers, étant représentés dans l'instance par le premier ou le second créancier inscrit, sont sans qualité pour y intervenir (Agen, 18 juill. 1849 : *J. Huiss.*, t. 31, p. 218).

540. Les formalités prescrites par l'art. 725 ne le sont pas d'ailleurs à peine de nullité ; il suit de là qu'une demande en distraction ne peut être déclarée nulle par cela seul qu'elle n'a pas été formée contre le premier créancier inscrit (Besançon, 24 déc. 1850 : *J. Huiss.*, t. 33, p. 161 ; Caen, 19 mai 1853).

541. En admettant même qu'il en fût autrement, la nullité ne constituerait qu'une exception dilatoire qui ne saurait être proposée pour la première fois en cause d'appel. Ainsi, le saisissant qui, en première instance, n'a pas opposé au demandeur en distraction la nullité prise du défaut de mise en cause de la partie saisie et du premier créancier inscrit, ne peut plus s'en prévaloir en appel (Colmar, 13 avril 1850 : *J. Huiss.*, t. 32, p. 308).

542. La demande en distraction est dispensée de préliminaire de conciliation ; elle est formée par acte d'avoué à avoué contre les parties qui ont constitué avoué, et par exploit d'ajournement contre celles qui n'ont pas d'avoué (Chauveau, *quest.* 2419 *bis* et *duodecies*).

543. Si le saisi n'a pas constitué avoué durant la poursuite, le délai de huit jours prescrit pour la comparution doit être augmenté d'un jour par cinq myriamètres de distance entre son domicile et le lieu où siége le tribunal, sans que ce délai puisse être augmenté à l'égard de la partie qui serait domiciliée hors du territoire continental du royaume (C.P.C., art. 725). Cette disposition ne parle que du saisi, parce que le saisissant et le premier créancier inscrit doivent avoir un domicile élu.

544. La demande en distraction doit contenir l'énonciation des titres justificatifs, qui sont déposés au greffe, et la copie de l'acte de dépôt (C. P.C., art. 726). Si la demande en distraction est fondée, non sur des titres, mais sur la prescription, il ne suffit pas d'énoncer que le demandeur jouit de l'immeuble, à titre de propriétaire, depuis un temps suffisant pour prescrire; il faut indiquer d'une manière claire et précise les faits de possession desquels on entend faire résulter le droit de propriété (Lyon, 12 avril 1839).

545. Quoique la loi ne le prescrive pas, il est prudent néanmoins, même dans le cas où la demande en distraction repose sur un titre, de faire dans l'acte ou l'exploit par lequel elle est formée la désignation et la description des objets revendiqués (Carré et Chauveau, *quest.* 2420 *bis*).

546. Le défaut de dépôt des titres de propriété n'est pas une cause de nullité. Le demandeur peut, après l'introduction de l'instance, mais alors à ses frais, signifier aux parties ces titres; les parties elles-mêmes peuvent reconnaître que les titres produits ou communiqués depuis contiennent une justification suffisante (Chauveau, *quest.* 2419 *octies*).

547. Si la distraction demandée n'est que d'une partie des objets saisis, il est passé outre, nonobstant cette demande, à l'adjudication du surplus des objets saisis, à moins que les juges, sur la demande des parties intéressées, n'ordonnent le sursis pour le tout (C.P.C., art. 727). Il n'est pas nécessaire que toutes les parties soient d'accord pour requérir le sursis; le tribunal peut l'ordonner sur la demande de l'une d'elles, mais il ne peut l'ordonner d'office (Chauveau, *quest.* 2421 *bis* et *ter*). Lorsque la distraction est demandée pour la totalité des biens saisis, le sursis est inévitable.

548. Si la distraction partielle est ordonnée, le tribunal, en la prononçant, fixe ordinairement en même temps une nouvelle mise à prix. Mais, dans le cas où cette fixation n'a pas été faite, le poursuivant peut lui-même, sans jugement nouveau et sans nouvelle publication, changer la mise à prix portée au cahier des charges (C.P.C., art. 727; Toulouse, 5 fév. 1847; Alger, 27 mars 1850).

549. Dans le cas où des tiers justifient qu'ils ont des droits réels sur l'immeuble, par exemple, un droit d'usufruit, dont il n'aurait pas été fait mention dans le cahier des charges, le tribunal ordonne, sur leur demande, qu'il y sera ajouté une clause constatant leurs droits et disposant qu'ils devront être supportés par l'adjudicataire (Paris, 18 juin 1811).

550. Le jugement qui statue sur la demande en distraction est susceptible d'appel. L'appel interjeté dans les dix jours, à dater de la signification à avoué, suspend l'adjudication. Quoique la loi ne l'exige pas, il est prudent d'attendre, à tout événement, l'expiration de ce délai, avant de procéder à l'adjudication.

551. Le premier créancier inscrit, appelé dans l'instance en distraction d'un immeuble saisi, est le représentant naturel de la masse des créanciers. Dès lors, un second créancier inscrit, qui n'a dû ni pu être appelé dans cette instance, est non recevable à interjeter appel du jugement, rendu même par défaut contre le saisi et le premier créancier inscrit, qui a ordonné la distraction (Agen, 18 juill. 1849 : J. Huiss., t. 31, p. 218).

§ 6. — Demandes en nullité.

552. La plupart des formalités et des délais prescrits pour la saisie immobilière doivent être observés à peine de nullité : tels sont, spécialement, les formalités et délais prescrits par les art. 673, 674, 675, 676, 677, 678, 690, 691, 692, 693, 694, 696, 698, 699, 704, 705, 706 et 709, §§ 1 et 3 (C P.C., art. 715).—Pour la présentation des moyens de nullité, la loi du 2 juin 1841 distingue deux époques : la publication du cahier des charges et l'adjudication.

1° Nullités antérieures à la publication du cahier des charges.

553. Les moyens de nullité, tant en la forme qu'au fond, contre la procédure qui précède la publication du cahier des charges, doivent être proposés, à peine de déchéance, trois jours au plus tard avant cette publication (C.P.C., art. 728). Ces termes sont généraux et absolus, et repoussent toute distinction entre les moyens de nullité fondés sur la forme et le fond et le cas où la demande repose sur la nullité du titre (V., au surplus, Chauveau, quest. 2422 undecies).

554. Dès lors, l'action principale en nullité du titre qui a servi de base à la saisie immobilière ne peut, par suite de la déchéance encourue par le saisi, faute d'avoir proposé la nullité trois jours au plus tard avant la publication du cahier des charges, porter aucune atteinte aux droits de l'adjudicataire (Cass. 9 nov. 1857 : J. Huiss., t. 39, p. 254).

555. Jugé aussi, notamment, que c'est trois jours au plus tard avant la publication du cahier des charges, comme le prescrit l'art. 728, que doit être formée la demande intentée par le débiteur à l'effet d'obtenir un sursis aux poursuites jusqu'au jugement d'une instance par lui introduite pour établir que la saisie a été faite super non domino (Cass. 18 juin 1849), et celle intentée par les syndics d'une faillite afin qu'il soit sursis à l'adjudication de biens saisis sur l'acquéreur du failli, par le motif qu'ils ont demandé la nullité de la vente (Orléans, 19 juin 1850).

556. En matière de saisie immobilière, la loi qualifie de nullités les moyens du fond comme les moyens de forme; en fixant l'époque après laquelle les uns et les autres ne peuvent plus être proposés, elle les met sur la même ligne; ils tendent tous indistinctement, en effet, à faire annuler la poursuite. Il semble, par conséquent, que les nullités du fond ou de la forme peuvent être proposées les unes après les autres, cumulativement ou séparément. D'après cela, il n'y aurait pas nécessité de présenter les moyens de nullité tirés de la forme avant ceux qui pourraient être fondés sur une autre cause. Cependant, c'est une question controversée que celle de savoir si l'art. 173, C.P.C, est applicable en matière de saisie immobilière (V., à cet égard, Chauveau, quest. 2422 quinquies, et, pour l'application de cet article, Paris, 10 juin 1850 : J. Huiss., t. 31, p. 348).

557. Les moyens de nullité tant en la forme qu'au fond peuvent être proposés par le saisi et par ses créanciers. Mais si la sommation prescrite par les art. 691 et 692, C.P.C., n'a pas été faite au saisi ou à ses créanciers, la déchéance prononcée par l'art. 728 ne saurait les atteindre; ils pourront se présenter, pour demander la nullité, à quelque période que la procédure soit parvenue. Il ne s'agit ici, bien entendu, que des créanciers inscrits au moment de la saisie. En ce qui concerne les créanciers qui n'ont requis inscription qu'après la sommation, la déchéance leur est, au contraire, opposable (Chauveau, quest. 2422 novies).

558. M. Chauveau (*loc. cit.*) assimile au cas où le saisi ou ses créanciers n'ont pas reçu la sommation celui où la sommation qui leur a été signifiée est entachée de nullité. Jugé, en ce sens, que, lorsque les actes de la procédure de saisie, au lieu d'être signifiés au domicile réel du saisi, l'ont été au parquet, le saisi est recevable à former sa demande en nullité après la publication du cahier des charges (Rouen, 3 fév. 1844). Il en serait de même dans le cas où la nullité de la sommation proviendrait du défaut d'indication du jour et de l'heure de la publication (*Contrà* Trib. civ. de Condom, 18 juill. 1845).

559. Les moyens de nullité tirés de la forme ou du fond doivent être proposés par voie d'incident, de la manière indiquée en l'art. 718, C.P.C.; et l'art. 728, en disant qu'ils devront être proposés trois jours au plus tard avant la publication, n'empêche pas les parties intéressées de les présenter plus tôt; comme aussi, si la publication est retardée, le délai se trouve prorogé, et les trois jours ne se comptent qu'en prenant pour terme celui où la publication doit avoir lieu effectivement (Cass. 18 fév. 1852).

560. Si les moyens de nullité sont admis, la poursuite peut être reprise à partir du dernier acte valable, et les délais pour accomplir les actes suivants courent à dater du jugement ou de l'arrêt qui a définitivement prononcé sur la nullité (C.P.C., art. 728). Ainsi, si la nullité est prononcée parce qu'un acte a été fait après l'expiration du délai dans lequel il devait avoir lieu, la procédure pourra être reprise à partir de cet acte qui sera utilement fait dans le nouveau délai dont l'art. 728 fixe le point de départ. Toute la saisie immobilière ne doit être annulée que dans le cas où la nullité s'attache au commandement (Agen, 18 mars 1857; Chauveau, *quest.* 2422 *quater*).

561. Nonobstant les termes de l'art. 728, le délai dans lequel la procédure peut être reprise et les actes annulés refaits ne commence à courir qu'à dater de la signification du jugement à l'avoué du poursuivant, et si, après la signification du jugement, il y a appel, qu'à dater de la signification de l'arrêt (Chauveau, *quest.* 2422 *tredecies.*— *Contrà* Paris, 1er mars 1840; Trib. civ. de Mauriac, 25 oct. 1844).

562. Si les moyens de nullité sont rejetés, il est donné acte, par le même jugement, de la lecture et publication du cahier des charges, conformément à l'art. 693 (C.P.C., art. 728). Cette disposition suppose qu'il est statué sur les moyens de nullité à la même audience annoncée pour la publication.— Le jugement qui rejette les moyens de nullité est, comme celui qui les admet, sujet à appel.

2° Nullités postérieures à la publication.

563. Les moyens de nullité contre la procédure postérieure à la publication du cahier des charges doivent, comme ceux proposés contre la procédure antérieure à cette publication, être proposés, sous peine de déchéance, au plus tard, trois jours avant l'adjudication (C.P.C., art. 729). Cette disposition crée une déchéance absolue qui rend non recevables tous les moyens de nullité tant en la forme qu'au fond, sans distinction.

564. Dès lors, la femme, dont l'immeuble dotal a été saisi pour une dette que, postérieurement au mariage, elle a contractée conjointement avec son mari, et dont l'adjudication a été prononcée, sans que ni son mari ni elle-même aient excipé de la nullité de la saisie, ne peut revendiquer son immeuble dotal contre l'adjudicataire (Cass. 30 avril 1850 : *J. Huiss.*, t. 31, p. 209. — *Contrà* Pau, 16 juin 1849 : *J. Huiss.*, même vol., *loci cit.*). La femme ne peut ici être assimilée à un tiers étranger à la poursuite, à l'insu duquel la propriété a été comprise dans l'adjudication, puisqu'elle a été partie à la saisie et à l'adjudication.

565. Les moyens de nullité postérieurs à la publication du cahier des charges doivent, comme les moyens contre la procédure qui précède cette publication, être proposés par un simple acte d'avoué à avoué (C.P.C., art. 718). Au jour fixé pour l'adjudication, et immédiatement avant l'ouverture des enchères, il est statué sur les moyens qui ont été présentés (Art. 729).

566. S'ils sont admis, le tribunal annule la poursuite à partir du jugement de publication, en autorise la reprise à partir de ce jugement, et fixe de nouveau le jour de l'adjudication. — S'ils sont rejetés, il est passé outre aux enchères et à l'adjudication (Même art. 729).

567. La signification du jugement qui admet ou rejette les moyens de nullité n'est pas nécessaire, puisque, aux termes de l'art. 730-3°, ce jugement n'est pas susceptible d'appel (Chauveau, quest. 2422 tredecies). Décidé, en ce sens, que le jugement, qui se borne à rejeter des moyens de nullité proposés contre la procédure postérieure à la publication du cahier des charges, et ordonne qu'il soit passé outre à l'adjudication, n'a pas besoin d'être signifié (Cass. 10 nov. 1846).

§ 7. — Voies de recours contre les jugements rendus sur incident.

568. Les jugements rendus sur des incidents en matière de saisie immobilière ne sont pas soumis aux mêmes recours que les jugements ordinaires. Ainsi, lorsqu'ils sont rendus par défaut, ils ne sont pas susceptibles d'opposition. C'est en ce sens que la jurisprudence s'est généralement prononcée (Rouen, 4 juin 1842 ; Paris, 23 avril 1843 ; Bourges, 14 mars 1853 ; Cass. 23 avril 1853 ; 31 mai 1858 ; Lyon, 28 nov. 1856). Toutefois, cette interprétation n'est pas admise par M. Chauveau (V. quest. 2423). Mais, dans le système de cet auteur, l'opposition ne serait pas recevable contre le jugement par défaut qui se bornerait à ordonner la publication du cahier des charges, parce que ce jugement ne prononce sur aucun moyen de nullité (Pau, 2 juin 1852 ; Cass. 29 juin 1853).

569. L'art. 730, C.P.C., prononce l'exclusion de l'appel contre une certaine nature de jugements. Ainsi, d'après cet article, ne peuvent être attaqués par la voie de l'appel :

1° Les jugements qui statuent sur la demande en subrogation contre le poursuivant, à moins qu'elle n'ait été intentée pour collusion ou fraude. — Il semble résulter de cette disposition que, si les moyens invoqués pour faire ordonner la subrogation ne reposent ni sur la fraude ni sur la collusion, le jugement rendu sur la demande en subrogation est en dernier ressort (Caen, 15 nov. 1852 ; Chauveau, quest. 2423 bis).

570. Le jugement qui, depuis la conversion d'une saisie en vente volontaire, prononce la subrogation dans les poursuites pour toute autre cause que pour fraude ou collusion, n'est pas susceptible d'appel (Paris, 22 juin 1850).

571. Décidé cependant qu'est susceptible d'appel le jugement qui, pour décider qu'il y a lieu de prononcer une subrogation à une poursuite de saisie immobilière, apprécie la qualité du demandeur et la question de savoir s'il existait encore au moment de la demande une poursuite de saisie (Paris, 13 juill. 1850 ; J. Huiss., t. 34, p. 219, § III).

572. 2° Les jugements qui, sans statuer sur les incidents, donnent acte de la publication du cahier des charges ou prononcent l'adjudication, soit avant, soit après surenchère. — L'appel de ces jugements n'est recevable qu'autant que, simultanément, ils statuent sur un incident et donnent acte de la publication du cahier des charges ou prononcent l'adjudication (Riom, 30 déc. 1844).

573. Toutefois, si le jugement qui donne acte de la publication du cahier des charges est entaché d'irrégularité, les parties intéressées peuvent l'attaquer par la voie de nullité, dans le délai prescrit par l'art. 729, C. P.C. — Quant au jugement qui prononce l'adjudication, si elle est également entachée d'irrégularité, comme dans le cas où l'adjudication est faite à un jour autre que celui indiqué, la seule voie qui soit ouverte aux parties intéressées pour attaquer ce jugement est l'action principale. (Chauveau, *quest.* 2423 *quinquies*).

574. 3° Les jugements qui statuent sur des nullités postérieures à la publication du cahier des charges. — Cette disposition s'applique aux nullités concernant le fond du droit comme à celles qui n'affectent que la procédure, sans distinguer entre celles dont l'origine est antérieure et celles dont l'origine est postérieure à la publication du cahier des charges (Grenoble, 12 mars 1852 : *J. Huiss.* t. 34, p. 328, § VI). Spécialement, le jugement qui statue sur un moyen de nullité, proposé après la publication du cahier des charges, et fondé sur ce que le saisissant a été désintéressé avant cette publication, n'est pas susceptible d'appel (Cass. 27 fév. 1856).

575. Tous autres jugements rendus dans le cours de la procédure sont sujets à appel : c'est ce qui résulte de l'art. 731, C.P.C. Il y a même lieu de déclarer susceptibles d'appel tous les jugements, quels qu'ils soient, lorsque le tribunal qui les a rendus est incompétent, par exemple s'il n'est pas le tribunal de la situation des biens (C.P.C. art. 454 ; Chauveau, *quest.* 2423 *novies*).

576. Pour déterminer le ressort en matière de saisie immobilière, il faut s'attacher, suivant les circonstances, à la valeur de l'immeuble saisi ou au chiffre de la créance en contestation. Ainsi, les jugements qui statuent sur les incidents de procédure élevés soit par le saisi, soit par les créanciers, ne peuvent être attaqués par la voie de l'appel que lorsque la valeur de l'immeuble saisi est supérieure au taux du dernier ressort ou est indéterminée. Quant aux jugements qui statuent sur des incidents relatifs au fond, ils ne sont susceptibles d'appel que lorsque la créance en contestation dépasse 1500 fr.; s'il s'agit d'un jugement qui statue sur la qualité du poursuivant, la voie de l'appel est toujours ouverte (Chauveau, *quest.* 2424 *septies*).

577. Décidé, notamment, que le jugement qui statue sur la validité de la sommation de payer ou de délaisser, notifiée au tiers détenteur, en vertu de l'art. 2169, C. Nap., est susceptible d'appel, encore bien que la créance du poursuivant soit inférieure à 1500 fr., ou que le revenu de l'immeuble ne soit pas déterminé en rente ou par prix de bail, parce qu'il s'agit d'une action réelle ou essentiellement immobilière (Bordeaux, 12 nov. 1852, et Caen, 3 janv. 1853 : *J. Huiss.* t. 34, p. 219, § II).

578. Que la demande en nullité d'une saisie immobilière, intéressant tous les créanciers inscrits, est d'une importance indéterminée, et que, par conséquent, le jugement qui statue sur cette demande est en premier ressort (Montpellier, 13 janv. 1854 : *J. Huiss.* t. 36, p. 334), alors surtout que le montant de la créance des créanciers inscrits et de celle du poursuivant excède le taux du premier ressort (Bordeaux, 18 janv. 1854 : *J. Huiss.* t. 35, p. 315, § V).

579. Que, encore bien que le créancier qui a poursuivi la saisie d'un immeuble soit seul créancier inscrit, et que le montant de sa créance soit inférieur à 1500 fr., le jugement qui statue sur la demande en nullité de la saisie est également susceptible d'appel si l'immeuble est d'une valeur indéterminée (Bordeaux, 30 juin 1854 : *J. Huiss.* t. 35, p. 315, § VI).

580. Les parties intéressées n'ont pas, pour former appel, le délai ordinaire fixé par l'art. 443, C.P.C.; l'appel de jugement sur incidents en matière de saisie immobilière est considéré comme non avenu s'il est interjeté après les dix jours à compter de la signification à avoué, ou, s'il n'y a point d'avoué, à compter de la signification à personne ou au domicile soit réel, soit élu. (C.P.C., art. 731).

581. Lorsqu'un avoué se trouve représenter à la fois le mari et la femme, la signification qui lui est faite d'un jugement rendu sur incident en matière de saisie immobilière est valable et suffit pour faire courir le délai de l'appel ; il n'est pas nécessaire, dans ce cas, de laisser une copie pour chacun des époux (Bordeaux, 20 janv. 1853 : *J. Huiss.*, t. 34, p. 202).

582. ... Alors surtout qu'il s'agit d'un jugement qui a prononcé sur la demande formée par une femme mariée, seule intéressée, et dont le mari n'est intervenu que pour l'autoriser à agir en justice, en nullité de la saisie d'un immeuble lui appartenant (Montpellier, 13 janv. 1854 : *J. Huiss.*, t. 36, p. 334).

583. L'art. 731 fixe le délai après lequel l'appel des jugements sur incidents en matière de saisie immobilière est tardivement interjeté; mais il ne détermine aucun délai avant lequel l'appel ne puisse être interjeté. Or, il a été décidé que l'art. 449, C.P.C., n'est pas applicable en cette matière, et que, par conséquent, l'appel des jugements dont il s'agit est valablement interjeté dans la huitaine de leur prononciation (Nîmes, 9 août 1849 : *J. Huiss.*, t. 31, p. 9 ; Colmar, 13 avril 1850 : t. 32, p. 308).

584. Le délai de dix jours dans lequel l'appel doit être formé comprend non le jour de la signification du jugement, mais celui de l'échéance : de sorte que l'appel doit être fait au plus tard le dixième jour, non compris celui de la signification du jugement ; il n'est pas recevable s'il n'a été interjeté que le onzième jour (Bordeaux, 20 janv. 1853 : *J. Huiss.*, t. 34, p. 202. — *Contrà* Chauveau, *quest.* 2424 *bis*).

585. Ce délai doit être augmenté d'un jour par cinq myriamètres de distance, conformément à l'art. 725, dans le cas où le jugement a été rendu sur une demande en distraction (C.P.C., art. 731). Dans le cas où il s'agit de l'appel de jugements statuant sur tous autres incidents, il n'y a pas lieu à augmentation à raison des distances (Chauveau, *loc. cit.*).

586. L'appel ne peut être interjeté que par ceux qui ont été parties au jugement et contre ceux qui ont figuré en première instance. Ainsi, en matière de distraction d'immeuble saisi, il est nécessaire d'intimer sur l'appel non-seulement le demandeur, le saisi et le poursuivant, mais encore le premier créancier inscrit, ou le deuxième, si le premier est poursuivant. S'il y a des créanciers qui se soient rendus parties dans la saisie, intimation doit aussi être donnée à l'avoué le plus ancien de ces créanciers (Chauveau, *quest.* 2425).

587. De ce que l'appel ne peut être interjeté que par ceux qui ont été parties au jugement, il suit que le second créancier inscrit, qui n'a pas été partie dans une instance en distraction d'immeubles saisis, n'est pas recevable à interjeter appel du jugement qui a été rendu par défaut contre le saisi et le premier créancier inscrit, et a ordonné la distraction (Agen, 19 juill. 1849).

588. L'appel doit, à peine de nullité, être signifié au domicile de l'avoué, et, s'il n'y a pas d'avoué, au domicile réel ou élu de l'intimé (C.P.C., art. 732). Il a été fait déjà plusieurs fois application de cette disposition ; et la jurisprudence est unanime pour décider que l'acte d'appel est nul, lorsqu'il a été signifié au domicile réel de l'intimé, au lieu de l'être au domicile de l'avoué constitué (V. Chauveau, *quest.* 2425 *bis*).

589. L'acte d'appel doit faire mention du délai accordé à l'intimé pour comparaître. Conformément à la règle générale, ce délai doit être de huitaine, à moins que l'appelant n'ait obtenu la permission d'assigner à bref délai, et il doit être augmenté d'un jour pour cinq myriamètres de distance entre le lieu où l'appel est signifié et la ville où siége la Cour (Chauveau, *quest.* 2425 *ter*). — V. *Formule* 45.

590. L'appel des jugements rendus sur incidents en matière de saisie immobilière doit être notifié en même temps, à peine de nullité, au greffier du tribunal et visé par lui (C.P.C., art. 732).

591. Les mots *en même temps* employés dans l'art. 732 doivent être entendus en ce sens, non que l'appel doit être signifié au greffier *par le même exploit* qu'à l'avoué ou à la partie, mais qu'il doit l'être *dans le même délai* (Chauveau, *quest.* 2425 *quater*).

592. La notification au greffier et le visa doivent, à peine de nullité, avoir lieu dans le délai prescrit par l'art. 731. Ainsi, lorsque le jugement a été signifié le 8, l'exploit d'appel notifié le 17 n'est pas valablement visé par le greffier le 19 (Toulouse, 20 août 1851 : *J. Huiss.*, t. 33, p. 86, § ii). — V. *Formule* 46.

593. Il ne suffit pas que la notification au greffier et le visa aient lieu dans le délai prescrit ; il faut aussi que l'appel soit signifié dans ce délai à l'intimé. Dès lors, est nul l'appel d'un jugement rendu sur un incident en matière de saisie immobilière, quoiqu'il ait été notifié dans les dix jours au greffier, s'il ne l'a été qu'après ce délai au poursuivant (Arg. Bruxelles, 31 mai 1852 : *J. Huiss.*, t. 33, p. 128).

594. Après l'expiration du délai fixé par l'art. 731, la nullité résultant du défaut de notification au greffier ne peut plus être utilement réparée, surtout si l'intimé a, par des conclusions signifiées, déclaré s'en prévaloir (Riom, 24 janv. 1860 : *J. Huiss.*, t. 42, p. 55). Mais elle est couverte, si elle n'est pas proposée avant toute défense ou exception (C.P.C., art. 173).

595. La notification de l'appel au greffier ayant pour objet d'empêcher qu'il ne soit passé outre à l'adjudication au mépris de cet appel, dont il est ainsi donné connaissance au tribunal, il s'ensuit que, lorsqu'il existe plusieurs parties et par suite plusieurs appels par exploits séparés, et alors que la procédure est considérée comme indivisible, ce qui a lieu, par exemple, dans le cas d'une demande en distraction d'un immeuble saisi, il n'est pas nécessaire que tous les exploits d'appel soient notifiés au greffier du tribunal, et qu'il suffit qu'un seul le soit : la loi du 2 juin 1841, en simplifiant les formes, n'a voulu attacher la peine de nullité qu'à l'absence de toute notification au greffier dans le délai prescrit (Cass. 17 janv. 1854 : *J. Huiss.*, t. 35, p. 211. — *Contrà* Pau, 21 janv. 1852 : t. 33, p. 337, § 6).

596. La partie saisie ne peut, sur l'appel, proposer des moyens autres que ceux qui ont été présentés en première instance (C.P.C., art. 732). Quoique la loi ne parle que de la partie saisie, la prohibition de proposer de nouveaux moyens doit néanmoins s'appliquer à toutes les parties qui demandent la nullité de la saisie (Cass. 23 mai 1812 ; Chauveau, *quest.* 2425 *sexies*). La prohibition s'étend aussi à toute espèce de moyens, à ceux qui concernent la procédure et à ceux qui ont rapport au fond (Chauveau, *loc. cit.*).

597. Mais la prohibition dont il s'agit ne peut être étendue au saisissant qui résiste à la demande en nullité de la saisie ; il peut donc, pour assurer le maintien de la saisie, proposer des moyens nouveaux ; le droit commun lui est applicable (Chauveau, *loc. cit.*).

598. L'acte d'appel doit aussi, à peine de nullité, énoncer les griefs (C.P.C., art. 732), c'est-à-dire les moyens de fait ou de droit qui peuvent, selon l'appelant, amener la réformation du jugement. Il ne suffit pas que l'appelant se réfère dans l'acte d'appel, pour les griefs, aux conclusions par lui prises en première instance ou aux motifs contenus en l'exploit introductif de l'instance (Rouen, 13 fév. 1846 ; Caen, 30 déc. 1846 ; Douai, 3 mai 1851 ; Cass., 8 oct. 1864 ; *J. Huiss.*, t. 35, p. 315, § v ; Bordeaux, 14 mai 1837 ; t. 38, p. 275). — V. *Formule* 15.

599. Il ne peut pas davantage être suppléé à l'obligation d'énoncer dans l'exploit les griefs de l'appelant par la signification ultérieure de ces griefs ; l'art. 462, C.P.C., qui autorise en matière ordinaire la signification des griefs de l'appelant par un acte séparé n'est pas applicable à la procédure relative aux incidents en matière de saisie immobilière (Bordeaux, 14 mai 1837 : arrêt précité).

600. Mais, pour que la nullité de l'acte d'appel puisse être prononcée, il faut qu'il y ait absence de griefs ; une énonciation incomplète des griefs n'autoriserait pas l'application de l'art. 732 (Douai, 10 mars 1849).

601. Les griefs d'appel doivent être contenus aussi bien dans la copie de l'acte d'appel notifié au greffier que dans celle qui est signifiée à l'intimé (Riom, 7 déc. 1852 : *J. Huiss.*. t. 34, p. 221, § vii).

602. Le délai et les formes prescrits par les art. 731 et 732, C.P.C., sont applicables à l'appel de tous jugements rendus sur incidents en matière de saisie immobilière ; et, spécialement, au jugement qui statue sur la demande en nullité du commandement formée, même par action principale, et non par acte d'avoué à avoué, après la transcription de la saisie : de sorte que l'appel de ce jugement est nul, s'il n'a été signifié ni au domicile de l'avoué, ni au greffier (Toulouse, 14 déc. 1848 : *J. Huiss.*, t. 30, p. 134).

603. ... Au jugement rendu sur une demande principale en revendication et sur une demande incidente en distraction d'immeubles saisis qui ont été jointes du consentement des parties ; par conséquent, l'appel de ce jugement est nul, s'il a été signifié après les dix jours de la signification à avoué et au domicile réel de l'intimé qui avait constitué avoué (Toulouse, 21 juill. 1851 : *J. Huiss.*, t. 33, p. 86, § i).

604. De même, l'appel du jugement qui rejette la demande, formée par un tiers détenteur, en nullité et radiation de la saisie immobilière à laquelle il a été procédé contre lui par application de l'art. 2169, C.Nap., est soumis aux formalités spéciales prescrites par les art. 731 et 732, C.P.C. Ainsi, cet appel est nul, si, bien que notifié dans les dix jours au domicile de la partie intimée, il ne l'a point été en même temps au greffier du tribunal (Caen, 6 mai 1852 : *J. Huiss.*, t. 33, p. 273).

605. De même encore, l'appel du jugement qui autorise la conversion d'une saisie immobilière en vente sur publications volontaires, dans le système qui admet que ce jugement est susceptible d'appel, doit, à peine de non-recevabilité, être formé dans le délai de dix jours fixé par l'art. 731 (Paris, 17 fév. 1853 : *J. Huiss.*, t. 34, p. 328, § vii).

606. Mais, lorsqu'une femme mariée sous le régime dotal, qui a laissé consommer la saisie de ses immeubles dotaux, adjugés en bloc avec d'autres immeubles appartenant au mari, a demandé, par une contestation contre le règlement provisoire de l'ordre, la nullité de l'adjudication en ce qui concerne ses immeubles dotaux ou sa collocation pour une somme équivalente à la valeur de ces immeubles, le jugement qui statue sur cette prétention est un jugement sur incident en matière d'ordre, et non sur incident en matière de saisie immobilière ; en conséquence, l'appel de ce jugement n'a pas besoin d'être notifié au greffe ; il est valablement interjeté dans les dix jours de la signification à avoué (Caen, 17 juin 1851 : *J. Huiss.*, t. 33, p. 107).

607. De même, lorsque le notaire, qui a reçu l'acte constitutif de la créance pour le paiement de laquelle une saisie immobilière a été opérée, a été appelé en garantie par suite de la demande en nullité de cette saisie, le jugement qui statue sur l'action en garantie est un jugement ordinaire, encore bien que cette action ait été jointe à l'instance en nullité, et, dès lors, le délai pour en interjeter appel est de deux mois à partir de la signification à personne ou domicile (Rion, 7 déc. 1852 : *J. Huiss.*, t. 34, p. 220, § vi).

608. Jugé aussi que l'appel du jugement qui statue sur l'instance à laquelle a donné lieu l'opposition au commandement tendant à saisie immobilière, formée antérieurement à la saisie ou à la dénonciation de la saisie, est valablement interjeté dans le délai fixé par l'art. 443, C.P.C. c'est-à-dire dans le délai de deux mois à partir de la signification de ce jugement, à personne ou domicile, l'instance dont il s'agit ne constituant pas un incident de la saisie immobilière (Caen, 3 janv. 1853 : *J. Huiss.*, t. 34, p. 220, § iv ; Rouen, 1er juin 1853 : t. 35, p. 71 ; Cass. 9 janv. 1854 ; même vol., p. 110. — *Contrà* Caen, 1er mars 1852 : t. 33, p. 336).

609. ... Que l'appel du jugement qui statue sur l'action résolutoire, au cas de saisie immobilière, peut être interjeté dans le délai ordinaire, c'est-à-dire dans le délai de deux mois, parce que cette action ne constitue pas un incident de la saisie, encore bien que le demandeur ait dénoncé l'assignation au créancier saisissant (Bourges, 13 juill. 1852 : *J. Huiss.*, t. 34, p. 220, § v).

610. Dans le cas où il y a lieu à appel dans la forme prescrite par les art. 731 et 732, la Cour doit statuer dans la quinzaine (C.P.C., art. 731). Le délai de quinzaine dont il s'agit ici ne peut commencer à courir du jour de la signification du jugement, mais seulement à dater du jour de la notification de l'appel faite tant au greffier du tribunal de première instance qu'à la partie qui a obtenu le jugement (Chauveau, *quest.* 2424 *quinquies*).

611. Du reste, l'appelant n'est pas tenu, sous peine de déchéance et de voir continuer les poursuites, de faire statuer sur l'appel dans le délai imparti par la loi (Cass. 7 août 1811).

612. Les arrêts rendus par défaut en cette matière ne sont pas susceptibles d'opposition (C.P.C., art. 731). Spécialement, l'arrêt par défaut, qui statue sur l'appel, interjeté dans la forme voulue par les art. 731 et 732, C.P.C., d'un jugement rendu sur une opposition au commandement tendant à la saisie et sur une demande en nullité de la saisie fondée uniquement sur l'opposition déjà faite, n'est pas susceptible d'opposition (Toulouse, 24 janv. 1850 : *J. Huiss.*, t. 31, p. 253).

613. La requête civile n'est point interdite en cette matière. Un jugement rendu sur un incident de saisie immobilière peut donc être attaqué par cette voie de recours, si l'on se trouve dans l'un des cas pour lesquels elle est ouverte (Cass. 4 mai 1825). — V. *Requête civile.*

614. Tous les jugements qui, en matière de saisie immobilière, violent une disposition de loi, sont également susceptibles d'un recours devant la Cour de cassation (Cass. 4 fév. 1811 ; 2 déc. 1813 ; 4 oct. 1814).

§ 8. — *Demandes en conversion.*

615. Lorsqu'un immeuble a été saisi réellement, et lorsque la saisie a été transcrite, il est libre aux intéressés, s'ils sont tous majeurs et maîtres de leurs droits, de demander que l'adjudication soit faite aux enchères, devant notaire ou en justice, sans autres formalités et conditions que celles qui sont prescrites aux art. 958, 959, 960, 961, 962, 964 et 965, pour la vente des biens immeubles appartenant à des mineurs (C.P.C., art. 743, § 2).

616. La conversion de la saisie immobilière en vente sur publications volontaires ne peut être consentie par le saisi et le saisissant, après le procès-verbal de saisie ; elle doit être demandée en justice, et elle ne peut l'être qu'après la transcription de la saisie : c'est ce qui résulte formellement de la disposition précitée de l'art. 743 (V., en ce sens, Chauveau, quest. 2435).

617. Le consentement de toutes les parties intéressées est indispensable pour que la demande en conversion soit recevable (Arg. art. 745, C.P.C.; Chauveau, quest. 2430 bis). Or, aux termes de l'art. 743, § 2, sont regardés comme seuls intéressés, avant la sommation aux créanciers prescrite par l'art. 692, le poursuivant et le saisi, et, après cette sommation, ces derniers et tous les créanciers inscrits. La loi du 21 mai 1858 n'a rien changé à cette règle.

618. Lorsqu'une saisie immobilière a été poursuivie contre un tiers détenteur, si la conversion est demandée avant la sommation, le consentement du poursuivant et celui du tiers détenteur suffisent ; celui du débiteur originaire n'est pas nécessaire. Il en est autrement si la conversion est demandée après la sommation et que le débiteur originaire se trouve inscrit pour sa créance de vendeur (Chauveau, quest. 2444).

619. Dans le cas où, conformément à l'art. 720, C.P.C., une saisie plus ample a été jointe à une première saisie transcrite, le poursuivant sur les saisies réunies et la partie saisie peuvent, avant la sommation aux créanciers inscrits, demander la conversion et le renvoi de la vente devant notaire des immeubles saisis. Le second saisissant n'est pas fondé à prétendre que la conversion doit être ordonnée en sa présence (Rouen, 24 juin 1853 ; Chauveau, quest. 2444, où cet auteur critique une opinion émise en sens contraire par M. Rodière).

620. L'art. 743, § 2, en exigeant que les intéressés, auxquels est accordé le droit de demander la conversion, soient tous majeurs et maîtres de leurs droits, n'admet pas que le consentement des incapables soit suffisant. Mais peuvent former la demande en conversion ou s'y adjoindre :

1° Le tuteur du mineur ou interdit, spécialement autorisé par un avis de parents (C.P.C., art. 744). — L'avis de parents s'entend ici d'une délibération du conseil de famille. Il n'est pas nécessaire que la délibération soit préalablement homologuée ; le jugement qui admet la conversion homologue la délibération ; toute autre procédure serait frustratoire (Trib. civ. de la Seine, 13 juill. 1852 ; Chauveau. quest. 2448).

621. Si l'avis de parents était négatif, le tuteur ne serait pas recevable à demander la conversion (Chauveau, quest. 2447).

622. 2° Le mineur émancipé, assisté de son curateur (C.P.C., art. 744). — Dans ce cas, il n'y a pas lieu d'obtenir au préalable une délibération du conseil de famille ; l'assistance du curateur suffit.

623. 3° Et généralement tous les administrateurs légaux des biens d'autrui (Art. 744). — Parmi les administrateurs légaux dont parle cette disposition, il faut ranger les syndics de faillite, les administrateurs d'établissements publics, les fonctionnaires qui représentent les communes, les départements et l'État, les conseils judiciaires des prodigues, les curateurs aux successions vacantes (Chauveau, quest. 2449), et l'administrateur nommé par justice aux biens d'un individu qui a abandonné son domicile et ses affaires (Paris, 24 août 1847).

624. Peuvent également demander la conversion, les femmes mariées, créancières ou débitrices, dûment autorisées par leur mari ou par justice (Chauveau, loc. cit.), le gérant d'une société en commandite (Cass. 23 août 1836), et les administrateurs des sociétés anonymes. Les associés en nom collectif ou en participation rentrent dans la catégorie des majeurs maîtres de leurs droits.

625. La demande en conversion doit être portée devant le tribunal saisi de la poursuite en saisie immobilière, qui est seul compétent pour en connaître (Cass. 25 avril 1832 ; Paris, 26 déc. 1835 ; 17 août 1836 ; 18 mars et 30 août 1837 ; 6 avril 1838 ; Bordeaux, 22 août 1838). L'incompétence de tout autre tribunal est proposable en tout état de cause, et peut même être prononcée d'office ; c'est une incompétence à raison de la matière.

626. Les demandes en conversion autorisées par les art. 743, § 2, et 744, ne peuvent être formées par exploit ; elles doivent l'être par une simple requête présentée au tribunal saisi de la poursuite (C.P.C., art. 745). La loi ne fixe aucune époque pour la présentation de la requête. Il suit de là qu'une demande en conversion peut être formée jusqu'au moment de l'adjudication, si les parties n'ont pu parvenir à s'entendre auparavant (Chauveau, *quest.* 2450 *quater*).

627. La requête doit être signée par les avoués de toutes les parties (C.P.C., art. 745). C'est une conséquence de ce que leur consentement est nécessaire. Mais les avoués n'ont pas besoin, à cet effet, d'un mandat spécial (Chauveau, *quest.* 2450). La requête doit contenir une mise à prix qui sert d'estimation (Art. 745).

628. Au bas de la requête le président du tribunal rend une ordonnance portant que les pièces seront communiquées au ministère public et commettant un juge pour faire le rapport. — Le jugement sur la demande en conversion est rendu à l'audience sur le rapport du juge commis et sur les conclusions du ministère public (C.P.C., art. 746).

629. Encore bien que la conversion soit demandée par toutes parties intéressées, le tribunal n'est pas tenu néanmoins de la prononcer ; il peut l'ordonner ou la refuser ; il est juge des causes et de l'utilité de la demande (Chauveau, *quest.* 2450 *ter*).

630. Si la demande est admise, le tribunal fixe le jour de la vente, et renvoie, pour procéder à l'adjudication, soit devant un notaire, soit devant un juge du siége ou devant un juge de tout autre tribunal (C.P.C., art. 746). A cet égard encore, le tribunal a un pouvoir d'appréciation. Ainsi, quoique les parties demandent le renvoi de la vente devant tel notaire, il peut décider qu'elle aura lieu devant un membre du tribunal (Cass. 4 avril 1843).

631. Le jugement qui ordonne la conversion doit être levé ; il faut que le poursuivant en justifie aux tiers qui se présentent pour acheter ; et, si la vente est renvoyée devant un notaire, cet officier ministériel doit avoir en main l'expédition du jugement qui lui délègue le pouvoir d'y procéder.

632. Mais ce jugement ne doit pas être signifié (C.P.C., art. 746). Toutefois, M. Chauveau (*quest.* 2453) pense qu'il est prudent de le signifier à toutes les parties intéressées pour prévenir un pourvoi en cassation, dans le cas où il y aurait ouverture à cette voie de recours, si, par exemple, des incapables n'avaient pas été suffisamment représentés.

633. Le jugement qui statue sur une demande en conversion de saisie immobilière n'est susceptible ni d'opposition ni d'appel (C.P.C., art. 746), soit que, admettant la demande, il ordonne la conversion, soit qu'il retienne l'adjudication à la barre du tribunal (Caen, 22 sept. 1849 : *J. Huiss.*, t. 31, p. 174 ; Paris, 20 mars 1858 ; Chauveau, *quest.* 2451 *bis*. — *Contrà* Douai, 9 janv. et 16 mai 1860).

634. Il n'y a d'exception à la règle qui interdit l'appel contre le jugement de conversion que pour le cas où ce jugement aurait été rendu par un tribunal incompétent (Chauveau, *quest.* 2451). Mais les jugements rendus sur un incident élevé dans le cours de la procédure de vente après conversion, comme celui, par exemple, qui refuserait, malgré l'accord des parties, un abaissement de la mise à prix, sont susceptibles d'appel (Nancy, 16 août 1850).

635. Si, après le jugement de conversion, il survient un changement dans l'état des parties, soit par décès ou faillite, soit autrement, ou si les parties sont représentées par des mineurs, des héritiers bénéficiaires ou autres incapables, le jugement continue à recevoir sa pleine et entière exécution (C.P.C., art. 747). L'affaire est alors réputée en état. Aucune signification ne doit être faite au représentant des parties intéressées dont l'état est venu à changer, à moins qu'il ne s'agisse d'une notification exigée par la loi pour l'accomplissement d'une formalité qui reste à observer (Chauveau, quest. 2454).

636. Mais, si le changement intervient avant le jugement de conversion, ce changement forme alors un obstacle à ce que la conversion puisse être prononcée, jusqu'à ce qu'un nouvel accord régulier de toutes les volontés soit obtenu (Chauveau, loc. cit.).

637. Dans la huitaine du jugement de conversion, mention sommaire en doit être faite, à la diligence du poursuivant, en marge de la transcription de la saisie (C.P.C., art. 748, § 1er).

638. Lorsque, après la conversion, le poursuivant, mandataire de toutes les parties intéressées, apporte du retard à la procédure, néglige de poursuivre la vente, une de ces parties peut se faire subroger dans les poursuites (Orléans, 19 août 1842; Chauveau, quest. 2454 bis); et il ne paraît pas nécessaire que, pour l'admission de la demande en subrogation, une mise en demeure ait été préalablement signifiée au poursuivant.

639. La conversion laisse subsister la prohibition d'aliéner faite par l'art. 686, et les fruits immobilisés en exécution des dispositions de l'art. 682 conservent ce caractère, sans préjudice du droit qui appartient au poursuivant de se conformer, pour les loyers et fermages, à l'art. 685 (C.P. C., art. 748). Le renvoi que fait cette dernière disposition à l'art. 685 a pour but de dispenser le poursuivant de l'obligation de signifier le jugement aux fermiers ou locataires; une simple opposition suffit; le poursuivant n'est même pas obligé de notifier cette opposition au débiteur.

640. Lorsque la conversion a été obtenue avant la sommation aux créanciers inscrits, les immeubles saisis peuvent, nonobstant la disposition précitée de l'art. 748, être amiablement vendus avec le concours du poursuivant (Lyon, 24 août 1854). Mais, si des créanciers inscrits étaient intervenus dans la procédure de conversion, leur intervention, équivalant, quant à ses effets, à la sommation de l'art. 692, formerait obstacle, d'une manière absolue, à l'aliénation (Chauveau, quest. 2455 bis).

641. Après le jugement de conversion, rendu entre le saisissant et le saisi, même avant la sommation prescrite par l'art. 692, les créanciers inscrits ne peuvent pratiquer une nouvelle saisie, alors même qu'ils n'ont pas figuré dans ce jugement; d'ailleurs, la saisie convertie demeure transcrite comme saisie, et le conservateur devrait refuser la transcription de toute autre saisie, conformément à l'art. 680 (Chauveau, quest. 2438).

642. Si la conversion, quoique prononcée avant la sommation aux créanciers, l'a été avec le concours du précédent vendeur non payé, ce dernier ne peut plus exercer l'action résolutoire; il est censé y avoir renoncé en concourant à la conversion (Caen, 9 fév. 1850). Mais, lorsque le précédent vendeur non payé n'a pas consenti à la conversion, il conserve son droit à l'action résolutoire, qui ne se trouve pas non plus purgée par l'adjudication (Paris, 14 août 1854; 16 août 1852). Ici ne s'applique pas le dernier paragraphe de l'art. 717, C.P.C.

§ 9. — Demande en plus ample saisie.

643. Si une partie seulement des biens dépendant d'une même exploitation a été saisie, le débiteur peut demander que le surplus soit compris dans la même adjudication (C.P.C., ar. 743, § 3).

644. Cette disposition n'est pas spéciale au cas où il y a conversion de la saisie en vente sur publications volontaires ; elle s'applique à tous les cas où le saisi peut avoir intérêt à empêcher la vente partielle d'un domaine soumis à une même exploitation (Chauveau, *quest.* 2445).

645. La demande du saisi en plus ample saisie n'est pas soumise aux formalités prescrites par l'art. 745, C.P.C. (Chauveau, *quest.* 2453 *bis*) ; elle doit, à peine de nullité, être formée par acte d'avoué à avoué comme toute demande incidente à la poursuite de saisie (C.P.C. art. 718) ; elle ne peut l'être par de simples conclusions à l'audience (Bastia, 17 fév. 1858 ; Chauveau, *quest.* 2445, II).

646. Le saisi doit la faire signifier au poursuivant qui, pour cet objet, est seul contradicteur (Chauveau, *loc. cit.*).

647. Quoique la Cour de Bastia (arrêt précité du 17 fév. 1858) ait décidé que la demande dont il s'agit, pour être recevable, devait être formée avant les lecture et publication du cahier des charges, nous croyons néanmoins que, dans le silence de la loi, le saisi peut présenter cette demande jusqu'à l'adjudication, sauf au tribunal, si, par appréciation des intérêts du saisi et de ses créanciers, la demande lui paraît avoir été présentée trop tard, ou s'il voit quelques inconvénients à l'accueillir, à la rejeter, en condamnant le saisi aux dépens (V. aussi, en ce sens, Chauveau, *loc. cit.*).

648. Le jugement, qui statue sur la demande du saisi en plus ample saisie, est sujet à appel ; il n'est pas compris dans la catégorie des jugements à l'occasion desquels l'appel est formellement prohibé (Chauveau, *ibia*).

649. Si la demande est admise et qu'elle ait été formée avant le dépôt du cahier des charges, les biens sont ajoutés à ceux déjà saisis, avec les désignations remises par le saisi lui-même ; les affiches et insertions doivent comprendre la totalité des immeubles. — Si la demande n'a été formée qu'après la publication du cahier des charges, la vente des biens non saisis n'est pas annoncée de nouveau ; ce serait occasionner des frais considérables ; seulement, le jour de l'adjudication, une addition est faite au cahier des charges, la mise à prix est changée, le public est prévenu que les enchères doivent porter sur la totalité des immeubles désignés (Même auteur, *loc. cit.*).

ART. IX. — ADJUDICATION.

§ 1er. — *A quelle époque l'adjudication doit avoir lieu.*

650. L'adjudication doit avoir lieu aux jour et heure fixés par le tribunal lors de la publication du cahier des charges, et indiqués dans les affiches et annonces, et il doit y avoir entre la publication et l'adjudication un délai de trente jours au moins et de soixante jours au plus (C.P.C., art. 695, 696, 699 et 702).

651. Il y est procédé sur la demande du poursuivant, et, à son défaut, sur celle de l'un des créanciers inscrits (C.P.C., art. 702). En présence des termes de cet article, il nous semble qu'on doit considérer comme exclus de la faculté de requérir l'adjudication les créanciers non inscrits même porteurs d'un titre exécutoire et les créanciers à hypothèque légale non inscrite (V. aussi, en ce sens, Chauveau, *quest.* 2377).

652. Quoique la procédure de saisie immobilière soit en état quand le jour de l'adjudication est arrivé, néanmoins, si le saisi est décédé, le créancier inscrit, qui veut requérir l'adjudication, doit préalablement faire connaître son titre aux héritiers du saisi, en le leur faisant signifier, con-

*formément à l'art. 877, C. Nap. (Chauveau, quest. 2377, II.—Contrà Douai, 11 mars 1844).

653. Aux termes de l'art. 703, C.P.C., l'adjudication peut être remise sur la demande du poursuivant ou de l'un des créanciers inscrits, ou de la partie saisie, mais seulement pour causes graves et dûment justifiées. La loi n'ayant pas défini ce qu'il faut entendre par causes graves et dûment justifiées, l'appréciation des causes pour lesquelles la remise est demandée est abandonnée au pouvoir discrétionnaire des magistrats.

654. L'art. 703 n'indique pas l'époque à laquelle la demande en remise doit être formée. Elle peut l'être, assurément, le jour même de l'adjudication, au moment où il y va être procédé. Mais c'est à tort que, par arrêt du 8 août 1850 (J. Huiss., t. 31, p. 323), la Cour de Toulouse a décidé qu'elle ne pouvait l'être que ce jour-là; rien ne s'oppose à ce que la remise soit demandée avant ce jour (Chauveau, quest. 2378), par exemple, après la publication du cahier des charges. Elle ne le serait pas utilement avant, puisque le jour de l'adjudication n'est pas encore fixé.

655. Du reste, la seule voie que la loi ouvre aux parties qu'elle désigne pour faire retarder l'adjudication est la demande en renvoi autorisée par l'art. 703, C.P.C. Ainsi, la faculté accordée au débiteur de demander un sursis en vertu de l'art 1244, C. Nap., ne s'applique pas au cas d'une adjudication sur saisie immobilière (Amiens, 21 fév. et 16 avril 1850 : J. Huiss., t. 31, p. 133).

656. La demande en remise de l'adjudication n'est pas un incident qui rentre dans l'application de l'art. 718, C.P.C. Dès lors, si elle est formée à l'audience même indiquée pour l'adjudication, de simples conclusions prises à la barre suffisent (Chauveau, quest. 2378, II. — Contrà Trib. civ. de Cognac, 4 janv. 1847) ; aucune procédure préalable n'est nécessaire. Si elle est formée avant l'audience indiquée, elle doit l'être, par acte d'avoué à avoué contre les parties qui ont constitué avoué, et par exploit à personne ou domicile contre celles qui n'ont pas d'avoué (Chauveau, loc. cit.). Cet exploit, qui doit contenir assignation, est soumis aux formalités ordinaires des exploits (Besançon, 31 janv. 1817). — V. Formule 17.

657. Le ministère d'un avoué est indispensable soit pour requérir l'adjudication à défaut du poursuivant, soit pour en demander la remise ; seulement, il n'est pas besoin d'une constitution préalable à la demande (Chauveau, quest. 2377 ter). Ainsi, un avoué peut, en déclarant à l'audience se constituer pour un créancier inscrit, demander en même temps, en son nom, la remise de l'adjudication (Trib. civ. de Toulouse, 26 fév. 1853).

658. Tous ceux qui ont le droit de demander la remise ont aussi le droit de s'y opposer (Cass. 23 août 1832; Chauveau, quest. 2378).

659. Le jugement qui prononce la remise fixe de nouveau le jour de l'adjudication, qui ne peut être éloigné de moins de quinze jours, ni de plus de soixante (C.P.C., art. 703). Il n'est pas nécessaire que ce jugement soit signifié pour son exécution; l'exécution, en effet, en est consommée dès que l'audience s'est passée sans qu'il ait été procédé à l'adjudication annoncée (Cass. 10 nov. 1846; Chauveau, quest. 2378).

660. Le jugement qui prononce la remise de l'adjudication n'est susceptible d'aucun recours (C.P.C., art. 703). Il en est de même du jugement qui refuse la remise (Cass. 18 fév. 1851 : J. Huiss., t. 32, p. 280). Il ne peut, par conséquent, être attaqué par la voie de l'appel, ainsi que cela a été plusieurs fois décidé depuis la loi du 2 juin 1841 (V. Chauveau, quest. 2379).

661. La disposition précitée de l'art. 703 s'applique également au pourvoi en cassation comme à tout autre recours. Ainsi, le jugement qui statue sur une demande de sursis à l'adjudication, soit qu'il accorde, soit qu'il refuse le sursis, ne peut être déféré à la censure de la Cour de cassation (Cass. 18 fév. 1851 : arrêt ci-dessus cité).

662. Le tribunal peut accorder une seconde remise de l'adjudication, et même une troisième, si chaque fois des causes graves et dûment justifiées se présentent (Cass. 19 mai 1851 ; Chauveau, quest. 2378 quater). Aucun recours ne peut également être formé contre le jugement qui prononce une nouvelle remise, ni contre celui qui, après avoir accordé une première remise, refuse d'en accorder une seconde (Cass. 2 avril 1850).

663. Dans le cas de remise, l'adjudication doit être annoncée huit jours au moins à l'avance par des insertions et des placards, conformément aux art. 696 et 699 (C.P.C., art. 704). — Le délai de huit jours dont il s'agit ici est franc (Chauveau, quest. 2380 bis).

664. Les art. 702 et 703, C.P.C., n'étant pas compris au nombre de ceux dont l'art. 715, même Code, prescrit l'observation à peine de nullité, il s'ensuit que si, sans jugement de remise, l'adjudication n'a pas lieu au jour indiqué, on ne doit pas déclarer nul tout ce qui s'est fait depuis la publication du cahier des charges ; mais il faut reprendre la procédure à compter du jour fixé pour l'adjudication et faire de nouveaux placards et de nouvelles insertions, huit jours au moins avant celui où il devra être procédé à l'adjudication (Chauveau, quest. 2379 bis).

§ 2. — *Quelles personnes peuvent se rendre adjudicataires.*

665. Tous ceux auxquels la loi n'en interdit pas la faculté peuvent se rendre adjudicataires (C. Nap., art. 1594). Or, aux termes de l'art. 711, C.P.C., sont incapables de se rendre adjudicataires : 1° les membres du tribunal devant lequel se poursuit la vente ; 2° le saisi ; 3° les personnes notoirement insolvables ; et 4° l'avoué poursuivant.

666. Mais l'art. 1597, C. Nap., qui défend aux huissiers, avoués, défenseurs ou notaires, de devenir cessionnaires des procès, droits et actions litigieux qui sont de la compétence du tribunal dans le ressort duquel ils exercent leurs fonctions, n'est pas applicable en matière d'adjudication sur saisie immobilière. Ainsi, spécialement, les avoués non poursuivants peuvent se rendre personnellement adjudicataires des immeubles saisis (Carré et Chauveau, quest. 2395 quater).

667. De même, l'adjudication d'un immeuble saisi peut être valablement prononcée au profit de l'huissier qui a procédé à la saisie et a fait les actes de procédure, comme au profit de celui qui, dans le cas d'une saisie déjà transcrite, a fait les actes de la procédure en subrogation et apposé les affiches destinées à annoncer l'adjudication (J. Huiss., t. 44, p. 68).

668. La disposition de l'art. 711, C.P.C., qui interdit aux avoués d'enchérir pour les membres du tribunal devant lequel se poursuit la vente et pour le saisi ou des personnes notoirement insolvables, et à l'avoué poursuivant de se rendre personnellement adjudicataire, est prescrite à peine de nullité de l'adjudication et de dommages-intérêts. Les dommages-intérêts sont encourus par l'adjudicataire et par l'avoué qui a enchéri.

669. La nullité de l'adjudication n'a pas lieu de plein droit ; il faut la faire prononcer contre l'adjudicataire et aussi contre l'avoué, si l'on veut obtenir des dommages-intérêts contre l'un et l'autre. Le droit de demander la nullité appartient au poursuivant, aux créanciers inscrits et au saisi, dans l'intérêt desquels elle a été établie. Mais l'adjudicataire ne peut s'en prévaloir. Des tiers étrangers à la poursuite ne peuvent pas, non plus l'invoquer (Chauveau, quest. 2395 quinquies).

670. La nullité doit être demandée non par voie d'appel contre le jugement qui a prononcé l'adjudication, mais par voie d'action principale (Cass. 27 avril 1826; Chauveau, *quest.* 2423 *quinquies*), et, comme il s'agit des conséquences d'une saisie, cette action est dispensée du préliminaire de conciliation (Chauveau, *loc. cit.*).

§ 3. — Formes de l'adjudication. — Déclaration du nom de l'adjudicataire.

1° Formes de l'adjudication.

671. Les enchères sont faites à l'audience par le ministère d'avoués ; aussitôt que les enchères sont ouvertes, il est allumé successivement des bougies préparées de manière que chacune ait une durée d'environ une minute (C.P.C., art. 705).

672. L'enchérisseur, contractant directement avec la justice l'obligation absolue et parfaite de porter jusqu'à telle somme le prix de l'immeuble mis en adjudication, ne peut rétracter son enchère par le motif que celle qu'il a couverte est nulle (Carré et Chauveau, *quest.* 2382 *ter*). Mais il cesse d'être obligé si son enchère est couverte par une autre, alors même que cette dernière serait déclarée nulle (C.P.C., art. 705). Dans ce cas, l'enchérisseur, dont l'enchère a été couverte par une autre qui a été annulée, ne peut demander à être déclaré adjudicataire au prix qu'il avait offert ; il y a lieu alors à allumer de nouvelles bougies (Carré et Chauveau, *quest.* 2382).

673. L'adjudication ne peut être faite qu'après l'extinction de trois bougies allumées successivement. S'il ne survient pas d'enchères pendant la durée de ces bougies, le poursuivant est déclaré adjudicataire pour la mise à prix (C.P.C., art. 706). Dans ce cas, le poursuivant a le droit d'exiger que l'adjudication soit prononcée en sa faveur.

674. Si, pendant la durée d'une des trois premières bougies, il survient des enchères, l'adjudication ne peut être faite qu'après l'extinction de deux bougies sans nouvelle enchère survenue pendant leur durée (Art. 706).

675. Lorsque, avant l'extinction des feux, et après une enchère, la remise de l'adjudication à un autre jour est demandée et prononcée, le dernier enchérisseur ne reste pas obligé (Chauveau, *quest.* 2382 *bis*). Le seul fait de la remise de l'adjudication emporte sa libération.

676. Constatons que les dispositions précitées de l'art. 706, C.P.C., doivent être observées à peine de nullité de l'adjudication (C.P.C., art. 715).

677. Toutefois, il n'est pas nécessaire, pour la validité de l'adjudication, de rappeler tous les détails de l'opération, par exemple, d'indiquer la durée des bougies (Lyon, 2 août 1811), ni de dire que la seconde bougie a été allumée après l'extinction de la première (Lyon, 24 janv. 1834) ; il suffit de mentionner que les bougies ont été successivement allumées ; la loi n'exige pas d'autre mention.

2° Déclaration du nom de l'adjudicataire.

678. L'avoué dernier enchérisseur est tenu, dans les trois jours de l'adjudication, de déclarer l'adjudicataire et de fournir son acceptation, sinon de représenter son pouvoir, lequel demeure annexé à la minute de sa déclaration (C.P.C., art. 707).

679. La déclaration doit être faite au greffe du tribunal, et être écrite sur le cahier des charges, à la suite de l'adjudication ; elle est signée par l'avoué et par l'adjudicataire qui fait immédiatement son acceptation. Si, en l'absence de ce dernier, l'acceptation est faite par l'avoué qui partout

autre mandataire, la procuration, pour être annexée à la déclaration, doit
être sur timbre et enregistrée (Carré et Chauveau, *quest.* 2384 *bis*).

680. Le délai de trois jours dans lequel l'art. 707 veut que la déclaration soit faite n'est pas franc ; ainsi, le jour de l'adjudication n'y est pas
compris, mais la déclaration doit être faite dans l'un des trois jours qui
suivent (Mêmes auteurs, *quest.* 2384). La loi exige que l'acte fait dans ce
délai soit complet ; dès lors, n'est pas valable la déclaration faite dans les
trois jours , si elle n'est signée qu'après ce délai (Chauveau , *quest.* 2384
bis, II).

681. Lorsque l'adjudicataire déclaré n'est pas domicilié dans le ressort du tribunal qui a procédé à l'adjudication , il n'est pas indispensable
que, dans ce cas, l'avoué élise pour lui un domicile dans le ressort (Chauveau, *quest.* 2384 *sexies*).

682. L'avoué, qui ne fait pas la déclaration de l'adjudicataire et ne
fournit pas son acceptation dans le délai prescrit, est réputé adjudicataire
en son nom, sans préjudice des dispositions de l'art. 711 (C.P.C., art.
707). Dans ce cas , l'avoué ne se rendrait pas non-seulement passible de
dommages-intérêts, il encourrait aussi des peines disciplinaires (Chauveau,
quest. 2385).

683. L'adjudicataire déclaré peut, à son tour, passer une déclaration
de command. Mais, pour faire cette déclaration, l'adjudicataire n'a qu'un
délai de vingt-quatre heures (L. 22 frim. an VII, art. 68), qui ne commence à
courir qu'à partir du moment où il a accepté la déclaration de l'avoué,
et non à compter du jour de l'adjudication (Cass. 22 fév. 1823).

§ 4. — *Jugement d'adjudication.*

684. Le jugement d'adjudication n'est autre chose que la copie du cahier des charges rédigé ainsi qu'il est dit en l'art. 690 ; il est revêtu de l'intitulé des jugements et du mandement qui les termine, avec injonction
à la partie saisie de délaisser la possession aussitôt après la signification
du jugement, sous peine d'y être contrainte même par corps (C.P.C.,
art. 712).

685. Indépendamment de la copie du cahier des charges, ce jugement
doit relater les dires ou observations et les modifications qui en ont été la
suite; mais il n'est pas nécessaire qu'il y soit fait mention de l'accomplissement des formalités prescrites par les art. 696 et 699. Le jugement d'adjudication n'attestant qu'un fait n'a pas besoin d'être motivé ; il suffit qu'il
exprime que l'adjudication n'a été faite qu'après l'extinction du nombre
de feux prescrit par la loi ; il doit contenir la mention de la publicité et
de la composition du tribunal (Chauveau, *quest.* 2397), et énoncer le montant de la taxe (C.P.C., art. 701. — V. *suprà*, n° 487).

686. L'injonction au saisi de délaisser la possession de l'immeuble
n'est pas prescrite à peine de nullité (Chauveau, *loc. cit.*). Bien qu'elle
ait été omise, le saisi ne peut s'opposer à la prise de possession par l'adjudicataire (Nîmes, 21 mai 1850).

687. Le jugement d'adjudication ne doit être signifié qu'à la personne
ou au domicile de la partie saisie (C.P.C., art. 716. — V. *Formule* 181. Seraient frustratoires les frais de la signification faite au poursuivant et aux
créanciers inscrits.

688. Le jugement qui prononce l'adjudication ne doit pas être signifié
à l'avoué du saisi (l'art. 716 est exclusif de cette signification), à moins
qu'il ne statue en même temps sur un incident, parce qu'alors, il serait
susceptible d'appel, et que, quand il y a avoué en cause, c'est la signification à avoué qui fait courir le délai de l'appel (C.P.C., art. 731).

689. Hors ce cas, la signification à la personne ou au domicile du saisi est seule indispensable. Toutefois, le saisi, qui a volontairement exécuté le jugement d'adjudication, en mettant l'adjudicataire en possession de l'immeuble adjugé, ne peut plus exciper du défaut de signification, spécialement pour empêcher l'adjudicataire de poursuivre la nullité d'un bail consenti pendant la saisie (Cass. 10 déc. 1850).

690. Le jugement d'adjudication doit être transcrit en entier au bureau des hypothèques de la situation des biens (L. 23 mars 1855, art. 1er, § 4), à la diligence de l'adjudicataire, et, à même diligence, mention sommaire de ce jugement doit être faite en marge de la transcription de la saisie (C.P.C., art. 716).

691. L'art. 712, C.P.C., en autorisant le tribunal à ordonner le délaissement avec contrainte par corps, a entendu permettre à l'adjudicataire de faire procéder, non à l'emprisonnement du débiteur, mais à son expulsion par la force publique; il suit de là que ce moyen peut être appliqué à la partie saisie qui ne délaisserait pas la possession, quand même elle ne serait pas sujette à la contrainte par corps à raison de son sexe ou de son âge, et, par conséquent, aux femmes et aux mineurs (Chauveau, quest. 2397 bis. — Contrà Carré, même quest.).

692. De ce que l'art. 712 porte que la partie saisie doit délaisser la possession aussitôt après la signification du jugement, il résulte également que, pour contraindre au déguerpissement le saisi qui s'y refuse, il n'est pas nécessaire d'attendre qu'il se soit écoulé un délai de quinzaine à partir de la signification (Chauveau, loc. cit.).

693. Si le saisi, forcé à déguerpir, laisse des meubles dans l'habitation dont il est dépossédé par une adjudication sur saisie immobilière, l'huissier, chargé de l'expulsion, ne doit pas immédiatement procéder à l'enlèvement des meubles et les déposer sur la voie publique. Il doit en référer au président du tribunal civil, et obtenir de ce magistrat, sur une requête à lui présentée, une ordonnance spéciale qui lui permette de faire transporter tous les meubles du saisi dans un local particulier, loué à cet effet. Comme cette partie de l'exécution occasionne des frais prévus dans l'adjudication, l'adjudicataire assigne ensuite le saisi à l'effet de voir ordonner que les meubles seront vendus, qu'il sera autorisé à prélever sur le prix de la vente les frais d'exécution et à déposer le surplus à la Caisse des consignations (Chauveau, quest. 2397 bis, III).

694. L'huissier, qui, en cas de refus du saisi de délaisser volontairement l'immeuble adjugé, est chargé de procéder à son expulsion, doit dresser procès-verbal de l'opération. — V. Formule.

695. Le jugement d'adjudication ne doit être délivré à l'adjudicataire qu'à la charge, par lui, de rapporter au greffier quittance des frais ordinaires de poursuite, et la preuve qu'il a satisfait aux conditions du cahier des charges qui doivent être exécutées avant cette délivrance (C.P.C., art. 713).

696. Les frais ordinaires de poursuites sont à la charge de l'adjudicataire et payés en sus du prix. Au contraire, les frais extraordinaires de poursuite sont payés par privilège sur le prix, lorsqu'il en est ainsi ordonné par jugement (C.P.C., art. 714). — Les frais ordinaires, du paiement desquels l'adjudicataire doit justifier, sont tous ceux qui ont été faits pour parvenir à l'expropriation, depuis le commandement jusqu'à l'adjudication inclusivement. Les frais extraordinaires sont ceux qui sont occasionnés par des incidents. Le tribunal, en statuant sur ces incidents, apprécie si les frais doivent être considérés comme privilégiés ou doivent rester à la charge de la partie qui a succombé.

697. La quittance des frais ordinaires acquittés par l'adjudicataire et les pièces justificatives de l'exécution par lui des conditions qui lui sont imposées par le cahier des charges demeurent annexées à la minute du jugement d'adjudication ; cette quittance et ces pièces sont copiées à la suite de l'adjudication (C.P.C., art. 743).

698. Faute par l'adjudicataire de faire les adjudications exigées dans les vingt jours de l'adjudication, il y est contraint par la voie de la folle enchère, sans préjudice des autres voies de droit (Art. 743). Ainsi, dans ce cas, il n'est pas indispensable de recourir à la revente par folle enchère ; l'adjudicataire peut être poursuivi par toutes les voies d'exécution autorisées par la loi, par exemple, par voie de saisie-arrêt ou de saisie-exécution (Paris, 20 mars 1840 ; Riom, 23 juin 1824 ; Carré et Chauveau, *quest.* 2398 *ter*).

699. L'immeuble adjugé peut être revendu à la folle enchère de l'adjudicataire, non-seulement lorsqu'il ne fait pas les justifications prescrites par l'art. 713, C.P.C., mais aussi lorsque les clauses de l'adjudication ne sont pas par lui exécutées (C.P.C., art. 733). Pour tout ce qui est relatif à la revente sur folle enchère, quelle qu'en soit la cause. V. *Folle enchère*.

§ 5. — Surenchère.

700. Toute adjudication de biens saisis est soumise à une surenchère du sixième au moins du prix principal de l'adjudication (C.P.C., art. 708). — Pour tout ce qui concerne la procédure de surenchère, V. *Surenchère*.

§ 6. — Effets de l'adjudication.

701. L'adjudication confère à l'adjudicataire, du jour où elle est prononcée, la propriété de l'immeuble qui avait été saisi, encore bien qu'il y ait eu appel du jugement, comme dans le cas où il avait statué sur un incident ; l'appel a suspendu l'exécution du jugement d'adjudication, et l'arrêt confirmatif n'a eu pour résultat que de faire cesser cette suspension.

702. Il suit de là que l'adjudicataire doit les intérêts de son prix du jour du jugement, quoiqu'il ait été frappé d'appel, s'il est intervenu un arrêt confirmatif (Montpellier, 30 mars 1844), et que la perte ou les détériorations des biens adjugés restent à sa charge, sauf son recours contre ceux qui peuvent en avoir été les auteurs (Avis Cons. d'Etat, 18 oct. 1808 ; Cass. 18 août 1808, *quest.* 2404 *bis*).

703. Toutefois, l'adjudication ne transmet à l'adjudicataire d'autres droits à la propriété que ceux appartenant au saisi (C.P.C., art. 717, § 1). Ainsi, l'adjudicataire ne peut se prétendre affranchi des servitudes qui grèvent l'immeuble et dont le cahier des charges le déclare passible (Cass. 18 janv. 1832). Il doit également supporter les servitudes non déclarées.

704. Mais, dans ce dernier cas, si l'immeuble se trouve grevé de servitudes non apparentes, de telle importance qu'il y ait lieu de présumer que l'adjudicataire n'aurait pas porté d'enchères, s'il en avait été instruit, il peut demander la résiliation de l'adjudication, si mieux il n'aime se contenter d'une indemnité (Arg. art. 1638, C. Nap. ; Carré et Chauveau, *quest.* 2404 *quinquies*).

705. Si le législateur a entendu conserver intacts les droits des tiers sur l'immeuble, tels que ceux de propriété, d'usufruit et de servitudes, il n'a pas voulu non plus que le sort de l'adjudication demeurât indéfiniment soumis à l'action en résolution de précédents vendeurs non payés : de là la disposition de l'art. 717, C.P.C., portant que « l'adjudicataire ne pourra être troublé dans sa propriété par aucune demande en résolution fondée sur le défaut de paiement du prix des anciennes aliénations, à moins qu'avant l'adjudication la demande n'ait été, notifiée au greffe du tribunal où se poursuit la vente. — V. *Action résolutoire*, n°s 51 et suiv.

706. Quoique l'art. 717 n'accorde l'action résolutoire qu'aux précédents vendeurs non payés, cette action appartient également au coéchangiste qui n'est autre qu'un vendeur, lorsqu'il n'est pas payé de la soulte lui revenant (Chauveau, *quest.* 2404 *octies, in fine*).

707. La disposition précitée de l'art. 717 est applicable même dans le cas où les précédents vendeurs non payés sont représentés par des femmes mariées, des mineurs ou interdits (Chauveau, *quest.* 2405).

708. La loi du 25 mars 1855, en autorisant les précédents vendeurs à faire inscrire leur privilége jusqu'à la transcription, n'a pas dérogé à l'art. 717 : d'où il suit que le précédent vendeur qui laisse adjuger l'immeuble saisi, sans former régulièrement une demande en résolution, est déchu du droit d'intenter cette demande, encore bien qu'il puisse faire inscrire utilement son privilége après l'adjudication et jusqu'à la transcription ; dans ce cas, le privilége inscrit en temps utile survit à l'action résolutoire (Chauveau, *quest.* 2404 *septies*).

709. L'adjudication sur saisie rend exigible la créance du précédent vendeur ; de sorte que , alors même que des termes auraient été stipulés pour le paiement du prix, le précédent vendeur n'en doit pas moins demander la résolution dans le délai prescrit par l'art. 717 (Chauveau, *quest.* 2405 *ter*)*

710. Si la demande en résolution est rejetée, le jugement doit être signifié au demandeur par l'une des parties, saisi, poursuivant ou créancier inscrit, et ce n'est qu'après cette signification que la reprise des poursuites peut avoir lieu par de nouvelles publications et par de nouvelles appositions de placards. — Si la demande est admise, le vendeur doit faire notifier le jugement de résolution au saisissant, avec sommation d'avoir à s'abstenir de poursuivre l'adjudication, et au saisi ; le jugement peut aussi être notifié à l'avoué du poursuivant (Chauveau, *quest.* 2406 *bis*).

711. Le jugement d'adjudication dûment transcrit purge toutes les hypothèques, et les créanciers n'ont plus d'action que sur le prix ; les créanciers à hypothèques légales qui n'ont pas fait inscrire leur hypothèque avant la transcription du jugement d'adjudication ne conservent de droit de préférence sur le prix qu'à la condition de produire, avant l'expiration du délai fixé par l'art. 754, C.P.C., dans le cas où l'ordre se règle judiciairement, et de faire valoir leurs droits avant la clôture , si l'ordre se règle amiablement, conformément aux art. 751 et 752 (C.P.C., art. 717; L. 21 mai 1858, art. 1er).

712. D'après cette disposition nouvelle, la transcription du jugement d'adjudication purge toutes les hypothèques , sans distinction entre celles qui sont dispensées d'inscription et celles qui ne le sont pas, entre celles qui étaient inscrites avant la sommation prescrite par l'art. 692 et celles qui ne l'ont été qu'entre cette sommation et l'adjudication ou entre l'adjudication et la transcription. Il n'y a d'exception à cette règle que pour le cas où il n'a été fait aux créanciers inscrits aucune sommation ou qu'une sommation irrégulière. — V. *Purge des hypothèques*.

713. Mais de ce que l'art. 717 déclare que l'adjudication ne transmet à l'adjudicataire d'autres droits à la propriété que ceux appartenant au saisi, il résulte que l'action en revendication d'immeubles indûment compris dans une saisie et adjugés est recevable même après l'adjudication (Chauveau, *quest.* 2408).

714. L'action en revendication doit être intentée contre l'adjudicataire , qui peut appeler en garantie le saisi et le créancier poursuivant ; les créanciers inscrits peuvent intervenir dans l'instance en revendication.

715. Lorsque, après l'adjudication, l'adjudicataire est évincé en totalité ou en partie des immeubles saisis, il a incontestablement le droit, s'il n'a encore effectué aucun paiement, de refuser de payer le prix de l'adjudication ou de ne payer que la partie du prix représentant la valeur des immeubles restés en sa possession ; s'il a déjà payé tout le prix, il peut exercer contre les créanciers payés une action en répétition, sans préjudice de l'action en dommages-intérêts contre le poursuivant, s'il y a eu faute de sa part, et contre le saisi, s'il n'est pas resté étranger à la procédure (V. Chauveau, *quest.* 2409).

716. Dans le cas où l'adjudicataire n'est évincé que d'une partie des immeubles saisis, s'il demande une diminution proportionnelle du prix, il doit former sa demande contre les derniers créanciers colloqués et contre le saisi. Si la demande est formée avant la clôture de l'ordre, elle doit l'être contre le saisi et contre le poursuivant ; l'adjudicataire agira prudemment en mettant également en cause le premier créancier inscrit.

717. L'adjudicataire, qui a subi une éviction partielle, peut aussi demander la résolution de l'adjudication, si la partie dont il est évincé est de telle conséquence relativement au tout que sans cette partie il ne se fût point rendu adjudicataire (C. Nap., art. 1636 ; Carré et Chauveau, *quest.* 2410).

Formules.

1. *Commandement tendant à saisie immobilière.*

L'an . . ., le . . ., à la requête du sieur . . . (*nom, prénoms, profession*), demeurant à . . ., pour lequel domicile est élu à . . . (*lieu où siége le tribunal qui doit connaître de la saisie*), en l'étude de M° . . ., avoué près le tribunal de première instance de . . ., sise rue . . ., n° . . .,

Et en vertu de la grosse dûment en forme exécutoire d'un acte contenant obligation de la part du sieur . . . envers le requérant et affectation hypothécaire, reçu par M° . . ., notaire à . . ., le . . ., et enregistré le . . ., de laquelle grosse copie entière est donnée en tête (de celle) du présent exploit,

J'ai . . ., soussigné, fait commandement au sieur . . . (*nom, prénoms, profession*), demeurant à . . ., rue . . ., n° . . ., étant audit domicile et parlant à . . .,

De, dans trente jours pour tout délai, payer au requérant ou à moi, huissier, porteur des pièces, aux offres d'en donner quittance, la somme de . . ., composée : 1° de celle de . . ., montant en principal de l'obligation précitée, et 2° de celle de . . ., montant de . . . années d'intérêts de ladite somme à raison de . . . pour cent par an,

Lui déclarant que, faute par lui de satisfaire au présent commandement dans le délai ci-dessus fixé, il y sera contraint par toutes les voies de droit, et notamment par la saisie de . . . (*désigner l'immeuble*), lui appartenant, et sis dans l'arrondissement de . . ., ledit immeuble affecté hypothécairement au paiement en principal et intérêts de l'obligation susénoncée.

Et je lui ai audit domicile, en parlant comme ci-dessus, laissé copie entière, certifiée et signée par moi, huissier soussigné, tant de la grosse de ladite obligation que du présent commandement, dont l'original sera visé dans le jour par M. le maire de la commune de . . ., conformément à la loi, et dont le coût est de . . .

Visa. — Visé par nous, maire (*ou adjoint au maire*) de la commune de . . ., en la mairie de ladite commune (*ou en mon domicile*), le . . .

V. n°ˢ 406 et suiv. — Coût : Ord. 10 oct. 1841, art. 3, 5 et 16. Orig. : Paris et villes qui y sont assimilées, 2 fr. ; ville où il y a une Cour impériale, ou dont la population excède 30,000 âmes, 1 fr. 80 c. ; partout ailleurs, 1 fr. 50 c. — Cop., le 1/4, non compris l'indemnité de transport, s'il y a lieu, l'émolument pour copie de pièces, et le droit de visa.

Enregistrement : 2 fr. 20.

2. *Opposition au commandement.*

L'an . . ., le . . ., à la requête du sieur . . . (*constituer avoué*), j'ai . . . signifié et déclaré au sieur . . . que le requérant s'oppose formellement, par le présent exploit, à ce qu'il soit donné suite au commandement tendant à saisie immobilière

à lui signifié la requête dudit sieur . . ., par exploit de . . .., en vertu d'une obligation notariée en date du . . .,

Et, de suite, j'ai, huissier susdit et soussigné, donné assignation audit sieur . . . ., à
comparaître . . . pour, — Attendu . . . — Voir dire que le commandement précité
sera déclaré nul et non avenu, et s'entendre, le susnommé, condamner aux dépens, sous
toutes réserves,

Et, à ce que ledit sieur n'en ignore, je lui ai, etc.

V. n° 444. — Coût : Anal. art. 3, ord. 10 oct. 1841. — V. Formule 1.

3. Pouvoir donné à l'huissier.

Je soussigné . . . (nom, prénoms, profession), demeurant à . . ., créancier du
sieur . . . (nom, prénoms, profession et domicile), en vertu de . . . (énoncer le
titre), de la somme principale de . . ., avec les intérêts à partir de . . . (indiquer
l'époque depuis laquelle les intérêts sont dus),

Donne pouvoir à M . . ., huissier à . . ., de procéder à ma requête, à la saisie immobilière de . . ., immeubles appartenant audit sieur . . ., et situés dans l'arrondissement de . . ., dresser à cet effet tous les actes de poursuite de son ministère, constituer par le procès-verbal de saisie M° . . ., avoué, et faire généralement tout ce qui
sera nécessaire,

Et, en conséquence, j'ai remis audit M. . . ., huissier, la grosse en forme de l'acte
susénoncé.

A . . ., le . . .

V. n° 466. — Timbre : 50 c. — Enregistrement : 2 fr. 20 c.

4. Procès-verbal de saisie immobilière.

L'an . . ., le . . ., heure de . . .,

À la requête du sieur . . . (nom, prénoms et profession), demeurant à . . . pour
lequel domicile est élu à . . . (lieu où siège le tribunal qui doit connaître de la saisie),
en l'étude de M° . . ., avoué près le tribunal civil de . . ., y demeurant, qu'il constitue et qui occupera pour lui sur la saisie immobilière à laquelle il va être procédé,

En vertu de la grosse . . . (V. Formule 1), de laquelle grosse copie entière a été
donnée au sieur . . . (nom, prénoms, profession et domicile), en tête du commandement tendant à saisie immobilière, à lui signifié par exploit de . . ., en date du . . .,
enregistré,

Et faute par ledit sieur . . . d'avoir satisfait audit commandement,

Je . . . soussigné, porteur de la grosse susénoncée, et d'un pouvoir spécial à moi
donné à l'effet de la présente saisie par le sieur . . ., suivant acte sous seing privé en
date du . . ., enregistré (s'il en est donné copie : duquel pouvoir copie est donnée en
tête du . . ., [de celle du] présent procès-verbal), me suis transporté, pour saisir
les immeubles appartenant audit sieur . . ., et situés tous dans la commune de . . .,
arrondissement de . . ., département de . . .,

1° Devant une maison située dans ladite commune de . . . (indiquer la rue, et,
s'il n'y a pas de numéro, deux au moins des tenants et aboutissants), ladite maison
occupée par le propriétaire, débiteur saisi (ou louée au sieur . . ., pour . . . années
(déterminer la durée, si elle est connue),

Et dont la désignation suit : . . . (s'il s'agit d'une maison située dans une commune rurale) ;

2° Sur un jardin sis en la même commune, contenant environ dix ares et tenant
d'un bout, à la maison ci-dessus désignée, et, d'autre bout, au sieur . . . .

3° Sur une pièce de terre labourable, sise en la même commune, au triage de . . .,
ensemencée en blé, contenant environ un hectare, bornée . . . (indiquer deux ou
trois des tenants ou aboutissants), affermée au sieur . . ., demeurant à . . ., pour
neuf années qui ont commencé à courir le . . .;

Et 4° Sur une prairie située également en ladite commune, hameau de . . ., le long
de la rivière de . . . (et si la prairie a une dénomination particulière, l'indiquer),
contenant environ . . ., exploitée par le propriétaire saisi ;

Lesdits biens imposés au rôle des contributions foncières de la commune de . . .,
pour l'année . . ., à la somme de . . ., sur un revenu de . . ., ainsi qu'il résulte
de la copie de la matrice cadastrale dont la teneur suit :

(Transcrire ici littéralement la copie de la matrice cadastrale).

Et j'ai saisi réellement tous les immeubles qui viennent d'être décrits, sur le sieur . . .,
pour avoir paiement de la somme de . . ., montant des causes énoncées au commande-

ment précité, sous réserve de tous autres droits, et pour, en exécution de cette saisie, les-dits immeubles être vendus et adjugés après l'accomplissement des formalités voulues par la loi, à l'audience des criées du tribunal civil de première instance de . . ., séant au palais de justice, auquel tribunal la saisie sera portée sur les poursuites et diligences de M° . . ., avoué constitué par le présent.

Puis, de tout ce qui précède, j'ai rédigé le présent procès-verbal, auquel j'ai vaqué depuis ladite heure de . . . jusqu'à celle de . . . que je vais faire viser immédiate-ment par M. le maire de la commune de . . ., et dont le coût est de . . .

Visa. — Visé par nous, maire (ou adjoint) de la commune de . . . ., arrondissement de . . ., le présent procès-verbal de saisie immobilière.

A la mairie de . . ., le . . .

V. n°° 184 et suiv. — Coût : Ord. 10 oct. 1841, art. 4 et 5. — Pour première vacation de trois heures : Paris et villes qui y sont assimilées quant à l'application du tarif, 6 fr.; villes où siège une Cour impériale, ou dont la population excède 30,000 âmes, 5 fr. 40 c.; partout ailleurs, 5 fr. — Pour chaque vacation suivante, au-si de trois heures, et d'a-près la même distinction, 5 fr., 4 fr. 50 c. et 4 fr. — Transport, s'il y a lieu, . . . — Visa : d'après la distinction ci-dessus, 1 fr., 90 c. et 75 c. — Papier timbré . . . — Enregistrement : 2 fr. 20 c.

Nota. Lorsque l'huissier ne peut achever le procès-verbal dans la même journée, il en renvoie la continuation au lendemain ou au plus prochain jour, de la manière sui-vante :

Attendu qu'il est . . . heures du soir, et qu'il reste encore des biens à saisir, j'ai suspendu provisoirement le présent procès-verbal, et en ai renvoyé la continuation à demain . . . (*date*), heure de .

Le lendemain, l'huissier continue ainsi le procès-verbal :

Aujourd'hui . . . (*date*), en conséquence du renvoi qui précède, j'ai . . ., huis-sier susdit et soussigné, procédant comme ci-dessus, continué le présent procès-verbal, et je me suis transporté sur (*désigner l'immeuble*).

5. Dénonciation du procès-verbal au saisi.

L'an . . ., le . . ., à la requête du sieur . . . pour lequel domicile est élu à . . . en l'étude de M° . . ., avoué près le tribunal civil de . . . , lequel est constitué et con-tinuera d'occuper sur la poursuite de saisie immobilière dont sera ci-après parlé,

J'ai . . ., soussigné, signifié, dénoncé, et, en tête (de celle) du présent exploit, donné copie au sieur . . ., demeurant à . . ., en son domicile, en parlant à . . .,

D'un procès-verbal de mon ministère, en date du . . ., enregistré le . . ., conte-nant saisie réelle sur le sieur . . ., à la requête dudit sieur . . . de . . . (*repro-duire la désignation des immeubles saisis*),

Ledit procès-verbal visé par M. le maire de la commune de . . . le . ;

Et, à ce que ledit sieur . . . n'en ignore, je lui ai, audit domicile et parlant comme ci-dessus, laissé copie du présent exploit, qui sera visé dans le jour par M. le maire de la commune de . . ., et dont le coût est de . . .

Visa. — Visé par nous, maire (ou adjoint) de la commune de . . .

A . . ., le . . .

V. n° 266. — Coût : Ord. 10 oct. 1841, art. 4, § 4. — Orig. : Paris et villes qui y sont assimilées, 2 fr. 50 c.; villes où il y a une Cour impériale, ou dont la population excède 30,000 âmes, 2 fr. 25 c.; partout ailleurs, 2 fr. — Cop. le 1/4. — Non com-pris l'indemnité de transport, s'il y a lieu, et le droit de copie de pièces.

Enregistrement : 2 fr. 20 c.

6. Opposition entre les mains des fermiers ou locataires.

L'an . . ., le . . ., à la requête du sieur . . ., demeurant à . . . pour lequel do-micile est élu à . . ., en l'étude de M° . . ., avoué près le tribunal de première in-stance de . . . qui est constitué et occupera pour le requérant sur tous les incidents relatifs à l'opposition ci-après,

J'ai . . ., soussigné, signifié et déclaré au sieur . . ., demeurant à . . ., locataire d'une maison sise à . . ., en son domicile, et parlant à . . .

Que le requérant, — ayant, suivant procès-verbal du ministère de . . . huissier à . . ., enregistré et visé conformément à la loi, fait saisir immobilièrement sur le sieur . . . son débiteur, en vertu de . . . (*énoncer le titre*), de la somme de . . ., la maison susénoncée, ladite saisie dénoncée suivant exploit de . . ., en date du . . ., enregistré, et transcrite au bureau des hypothèques de . . ., le . . ., saisie par suite de laquelle les loyers de ladite maison dus par le sieur . . . . au sieur . . . et à échoir jusqu'à l'entrée en jouissance de l'adjudicataire, sont immobilisés à partir de la tran-scription, conformément à l'art. 685, C.P.C. — S'oppose, en conséquence, à ce que le-dit sieur . . . se dessaisisse, des sommes qu'il doit, ou devra au sieur . . . pour loyers échus et à échoir de la maison par lui louée, dudit sieur . . . , et ce à peine de payer deux fois et de tous dommages-intérêts, s'il y a lieu ;

     Déclarant, en outre, au sieur . . . , qu'il ne pourra se libérer des loyers par lui dus et immobilisés aux, termes de l'art. 685 précité que par le paiement des bordereaux de collocation qui lui seront signifiés, ou que par les versements desdits loyers à la caisse des consignations, (*et, dans ce dernier cas*) sommant en conséquence ledit sieur . . . d'effectuer le dépôt desdits loyers à mesure de leur échéance,

     Et je lui ai, audit domicile, en parlant comme ci-dessus, laissé copie du présent, dont le coût est de . . .

     V. n° 331. — Coût : Ord. 10 oct. 1844, art. 3. — Orig.: Paris et villes qui y sont assimilées, 2 fr.; ville où il y a une Cour impériale, ou dont la population excède 30,000 âmes, 1 fr. 80 c.; partout ailleurs, 1 fr. 50 c. — Cop., le 1/4.

     Enregistrement : 2 fr. 20 c.

7. Sommation au saisi de prendre communication du cahier des charges, et d'assister à la publication.

     L'an . . ., le . . ., à la requête du sieur . . ., demeurant à . . ., pour lequel do-micile est élu à . . ., en l'étude de M° . . ., avoué près le tribunal de première in-stance de . . ., qui est constitué et continuera d'occuper sur la poursuite de saisie immobilière dont il s'agit,

     J'ai . . ., soussigné, signifié et déclaré au sieur . . ., partie saisie, demeurant à . . ., en son domicile, et parlant à . . .,

     Que le cahier des charges, enregistré, dressé par M° . . ., pour parvenir à la vente de . . . (*désigner les immeubles*), immeubles saisis sur le sieur . . . par procès-ver-bal du ministère de . . ., en date du . . ., visé, enregistré et transcrit au bureau des hypothèques, a été déposé au greffe du tribunal civil de . . ., le . . ., ainsi que le constate un acte de dépôt du même jour, enregistré, et que la publication audit cahier des charges a été fixée au . . ., heure de . . . ;

     En conséquence, j'ai fait sommation au sieur . . ., partie saisie, de prendre com-munication du cahier des charges contenant les clauses et conditions auxquelles seront vendus les immeubles saisis, de fournir les dires et observations qu'il jugera convenables, et d'assister, si bon lui semble, à la lecture et à la publication dudit cahier des charges, qui auront lieu à l'audience des criées du tribunal de . . ., le . . ., lequel tribunal fixera le jour de l'adjudication et statuera sur les contestations survenues ; déclarant audit sieur . . . que, faute par lui de satisfaire à la présente sommation, il sera pro-cédé tant en son absence qu'en sa présence.

     Et, afin qu'il n'en ignore, je lui ai, audit domicile, parlant comme ci-dessus, laissé copie du présent, dont le coût est de . . .

     V. n° 373. — Coût : Ord. 10 oct. 1844, art. 3. — V. *Formule* 6.

8. Sommation aux créanciers inscrits, et notamment au précédent ven-deur, de prendre communication du cahier des charges.

     V. *Purge des hypothèques* et *Priviléges*, Formule 4.

     V. n° 380.

     Nota. Dans les huit jours de la date de cette sommation, mention doit en être faite au bureau des hypothèques, en marge de la transcription de la saisie, conformément à l'art. 693, C.P.C.

9. Notification au procureur impérial de la sommation au saisi et aux créanciers inscrits de prendre communication du cahier des charges.

     V. *Purge des hypothèques* et *Priviléges*, Formule 9.

     V. n° 380.

10. Assignation en résolution du contrat de vente d'immeubles saisis.

     L'an . . ., le . . ., à la requête du sieur . . ., demeurant à . . ., pour lequel do-micile est élu à . . ., en l'étude de M° . . ., avoué près le tribunal civil de première instance de . . ., qui est constitué et occupera sur l'assignation ci-après,

J'ai . . ., soussigné, donné assignation au sieur . . . . . , demeurant à . . ., étant en son domicile et parlant à . . . .

. . . A comparaître d'aujourd'hui à huitaine franche, outre un jour par cinq myriamètres de distance (*s'il y a lieu*), à l'audience du tribunal civil de première instance de . . . . séant au palais de justice de ladite ville, heure de . . ., pour,

. . Attendu que, par acte reçu par M° . . . , notaire à . . ., le . . . ., enregistré, le requérant a vendu audit sieur . . . . une maison (*désigner la maison et indiquer sa situation*), moyennant la somme principale de . . ., payable le . . ., avec intérêts ; — Attendu que cette maison se trouve comprise dans un procès-verbal de saisie immobilière dressé à la requête du sieur . . . , demeurant à . . ., sur le sieur . . ., par le ministère de . . . , huissier à . . ., le . . .; — Attendu que le requérant n'est pas payé du prix de cette maison et des intérêts qui ont couru depuis le . . ., jusqu'à ce jour ; qu'il est, dès lors, fondé à demander la résolution, pour défaut de paiement du prix, de la vente dont il s'agit, aux termes de l'art. 1654, C. Nap. ;

Voir déclarer résolue, pour défaut de paiement du prix, la vente précitée de la maison ci-dessus désignée, ordonner que le requérant sera réintégré dans la propriété de ladite maison à partir du jour du jugement à intervenir, que, dans le jour de la signification de ce jugement, le sieur . . . sera tenu de délaisser sa possession et jouissance de cette maison, et s'entendre ledit sieur . . . condamner à . . . . fr. à titre de dommages-intérêts et aux dépens.

Et, à ce qu'il n'en ignore, je lui ai, audit domicile, et parlant comme ci-dessus, laissé copie du présent exploit. dont le coût est de . . .

V. n° 391. — Coût (Ord. 10 oct. 1841, art. 3): V. *Formule* 1.

Enregistrement : 2 fr. 20 c.

11. *Dénonciation au greffe de la demande en résolution.*

V. *Action résolutoire*, Formule 5.

V. n° 391.

12. *Procès-verbal d'apposition de placards.*

L'an . . ., le . . ., à la requête du sieur . . ., demeurant à . . ., poursuivant sur le sieur . . ., demeurant à . . ., la saisie et la vente d'une maison située à . . . et pour lequel domicile est élu à . . ., en l'étude de M° . . ., avoué près le tribunal de première instance de . . ., constitué sur la présente poursuite,

Je . . ., soussigné, certifie m'être transporté dans la commune de . . ., assisté du sieur . . ., afficheur, lequel, en ma présence, a apposé à chacun des endroits désignés par la loi des exemplaires, semblables à celui sur lequel le présent acte est rédigé, d'un placard indiquant qu'il sera procédé le . . . heure de . . ., en l'audience des criées du tribunal de . . ., séant au palais de cette ville, à l'adjudication de la maison ci-dessus désignée, appartenant au sieur . . ., et saisie sur lui par ledit sieur . . . ; et, en conséquence, j'ai rédigé sur un exemplaire dudit placard le présent procès-verbal, soumis au visa de M. le maire de la commune de . . ., et que j'ai signé avec ledit sieur . . ., afficheur.

Visa. Vu par nous, maire de la commune de . . ., le . . .

. V. n° 461. — Coût (Ord. 10 oct. 1841, art. 4, § 7), y compris le salaire de l'afficheur. : Paris et villes qui y sont assimilées, 8 fr. ; villes où il y a une Cour impériale, ou dont la population excède 30,000 âmes, 7 fr. 20 c ; partout ailleurs, 6 fr.; non compris l'indemnité de transport, s'il y a lieu. — Pour visa, suivant la distinction ci-dessus, 1 fr. 90 c. ou 75 c. — Enregistrement : 2 fr. 20 c.

13. *Demande incidente contre une partie qui n'a pas d'avoué en cause.*

L'an . . ., le . . ., à la requête du sieur . . ., demeurant à . . ., pour lequel domicile est élu à . . ., en l'étude de M° . . ., avoué près le tribunal civil de première instance de . . ., qu'il constitue et qui occupera pour lui sur la présente demande,

J'ai . . ., soussigné, donné assignation au sieur . . ., demeurant à . . ., en son domicile et parlant à . . .

A comparaître d'aujourd'hui à huitaine franche (il n'y a pas lieu à augmentation de ce délai à raison des distances, si ce n'est pas dans le cas de l'art. 726, C P.C.) à l'audience des criées du tribunal de . . ., séant au palais de justice, heure de . . ., pour,

Attendu . . . (*exposer les moyens*) ;

Voir dire et ordonner que . . . (*conclusions*), et s'entendre, en outre, condamner aux dépens, qui seront passés en frais extraordinaires de poursuites et payés par privilège sur le prix des immeubles saisis;

Et, pour que ledit sieur : : n'en ignore, je lui ai, audit domicile et parlant comme ci-dessus, laissé copie du présent exploit, dont le coût est de . . . ,

V. n° 492. — Coût et enregistrement : V. *Formule* 1.

14. *Commandement à faire au débiteur saisi, à la requête d'un créancier non inscrit, ou dont l'inscription est postérieure à la sommation prescrite par l'art. 692, avant de demander la subrogation.*

L'an . . ., le . . ., à la requête du sieur . . ., demeurant à . . ., pour lequel domicile est élu à . ., en l'étude de M° . . ., avoué près le tribunal de première instance de . . .,

J'ai . . ., soussigné, fait commandement au sieur , . . ., demeurant à . . ., en son domicile, en parlant à . . .

De payer au requérant, dans vingt-quatre heures pour tout délai, la somme de . ., que lui doit le sieur . . ., en vertu de . . . (*énoncer le titre exécutoire*), dont copie est donnée en tête (de celle) du présent exploit ; déclarant audit sieur . . . que, faute par lui de satisfaire au présent commandement dans ledit délai, il y sera contraint par toutes voies de droit, et, notamment, par voie de subrogation aux poursuites de la saisie de . . . (*désigner l'immeuble*), appartenant audit sieur . . ., formée à la requête du sieur . . ., suivant procès-verbal du ministère de . . ., en date du . . ., enregistré et transcrit au bureau des hypothèques de . . ., sous toutes réserves,

Et, j'ai laissé audit sieur. . ., en son domicile, et parlant comme ci-dessus, copie du présent commandement, dont le coût est de . . .

V. n° 515. — Coût et enregistrement : V. *Formule* 1.

15. *Appel d'un jugement qui a statué sur un incident.*

L'an . . ., le . . ., à la requête du sieur . . ., demeurant à . . ., pour lequel domicile est élu à . . ., en l'étude de M° . . ., avoué près la Cour impériale de . . ., qu'il constitue et qui occupera pour lui sur le présent appel,

J'ai . . ., soussigné, signifié et déclaré :

1° Au sieur . . ., demeurant à . . ., poursuivant la vente sur saisie immobilière de . . . (*indiquer l'immeuble*), appartenant au requérant, au domicile par lui élu à . . ., en l'étude de M° . . ., avoué près le tribunal de première instance de . . ., à étant et parlant à . . .

(*S'il s'agit d'un jugement qui a rejeté une demande en distraction d'un immeuble saisi, l'appel doit être signifié au saisissant, au saisi, au premier créancier et au greffier.*)

2° Au sieur . . ., greffier près le tribunal civil de . . ., au greffe dudit tribunal, au palais de justice séant en la ville de . ., où étant et parlant audit sieur . . ., lui-même qui a visé le présent original,

Que le requérant interjette, par le présent acte, appel du jugement rendu contradictoirement entre lui et ledit sieur . . ., par la chambre des criées du tribunal de première instance de . . ., le . . .,

Attendu que ledit jugement a déclaré valable la dénonciation de saisie immobilière faite par le sieur . . ., au requérant, et dont ce dernier opposait la nullité pour . . . (*indiquer la cause de nullité*).

Et, à même requête que ci-dessus, j'ai donné assignation audit sieur . . . (*poursuivant*), en son domicile, et parlant comme il est dit ci-dessus, à comparaître d'aujourd'hui à huitaine franche, outre un jour par cinq myriamètres de distance (*s'il y a lieu*), à l'audience et par-devant MM. les premier président et conseillers composant la première chambre de la Cour impériale de . . ., séant au palais de justice, à . . . heure de . . ., pour,

Attendu . . . (*Reproduire ici les moyens invoqués en première instance*);

Voir déclarer recevable et bien fondé l'appel interjeté par le requérant contre le jugement du . . ., voir réformer ledit jugement, entendre dire et ordonner . . . (*Reprendre les conclusions soumises au tribunal de première instance*), voir prononcer la restitution de l'amende consignée, et s'entendre, en outre, condamner aux dépens ;

Et j'ai, auxdits domiciles, en parlant comme ci-dessus, laissé à chacun des susnommés copie du présent, dont le coût est de . . .

Visa. Vu par nous, greffier du tribunal de première instance . . ., le présent original d'acte d'appel, dont copie nous a été remise.

Au greffe à . . ., le . . .

V. n° 589 et 598.—Coût (Ord. 10 oct. 1841, art. 3) : Orig.: Paris et villes qui y sont

assimilées, 2, fr.; villes où il y a une Cour impériale; ou, dont la population excède 30,000 âmes, 4 fr. 80 c.; partout ailleurs, 1 fr. 50 c. — Cop. le 4/4 (par chaque copie). — Visa : suivant la distinction ci-dessus, 1 fr., 90 c. ou 75 c.
Enregistrement : 14 fr.

16. Dénonciation, par exploit séparé, de l'acte d'appel au greffier du tribunal.

L'an . . ., le . . ., à la requête du sieur . . . ., demeurant à . . ., pour lequel domicile est élu à . . ., en l'étude de M° . . ., avoué constitué pour lui,

J'ai . . ., soussigné, dénoncé, et, en tête (de celle) du présent exploit, donné copie au sieur . . ., greffier du tribunal civil de première instance de . . ., en son greffe, au palais de justice à . . ., en parlant à lui-même, qui a visé le présent original,

D'un exploit de . . ., huissier à . . ., en date du . . ., enregistré, contenant, à la requête dudit sieur . . ., contre le sieur . . . (nom, prénoms et profession), demeurant à . . ., appel d'un jugement contradictoirement rendu entre eux par le tribunal civil de . . ., le . . .,

Déclarant audit sieur . . ., que le requérant s'oppose formellement par le présent acte à l'adjudication sur saisie immobilière de l'immeuble désigné en l'acte d'appel dont copie précède, avant qu'il ait été statué sur le présent appel, à peine de nullité ;

Et j'ai, audit sieur . . ., greffier, au greffe, en parlant comme ci-dessus, laissé pie du présent exploit, dont le coût est de . . .

Visa. — V. la Formule qui précède.

V. n° 592. — Coût (Ord., 10 oct. 1841, art. 3), non compris l'émolument dû pour copie de pièces : pour l'original, la copie et le visa, V. la formule précédente.

17. Assignation donnée au saisi qui n'a pas constitué avoué pour obtenir la remise de l'adjudication, lorsque cette remise est demandée avant le jour fixé pour l'adjudication.

L'an . . ., le . . ., à la requête du sieur . . ., demeurant à . . ., pour lequel domicile est élu à . . ., en l'étude de M° . . ., avoué près le tribunal de première instance de . . ., y demeurant, déjà constitué sur la poursuite de saisie immobilière dont il sera parlé ci-après, et qui occupera pour le requérant sur la présente assignation,

J'ai . . ., soussigné, donné assignation au sieur . . ., demeurant à . . ., en son domicile, et parlant à . . . .,

A comparaître, d'aujourd'hui à huitaine franche, outre un jour par cinq myriamètres de distance (s'il y a lieu), à l'audience des criées du tribunal de première instance de . . ., séant au palais de justice en ladite ville, heure de . . ., pour,

Attendu que, par jugement du . . ., enregistré, le jour de l'adjudication de . . . (indiquer sommairement les immeubles), immeubles saisis sur le sieur . . ., au nom du requérant, par procès-verbal du ministère de . . ., huissier à . . ., en date de . . ., enregistré, a été fixé au . . .; — Attendu . . . (indiquer les causes graves et dûment justifiées qui peuvent faire accorder le sursis) ;

Voir dire et ordonner que ladite adjudication sera remise au . . ., et s'entendre, en cas de contestation, condamner aux dépens de l'incident, qui seront payés par privilège sur le prix des immeubles saisis,

Et j'ai laissé au sieur . . ., audit domicile, parlant comme ci-dessus, copie du présent exploit, dont le coût est de . . .

V. n° 656. — Coût (Anal. art. 3, Ord., 10 oct. 1841) : V. Formule 15.
Enregistrement : 2 fr. 20.

18. Signification du jugement d'adjudication au saisi.

L'an . . ., le . . ., à la requête du sieur . . . (nom, prénoms et profession de l'adjudicataire), demeurant à . . ., pour lequel domicile est élu à . . ., en l'étude de M° . . ., avoué près le tribunal de première instance de . . .,

J'ai . . ., soussigné, signifié, et, en tête (de celle) du présent exploit, laissé copie au sieur . . . (nom, prénoms et profession de la partie saisie), demeurant à . . ., en son domicile, et parlant à . . .

4° De la grosse d'un jugement rendu à l'audience des criées du tribunal civil de . . ., le . . ., enregistré, contenant adjudication au profit de M° . . ., avoué près le tribunal, qui a passé, par acte du greffe, le . . ., enregistré, déclaration de command, au nom du requérant de . . . (désigner l'immeuble), situé à . . ., dont la saisie a été poursuivie contre ledit sieur . . ., et 2° de la déclaration de command susénoncée, afin que

52.

ledit sieur y ... ait de s'y conformer, lui faisant en même temps sommation de délaisser dans le délai de vingt-quatre heures la possession de l'immeuble adjugé au requérant avec déclaration que, faute de ce faire, il sera contraint par les voies de droit ; ...

Et je lui ai, audit domicile, en parlant comme ci-dessus, laissé copie du présent, dont le coût est de . . .

V. n° 687. — Coût (Anal. art. 3, Ord., art. 241) : V. *Formule* 15.

Enregistrement : 2 f. 20

19. *Procès-verbal d'expulsion du saisi.*

[b]L'an . . ., le . . ., à la requête du sieur . . ., demeurant à . . ., pour lequel domicile est élu à . . ., et en vertu de la grosse du jugement du tribunal de . . ., enregistré, qui a, le . . ., prononcé l'adjudication de . . . (*immeuble*) au profit du requérant, ledit jugement signifié au sieur . . ., ci-après nommé, par exploit du ministère de . . ., huissier à . . ., en date du . . ., enregistré, contenant sommation de délaisser dans les vingt-quatre heures l'immeuble adjugé au requérant, et faute par ledit sieur . . . d'avoir obéi à cette sommation,

J'ai . . . soussigné, assisté des sieurs . . ., témoins requis, fait itérative sommation au sieur . . . (*nom, prénoms et profession*), demeurant à . . ., en parlant à . . .,

D'avoir à délaisser immédiatement la possession de . . . (*immeuble*), adjugé au requérant par le jugement précité, d'avoir en conséquence à vider les lieux et à mé remettre les clefs, lui déclarant que, faute de ce faire, j'allais l'y contraindre ;

Ledit sieur . . ., ayant refusé d'obéir à cette nouvelle sommation, j'ai fait enlever par mes témoins tous les meubles et objets mobiliers se trouvant dans la maison ci-dessus désignée, et les ai fait déposer sur la voie publique (ce qui ne peut avoir lieu qu'autant qu'ils n'embarrassent pas la voie publique), en présence dudit sieur. . .; ce dernier ayant refusé de quitter lui-même la maison, j'ai donné ordre à mes témoins de l'expulser, ce qu'ils ont fait ; j'ai ensuite pris les clefs pour les remettre au requérant ; et j'ai dressé le présent procès-verbal, que les témoins ont signé avec moi, et dont une copie également signée par les témoins et par moi a été remise à l'instant audit sieur . . . Le coût est de . . .

V. n° 694. — Coût : V. *Saisie-exécution.*

Enregistrement : 2 fr. 20 c.

Nota. — En cas d'absence du saisi dépossédé par un jugement d'adjudication, l'huissier chargé de procéder à son expulsion ne peut pénétrer dans son domicile qu'avec l'assistance du maire, lequel reste présent à l'opération et reçoit la copie destinée au saisi.

SAISIE DE NAVIRES (ou bâtiments de mer) [Pour ce qui concerne la saisie et la vente des bâtiments de rivière, V. *Saisie-exécution*].

1. Tous les bâtiments de mer, quels que soient leur capacité ou tonnage, soit gisants ou amarrés dans le port, soit hors du havre, flottant sur leurs ancres, peuvent être saisis (C. Comm., art. 197 et 204).

2. La saisie peut avoir lieu en toute circonstance ; néanmoins, lorsque le bâtiment est prêt à faire voile, il ne peut être saisi que pour raison des dettes contractées pour le voyage qu'il va faire. Le bâtiment est censé prêt à faire voile, lorsque le capitaine est muni de ses expéditions pour son voyage (C. Comm., art. 215), c'est-à-dire lorsqu'il est muni de son congé, des acquits-à-caution ou de paiement des douanes, du rôle d'équipage arrêté et des procès-verbaux de visite.

3. Le navire qui, après avoir mis à la voile, a été contraint par le mauvais temps de rentrer au port dont il était parti, ne peut y être arrêté pour le paiement d'une dette étrangère au voyage (Trib. comm. de Marseille, 11 mars 1862, *J. Huiss.*, t. 45, p. 312).

4. Lorsqu'un navire appartient à plusieurs propriétaires, le créancier ordinaire de l'un des copropriétaires peut saisir sa part dans le navire, en suivant les formalités prescrites par le Code de commerce, et en dénonçant la saisie aux autres copropriétaires (V. *J. Huiss.*, t. 37, p. 146, réponse à une question proposée).

5. Quand il y a lieu à saisie, elle peut être empêchée par les tiers intéressés au voyage, en donnant caution de représenter le navire au retour ou de payer la dette (C. Comm., art. 215). Cette caution est reçue par le tribunal civil du lieu où la saisie a été faite ; elle reste obligée quoique le retour soit empêché par un accident de force majeure (Pardessus, *Dr. comm.*, n° 610).

6. Un navire pourrait être saisi en voyage pour dettes contractées dans le lieu où il fait relâche, sauf au capitaine à obtenir mainlevée de la saisie, en fournissant caution pour le paiement des dettes (Pardessus, *loc. cit.*).

7. La saisie de navires pour dettes contractées pour le voyage, prend le nom de *saisie conservatoire* ; le navire saisi est retenu pendant qu'on plaide sur le titre, c'est-à-dire sur la créance en vertu de laquelle la saisie a été pratiquée ; si la créance est justifiée, la saisie reste maintenue.— V. *infrà*, n° 25.

8. La saisie ne peut être pratiquée qu'en vertu d'un titre exécutoire (C.P.C., art. 551 et 845). Toutefois, le président du tribunal de commerce peut, à défaut de titre, permettre, par une ordonnance rendue sur requête, la saisie conservatoire, lorsqu'il lui apparaît que le créancier réclame une dette contractée pour le voyage que le navire va faire ; mais, dans ce cas, il doit y avoir condamnation avant que le saisissant procède à la vente.

9. Lorsque la créance en vertu de laquelle on veut former opposition à la sortie d'un navire n'est pas commerciale, le président du tribunal de commerce est incompétent pour autoriser, par mesure conservatoire, cette opposition (Trib. comm. de Marseille, 11 mars 1862 : *J. Huiss.*, t. 45, p. 312).

10. La saisie doit être précédée d'un commandement de payer (C. Comm., art. 198), contenant notification du titre ou de l'ordonnance qui permet la saisie.

11. Le commandement doit être signifié à la personne ou au domicile du propriétaire du navire, s'il s'agit d'une action générale à exercer contre lui (C. Comm., art. 199). Si le propriétaire avait élu un domicile par l'acte constitutif de la créance ou par tout autre acte valable, le commandement pourrait lui être signifié à ce domicile élu (Pardessus, n° 609). — V. *Formule 1.*

12. Le commandement peut être notifié au capitaine du navire, si la créance est du nombre de celles qui sont susceptibles de privilége sur le navire, aux termes de l'art. 191, C. Comm. (même Code, art. 199).

13. Si l'on agissait en vertu de deux créances, dont l'une seulement serait privilégiée, on devrait suivre, à l'égard de chacune d'elles, la distinction établie par l'art. 199 (Pardessus, n° 609), et, par conséquent, faire deux commandements, l'un au propriétaire, et l'autre au capitaine.

14. Si le propriétaire du navire habite les colonies françaises ou les pays étrangers, le commandement doit être signifié au parquet du procureur impérial près le tribunal dans l'arrondissement duquel le navire est situé (Pardessus, *loc. cit.*).

15. La saisie ne peut être faite que 24 heures après le commandement de payer (C. Comm., art. 198). Si la saisie avait lieu le lendemain même du commandement, et si ces actes avaient été faits tous deux avant midi ou après midi, il serait nécessaire, à peine de nullité de la saisie, que l'un et l'autre de ces actes fissent mention de l'heure à laquelle il a été fait, et, de plus, que l'heure mentionnée dans la saisie fût postérieure à celle mentionnée dans le commandement.

16. S'il s'est écoulé plus d'un an depuis le commandement, quelques auteurs enseignent qu'il est utile de le réitérer, l'usage, selon eux, étant que le commandement se périme par un an. Mais, dans le silence de la loi, sur ce point, il est douteux que la jurisprudence consacre cette solution.

17. Le procès-verbal de saisie est fait dans la forme d'un procès-verbal de *saisie-exécution* (V. ce mot, et *Formule* 2), sauf qu'il n'est pas nécessaire qu'il contienne itératif commandement, puisque la saisie, par la nature des choses, n'est pas faite en la demeure du saisi (Pardessus, n° 611). L'huissier doit être assisté de témoins (Pardessus, *loc. cit.*).

18. L'huissier doit énoncer dans son procès-verbal : 1° les nom, profession et demeure du saisissant ; 2° l'élection de domicile faite par le créancier dans le lieu où siège le tribunal civil (Avis Cons. d'Etat, 17 mai 1809) devant lequel la vente doit être poursuivie, et dans le lieu où le navire est amarré; 3° le titre en vertu duquel il procède; 4° la somme dont il poursuit le paiement ; 5° les noms du propriétaire et du capitaine : 6° le nom, l'espèce et le tonnage du bâtiment ; 7° l'énonciation et la description des chaloupes, agrès, ustensiles, armes, munitions et provisions (C. Comm., art. 200). L'huissier doit établir un gardien (même art.), et lui laisser copie du procès-verbal.—V. *Formule* 2.

19. Lorsque l'huissier a omis de faire, dans son procès-verbal, l'énonciation des chaloupes, agrès, ustensiles et provisions, ces objets n'en sont pas moins compris dans la saisie, et, en cas de vente, l'adjudicataire a droit à tous lesdits objets qui, alors, forment les dépendances du navire.

20. Si le propriétaire du navire saisi demeure dans l'arrondissement du tribunal civil, le saisissant doit lui faire notifier, dans le délai de trois jours, copie du procès-verbal de saisie, et le citer devant ce tribunal pour voir procéder à la vente des choses saisies (C. Comm., art. 201).—V. *Formule* 3.—S'il s'agit d'une saisie conservatoire, on conclut en outre et d'abord à ce que le saisissant soit condamné au paiement de la créance pour laquelle on a été autorisé à saisir.

21. Si le propriétaire n'est point domicilié dans l'arrondissement du tribunal, les significations et citations lui sont données à la personne du capitaine du bâtiment saisi, ou, en son absence, à celui qui représente le propriétaire ou le capitaine ; et le délai de trois jours est augmenté d'un jour à raison de deux myriamètres et demi de la distance de son domicile (C. Comm., art. 201). Cette augmentation s'applique au délai pour notifier, et non à celui pour comparaître sur l'assignation.

22. Si le propriétaire est étranger et hors France, les citations et significations sont données ainsi qu'il est prescrit par le Code de procédure civile, art. 69 (C. Comm., art. 201).—V. *Exploit*, n°ˢ 510 et suiv.

23. Lorsque la notification doit être faite au capitaine, elle doit avoir lieu en parlant à sa personne, de sorte qu'elle ne serait pas valablement faite au domicile de ce dernier. Cette opinion est principalement fondée sur la nécessité d'interpréter littéralement une disposition exorbitante du droit commun, qui veut que tous les exploits soient faits à personne ou à domicile.

24. L'omission de la signification du procès-verbal de saisie annulerait la procédure.—La citation devant le tribunal doit contenir constitution d'avoué, à peine de nullité (C.P.C., art. 61), et être donnée au délai ordinaire des ajournements.—V. *Ajournement*.

25. La citation pour voir ordonner la vente des objets saisis est portée devant le tribunal civil, et non devant le tribunal de commerce du lieu où la saisie a été pratiquée (Avis Cons. d'Etat, 17 mai 1809) ; le tribunal commet d'office un juge pour procéder à la vente (C. comm., art. 205). —Si la saisie est conservatoire, le tribunal doit, avant de commettre un juge, la déclarer valable par un jugement.—V. *suprà*, n°ˢ 7 et 8.1.

26. Dès qu'un juge a été commis pour procéder à la vente, cette vente est annoncée de la manière suivante, lorsqu'il s'agit d'un bâtiment dont le tonnage est au-dessus de dix tonneaux : il est fait trois criées et publications des objets en vente, consécutivement, de huitaine en huitaine, à la bourse et dans la principale place publique du lieu où le bâtiment est amarré (C. Comm., art. 202). Ces criées et publications ont lieu par un huissier qui en dresse procès-verbal.—V. *Formule* 4.

27. Elles peuvent être faites avant l'expiration des délais de l'assignation, pourvu qu'elles ne commencent qu'après la signification de la saisie et l'assignation donnée au saisi.

28. L'avis des criées et publications doit être inséré dans un des papiers publics imprimés dans le lieu où siége le tribunal devant lequel la saisie se poursuit ; et, s'il n'y en a pas, dans l'un de ceux qui sont imprimés dans le département (C. Comm., art. 202).

29. Dans les deux jours qui suivent chaque criée et publication, il est apposé des affiches : 1° au grand mât du bâtiment saisi ; 2° à la porte principale du tribunal devant lequel on procède ; 3° dans la place publique et sur le quai du port où le bâtiment est amarré ; 4° à la bourse de commerce (C. Comm., art. 203). L'apposition de ces affiches est constatée par procès-verbal du ministère d'un huissier. — V. *Saisie-exécution, formule* 15.

30. Les criées, publications et affiches doivent désigner : 1° les noms, profession et demeure du poursuivant ; 2° les titres en vertu desquels il agit ; 3° le montant de la somme qui lui est due ; 4° l'élection de domicile par lui faite dans le lieu où siége le tribunal et dans le lieu où le bâtiment est amarré ; 5° les noms et domicile du propriétaire du navire saisi ; 6° le nom du bâtiment, et, s'il est armé ou en armement, le nom du capitaine ; 7° le tonnage du navire ; 8° le lieu où il est gisant ou flottant ; 9° le nom de l'avoué du poursuivant ; 10° la première mise à prix ; 11° les jours des audiences auxquelles les enchères seront reçues (C. Comm., art. 204).

31. La nature des formalités destinées à annoncer la vente est telle, qu'il y a lieu de conclure que, si elles avaient été omises, le tribunal devrait ordonner que la procédure serait refaite à partir du premier acte irrégulier ; toutefois, il faudrait proposer la nullité avant l'adjudication définitive (Pardessus, n° 613).

32. Après la première criée, les enchères sont reçues le jour indiqué par l'affiche. Le juge, commis d'office pour la vente, continue de recevoir les enchères après chaque criée, de huitaine en huitaine, à jour certain fixé par son ordonnance (C. Comm., art. 205). Après la troisième criée, l'adjudication est faite au plus offrant et dernier enchérisseur, à l'extinction des feux, sans autre formalité (C. Comm., art. 206). Le juge commis peut accorder une ou deux remises, de huitaine chacune ; elles sont publiées et affichées (même art.).

33. L'adjudication ne peut avoir lieu qu'après l'expiration des délais accordés au saisi pour comparaître.—V. *suprà*, n°s 20 et suiv.

34. Lorsque la saisie porte sur des bâtiments du port de dix tonneaux et au-dessous, la vente est annoncée par trois publications sur le quai pendant trois jours consécutifs, et par une affiche au mât, ou, à défaut, en autre lieu apparent du bâtiment, et à la porte du tribunal (C. Comm., art. 207).—V. *suprà*, n° 30.

35. Il doit être observé un délai de huit jours francs entre la signification de la saisie et la vente (même art.). — La vente a lieu à l'audience (même art.), au plus offrant et dernier enchérisseur.

36. Dans le cas où un navire de plus de 10 tonneaux et un de moindre grandeur, qui n'en est point l'accessoire, sont saisis en même temps, pa un même créancier, on suit les formalités prescrites pour le plus fort des deux navires (Pardessus, n° 613).

37. La vente a pour effet : 1° de transmettre à l'acheteur la propriété du navire et des choses réputées accessoires ; 2° de faire cesser les fonctions du capitaine (C. Comm., art. 208).

38. Les adjudicataires des navires de tout tonnage sont tenus de payer le prix de leur adjudication dans le délai de 24 heures, ou de le consigner sans frais au greffe du tribunal de commerce, à peine d'y être contraint par corps (C. Comm., art. 209). La consignation n'est utile qu'autant qu'il y a ou qu'on craint qu'il n'y ait des oppositions au paiement du prix. — V. infrà, n° 42.

39. A défaut de paiement ou de consignation, le bâtiment est remis en vente et adjugé trois jours après une nouvelle publication et affiche unique, à la folle enchère des adjudicataires, qui sont également contraints par corps pour le paiement du déficit, des dommages et intérêts et des frais (C. Comm., art. 209).

40. Toute personne qui se prétend propriétaire de tout ou partie du navire saisi ou de ses accessoires doit former une demande en distraction des objets saisis au greffe du tribunal avant l'adjudication. Les demandes en distraction formées après l'adjudication sont converties, de plein droit, en opposition à la délivrance des sommes provenant de la vente (C. Comm., art. 211).

41. Le demandeur ou l'opposant a trois jours (à partir de sa réclamation) pour fournir ses moyens, et le défendeur trois jours pour contredire. La cause est portée à l'audience sur une simple citation (C. Comm., art. 211). Ces délais ne sont point prorogés à raison des distances.

42. Pendant trois jours après celui de l'adjudication, les oppositions à la délivrance du prix sont reçues ; passé ce temps, elles ne sont plus admises (C. Comm., art. 212). Ce délai n'est point susceptible d'augmentation à raison des distances. L'opposition est signifiée à l'acquéreur ; s'il a payé, au saisissant ; s'il a consigné, au préposé de la caisse des consignations.

43. Les créanciers opposants sont tenus de produire au greffe leurs titres de créances, dans les trois jours qui suivent la sommation qui leur est faite par le créancier poursuivant ou par le débiteur saisi ; faute de quoi, il est procédé à la distribution du prix de la vente sans qu'ils y soient compris (C. Comm., art. 213).

44. La collocation des créanciers et la distribution des deniers sont faites entre les créanciers privilégiés dans l'ordre prescrit par l'art. 191, C. Comm., et, entre les autres créanciers, au marc le franc de leurs créances. Tout créancier colloqué l'est tant pour son principal que pour les intérêts et frais (C. Comm., art. 214).

Formules.

1. Commandement tendant à saisie de navire.

L'an . . ., à la requête du sieur . . ., qui élit domicile à . . . (V. Formule 2) ; en vertu de. . . (énoncer le titre ou l'ordonnance et en donner copie), j'ai . . . fait commandement de par la loi et justice au sieur . . . (propriétaire ou capitaine du navire) de payer dans le délai de 24 heures : . . . lequel sieur . . . ayant refusé de payer, je lui ai déclaré que, faute par lui de ce faire dans le délai de 24 heures et icelui passé, il y serait contraint par toutes voies de droit et notamment par la saisie du navire le . . . lui appartenant, et en ce moment amarré dans tel port (ou flottant sur ses ancres dans tel endroit), et sous toutes réserves, j'ai, etc...

V. n° 44.—Coût : V. Saisie-exécution, Formule 1.
Enregistrement : 2 fr. 20 c.

2. Saisie d'un navire.

SUIVAT. 30 HEIV.

L'an . . ., à la requête du sieur . . ., qui élit domicile . . . (1° *dans le lieu où le navire est amarré*; 2° *dans le lieu où siège le tribunal*) . . .

En vertu d'un acte reçu par M° . . ., notaire [à] . . ., le . . ., contenant obligation par . . ., au profit du requérant, de la somme de . . ., exigible dès le . . ., et par suite du commandement fait audit sieur . . ., par exploit de . . ., et, à défaut par ledit sieur . . ., d'avoir payé ladite somme de . . .,

Je . . ., assisté de . . ., témoins, me suis transporté à . . ., à l'effet de saisir le navire (*indiquer le nom du navire*) appartenant audit sieur . . ., où étant arrivé, j'ai en effet trouvé ledit bâtiment monté par . . ., à qui j'ai donné connaissance de l'objet de ma mission avec sommation de me le laisser remplir sans trouble ni empêchement, ce à quoi ils ont consenti. En conséquence, j'ai saisi et placé sous la main de la loi et justice, le navire (*le désigner*). Ce fait, j'ai établi gardien de tous lesdits objets saisis le sieur . . ., à ce présent, qui a déclaré accepter cette charge et s'est volontairement obligé de représenter quand et à qui il sera par justice ordonné, les objets confiés à sa garde, à la condition de lui payer ses salaires suivant la loi.

Et j'ai laissé copie du présent audit sieur . . ., gardien, qui a signé avec moi et mes témoins tant ladite copie que le présent procès-verbal.

V. n° 18.—Coût : V. *Saisie-exécution, Formule 2*.

Enregistrement : 4 fr. 40 c.

3. Dénonciation de la saisie et assignation.

L'an . . ., à la requête du sieur . . . (*constituer avoué*), j'ai donné assignation au sieur . . ., à comparaître dans les délais de la loi . . ., devant . . ., pour . . . — Attendu que par exploit de . . ., en date du . . ., il a été procédé à la requête du sieur . . . (*analyser le procès-verbal de saisie*), duquel exploit il est avec celle des présentes donné copie ; — Voir procéder à la vente, après l'accomplissement des formalités voulues par la loi des objets saisis par le procès-verbal susdaté ; — Déclarant audit sieur . . . que, faute par lui de se présenter aux opérations de ladite vente, il y sera procédé tant en son absence que présence. Et je lui ai, etc.

V. n° 20.—Tar., anal. art. 29. — Orig. : Paris, 2 fr. ; R. P., 1 fr. 80 c. ; Aill., 1 fr. 50 c. ; Cop., le quart.

Enregistrement : 2 fr. 20 c.

4. Procès-verbal de criée et publication de la vente.

L'an . . ., à la requête du sieur . . ., ayant pour avoué M° . . ., et faisant élection de domicile à . . . (V. *Formule 2*), je . . ., soussigné, certifie que, ce jourd'hui, heure de . . ., je me suis transporté d'abord à . . ., et ensuite à . . ., et qu'arrivé à chacun desdits lieux, j'ai crié et publié à haute et intelligible voix, que les *tels* jours, à *telle* heure, à l'audience du tribunal de . . ., séant à . . ., il serait procédé à la réception des enchères et à la vente de *tel* bâtiment, de *tant* de tonnage, gisant à . . ., appartenant à . . ., capitaine *un tel*, saisi par exploit de . . ., en vertu de *tel* titre, pour avoir paiement de la somme de . . ., les enchères ouvertes sur la mise à prix de . . . — Et à ce que personne n'en ignore, j'ai dressé le présent procès-verbal.

V. n° 26 :—Coût : V. *Saisie-exécution, Formule* 16.

Enregistrement : 2 fr. 20 c.

SAISIE DES RENTES. 1.

Les rentes constituées sur particuliers sont des meubles incorporels comme les créances ordinaires. Mais l'importance qu'elles ont souvent comme valeur a déterminé le législateur à en soumettre la saisie et la vente à des formalités spéciales. Ce sont ces formalités qui font l'objet de cet article.

Indication alphabétique des matières.

V. n° 11.—Coût : V. *Saisie-exécution, Formule* 1.

Enregistrement : 2 fr. 20 c.

§ 1. — *En vertu de quel titre, pour quelles créances, sur qui et entre les mains de qui la saisie peut être faite.*

§ 2. — *Rentes qui sont ou non saisissables.*

§ 3. — *Formalités de la saisie.*

§ 4. — *Vente des rentes saisies.*

§ 5. — *Incidents.*

FORMULES.

---

§ 1. — *En vertu de quel titre, pour quelles créances, sur qui et entre les mains de qui la saisie peut être faite.*

2. La saisie ne peut avoir lieu qu'en vertu d'un titre authentique et exécutoire (C.P.C., art. 636) ; une permission du juge serait insuffisante.

3. Les créances, pour sûreté desquelles la saisie peut être pratiquée, doivent être certaines, liquides et exigibles (C.P.C., art. 551).

4. La saisie se fait sur le débiteur de la créance en vertu de laquelle on procède, lequel est propriétaire de la rente ; elle a lieu entre les mains de celui qui doit la rente (C.P.C., art. 637). — Elle ne peut être faite entre les mains des détenteurs des immeubles affectés à son service, à moins qu'il ne s'agisse de rentes foncières créées avant le Code Napoléon, sans obligation personnelle de la part du débiteur primitif, et dont ce dernier pouvait se libérer en abandonnant l'héritage (Pigeau, *Comment.*, t. 2, p. 223 ; Chauveau, *Lois de la procéd.*, quest. 2129 *bis*).

5. Si le créancier est lui-même débiteur de la rente, il peut offrir de rembourser le capital de la rente et retenir par compensation la somme qui lui est due ; — ou saisir entre ses mains les arrérages de la rente ; — ou bien enfin saisir et vendre la rente pour toucher, sur le prix, la somme qui lui est due, et ensuite continuer de servir la rente au nouvel acquéreur (Pigeau, *Comment.*, t. 2, p. 460).

§ 2. — Rentes qui sont ou non saisissables.

6. Sont saisissables, d'après les règles du tit. X (1re part., liv. v) du Code de procédure, modifié par la loi du 24 mai 1842, les rentes constituées sur particuliers (C.P.C., art. 636), qu'elles soient perpétuelles ou viagères (V. *Rente*). — Ce sont les capitaux productifs d'intérêts ou arrérages qui peuvent être saisis d'après ces règles. — A l'égard des intérêts ou arrérages seulement, produits par les capitaux, on procède par voie de *saisie-arrêt* (V. ce mot). — Mais sont également saisissables d'après les règles tracées ici les rentes emphytéotiques.

7. Au contraire, sont insaisissables : 1° les rentes sur l'Etat (V. *Rentes sur l'Etat*); 2° les rentes dues aux communes et aux établissements publics ; 3° les rentes viagères constituées à titre gratuit et stipulées insaisissables par le titre (C. Nap., art. 1981) ; 4° les rentes ou pensions alimentaires, encore que le titre qui les constitue ne les ait point déclarées insaisissables (C.P.C., art. 581), si ce n'est par les créanciers postérieurs, en vertu de la permission du juge, et pour la portion qu'il détermine (V. *Saisie-arrêt*).

8. La procédure de saisie des rentes constituées est inapplicable : 1° aux actions immobilisées : il faut procéder par voie de saisie immobilière (V. *Saisie immobilière*) ; 2° à un capital remboursable dans un terme rapproché : ce capital est susceptible de saisie-arrêt.

9. Les actions dans les compagnies de finance, d'industrie et de commerce, peuvent-elles être saisies et vendues suivant les formes tracées en matière de saisie de rentes ?

Sous l'ancien art. 636, l'affirmative était adoptée par Pigeau, *Comment.*, t. 2, p. 22 ; Favard de Langlade, *Répert.*, t. 5, p. 84, et Carré, *Lois de la procéd. civ.*, quest. 2126.

Mais, sous l'empire de la loi actuelle, il ne peut en être de même. En effet, il résulte de la discussion sur un amendement proposé par M. Persil, et qui tendait à soumettre la saisie et la vente des actions industrielles à la même procédure que les rentes, et du rejet de cet amendement, que la loi du 24 mai 1842 n'est pas applicable à d'autres biens incorporels que les rentes.

10. La loi n'ayant prescrit aucun mode particulier pour saisir et mettre sous la main de la justice une action industrielle, comment doit-on procéder ? En saisissant et arrêtant entre les mains des gérants et administrateurs de l'entreprise tout ce qu'ils ont ou auront, doivent ou devront à la partie saisie, à quelque titre que ce soit, et ensuite en se faisant autoriser à vendre par le tribunal, c'est-à-dire en suivant la procédure de saisie-arrêt jusqu'à la demande en validité et la déclaration du tiers-saisi inclusivement (V., en ce sens, Roger, *Saisie-arrêt*, p. 14, n° 26 ; Chauveau, *Lois de la procéd.*, quest. 2126 bis ; Douai, 23 mars 1835).

11. Ainsi, en pareil cas, on doit procéder comme il suit :

1° Saisie-arrêt entre les mains des gérants et administrateurs de tout ce qu'ils ont ou auront, doivent ou devront au débiteur du saisissant à quelque titre que ce soit ;

2° Dénonciation au saisi de cette saisie-arrêt, et assignation pour voir dire qu'elle sera déclarée valable, et que l'action sera vendue en la forme prescrite par le tribunal ;

3° Dénonciation de ce dernier acte aux gérants et administrateurs, et assignation en déclaration des sommes et valeurs composant la société, afin de pouvoir arriver à la fixation de la valeur de l'action ;

4° Vente suivant le mode indiqué par le tribunal.

12. Quelle est la manière de procéder à la saisie et à la vente d'un bail, soit sur les propriétaires, soit sur les usufruitiers, soit sur les fermiers?

Pigeau, *Comment.*, t. 2, p. 221, n° 6, après avoir établi qu'on pouvait vendre sur les propriétaires et usufruitiers les loyers des baux par eux faits, et sur les fermiers et locataires le droit aux baux consentis à leur profit, ajoute que la saisie et la vente doivent avoir lieu suivant les formalités tracées pour la saisie et la vente des rentes.

M. Chauveau, *quest.* 2126 *bis*, pense que l'opinion de Pigeau sur la saisie et la vente des baux ne peut être adoptée en présence des explications données sur l'amendement de M. Persil, et desquelles il résulte que la loi actuelle ne concerne uniquement que les rentes. Nous sommes de cet avis. Mais suit-il de là que les droits incorporels, autres que les rentes, ne puissent répondre des dettes de ceux qui les possèdent que suivant les formes tracées pour la saisie des meubles ou des immeubles, suivant qu'ils rentrent dans l'une ou l'autre de ces deux classes?

Ici, comme pour les actions industrielles, aucune disposition n'existant dans la loi, on doit suppléer à son silence. Or, nous ne voyons aucun inconvénient à suivre pour la saisie et la vente des baux la marche indiquée pour la saisie et la vente des actions industrielles.

Il est impossible, d'ailleurs, de placer un droit incorporel sous la main de la justice en suivant les formalités de la saisie-exécution; le seul mode à suivre est la saisie-arrêt avec dénonciation et assignation en validité et en déclaration affirmative.

Dans l'hypothèse qui nous occupe, si la saisie est pratiquée à l'égard d'un propriétaire ou d'un usufruitier, l'opposition se fera entre les mains du fermier; si, au contraire, elle est poursuivie par le fermier, on s'opposera, entre les mains du propriétaire, à ce qu'il résilie en totalité ou par partie le bail par lui consenti au profit du fermier.

13. On ne pourrait mettre en vente, avant le partage ou la licitation, la part indivise d'un cohéritier dans une rente de la succession (Arg., art. 2205, C. Nap.).

§ 3. — *Formalités de la saisie.*

14. *Commandement.* — La saisie doit être précédée d'un commandement fait à la personne ou au domicile de la partie obligée ou condamnée, au moins un jour avant la saisie et contenant notification du titre, si déjà elle n'a été faite (C.P.C., art. 636).

15. Le jour dont parle cet article est franc. Ainsi lorsque le commandement est fait le premier, fût-il daté de 6 heures du matin, on ne peut procéder à la saisie que le trois : la loi dit *un jour* et non 24 heures.

16. L'art. 636 précité n'exige pas qu'il soit fait élection d'un domicile dans le commandement; toutefois, nous croyons utile d'élire domicile, conformément à l'art. 637 (V. *infra*, n° 25), quoique le défaut d'élection ne puisse faire annuler le commandement, car non-seulement cette nullité n'est pas prononcée, mais la formalité n'est même pas exigée. — *Formule* 1.

17. *Procès-verbal de saisie.* — Le procès-verbal de saisie d'une rente constituée doit, à peine de nullité (C.P.C., art. 655), contenir, outre les formalités ordinaires des exploits :

1° L'énonciation du titre constitutif de la rente, de sa quotité, de son capital, s'il y en a un, et du titre de la créance du saisissant (art. 637).

18. Mais, lorsque le saisissant ne connaît ni le titre de la rente ni la quotité des arrérages et ignore s'il y a ou non un capital, que doit-il faire? Pratiquer une saisie-arrêt des arrérages de la rente échus et à échoir entre les mains du débiteur, afin d'obtenir, par la déclaration que ce dernier est tenu de faire aux termes de l'art. 573 C. P. C., les renseignements nécessaires pour obéir à l'art. 637 (Pigeau, t. 2, p. 437; Thomine-Demazures, *Comment. du Code de procéd.*, t. 2, p. 159; Chauveau, *quest.* 2129).

19. Il y a même un moyen beaucoup plus simple et moins coûteux de connaître le titre de la rente, lorsque, comme cela arrive souvent, elle est assurée par une inscription sur les biens du débiteur. Dans ce cas, il suffit, ce nous semble, de demander au conservateur des hypothèques de la situation des biens copie de l'inscription. Cette copie, qui fournira les renseignements nécessaires et ne coûtera, la plupart du temps, que 1 fr. 35 c., ne pourra être rejetée de la taxe, puisque, loin d'être frustratoire, elle évitera des lenteurs et des frais considérables.

20. S'il s'agit d'une rente viagère, comme elle n'a pas de capital, on se contente de mentionner la quotité des arrérages; s'il s'agit d'un bail, on en indique le titre, les clauses, et on énonce le montant des fermages.

21. Le procès-verbal de saisie serait-il nul, si la date précise du titre n'y était pas énoncée?—Non, suivant quelques auteurs (V. notamment Carré et Chauveau, *quest.* 2129). Le mot *énonciation*, disent-ils, employé dans l'art. 637, étant assez vague pour qu'on ne puisse rigoureusement exiger que le titre soit indiqué par *sa date* ou par *le lieu où il aurait été passé*, il semblerait qu'il n'y aurait pas de nullité si le saisissant le désignait d'une tout autre manière, suffisante, d'ailleurs, pour le faire connaître.—Rapprochant l'art. 637 de l'art. 642, nous adoptons cette décision, en ajoutant que les énonciations du procès-verbal de saisie ne sont exigées que dans l'intérêt du créancier et du débiteur de la rente, et nullement dans l'intérêt des tiers, qui ne sont appelés à consulter que le cahier des charges.

22. Toutefois, si l'on peut, à la rigueur, se dispenser d'énoncer la date positive du titre dans le procès-verbal de saisie, il importe néanmoins de se procurer cette date pour la rédaction du cahier des charges, puisque l'art. 642 en exige formellement l'énonciation dans cet acte. Dès lors, puisqu'il faut mentionner la date du titre dans une des phases de la procédure, il est prudent et utile de se la procurer avant le procès-verbal de saisie et de l'y rappeler exactement; la faculté d'énoncer le titre d'une manière vague dans cet acte ne pourrait que faire naître une difficulté.

23. 2° L'énonciation du titre de la créance du saisissant (C. P. C., art. 637).—Cette énonciation doit comprendre la date du titre, le nom et la résidence du notaire qui l'a reçu, mention de sa délivrance en forme exécutoire, enfin le montant en principal de la créance du saisissant.

24. 3° Les noms, profession et demeure de la partie saisie (C. P. C., art. 637).—On doit indiquer non-seulement le nom de la partie saisie, mais aussi ses prénoms; et rien n'est plus facile, puisque ces nom et prénoms se trouvent dans l'acte constitutif de la créance du saisissant.—Par *partie saisie*, on entend celle à qui la rente est due, au profit de laquelle elle a été constituée (V. *supra*, n° 4).

25. 4° Élection de domicile chez un avoué près le tribunal devant lequel la vente sera poursuivie, et assignation au tiers saisi en déclaration devant le même tribunal (C. P. C., art. 637).

26. L'exploit rédigé en exécution de l'art. 637 doit-il, à peine de nullité, contenir constitution d'avoué?

Les auteurs se prononcent généralement (V. notamment Carré et Chauveau, *quest.* 2130; Thomine-Desmazures, t. 2, p. 158) pour la validité de l'exploit, quoiqu'il ne contienne pas constitution d'avoué, par la raison que le législateur, en exigeant une élection de domicile chez un avoué, a entendu que cette élection supposât constitution pour les poursuites. Toutefois, ils conseillent de constituer avoué, afin d'éviter toute difficulté.

Quant à nous, voici notre opinion : l'art. 637 nous semble avoir divisé l'exploit dont il parle en deux parties.—La première contient *le procès-verbal de saisie*, proprement dit, et pour lequel la loi exige l'élection de domicile chez un avoué, et non pas constitution d'avoué ; or, il est évident que cette partie produit son plein et entier effet sans constitution d'avoué, pourvu qu'elle contienne élection de domicile chez un avoué.—La seconde contient *assignation*, c'est-à-dire *ajournement* ; l'art. 637 n'ayant point prescrit de forme particulière pour cette assignation, il s'ensuit que les formes générales des ajournements lui sont applicables ; or, tout ajournement doit contenir constitution d'avoué, à peine de nullité ; d'où il suit que l'exploit est nul si cette seconde partie ne contient pas constitution d'avoué.

27. Le tribunal devant lequel la saisie doit être portée est celui du domicile de la partie saisie (Carré et Chauveau, *quest.* 2131).

28. L'huissier n'a pas besoin d'être assisté de témoins ; les expressions de l'art. 637 le démontrent suffisamment (Carré et Chauveau, *quest.* 2132).

29. Si le procès-verbal de saisie et l'assignation avaient lieu par deux actes séparés, seraient-ils nuls ? Nous le pensons. D'une part, le législateur de 1842 a voulu l'économie des frais, et ce serait méconnaître étrangement son intention que de faire deux exploits là où il n'en est exigé qu'un seul ; en tout cas, l'un d'eux serait frustratoire et rejeté de la taxe. D'une autre part, l'art. 637 exige formellement qu'il ne soit fait qu'un exploit, et que cet exploit contienne à la fois saisie et assignation. Enfin, l'art. 635 prononce la nullité des actes dans lesquels les formalités prescrites par l'art. 637 n'ont pas été observées.

30. Lorsqu'on ignore le domicile ou la résidence de la personne qui doit la rente, quoique cependant on soit assuré qu'elle demeure en France, sur le continent, on se conforme à l'art. 69-8°, C.P.C. En conséquence, on affiche copie de l'exploit de saisie à la principale porte de l'auditoire du tribunal où la demande est portée ; une seconde copie est donnée au procureur impérial qui vise l'original.

31. La saisie entre les mains de personnes non demeurant en France, sur le continent, sera signifiée à personne ou domicile ; et seront observés, pour la citation, les délais prescrits par l'art. 73 (C.P.C., art. 639).

32. Cette disposition est applicable à toutes les personnes qui ne demeurent pas en France, sur le continent, pourvu que leur domicile ou leur résidence soient connus. Ainsi, la saisie entre les mains de personnes domiciliées ou en résidence en Corse, en Algérie ou dans les colonies françaises, ou à l'étranger, doit être signifiée à leur domicile ou à leur résidence, si ce n'est à leur personne.

33. Si les personnes entre les mains desquelles la saisie doit être faite n'avaient ni domicile ni résidence connus hors du continent français, on devrait se conformer à l'art. 69,9°, C.P.C., et signifier l'exploit au procureur impérial près le tribunal où la demande doit être portée, lequel doit viser l'original et envoyer la copie, pour ceux qu'on suppose établis sur le territoire français hors du continent, au ministre de la marine, et pour ceux qu'on présume établis chez l'étranger, au ministre des affaires étrangères. Nous ne connaissons pas d'autre moyen de réaliser la saisie d'une rente due par de telles personnes.

34. Dans l'hypothèse prévue par l'art. 639, on doit, soit qu'on connaisse le lieu du domicile ou de la résidence, soit qu'on l'ignore, observer, pour l'assignation en déclaration affirmative contenue au procès-verbal de saisie, les délais prescrits par l'art. 73, C.P.C. (V. *Ajournement*).—V., d'ailleurs, *Formule* 2.

35. Dans le cas où la rente serait due, partie par une personne demeurant sur le continent français, et partie par une personne n'y demeurant pas, on devrait remplir, à l'égard de ces deux personnes, et de chacune en ce qui la concerne, les formalités prescrites par les art. 638 et 639, et attendre l'expiration du délai le plus long pour dénoncer la saisie à la partie saisie, à moins qu'on ne veuille procéder isolément sur chaque partie de rente.

36. *Effets de la saisie.*—L'exploit de saisie vaudra toujours saisie-arrêt des arrérages échus et à échoir jusqu'à la distribution (C.P.C., art. 640).

37. On ne saurait prétendre que l'expression de *saisie-arrêt* employée ici signifie que le procès-verbal de saisie du capital d'une rente est assimilé, relativement aux effets qu'il doit produire, au simple exploit de saisie-arrêt ou opposition prévu par l'art. 559, C.P.C., et qui n'empêche la libération du débiteur qu'autant qu'il est suivi dans les délais prescrits par les art. 563 et 564 d'une demande en validité et d'une dénonciation de cette demande. Cette prétention serait contraire à la procédure prescrite en matière de saisie de rentes où la dénonciation au tiers saisi de la signification de la saisie faite à la partie saisie n'est pas exigée. On ne peut donc admettre que le législateur de 1842 ait voulu introduire quelques-unes des formalités de la saisie-arrêt au milieu de celles, simplifiées par lui, de la saisie des rentes.

38. Ce qu'il faut entendre, en cette matière, par l'expression de *saisie-arrêt*, c'est, suivant nous, que le procès-verbal de saisie d'une rente, pourvu qu'il soit régulier et qu'il ait été dénoncé avec les formalités et dans les délais prescrits par l'art. 641 (V. *infrà*, n° 43), produit l'effet d'une opposition dénoncée à la partie saisie et contre-dénoncée au tiers saisi, qu'il produit à l'égard des arrérages le même effet qu'à l'égard du capital dont ils sont l'accessoire, et qu'il empêche le débiteur de la rente de se libérer des arrérages sans le consentement du saisissant.

39. Si le procès-verbal de saisie d'une rente était entaché de nullité, ou s'il n'était pas dénoncé dans le délai et avec les formalités prescrites par l'art. 641, il ne produirait aucun effet, pas plus à l'égard de la rente qu'à l'égard du capital, et n'apporterait, par conséquent, aucun obstacle à la libération du tiers saisi, qui pourrait valablement se libérer à l'amiable, mais qui toutefois ne pourrait être contraint au paiement par la partie saisie qu'après qu'un jugement aurait prononcé la nullité.

40. Pigeau et Carré (*quest.* 2135) étaient d'avis, sous l'empire de l'ancien art. 640, que, pour que la saisie produisît l'effet d'arrêter les arrérages, il fallait que la signification faite à la partie saisie fût dénoncée au débiteur de la rente. Mais M. Chauveau, sur Carré (*loc. cit.*) est d'avis, au contraire, que le procès-verbal de saisie d'une rente avertit suffisamment le débiteur, et que, dès cet instant, le débiteur ne peut plus valablement se libérer.

41. Les mots *arrérages échus*, dont se sert l'art. 640 précité, s'entendent des *arrérages dus* au débiteur par le tiers saisi au moment de la saisie. Ainsi, on doit respecter les quittances d'arrérages payés même par anticipation, les transports d'arrérages à échoir régulièrement signifiés, à moins que le saisissant n'articule et ne prouve des faits de fraude susceptibles de faire annuler les actes qu'on lui oppose.

42. Quel serait l'effet de la saisie du capital d'une rente, laquelle, comme on l'a vu, emporte saisie-arrêt des arrérages, sur une saisie-arrêt validée des arrérages de cette rente ?

Une saisie-arrêt validée, lorsqu'elle porte sur une créance non échue, n'emporte pas dessaisissement au profit du saisissant ; si donc, avant le

SAISIE DES RENTES. — § 3.

paiement entre ses mains; d'autres créanciers viennent faire des oppositions, ils auront le droit de faire distribuer la somme par contribution, et,
par conséquent, de se faire colloquer au marc le franc de leurs créances
(Thomine-Desmazures, t. 2, p. 80; Chauveau sur Carré, *quest.* 1972;
Rouen, 25 juin 1828 ; Angers, 3 avril 1830).

Appliquant ce principe à la question ci-dessus posée, doit-on décider
que le capital de la rente devra être vendu distraction faite des arrérages,
et que ces arrérages, pendant le temps nécessaire à l'extinction de leurs
créances, seront partagés au marc le franc entre celui qui les a fait saisir
et celui qui a saisi le capital de la rente? Nous ne le pensons pas. Outre ce
qu'un pareil mode de procéder présenterait d'inconvénients, nous le
croyons contraire à l'esprit de l'art. 640. En effet, cet article, en déclarant
que le procès-verbal de saisie d'une rente vaut saisie-arrêt des arrérages, a
eu pour but de réunir l'accessoire au capital, de faciliter la vente de la
rente qui n'aurait pas lieu ou ne se ferait que très-difficilement et à vil
prix, si l'adjudicataire ne devait percevoir les arrérages qu'à une époque
éloignée, et enfin d'éviter que les arrérages soient anéantis par des frais
de distribution ; il a voulu, en quelque sorte, que, dès l'instant de la saisie
de la rente, tous les droits des créanciers sur le capital et sur les arrérages
fussent confondus pour ne reparaître isolément que lors de la distribution. Ainsi, sans annuler la saisie-arrêt sur les arrérages, la saisie de la
rente en reporte l'exercice sur le capital et les arrérages réunis, en concurrence avec les autres créanciers saisissants ou opposants du même débiteur ; elle fait rentrer les arrérages dans la masse qui forme le gage de
tous les créanciers.

Cette solution ne blesse en rien les droits de celui qui a fait saisir les
arrérages, puisque la saisie tenant sur le capital et les arrérages réunis, on
ne peut procéder à la distribution sans l'y appeler et le mettre à même de
se faire colloquer sur le capital, qui n'est en définitive que la représentation des arrérages à échoir jusqu'au remboursement.

43. *Dénonciation de la saisie au débiteur.*—Dans les trois jours de la
saisie, outre un jour par cinq myriamètres de distance entre le domicile
du débiteur de la rente et celui du saisissant, et pareil délai en raison de
la distance entre le domicile de ce dernier et celui de la partie saisie, le
saisissant sera tenu de la dénoncer à la partie et de lui notifier le jour de
la publication du cahier des charges (C.P.C., art. 641). Les dénonciation
et notification prescrites par cet article doivent avoir lieu par un seul et
même exploit, et copie du procès-verbal de saisie doit être laissée à la
partie saisie, car on entend par *dénonciation* la *signification* de la copie
de la saisie.—V. *Formule* 3.

44. On connaît le jour de la publication du cahier des charges en cal-
culant les délais dont il est parlé aux art. 644, 642 et 643.

Ainsi, l'art. 643 exige que la publication ait lieu dix jours au plus tôt,
vingt jours au plus tard, après le dépôt au greffe du cahier des charges;
l'art. 642 veut que ce dépôt ait lieu dix jours au plus tôt et quinze jours
au plus tard après la dénonciation à la partie saisie, outre les délais à raison
des distances ; enfin, l'art. 644 impose l'obligation de dénoncer la saisie
dans les trois jours de sa date, outre les délais qu'il détermine.

Donc, abstraction faite des délais à raison des distances prescrits par les
art. 644 et 642, et qu'il est facile de calculer et d'ajouter, la publication ne
pourra avoir lieu au plus tôt que vingt-trois jours après le procès-verbal de
saisie, non compris le jour de la signification de cet acte, et devra être faite
au plus tard dans les trente-huit jours de la date dudit acte.

45. Lorsque le débiteur de la rente sera domicilié hors du continent
de la France, le délai pour la dénonciation ne courra que du jour de

l'échéance de la citation au tiers saisi (C. P. C., art. 641). Ainsi, dans cette hypothèse, pour fixer le jour de la publication, il faut ajouter aux vingt-trois ou trente-huit jours ci-dessus le délai réglé par l'art. 73, C. P. C., au lieu des délais fixés par la première partie de l'art. 641.

46. L'exploit prescrit par l'art. 641 doit avoir lieu *dans les trois jours* de la saisie, c'est-à-dire non compris le jour de la signification du procès-verbal de saisie. Dès lors, en supposant qu'il n'y ait pas lieu à accorder de délai en raison de la distance, la saisie faite le 1er doit être dénoncée le 4 au plus tard.

47. Quant aux délais de distance, comme il faut qu'après sa significa-tion l'exploit de saisie revienne du domicile du débiteur de la rente au domicile du saisissant, on a accordé un jour par cinq myriamètres de distance entre ces deux domiciles ; et comme il faut ensuite que l'exploit de dénonciation aille du domicile du saisissant à celui de la partie saisie, on a donné le même délai eu égard à la distance entre ces deux do-miciles.

48. Si l'exploit était fait après l'expiration, soit des trois jours, soit de ce délai augmenté de celui à raison de la distance quand il y a lieu, il serait nul (C. P. C., art. 635).

49. *Déclaration du tiers saisi.* — Les dispositions contenues aux art. 570, 571, 572, 573, 574, 575 et 576, relatives aux formalités que doit remplir le tiers saisi, seront observées par le débiteur de la rente (C. P. C., art. 638. — V. *Saisie-arrêt*). — Si ce débiteur ne fait pas sa déclaration, s'il la fait tardivement, ou s'il ne fait pas les justifications ordonnées, il pourra, selon les cas, être condamné à servir la rente faute d'avoir justifié de sa libération, ou à des dommages-intérêts résultant, soit de son silence, soit du retard apporté à faire sa déclaration, soit de la procédure à laquelle il aura donné lieu (même art. 638).

50. Le tiers saisi peut-il justifier de sa libération vis-à-vis du saisis-sant par des quittances sous seing privé antérieures à la saisie, mais n'ayant pas date certaine? — Oui, par la raison que le saisissant est l'ayant cause du saisi, et que, aux termes de l'art. 1322, C. Nap., les quit-tances sous seing privé données par une personne font foi contre son ayant cause (Bruxelles, 18 janv. 1816 ; Bourges, 3 fév. 1836 ; Cass. 14 nov. 1836 ; Orléans, 18 déc. 1836. — *Contrà* Bruxelles, 31 déc. 1819). S'il y avait fraude, ce serait au saisissant à en faire la preuve.

51. Les délais à raison des distances ont été fixés par l'art. 641, de telle manière que, au jour de la publication du cahier des charges, ceux accordés au tiers saisi pour faire sa déclaration seront expirés, et que, dès lors, le poursuivant pourra, en élevant un incident, faire prononcer l'une des peines établies par le second alinéa de l'art. 638. En effet, il est accordé au tiers saisi un jour par cinq myriamètres entre *son domicile* et le *lieu où siége le tribunal* à compter des huit jours francs qui suivent la saisie, tandis qu'il est donné au saisissant pour dénoncer, à partir de la saisie, d'abord trois jours, ensuite : 1° un jour par cinq myriamètres de distance entre le *domicile du tiers saisi* (même point de départ) et celui du sai-sissant, et pareil délai à raison de la distance entre le domicile de ce der-nier et *celui du saisi* (même point d'arrivée, puisque le saisi demeure dans l'arrondissement du tribunal où la demande est portée). Ainsi le seul délai à raison des distances, fixé par l'art. 641, est nécessairement plus long que celui accordé au tiers saisi, en ce sens que, entre le point de départ et le point d'arrivée, il faut se transporter à un point intermé-diaire, le domicile du saisissant, ce qui ne peut qu'augmenter la distance, et, par conséquent, le délai. — 2° Le délai à raison des distances fixé par l'art. 642.

52. Lorsque le débiteur de la rente est domicilié hors du continent français, les délais de distance donnés au tiers saisi pour sa déclaration et ceux alloués au saisissant pour dénoncer sont absolument les mêmes, suivant les art. 639 et 641, alin. 2. D'où il suit que, dans ce cas également, la déclaration affirmative devra toujours avoir été faite au moment de la publication du cahier des charges.

§ 4. — Vente des rentes saisies.

53. Si les arrérages de la rente ne suffisent pas pour désintéresser le créancier, ce dernier peut faire vendre le capital de la rente.

54. Lorsqu'il y a plusieurs créanciers saisissants, la poursuite appartient à celui qui a fait le premier la dénonciation (C.P.C., art. 653) régulière; en cas de concurrence, au porteur du titre le plus ancien; et, si les titres sont de même date, à l'avoué le plus ancien (même art.). En cas de contestation, le président statue sans frais.

55. Dix jours au plus tôt, quinze jours au plus tard, après la dénonciation à la partie saisie, outre le délai des distances, tel qu'il est réglé par l'art. 641, le saisissant déposera au greffe du tribunal devant lequel se poursuit la vente le cahier des charges contenant les noms, profession et demeure du saisissant, de la partie saisie et du débiteur de la rente, la nature de cette rente, sa quotité, celle du capital, s'il y en a un, la date et l'énonciation du titre en vertu duquel elle est constituée, l'énonciation de l'inscription, si le titre contient hypothèque et si cette hypothèque a été inscrite pour sûreté de la rente; les noms et demeure de l'avoué du poursuivant, les conditions de l'adjudication et la mise à prix, avec indication du jour de la publication du cahier des charges (C.P.C., art. 642).

56. Dix jours au plus tôt, vingt jours au plus tard, après le dépôt au greffe du cahier des charges, il sera fait, à l'audience et au jour indiqués, lecture et publication de ce cahier des charges; le tribunal en donnera acte au poursuivant (art. 643).

57. Le tribunal statuera immédiatement sur les dires et observations qui auront été insérés au cahier des charges, et fixera les jour et heure où il procédera à l'adjudication; le délai entre la publication et l'adjudication sera de dix jours au moins et de vingt jours au plus. Le jugement sera porté à la suite de la mise à prix ou des dires des parties (art. 644).

58. Après la publication du cahier des charges, et huit jours au moins avant l'adjudication, un extrait de ce cahier, contenant, outre les renseignements énoncés en l'art. 642, l'indication du jour de l'adjudication, sera affiché : 1° à la porte du domicile du saisi; 2° à la porte du domicile du débiteur de la rente; 3° à la principale porte du tribunal; 4° à la principale place du lieu où la vente se poursuit (art. 645).

59. Pareil extrait sera inséré dans le même délai au journal indiqué pour recevoir les annonces judiciaires, conformément à l'art. 696 (art. 646).

60. Il sera justifié des affiches et de l'insertion au journal conformément aux art. 698 et 699, et il pourra être passé en taxe un plus grand nombre d'affiches et d'insertions aux journaux, dans les cas prévus par les art. 697 et 700 (art. 647). V. *Saisie immobilière.*

61. Les règles et formalités prescrites, au titre de la *Saisie immobilière*, par les art. 701, 702, 703, 704, 705, 706, 707, 711, 712, 713, 714 et 741, seront observées pour l'adjudication des rentes (art. 648). — V. *Saisie immobilière.*

62. La distribution du prix sera faite ainsi qu'il sera prescrit au titre de la *Distribution par contribution*, sans préjudice néanmoins des hypothèques établies antérieurement à la loi du 11 brum. an vii (1er nov. 1798) (art. 654). — V. *Distribution par contribution*.

63. Autrefois, les rentes étaient susceptibles d'hypothèque. — La loi du 11 brum. an vii a conservé les hypothèques acquises antérieurement à sa publication (art. 42), sous la condition qu'elles seraient inscrites dans les trois mois de sa promulgation (art. 37). — C'est donc seulement aux rentes grevées d'hypothèques conservées par l'inscription que s'applique la disposition de l'art. 654, d'après laquelle la distribution du prix se fait par *ordre* entre les créanciers ayant inscription, parce que les rentes ont, à leur égard, retenu le caractère d'immeubles, et par *contribution* entre les autres créanciers (Carré, *quest.* 2153).

§ 5. — *Incidents.*

64. *Nullités.* — La partie saisie sera tenue de proposer ses moyens de nullité contre la procédure antérieure à la publication du cahier des charges, un jour au moins avant le jour fixé pour cette publication, et contre la procédure postérieure, un jour au moins avant l'adjudication ; le tout à peine de déchéance. Il sera statué par le tribunal, sur un simple acte d'avoué, et si les moyens sont rejetés, il sera immédiatement procédé soit à la publication du cahier des charges, soit à l'adjudication (C.P.C., art. 650).

65. *Voies de recours contre les jugements.* — Aucun jugement ou arrêt par défaut, en matière de saisie de rentes constituées sur particuliers, ne sera sujet à opposition. — L'appel des jugements qui statueront sur des moyens de nullité, tant en la forme qu'au fond, ou sur d'autres incidents, et qui seront relatifs à la procédure antérieure à la publication du cahier des charges, sera considéré comme non avenu, s'il est interjeté après les huit jours à compter de la signification à avoué, ou, s'il n'y a pas d'avoué, à compter de la signification à personne ou à domicile, soit réel, soit élu ; et la partie saisie ne pourra, sur l'appel, proposer des moyens autres que ceux qui auront été présentés en première instance. — L'appel sera signifié au domicile de l'avoué, et, s'il n'y a pas d'avoué, au domicile réel ou élu de l'intimé. Il sera notifié en même temps au greffier du tribunal et visé par lui. L'acte d'appel énoncera les griefs (art. 651).

66. Comme on le voit, l'alinéa premier de l'art. 651 prohibe la voie ordinaire de l'opposition contre les jugements ou arrêts par défaut en matière de saisie de rentes constituées sur particuliers. — Quant à la voie de l'appel, elle n'est ouverte que contre les jugements qui statuent soit sur des moyens de nullité tant en la forme qu'au fond, soit sur d'autres incidents, et qui sont relatifs à la procédure antérieure à la publication du cahier des charges. — Tous autres jugements rendus en matière de saisie de rentes ne sont pas susceptibles d'appel.

67. Pour que l'appel soit recevable, il faut, bien entendu, que le tribunal n'ait pu statuer que dans les limites du premier ressort. Ainsi, lorsque le capital de la rente est inférieur à 1500 fr., l'appel n'est pas permis contre les jugements qui statuent sur des incidents de procédure, en matière de saisie de rentes, le capital de la rente saisie devant servir à déterminer le ressort. Mais, si l'incident porte sur le titre du poursuivant ou sur la qualité de ce dernier, ce ne sera plus alors la rente qui devra déterminer le ressort, mais la créance du poursuivant, et le jugement ne sera susceptible d'appel qu'autant que cette créance excédera 1,500 fr.

68. L'appel étant considéré comme non avenu s'il est interjeté après les *huit jours* à compter de la signification du jugement à avoué, ou, s'il n'y a pas d'avoué, à compter de la signification à personne ou à domicile, soit réel, soit élu, il s'agit de déterminer ce délai. Or, on ne doit pas y comprendre le jour de la signification du jugement ; mais le dernier jour, le jour de l'échéance, doit être compté Ainsi, un jugement signifié le 1er doit être frappé d'appel au plus tard dans la journée du 9.

69. Ce délai de huit jours est-il susceptible d'augmentation à raison des distances ? Non. La disposition de l'art. 651 à cet égard est, à peu de chose près, la reproduction de l'art. 731, au titre de la *Saisie immobilière*, qui, en accordant dix jours pour interjeter appel des jugements, n'augmente ce délai, à raison des distances, que dans un seul cas étranger à la procédure en matière de saisie de rentes, et le refuse par conséquent dans tous les autres cas. Or, les motifs de décider étant les mêmes, on doit appliquer ici, par analogie, l'art. 731, et dire que l'appel qui, lorsqu'il y a avoué, doit être signifié au domicile de cet officier ministériel, et lorsqu'il n'y en a pas, peut être signifié au domicile élu de l'intimé, est non recevable s'il n'est formé dans la huitaine de la signification, non augmentée en raison des distances.

70. La prohibition portée en l'art. 449, C.P.C., d'interjeter appel dans la huitaine de la prononciation d'un jugement en premier ressort, n'est pas applicable à l'appel dont parle l'art. 651.

71. Le délai d'appel ne court qu'à compter de la signification régulière du jugement ; elle doit être faite à l'avoué de la partie contre laquelle on veut faire courir le délai, si cette partie en a constitué un, dans la forme ordinaire des significations à avoué ; ou, s'il n'y a pas d'avoué constitué, à personne, ou au domicile, soit réel, soit élu, au choix de la partie qui signifie, et par exploit du ministère d'huissier, dans lequel il est utile d'énoncer que la partie condamnée n'a pas constitué d'avoué.

72. La disposition de l'art. 651, qui veut que la partie saisie ne puisse, sur l'appel, proposer des moyens autres que ceux qui ont été présentés en première instance, est applicable à tout appelant quel qu'il soit (Chauveau sur Carré, *quest*. 2425 *sexies*). Quant à l'expression *moyens autres*, il est certain qu'elle comprend toute espèce de moyens en la forme ou au fond (Chauveau, *loc. cit.*).

73. L'appel, qui ne peut être interjeté que par ceux qui ont été parties au jugement de première instance, et qui ne doit l'être que contre ceux qui y ont figuré, doit être signifié, aux termes du dernier alinéa de l'art. 651, savoir :

1° A la partie contre laquelle on appelle, au domicile de son avoué, si elle en a constitué un en première instance, et, dans le cas contraire, au domicile réel ou élu de l'intimé, au choix de l'appelant. Ainsi, l'appel serait nul s'il était signifié au domicile réel ou élu de l'intimé, s'il avait un avoué de constitué, ou s'il était signifié à la personne de l'intimé n'ayant pas d'avoué, hors de son domicile réel ou élu, le dernier alinéa de l'art. 651 ne permettant pas, en ce qui concerne l'appel, la signification à personne, comme le permet le deuxième alinéa du même article pour la signification du jugement.

2° En même temps, au greffier du tribunal et visé par lui, afin que les premiers juges soient avertis de l'appel et ne donnent pas suite à la saisie avant que l'incident soit vidé. C'est au greffier du tribunal qui a rendu le jugement dont est appel que la notification de l'appel doit être faite. Et il s'agit là, non d'un simple visa donné par le greffier moyennant la remise d'une copie, mais d'une signification expresse notifiée au greffe du tribunal, en parlant à la personne du greffier qui doit viser l'original. Copie entière de l'exploit d'appel doit être remise au greffier ; mais cet exploit ne doit contenir assignation qu'à l'intimé.

74. Les mots *en même temps* dont se sert l'art. 651, troisième alinéa, signifient-ils que l'appel doit être notifié au greffier *par le même exploit* qu'à l'avoué, ou au domicile réel ou élu ? Oui. Selon nous, cette signification est la seule que l'on puisse attribuer à ces expressions, et elle rentre parfaitement dans l'économie de la loi et dans l'intention du législateur, dont le but a été surtout d'éviter des frais. Admettre une opinion contraire, c'est permettre de faire deux originaux là où un seul est utile ; c'est exiger que la copie de l'exploit signifié à l'intimé soit notifiée au greffier (*V la note à la suite de la formule 4*), et ajouter ainsi un droit de copie de pièces à un droit d'original : copie et original complétement inutiles. Nous croyons donc que, si l'appel n'était pas notifié par un même exploit au greffier et à l'avoué ou à la partie, les frais occasionnés par la notification séparée faite au greffier n'entreraient pas en taxe.

75. Toutefois, comme nul n'est tenu à l'impossible, lorsqu'il y aura empêchement matériel à ce que l'appel puisse être signifié en un seul exploit, il devra alors être notifié en deux originaux. Mais cet empêchement sera rare, et, pour qu'il se produise, il faudra la réunion des trois circonstances suivantes : 1° que l'intimé n'ait pas constitué avoué ; 2° qu'il n'ait pas élu domicile dans l'arrondissement du tribunal où se poursuit la vente ; 3° qu'il soit domicilié hors de ce même arrondissement. On comprend que, en pareil cas, l'huissier qui signifie l'appel au domicile réel de l'intimé, ne pouvant le notifier au greffier, il y ait lieu à deux actes séparés, distincts.

76. Nous ne pensons pas qu'on puisse dire que les expressions *en même temps* signifient seulement que l'appel peut être notifié au greffier *dans le même délai* qu'à l'avoué ou à la partie. S'il en était ainsi, il y aurait dans le 3ᵉ alin. de l'art. 651 répétition inutile de ce que prescrit le 2ᵉ alin., lequel, s'occupant spécialement du délai dans lequel l'appel doit être formé, accorde huit jours. Or, évidemment, en donnant ce délai de huit jours, le législateur a eu en vue la régularisation de l'appel, et par conséquent la notification au greffier comme celle à faire à l'intimé. Donc, l'expression *en même temps* n'aurait aucun sens si on la considérait comme accordant un délai. Au surplus, l'art. 651 (3ᵉ alin.) s'occupe particulièrement, non des délais de l'appel réglés par le 2ᵉ alinéa, mais des formes de l'exploit d'appel, et il a pu parfaitement prescrire que, hors le cas indiqué au n° qui précède, cet exploit eût lieu en un seul original.

77. L'acte d'appel doit énoncer les griefs sur lesquels l'appel est fondé, à peine de nullité de l'exploit.—V. *Formule 4.*

78. Ne pourront être attaqués par la voie de l'appel : 1° les jugements qui, sans statuer sur des incidents, donneront acte de la publication du cahier des charges, ou qui prononceront l'adjudication ; 2° ceux qui statueront sur les nullités postérieures à la publication du cahier des charges (C.P.C., art. 652).

79. *Folle enchère.*—Faute par l'adjudicataire d'exécuter les clauses de l'adjudication, la rente sera vendue à sa folle enchère, et il sera procédé ainsi qu'il est dit aux art. 734, 735, 736, 738, 739 et 740. Néanmoins le délai, entre les nouvelles affiches et l'adjudication, sera de cinq jours au moins et de dix jours au plus, et la signification prescrite par l'art. 736 précédera de cinq jours au moins le jour de la nouvelle adjudication (art. 649).—V. *Saisie immobilière.*

Formules.

1. *Commandement tendant à la saisie d'une rente.*

L'an . . ., à la requête du sieur. . . (*élire domicile*), et en vertu (V. *Commandement*), . . . ; lequel sieur. . ., débiteur, ayant refusé de payer, je lui ai déclaré que faute par lui de ce faire dans le délai susénoncé et icelui passé, il y serait contraint par

les voies de droit et notamment par la saisie de la rente à lui due par le sieur . . . .,
suivant acte en date du. . . ; et sous toutes réserves, j'ai, etc.
V. n°ˢ 14 et suiv.—Coût : V. *Saisie-exécution, Formule* 1.
Enregistrement : 2 fr. 20 c.

2. *Procès-verbal de saisie d'une rente constituée sur particulier.*

L'an . . . ., à la requête du sieur. . . (*élire domicile et constituer avoué*) ; en vertu
de la grosse . . ., par suite d'un commandement. . . ., et faute par le sieur . . .
d'avoir satisfait audit commandement, et, par conséquent, d'avoir payé la somme de. . .,
les intérêts de cette somme à compter du. . ., et les frais, j'ai . . ., soussigné, pour
avoir paiement de la somme susénoncée en principal, intérêts et frais, sous toutes
réserves expresses d'autres dus, droits et actions, saisi-arrêté et mis sous la main de
la loi et justice, sur ledit sieur . . ., entre les mains du sieur . . ., demeurant à
. . ., en son domicile, en parlant à . . ., une rente annuelle et perpétuelle de . . .,
au capital de . . ., constituée par ce dernier au profit du sieur . . ., suivant contrat . . . ; à ce que ledit sieur . . . n'en ignore, et ait, en conséquence, à ne se libérer du capital ni des arrérages de ladite rente, à peine de payer deux fois et de tous
dommages-intérêts ;
Et à pareilles requête, demeure et constitution que dessus, j'ai, huissier susdit et
soussigné, donné assignation audit sieur . . ., à comparaître, dans le délai de la loi,
devant . . ., pour,— Attendu qu'il y a titre authentique,—Voir dire et ordonner que
ledit sieur . . . sera tenu de faire, dans les détails et la forme voulus par la loi, la
déclaration affirmative des arrérages de ladite rente qu'il doit ou devra audit sieur. . .,
et de produire tous titres et pièces à l'appui ; voir ordonner que les sommes dont il.
sera reconnu ou aura été jugé débiteur, seront payées par lui au requérant, en déduction de la créance de ce dernier et jusqu'à due concurrence ; et faute par ledit sieur
. . . de faire ladite déclaration dans le délai prescrit, s'entendre condamner à servir
ladite rente entre les mains du requérant, également en déduction de sa créance, et,
jusqu'à due concurrence, à compter du terme qui écherra le . . ., et, sous toutes réserves, j'ai, etc
V. n°ˢ 47 et suiv.—Coût : Tar., art. 46. Orig. : Paris, 4 fr. ; R. P., 3 fr. 60 c. ;
Aill., 3 fr. ; Cop., le quart.
Enregistrement : 2 fr. 20 c.

3. *Dénonciation de la saisie.*

L'an . . ., à la requête du sieur. . . (*constituer avoué*), j'ai . . . dénoncé et avec
celle des présentes donné copie au sieur . . . d'un exploit de mon ministère (*analyser
la saisie de la vente*) ; à ce qu'il n'en ignore, lui déclarant que la publication du cahier
des charges qui sera dressé pour parvenir à la vente de ladite rente sera faite le . . .
heure de . . ., à l'audience des ventes forcées du tribunal civil séant à . . . ; et je
lui ai, etc.
V. n°ˢ 43 et suiv.—Coût : Orig. : Paris, 2 fr. ; R. P., 4 fr. 80 c. ; Aill., 4 fr. 50 c. ;
Cop., le quart.
Enregistrement : 2 fr. 20 c.

4. *Exploit d'appel.*

L'an . . ., à la requête du sieur . . ., propriétaire, demeurant à . . ., lequel
constitue, à l'effet d'occuper sur ces présentes et leurs suites, M° . . ., avoué près la
Cour impériale de . . ., demeurant à . . ., auquel lieu il élit domicile ;
J'ai . . ., signifié et déclaré : 1° au sieur . . . au domicile de M° . . ., avoué
près le tribunal civil de. . . ., et qui a occupé pour ledit sieur . . ., où étant et parlant à . . . ; 2° au sieur . . ., greffier dudit tribunal, au greffe de ce même tribunal,
rue . . ., où étant et parlant à mondit sieur . . ., qui a visé le présent ;
Que le requérant est appelant, et par ces présentes interjette formellement appel
d'un jugement rendu contre lui par ledit tribunal, le . . . signifié à avoué ; le . . .,
rejetant la demande en nullité par lui formée, d'un commandement en date du . . .,
tendant à la saisie d'une rente due au requérant par . . . ; à ce que les susnommés
n'en ignorent ;
Et, de suite, j'ai donné assignation à mêmes requête et constitution que dessus,
audit sieur . . ., poursuivant, à comparaître dans le délai de la loi devant MM. . . .,
pour . . ;—Attendu que le commandement susdaté ne contient pas notification du
titre en vertu duquel il est fait, et que ce titre n'a jamais été signifié au requérant ;—

Attendu, dès lors, que cet acte est nul aux termes de l'art. 636, C.P.C., et que sa nullité entraîne celle de tous les actes qui l'ont suivi, et notamment du procès-verbal de saisie en date du . . . —Voir dire et ordonner qu'il a été mal jugé et bien appelé du jugement du . . . ; faisant droit sur ledit appel, que ledit jugement sera mis au néant ; quoi faisant, le requérant déchargé des condamnations prononcées contre lui, et faisant droit au principal, déclarer le commandement dudit jour . . . et les actes qui l'ont suivi, nuls et de nul effet ; s'entendre, en outre, ledit sieur, condamner aux dépens de première instance et d'appel ; et, sous toutes réserves, j'ai laissé et délivré copie à chacun desdits sieurs . . . du présent, dont le coût est de . . .

V. n°s 65 et suiv.—Coût et enregistrement : V. *Appel en matière civile*, *Formule* 1.

Nota. Lorsqu'on ne peut notifier l'appel au greffier par le même exploit, nous croyons qu'on doit lui signifier copie de l'original de l'exploit d'appel signifié à l'intimé. C'est là, en effet, le seul moyen de prouver au tribunal que l'appel est réellement et sérieusement formé. En tout cas, il est inutile que l'appel, signifié au greffier par exploit séparé, contienne assignation à comparaître devant la Cour.

SAISIE-REVENDICATION. — 1. Acte par lequel celui qui prétend avoir la propriété d'effets mobiliers ou un droit de gage privilégié sur ces effets, les saisit entre les mains des tiers qui les détiennent.

2. *Cas dans lesquels la saisie-revendication peut avoir lieu.*—La saisie-revendication peut être utilement employée :

1° Dans l'hypothèse prévue par l'art. 2279, C. Nap., c'est-à-dire lorsque celui qui a perdu ou auquel il a été volé une chose mobilière veut la revendiquer dans les trois ans à compter du jour de la perte ou du vol (V. *Action en revendication*, n°s 11 et suiv.). Mais il ne peut plus la saisir-revendiquer entre les mains des tiers, lorsqu'il a fait condamner le premier détenteur à des dommages-intérêts qui ont été payés (*J. Huiss.*, t. 12, p. 277, n° 14).

3. 2° Dans l'hypothèse prévue par l'art. 2102, n° 4, alin. 2, C. Nap., c'est-à-dire dans le cas de vente, faite sans terme, d'effets mobiliers non payés, pourvu que la saisie-revendication soit faite dans la huitaine de la livraison et que les effets se trouvent dans le même état entre les mains de l'acheteur (V. *Action en revendication*, n°s 18 et suiv.).

4. 3° Dans l'hypothèse prévue par l'art. 2102, n° 1er, alin. 5, C. Nap., et 819, alin. 3, C.P.C., c'est-à-dire dans le cas où les meubles garnissant la maison ou la ferme louée ont été déplacés sans le consentement du propriétaire et sont devenus la propriété de tiers ou passés en leur possession (V. *Action en revendication*, n° 15, et *Saisie-gagerie*), pourvu que la saisie-revendication soit formée dans le délai de quinze ou quarante jours.

5. 4° Enfin dans tous les cas où l'action en revendication peut être exercée (V. *Action en revendication*).

6. *Formalités de la saisie.* — La saisie-revendication n'a pas besoin d'être précédée d'un commandement. Mais elle ne peut être pratiquée qu'en vertu d'une ordonnance du président du tribunal civil (C.P.C., art. 826) du lieu du domicile du détenteur des effets (Carré et Chauveau, *Lois de la procédure*, *quest.* 2816), à peine de nullité de la saisie (V. *J. Huiss.*, t. 31, p. 101), et de dommages-intérêts, tant contre le saisissant que contre l'huissier (C.P.C., art. 826), lesquels en sont tenus solidairement.

7. Le juge de paix ne pourrait, en aucun cas, accorder la permission de faire une saisie-revendication (Trib. civ. de Bordeaux, 20 mars 1851 : *J. Huiss.*, t. 33, p. 90 ; Chauveau sur Carré, *quest.* 2816 *bis* ; Benech, *des Justices de paix*, p. 137 ; *J. Huiss.*, t. 34, p. 17).

8. L'ordonnance tendante à saisie est rendue sur une requête (C.P.C., art. 826) qui désigne sommairement les effets revendiqués (art. 827) et énonce les causes de la saisie.

9. Dans le cas où il y a péril en la demeure, le président peut permettre, en signalant l'urgence, que la saisie ait lieu un jour de fête légale (C.P.C., art. 828).

10. Il n'est pas nécessaire que l'ordonnance du président qui autorise une saisie-revendication soit revêtue de la formule exécutoire (Trib. civ. de Bordeaux, 20 mars 1851 : *J. Huiss.*, t. 33, p. 90).

11. La saisie-revendication est faite en la même forme que la saisie-exécution, si ce n'est que celui chez qui elle est faite peut être constitué gardien (C.P.C., art.830).—V. *Saisie-exécution.*—Si l'on craint insolvabilité, manœuvres ou chicanes de sa part, on peut établir un tiers (Carré et Chauveau, *quest.* 2821).

12. Décidé que le défaut d'indication du domicile réel du saisissant dans la copie du procès-verbal de saisie-revendication laissé au saisi, rend nulle la saisie (Poitiers, 21 mars 1834 : *J. Huiss.*, t. 17, p. 286).

13. L'huissier qui, se présentant au domicile d'un tiers pour y opérer une saisie-revendication, en trouve la porte fermée, doit, pour l'ouverture de cette porte, se conformer à l'art. 587, C.P.C. (Bruxelles, 23 déc. 1863 : *J. Huiss.*, t. 45, p. 169).

14. Mais si celui chez lequel sont les effets qu'on veut revendiquer, déclare refuser les portes ou s'opposer à la saisie, il doit en être référé au juge, et il est sursis à la saisie, sauf au requérant à établir garnison aux portes (C.P.C., art. 829).—Cependant, l'inobservation de cette disposition n'entraîne pas nullité de la saisie, et l'huissier qui a fait ouvrir les portes par la force publique, sans introduire le référé, se rend seulement passible d'amende (Caen, 18 mai 1832 : *J. Huiss.*, t. 33, p. 290).

15. Le procès-verbal que l'huissier dresse, dans ce cas, pour constater le refus ou l'opposition, contient assignation en référé devant le président, et il en est laissé copie à la partie opposante (Tar. 16 fév. 1807, art. 62).

16. L'ordonnance du président, rendue sur le référé, est aussi consignée sur l'original du procès-verbal de l'huissier (Carré et Chauveau, *quest.* 2820) ; s'il est ordonné qu'on passera outre, l'huissier procède à la saisie ; si, au contraire, un sursis est accordé, l'huissier se retire.

17. En matière de saisie-revendication, l'huissier ne peut, sans une autorisation spéciale, obtenue sur une assignation en référé, faire aucune perquisition domiciliaire malgré la résistance du maître de la maison (Thomine-Desmazures, *Comment. du Code de procéd.*, t. 2, p. 425).

18. Si la perquisition est autorisée, elle ne peut avoir lieu qu'en présence du juge de paix, ou, à son défaut, en présence du commissaire de police, du maire ou de l'adjoint (Arg. art. 587, C.P.C.).—V., au surplus, *Formule* 1.

19. *Demande en validité.* —La saisie ne suffit pas pour faire rentrer les objets dans la possession du propriétaire ; il faut qu'elle soit déclarée valable (C.P.C., art. 831).

20. La demande en validité est formée, soit par le procès-verbal de saisie, soit par exploit séparé, dans la huitaine de la saisie (Arg. art. 563 et 594, C.P.C.; Aix, 10 juin 1819).—Elle n'est pas sujette au préliminaire de conciliation (Arg. art. 49, 7°, C.P.C.; Chauveau, *quest.* 2823).—V. *Formules* 1 et 2.

21. Si la demande en validité est incidente, elle est formée par un simple acte d'avoué à avoué.

22. La demande est dirigée contre le saisi et contre le tiers qui se prétend propriétaire.

23. Elle doit être portée devant le tribunal du domicile de celui sur qui elle est faite (C.P.C., art. 831), c'est-à-dire devant le tribunal du détenteur qui prétend avoir un droit sur les effets (Nancy, 18 janv. 1833 :

J. Huiss., t. 15, p. 97 ; Chauveau, *quest.* 2822. —V. cependant Paris, 22 nov. 1853 ; *J. Huiss.*, t. 34, p. 330 ; Trib. civ. de Versailles, 14 sept. 1856 : t. 38, p. 46).

24. Si elle est connexe à une instance déjà pendante, elle est portée au tribunal saisi de cette instance (C.P.C., art. 831). Dans ce cas, si la personne sur qui la saisie est pratiquée ne figure pas dans l'instance, elle doit être assignée par exploit.

25. Si la saisie est déclarée nulle, le tribunal adjuge des dommages-intérêts au saisi contre le saisissant, et condamne le gardien, même par corps, à remettre les objets au saisi ; si elle est déclarée valable, le tribunal adjuge les conclusions de la demande.

26. *Taxe.*—Lorsque, l'huissier se présentant pour saisir, il y a refus de portes ou opposition, et, par suite, assignation en référé, il lui est alloué pour l'original du procès-verbal qu'il dresse à l'effet de constater ces faits et formalités : dans les tribunaux de Paris, Lyon, Bordeaux, Rouen et Marseille, 5 fr. ; dans les villes où siége une Cour impériale ou dont la population est de 30 mille âmes, 4 fr. 50 c. ; ailleurs, 4 fr. ; et pour la copie, le quart, y compris les témoins (Tar. 16 fév. 1807, art. 62).

27. L'huissier est obligé de se transporter de son domicile à celui du président, à l'effet de remettre à ce magistrat l'original de son procès-verbal, pour qu'il y inscrive son ordonnance. Aucune vacation n'est accordée à l'huissier pour assistance au référé ; mais il est évident qu'il a droit, s'il y a lieu, à une indemnité de transport. — V. *Transport des Huissiers.*

28. Le procès-verbal de saisie-revendication, qu'il ne faut pas confondre avec celui dont il est parlé au n° 26, est taxé comme en matière de saisie-exécution (Tar. 16 fév. 1807, art. 62).—V. *Saisie-exécution.*

Formules.

1. *Procès-verbal tendant à saisie et de saisie-revendication.*

L'an . . ., à la requête du sieur. . . . (*élire domicile dans la commune du lieu où la saisie est faite*), et en vertu d'une ordonnance rendue sur requête par M. le président du tribunal de première instance de . . ., en date du . . ., enregistrée à . . ., desquelles requête et ordonnance il est avec celle des présentes donné copie.

Je, . . . assisté de . . . me suis transporté à . . . en la demeure du sieur . . ., où étant et parlant à . . ., j'ai donné lecture audit sieur . . . desdites requête et ordonnance, et ensuite, attendu (*énoncer ici les causes de la revendication, et s'il s'agit d'objets vendus, faire sommation de les payer, constater le refus et revendiquer*), j'ai sommé ledit sieur . . . de me représenter les objets désignés en la requête précitée, à l'effet de les saisir-revendiquer ;

1° Tentative de saisie, refus, assignation en référé et saisie-revendication.

Lorsqu'on refuse d'ouvrir les portes : — Lequel ayant refusé de m'ouvrir les portes des bâtiments où se trouvent les objets à saisir-revendiquer, j'ai établi en garnison extérieure, afin d'empêcher le divertissement, les sieurs . . ., mes témoins, et de suite, surséant à la saisie, j'ai donné assignation au sieur . . . à comparaître le . . . heure de . . . par-devant M. le président du tribunal civil de . . . statuant en état de référé, en son hôtel sis à . . . pour,—Attendu le refus dudit sieur, . . .,—Voir dire que ce dernier sera tenu, sur la sommation de l'huissier soussigné, d'ouvrir les portes des lieux où sont les effets revendiqués, sinon, qu'en présence de M. . . le juge de paix ou le maire, etc., lesdites portes seront ouvertes par gens de l'art ; que toutes perquisitions seront faites au domicile du sieur . . ., à l'effet de trouver et saisir les objets revendiqués, sous toutes réserves ; et j'ai, etc.

Lorsqu'il y a opposition : — Lequel m'a dit qu'il s'opposait formellement à ce qu'il soit procédé à ladite saisie-revendication, attendu (*déduire les motifs*) ; vu laquelle opposition, j'ai établi en garnison, etc. (et j'ai donné assignation) (V. *suprà*). . . pour voir déclarer nulle et de nul effet ladite opposition ; ordonner qu'il sera passé outre ; et que faute par le sieur . . . d'ouvrir ses portes sur une simple sommation à lui faite sur le procès-verbal de l'huissier, lesdites portes seront ouvertes, etc.

(Ici, le président met son ordonnance).

Lorsque l'ordonnance est obtenue, on procède à la suite du procès-verbal : — Et le . . ., je . . . me suis transporté à . . . où étant arrivé, j'ai trouvé les sieurs . . . vacant à leur garde extérieure, lesquels m'ont déclaré que depuis mon départ aucun effet n'était sorti de la maison du sieur . . . ; et, de suite, j'ai signifié et donné copie au sieur . . . de l'ordonnance d'autre part, à ce qu'il n'en ignore, et je lui ai fait sommation d'ouvrir les portes de. . . *(désigner les lieux),* ce qu'il a refusé de faire ; vu lequel refus, je me suis transporté au domicile de M. le juge de paix du canton de. . ., et, après avoir donné connaissance à ce magistrat de ladite ordonnance, je l'ai requis de m'accompagner ; déférant à ma réquisition, M. le juge de paix s'est transporté avec moi à. . ., où étant, nous avons, assisté de mes témoins, donné l'ordre au sieur. . ., serrurier, demeurant à. . ., à ce présent, d'ouvrir les portes des lieux susdésignés. Obtempérant à cet ordre, ledit sieur. . . a en effet ouvert lesdites portes et s'est retiré après avoir signé en cet endroit.—Les portes étant ouvertes, j'ai, huissier susdit, assisté de M. le juge de paix et de mes témoins, fait perquisition dans les lieux ci-devant décrits, trouvé et saisi-revendiqué . . . *(désigner les objets et faire signer le procès-verbal par le juge de paix, ainsi que la copie).*

2° Saisie en cas de non-opposition et assignation en validité.

Lequel m'a répondu que lesdits effets se trouvaient dans une chambre sise à . . ., et qu'il n'empêchait pas qu'il fût procédé à ladite saisie et a signé.—*(désigner les effets)*. —Ce fait, j'ai établi pour gardien à ladite saisie le sieur . . ., détenteur desdits effets, *(ou* j'ai sommé ledit sieur . . . de me fournir bon et solvable gardien, lequel m'a présenté le sieur. . ., ou lequel ayant dit ne pouvoir le faire, j'ai établi gardien à ladite saisie le sieur . . . présent), qui a déclaré accepter la mission de gardien et s'est obligé de représenter les effets saisis à première réquisition, à la charge de ses salaires, suivant la loi.

Et, à pareille requête que dessus, ledit sieur . . ., requérant, élisant domicile chez M° . . ., avoué près le tribunal civil de . . ., demeurant en ladite ville, rue . . ., lequel occupera sur ces présentes, j'ai, huissier susdit, donné assignation au sieur. . ., saisi, à comparaître le . . ., pour voir dire que la saisie-revendication qui précède sera déclarée bonne et valable, en conséquence que, dans les vingt-quatre heures de la signification du jugement à intervenir, ledit sieur. . ., gardien, sera tenu et contraint par corps de remettre au requérant les effets confiés à sa garde, quoi faisant déchargé ; s'entendre ledit sieur . . ., saisi, condamner en . . . de dommages-intérêts et aux dépens; et j'ai audit sieur . . ., saisi, et audit gardien, à chacun séparément, laissé copie, tant desdites requête et ordonnance que du présent, dont le coût est de . . .

Coût : V. n°s 26 à 28.

Enregistrement : L'huissier n'est obligé ni de faire enregistrer son procès-verbal tendant à saisir, avant de le présenter au président, ni de faire enregistrer l'ordonnance de ce magistrat avant de saisir-revendiquer ; il suffit que ces procès-verbal et ordonnance soient enregistrés avec le procès-verbal de saisie-revendication ; l'urgence, en pareil cas, fait fléchir la disposition de l'art. 44, L. 22 frim. an vii (Arg. déc. min. fin., 2 et 23 oct. 1840 ; 1er juin 1843; 24 oct. 1848 ; Délib., 26 déc. 1848 ; Solut., 1er mars 1832 ; Inst., 9 nov. 1840).

L'exploit de saisie engendre le même droit qu'une *saisie-exécution* (V. ce mot), et en outre, lorsqu'il contient assignation en validité, un droit de 2 fr. 20 c.

2. Demande en validité.

L'an . . ., à la requête du sieur. . . *(élire domicile et constituer avoué). . .,* j'ai, . . . donné assignation : 4° au sieur . . ., saisi ; 2° au sieur . . ., détenteur, se prétendant propriétaire des objets revendiqués, à comparaître le . . ., pour, attendu que suivant procès-verbal du ministère de *(analyser la saisie-revendication)* ,

Voir déclarer bonne et valable ladite saisie *(le surplus comme à la formule qui précède).*

V. n° 20.—Coût . V. *Ajournement.*

Enregistrement : 4 fr. 40 c.

SAISIE-ARRÊT SUR SOI-MÊME. — 1. Saisie que fait en ses propres mains celui qui est à la fois créancier et débiteur du même individu.—V. *Saisie-arrêt*, n° 41.

2. La question de savoir si l'on peut saisir-arrêter sur soi-même les sommes que l'on doit à celui dont on est créancier ne peut s'élever que dans le cas où les dettes ne sont pas également liquides et exigibles, puisque, si elles l'étaient, la compensation s'opérerait de plein droit, d'après l'art. 1291 C. Nap. (V. *Compensation*).—V. *infrà*, n° 9.

3. Autrefois, l'usage autorisait la saisie-arrêt, par celui qui devait une dette liquide, entre ses mains, pour assurer le paiement d'une dette non liquide qui lui était due par celui-là même à qui il devait la dette liquide. Mais l'art. 1041, C.P.C., a aboli tous les usages qui existaient avant la publication de ce Code. Il s'agit donc de savoir si les dispositions actuelles du Code de procédure, au titre *de la saisie-arrêt*, permettent la saisie-arrêt sur soi-même ou s'opposent à ce qu'elle ait lieu. Cette question n'est pas exempte de difficultés, et elle divise la jurisprudence et la doctrine.

4. Pour la validité de la saisie-arrêt sur soi-même : Bruxelles, 20 déc. 1810 ; *J. Huiss.*, t. 7, p. 9 ; Liége, 7 août 1811 ; 8 juill. 1854 [sol. impl.] : t. 36, p. 62 ; Lyon, 15 juin 1825 : t. 7, p. 9 ; Trib. civ. de Cahors, 4 août 1849 : t. 30, p. 281 ; Souquet, dissertation insérée *J. Huiss.*, t. 24, p. 289 et suiv. ; Chauveau, *Lois de la procéd.* et *Suppl.*, quest. 1925 ; Roger, *Saisie-arrêt*, 2ᵉ édit., n°ˢ 113 et suiv.—Pour la nullité : Rouen, 13 juill. 1816 : *J. Huiss.*, t. 8, p. 348 ; Amiens, 5 août 1826 ; Bordeaux, 12 déc. 1834 ; Paris, 8 avril 1836 ; Trib. civ. d'Anvers, 8 avril 1864 : *J. Huiss.*, t. 45, p. 163 ; Carré, quest. 1925 ; Thomine-Desmazures, *Comment. du Code de procéd. civ.*, n° 415 ; Rodière, *Procéd. civ.*, t. 3, p. 291.

5. Les motifs de l'une et de l'autre opinion ont été complétement exposés par M. Souquet, dissertation précitée, et par M. Chauveau, *loc. cit.* Voici comment, après avoir réfuté toutes les raisons invoquées en faveur de la nullité, ce dernier auteur résume son opinion : « Concluons, dit-il, que le créancier, qui se trouve en même temps débiteur du même individu, peut saisir-arrêter entre ses propres mains les sommes qu'il doit, pour sûreté de celles qui lui sont dues, soit *de plano*, si la créance est liquide, soit, si elle ne l'est pas, après l'avoir fait évaluer. »

6. Si, en effet, le législateur, au titre *de la saisie-arrêt*, ne semble avoir disposé qu'en vue du cas où la saisie est faite entre les mains d'un tiers, c'est que ce cas est celui qui se présente le plus fréquemment ; mais il est douteux qu'on doive nécessairement en conclure qu'il ait entendu proscrire la saisie-arrêt sur soi-même : autrement, ce serait placer le créancier, qui serait en même temps débiteur, dans une position moins favorable que si le gage se trouvait entre les mains d'un tiers.

7. Les formes à suivre pour la saisie-arrêt sur soi-même sont les mêmes que celles pour la saisie-arrêt sur un tiers. Ainsi, il faut obtenir la permission du juge, en l'absence de titre, faire évaluer la créance, si elle n'est pas liquide (V. *suprà*, n° 5), faire opposition entre ses mains, et dénoncer cette opposition avec assignation en validité. Toutefois, il ne paraît pas nécessaire de s'assigner en déclaration affirmative : la somme due par le saisissant sera toujours régulièrement fixée lors de l'instance en validité.

8. Comme la saisie sur soi-même n'a d'autre but que d'arriver à une compensation, on ne doit pas, dans l'exploit de dénonciation, comme lorsqu'il s'agit d'une saisie-arrêt sur un tiers, conclure à ce que la somme saisie soit versée aux mains du saisissant ; on doit se borner à demander qu'il soit déclaré que, aussitôt que les sommes seront toutes deux liquides et exigibles, la compensation soit opérée, nonobstant tous transports et cessions de la part du débiteur saisi.

9. La saisie-arrêt sur soi-même n'ayant raison d'être que dans le cas où les deux dettes ne sont pas liquides et exigibles, il s'ensuit que, si elles le sont, la saisie est inutile, puisque les deux dettes se trouvent éteintes par la compensation (V. *supra*, n° 2) ; et, alors, les frais de la saisie et de la procédure doivent rester à la charge du saisissant.

SAISINE.—Possession d'une chose.—La saisine, qui a lieu par le seul effet de la loi, comme dans le cas de la maxime : *Le mort saisit le vif,* est dite légale.—V. *Action possessoire*, n° 397, *Exécuteur testamentaire, Succession.*

SALAIRE. — 1. Somme due ou payée pour un travail ou pour un service.

2. Il est dû un salaire à tout mandataire, lors même qu'il ne lui en aurait pas été promis, lorsqu'à raison de sa profession il est dans l'habitude d'en recevoir.—V. *Mandat*, n° 42.

3. Ainsi, les agents d'affaires ont droit à un salaire et ont une action pour en réclamer le paiement.—V. *Agent d'affaires*, n°ˢ 26 et suiv.

4. Les notaires, avoués et huissiers peuvent également réclamer un salaire pour soins et travaux autres que ceux relatifs à la rédaction des actes.—V. *Honoraires, Huissier*, n°ˢ 420 et suiv.

SALAISONS (ATELIERS OU DÉPOTS DE).—Sont rangés dans la deuxième classe des établissements insalubres.—V. *Établissements dangereux*, etc.

SALEURS D'OLIVES OU DE VIANDE. — Sont patentables.

SALLE DE VENTE.—Les commissaires-priseurs, qui occupent dans une ville un local affecté aux ventes dont ils sont chargés, sont passibles du droit proportionnel de patente, à raison de la valeur locative de ce local (Cons. d'Etat, 9 mai 1860 ; *J. Huiss.*, t. 41, p. 271).

SALPÊTRE.—Les établissements consacrés à la fabrication du salpêtre sont rangés dans la 3ᵉ classe des établissements insalubres (V. *Établissements dangereux*, etc.).—Les salpêtriers sont patentables.

SANCTION.—S'emploie pour exprimer la peine attachée à l'inobservation d'une loi.

SANG DES ANIMAUX.—Les dépôts et ateliers pour la cuisson et la dessiccation du sang des animaux destiné à la fabrication du bleu de Prusse sont rangés dans la 1ʳᵉ classe des établissements insalubres (V. *Bleu de Prusse, Établissements dangereux*, etc.).

SANGSUES (MARCHANDS DE).—Sont patentables.

SANS FRAIS.—Mention insérée sur un effet de commerce et dispensant le porteur de faire dresser un protêt pour défaut de paiement à l'échéance.—V. *Protêt*, n°ˢ 82 et suiv.

SARDINES. — Les fabriques de conserves de sardines situées dans les villes sont rangées dans la 2ᵉ classe des établissements insalubres (V. *Établissements dangereux*, etc.).

SARRAUX (MARCHANDS DE).—Sont patentables.

SATINEURS.—Les satineurs ou lisseurs de papiers sont patentables.

SAUF-CONDUIT.—V. *Contrainte par corps*, n°ˢ 338 et suiv., *Faillite*, n°ˢ 158 et suiv.

SAVETIERS.—Sont exempts de la patente.

SAVOIE.—1. La Savoie et l'arrondissement de Nice ont été réunis à

la France en vertu d'un traité des 24-30 mars-11 juin 1860.—Un sénatus-
consulte du 12 du même mois de juin; en proclamant l'incorporation de
ces pays au territoire français, a déclaré que la Constitution et les lois
françaises y seraient exécutoires à partir du 1er janvier 1861.

2. Le même jour (12 juin 1860) ont été rendus trois décrets relatifs à
l'administration de la justice dans les pays annexés.—Le premier maintient en exercice les magistrats dont se composent la Cour d'appel de
Chambéry, les tribunaux d'arrondissement et les justices de mandement
dans la Savoie et dans l'arrondissement de Nice, les greffiers et officiers
ministériels attachés à ces juridictions, jusqu'à ce qu'ils aient été confirmés,
ou qu'il ait été pourvu à leur remplacement.—Le deuxième porte que la
justice y sera rendue au nom de l'Empereur; que les expéditions des
arrêts, jugements, mandats de justice, ainsi que les grosses et expéditions
des contrats et tous autres actes susceptibles d'exécution forcée, y seront
désormais revêtus de l'intitulé et de la formule exécutoire prescrits par la
loi française, et que les expéditions des arrêts et jugements, ou les grosses
et expéditions des actes, délivrées avant le jour de la réunion définitive de
la Savoie à la France, ne pourront être mises à exécution qu'après que la
formule ci-dessus aura été ajoutée à celle dont elles devaient être revêtues.
—Le troisième déclare les lois pénales et d'instruction criminelle applicables en Savoie et dans l'arrondissement de Nice (*J. Huiss.*, t. 41, p. 174
et suiv.).

3. Par un décret du 13 juin 1860, ont été mis en vigueur, en Savoie et
dans l'arrondissement de Nice, les lois et tarifs qui régissent en France le
service des postes et règlent les droits à percevoir, le Code, les lois, ordonnances et décrets concernant le régime forestier et la pêche fluviale
(*J. Huiss.*, même vol., p. 177).

4. La répartition des territoires réunis à la France, en ressorts de Cours
impériales et en départements, a été établie par la loi des 15-30 juin 1860.
La Savoie a été divisée en deux départements, celui de la Savoie et celui
de la Haute-Savoie. Le territoire de Nice et l'arrondissement de Grasse,
distrait du département du Var, ont formé le département des Alpes-
Maritimes. Les départements de la Savoie et de la Haute-Savoie composent
le ressort de la Cour impériale de Chambéry; le département des Alpes-
Maritimes fait partie du ressort de la Cour impériale d'Aix.

5. L'art. 5 du traité du 24 mars 1860 a déterminé les formalités à remplir par les sujets sardes, originaires de la Savoie et de l'arrondissement
de Nice, s'ils voulaient conserver la nationalité sarde. Quant aux formalités à remplir par les sujets sardes des nouveaux départements, pour
acquérir la qualité de Français, elles ont été réglées par un décret du
30 juin 1860 (V. *J. Huiss.*, t. 41, p. 206).

6. Un décret du 22 août suivant a rendu applicables aux pays annexés
les lois civiles, commerciales et de procédure civile, qui régissent la
France (V. *J. Huiss.*, t. 41, p. 247). Ainsi, à partir de ce décret, les exploits concernant les personnes domiciliées en Savoie ou dans l'arrondissement de Nice ont dû leur être signifiés dans les mêmes formes et délais
que les exploits concernant les personnes qui ont leur domicile dans toutes
les autres contrées de la France.

7. Ont été également déclarées immédiatement applicables aux départements de la Savoie, de la Haute-Savoie et des Alpes-Maritimes, les lois et
dispositions relatives aux dépôts de toute nature, aux consignations judiciaires ou administratives, à la Caisse de retraite pour la vieillesse et à la
Caisse de la dotation de l'armée dans l'Empire français (Décr. 22 août 1860;
J. Huiss., t. 41, p. 248).

8. Les lois, décrets et ordonnances relatifs à la perception des droits de

timbre, y ont été déclarés applicables à dater du 1er août 1860 ; les lois,
ordonnances et décrets concernant le domaine de l'Etat, les droits d'enregistrement, de greffe et d'hypothèque, et en général tous autres objets
faisant partie des attributions de l'administration de l'enregistrement et
des domaines, à dater du 1er nov. 1860 ; mais l'exécution de la loi du
23 mars 1855 sur la transcription hypothécaire y a été ajournée jusqu'au
1er juill. 1861 (Décr. 25-29 juin 1860, et 17 oct. 1860 : *J. Huiss.*, t. 42,
p. 44).

9. Le décret des 1er-14 déc. 1860, en maintenant les huissiers attachés
aux tribunaux situés dans les départements de la Savoie, de la Haute-
Savoie, et dans l'arrondissement de Nice, a en même temps réduit le
nombre de ces officiers ministériels, qu'il a fixé pour l'avenir, les réductions
ne devant s'opérer que par déchéance, décès, démission ou destitution ; la
déchéance aurait été encourue par ceux des huissiers maintenus qui, dans
les deux mois à partir du décret, n'auraient pas prêté serment et versé
des cautionnements, conformément aux dispositions de la loi du 28 avril
1816 ; les huissiers, qui ont conservé leurs fonctions, ont été soumis aux
mêmes lois, décrets et règlements que les huissiers du territoire français
et jouissent des mêmes bénéfices ou avantages (*J. Huiss.*, t. 42, p. 132).

10. Enfin, le décret des 19-21 déc. 1860 a exigé que les huissiers, qui
étaient alors attachés aux tribunaux situés dans les départements de la
Savoie et de la Haute-Savoie, et dans l'arrondissement de Nice, s'enga-
geassent, avant de prêter serment et à peine de déchéance, à payer, lorsque
des offices occupés par des huissiers régulièrement institués seraient supprimés dans leurs arrondissements respectifs, les sommes qui seraient
fixées, sur l'avis des tribunaux compétents, pour indemniser les titulaires
des offices supprimés, ou bien leurs ayants droit (*J. Huiss.*, t. 42, p. 133).

11. Les décrets impériaux des 1er-14 déc. et 5-14 déc. 1860, qui ont
organisé le notariat dans le ressort de la Cour impériale de Chambéry et
dans le ressort du tribunal de première instance de Nice, ont également
prescrit aux notaires en fonctions à cette époque de s'engager, lors de leur
prestation de serment, à payer, lorsqu'un office serait supprimé dans le
canton de leur résidence, la somme qui serait fixée sur l'avis du tribunal
compétent, pour indemniser le titulaire de l'office supprimé ou ses ayants
droit, et ne les ont admis à jouir du bénéfice de l'art. 91 de la loi du
28 avril 1816 qu'après l'accomplissement de cette condition.—Quant aux
avoués, ils ont été organisés dans les pays annexés par un décret du 26 sept.
1860.

12. En Savoie, avant l'annexion à la France et avant la loi sarde
du 3 mai 1857, le vendeur d'un office avait un droit hypothécaire sur
l'office pour la garantie du paiement du prix qui lui était dû. Par la
loi du 3 mai 1857, qui avait ordonné le rachat des offices ministériels, le
privilége du vendeur non payé a été transféré sur l'inscription de rente
représentant le prix de rachat. Mais les nouveaux offices rétablis depuis
l'annexion suivant les dispositions des lois françaises ont cessé d'être
affectés hypothécairement au droit du vendeur, le prix de la cession de
ces offices est devenu mobilier, et il ne peut, par conséquent, être soumis
au privilége du vendeur que dans les cas où la loi française le lui accorde,
encore bien que la vente dont le prix est resté dû ait eu lieu avant l'annexion.

13. Ainsi, le vendeur non payé d'un office, dont le titre avait été
racheté en exécution de la loi sarde du 3 mai 1857 et rétabli depuis l'annexion de la Savoie à la France dans les conditions de la loi française, ne
peut, dans le cas de destitution du titulaire de cet office, exercer aucun
privilége sur l'indemnité imposée par le Gouvernement à son successeur ;

cette indemnité doit être distribuée au marc le franc entre tous les créanciers du titulaire destitué (Chambéry, 19 janv. 1863 : *J. Huiss.*, t. 44, p. 270; Cass. 26 avril 1864 : t. 45, p. 218).—V. *Office*, nᵒˢ 418 et suiv.

14. Le décret du 26 sept. 1860, portant organisation des avoués en Savoie et publié au *Bulletin des lois*, a été considéré comme rendu dans l'exercice du pouvoir législatif conféré à l'Empereur par le sénatus-consulte du 12 juin 1860, et par suite, n'a pu être déféré au Conseil d'Etat par la voie contentieuse (Cons. d'Etat, 20 fév. 1862). Le même caractère devrait également être attribué aux décrets des 1ᵉʳ-14 déc. 1860, concernant l'organisation des huissiers dans les départements de la Savoie et de la Haute-Savoie et dans l'arrondissement de Nice (*J. Huiss.*, t. 45, p. 220, observations).

15. Mais le décret impérial, non inséré au *Bulletin des lois*, et qui, pour l'exécution d'un autre décret du même jour légalement publié et portant organisation du notariat dans les pays annexés à la France en 1860, a supprimé sans indemnité l'office d'un notaire maintenu en exercice, encore bien qu'il n'eût encouru aucune déchéance, qu'il ne fût ni démissionnaire ni frappé de destitution, a été, dans les trois mois de la notification qui en a été faite par huissier à ce notaire, utilement déféré par lui au Conseil d'Etat par la voie contentieuse (Cons. d'Etat, 26 déc. 1862-22 janv. 1863 : *J. Huiss.*, t. 45, p. 219).

SAVONNERIES. — Sont rangées dans la 3ᵉ classe des établissements insalubres (V. *Établissements dangereux*, etc.).

SAVONS (FABRICANTS DE). Sont patentables (L. 18 mai 1850).

SCEAU. — **1.** Type sur lequel sont gravés en creux les armes ou signes, soit de l'État ou d'une autorité publique, soit d'un particulier. — On appelle également ainsi l'empreinte produite par le sceau.

2. Le sceau de l'empire porte pour type « l'aigle impériale couronnée, reposant sur la foudre ». (Décr. 2 déc. 1852). Ce type est le même pour le sceau des grands corps de l'Etat, des ministères, des Cours et tribunaux, etc.

3. Les maisons de banque et de commerce sont autorisées à faire usage de sceaux particuliers. — L'usage des sceaux particuliers est également consacré par notre législation actuelle, dans certains cas, par exemple, en matière de testament mystique (C. Nap., art. 976).

4. Les grosses et expéditions des actes notariés doivent porter l'empreinte du sceau du notaire (L. 25 vent. an xi, art. 27). Il en est de même des extraits ou copies collationnées délivrés par les notaires, des actes qu'ils délivrent en brevet, des certificats de vie.

5. L'apposition du sceau sur les actes notariés n'a pas besoin d'être accompagnée d'une mention qui constate l'accomplissement de cette formalité. — Les notaires n'ont droit à aucun honoraire pour l'apposition du sceau.

6. Autrefois, les huissiers avaient aussi un cachet ou sceau qu'ils apposaient au bas de leurs exploits; mais les lois qui régissent actuellement leur profession ne leur ont pas imposé la nécessité de cette formalité.

7. Les poursuites exercées en vertu d'une grosse ne portant pas l'empreinte du sceau sont-elles valables? L'édit de novembre 1696 défendait formellement à tous procureurs et autres de produire des grosses non scellées dans les procès et instances, et à tous huissiers et sergents de les signifier et mettre à exécution. Mais, d'une part, la loi du 25 vent. an xi ne prononce point la nullité; d'un autre côté, l'art. 545, C.P.C., postérieur à cette loi, exige seulement, pour que les actes et jugements puissent être mis à exécution, qu'ils portent le même intitulé que les lois et soient revêtus de la formule exécutoire. Annuler les poursuites pour défaut d'empreinte du sceau sur le titre en vertu duquel elles ont eu lieu, ce serait donc ajouter aux dispositions de la loi en créant une nullité qu'elle n'a pas prononcée : ce qui n'est pas possible.

8. Décidé, en ce sens, qu'un jugement peut être exécuté quoiqu'il ne soit pas revêtu du sceau du tribunal, en d'autres termes, que l'omission du sceau sur un jugement n'entraîne pas la nullité des poursuites (Lyon, 7 mai 1825 : *J. Huiss.*, t. 6, p. 334). C'est aussi ce qu'enseignent MM. Thomine-Desmazures, *Comment. du Code de procéd.*, t. 2, p. 44 ; Chauveau, *Lois de la procéd.*, quest. 1904 (V., toutefois, Rouen, 4 fév. 1819 : *J. Huiss.*, t. 1er, p. 72).

SCELLÉ. — 1. Mesure qui consiste à apposer le sceau d'un magistrat sur des effets mobiliers, pour en empêcher le détournement, dans l'intérêt de tiers.

2. *Apposition des scellés.* L'apposition des scellés a lieu en cas de décès (C. Nap., art. 819) ; en cas d'absence, quand il n'y a personne pour veiller à la conservation des effets et papiers de l'individu disparu (arg. art. 114, C. Nap.) ; en cas de séparation de biens ou de séparation de corps (V. *Séparation de biens, Séparation de corps*) ; en cas de faillite (V. *Faillite*) ; en cas d'interdiction, quand il n'y a personne auprès du défendeur pour veiller à ses intérêts ; etc.

3. L'apposition peut être requise : — 1° par les personnes indiquées à l'art. 909, 1° et 3°, C.P.C. ; — 2° par tous créanciers fondés en titre exécutoire, ou autorisés par une permission soit du président du tribunal de première instance, soit du juge de paix du canton où le scellé doit être apposé (C.P.C., art. 909-2) ; il n'est pas nécessaire que la créance soit échue (Besançon, 9 fév. 1827) ; et par *créanciers*, il faut entendre ici les créanciers du défunt, ceux de l'héritier n'ont que le droit de s'opposer à la levée des scellés pour être appelés au partage (Nancy, 9 janv. 1817 ; Douai, 26 mars 1824 ; Caen, 12 mai 1845. — *Contrà* Bourges, 16 mai 1842 ; Carré et Chauveau, *Lois de la procéd. et Suppl.*, quest. 3002. — V. *infrà*, n° 7) ; — 3° par les personnes dénommées en l'art. 911, C.P.C.

4. Les scellés sont apposés par le juge de paix, assisté du greffier, dans la forme prescrite par les art. 913 et suiv., C.P.C. — S'il se rencontre des obstacles à l'apposition des scellés, s'il s'élève, soit avant soit pendant le scellé, des difficultés, il y est statué en référé par le président du tribunal ; le juge de paix peut, néanmoins, s'il y a péril dans le retard, statuer par provision, sauf à en référer ensuite au président du tribunal (C.P.C., art. 921).

5. Lorsque, sur la réquisition des parties, le juge, procédant à la recherche d'un testament, trouve des paquets cachetés qui paraissent, par leur suscription ou par quelque autre preuve écrite, appartenir à des tiers, il doit les présenter au président du tribunal, qui ordonne que ces tiers soient appelés dans un délai qu'il fixe, pour qu'ils puissent assister à l'ouverture (C.P.C., art. 917 et suiv.). Les tiers sont appelés par une sommation (V. *Formule* 1).

6. Lorsqu'il n'y a aucun effet mobilier, le juge de paix dresse un procès-verbal de carence (C.P.C., art. 924).

7. *Opposition aux scellés.* L'opposition aux scellés est un acte conservatoire qui a pour but d'empêcher qu'on lève les scellés sans y appeler l'opposant, ou sans qu'on prenne les précautions nécessaires à ses intérêts. — Elle peut être formée sans titre et sans permission du juge (Carré, *quest.* 2099), soit par les créanciers du défunt, soit par ceux des héritiers (V. *suprà*, n° 3).

8. L'opposition à scellés formée par le créancier de l'un des ayants droit à une succession équivaut à une saisie-arrêt, et, en conséquence, elle empêche le cohéritier sur lequel elle est formée de céder ses droits héréditaires au préjudice du créancier opposant (Paris, 10 juin 1858 ; *J. Huiss.*, t. 39, p. 197). Mais la simple réquisition de scellés faite par un créancier de l'un des héritiers n'aurait pas le même effet (Cass., 6 juill. 1858).

9. L'opposition a lieu soit par une déclaration sur le procès-verbal de scellé, soit par un exploit signifié au greffier du juge de paix (C.P.C., art. 926), qui doit viser l'original (Carré, *quest.* 3100), et ce, par un huissier du canton de la justice de paix (Carré, *quest.* 3101).

10. Toute opposition à scellés doit contenir, à peine de nullité, outre les formalités communes aux exploits (V. *Exploit*) : 1° élection de domicile dans la commune ou dans l'arrondissement de la justice de paix où le scellé est apposé, si l'opposant n'y demeure pas ; 2° l'énonciation précise de la cause de l'opposition (C.P.C., art. 927. — V. *Formule* 2). En aucun cas, il n'est nécessaire de dénoncer l'opposition à qui que ce soit (Cass. 2 juill. 1838), ni d'assigner en validité (Carré, *quest.* 3098).

11. Le juge de paix ne peut, sous aucun prétexte, refuser de recevoir les oppositions ; il en est ainsi quand même elles ne lui paraîtraient pas fondées ; ici, son ministère est passif (Nancy, 9 janv. 1817 ; Carré, *quest.* 3102).

12. Lorsque l'opposition est faite pendant la levée des scellés, le juge de paix n'est pas obligé de surseoir, quoiqu'il n'y ait pas urgence ; et même, en pareille circonstance, il n'est pas nécessaire de dénoncer l'opposition aux héritiers du défunt, ni d'en référer au président du tribunal (Cass. 17 avril 1828).

13. *Levée des scellés.* Cette opération consiste dans la rupture des scellés par le juge de paix, et elle a lieu avec ou sans description (C.P.C., art. 940), c'est-à-dire avec ou sans inventaire dressé au fur et à mesure de la levée (V. *Inventaire*).

14. La levée des scellés peut être requise par les personnes qui ont le droit de les faire apposer, excepté par celles qui ne les ont fait apposer qu'en exécution de l'art. 909-3° (C.P.C., art. 930) et de l'art. 911 (V., d'ailleurs, *Faillite*).

15. Les formalités pour parvenir à la levée des scellés sont : — 1° une réquisition à cet effet, consignée sur le procès-verbal du juge de paix ; — 2° une ordonnance du juge, indicative des jour et heure où la levée sera faite ; — 3° une sommation d'assister à cette levée faite au conjoint survivant, aux présomptifs héritiers, à l'exécuteur testamentaire, aux légataires universels et à titre universel, s'ils sont connus, et aux opposants. Ces derniers sont appelés aux domiciles par eux élus (C.P.C., art. 931). — V. *Formule* 3.

16. Les opposants, créanciers du défunt, ne peuvent assister qu'à la première vacation de l'inventaire ; ils sont tenus de se faire représenter aux autres par un mandataire qu'ils choisissent ou qui est nommé d'office par le juge de paix. Quant aux opposants pour la conservation des droits de leur débiteur, ils ne peuvent assister à la première vacation ni concourir aux choix d'un mandataire (C.P.C., art. 932, 933 et 934).

17. Le juge de paix doit refuser de procéder à la levée des scellés : 1° si, parmi les intéressés, il y a des mineurs, des interdits ou des absents non légalement représentés ; 2° si la partie requérante lui est inconnue et ne justifie pas de ses droits (C.P.C., art. 929 ; Carré et Chauveau, *quest.* 3106).

18. Le juge de paix, qui, requis de procéder à une levée de scellés, répond par un refus, doit en référer immédiatement au président du tribunal civil, seul compétent pour apprécier le mérite de la cause du refus ; à défaut par le juge de paix de le faire, les parties ont elles-mêmes le droit de porter la difficulté devant le président du tribunal civil, et elles doivent le faire par simple requête, et non par voie d'appel de l'ordonnance du juge de paix (Ord. de réf. du présid. du trib. civ. de Bordeaux, 7 mars 1851 : *J. Huiss.*, t. 33, p. 163).

19. Les scellés sont levés en accomplissant les formalités prescrites par les art. 928, 935 et suiv., C.P.C. — Le juge de paix, à moins qu'il n'en soit requis, n'a pas le droit de faire l'examen des papiers de la succession qui se trouvent sous les scellés (Locré, *Esprit des lois de procéd.*, t. 4, p. 249 ; Arg. Aix, 28 juill. 1830). — Si les papiers sont étrangers à la succession, V. C.P.C., art. 939.

20. Si, lors de la levée des scellés, il s'élève des difficultés, ou s'il est fait des réquisitions, V. *Inventaire*, nᵒˢ 89 et suiv.

Formules.

1. *Sommation au tiers supposé propriétaire d'un paquet cacheté.*

L'an . . ., à la requête du sieur. . . (*celui qui a requis l'apposition des scellés*), *constituer avoué*), j'ai. . ., signifié et, avec celle des présentes, donné copie au sieur . . ., d'une ordonnance rendue par M. le président du tribunal de (*analyser l'ordonn. qui fixe le jour de l'ouverture*), à ce qu'il n'en ignore ; et, de suite, en conséquence de ladite ordonnance , j'ai fait sommation au sieur . . ., de comparaître le . . ., heure. de . . ., par-devant M. le président du tribunal de. . ., en son cabinet, sis au palais de justice, pour, si bon lui semble, assister à l'ouverture qui sera faite par M. le président, d'un paquet (*le désigner*) trouvé lors de l'apposition des scellés faite après le décès de . . ., le . . ., et pour recevoir ce paquet et en donner décharge, s'il lui appartient réellement, et si les papiers qu'il contient sont étrangers à la succession de . . .; lui déclarant que faute de comparaître, il sera procédé en son absence et statue ce qu'il appartiendra ; et sous toutes réserves, j'ai, etc.

V. nᵒ 5.—Coût : Tar., anal. art. 29. Orig. : Paris, 2 fr. ; R. P., 1 fr. 80 c. ; Aill., 1 fr. 50 c. — Cop. le 1/4.

Enregistrement : 2 fr. 20 c.

2. *Opposition aux scellés.*

L'an . . ., à la requête du sieur . . . (*élection de domicile*), j'ai. . ., signifié et déclaré au sieur. . ., greffier de la justice de paix du canton de. . ., en son greffe, sis à . . ., où étant et parlant à sa personne, qui a visé le présent original,—que le requérant est opposant, par ces présentes, à ce qu'il soit procédé en son absence, à la reconnaissance et levée des scellés apposés après le décès de. . ., par procès-verbal de . . ., à ce qu'il n'en ignore, protestant de nullité de tout ce qui sera fait au mépris de la présente opposition ;

Laquelle est faite pour sûreté, conservation et avoir paiement de la somme de . . ., due au requérant par le sieur. . ., en vertu d'un acte reçu par Mᵉ. . ., notaire à. . ., e . . .

Et, sous toutes réserves, j'ai, etc.

V. nᵒ 10. Coût : — Tar. art. 24. — Orig. : Paris, 1 fr. 50 c. ; R. P., 1 fr. 35 c. ; Aill. 1 fr. 25 c.—Cop., le quart.

Enregistrement : 1 fr. 40 c.

3. *Sommation d'assister à la levée des scellés.*

L'an . . ., à la requête du sieur . . . (*celui qui poursuit la levée des scellés*), en conséquence de l'ordonnance rendue par M. le juge de paix du canton de. . ., le . . ., étant à la suite de la réquisition à lui présentée le même jour, et indiquant le moment où il sera procédé à la levée des scellés dont il va être parlé, desquelles réquisition et ordonnance il est, avec celle des présentes, donné copie, j'ai . . ., fait sommation au sieur . . . de se trouver à . . . le . . . heure de . . . pour assister, s'il bon lui semble, à la levée des scellés apposés après le décès de . . ., par procès-verbal en date du . . ., et à l'inventaire qui sera dressé au fur et à mesure de ladite levée des scellés, par M• . . . ; lui déclarant que, faute de se présenter, il sera procédé en son absence et pris telles mesures qu'il appartiendra ; et, sous toutes réserves, j'ai, etc.

V. n° 45.—Coût : V. *Formule 1.*

Enregistrement : 2 fr. 20 c.

SCHISTES. — Les ateliers destinés à la carbonisation et préparation des schistes bitumineux pour fabriquer le noir animal, sont rangés dans la 2ᵉ classe des établissements insalubres (V. *Établissements dangereux,* etc.).

SCIES (FABRICANTS DE). — Sont patentables.

SCIEURS DE LONG. — Sont patentables.

SCIURE DE BOIS (MARCHANDS DE). — Sont patentables.

SCRUTIN. — V. *Chambre de discipline des huissiers,* n°ˢ 35 et suiv.

SCULPTEURS EN BOIS. — Sont patentables. — Mais les artistes sculpteurs ne vendant que le produit de leur art sont exempts de la patente.

SEAUX (FABRICANTS DE). — Sont patentables.

SÉCHAGE DES EPONGES. — Les établissements de lavage et de séchage des éponges sont rangés dans la 2ᵉ classe des établissements insalubres (V. *Établissements dangereux,* etc.).

SECHAGE DE GARANCE. — Sont patentables.

SECONDE GROSSE. — V. *Grosse (seconde).*

SECOURS MUTUELS (SOCIETES DE). — Sont réglementées par le décret du 26 mars 1852.

SECRET. — **1.** Devoir imposé à certaines personnes; et, par exemple, aux avocats, aux avoués et aux huissiers de ne rien révéler de ce qu'ils ont su par suite de l'exercice de leur profession. — V. *Huissier,* n° 405.

2. Le clerc d'avoué, qui divulgue les secrets dont la connaissance lui a été acquise dans l'étude de son patron, peut, suivant les circonstances, être déclaré passible de l'application de l'art 378, C. Pén. (Chauveau, *J. Huiss.,* t. 37, p. 127, III). Il en est de même des clercs d'huissier.

3. Les avocats, avoués ou notaires, appelés devant les tribunaux pour déposer de faits qui se sont passés dans le silence de leur cabinet, ou qui leur ont été confiés sous le sceau du secret, peuvent s'en dispenser, et alors ils n'encourent aucune peine ni amende. — V. *Enquête,* n° 169.

4. Les huissiers jouissent-ils du même privilége? V. *Enquête,* n° 170, *Huissier,* n° 133.

SECRET DE FABRIQUE. — La révélation ou communication par un directeur, commis ou ouvrier, des secrets de la fabrique où il est employé, est réprimée par l'art. 418, C. Pén.

SECRET DES DELIBERATIONS. — Tout membre d'un corps délibérant, et, par exemple, d'une chambre de discipline, doit garder le secret des délibérations auxquelles il a concouru. C'est une garantie de la liberté des décisions. — Cette règle est de tous les temps; elle se trouve dans des ordonnances de 1344 et 1346, et s'applique aux huissiers comme aux présidents, juges, avocats et avoués.

54.

SECRETAGE DES PEAUX (ETABLISSEMENTS DE). — Sont rangés dans la 2ᵉ classe des établissements insalubres (V. *Établissements dangereux*, etc.).

SECRETAIRE. — **1.** Celui qui est chargé de tenir la correspondance et en général les écritures d'une autre personne, ou de rédiger les procès-verbaux des séances d'une assemblée délibérante, et, spécialement, d'une chambre de discipline d'huissiers (V. *Chambre de discipline des huissiers*). — V. *Exploit*, nᵒˢ 385 et 387, *Prud'hommes (conseil de)*.

2. Le secrétaire de la mairie est celui qui est chargé de tenir les registres de la mairie et d'en délivrer des extraits ; il n'est pas fonctionnaire public ; il n'a aucune attribution qui lui soit propre ; il agit sous les ordres et sous la responsabilité du maire. Les fonctions de secrétaire de mairie, quoique salariées, ne sont pas, en principe, incompatibles avec celles d'huissier (V. *Huissier*).

SECRETAIRE GENERAL. — V. *Exploit*, nᵒ 457.

SEJOUR. — Suite forcée du transport d'un fonctionnaire, d'un officier ministériel ou d'un particulier, dans un lieu situé à une telle distance de son domicile qu'il lui est impossible de faire le voyage, aller et retour, dans la même journée. — V. *Transport des huissiers*, *Voyage (frais de)*.

SEL. Les marchands de sel et ceux qui exploitent des raffineries de sel sont patentables. — Mais les propriétaires et fermiers des marais salants sont exempts de la patente.

SEL AMMONIAC (FABRIQUES DE). — Sont rangées dans la 1ʳᵉ classe des établissements insalubres (V. *Établissements dangereux*, etc.).

SEL OU MURIATE D'ETAIN (FABRIQUES DE). — Sont rangées dans la 2ᵉ classe des établissements insalubres.

SELLIERS. — Sont patentables.

SEMENCES. — V. *Frais de labours et semences*, *Privilége*, nᵒˢ 62 et suiv., 468.

SEMINAIRES. — V. *Établissements publics*.

SENAT. — Premier des grands corps de l'État, rétabli par la Constitution du 14 janv. 1852.

SENATUS-CONSULTE. — Acte délibéré et voté par le Sénat, sur l'initiative du Gouvernement, et ayant force de loi. — V. *Loi*.

SENECHAL. — Nom donné, dans les derniers temps de notre ancien droit, à certains magistrats chargés de rendre la justice, soit au nom du roi, soit au nom des seigneurs dont ils relevaient. — On appelait *sénéchaussée*, soit l'étendue de la juridiction des sénéchaux, soit cette juridiction elle-même.

SENEGAL. — Nos codes et un grand nombre de lois ont été déclarés applicables au Sénégal (V., notamment, *J. Huiss.*, t. 44, p. 30).

SENTE, SENTIER. — V. *Action possessoire*, nᵒ 295, *Passage*, *Servitude*.

SENTENCE ARBITRALE. — V. *Arbitrage*.

SEPARATION DE BIENS. — **1.** Etat de deux époux qui jouissent séparément de leurs biens, et dans lequel, par conséquent, la femme a l'administration de ceux qui lui appartiennent. — **2.** On distingue deux sortes de séparation de biens : celle qui est stipulée par contrat de mariage et est dite *contractuelle* (V. *Communauté de biens entre époux*, n°s 490 et suiv.) ; celle qui est prononcée par jugement pendant le mariage et est dite *judiciaire*. C'est de cette dernière séparation qu'il s'agit ici.

§ 1. — *Causes de séparation.* — *Compétence*.
§ 2. — *Formes de la demande, instruction, mesures conservatoires, jugement.*
§ 3. — *Exécution du jugement.*
§ 4. — *Droits des créanciers.*
§ 5. — *Effets de la séparation.*
FORMULE.

___

§ 1. — *Causes de séparation.* — *Compétence.*

3. *Causes de séparation.* — La femme, seule, peut, pendant le mariage, poursuivre en justice sa séparation de biens ; le droit de provoquer la séparation n'appartient point au mari ; toute séparation volontaire serait nulle (C. Nap., art. 1443) de plein droit, encore bien qu'elle fût constatée par acte authentique.

4. La séparation ne peut être demandée que dans deux cas : 1° lorsque la dot de la femme est mise en péril ; 2° lorsque les affaires du mari sont dans un désordre qui fait craindre que les biens de celui-ci ne soient pas suffisants pour remplir les droits et reprises de la femme (C. Nap., art. 1443). — V. *Communauté de biens entre époux, Régime dotal.*

5. En général, il n'est pas indispensable que la femme ait apporté une dot, ni qu'elle ait actuellement des reprises à exercer ou des biens soumis à l'administration de son mari, pour qu'elle puisse provoquer sa séparation de biens ; il suffit qu'elle puisse acquérir, par la suite, des biens à quelque titre que ce soit, ou qu'elle ait un talent, une industrie, dont le désordre des affaires du mari l'expose à perdre les produits (Angers, 16 mars 1808 ; Rennes, 22 janv. 1812 ; 23 nov. 1820 ; Colmar, 11 mai 1835 ; Toullier, t. 13, n°s 24 et 28 ; Bellot des Minières, *Contrat de mariage,* t. 2, p. 99 et 100 ; Rodière et Pont, *Contrat de mariage,* t. 2, n° 800 ; Dutruc, *Séparation de biens,* n° 67).

6. Mais la séparation de biens ne pourrait être demandée lorsque la femme n'a pas apporté de dot, qu'elle n'a pas d'industrie qui lui en tienne lieu, et qu'elle n'a pas de biens à lui revenir, ni lorsque le mari ne dissipe qu'une partie des revenus de la dot et laisse de quoi subvenir aux besoins de la famille. — Il en serait autrement si le mari dissipait totalement les revenus de la dot mobilière ou immobilière, quoique le capital de cette dot ne fût pas en péril (Agen, 28 juin 1832 ; Montpellier, 22 janv. 1833).

7. La séparation de biens peut être provoquée en justice, quel que soit le régime sous lequel les époux se sont mariés (C. Nap., art. 1443 et 1563), à moins qu'ils ne soient mariés sous le régime de la séparation de biens, auquel cas la femme ne peut demander une séparation judiciaire (Rodière et Pont, t. 2, n° 792).

8. *Tribunal compétent.* — La demande en séparation de biens doit être portée devant le tribunal civil de première instance du domicile du mari (Paris, 24 avril 1813 ; Cass. 18 nov. 1835 ; Carré et Chauveau, *Lois de la procédure, quest. 2927).

§ 2. — *Formes de la demande, instruction, mesures conservatoires, jugement.*

9. *Formes.* — Aucune demande en séparation de biens ne peut être formée sans une autorisation préalable, que le président du tribunal doit donner sur requête à lui présentée à cet effet (C.P.C., art. 865) par un avoué (Tar. 16 fév. 1807, art. 72), et contenant les moyens de la demande avec les pièces à l'appui. Avant d'accorder cette autorisation, le président peut faire les observations qu'il juge convenables (C.P.C., art. 865).

10. L'autorisation du président rend la femme, même mineure, habile à plaider en séparation, sans qu'il soit besoin de lui nommer un curateur (Toullier, t. 13, n° 43 ; Thomine-Desmazures, *Comment. du Code de procéd.*, sur l'art. 865). Dans aucun cas la femme n'a besoin d'une nouvelle autorisation pour appeler du jugement qui rejette sa demande (Carré et Chauveau, *quest.* 2931 ; Bellot des Minières, t. 2, p. 105 ; Rodière et Pont, t. 2, n° 835 ; Dutruc, n° 105).

11. La demande, non soumise au préliminaire de conciliation (C.P.C., art. 49, 7°), est formée par exploit signifié au mari, avec copie de l'ordonnance qui l'autorise. — V. *Formule.*

12. Elle doit être inscrite et publiée, à peine de nullité (C.P.C., art. 869), dans la forme prescrite par les art. 866, 867 et 868, C.P.C.

13. Si, pendant l'instance en séparation de biens, le mari tombait en faillite, la femme devrait mettre en cause les syndics de la faillite, à peine de nullité, laquelle nullité, toutefois, devrait être proposée avant le délai d'un an (Bourges, 24 mai 1826).

14. *Instruction, mesures conservatoires.* — La demande, qui doit être communiquée au ministère public, est instruite et jugée de la même manière que toute autre action civile. Toutefois, le jugement qui intervient sur cette demande, ne peut être prononcé qu'un mois après l'observation de la dernière des formalités prescrites par les art. 866 à 868, C.P.C. (art. 869). Ce mois se compte de quantième à quantième; il ne doit y être ajouté aucun délai à raison de la distance des lieux où résident les créanciers du mari (Carré et Chauveau, *quest.* 2938 ; Bellot des Minières, t. 2, p. 110 et 111 ; Rodière et Pont, t. 2, n° 829 ; Dutruc, n°s 128 et 129).

15. L'aveu du mari ne fait pas preuve des faits de dissipation et de dérangement qui lui sont imputés, soit qu'il y ait ou qu'il n'y ait pas de créanciers intervenants (C.P.C., art. 870) ; peu importe, d'ailleurs, que cet aveu concoure avec celui des créanciers présents (Colmar, 24 fév. 1808).

16. La preuve des faits a lieu tant par titres que par témoins, sauf au mari la preuve contraire (Toullier, t. 13, n° 67). Lorsque le péril de la dot est justifié par les pièces et les circonstances de la cause, les juges peuvent se dispenser d'ordonner une enquête (Cass. 26 janv. 1808 ; Toullier; n° 68) ; au cas contraire, une enquête est ordonnée; on y procède suivant les formes ordinaires (V. *Enquête*).

17. La femme peut, dès l'instant de sa demande, faire des actes conservatoires pour assurer l'exercice de ses reprises; elle n'est pas tenue, en effet, d'attendre l'expiration du mois prescrit pour le jugement (C.P.C., art. 869). Par exemple, elle peut faire saisir-arrêter les sommes dues à la communauté ou à son mari, et en faire ordonner le dépôt (Cass. 16 mars 1825), et, avec l'autorisation du tribunal : 1° faire saisir les effets de la communauté vendus par le mari, en fraude de ses droits (Cass. 30 juin 1807 ; Toullier, t. 13, n° 64) ; 2° faire apposer les scellés sur les effets de la communauté (Rennes, 22 juill. 1814 ; Carré et Chauveau, *quest.* 2939 ; Rodière et Pont, t. 2, n° 826 ; Dutruc, n° 130).

18. *Jugement.* — Le jugement qui prononce la séparation liquide les reprises de la femme (C. Nap., art. 1444 et 1447), ou renvoie cette opération devant un notaire qui, en cas de contestations, dresse procès-verbal des dires des parties et les renvoie devant le juge-commissaire.

19. Il doit, à peine de nullité, être rendu public dans la forme prescrite par les art. 1445, C. Nap., et 872, C.P.C.

§ 3. — Exécution du jugement.

20. *Quand l'exécution peut être commencée.* — La femme ne peut commencer l'exécution du jugement qui prononce la séparation de biens, que du jour où les formalités prescrites par les art. 872, C.P.C., et 1445, C. Nap., ont été accomplies, sans que, néanmoins, il soit nécessaire d'attendre l'expiration du délai d'un an, pendant lequel l'extrait dudit jugement doit rester exposé (C.P.C., art. 872).

21. Mais il n'est pas nécessaire d'attendre, pour commencer l'exécution du jugement, l'échéance du délai de huitaine prescrit par l'art. 155, C.P.C., à compter de la signification à avoué ou à partie; autrement, la loi serait inexécutable (Amiens, 19 fév. 1824; Carré et Chauveau, quest. 2944).

22. *Délai dans lequel le jugement doit être exécuté à peine de nullité.* — Le jugement qui prononce la séparation de biens doit, à peine de nullité, être exécuté dans la quinzaine qui suit sa prononciation (C. Nap., art. 1444), et non sa signification : la jurisprudence et la doctrine sont constantes sur ce point. En cas d'opposition ou d'appel, ce délai ne court que du jour du jugement ou de l'arrêt sur l'opposition ou sur l'appel.

23. L'inexécution du jugement dans la quinzaine entraîne la nullité non-seulement du jugement de séparation, mais encore de toute la procédure antérieure (Cass. 11 juin 1823). Cette nullité, qui est absolue, peut être proposée pour la première fois en appel (Cass. 11 juin 1818).

24. Elle ne peut être opposée que par les créanciers, et non 1° par les époux aux créanciers (Colmar, 8 août 1820); 2° par la femme (Bordeaux, 28 avril 1825), surtout si elle a exécuté le jugement (Bordeaux, 4 juin 1835); 3° par le mari à sa femme (Lyon, 28 mai 1824; Cass. 30 mars 1825; Amiens, 9 déc. 1825; Poitiers, 4 mars 1830; Grenoble, 8 avril 1835 : J. Huiss., t. 17, p. 14. — Contra Amiens, 19 fév. 1824; Bordeaux, 17 juill. 1833).

25. *Quand il y a exécution.* — L'exécution a lieu :
1° Par le paiement réel des droits et reprises de la femme, effectué par acte authentique, jusqu'à concurrence des biens du mari (C. Nap., art. 1444). Toutefois, lorsque les époux ont réglé leurs intérêts à l'amiable, il suffit que le paiement d'une partie des droits de la femme ait été effectué dans la quinzaine (Cass. 29 août 1827; 3 fév. 1834).

26. 2° Ou par des poursuites commencées dans la quinzaine qui a suivi le jugement, et non interrompues depuis (C. Nap., art. 1444). Ainsi, d'après cette disposition, il n'est pas nécessaire que les poursuites soient terminées. Mais il ne serait plus temps de les commencer le seizième jour (Rouen, 27 avril 1816; Cass. 11 juin 1818; Toullier, t. 13, n° 80).

27. Décidé qu'il y a commencement d'exécution : 1° lorsque, dans la quinzaine, la femme a assigné son mari devant le tribunal à fin de liquidation, ou lui a fait sommation de se présenter chez un notaire pour procéder à la liquidation (Colmar, 31 août 1811; Angers, 10 août 1839; Orléans, 4 juill. 1843); — 2° lorsque le jugement a été signifié au domicile du mari avec commandement d'y satisfaire ou sommation de l'exécuter (Amiens, 17 mars 1826; J. Huiss., t. 7, p. 287; Grenoble, 24 mars 1835); — 3° lorsque la femme a fait commandement au mari de payer les frais, et repris possession de ses biens (Cass. 30 mars 1825); — 4° lorsque la femme a fait constater, par un procès-verbal de carence,

que le mari n'a pas de biens (Bordeaux, 19 mai 1832 ; Amiens, 25 nov.
1841 ; Carré et Chauveau, *quest.* 2951) ; — 5° lorsque le jugement de séparation a été suivi d'un commandement dans la quinzaine, quoique les
autres actes d'exécution n'aient été faits qu'à des intervalles plus éloignés (Riom. 22 avril 1822 ; Cass. 6 déc. 1830 ; 2 mai 1831) ; — 6° lorsque
la liquidation a eu lieu dans la quinzaine, encore bien que la femme ait
accordé à son mari un délai pour se libérer (Bordeaux, 29 août 1838).

28. Mais la simple signification du jugement, sans commandement ni
sommation, n'est pas un commencement d'exécution dans le sens de
l'art. 1444, C. Nap. (Limoges, 11 juill. 1839 ; Toullier, t. 13, n° 77 ;
Bellot des Minières, t. 2, p. 116. — *Contrà* Cass. 9 juill. 1828 ; Bordeaux, 30 juill. 1833 ; 20 mars 1840). Toutefois, M. Chauveau, *quest.* 2952,
pense que la question ne doit pas être résolue d'une manière absolue, et
que les circonstances peuvent être prises en considération par les tribunaux.

29. Dans le cas de discontinuation de poursuites, la loi s'en rapporte
à la prudence des Tribunaux qui ne doivent voir d'interruption que là
où il y a mauvaise foi ou négligence évidente, et préjudice causé à des
tiers (Poitiers, 9 janv. 1907 ; Cass. 23 mars 1825 ; 28 fév. 1833 ; Amiens,
9 déc. 1825 ; Grenoble, 24 mars 1835).

30. L'exécution forcée du jugement qui prononce une séparation de
biens a lieu par les voies ordinaires. — V. *Exécution des jugements.* —
V. toutefois, *Contrainte par corps,* n° 34.

§ 4. — Droits des créanciers.

31. *Créanciers de la femme.* — Les créanciers personnels de la femme
ne peuvent, sans son consentement, demander la séparation de biens.
Néanmoins, en cas de faillite ou de déconfiture du mari, ils peuvent
exercer les droits de leur débitrice jusqu'à concurrence du montant de
leur créance (C. Nap., art. 1446).

32. Ainsi, en cas de faillite ou de déconfiture du mari, les créanciers
de la femme ont le droit d'intervenir dans les opérations de la *faillite*
ou de la *déconfiture* (V. ces mots), et de faire liquider les droits de la
femme, de la faire colloquer au rang qu'elle doit avoir, et de se faire attribuer le montant de sa collocation jusqu'à due concurrence. — Les syndics
de la faillite doivent être mis en cause (Bourges, 24 mai 1826).

33. *Créanciers du mari.* — Les créanciers du mari peuvent, jusqu'au
jugement définitif, sommer, par acte d'avoué, l'avoué de la femme de leur
communiquer la demande en séparation et les pièces justificatives (C.P.C.,
art. 871). Ils peuvent même intervenir, pour la conservation de leurs
droits, dans l'instance, et contester la demande, et ce, sans préliminaire
de conciliation (C.P.C., art. 871 ; C. Nap., art. 1447).

34. Ils ont également le droit d'intervenir dans la liquidation des reprises en exécution du jugement de séparation, sans que cette intervention doive demeurer à leurs frais (Metz, 1er avril 1819) ; et ils peuvent
attaquer la liquidation faite hors de leur présence, si elle est le résultat d'un concert frauduleux (Bordeaux, 29 août 1838 ; Bourges, 12
fév. 1842).

35. Les créanciers du mari sont recevables, du chef de ce dernier, à
appeler du jugement, et à proposer la nullité de la séparation, encore
qu'ils ne l'aient pas fait devant les premiers juges (Toulouse, 7 fév. 1831),
à moins qu'ils ne puissent être réputés avoir donné pleine force à l'exécution du jugement (Riom, 22 avril 1822 ; Douai, 49 août 1840).

36. Lorsque les formalités prescrites pour la publication de la séparation ont été observées, les créanciers du mari peuvent se pourvoir par

vóie de tierce opposition contre le jugement, quand la séparation a été prononcée et même exécutée en fraude de leurs droits, mais seulement pendant le délai d'un an (C. Nap., art. 1447; C. P. C., art. 873).

37. Ce délai d'un an n'est applicable qu'à la disposition du jugement qui prononce la séparation de biens, mais non à celle qui liquide les reprises de la femme : les créanciers ont trente ans pour se pourvoir contre cette dernière partie. Cependant, la jurisprudence et la doctrine sont divisées sur ce point. Mais c'est en ce sens qu'elles paraissent se fixer.

38. Si les formalités de publication n'ont pas été accomplies, les créanciers du mari peuvent toujours, même après le délai d'un an, s'opposer au jugement de séparation, et contredire toute liquidation qui en a été la suite (Duranton, t. 14, n° 413 ; Carré et Chauveau, quest. 2958).

39. Dans tous les cas où la liquidation des reprises de la femme a lieu par acte séparé ou par un jugement subséquent, les créanciers peuvent attaquer ces acte ou jugement, pour cause de fraude, pendant trente ans (Rouen, 12 mars 1817 ; Cass. 26 mars 1833 ; Paris, 23 avril 1835).

§ 5. — Effets de la séparation de biens.

40. Le jugement qui prononce la séparation de biens remonte, quant à ses effets, au jour de la demande (C. Nap., art. 1445), à l'égard du mari et à l'égard des tiers (Colmar, 3 juill. 1846), si ce n'est toutefois à l'égard des tiers de bonne foi.

41. Il dissout la communauté (C. Nap., art. 1441), que la femme a le droit d'accepter ou de répudier (V. Communauté de biens entre époux). En cas de minorité, la femme ne peut exercer son option qu'après un inventaire et l'autorisation du conseil de famille (Pigeau, Comment., t. 2, p. 501).

42. Mais elle peut, sans l'autorisation de son mari ou de justice, poursuivre le recouvrement de sa dot contre les tiers (Nîmes, 12 juill. 1831), et surenchérir l'immeuble vendu par son mari (Orléans, 25 mars 1831).

43. La femme séparée de biens reprend la libre administration de ceux qui lui appartiennent; elle peut disposer de son mobilier et l'aliéner ; mais elle ne peut aliéner ses immeubles sans le consentement du mari, ou sans être autorisée en justice en cas de refus (C. Nap., art. 1449).

44. Le mari n'est point garant du défaut d'emploi ou de remploi du prix de l'immeuble que la femme séparée a aliéné sous l'autorisation de la justice, à moins qu'il n'ait concouru au contrat, ou qu'il ne soit prouvé que les deniers ont été reçus par lui, ou ont tourné à son profit. — Il est garant du défaut d'emploi ou de remploi, si la vente a été faite en sa présence et de son consentement : il ne l'est point de l'utilité de cet emploi (C. Nap., art. 1450).

45. La séparation de corps et de biens, ou de biens seulement, ne donne pas ouverture aux droits de survie de la femme ; mais celle-ci conserve la faculté de les exercer lors de la mort de son mari (art. 1452).

46. La femme séparée de biens doit contribuer proportionnellement à ses facultés et à celles du mari, tant aux frais du ménage qu'à ceux d'éducation des enfants communs ; elle doit supporter entièrement ces frais, s'il ne reste rien au mari (art. 1448).

47. La femme séparée de biens n'est point dégagée des liens de la puissance maritale en tout ce qui concerne sa personne ; elle reste soumise à tous les devoirs de cohabitation, et à l'obligation de suivre son mari (C. Nap., art. 214; Toullier, t. 13, n° 409).

48. Dès que la puissance maritale continue de subsister, il y a pré-

somption légale que tous les meubles qui se trouvent dans le domicile
marital appartiennent au mari, à moins de preuve contraire à établir
par la femme (V. *Saisie-exécution*).

Formule.

Demande en séparation de biens.

L'an. . ., le . . ., à la requête de la dame. . ., épouse du sieur. . ., autorisée
à former la présente demande en séparation de biens, par ordonnance de M. le président du tribunal de première instance de. . ., en date du. . ., enregistrée, étant au
bas de la requête à lui présentée, le même jour ; — desquelles requête et ordonnance il
est avec celle des présentes donné copie ; — laquelle dame. . . constitue (*constituer
avoué*) ;
J'ai. . ., donné assignation au sieur. . ., à comparaître. . ., pour, — Attendu
que les parties se sont mariées. . ., le. . . ; — Attendu que, par leur contrat de
mariage, passé devant M⁰. . ., le. . ., la dame. . . a apporté à son mari la somme
de. . ., à elle constituée en dot par. . ., et payée suivant quittance en date du . . ,
— Attendu que, depuis son mariage, la dame. . . a recueilli de la succession de. . . .
la somme de. . ., ainsi qu'il résulte d'un acte contenant liquidation, passé devant. . . ;
que cette dernière somme a été reçue par le sieur. . ., ainsi que cela est constaté par
quittance du. . . ; — Attendu qu'aujourd'hui le dérangement des affaires du sieur. . .
est tel que la dot de la dame. . ., requérante, et les sommes par elle recueillies de la
succession de. . ., sont en péril ;—Attendu, dès lors, qu'il importe à ladite dame. . .,
requérante, de provoquer sa séparation de biens, ainsi que la loi lui en donne le droit ;
— Voir dire que ladite dame. . . sera et demeurera séparée quant aux biens d'avec
son mari ; qu'en conséquence, elle reprendra l'administration de ses biens présents et
de ceux qui pourront lui advenir par la suite ; — S'entendre le sieur. . . condamner
à rendre et restituer à ladite dame. . . la somme de. . . due pour les causes sus-
énoncées ; à acquitter, garantir et indemniser la requérante des obligations par elle
contractées pendant le mariage, dans l'intérêt de la communauté ou de son mari ; et à
payer, à compter de ce jour, les intérêts de toutes les sommes dues à la requérante ;
et sous toutes réserves par celle-ci d'accepter ou renoncer à la communauté d'entre elle
et son mari, j'ai. . .

V. n° 11. — Coût : Tar. anal., art. 29. Orig. : Paris, 2 fr. ; R. P. 1 fr. 80 c. ; Aill.,
1 fr. 50 c. — Cop., le 1/4.
Enregistrement : 2 fr. 20 c.

SÉPARATION DE CORPS. — 1. État de deux époux dégagés
par la justice de l'obligation de vivre en commun que leur imposait le
mariage.

§ 1. — *Causes de séparation. — Compétence.*
§ 2. — *Demande, mesures conservatoires, fins de non-recevoir,*
    instruction.
§ 3. — *Jugement, effets.*
FORMULES.

§ 1. — Causes de séparation. — Compétence.

2. *Causes de séparation.* — La séparation de corps ne peut résulter
que d'un jugement ; le consentement mutuel des époux serait insuffisant
pour l'opérer (C. Nap., art. 307).
3. Les causes de séparation sont les mêmes que celles pour lesquelles
il y avait lieu au divorce (C. Nap., art. 306). Ainsi, la séparation de corps
peut être demandée :
4. 1° Par l'un des époux pour excès, sévices ou injures graves de la
part de l'autre époux (C. Nap., art. 231). On entend par *excès*, les actes
de violence qui passent toute mesure et qui peuvent mettre la vie de
l'époux en danger ; par *sévices*, les actes de cruauté, de méchanceté, moins
violents, mais en général plus habituels ; par *injures graves*, toutes paroles ou écrits qui tendent à détruire la réputation de l'époux outragé.

2° Par l'un des époux, par suite de la condamnation de son conjoint à une peine infamante (C. Nap., art. 232), prononcée par un jugement qui n'est plus susceptible d'être réformé par aucune voie légale (Arg. Cass. 17 juin 1813).

5. 3° Par le mari, pour cause d'adultère de la femme (C. Nap., art. 229), dans tous les cas, et par la femme, pour cause d'adultère du mari, mais seulement lorsqu'il a tenu sa concubine dans la maison commune (C. Nap., art. 232). Dans le sens de la loi, le domicile du mari constitue la maison commune (Cass. 9 mai 1821).

6. La séparation de corps pourrait encore être demandée : 1° dans le cas de détention arbitraire ou de séquestration arbitraire commise par l'un des époux sur l'autre (Rouen, 8 avril 1824) ; 2° dans le cas d'inexécution de l'art. 214, C. Nap. (Duranton, t. 2, n° 385; Angers, 8 avril 1829).

7. *Compétence.* — La demande en séparation de corps doit être portée devant le tribunal civil du domicile du mari (Arg. art. 108 et 214, C. Nap.; Carré et Chauveau, *quest.* 2965). Elle ne pourrait être formée incidemment à une procédure criminelle (Merlin, *Répert.*, v° *Séparation de corps*, § 3, n° 4). Mais elle pourrait être intentée incidemment à une procédure en séparation de biens (Pigeau, *Comment.*, t. 2, p. 594), en tentant, toutefois, la conciliation dont il sera parlé ci-après (Carré et Chauveau, *quest.* 2978).

8. La demande, fondée sur la condamnation de l'un des époux à une peine infamante, ne peut être portée devant la chambre du conseil par voie de simple requête; elle doit être intentée par voie d'assignation devant la juridiction ordinaire (Trib. civ. de la Seine, 9 mars 1855 : *J. Huiss.*, t. 36, p. 233; Carré et Chauveau, *quest.* 2958). Cette demande est dispensée du préliminaire de conciliation (Paris, 3 fév. 1852 : *J. Huiss.*, t. 33, p. 137). Cependant, ce dernier point est controversé.

§ 2. — *Demande, mesures conservatoires, fins de non-recevoir, instruction.*

9. *Demande.* — L'époux, qui veut se pourvoir en séparation de corps, est tenu de présenter au président du tribunal de son domicile une requête contenant sommairement les faits; il doit y joindre les pièces à l'appui, s'il y en a (C.P.C., art. 875). La requête, qui ne peut être grossoyée, est présentée par un avoué (Tar. 16 fév. 1807, art. 79). La femme, même lorsqu'elle est mineure, n'a pas besoin d'autorisation à cet effet (Duranton, t. 2, n° 585).

10. Cette requête est suivie d'une ordonnance portant que les parties comparaîtront devant le président au jour indiqué (C.P.C., art. 876). Cette ordonnance est signifiée à l'époux défendeur avec assignation (V. *Formule* 1), sans préliminaire de conciliation devant le juge de paix (Cass. 17 janv. 1822; 27 juill. 1825).

11. Si le mari, contre lequel la demande en séparation de corps est dirigée, réside momentanément et provisoirement en pays étranger, mais a conservé en France son établissement de commerce et son domicile où sa femme a continué de demeurer, l'huissier, chargé de lui signifier la citation à comparaître devant le président du tribunal civil, doit se conformer à l'art. 68, C.P.C., et non à l'art. 69, § 8, même Code, encore bien que le concierge de la maison ait répondu à l'huissier que le mari n'y demeure plus et qu'il ignore son nouveau domicile, alors que la plus légère investigation eût suffi pour démontrer que la réponse du concierge était erronée, et, dans ce cas, la nullité de la citation peut être proposée par le mari sur l'opposition par lui formée au jugement par défaut qui a prononcé la séparation de corps (Paris, 3 juin 1854 : *J. Huiss.*, t. 35, p. 301).

12. Les parties doivent comparaître en personne, sans assistance d'avoués ni de conseils (C.P.C., art. 877).

13. Si le défendeur comparaît, le président fait aux deux époux les représentations qu'il croit propres à opérer un rapprochement. — S'il ne peut y parvenir, il rend, à la suite de la première ordonnance, une seconde ordonnance, qui peut être rendue sans le concours du greffier (Limoges, 7 fév. 1850 : *J. Huiss.*, t. 33, p. 111), et par laquelle : 1° il renvoie les parties à se pourvoir, sans citation préalable, au bureau de conciliation ; 2° il autorise la femme à procéder sur la demande et à se retirer, provisoirement, dans une maison dont les parties conviennent ou que le président indique d'office ; 3° il ordonne que les effets à l'usage journalier de la femme lui soient remis (C.P.C., art. 878) ; 4° il fixe le jour pour le jugement des demandes provisoires (Cass. 26 mars 1828). — Si le défendeur ne comparaît pas, le président donne défaut contre lui, et rend sa seconde ordonnance ainsi qu'il est dit ci-dessus.

14. Par arrêt du 22 août 1856 (V. *J. Huiss.*, t. 38, p. 71), la Cour de Dijon a décidé que l'ordonnance, par laquelle le président du tribunal fixe, aux termes de l'art. 878, C.P.C., la résidence provisoire de la femme demanderesse en séparation de corps, n'est pas susceptible d'appel de la part du mari, alors surtout qu'elle a été rendue d'un commun accord entre ce dernier et sa femme (V. aussi, en ce sens, Rennes, 14 mai 1851 : *J. Huiss.*, t. 33, p. 55). Mais, selon la Cour de Paris, au contraire, l'ordonnance qui, en matière de séparation de corps, indique une résidence à la femme, peut être attaquée par la voie de l'appel.

15. La jurisprudence est également divisée sur la question de savoir si l'ordonnance par laquelle le président du tribunal civil autorise la femme demanderesse en séparation de corps à faire expulser son mari du domicile conjugal et à y résider provisoirement est susceptible d'appel. — Pour l'affirmative, V. Caen, 1er avril 1857 (*J. Huiss.*, t. 39, p. 98). — Pour la négative, V. Paris, 21 janv. 1857 (*J. Huiss.*, t. 38, p. 137). — En admettant l'appel, le délai pour le former est de deux mois, et non de quinze jours à partir de la signification de l'ordonnance (Limoges, 7 fév. 1850 : *J. Huiss.*, t. 33, p. 111).

16. Lorsque la femme ou le mari sont mineurs, il n'ont pas besoin d'être assistés d'un curateur pour procéder dans une instance en séparation de corps (Merlin, v° *Sépar. de corps*, nos 3 et 7 ; Duranton, t. 2, n° 583).

17. Comment doit-on procéder lorsque le mari refuse de remettre les effets de la femme ? Après la signification de l'ordonnance avec sommation au mari (V. *Formule* 2), on doit lui faire commandement, et, en cas de refus, l'huissier, assisté de témoins, se transporte au domicile du mari, lui fait itératif commandement et procède à la recherche desdits effets ; il s'empare de ceux qu'il trouve, les fait transporter par recors au domicile de la femme qui lui en donne décharge, et dresse du tout un procès-verbal qui, selon nous, doit être taxé comme le procès-verbal de saisie-exécution.

18. La seconde ordonnance obtenue, le demandeur la fait signifier à son conjoint et l'assigne, savoir : — au jour indiqué par l'ordonnance, pour répondre aux demandes provisoires, s'il y a lieu, et dans le délai ordinaire, pour procéder sur la demande en séparation de corps (V. *Formule* 3). La demande n'a pas besoin d'être publiée comme dans le cas de séparation de biens (Arg. art. 880, C.P.C. ; Toullier, t. 2, n° 770 ; Duranton, t. 2, n° 598).

19. Les demandes provisoires sont portées à l'audience (C.P.C., art. 878). L'administration provisoire des enfants appartient de droit au mari (C. Nap., art. 373). Toutefois, le tribunal peut confier les enfants à une autre personne (Arg. art. 267, C. Nap.).

20. Le mari, pendant l'instance en séparation, conserve l'administration des biens de la femme (C. Nap., art. 1428). Si celle-ci n'a pas de moyens légitimes pour subsister, le mari doit être condamné à lui payer une provision.

21. *Mesures conservatoires.* — Les art. 270 et 271, C. Nap., sont applicables à la séparation de corps (Bruxelles, 8 mai 1807; Duranton, t. 2, n°s 613 et 614). En conséquence, la femme peut, en tout état de cause, à partir de l'ordonnance qui autorise les poursuites, requérir l'apposition des scellés sur les effets de la communauté, faire faire inventaire, et faire annuler les obligations contractées et les aliénations consenties par le mari, postérieurement à la seconde ordonnance du président (C. Nap., art. 270 et 271).

22. L'apposition des scellés n'est pas un obstacle à ce que les créanciers de la communauté, porteurs de titres exécutoires, procèdent à la saisie des meubles mis sous le scellé; ils peuvent, sans être obligés de faire faire inventaire, obtenir mainlevée des scellés (Rennes, 8 août 1810; Duranton, t. 2, n° 613; Carré et Chauveau, *quest.* 2977).

23. *Fins de non-recevoir.* — Plusieurs fins de non-recevoir peuvent être opposées à la demande en séparation de corps; elles sont tirées : 1° de la réconciliation survenue entre les époux, soit depuis les faits qui ont autorisé l'action, soit depuis la demande (Arg. art. 272, C. Nap.) ; les tribunaux sont juges souverains des faits de réconciliation; leurs décisions, susceptibles d'être réformées en appel, échappent à la censure de la Cour de cassation (Duranton, t. 2, n° 570) ; — 2° de la réciprocité des torts entre les époux : ainsi l'adultère du mari dans la maison commune le rend non recevable à demander la séparation de corps contre la femme pour cause d'adultère (Arg. art. 336 et 337, C. Pén.; Duranton, t. 2, n° 574.— *Contrà* Orléans, 16 août 1820) ; — 3° de la provocation aux mauvais traitements ou injures du défendeur par les désordres, l'inconduite ou le dérèglement des mœurs de l'époux demandeur (Cass. 14 prair. an XIII; Toulouse, 9 janv. 1824; Duranton, t. 2, n° 575).

24. Mais on ne pourrait opposer comme fins de non-recevoir : 1° le défaut de justification, par la femme, de sa résidence dans la maison indiquée (Cass. 14 mars 1816; 27 janv. 1819; Rennes, 26 déc. 1820; Bordeaux, 6 janv. 1835 ; Carré et Chauveau, *quest.* 2975; Duranton, t. 2, n° 578); 2° le rejet d'une demande antérieure motivée sur d'autres faits (Merlin, v° *Sépar. de corps*, n° 3); 3° une demande en séparation de biens (Cass. 23 août 1809 ; Duranton, n° 579).

25. *Instruction.* — La demande en séparation est instruite en la forme ordinaire, et jugée sur les conclusions du ministère public (C.P.C., art. 879).

26. Les faits, sur lesquels repose la demande en séparation, doivent être prouvés autrement que par l'aveu du défendeur, qui, dans ce cas, n'a aucune valeur (Pigeau, *Comment.*, t. 2, p. 599; Carré et Chauveau, *quest.* 2981 ; Duranton, t. 2, n° 602).

27. Si la preuve de ces faits, — qui sont articulés dans la requête dont il est parlé ci-dessus, n° 9, et qui peuvent être développés et complétés par une nouvelle requête postérieure à la demande, — résulte d'écrits émanés du mari, s'il s'agit d'injures, de certificats de gens de l'art, s'il s'agit de mauvais traitements, le tribunal peut prononcer de suite la séparation (Duranton, *loc. cit.*).

28. Si, au contraire, la preuve n'est pas administrée d'abord, le tribunal statue sur la pertinence et l'admissibilité des faits et ordonne la preuve par témoins et en la forme ordinaire (V. *Enquête*); toutefois, on ne peut reprocher comme témoins les parents, excepté les enfants et descendants, ni les domestiques (Paris, 7 août 1809; Amiens, 5 juill. 1821; Duranton, t. 2, n° 607), ni les donataires (Cass. 8 juill. 1813).

29. En matière de séparation de corps, l'enquête, nulle par la faute d'un officier ministériel, peut être recommencée (Thomine-Desmazures, *Comment. du Code de procéd.*, sur l'art. 879. — *Contrà* Poitiers, 12 fév. 1829).

§ 3. — *Jugement, effets.*

30. Si la demande en séparation est rejetée, le tribunal ordonne à la femme de rentrer dans le domicile conjugal et de rapporter les effets qui lui ont été remis (Pigeau, t. 2, p. 537).

31. Si la demande est admise, le tribunal prononce la séparation de corps et d'habitation, condamne la femme adultère à la peine prévue par l'art. 308, C. Nap., et statue sur le sort des enfants dans le plus grand intérêt de ceux-ci.

32. La séparation de corps emporte toujours la séparation de biens (C. Nap., art. 311). — V. *Séparation de biens*. Toutefois, l'art. 1444, C. Nap., n'est pas applicable (Bordeaux, 4 fév. 1811; Carré et Chauveau, *quest.* 3986); et le tribunal peut accorder un délai au mari pour la restitution des reprises de la femme (Pigeau, t. 2, p. 604).

33. Le jugement qui prononce la séparation de corps doit être publié dans la forme prescrite par l'art. 880, C.P.C.; faute de quoi, il ne serait pas opposable aux tiers.

34. La communauté, dissoute par la séparation de corps, peut être acceptée par la femme, à moins qu'elle ne juge plus avantageux d'y renoncer. — Elle peut être rétablie par le consentement des époux. — V. *Communauté de biens entre époux*.

35. La séparation de corps n'anéantit point les liens du mariage; elle ne fait que les relâcher. Ainsi, la femme, en obtenant la faculté de quitter le domicile conjugal, reste néanmoins soumise à l'autorité maritale en tout ce qui n'a pas rapport à l'habitation commune et à la communauté de biens.

36. Les créanciers n'ont le droit d'intervenir en aucune manière dans l'instance en séparation de corps; ils ne peuvent qu'attaquer le jugement par la tierce opposition, s'il leur porte préjudice.

Formules.

1. *Signification d'ordonnance et citation devant le président.*

L'an. . ., le. . ., à la requête de la dame. . ., élisant domicile à. . ., j'ai. . . signifié et avec celle des présentes donné copie au sieur. . ., de la requête (*analyser la requête de l'ordonnance*), et à ce que ledit sieur. . . n'en ignore.

Et, par suite de l'indication contenue en ladite requête, j'ai, huissier susdit et soussigné, cité le sieur. . ., en parlant comme dessus, à comparaître le. . ., heure de. . ., par-devant M. le président du tribunal civil de. . ., en son cabinet, sis au palais de justice de ladite ville, pour répondre devant lui à la demande en séparation de corps et de biens formée contre ledit sieur. . ., par. . ., et pour procéder conformément à la loi; déclarant au susnommé que, faute par lui de comparaître, la requérante se pourvoira comme de droit; et j'ai. . ., etc.

V. n° 10. — Coût: Tar. art. 29. Orig.: Paris, 2 fr.; R. P., 1 fr. 80 c.; Aill. 1 fr. 50 c.; Cop., le 1/4.

Enregistrement : 2 fr. 20 c.

2. *Signification de la seconde ordonnance.*

L'an. . ., le. . ., à la requête de la dame. . ., épouse du sieur. . ., résidant actuellement à. . . et élisant domicile à. . ., ladite dame. . ., autorisée par l'ordonnance ci-après énoncée, à former sa demande en séparation de corps contre son mari ;
J'ai. . ., soussigné, signifié et avec celle des présentes donné copie au sieur. . ., d'une ordonnance (*l'analyser*), à ce qu'il n'en ignore ; lui faisant sommation en conséquence de remettre, dans les 24 heures, à la dame. . . son épouse, tous les effets à son usage journalier, et lui déclarant que faute par lui de ce faire il y sera contraint par les voies de droit ; et j'ai, audit sieur. . ., etc.
V. n° 17. — Coût : V. *Formule* 1.
Enregistrement : 2 fr. 20 c.

3. *Demande en séparation de corps.*

L'an. . ., le. . ., à la requête de la dame. . ., épouse du sieur. . ., autorisée à résider provisoirement à. . ., où elle est actuellement, et à former sa demande en séparation de corps et de biens contre son mari, par ordonnance de M. le président du tribunal civil de. . ., du. . ., enregistrée le. . ., et signifiée au sieur. . ., par exploit de. . . ; laquelle dame. . . constitue, à l'effet d'occuper sur ces présentes, M°.
J'ai. . ., donné assignation au sieur. . ., à comparaître devant MM. les président et juges composant le tribunal de. . ., au Palais de justice, sis en ladite ville, rue. . ., savoir : le. . ., heure de. . ., jour et heure indiqués par l'ordonnance susdatée, pour,
Attendu que la dame. . ., requérante, n'a aucuns moyens légitimes pour subsister, et que ledit sieur. . . doit pourvoir à ses besoins jusqu'au jugement à intervenir sur la séparation dont s'agit ;
Voir dire que ce dernier sera condamné à lui payer, à titre de provision, dans le jour du jugement à intervenir, la somme de. . ., sinon qu'il y sera contraint par toutes les voies de droit ; réservant la dame. . . de former une nouvelle provision, si celle qui sera accordée est insuffisante ;
Et, dans le délai de huitaine franche, outre les délais de distance, pour,
Attendu que la requérante et le sieur. . . se sont mariés à. . ., le. . ., ainsi qu'il résulte de l'acte inscrit à la mairie de. . ., le. . ., et dont il est avec celle des présentes donné copie ; — Attendu que la dame. . . a présenté sa requête en séparation (*énoncer la requête et les deux ordonnances*), desquelles requête et ordonnances il a été précédemment donné copie au sieur. . . ; — Attendu au fond (*énoncer les faits qui fondent l'action et donner copie des pièces à l'appui de ces faits s'il y en a*) ;
Voir dire et ordonner que la dame. . . sera et demeurera séparée de corps d'avec son mari ; qu'il lui sera fait défenses à ce dernier de la fréquenter sous quelque prétexte que ce soit ; voir dire pareillement qu'elle sera séparée quant aux biens d'avec ledit sieur. . ., pour, par elle (*le surplus comme à la formule du mot Séparation de biens*) ; et pour, en outre, répondre et procéder comme de raison, à fin de dépens, sous toutes réserves, et j'ai. . ., etc.
V. n° 18. — Coût : — V. *Formule* 1.
Enregistrement : 2 fr. 20 c.

SEPARATION DE PATRIMOINES. — 1. Opération qui consiste

à empêcher que les biens d'une succession ne soient confondus avec ceux de l'héritier, afin que les créanciers de la succession soient payés sur les biens qui en proviennent par préférence aux créanciers personnels de l'héritier.

2. L'héritier, à moins qu'il ne renonce à la succession, confond ses biens et ses dettes avec ceux que le défunt lui a transmis ; il suit de là que ses créanciers personnels peuvent se faire payer sur les biens de la succession, au préjudice des créanciers de l'hérédité. Toutefois, comme ce résultat serait injuste, la loi a donné à ces derniers le moyen de l'empêcher en demandant la séparation des patrimoines.

3. *Quels créanciers peuvent demander la séparation des patrimoines.*
— L'art. 878, C. Nap., accorde la faculté de demander la séparation des patrimoines à tous les créanciers du défunt, aux créanciers chirographaires comme aux créanciers hypothécaires, à ceux qui ont accordé des délais comme à ceux dont la créance est exigible. Les légataires du défunt ont le même droit que ses créanciers.

4. Les créanciers de l'héritier ne sont point admis à demander la séparation des patrimoines contre les créanciers de la succession (C. Nap. art. 881). Toutefois, s'il était prouvé que l'acceptation eût été la suite d'un concert frauduleux entre l'héritier et les créanciers de la succession, les créanciers de celui-ci auraient contre lui, et jusqu'à due concurrence, l'action révocatoire accordée aux créanciers, en général, contre les actes de leur débiteur faits en fraude de leurs droits (C. Nap., art. 1167). — V. *Action révocatoire.*

5. La demande en séparation de patrimoines peut être formée dans tous les cas (Art. 878), aussi bien dans le cas d'acceptation pure et simple de la succession que dans le cas d'acceptation sous bénéfice d'inventaire, et, à plus forte raison, lorsque l'héritier, après avoir accepté sous bénéfice d'inventaire, est devenu héritier pur et simple (Cass. 18 juin 1833) ; elle peut l'être également lorsque le débiteur devient héritier de la personne qui l'a cautionné, lorsque la caution succède au débiteur, lorsque l'héritier est créancier ; en un mot, toutes les fois que le créancier a intérêt d'empêcher la confusion des biens de son débiteur décédé avec ceux de l'héritier.

6. *Contre qui la demande peut être formée.* — La demande doit être formée contre *tout créancier* (C. Nap., art. 878) de l'héritier, soit qu'il ait accepté purement et simplement, soit qu'il ait accepté sous bénéfice d'inventaire.

7. L'expression *tout créancier* ne doit pas être entendue en ce sens que la demande doive nécessairement être formée contre les créanciers de l'héritier ; elle peut l'être contre l'héritier lui-même (Nancy, 14 fév. 1833 ; Chabot, *Successions*, t. 3, p. 632. — *Contrà* Poitiers, 8 août 1828).

8. La demande peut être formée contre l'héritier même dans le cas où il a accepté la succession sous bénéfice d'inventaire, alors surtout que la personne et la position de fortune de cet héritier ne présentent pas des garanties suffisantes pour la conservation des droits des créanciers de la succession (Lyon, 24 juill. 1835) ; il n'est pas nécessaire que ceux-ci appellent en cause les créanciers personnels de l'héritier ; mais ces derniers ont le droit d'intervenir au procès ou de former tierce opposition au jugement (Trib. civ. de Saint-Amand, 22 mai 1852 : *J. Huiss.*, t. 34, p. 308 ; Paris, 15 nov. 1856 : t. 38, p. 130).

9. La séparation peut être demandée séparément contre tel ou tel créancier ; de même, il n'est pas nécessaire que les créanciers du défunt se concertent tous pour agir : du reste la séparation ne profite qu'à ceux qui l'ont fait prononcer. C'est ce qu'enseignent tous les auteurs. — V. n° 19.

10. *Déchéance.* — Les créanciers sont déchus de la faculté de former la demande en séparation de patrimoines lorsqu'il y a novation dans la créance contre le défunt par l'acceptation de l'héritier pour débiteur (C. Nap., art. 879). Il y a novation, dans le sens de cet article, lorsque le créancier a reçu de l'héritier un gage, une caution, une hypothèque ; lorsqu'il a changé le mode ou les conditions du paiement de la créance, lorsqu'il a assisté, sans réclamation ni opposition, à la vente par une seule adjudication et pour un seul prix des biens de la succession et de ceux de l'héritier, lorsqu'il a pris inscription sur l'héritier personnellement, ou lorsqu'il a poursuivi ce dernier sur ses biens personnels.

11. *Dans quel délai l'action peut être intentée.* — L'action doit être intentée : à l'égard des meubles, dans le délai de trois ans (C. Nap., art. 880) à compter du jour de l'ouverture de la succession (Chabot, t. 3, p. 645 ; Duranton, t. 7, n° 482) ; à l'égard des immeubles, avant qu'ils aient été aliénés par l'héritier (Art. 880) ; après l'aliénation, la demande pourrait encore être formée pourvu que le prix n'ait pas été payé (Cass. 17

oct. 1809), et qu'il ne se soit pas écoulé plus de trois ans depuis le décès.

12. *Formalités de la demande.* — La demande en séparation de patrimoines n'est pas susceptible de conciliation. Elle doit être formée par exploit à personne ou domicile (V. *Formule*), et portée, selon nous, devant le tribunal de l'ouverture de la succession; à moins, toutefois, qu'elle ne soit intentée après le partage; auquel cas elle serait de la compétence du tribunal du domicile de l'héritier. Elle est instruite et jugée en la forme ordinaire.

13. Lorsque des immeubles dépendent de la succession, le jugement qui accorde la séparation des patrimoines ne suffit pas pour que le créancier conserve son privilége sur lesdits immeubles. Le créancier doit, pour atteindre ce but, prendre inscription sur chacun desdits biens, dans les six mois à compter de l'ouverture de la succession (C. Nap., art. 2111).

14. Avant l'expiration de ce délai, aucune hypothèque ne peut être établie avec effet sur ces biens par les héritiers ou représentants, au préjudice des créanciers ou légataires de la succession (Même art.). Après ce délai, l'hypothèque peut encore être prise, mais alors elle n'a de rang que du jour de l'inscription, et non de celui de l'ouverture de la succession.

15. *Effets de la séparation des patrimoines.* — La séparation des patrimoines a pour effet d'empêcher les créanciers personnels de l'héritier d'exercer leurs droits sur les biens de la succession avant que les créanciers du défunt aient été payés.

16. Toutefois, cela n'empêche pas les créanciers personnels de l'héritier de pouvoir faire saisir et vendre les biens de l'hérédité; seulement, lors de la distribution, ils ne seront colloqués qu'après les créanciers de la succession.

17. Si les créanciers de la succession, qui ont obtenu la séparation des patrimoines, ne sont pas entièrement payés à l'aide du prix des biens de la succession, ils peuvent réclamer, sur les biens de l'héritier, ce qui leur reste dû.

18. Lorsque le mobilier de la succession a été transporté au domicile de l'héritier, comment peut-on le reconnaître quand il s'agit de le saisir? En consultant l'inventaire, lorsqu'il en a été dressé un, et, à défaut d'inventaire, la commune renommée. Si le mobilier a été vendu et le prix non payé, ou s'il y a des créances non remboursées, le droit des créanciers s'exerce sur le prix du mobilier et sur les créances.

19. La séparation ne profite qu'aux créanciers qui l'ont obtenue, et seulement à l'égard de ceux contre lesquels elle a été prononcée. — V. n° 9.

Formule.

Demande en séparation de patrimoines.

L'an. . ., à la requête du sieur. . . (*constituer avoué*), j'ai. . ., donné assignation au sieur. . ., à comparaître. . ., pour, — Attendu que le sieur. . ., requérant, était créancier de. . ., décédé à. . ., le. . . . de la somme de. . . (*indiquer la cause de la créance*); — Attendu que la succession dudit sieur. . ., dévolue pour telle quotité à. . ., a été par lui acceptée purement et simplement; — Attendu, dès lors, que le requérant a intérêt à demander la séparation des patrimoines du défunt d'avec celui dudit sieur. . .; — Voir dire et ordonner que cette séparation aura lieu, et qu'en conséquence le requérant aura le droit de se faire payer sur les biens dépendant de ladite succession avant les créanciers personnels du sieur. . ., et en outre ce dernier s'entendre condamner aux dépens, sous toutes réserves; et j'ai. . ., etc.

V. n° 12. — Coût : Tar. anal. art. 29. Orig. : Paris, 2 fr.; R. P., 1 fr. 80 c.; Aill., 1 fr. 50 c.; Cop., le 1/4.

Enregistrement : 2 fr. 20 c.

SEPTUAGENAIRE. — V. *Contrainte par corps.*

SEPULTURE. — V. *Cimetière, Déor. 25 prair. an* XII., *et C. Pén.,* *art.* 360.

SÉQUESTRATION DE PERSONNES. — Fait de détenir illégalement où arbitrairement une ou plusieurs personnes.—Ce fait constitue un crime ou un délit prévu et puni par les art. 341 et suiv., C. Pén. — Il a été fait plusieurs fois application de ces articles au cas de séquestration d'huissier (V. notamment Trib. corr. de la Seine, 25 nov. 1854, 22 janv., 23 et 31 mai 1856 : **J. Huiss.**, t. 35, p. 336, et t. 37, p. 41 et 177). — V. aussi *Contrainte par corps*, nos 348 et 349, et *Liberté individuelle.*

SÉQUESTRE. — **1.** Remise d'une chose litigieuse, soit mobilière, soit immobilière, entre les mains d'un tiers, qui s'oblige de la garder et de la restituer, après la contestation terminée, à celui auquel elle aura été adjugée (V. *Dépôt*, nos 1, 3 et 4). — On donne aussi le nom de *Séquestre* à la personne à laquelle est confiée la garde de la chose.

2. Le séquestre peut être établi par convention ou par jugement. Dans le premier cas, il est *conventionnel* ; dans le second, *judiciaire* (C. Nap., art. 1955).

3. *Séquestre conventionnel.* — Remise faite volontairement par une ou plusieurs personnes d'une chose contentieuse entre les mains d'un tiers qui s'oblige de la rendre, après la contestation terminée, à la personne qui sera jugée devoir l'obtenir (C. Nap., art. 1956). Le séquestre conventionnel peut avoir pour objet, non-seulement des effets mobiliers, mais même des immeubles (Art. 1959).

4. Le séquestre conventionnel est gratuit de sa nature ; mais, par suite d'une convention entre parties, il peut être salarié (Art. 1957). Dans ce dernier cas, le séquestre, sans dégénérer en un contrat de louage, soumet à une responsabilité plus rigoureuse (Pothier, *Dépôt*, n° 90).

5. Le séquestre gratuit est soumis aux règles du dépôt proprement dit, sauf les différences énoncées aux art. 1959 et 1960 (C. Nap., art. 1958). — V. *Dépôt.*

6. Le dépositaire chargé du séquestre ne peut être déchargé, avant la contestation terminée, que du consentement de toutes les parties intéressées, ou pour une cause jugée légitime (Art. 1960).

7. *Séquestre judiciaire.* — Le séquestre judiciaire peut être ordonné d'office ou à la requête des parties. — On l'ordonne d'office, principalement, 1° dans les matières de complainte, lorsque les parties n'ont pas un droit plus apparent l'une que l'autre ; il se nomme alors *récréance* (V. *Action possessoire*) ; 2° lorsqu'il y a plusieurs individus prétendant avoir droit à la propriété d'une chose, sans que ni l'un ni l'autre ait la possession annale en sa faveur, et puisse, conséquemment, faire usage de l'action possessoire (Merlin, *Répert.*, v° *Séquestre*, § 2).

8. La justice peut ordonner le séquestre : 1° de meubles saisis sur un débiteur ; 2° d'un immeuble ou d'une chose mobilière dont la propriété ou la possession est litigieuse entre deux ou plusieurs personnes ; 3° des choses qu'un débiteur offre pour sa libération (C. Nap., art. 1961).

9. Ainsi, le séquestre judiciaire peut être ordonné : 1° dans le cas de l'art. 688, C.P.C., contre le tiers détenteur (Cass. 4 oct. 1814) ; 2° sur la demande du vendeur qui attaque la vente pour dol et fraude (Bourges, 8 mars 1822), ou qui demande la résolution de la vente à défaut de paiement du prix (Toulouse, 29 août 1827) ; 3° à l'égard des biens d'une succession, lorsqu'il y a contestation sur la validité du testament (Montpellier, 19 juin 1827), ou lorsque l'écriture du testament est déniée (Bourges, 18 déc. 1826).

10. Les termes de l'art. 1961 sont-ils restrictifs, et le séquestre ne peut-il être ordonné que dans les cas qu'il énumère? Non, il peut être prescrit toutes les fois que les juges le croient convenable (Bourges, 8 mars 1822; Cass. 28 avril 1813; 6 mars 1834; Bordeaux, 17 mai 1831).

11. Lorsqu'il s'élève des difficultés sur l'exécution d'un jugement qui ordonne le séquestre, on introduit, pour les vider, un référé devant le président du tribunal qui a ordonné le séquestre (Colmar, 17 déc. 1812; Rennes, 23 déc. 1818).

12. L'établissement d'un gardien judiciaire produit entre le saisissant et le saisi des obligations réciproques (C. Nap., art. 1962. — V. *Saisie-exécution*).

13. Le séquestre judiciaire est donné à une personne dont les parties sont convenues, et, à défaut, à une personne nommée d'office par le juge (C. Nap., art. 1963).

14. Dans l'un et l'autre cas, celui auquel la chose a été confiée est soumis à toutes les obligations qu'emporte le séquestre conventionnel. — V. *Dépôt.*

15. Le séquestre judiciaire est soumis à la *contrainte par corps* (V. ce mot, n° 71); il peut, comme le gardien, exiger un salaire, quoique cela n'ait pas été convenu.

16. Les sommes qui sont l'objet d'un séquestre doivent être déposées à la Caisse des consignations (Ord. 3 juill. 1816; Montpellier, 19 juin 1827).

SÉQUESTRE PAR SUITE DE CONTUMACE. — Séquestre établi sur les biens d'un accusé qui ne se présente pas pour être jugé. — V. *Contumace.*

SERGENT. — V. *Huissier.*

SERGENTS DE VILLE. — **1.** Agents chargés de l'exécution des lois et arrêtés de police municipale. — La dénomination de *sergents de ville* ne paraît remonter qu'à 1829, époque à laquelle le préfet de police, M. Debelleyme, constitua un corps d'agents spéciaux chargés de la police dans la ville de Paris.

2. Les sergents de ville étant des agents de la force publique peuvent valablement signifier les actes de poursuites disciplinaires en matière de garde nationale.

3. En matière correctionnelle ou criminelle, la contrainte par corps pour le paiement des dommages-intérêts accordés à la partie civile pouvant être mise à exécution suivant les mêmes formes que les condamnations au profit de l'État, il s'ensuit que l'arrestation peut être opérée par un sergent de ville, agissant en vertu des réquisitions du ministère public (Paris, 22 mai 1845; Cass. 5 août 1846).

SERMENT. — Acte religieux par lequel une personne prend Dieu à témoin de la sincérité d'une promesse, de la vérité d'un fait. — V. *Affirmation.* — Le serment employé pour assurer davantage l'accomplissement futur des engagements contractés s'appelle *serment promissoire* (V. *Serment extrajudiciaire ou judiciaire*, n° 4); c'est à ce serment que se rapporte celui que doivent prêter les fonctionnaires publics et officiers ministériels avant d'entrer en fonctions.—V. *Serment des officiers ministériels.* — Le serment employé ou exigé pour garantir la sincérité d'une affirmation ou de la négation d'un fait présent ou passé, est judiciaire ou extrajudiciaire. — V. *Serment judiciaire et extrajudiciaire.*

SERMENT DES OFFICIERS MINISTÉRIELS. — **1.** Les avocats à la Cour de cassation, notaires, avoués, huissiers, commissaires-priseurs, greffiers et-commis greffiers, et, en général, tous les fonctionnaires ou officiers publics, ou ministériels dépendant de l'ordre judiciaire, sont assujettis au serment politique, en outre du serment professionnel.

2. La formule du serment politique est déterminée par l'art. 14 de la Constitution des 14–22 janv. 1852, modifiée par le Sénatus-Consulte du 7 novembre de la même année. Le décret de 5-7 avril 1852 règle le serment professionnel des fonctionnaires et officiers publics. Ainsi, le serment politique est ainsi conçu : *Je jure obéissance à la Constitution et fidélité à l'Empereur*, et le serment professionnel : *Je jure et promets de bien et loyalement remplir mes fonctions et d'observer en tout les devoirs qu'elles m'imposent.*

3. La prestation de serment est une réception, une prise de possession, solennelle, où la puissance publique achève de former le caractère de l'homme public, du fonctionnaire ou de l'officier ministériel (D'Aguesseau, *œuvres*, t. 7, p. 616 ; Loyseau , *des Offices*, lit. 1er, chap. 4, n° 71). — V. *Huissier*, nos 89 et suiv.

4. Tout acte d'un fonctionnaire public non assermenté est entaché de nullité (Cass. 12 janv. 1809 ; Toullier, t. 10, n° 353) ; toutefois, s'il s'agissait d'un acte notarié et qu'il fût signé de toutes les parties, il vaudrait comme acte sous seing privé (L. 25 vent. an XI, art. 68).

5. Le défaut d'enregistrement de la prestation de serment d'un fonctionnaire ou officier ministériel, dont l'affirmation a d'ailleurs été transcrite sur sa commission, ne peut vicier de nullité les actes et procès-verbaux qui sont dans ses attributions (Décis. 1er germ. an XIII ; Cass. 1er avril 1808).

6. Le serment prêté devant une autorité incompétente pour le recevoir est entaché de nullité (Toullier, t. 10, n° 356).

7. Tout fonctionnaire public qui entre en fonctions sans avoir prêté serment peut être passible d'une amende de 16 à 150 fr. (C. Pén., art. 196).

8. Les prestations de serment des huissiers sont assujetties au droit fixe de 45 francs (L. 22 frim. an VII, art. 68).

SERMENT EXTRAJUDICIAIRE OU JUDICIAIRE. — 1. Le serment est extrajudiciaire ou judiciaire suivant qu'il est prêté hors jugement ou en jugement.

§ 1. — *Serment extrajudiciaire.*
§ 2. — *Serment judiciaire.*

§ 1. — *Serment extrajudiciaire.*

2. Le serment extrajudiciaire ou conventionnel est celui qui est prêté en vertu d'une convention par laquelle deux personnes sont convenues de s'en rapporter au serment de l'une d'elles pour la preuve de la libération ou de l'obligation alléguée.

3. Dans ce cas, le serment emporte preuve de libération ou d'obligation. La partie à qui le serment est déféré par une convention ne peut se dispenser de le prêter en le référant à l'autre. En cas de refus de prêter le serment, l'obligation ou la libération qu'il devait produire n'existe pas (Toullier, t. 10, nos 361 et suiv. ; Duranton, t. 13, nos 568 et suiv.).

4. Il ne faut pas confondre le serment conventionnel avec le serment promissoire, qui ne s'applique qu'à un fait futur, et ne peut produire aucun effet civil (Toullier, t. 10, n° 352). — V. *Serment.*

5. Lorsque le serment est déféré par une partie à l'autre devant le bureau de conciliation, le juge de paix doit se borner à faire mention du refus ou de l'acceptation de prêter le serment. — En cas de *refus*, la partie de qui il émane ne doit pas, par cela seul, succomber (Cass. 17 juill. 1810) ; le serment doit de nouveau lui être déféré devant le tribunal, si on veut que le refus produise l'effet d'un serment judiciaire non prêté. En cas d'*acceptation*, il en résulte une convention qui lie les parties comme le serment judiciaire. — V., d'ailleurs, *Conciliation*, nᵒˢ 114 et 115.

§ 2. — *Serment judiciaire.*

6. Le serment judiciaire est de deux espèces : 1° le *serment décisoire*, qu'une partie défère à l'autre pour en faire dépendre le jugement de la cause ; 2° le *Serment supplétoire*, qui est déféré d'office, par le juge, à l'une ou à l'autre des parties (C. Nap., art. 1357).

7. *Serment décisoire.* — Le serment décisoire étant celui qui est déféré ou référé par l'une des parties à l'autre pour en faire dépendre la solution du litige, il s'ensuit que la délation de ce serment produit une transaction conventionnelle, et ne peut être faite et acceptée que par les personnes qui ont la capacité de disposer de la chose qui en fait l'objet. Ainsi, le mineur émancipé, la femme mariée, celui qui a un conseil judiciaire ne peuvent déférer le serment que sur les objets dont ils ont la disposition ; de même, le tuteur ne peut déférer le serment, sans l'autorisation du conseil de famille, lorsqu'il s'agit d'un acte qui excède le pouvoir qu'il peut exercer seul.

8. Le serment décisoire peut être déféré, sur quelque espèce de contestation que ce soit (C. Nap., art. 1358), pourvu qu'il s'agisse d'un fait personnel à la partie à laquelle on le défère (Art. 1359). — Toutefois, ce serment ne pourrait être déféré sur un fait dont la preuve ne serait pas admise, ou qui, s'il était prouvé, serait sans conséquence légale, par exemple sur une dette de jeu, sur la vérité de la forme probante d'un acte notarié, sur des conventions qui ne produisent d'effet que lorsqu'elles sont revêtues d'une forme spéciale.

9. Le serment peut être déféré en tout état de cause (C. Nap., art. 1360), en appel comme en première instance (Riom, 7 déc. 1818 ; Toullier, t. 10, n° 382) ; peu importe qu'il n'existe aucun commencement de preuve de la demande ou de l'exception sur laquelle il est fondé (C. Nap., art. 1360). Ainsi, lorsque la dette excède 150 fr., et que le demandeur, faute de commencement de preuve par écrit, se trouve dans l'impossibilité de faire entendre des témoins, il trouve une dernière ressource dans la délation du serment décisoire.

10. Celui auquel le serment est déféré, qui le refuse ou ne consent pas à le référer à son adversaire, ou l'adversaire à qui il a été référé et qui le refuse, doit succomber dans sa demande ou dans son exception (C. Nap., art. 1361). Le refus de prêter serment équivaut, en effet, à un aveu.

11. Le serment ne peut être référé, quand le fait qui en est l'objet n'est point celui des deux parties, mais est purement personnel à celui auquel le serment avait été déféré (C. Nap., art. 1362). Cette disposition est une conséquence de l'art. 1359 (V. *suprà*, n° 8).

12. La partie qui a déféré ou référé le serment ne peut plus se rétracter lorsque l'adversaire a déclaré qu'il était prêt à faire ce serment (C. Nap., art. 1364).

13. Lorsque le serment déféré ou référé a été fait, l'adversaire n'est point recevable à en prouver la fausseté (art. 1363) ; car la délation du serment emporte l'obligation de se soumettre à ce que l'adversaire affirmera. — En cas de faux serment, le ministère public peut diriger, dans l'intérêt de la société, s'il y a lieu, les poursuites autorisées par les art. 361 et suiv., C. Pén.

14. Le serment prêté ne fait preuve qu'au profit de celui qui l'a déféré ou contre lui, et au profit de ses héritiers et ayants cause ou contre eux (C. Nap., art. 1365).

15. Néanmoins, le serment déféré par l'un des créanciers solidaires au débiteur ne libère celui-ci que pour la part de ce créancier; mais le serment déféré au débiteur principal libère les cautions, celui déféré à l'un des débiteurs solidaires profite aux codébiteurs, celui déféré à la caution profite au débiteur principal; dans ces deux derniers cas, le serment du codébiteur solidaire ou de la caution ne profite aux autres codébiteurs ou au débiteur principal que lorsqu'il a été déféré sur la dette et non sur le fait de la solidarité ou du cautionnement (C. Nap., art. 1365).

16. Le serment est indivisible (Cass. 18 janv. 1813; Toullier, t. 10, n° 396). Il ne fait preuve que relativement à la chose spéciale qu'il avait pour objet (Toullier, n°ˢ 393 et suiv.; Duranton, t, 13, n° 608). Lorsqu'un serment n'a pas été prêté sur l'ensemble des faits propres à produire un éclaircissement, il peut être complété par un second serment explicatif du premier (Turin, 17 avril 1807).

17. *Serment supplétoire.* — Lorsque les parties n'ont pas assez de confiance l'une envers l'autre pour recourir au serment décisoire, et lorsque la demande ou l'exception n'est pas pleinement justifiée, le juge, ne pouvant ni condamner purement et simplement, ni rejeter la demande, est autorisé à déférer le serment à celle des parties qui lui inspire le plus de confiance, soit pour faire dépendre de ce serment la décision de la cause, soit seulement pour déterminer le montant de la condamnation (C. Nap., art. 1366).

18. Le juge ne peut déférer d'office le serment, soit sur la demande, soit sur l'exception, que sous les deux conditions suivantes :
1° Que la demande ou l'exception ne soient pas pleinement justifiées (C. Nap., art. 1367), car si la demande ou l'exception étaient justifiées en entier, le juge devrait les accueillir et en conséquence les admettre purement et simplement (Même art.) ;
2° Qu'elles ne soient pas totalement dénuées de preuves (Art. 1367), c'est-à-dire qu'il y ait un *commencement de preuve par écrit* (V. ce mot), si la somme excède 150 fr. Au-dessous de cette somme, il suffit de présomptions ou d'indices résultant de faits graves et constants ; au cas contraire, le juge doit rejeter la demande ou l'exception sans examen (Art. 1368).

19. Le serment déféré d'office par le juge diffère du serment décisoire en ce que la partie auquel le juge l'a déféré ne peut le référer à l'autre partie (Même art. 1368).

20. Le serment sur la valeur de la chose demandée ne peut être déféré qu'au demandeur et seulement lorsqu'il est impossible de constater autrement cette valeur. Le juge doit même, en ce cas, déterminer la somme jusqu'à concurrence de laquelle le demandeur doit être cru sur son affirmation (Art. 1369), en ayant égard à la nature de l'affaire et au plus ou moins de vraisemblance des allégations du demandeur.

21. *Procédure.* — Le jugement qui ordonne le serment énonce les faits sur lesquels il doit être prêté (C. P. C., art. 120). L'omission de cette énonciation rendrait le jugement inexécutable (Thomine-Desmazures, t. 1ᵉʳ, p. 239).

22. Le serment doit être prêté par la partie en personne, à l'audience devant le tribunal de la cause ou devant le tribunal de la résidence de la partie, si elle est fort éloignée, ou même, en cas d'empêchement légitime et dûment constaté, devant le juge que le tribunal a commis et qui se transporte chez la partie assistée du greffier (C. P.C., art. 121).

23. La partie qui doit prêter serment est appelée à remplir cette formalité par acte d'avoué à avoué, si elle en a un de constitué, sinon, par exploit à personne ou à domicile (V. *Formule* 1). — Lorsqu'on procède devant un tribunal où le ministère des avoués n'est pas nécessaire, la partie prête serment immédiatement, si elle est présente; sinon, elle est appelée à le faire par exploit.

24. Dans tous les cas, le serment est fait en présence de l'autre partie, ou elle dûment appelée par acte d'avoué à avoué, et, s'il n'y a pas d'avoué constitué, par exploit contenant l'indication du jour de la prestation (C.P.C., art. 121). — V. *Formule* 2.

25. Nous pensons que cette dernière disposition de l'art. 121 ne s'applique qu'au cas où il s'agit d'un serment déféré d'office, par un jugement par défaut, à la partie qui comparaît; car, dans tout autre cas, la partie à qui est déféré le serment est appelée par son adversaire lui-même à l'audience indiquée pour sa prestation.

Formules.

1. Assignation pour prêter serment.

L'an. . ., à la requête du sieur. . . (*constituer avoué*), j'ai. . ., donné assignation au sieur . . ., à comparaître le. . ., heure de . . ., devant. . ., pour, en exécution d'un jugement rendu entre les parties par ledit tribunal, le. . ., signifié le. . ., faire le serment ordonné par ledit jugement sur les faits y énoncés, lui déclarant que faute de comparaître, il sera obtenu, défaut, et que, pour le profit, les conclusions prises par le requérant en son exploit introductif d'instance, en date du . . ., lui seront adjugées purement et simplement, et j'ai, etc.

V. n° 23. — Coût : Tar., art. 29 par anal. Orig. : Paris, 2 fr.; R. P., 1 fr. 80 c.; Aill., 1 fr. 50 c.; Cop., le 1/4.
Enregistrement : 2 fr. 20 c.

2. Assignation pour être présent à la prestation de serment.

Cette formule est la même que celle qui précède ; seulement, on substitue aux mots *faire le serment*, ceux-ci : *Voir prêter le serment.*
V. n° 24. — Coût et enregistrement : V. *Formule* 1.

SERRURIERS. — Les fabricants de serrurerie, ferronnerie et clous forgés, les marchands expéditeurs des objets en serrurerie, les serruriers entrepreneurs, mécaniciens en voitures suspendues, ou à façon, sont patentables.

SERTISSEURS (ou monteurs à façon de pierres fines ou fausses). — Sont patentables.

SERVICES FONCIERS. — V. *Servitude.*

SERVITEUR A GAGES. — V. *Abus de confiance, Domestique, Enquête, Exploit, Justice de paix, Louage d'ouvrage et d'industrie, Ouvriers, Privilége.*

SERVITUDE. — **1.** Charge imposée sur un héritage pour l'usage et l'utilité d'un héritage appartenant à un autre propriétaire (C. Nap., art. 637).

Indication alphabétique des matières.

Abandon du fonds assujetti, 67, 80.
Action pétitoire,15,22,37,56.
— possessoire, 22, 37, 56.
Aggravation de la servitude,12, 13, 15.

Arbres de haute tige, 33 et s.
— mitoyens, 41 et s.
Assignation, 42, 70.
Balcon, 50.
Branches, 43.
Changement dans l'exercice de

la servitude, 69, 70.
Confusion des deux héritages, 74.
Dénonciation de nouvel œuvre, 15.
Destination du père de fam.,62.

SECT. Ire. — DES SERVITUDES EN GÉNÉRAL.

2. On distingue deux espèces de servitudes : celles qui sont établies sur un fonds ou héritage pour l'usage et l'utilité d'un autre fonds ou héritage, et celles qui sont établies sur un héritage au profit d'une personne. — V. Servitudes personnelles.

3. Les servitudes établies sur un héritage au profit d'une personne sont l'usufruit, l'usage et l'habitation. — V. Habitation, Usage (Droit d'), Usufruit.

4. Les servitudes établies sur un fonds pour l'usage et l'utilité d'un autre fonds, et qu'on appelle servitudes réelles ou services fonciers, sont attachées aux héritages, abstraction faite de la personne qui les possède, et les suivent en quelques mains qu'ils passent. C'est de cette espèce de servitudes qu'il sera question ici.

5. Les services fonciers constituent une charge et un droit : une charge pour le fonds grevé dont elle diminue d'autant la valeur, un droit pour l'héritage auquel ils sont dus : droit et servitude sont donc deux termes corrélatifs ; exemple : la faculté de passer sur le fonds de son voisin est un droit ; l'obligation de souffrir ce passage est une charge.

6. Nous avons dit : 1° que la servitude était due par la chose : d'où il suit qu'elle s'éteint par la destruction de la chose, et non par la mort du propriétaire, et qu'en général elle ne consiste, de la part de ce dernier, qu'à souffrir l'exercice du droit de servitude ; — 2° qu'elle était établie pour l'utilité d'un héritage : ainsi, 1° le nouveau propriétaire du fonds peut user de la servitude, quand même il n'en serait pas fait mention dans l'acte d'acquisition, à moins toutefois que la concession n'ait été faite qu'en faveur de l'ancien propriétaire personnellement ; 2° la servitude n'est point éteinte par la mort de celui qui l'a consentie ; — 3° que cet *héritage appartenait à un autre propriétaire :* on ne peut, en effet, avoir de servitude sur son propre fonds.

7. La servitude n'établit aucune prééminence d'un héritage sur l'autre (C. Nap., art. 638), c'est-à-dire, aucune espèce de distinction. Ainsi, le fonds assujetti a droit à la même protection que celui auquel la servitude est due.

8. La servitude dérive ou de la situation naturelle des lieux, ou des obligations imposées par la loi, ou des conventions entre les propriétaires (C. Nap., art. 639).

SECT. II. — Servitudes qui dérivent de la situation des lieux.

9. *Eaux qui découlent naturellement.* — Les fonds inférieurs sont assujettis envers ceux qui sont plus élevés à recevoir les eaux qui en découlent naturellement sans que la main de l'homme y ait contribué (C. Nap., art. 640). Cette disposition est applicable aux eaux pluviales, à celles qui découlent des terres par infiltration et aux eaux des sources, mais non aux eaux de ménage ou de fabrique, ni à l'égout des toits, ni aux eaux de puits ou de réservoir (Cass. 15 mars 1830 ; Duranton, t. 5, n° 154), ni aux eaux d'une fontaine nouvellement ouverte, si l'ouverture est due aux travaux du propriétaire (Duranton, t. 5, n° 166). — V. *Irrigations.*

10. Toutefois, le propriétaire supérieur a le droit de diriger par des ouvrages l'écoulement naturel des eaux dans le sens le plus convenable à la culture de son héritage, lors même qu'il en résulterait quelque dommage pour le fonds inférieur. Ce droit, du reste, est subordonné à une utilité réelle dont l'appréciation appartient aux tribunaux (Pardessus, *Servitudes*, n° 83 ; Toullier, t. 3, n° 509 ; Duranton, t. 5, n° 165). Par exemple, on peut tracer des sillons dans une terre ensemencée ou y faire des fossés pour son assainissement. — V. *Irrigations.*

11. Le propriétaire supérieur peut-il retenir les eaux pluviales et vicinales ? — *Action possessoire,* n°s 263 et suiv. — Dans tous les cas, il ne pourrait faire des eaux un usage insalubre, les employer, par exemple, à l'une des classes d'établissements qui doivent être autorisés par l'administration (Pardessus, n° 91). — V. *Établissements dangereux,* etc.

12. Le propriétaire supérieur ne peut rien faire qui aggrave la servitude du fonds inférieur (C. Nap., art. 640). — Il ne peut, par exemple, réunir en masse dans une seule tranchée, pour les déverser sur le fonds inférieur, des eaux qui filtraient sous terre par filets (Cass. 8 janv. 1834) ; changer le cours naturel des eaux en les rassemblant sur un seul point, ou en leur donnant un écoulement plus rapide ; amener sur son terrain, au moyen de fossés ou canaux, une quantité d'eau plus considérable que celle qui y coule naturellement ; convertir un champ en étang et forcer le voisin à recevoir la totalité ou le superflu des eaux, si tel n'était pas auparavant leur écoulement naturel (Duranton, t. 5, n° 467. — *Contrà* Pardessus, n° 86).

13. Le propriétaire inférieur ne peut point élever de digue qui puisse empêcher l'écoulement des eaux (C. Nap., art. 640). Cette prohibition s'étend à des plantations qui pourraient produire une alluvion nuisible aux autres riverains (Pardessus, n° 92), mais non aux travaux qui ont pour but de se garantir des inondations provenant du débordement des fleuves et rivières (Aix, 19 mai 1843 ; Duranton, t. 5, n° 462 ; Pardessus, *loc. cit.*)

14. Le propriétaire inférieur peut-il acquérir par prescription le droit de se servir des eaux pluviales et vicinales? — V. *Action possessoire*, n°s 263 et suiv., *Irrigations.*

15. Lorsque des travaux ont été faits par le propriétaire supérieur pour aggraver la servitude du fonds inférieur, ou par le propriétaire inférieur pour empêcher l'écoulement naturel des eaux, la partie lésée a le droit d'exiger que les choses soient rétablies dans le premier état. A cet effet, elle intente l'action en dénonciation de nouvel œuvre, si elle agit dans le délai d'un an (V. *Action possessoire*) ; ce délai passé, l'action doit être portée devant le tribunal de première instance, au pétitoire (V. *Action pétitoire*).

16. *Sources.* — Celui qui a une source dans son fonds peut en user à sa volonté, sauf le droit que le propriétaire inférieur pourrait avoir acquis par titre ou par prescription (C. Nap., art. 641). Il a le droit de disposer de la source à son gré, de la couper, de la garder entière, d'en changer la direction (Toullier, t. 3, n°s 131 et 133). — V. toutefois *infrà*, n° 18.

17. La prescription, dans le cas de l'art. 641, ne peut s'acquérir que par une jouissance non interrompue pendant l'espace de 30 années, à compter du moment où le propriétaire du fonds inférieur a fait et terminé des ouvrages apparents, destinés à faciliter la chute et le cours de l'eau dans sa propriété (C. Nap., art. 642). Il ne suffirait donc pas que, depuis un temps immémorial, l'eau s'écoulât naturellement sur cette propriété (Toullier, t. 3, n° 132).

18. Il n'est pas nécessaire, pour prescrire, que le fonds soit immédiatement inférieur. La séparation par un héritage intermédiaire n'y met pas obstacle. Il serait injuste que des usines, construites sur la foi d'une longue jouissance des eaux, fussent à la merci du propriétaire de la source (Pardessus, n° 102 ; Favard, *Répert.*, v° *Servitudes*, sect. 2, § 1).

19. Lorsque les eaux traversent l'héritage intermédiaire au moyen d'un aqueduc, celui qui a la servitude peut faire passer dans les canaux de l'aqueduc toute l'eau qu'ils peuvent contenir, encore qu'une partie de cette eau provienne d'une autre source que celle existant lors de la création de l'aqueduc (Riom, 23 janv. 1829).

20. Les ouvrages, pour faire acquérir la prescription, doivent-ils être construits sur le fonds même du propriétaire de la source? Oui (V. *Action possessoire*, n°s 256 et suiv.—*Contrà* Pardessus, n° 100 ; Toullier, t. 3, n° 635). Ce dernier auteur avait d'abord soutenu l'opinion contraire.

21. L'effet de la prescription acquise est d'empêcher le propriétaire supérieur de priver les propriétaires inférieurs des eaux de sa source, mais non de lui en interdire à lui-même un usage équitable (Pardessus, n° 101 ; Favard, v° *Servitudes*, sect. 2, § 1).

22. Lorsque des ouvrages de nature à faire acquérir la prescription de l'eau de la source sont construits, le propriétaire de la source a le droit d'en demander la destruction par *action possessoire* ou par *action pétitoire*, selon qu'il agit dans l'année ou après l'année de la fin desdits ouvrages (V. *Action pétitoire, Action possessoire*). De son côté, le propriétaire inférieur, qui a acquis par titre ou par prescription le droit d'user des eaux de la source, peut faire réprimer, par les mêmes voies, le détournement des eaux occasionné par le propriétaire supérieur.

23. Le propriétaire de la source ne peut en changer le cours lorsqu'il fournit aux habitants d'une commune, d'un village ou hameau, l'eau qui leur est nécessaire, sauf indemnité si les habitants de la commune n'ont ni titre ni prescription (C. Nap., art. 643).

24. La question de savoir si l'eau est nécessaire aux habitants de la commune appartient aux tribunaux, et non à l'administration. Si l'eau leur est seulement utile, ils ne peuvent se prévaloir de l'art. 643, C. Nap. (Pardessus, n° 138 ; Toullier, t. 3, n° 134).

25. La prescription, dans le cas de l'art. 643, n'a pas pour objet de faire acquérir l'usage de l'eau aux habitants de la commune, mais de les libérer de l'indemnité, laquelle, à défaut de titre ou de prescription, est réglée par expert et basée sur le tort occasionné au propriétaire de la source.

26. Lorsque les habitants d'une commune élèvent des ouvrages capables de leur faire prescrire l'indemnité dont il est parlé en l'art. 643, le propriétaire de la source ne peut en demander la destruction ; il doit seulement réclamer une indemnité, à moins qu'il ne prétende établir que l'eau de la source n'est pas nécessaire aux habitants.

27. L'art. 643 s'applique aux eaux qui n'ont pas de cours (Cass. 3 juill. 1822 ; Duranton, t. 5, n° 191).

28. *Eaux courantes.* — Celui dont la propriété borde une eau courante non dépendante du domaine public (V. *Cours d'eau*), et celui dont une même eau traverse la propriété, peuvent s'en servir. — V. *Action possessoire*, n°ˢ 239 et suiv.

29. Lorsqu'il s'élève une contestation entre les propriétaires auxquels ces eaux peuvent être utiles, les tribunaux, en prononçant, doivent concilier l'intérêt de l'agriculture avec le respect dû à la propriété ; et, dans tous les cas, les règlements particuliers et locaux sur le cours et l'usage des eaux doivent être observés (C. Nap., art. 645).

30. Ainsi, ce n'est qu'à défaut de titre ou de possession déterminant la manière de jouir des eaux, et qu'à défaut de règlements administratifs prescrivant un mode de jouissance, que les tribunaux peuvent statuer sur l'usage des eaux courantes.

31. *Bornage, Clôture.* — Tout ce qui concerne le bornage et la clôture est traité aux mots *Bornage* et *Clôture*; nous nous bornerons ici à y renvoyer.

SECT. III. — SERVITUDES ÉTABLIES PAR LA LOI.

32. Celles dont s'occupe le Code sont relatives :

1° A la mitoyenneté des murs, des fossés et des haies. — V. *Fossé*, *Haie*, *Mitoyenneté*.

2° Au cas où les divers étages d'une maison appartiennent divisément à plusieurs propriétaires. — V. *Etage*.

3° A la distance à observer pour les plantations. — V. *infrà*, n°ˢ 33 et suiv.

4° A la distance à observer et aux ouvrages intermédiaires requis pour certaines constructions. — V. *Cheminée*, *Citerne*, *Contre-mur*, *Etable*, *Forges*, *Fosses d'aisances*, *Fumier*, *Magasin de sel*.

5° Aux vues sur la propriété du voisin. — V. *infrà*, n°ˢ 45 et suiv.

6° A l'égout des toits. — V. *Egout*.

7° Au droit d'exiger passage sur le fonds d'autrui, dans certains cas.— V. *Passage*.

§ 1. — *De la distance à observer pour les plantations.*

33. Il n'est permis de planter des arbres de haute tige qu'à la distance prescrite par les règlements particuliers, actuellement existants, ou par les usages constants et reconnus ; et, à défaut de règlements et usages, qu'à la distance de deux mètres pour les arbres à haute tige, et à la distance d'un demi-mètre pour les autres arbres et haies vives (C. Nap., art. 671).

34. On appelle *arbres de haute tige* ceux qui s'élèvent à une hauteur considérable, tels que les peupliers, les frênes, les châtaigniers, les ormes, les pommiers et les poiriers.

35. Lorsqu'il se trouve entre les deux propriétés un fossé, un ruisseau, un mur ou une haie mitoyens, la distance se calcule du milieu du fossé, du ruisseau, du mur ou de la haie.

36. Lorsque la distance prescrite par l'art. 671 n'a pas été observée, le voisin peut exiger que les arbres et les haies soient arrachés (C. Nap., art. 672), à moins qu'il n'y ait une sorte de destination du père de famille, par exemple, si les arbres existaient au moment où les deux fonds qui appartenaient au même propriétaire ont été vendus, échangés ou partagés (Cass. 27 déc. 1820 ; Duranton, t. 5, n° 389), ou qu'il ne se soit écoulé 30 ans depuis la plantation (Cass. 9 juin 1823 ; Toullier, t. 3, n° 515 ; Pardessus, n° 195 ; Duranton, n° 390).

37. L'action du voisin est intentée au possessoire, s'il y a moins d'un an que la plantation a eu lieu ; dans le cas contraire, elle est formée au pétitoire. — V. *Action pétitoire, Action possessoire, Compétence civile.*

38. Celui sur la propriété duquel avancent les branches des arbres du voisin peut contraindre celui-ci à couper ces branches (C. Nap., art. 672). A cet effet, il peut faire sommation au propriétaire de l'arbre, et, faute par le propriétaire d'y obéir, l'assigner pour voir dire que le requérant sera autorisé à faire couper les branches aux frais du récalcitrant. — V. *Elagage.*

39. Les fruits des branches qui avancent appartiennent au propriétaire du tronc de l'arbre, alors même qu'ils sont détachés et tombés sur la propriété du voisin (Toullier, t. 3, n° 516 ; Pardessus, n° 196).

40. Lorsque ce sont les racines qui avancent sur son héritage, le propriétaire a le droit de les couper lui-même (C. Nap., art. 672), sans remplir aucune formalité, et quel que soit l'âge de l'arbre et des racines. Si la pousse des racines et leur destruction avaient causé des dégradations à son fonds, il pourrait réclamer une indemnité au voisin.

41. Les arbres qui se trouvent dans une haie mitoyenne sont mitoyens comme la haie, et chacun des deux propriétaires a le droit de requérir qu'ils soient abattus (Art. 673).

42. A cet effet, la partie la plus diligente fait sommation à l'autre de se trouver sur les lieux avec un ouvrier de son choix pour abattre l'arbre et en opérer le partage conjointement. En cas de refus, le requérant assigne son voisin pour voir dire qu'il sera autorisé à faire abattre l'arbre à frais communs par un ouvrier de son choix, lequel fera le partage du bois et laissera la portion du voisin sur les lieux à ses risques et périls.

43. Tant que les arbres ne sont pas abattus, chaque propriétaire a le droit d'émonder les branches qui sont de son côté, ou de recueillir les fruits produits par ces branches.

44. Quant aux haies, leur mitoyenneté ne donne jamais le droit à l'un des propriétaires d'en demander la destruction, car l'établissement d'une haie exige beaucoup de temps et demande des soins multipliés (Duranton, t. 5, n° 381).

§ 2.—*Des vues sur la propriété du voisin.*

45. Il s'agit ici des jours et des vues. On entend par *jours* des ouvertures disposées de manière à éclairer un lieu, mais sans procurer les moyens de voir à l'extérieur ; et par *vues,* toute espèce d'ouvertures qui peuvent non-seulement procurer la lumière, mais encore faciliter les moyens de regarder hors de l'édifice pour lequel on les a faites.

46. L'un des voisins ne peut, sans le consentement de l'autre, pratiquer dans le mur mitoyen aucune fenêtre ou ouverture de quelque manière que ce soit, même à verre dormant (C. Nap., art. 675). Lorsqu'un mur n'est mitoyen qu'en partie, le propriétaire de la partie non mitoyenne ne peut pratiquer des jours dans cette partie (Toullier, t. 3, n° 527 ; Pardessus, n° 211). — V. *infrà*, n°s 50 et suiv. — V. toutefois, et comme exception, n°s 48 et 49.

47. Celui qui acquiert la mitoyenneté d'un mur où des jours sont pratiqués ne peut les faire boucher (Toullier et Pardessus, *loc. cit.* ; Merlin, *Rep.*, v° *Vue*, § 2), surtout si ces jours existent depuis plus de 30 ans (Montpellier, 28 déc. 1825 ; Grenoble, 1er août 1827 ; 3 déc. 1830. —*Contrà* Lyon, 19 avril 1826 ; Bastia, 19 oct. 1834).

48. Le propriétaire d'un mur non mitoyen joignant immédiatement l'héritage d'autrui peut pratiquer dans ce mur des jours ou fenêtres à fer maillé et à verre dormant. Ces fenêtres doivent être garnies d'un treillis de fer, dont les mailles doivent avoir un décimètre d'ouverture au plus, et d'un châssis à verre dormant (C. Nap., art. 676). On appelle *fer maillé*, un treillis de fer ou grillage, et *verre dormant*, celui qui est placé dans un châssis qui ne peut s'ouvrir.

49. Les fenêtres ou jours dont il est parlé au numéro précédent ne peuvent être établis qu'à 26 décimètres au-dessus du plancher ou sol de la chambre qu'on veut éclairer, si c'est au rez-de-chaussée, et à 19 décimètres au-dessus du plancher pour les étages supérieurs (C. Nap., art. 677). La distance exigée par cet article se calcule à partir du plancher de la chambre qu'on veut éclairer, sans avoir égard à l'élévation du terrain de l'héritage voisin (Pardessus, n° 210.—*Contrà* Toullier, t. 3, n° 526), jusqu'à l'enseuillement ou appui des fenêtres (Pardessus, *loc. cit.*).

50. On ne peut avoir des vues droites ou fenêtres d'aspect, ni balcons ou autres semblables saillies, sur l'héritage clos ou non clos de son voisin, s'il n'y a dix-neuf décimètres de distance entre le mur où on les pratique et ledit héritage (C. Nap., art. 678).

51. La distance prescrite par l'art. 678, C. Nap., n'est pas exigée : 1° lorsqu'il existe entre l'ouverture et l'héritage voisin un mur appartenant à celui qui a ouvert la fenêtre et qui empêche de voir sur la propriété du voisin (Toullier, t. 3, n° 528 ; Duranton, t. 5, n° 409) ;—2° lorsque la fenêtre est ouverte sur une rue ou sur un chemin public qui a moins de 19 décimètres (Toullier, *loc. cit.* ; Duranton, n° 412), ou sur une rue ou ruelle commune aux propriétaires des maisons qui la bordent (Bourges, 13 déc. 1831.—*Contrà* Nancy, 25 nov. 1816).

52. On ne peut avoir des vues par côté ou obliques sur l'héritage voisin, s'il n'y a six décimètres de distance (C. Nap., art. 679). On appelle *vues obliques* celles par lesquelles on peut voir sur l'héritage voisin en regardant, non pas en face, mais de côté, lorsqu'on est placé dans l'appartement éclairé par la vue, parallèlement au mur dans lequel elle est pratiquée.

53. La distance dont il est parlé dans les art. 678 et 679 se compte depuis le parement extérieur du mur où l'ouverture se fait, et, s'il y a balcons ou autres semblables saillies, depuis leur ligne extérieure jusqu'à la ligne de séparation des deux propriétés (C. Nap., art. 680).

54. Si les deux héritages sont séparés par un mur, une haie ou un fossé non mitoyens et appartenant à celui qui veut pratiquer les vues, la distance se compte toujours, à partir du parement extérieur du mur, et de la ligne extérieure de la haie ou du fossé de division, jusqu'au mur où sont pratiquées les ouvertures. Si le mur, la haie ou le fossé sont mitoyens, la distance se prend à partir de la ligne qui forme le milieu de ces objets.

55. Celui qui a acquis le droit de vue sur l'héritage voisin peut empêcher le propriétaire de cet héritage d'élever un mur ou une construction quelconque qui rende inutile l'usage des fenêtres. Peu importe, du reste, que le droit de vue soit fondé sur un titre (Cass. 24 juill. 1813; Toullier, t. 3, n° 533), sur la destination du père de famille (Cass. 23 avril 1817. — *Contrà* Lyon, 4 juill. 1828), ou sur la prescription (Cass. 19 janv. 1825; 1er déc. 1833; Bordeaux, 10 mai 1822; 1er déc. 1827; Toulouse, 21 avril 1830; Colmar, 23 mars 1833. — *Contrà* Cass. 10 janv. 1810; Pau, 12 avril 1826; Nîmes, 21 déc. 1826 : arrêts qui permettent aux propriétaires de l'héritage voisin de boucher entièrement les vues acquises par prescription, au moyen de constructions élevées à la hauteur desdites vues sur leurs propriétés).

56. Lorsque des fenêtres et ouvertures ont été pratiquées contrairement aux dispositions qui précèdent, ou lorsque les jours et fenêtres existant légalement ont été obstrués ou totalement bouchés, la partie lésée peut demander la destruction des travaux qui lui ont porté préjudice, soit par action possessoire, si ces travaux ont été exécutés depuis moins d'un an, soit, dans le cas contraire, par action pétitoire, devant le tribunal civil de la situation de l'objet litigieux.— V. *Action pétitoire, Action possessoire.*

SECT. IV. — Servitudes établies par le fait de l'homme.

§ 1er. — Des différentes servitudes qui peuvent être établies.

57. Chaque propriétaire peut établir sur ses biens telles servitudes que bon lui semble, pourvu qu'elles ne soient imposées ni à la personne ni en faveur de la personne, et pourvu qu'elles n'aient rien de contraire à l'ordre public. L'usage et l'étendue des servitudes ainsi établies se règlent par le titre qui les établit, et, à défaut de titre, par les règles ci-après (C. Nap., art. 686).

58. Les servitudes sont :—*urbaines* ou *rurales*, selon qu'elles sont établies pour l'usage des bâtiments ou pour celui des fonds de terre (C. Nap., art. 687);—*continues* ou *discontinues* : les *premières* sont celles dont l'usage est ou peut être continuel sans avoir besoin du fait actuel de l'homme, tels sont les conduites d'eau, les égouts, les vues et autres de cette espèce ; les *secondes* sont celles qui ont besoin du fait actuel de l'homme pour être exercées, tels sont les droits de passage, puisage, pacage et autres semblables (art. 688) ;— *apparentes* ou *non apparentes* : les servitudes apparentes sont celles qui s'annoncent par des ouvrages extérieurs, tels qu'une porte, une fenêtre, un aqueduc ; les servitudes non apparentes sont celles qui n'ont pas de signes extérieurs de leur existence, comme, par exemple, la prohibition de bâtir sur un fonds ou de ne bâtir qu'à une hauteur déterminée (Art. 689).

§ 2.—Comment s'établissent les servitudes.

59. Les servitudes *continues* et *apparentes* s'acquièrent par titre ou par la possession de 30 ans (C. Nap., art. 690. — V. *Possession*). — La possession de 10 ou 20 ans avec bonne foi et juste titre ne suffirait pas (Toullier, t. 3, n° 630; Pardessus, n° 268.—*Contrà* Duranton, t. 5, n° 593). — Du reste, celui qui a la possession annale d'une servitude capable de s'acquérir par prescription est affranchi de l'obligation de prouver au pétitoire qu'il a acquis le droit par titre ou par prescription (Duranton, t. 5, n° 540).

60. Les servitudes *continues non apparentes* et les servitudes *discontinues apparentes ou non apparentes* ne peuvent s'établir que par titres. La possession, même immémoriale, ne suffit pas pour les établir, sans cependant qu'on puisse attaquer aujourd'hui les servitudes de cette nature déjà acquises par la possession dans les pays où elles pouvaient s'acquérir de cette manière (C. Nap., art. 691).

61. Dans le cas de l'article précédent, la prescription doit avoir été acquise avant la promulgation du Code; il ne suffirait donc pas que la possession eût commencé avant cette époque, pour que le possesseur de la servitude en fût réputé propriétaire, jusqu'à preuve contraire de la part de son adversaire (Cass. 13 août 1810; 10 fév. 1812; 9 août 1813).

62. La destination du père de famille vaut titre à l'égard des servitudes continues et apparentes (C. Nap., art. 692).—V. *Destination du père de famille.*

63. Le titre constitutif de la servitude, à l'égard de celles qui ne peuvent s'acquérir par la prescription, ne peut être remplacé que par un titre récognitif de la servitude, et émané du propriétaire du fonds asservi (Art. 695). Le titre récognitif est l'acte par lequel on reconnaît l'existence du titre constitutif.—V. *Action confessoire.*

64. Lorsqu'on établit une servitude, on est censé accorder tout ce qui est nécessaire pour en user. Ainsi, la servitude de puiser de l'eau à la fontaine d'autrui emporte nécessairement le droit de passage (Art. 696). Cette disposition est une conséquence de cet axiome : qui veut la fin veut les moyens.

§ 3.—*Droits du fonds auquel la servitude est due.*

65. Celui auquel est due une servitude a droit de faire tous les ouvrages nécessaires pour en user et pour la conserver (C. Nap., art. 697), mais à la charge par lui de réparer les dommages qu'il a causés au propriétaire qui doit la servitude.

66. Les ouvrages dont il vient d'être parlé sont aux frais de celui qui a droit à la servitude, et non à ceux du propriétaire du fonds asservi, à moins que le titre d'établissement de la servitude ne dise le contraire (Art. 698). Dans ce dernier cas, si les réparations avaient été occasionnées par la faute de celui à qui la servitude est due, l'équité ne permettrait pas que le grevé en supportât les frais.

67. Lorsque le propriétaire du fonds assujetti est chargé des réparations par le titre, il peut toujours s'affranchir de cette obligation en abandonnant le fonds assujetti (Art. 699).— V. *Mitoyenneté.*

68. Si l'héritage pour lequel la servitude a été établie est divisé, la servitude reste due pour chaque portion, sans néanmoins que la condition du fonds assujetti soit aggravée. Ainsi, par exemple, s'il s'agit d'un droit de passage, tous les copropriétaires seront obligés de l'exercer par le même endroit (Art. 700. — V. *Passage*); s'il s'agit d'une prise d'eau, les copropriétaires pourront se distribuer cette eau entre eux, sans pouvoir en exiger une plus grande quantité.

69. Le propriétaire du fonds, débiteur de la servitude, ne peut rien faire qui tende à en diminuer l'usage ou à le rendre plus incommode. Ainsi, il ne peut changer l'état des lieux, ni transporter l'exercice de la servitude dans un endroit différent de celui où elle a été primitivement assignée. Cependant, si cette assignation primitive était devenue plus onéreuse au propriétaire du fonds assujetti, ou si elle l'empêchait d'y faire des réparations avantageuses, il pourrait offrir au propriétaire de l'autre fonds un endroit aussi commode pour l'exercice de ses droits, et celui-ci ne pourrait pas le refuser (Art. 701).

70. A cet effet, le propriétaire du fonds assujetti offre, par exploit du ministère d'huissier, au propriétaire du fonds auquel la servitude est due, l'endroit qu'il croit le plus commode pour l'exercice de la servitude, et prend par cet exploit l'obligation de passer acte à ses frais du changement à opérer. Si cette offre n'est pas acceptée, on assigne devant le tribunal le propriétaire du fonds auquel la servitude est due, pour voir déclarer valable l'offre à lui faite. Le tribunal nomme des experts et prononce d'après leur avis.

71. De son côté, celui qui a un droit de servitude ne peut en user que suivant son titre, sans pouvoir faire, ni dans le fonds qui doit la servitude, ni dans le fonds auquel elle est due, de changement qui aggrave la condition du premier (Art. 702). Ainsi, celui qui a une prise d'eau, un droit de passage pour le service d'un fonds, ne peut en user pour le service d'un autre fonds.

§ 4. — Comment les servitudes s'éteignent.

72. Les servitudes cessent lorsque les choses se trouvent en tel état qu'on ne peut plus en user (C. Nap., art. 703). Mais pour cela il faut : 1° que le changement rende l'exercice de la servitude absolument impossible ; 2° que le changement ne soit pas accidentel et ne provienne pas du fait du propriétaire du fonds assujetti.

73. Elles revivent, si les choses sont rétablies de manière qu'on puisse en user, à moins qu'il ne se soit déjà écoulé un espace de temps suffisant pour faire présumer l'extinction de la servitude, ainsi qu'il est dit en l'art. 707 (Art. 704).

74. Toute servitude est éteinte lorsque le fonds auquel elle est due et celui qui la doit sont réunis dans la même main (Art. 705). Si la confusion n'avait lieu que pour partie, la servitude continuerait de subsister pour la portion non aliénée ; si la confusion cessait par l'effet d'une cause antérieure à l'époque où elle s'est opérée, la servitude renaîtrait.

75. Les servitudes, quelles qu'elles soient, sont éteintes par le non-usage pendant trente ans (Art. 706). Ces trente ans commencent à courir, savoir : du jour où l'on a cessé de jouir, lorsqu'il s'agit de servitudes discontinues, ou du jour où il a été fait un acte contraire à la servitude, lorsqu'il s'agit de servitudes continues (Art. 707).

76. Exemples : 1° un propriétaire a acquis le droit d'empêcher son voisin de bâtir près de sa maison ; ce dernier bâtit ; le premier garde le silence pendant 30 ans ; la servitude est éteinte. 2° Un propriétaire a une servitude d'aspect sur le fonds voisin ; il fait murer complétement ses fenêtres ; les choses restent 30 ans dans cet état ; la servitude est éteinte.

77. Le mode de la servitude, c'est-à-dire la manière d'en user, peut se prescrire comme la servitude elle-même et de la même manière (Art. 708).

78. Si l'héritage en faveur duquel la servitude est établie appartient à plusieurs par indivis, la jouissance de l'un empêche la prescription à l'égard de tous (Art. 709). Les copropriétaires sont considérés comme mandataires l'un de l'autre.

79. Si, parmi les copropriétaires, il s'en trouve un contre lequel la prescription n'a pu courir, comme un mineur, il aura conservé le droit de tous les autres (Art. 710). Cette disposition est une conséquence du principe établi par l'art. 709.

80. Les servitudes s'éteignent encore par l'abandon du fonds asservi (V. Mitoyenneté), par la résolution du droit de celui qui a consenti la servitude, et par l'événement de la condition résolutoire. — V. *Action résolutoire.*

SERVITUDES MILITAIRES. — Servitudes d'utilité publique qui sont établies dans l'intérêt de la défense de l'Etat. — Les questions qui s'élèvent au sujet des délimitations et les contraventions aux lois et décrets relatifs aux servitudes militaires sont de la compétence des conseils de préfecture (V. *Huissier,* n° 198). — Mais les tribunaux civils peuvent connaître en cette matière, comme en toute autre, des questions de propriété et d'appréciation de titres. — V. *Place de guerre.*

SERVITUDES PERSONNELLES.—On appelait ainsi celles qui assujettissaient une personne à une autre, telles que l'esclavage, la corvée, etc. Toutes ces servitudes ont été abolies en 1791 ou antérieurement. — L'usufruit, l'usage et l'habitation sont des servitudes établies sur un fonds au profit d'une personne. Mais le Code ne s'est même pas servi du mot *servitude* pour désigner ces droits. On ne peut donc les considérer comme des servitudes personnelles; ce sont tout au plus des servitudes *mixtes,* selon l'expression de Merlin (*Rép.,* v° *Servitude,* § 4).—V. *Servitude,* n°s 2 et 3.

SESSION LEGISLATIVE. — Période de temps pendant lequel le pouvoir législatif est réuni pour s'occuper des affaires publiques, dans la mesure des attributions qui lui sont dévolues par la constitution.

SIEUR. — Qualification en usage dans les actes et jugements et qui précède le nom des parties.

SIGNATURE. — **1.** Apposition, par une personne et de sa main, de son nom, à la fin d'un acte, pour le certifier.

2. La signature est une formalité essentielle, commune à tous les actes; elle doit consister dans l'apposition du véritable nom, du nom de famille.

3. Toutefois, si une partie avait l'habitude de ne signer que d'un prénom, ou que des lettres initiales de ses nom et prénoms, ou que d'un surnom, la signature n'en serait pas moins valable (Cass. 23 mars 1824; Nancy, 1er mars 1831; Duranton, t. 9, n° 40).

4. Les signatures mal orthographiées ou presque illisibles sont également valables (Bordeaux, 7 mars 1827; Toullier, t. 8, n° 96), de même que celles tracées d'après un modèle.

5. Une marque, telle qu'une croix, et un certificat, même d'un maire, ne peuvent dans aucun cas remplacer la signature (Colmar, 23 déc. 1809).

6. Lorsque la signature du requérant est nécessaire à un exploit, et qu'il est absent, ou ne sait signer, il doit donner pouvoir spécial à l'effet de se faire remplacer. — V. *Désaveu, Mariage, Prise à partie, Surenchère.*

7. L'attestation faite par l'huissier que le requérant ne sait signer ne produirait aucun effet et n'empêcherait pas la nullité de l'exploit dans les cas où elle est prononcée.

8. L'attestation, par un huissier, que la partie à laquelle il signifie un exploit a déclaré ne vouloir ou ne pouvoir signer, ne fait foi jusqu'à inscription de faux que dans le cas où la loi impose à l'officier public le devoir de constater ce fait, comme, par exemple, dans les offres réelles (V. *Offres réelles*).

V. d'ailleurs, *Exploit.*

SIGNIFICATION. — **1.** Exploit par lequel on porte à la connaissance de quelqu'un un jugement, un acte, un fait quelconque.

2. Les significations sont prescrites dans un très-grand nombre de circonstances qui ont été indiquées sous chaque mot spécial. — V., notamment , *Exécution des actes et jugements*, *Jugement*, *Saisies* (*les diverses*), etc.

3. Les significations sont soumises aux formalités des exploits en général. — V. *Exploit*.

4. L'original de la signification doit contenir l'analyse de l'acte ou du jugement signifié. En général, il n'est pas nécessaire d'ajouter quelque chose à cette analyse, à moins cependant que la loi n'en impose l'obligation. Le plus souvent, on déclare que, faute par la partie d'avoir égard à l'acte signifié et de s'y conformer, il sera procédé contre elle par les voies de droit. — V. *Formule*.

5. Lorsqu'il s'agit d'un jugement ou d'un acte, il doit, à peine de nullité, en être donné copie littérale, à moins que par un extrait la partie ne sache parfaitement à quoi s'en tenir sur l'acte signifié en ce qui concerne ce qu'on entend réclamer d'elle.

6. Lorsqu'il s'agit d'un fait, il doit être exposé d'une manière très-claire, de sorte que la partie qui reçoit la signification ne puisse se méprendre sur les effets que son adversaire prétend en faire résulter.

7. La signification est une espèce de mise en demeure qui ne produit d'autre effet que celui de fournir à la partie à qui elle est faite les moyens d'exécuter régulièrement l'acte signifié ou d'empêcher les actes d'exécution forcée.

Formule.

Signification.

L'an. . . ., à la requête du sieur. . . ., j'ai . . ., signifié et, avec celle des présentes, donné copie au sieur . . . ., de (*analyser l'acte ou le jugement*), à ce qu'il n'en ignore, lui déclarant que, faute par lui d'avoir égard audit acte ou jugement, il sera procédé contre lui tel que de droit, et, sous toutes réserves, je lui ai laissé copie tant dudit acte que du présent, dont le coût est de . .

Coût : Tar. art. 27. Orig. : Paris, 2 fr.; R. P., 1 fr. 80 c.; Aill., 1 fr. 50 c.; — Cop. le 1/4.

Enregistrement : 2 fr. 20 c.

SIGNIFICATION D'AVOUE A AVOUE. — 1. Acte par lequel les avoués qui occupent dans la même cause se signifient entre eux, par le ministère d'un huissier audiencier, les actes de procédure. — V. *Acte d'avoué à avoué*.

2. De même que les actes d'avoué doivent nécessairement être signés par l'avoué qui les dresse, la mention de signification doit être signée par l'huissier qui signifie.

3. Les significations d'avoué à avoué devraient rigoureusement être soumises à toutes les formalités des exploits signifiés à personne ou domicile (V. *Exploit*). Cependant il est généralement admis par la jurisprudence qu'elles ne sont pas assujetties à toutes ces formalités, à peine de nullité (Limoges, 15 nov. 1811; Grenoble, 5 mai 1818; 4 mai 1824; Metz, 28 nov. 1822; Cass. 31 août 1825; 23 août 1827; Poitiers, 11 mai 1826; Nîmes, 18 juin 1832; Amiens, 30 juill. 1838; Toulouse, 5 déc. 1856).

4. Spécialement, est valable la signification à avoué lorsqu'on y trouve le nom de la personne à la requête de laquelle elle est faite (Grenoble, 6 août 1822 ; 28 mai 1823), encore bien que le domicile de l'avoué n'y soit pas indiqué (Bruxelles, 25 juill. 1835; Paris, 20 août 1864: *J. Huiss.*, t. 45, p. 322), et quoiqu'elle ne contienne pas l'immatricule de l'huissier (Pau, 2 fév. 1825 ; 14 juill. 1832 ; Toulouse, 23 nov. 1832 ; Cass. 13 nov.

1834), ni l'indication de son domicile (Paris, 20 août 1864 : arrêt précité).

5. Les Cours de Bordeaux, par arrêt du 23 août 1810, et de Nancy, par arrêt du 16 mai 1834, ont même décidé que le *parlant à...* était inutile. Mais, en cela, elles nous paraissent avoir été trop loin ; car il n'est pas d'exploit qui ne doive fournir la preuve qu'il a été remis à la personne à laquelle il est destiné (Chauveau sur Carré, *Lois de la procéd.*, quest. 282).

6. Ainsi jugé, au contraire, que la signification à avoué est nulle si elle ne fait pas mention de la personne à laquelle la copie a été remise ; c'est-à-dire si le *parlant à...* y est laissé en blanc, lorsque surtout aucune énonciation de l'acte ne peut suppléer à cette omission (Nîmes, 22 déc. 1862 : *J. Huiss.*, t. 44, p. 138).

7. La nullité a été prononcée, notamment, à l'égard de la signification par acte d'avoué à avoué d'un jugement en matière d'ordre, cette signification faisant courir le délai d'appel (Paris, 23 janv. 1862, et Cass. 21 août 1862 : *J. Huiss.*, t. 44, p. 84).

8. Cette signification est également nulle si la copie du jugement n'y est certifiée par aucun officier ministériel, ni par l'avoué rédacteur, ni par l'huissier instrumentaire (Mêmes arrêts).

9. Cependant, il a été décidé que les significations ordinaires d'avoué à avoué, et, par exemple, la signification de la requête contenant demande en péremption d'instance, sont valablement faites au Palais dans le lieu convenu entre les avoués pour ces sortes de significations, en parlant à un clerc, quoique même ce dernier n'y soit point indiqué par son nom, si d'ailleurs elles contiennent toutes les énonciations nécessaires à leur existence et au but qu'elles se proposent d'atteindre (Caen, 20 mai 1863 : *J. Huiss.*, t. 44, p. 132).

10. Toutes les fois que la signification n'a pas pour objet de faire courir un délai, la jurisprudence se montre moins rigoureuse dans le cas d'inobservation des formalités qui ne sont pas surtout considérées comme essentielles.

11. Mais le privilège de faire les significations d'avoué à avoué appartenant aux huissiers audienciers, il s'ensuit qu'il y aurait nullité d'une signification qui serait faite par un huissier non-audiencier. Il n'en serait autrement que si les huissiers audienciers étaient absents et qu'il y eût urgence à faire la signification pour éviter une déchéance (Bastia, 4 mai 1857 : *J. Huiss.*, t. 39, p. 130).

12. Les significations se font à la suite des actes d'avoué, lesquels sont soumis au timbre, mais non à l'enregistrement.

13. Les significations d'avoué à avoué sont passibles du droit de 50 c. devant les tribunaux de première instance, du droit de 1 fr. devant les Cours impériales, et celles d'avocat à avocat devant la Cour de cassation, du droit de 3 fr. (L. 28 avril 1816, art. 41, 42 et 44).

Formule.

Signification à avoué.

À la requête de M⁀... , avoué de..., soit signifié et laissé copie à M⁀..., avoué..., en son domicile et parlant à..., par moi, huissier audiencier soussigné, le.. . Coût... *(Signature de l'huissier.)*

Coût : Tar. art. 156 : Paris, 30 c. ; Aill., 25 c.

SIGNIFICATION DE JUGEMENT. —V. *Jugement, Jugement par défaut.*

SIGNIFICATION DE TRANSPORT. — V. *Transport-cession.*

SILENCE.. — Le silence gardé pendant un certain laps de temps par une partie est considéré, selon les circonstances, comme emportant acquiescement à un acte ou à une procédure. — V. *Acquiescement*, *Péremption d'instance*.

SIMPLE ACTE. — Se dit d'un acte unique fait d'avoué à avoué; tel qu'un avenir. Ainsi, plusieurs articles du Code de procédure portent que l'audience sera poursuivie sur un simple acte, pour indiquer qu'il n'y aura lieu de signifier qu'un avenir, sans plus ample instruction (C.P.C., art. 79, 80, 82, 145, 161, 218). — V. *Avenir*.

SIMULATION. — **1**. Concert ou intelligence de deux ou plusieurs personnes pour donner à une chose l'apparence d'une autre.

2. La simulation diffère de la *fraude* (V. ce mot) en ce qu'elle ne suppose pas nécessairement l'intention de nuire à des tiers, et du *dol* (V. ce mot) en ce qu'elle est presque toujours l'ouvrage de plusieurs personnes.

3. La simulation a communément pour objet d'éviter l'effet d'une loi prohibitive, le paiement d'une imposition ou d'un droit, les réclamations des créanciers de l'un des contractants ou de ceux qui ont des droits quelconques sur ses biens.

4. Tout acte simulé peut être attaqué par ceux au préjudice desquels la simulation a eu lieu. La preuve par témoins de la simulation opposée à des tiers est admise ; de simples présomptions sont même suffisantes (Bordeaux, 7 avril 1827); mais la preuve testimoniale ne serait admise, de la part de l'une des parties contractantes, qu'autant que la simulation proviendrait de dol ou de fraude employés à son égard (Cass. 6 août 1828).

SINGULIER. — En droit, ce mot est synonyme de *particulier* et s'emploie par opposition à une qualité, ou à une universalité de biens.

SINISTRE. — **1**. Accident fortuit et dommageable.—On donne ce nom aux incendies, naufrages, et, en général, à toute espèce de cas fortuits qui causent un préjudice.

SIROPS DE FÉCULE DE POMMES DE TERRE. — Les établissements destinés à l'extraction du sirop de fécule de pommes de terre sont rangés dans la 3e classe des établissements insalubres (V. *Établissements dangereux*, etc.). — Les fabricants de sirops de pommes de terre sont patentables.

SITUATION. — V. *Compétence civile*, *Ajournement*, *Exploit*, *Saisie immobilière*.

SOCIETE. — **1**. Contrat par lequel deux ou plusieurs personnes conviennent de mettre quelque chose en commun dans la vue de partager le bénéfice qui pourra en résulter (C. Nap., art. 1832).

2. Toute société doit avoir un objet licite et être contractée dans l'intérêt commun des parties. Chaque associé doit y apporter des biens, ou de l'argent, ou son industrie (Art. 1833).

3. Plusieurs personnes peuvent mettre en société ou tous leurs biens présents et les profits qu'elles pourront en retirer, ou seulement leurs meubles présents, ou la jouissance de leurs immeubles ou tout ce qu'elles acquerront par leur industrie (Art. 1836 à 1840). Une société peut aussi n'avoir pour objet que certaines choses déterminées, ou leur usage, ou les fruits à en percevoir ; elle peut avoir lieu ou pour une entreprise déterminée ou pour l'exercice de quelque métier ou profession (Art. 1841 et 1842).

4. Les sociétés sont civiles ou commerciales (V. *Acte de commerce*).

SOCIETE CIVILE.. — 1. C'est celle qui a pour objet des opérations étrangères au commerce. — Les sociétés civiles doivent être rédigées par écrit lorsque leur objet est d'une valeur de plus de 150 fr. (C. Nap., art. 1834).

2. *Engagements des associés entre eux.* — Les engagements des associés entre eux sont déterminés par les art. 1843 et suiv., C. Nap. Ainsi, notamment, chaque associé est débiteur envers la société des sommes qu'il a promis d'y apporter (Art. 1845). Il est tenu des dommages qu'il a causés à la société par sa faute (Art. 1850). Il a action contre la société à raison des sommes qu'il a déboursées pour elle et des obligations qu'il a contractées de bonne foi pour ses affaires (Art. 1852).

3. L'administration de la société est confiée, par l'acte de société ou par un acte postérieur, à un ou à plusieurs des associés. — Celui qui en est exclusivement chargé peut faire, nonobstant l'opposition des autres associés, tous les actes qui dépendent de son administration, pourvu que ce soit sans fraude. Si le pouvoir d'administrer a été donné par acte postérieur au contrat de société, il est révocable comme un simple mandat (Art. 1856).

4. Lorsque plusieurs associés sont chargés d'administrer, ils doivent chacun se renfermer dans les limites qui ont été tracées. Mais, si leurs fonctions n'ont pas été déterminées, ou s'il n'a pas été exprimé que l'un ne pourrait agir sans l'autre, ils peuvent faire chacun séparément tous les actes de cette administration (Art. 1857).

5. S'il a été stipulé que l'un des administrateurs ne ferait rien sans l'autre, un seul ne peut, sans une nouvelle convention, agir en l'absence de l'autre, lors même que celui-ci serait dans l'impossibilité actuelle de concourir aux actes d'administration (Art. 1858).

6. Dans les sociétés civiles, l'associé administrateur doit se renfermer dans les termes de son mandat; si le mandat est général, il ne peut aliéner, hypothéquer, transiger, compromettre ni obliger les autres associés sans leur consentement.

7. A défaut de stipulations spéciales, les associés sont censés s'être donné réciproquement le pouvoir d'administrer l'un pour l'autre. Ce que chacun fait est valable, même pour la part de ses associés, sans qu'il ait pris leur consentement, sauf le droit qu'ont ces derniers, ou l'un d'eux, de s'opposer à l'opération avant qu'elle soit conclue (Art. 1859). L'opposition est signifiée tant à l'associé qui veut faire l'opération qu'à la personne avec laquelle il négocie. — V. *Opposition.*

8. *Obligation des associés envers les tiers.* — Les associés ne sont pas tenus solidairement des dettes sociales, et l'un des associés ne peut obliger les autres, s'il n'en a reçu le pouvoir (Art. 1862). — V. toutefois le numéro qui précède.

9. Les associés sont tenus envers le créancier avec lequel ils ont contracté conjointement chacun pour une somme et une part égales, encore que la part de l'un d'eux dans la société fût moindre, si l'acte n'a pas spécialement restreint l'obligation de celui-ci sur le pied de cette dernière part (Art. 1863).

10. La stipulation que l'obligation est contractée pour le compte de la société ne lie que l'associé qui l'a contractée et non les autres, à moins que ceux-ci ne lui en aient donné pouvoir, ou que la chose n'ait tourné au profit de la société (Art. 1864; Cass. 18 mars 1824).

11. S'il y a un mandat, les associés sont tenus pour une part égale; mais, si la chose a tourné au profit de la société, les associés qui ne seraient obligés que pour cette cause ne le seraient que dans la proportion de leur intérêt, ou pour ce dont ils auraient profité personnellement (Cass. 18 mars 1824).

12. Si l'associé avait contracté personnellement, et non pour le compte de la société, le créancier n'aurait de recours contre elle que si elle était débitrice de l'associé (Art. 1166), et non pas par cela seul qu'elle aurait profié de l'affaire.

13. Les créanciers de la société sont préférés sur tous les biens de la société aux créanciers particuliers des associés (Paris, 10 déc. 1814; Grenoble, 1er juin 1831).

14. Tant que la société dure, aucun créancier personnel de l'un des associés ne peut exercer des poursuites sur la part de cet associé (Arg. art. 1861).

15. *Fin de la société.* — Les différentes manières dont la société finit son énumérées dans les art. 1865 et suiv., C. Nap.

16. Lorsque la durée de la société est illimitée, chaque associé a le droit de la dissoudre par une renonciation notifiée à tous les associés, pourvu que cette renonciation soit de bonne foi et non faite à contre-temps (Art. 1869). La notification a lieu par exploit du ministère d'huissier, contenant la déclaration signée de l'associé, qu'il entend renoncer à la société. Si l'associé ne sait signer, il est utile que la déclaration soit passée devant notaire, et notifiée ensuite par exploit. — V. *Signification.*

17. La dissolution des sociétés à terme ne peut être demandée par l'un des associés avant le terme convenu qu'autant qu'il a de justes motifs, comme lorsqu'un autre associé manque à ses engagements ou qu'une infirmité habituelle le rend inhabile aux affaires de la société, ou pour autres causes semblables, dont la légitimité et la gravité sont laissées à l'arbitrage des juges (Art 1871).

18. La société une fois dissoute, les rapports qui existaient entre les associés cessent d'exister. Il n'y a plus qu'une communauté d'intérêts qui se termine par une liquidation et un partage.

19. La liquidation a lieu soit par tous les associés conjointement, soit par l'un d'eux, suivant les conventions des parties. Si le nom du liquidateur avait été rendu public, les débiteurs de la société ne pourraient valablement payer qu'à lui.

20. Les liquidateurs doivent procéder au recouvrement des dettes actives, à la vente des marchandises jusqu'à concurrence de ce qui est nécessaire pour acquitter le passif, et au règlement de ce que la société peut devoir à chacun des associés ou à des tiers, et de ce qui peut lui être dû par eux, et payer les dettes exigibles de la société.

21. Mais ils ne peuvent, sans mandat exprès de leurs coassociés, 1° céder plus que leur part dans une créance sociale (Cass. 13 juin 1831); 2° transiger (Paris, 18 juin 1828), ni compromettre.

22. Les significations faites à une société en la personne de son liquidateur sont valables. Ainsi, est non recevable un appel formé par des associés plus de trois mois après la signification d'un jugement faite à la société en la personne de son liquidateur (Paris, 12 déc. 1810).

23. La nomination d'un liquidateur n'est pas un obstacle à ce que les créanciers de la société poursuivent les associés chacun pour la part qu'il doit dans la dette; les poursuites doivent même être dirigées contre eux à peine de nullité, car le liquidateur n'est autre chose qu'un mandataire des associés.

24. Les règles concernant le partage des successions, la forme de ce partage et les obligations qui en résultent entre les cohéritiers, s'appliquent au partage entre associés (C. Nap., art. 1872). — V. *Partage.*

SOCIÉTÉ COMMERCIALE. — 1. C'est celle qui a pour objet des actes de commerce.—Les sociétés commerciales se règlent par le droit civil, par les lois particulières au commerce et par les conventions des parties.

2. La loi reconnaît cinq espèces de sociétés commerciales : la société en nom collectif, la société en commandite, la société anonyme (C. Comm., art. 19), l'association en participation (art. 47), et la société à capital variable, organisée par le titre III de la loi du 24 juill. 1867, *sur les Sociétés.*

§ 1er. — *Société en nom collectif.*

3. La société en nom collectif est celle que contractent deux personnes ou un plus grand nombre, et qui a pour objet de faire le commerce sous une raison sociale (C. Comm., art. 20). Les noms des associés peuvent seuls faire partie de la raison sociale (Art. 21). On entend par *raison sociale* le nom sous lequel existe l'être de raison que l'on appelle *société*, et sous lequel sont signés les engagements pris pour le compte de la société.

4. Les associés en nom collectif indiqués dans l'acte de société sont solidaires pour tous les engagements de la société, encore qu'un seul des associés ait signé, pourvu que ce soit sous la raison sociale (Art. 22).

5. Cette disposition n'a lieu qu'à l'égard de créanciers de la société, qui peuvent demander à chacun des associés la totalité de ce qui leur est dû ; mais les associés entre eux ne sont tenus des dettes sociales que chacun pour la part qu'il a dans la société. — Cette même disposition de l'art. 22 n'empêche pas que la dette ne se divise entre les héritiers de chaque associé, sauf aux créanciers à se pourvoir sur les biens de la société.

6. La société est même tenue des engagements non signés sous la raison sociale, s'il est prouvé que ces engagements ont été contractés pour le compte de la société, ou qu'ils ont tourné à son profit (Cass. 13 fruct. an IX ; 30 juill. 1810 ; Pardessus, *Dr. comm.*, n° 1025).

§ 2.—*Société en commandite.*

7. La société en commandite est celle qui se contracte entre un ou plusieurs associés responsables ou solidaires, et un ou plusieurs associés simples bailleurs de fonds, que l'on nomme commanditaires ou associés en commandite (C. Comm, art. 23). Elle est régie sous un nom social (Art. 25).

8. Lorsqu'il y a plusieurs associés solidaires et en nom, soit que tous gèrent ensemble, soit qu'un ou plusieurs gèrent pour tous, la société est, à la fois, société en nom collectif à leur égard, et société en commandite à l'égard des simples bailleurs de fonds (Art. 24).

9. L'associé commanditaire n'est passible des pertes que jusqu'à concurrence des fonds qu'il a mis ou dû mettre dans la société (Art. 26). Il ne peut être tenu au rapport des intérêts de sa mise qu'il a perçus de bonne foi en vertu du pacte social et dans un temps où la société jouissait de tout son crédit.

10. L'associé commanditaire ne peut faire aucun acte de gestion, même en vertu de procuration (C. Comm., art. 27, modifié par la loi du 6 mai 1863). En cas de contravention à cette prohibition, l'associé commanditaire est obligé solidairement, avec les associés en nom collectif, pour les dettes et engagements de la société qui dérivent des actes de gestion qu'il a faits, et il peut, suivant le nombre et la gravité de ces actes, être déclaré solidairement obligé pour tous les engagements de la société ou pour quelques-uns seulement. Les avis et conseils, les actes de contrôle et de surveillance,n'engagent point l'associé commanditaire (Art. 28, modifié par la loi précitée du 6 mai 1863).

11. Le capital d'une société en commandite peut être divisé en actions, sans aucune autre dérogation aux règles établies pour ce genre de société (C. Comm., art. 38).— Les sociétés en commandite par actions sont régies actuellement par la loi du 24-29 juill. 1867, qui a abrogé la loi du 17 juill. 1856, par laquelle avaient été d'abord remplacées les dispositions précitées du Code de Commerce.

§ 3.— Société anonyme.

12. La société anonyme n'existe point sous un nom social; elle est qualifiée par la désignation de l'objet de son entreprise (C. Comm., art. 29 et 30).

13. Elle est administrée par des mandataires à temps, révocables, associés ou non associés, salariés ou gratuits (Art. 31). Les administrateurs ne sont responsables que de l'exécution du mandat qu'ils ont reçu. Ils ne contractent, à raison de leur gestion, aucune obligation personnelle ni solidaire relativement aux engagements de la société (Art. 32).

14. Les associés ne sont passibles que de la perte du montant de leur intérêt dans la société (Art. 33). Ils ne doivent jamais rapporter les bénéfices qu'ils ont touchés.

15. Le capital de la société anonyme se divise en actions et même en coupons d'action (Art. 34 et suiv.).

16. La société anonyme ne peut exister qu'avec l'autorisation du Gouvernement et son approbation pour l'acte qui la constitue (Art. 37 et 45).

17. Les sociétés anonymes ont été réorganisées par la loi du 24-29 juill. 1867, dont le titre ɪɪ contient les règles nouvelles auxquelles ces sociétés sont aujourd'hui soumises, et qui abroge les art. 31, 37 et 45, C. Comm.

§ 4.— Société en participation.

18. Les sociétés en participation sont relatives à une ou plusieurs opérations de commerce; elles ont lieu pour les objets, dans les formes, avec les proportions d'intérêt et aux conditions convenus entre les participants (C. Comm., art. 48).

19. Les associés en participation ne sont point solidaires pour l'acquittement des obligations contractées par l'un d'eux relativement à l'objet de l'association (Cass. 9 janv. 1831; Paris, 22 nov. 1834). Toutefois, si l'action du créancier prend naissance dans des négociations faites durant l'association, l'engagement, quoique signé par un seul des participants, autorise le créancier, s'il prouve, même par témoins, que l'objet du contrat a tourné au profit commun, à poursuivre tous les associés, parce que, dans ce cas, le souscripteur de l'obligation doit être considéré comme le gérant d'affaires de ses coparticipants (Cass. 26 mars 1817; Pardessus, *Dr. comm.*, n° 1049).

20. Décidé que les associés en participation sont tenus solidairement des obligations prises au nom de la société (Bordeaux, 31 août 1831), alors qu'ils se sont obligés, en commun, de payer le prix d'un achat fait dans l'intérêt de la société (Paris, 24 fév. 1812; 3 fév. 1830; Bordeaux, 19 juill. 1830.—*Contrà* Bruxelles, 12 janv. 1822).

21. La simple participation n'a point de lieu d'établissement où l'on doive intenter l'action qui la concerne. La demande doit être portée devant le tribunal du domicile de l'associé qui a contracté (Cass. 14 mars 1810; Pardessus, n° 1045).

§ 5.—*Preuve des sociétés commerciales, publication, contestations.*

22. Les sociétés en nom collectif et en commandite doivent être constatées par des actes publics ou sous signatures privées (C. Comm., art. 39). Quant aux sociétés anonymes, elles ne peuvent être formées que par des actes publics (Art. 40). Aucune preuve n'est admise contre et outre le contenu des actes de société (Art. 41) de la part des associés (Cass. 23 nov. 1812 ; Pardessus, n° 1009).

23. Les sociétés dont nous venons de parler doivent être publiées conformément aux art. 42 et suiv., C. Comm. Il en est de même des continuation, dissolution de société, changement ou retraite d'associés, nouvelles stipulations ou clauses (Art. 46).

24. La publication est prescrite à peine de nullité à l'égard des intéressés. Cette nullité ne peut être opposée à des tiers par les associés (Art. 42 et 46).

25. Les associations en participation peuvent être constatées par la représentation des livres, de la correspondance, ou par la preuve testimoniale, si le tribunal juge qu'elle peut être admise (C. Comm., art. 49). Elles ne sont pas sujettes aux formalités prescrites pour les autres sociétés (Art. 50).

26. Toutes les contestations entre associés et pour raison de la société devaient, sous l'empire du Code de commerce, être nécessairement jugées par arbitres (V. *Arbitrage*). Mais la loi du 17 juill. 1856 a abrogé l'arbitrage forcé en matière de société, et fait entrer les contestations dont il s'agit dans les attributions des tribunaux de commerce.

§ 6. — *Fin des sociétés commerciales.*

27. La société, une fois dissoute, est liquidée soit par tous les associés, soit par une personne nommée par eux ou par des arbitres. Le liquidateur nommé est réputé le mandataire de tous les associés, et a qualité pour exercer toutes les actions de la société.—V. *Société civile*, n°s 18 et suiv.

28. Les tiers peuvent exercer, pendant la liquidation, toutes leurs actions contre la société en les dirigeant contre les liquidateurs, dès que ceux-ci ont remplacé les gérants.—Ils peuvent même poursuivre les associés en paiement des créances, sans avoir mis préalablement le liquidateur en demeure (Toulouse, 7 août 1834).

29. Le domicile social n'existant plus après la dissolution de la société, les tiers doivent assigner les associés au domicile de chacun d'eux. Ils doivent assigner les liquidateurs au domicile indiqué par l'acte de dissolution, et, à défaut, soit à leur domicile privé, soit à l'ancien domicile social, s'il est le siége des opérations de la liquidation.

30. A la différence des associés qui sont tenus des engagements de la société, les liquidateurs, en cette qualité, ne peuvent être poursuivis que comme détenteurs des deniers de la société et jusqu'à concurrence des sommes qu'ils ont reçues pour elle.

31. Selon nous, les créanciers doivent procéder ainsi : ils doivent faire sommation au liquidateur, tiers détenteur, de payer le montant de leur créance, et, faute par ce dernier d'obéir, ils doivent assigner les associés en paiement et le liquidateur pour voir dire qu'il sera tenu de payer, jusqu'à due concurrence, avec les deniers qu'il a ou pourra avoir en ses mains, appartenant à la société.

32. Toutes actions contre les associés non liquidateurs, leurs veuves et héritiers ou ayants-cause, sont prescrites cinq ans après la dissolution de la société, si l'acte de société ou celui de dissolution a été publié (C. Comm., art. 64). Si les liquidateurs sont associés, ils ne peuvent être poursuivis, après l'expiration de cinq ans, que comme liquidateurs seulement.

§ 7.— Enregistrement.

33. Les actes de société et ceux de dissolution de société ne sont sujets qu'au droit fixe de 3 fr., lorsqu'ils ne contiennent pas transmission, obligation ou libération entre les associés ou autres personnes (L. 22 frim. an VII, art. 68; L. 28 avril 1816, art. 45.—Au cas contraire, il est dû le droit proportionnel de transmission, obligation ou libération.

SOCIETES D'ACQUÊTS. — V. Communauté de biens entre époux.
SOCIETE A CAPITAL VARIABLE.—V. Société commerciale, n° 2.

SOCIETES A RESPONSABILITE LIMITEE. — Les sociétés à responsabilité limitée ont été créées et organisées par la loi du 23–29 mai 1863, rapportée, avec annotations, J. Huiss., t. 44, p. 313 et suiv.—Mais cette loi a été abrogée par la loi du 24 juill. 1867 (art. 47) sur les Sociétés.

SOCIETES DE COOPERATION. — Ce sont celles qui ont pour objet, soit d'acheter, pour les vendre aux associés, des choses nécessaires aux besoins de la vie ou aux travaux de leur industrie, soit d'ouvrir aux associés des crédits et de leur faire des prêts, soit d'établir pour les associés des ateliers de travail en commun et d'en vendre les produits, soit collectivement, soit individuellement. — Elles sont organisées par le projet de loi mentionné au mot qui précède et font l'objet des art. 51 à 61 de ce projet.

SOCIETES ETRANGÈRES.— 1. L'existence légale en France des sociétés anonymes et autres associations commerciales, industrielles et financières, même légalement constituées en pays étrangers, est subordonnée à l'autorisation que le Gouvernement français peut accorder ou refuser, et, par suite, aucune d'elles ne peut être admise à exercer ses droits ou à ester en justice en France, sans obtenir et présenter cette autorisation.

2. La loi des 30 mai -11 juin 1857, en autorisant (art. 1er) les sociétés anonymes et les autres associations commerciales, industrielles ou financières, qui sont soumises à l'autorisation du Gouvernement belge, et qui l'ont obtenue, à exercer tous leurs droits et ester en justice en France, en se conformant aux lois de l'Empire, a, par son art. 2, donné au Gouvernement français le droit d'appliquer à tous autres pays le bénéfice de l'art. 1er.

3. L'art. 2 de cette loi confère au Gouvernement le droit d'accorder, sans le concours du Corps législatif, et par un décret rendu en Conseil d'Etat, dans la forme des règlements d'administration publique, aux sociétés et associations étrangères dûment autorisées par leurs Gouvernements, le caractère de personnes civiles et l'exercice de tous les droits qui s'y rattachent, sans que la clause de réciprocité doive être nécessairement imposée, comme condition préalable, aux Gouvernements dont dépendent les mêmes sociétés (Rapport de M. Bertrand au Corps législatif).

4. Les sociétés, qui ne sont pas légalement établies dans leur pays, sont exclues du bénéfice de l'art. 2 de la loi de 1857.

5. Ont été, notamment, en vertu de cet article, autorisées à exercer tous leurs droits, et à ester en justice en France, les sociétés anonymes et les autres associations commerciales, industrielles ou financières, légalement instituées : en Turquie et en Egypte (Décr. 7 mai 1859); —

Dans le royaume de Sardaigne (Décr. 8-22 sept. 1860, applicable au royaume d'Italie) ; — Dans le royaume de Portugal et dans le grand-duché de Luxembourg (Décr. 27 fév.-15 mars 1861) ; — Dans la Confédération Suisse (Décr. 11-18 mai 1861. — Mais, en 1860, la Cour d'Orléans, par arrêt du 19 mai, et la Cour de cassation, par arrêt du 1er août [V. J. *Huiss.*, t. 41, p. 244 et 306, et *Bull. spéc. des Huiss.*, t. 46, p. 264 et suiv.], avaient refusé à une société anonyme Suisse, quoique légalement autorisée dans son pays, la faculté d'ester en justice en France, à défaut d'autorisation à cet effet par le Gouvernement français) ; — en Espagne (Décr. 5 août 1861) ; — en Grèce (Décr. 5 sept.-23 oct. 1861) ; — Dans les Etats Romains (Décr. 5-17 fév. 1862, postérieur à l'arrêt de la Cour d'Aix, du 17 janv. 1861, rapporté J. *Huiss.*, t. 44, p. 43, § 1, et *Bull. spéc. des Huiss.*, t. 19, p. 95, et qui, à l'égard des sociétés légalement constituées dans les Etats Romains, n'a plus d'application) ; — et dans les Pays-Bas (Décr. 22 juill.-14 août 1863).

6. La loi du 30 mai 1857 est, du reste, une loi spéciale, qui ne peut s'appliquer que dans les cas pour lesquels elle a été faite, c'est-à-dire que dans les cas où l'Empereur croit devoir autoriser administrativement les sociétés régulièrement établies dans un pays étranger à exercer leurs droits en France, mais non lorsqu'il règle, en vertu de sa prérogative constitutionnelle, avec un Souverain étranger, par la voie diplomatique et au moyen d'un traité, les droits civils dont jouiront à l'avenir, et réciproquement, les sujets des puissances contractantes.

7. Ainsi, les sociétés anonymes commerciales, industrielles ou financières, légalement constituées en Angleterre, sont, en vertu de la convention internationale passée entre la France et l'Angleterre, le 30 avril 1861, sanctionnée et promulguée le 17 mai suivant, recevables à exercer leurs droits et à ester en justice en France, quoiqu'elles n'y aient point été spécialement autorisées par un décret rendu en la forme prescrite par la loi du 30 mai 1857 (Cass. 19 mai 1863 : J. *Huiss.*, t. 44, p. 273. — *Contra* Rennes, 20 juin 1862 [arrêt cassé] : même vol., p. 43).

8. Il avait été d'abord décidé que l'autorisation prescrite par la loi de 1857 n'était pas seulement nécessaire quand la société étrangère était demanderesse, mais qu'elle l'était également lorsque la société était défenderesse, le droit d'ester en justice comprenant indistinctement le droit de défendre et celui de demander (Aix, 17 janv. 1861 ; Rennes, 20 juin 1862 [arrêts précités] ; Trib. civ. de la Seine, 21 janv. 1862 : J. *Huiss.*, t. 44, p. 114 ; Paris, 15 mai 1863 : même vol.; p. 274).

9. Mais la Cour de cassation, cassant, dans l'intérêt de la loi, l'arrêt ci-dessus cité de la Cour de Rennes, n'a pas admis ce système, par suite duquel l'art. 14. C. Nap., devenait inapplicable aux sociétés étrangères. Ainsi, d'après la Cour de cassation (arrêt précité du 19 mai 1863), ces sociétés, quoique non autorisées à exercer leurs droits en France, n'en sont pas moins justiciables des tribunaux français, lorsqu'elles y sont assignées à raison des engagements qu'elles ont contractés en France envers des Français (V., dans le même sens, Trib. comm. de la Seine, 20 juill. 1863: J. *Huiss.*, t. 44; p. 277 ; Rouen, 23 nov. 1863 : t. 45, p. 174).

SOCQUES EN BOIS (FABRICANTS ET MARCHANDS). — Sont patentables.

SOIE. — Les filatures en grand des cocons de soie sont rangées dans la 2e classe des établissements insalubres (V. *Etablissements dangereux, etc.*). — Les marchands de soie en gros, en demi-gros et en détail, sont patentables.

SOIES DE PORC OU DE SANGLIER (Marchands de). — Sont patentables.—Les ateliers pour la préparation des soies de porc sont rangés dans la 1re classe des établissements insalubres.

SOLDE DE COMPTE. — Ce qui reste dû ou est payé pour l'acquit intégral d'un compte. — V. *Compétence commerciale, Justice de paix.*

SOLIDARITÉ. — **1.** Droit qu'a chacun des créanciers d'une même chose de se faire payer en totalité ; — Obligation imposée à plusieurs débiteurs de payer, un seul pour tous, ce qu'ils doivent en commun (C. Nap., art. 1197 et 1200). — V. *Obligation solidaire.*

2. La solidarité est une exception au principe de la divisibilité des obligations. Elle ne se présume pas ; elle doit être expressément stipulée, dans les cas où elle n'a pas lieu en vertu d'une disposition de la loi (Art. 1202). Elle a lieu de plein droit dans les circonstances prévues par les art. 396, 1033, 1442, 1687 et 2002, C. Nap., 22, 140, 187, C. Comm., et 55, C. Pén.

§ 1. — *Solidarité entre créanciers.*
§ 2. — *Solidarité entre débiteurs.*

§ 1. — *Solidarité entre créanciers.*

3. Les créanciers solidaires sont considérés comme associés relativement à la créance ; ils sont censés mandataires l'un de l'autre ; leur mandat a trois objets : recevoir ou exiger le paiement, donner quittance pour le tout, faire les actes conservatoires de la créance (Arg. art. 1199, C. Nap.).

4. L'obligation est solidaire entre plusieurs créanciers, lorsque le titre donne expressément à chacun d'eux le droit de demander le paiement total de la créance, et que le paiement fait à l'un d'eux libère le débiteur, encore que le bénéfice de l'obligation soit partageable ou divisible entre les créanciers (Art. 1197).

5. Pour que cette solidarité existe, il faut que plusieurs stipulent la même chose de la même personne, en même temps, et dans l'intention évidente que la chose sera due à chacun d'eux pour le total, de manière, néanmoins, qu'il n'y ait qu'une obligation par rapport à tous considérés collectivement (Duranton, t. 11, n° 163).

6. Il est au choix du débiteur de payer à l'un ou à l'autre des créanciers solidaires, tant qu'il n'a pas été prévenu par les poursuites de l'un d'eux (Art. 1198) ; dans ce dernier cas, le débiteur ne peut payer valablement la totalité de la dette qu'au créancier qui a poursuivi, lors même qu'un autre créancier aurait, depuis, formé sa demande ; mais il conserve toujours le droit de payer entre les mains des autres créanciers ce qui reste de la créance après la déduction de la part de ceux qui ont poursuivi ; et par *poursuites*, l'art. 1198 entend non-seulement une demande en justice, mais encore un commandement et même une simple sommation de payer.

7. Néanmoins, la remise de la dette faite par l'un des créanciers solidaires ne libère le débiteur que pour la part de ce créancier (Même art. 1198). Il en est de même du serment déféré au débiteur, de la novation, de la transaction, de la compensation ; ils n'opèrent que pour la part du créancier solidaire qui a causé l'extinction (Duranton, t. 11, n°s 174 et suiv.).

8. Tout acte qui conserve la créance envers l'un des créanciers profite aux autres ; telle est la reconnaissance de la dette par le débiteur, l'interruption de la prescription (Art. 1199). S'il existe un créancier contre

lequel la prescription n'a pu courir, il aura conservé les droits des autres
(Duranton, n° 180).

§ 2. — Solidarité entre débiteurs.

9. Il y a solidarité de la part des débiteurs lorsqu'ils sont obligés à
une même chose, de manière que chacun puisse être contraint pour la
totalité, et que le paiement, fait par un seul, libère les autres envers le
créancier (C. Nap., art. 1200). Un seul débiteur peut payer pour tous, et
le créancier n'a pas le droit de refuser le paiement intégral et de demander
la division de la dette (Cass. 15 mars 1827).

10. L'obligation peut être solidaire quoique l'un des débiteurs soit
obligé différemment de l'autre au paiement de la même chose ; par
exemple, si l'un n'est obligé que conditionnellement, tandis que l'engagement de l'autre est pur et simple, ou si l'un a pris un terme qui n'est
point accordé à l'autre (Art. 1201).

11. *Effets de la solidarité à l'égard des créanciers.* — Le créancier
d'une obligation contractée solidairement peut s'adresser à celui des
débiteurs qu'il veut choisir, sans que celui-ci puisse lui opposer le
bénéfice de division (Art. 1203), c'est-à-dire que le débiteur auquel on
s'adresse ne peut, en offrant sa part de la créance, repousser l'action du
créancier et le mettre ainsi dans la nécessité de se pourvoir contre les
autres débiteurs.

12. Toutefois, on ne doit pas conclure des termes de l'art. 1203 que
les condamnations obtenues contre l'un des codébiteurs soient exécutoires
contre les autres ; car les jugements n'ont d'effet qu'à l'égard de ceux
contre lesquels ils ont été rendus, et la loi n'a fait aucune exception contre
les débiteurs solidaires (Montpellier, 11 fév. 1824 ; Lyon, 8 août 1833).

13. Les poursuites faites contre l'un des débiteurs n'empêchent pas le
créancier d'en exercer de pareilles contre les autres (Art. 1204). Ainsi, le
créancier peut abandonner les poursuites commencées pour attaquer un
autre des débiteurs, ou pour les actionner tous en même temps (Toullier,
t. 6, n° 728).

14. Ce qui perpétue l'obligation à l'égard de l'un des débiteurs solidaires, la perpétue contre tous. Ainsi, lorsque la chose périt par la faute
ou depuis la mise en demeure de l'un d'eux, les autres ne sont pas libérés,
à moins qu'il ne soit prouvé qu'elle eût également péri entre les mains du
créancier (Art. 1205 et 1302). Mais, si l'obligation est continuée, elle n'est
pas augmentée ; les dommages-intérêts pour l'inexécution ou le retard qui
a amené la perte de la chose ne sont donc exigibles que contre celui des
débiteurs qui était en faute ou en demeure (Art. 1205), à moins que tous
les débiteurs n'aient promis dans le contrat des dommages-intérêts.
(Toullier, t. 6, n° 730).

15. Les poursuites faites contre l'un des débiteurs solidaires inter-
rompent la prescription à l'égard de tous (Art. 1206) ; il en est de même
de la reconnaissance faite par l'un d'eux, avant la prescription acquise ;
après cette acquisition, elle ne pourrait plus nuire aux autres codébiteurs (Toullier, t. 6, n° 729). L'art. 1206 est applicable à tous droits,
actions et actes susceptibles d'être prescrits ou périmés (Cass. 7 déc. 1825 ;
Toulouse, 8 déc. 1830 : J. Huiss., t. 7, p. 48).

16. La demande d'intérêts formée contre l'un des débiteurs solidaires
fait courir les intérêts à l'égard de tous (Art. 1207). Cet article est une
conséquence du principe que les débiteurs solidaires sont aussi considérés
comme mandataires l'un de l'autre. — V. *suprà*, n° 3.

17. Le codébiteur solidaire, poursuivi par le créancier, peut opposer
toutes les exceptions qui résultent de la nature de l'obligation, toutes

ceiles qni lui sont personnelles, ainsi que celles qui sont communes à tous les codébiteurs. Il ne peut opposer les exceptions qui sont purement personnelles à quelques-uns, des autres codébiteurs. (Art. 1208).

18. De cet article résulte la division des exceptions en réelles et personnelles. — Les exceptions réelles sont celles qui tiennent à la nature de l'obligation ou à la manière dont elle a été contractée, comme celles qui naissent de quelque vice radical, par exemple, le dol, la lésion, le défaut de formalités, l'extinction de la dette en tout ou en partie. Ces exceptions peuvent être opposées par tous les codébiteurs. — Les seules exceptions purement personnelles, celles qui ne profitent qu'aux débiteurs en faveur desquels elles sont exprimées, résultent de l'incapacité de la personne, par exemple, en cas de minorité, d'interdiction, de défaut d'autorisation du mari, ou de la manière dont le débiteur s'est obligé, à terme ou à condition.

19. Exemples : Deux individus, l'un majeur, l'autre mineur, se sont obligés solidairement ; le mineur se fait restituer ; le créancier pourra toujours poursuivre le majeur qui ne pourra lui opposer l'incapacité du mineur. — Un débiteur s'oblige purement et simplement, l'autre sous condition ou à terme ; le créancier n'est pas obligé d'attendre l'échéance du terme ou l'événement de la condition ; il peut agir de suite contre le débiteur pur et simple.

20. Lorsque l'un des débiteurs devient héritier unique du créancier, ou lorsque le créancier devient l'unique héritier de l'un des débiteurs, la confusion n'éteint la créance solidaire que pour la part et portion du débiteur ou du créancier (C. Nap., art. 1209). Ainsi la dette ou la créance subsiste pour le surplus.

21. *Effets de la solidarité à l'égard des débiteurs entre eux.* — L'obligation contractée solidairement envers le créancier se divise de plein droit entre les débiteurs qui n'en sont tenus entre eux que chacun pour sa part et portion (Art. 1213). Toutes les parts sont présumées égales, si l'acte ne dit pas le contraire (Duranton, t. 11, n° 215).

22. Lorsque l'un des codébiteurs a payé en entier la dette solidaire, il ne peut réclamer contre les autres que la part de chacun ; s'il y a des insolvables parmi eux, la perte se répartit par contribution entre tous les codébiteurs solvables et celui qui a fait le paiement (Art. 1214).

23. La subrogation a lieu de plein droit au profit du débiteur qui a acquitté la dette, mais seulement contre chaque débiteur pour sa po tion et sans solidarité ; celui qui a payé ne peut même poursuivre hypothécairement l'un de ses codébiteurs pour le tout (Paris, 30 vent. an XIII). La subrogation conventionnelle ne donnerait pas plus de droits que la subrogation légale.

24. La limitation apportée à la subrogation par l'art. 1214 (V. *suprà*, n° 22) ne concerne que le débiteur lié par un engagement personnel, et non les tiers détenteurs. Jugé, dans ce sens, que le détenteur d'un fonds qui en cette qualité a été condamné à payer une dette à laquelle son vendeur et les cohéritiers de ce dernier étaient tenus solidairement, peut exercer son recours contre chaque héritier pour la totalité de ce qu'il a payé (Cass. 27 fév. 1816).

25. Dans le cas où le créancier a renoncé à l'action solidaire envers l'un des débiteurs, si l'un ou plusieurs des autres codébiteurs deviennent insolvables, la portion des insolvables est contributoirement répartie entre tous les débiteurs, même entre ceux précédemment déchargés de la solidarité par le créancier (C. Nap., art. 1215).

26. Exemple : la dette est de 60,000 fr. ; les débiteurs sont au nombre de quatre ; le créancier décharge de la solidarité l'un des débiteurs ; les trois autres ne seront plus tenus solidairement que de 45,000 fr.; celui qui acquittera cette somme aura un recours contre ses codébiteurs ; mais, s'il y a parmi eux un insolvable, la portion de cet insolvable se répartira tant sur les autres débiteurs solvables, que sur celui qui aura été déchargé de la solidarité.

27. Si l'affaire pour laquelle la dette a été contractée solidairement ne concernait que l'un des cooblgés solidaires, celui-ci serait tenu de toute la dette vis-à-vis des autres codébiteurs, qui ne seraient considérés par rapport à lui que comme ses cautions (Art. 1216). Exemple : ayant besoin de 10,000 fr. vous empruntez cette somme ; Pierre et Paul, afin de faciliter cet emprunt, s'obligent solidairement avec vous ; à l'échéance du terme, Pierre acquitte la dette ; il n'aura de recours contre Paul que subsidiairement, en cas d'insolvabilité de votre part.

28. Le débiteur, qui ne s'est obligé solidairement que pour faciliter l'emprunt, et qui a payé la dette, est subrogé de plein droit (Art. 1251) aux droits du créancier, pour le tout, contre le débiteur principal (Art. 2030) ; mais il n'a contre chacun de ses codébiteurs, obligés au même titre que lui, qu'une action divisée en raison de ce que chacun doit supporter dans la dette (Art. 2033).

29. Lorsque la dette contractée solidairement est payable en plusieurs termes, celui des débiteurs qui a payé le premier terme peut exercer de suite son recours contre ses codébiteurs, pour le remboursement de leur part dans ce qui a été payé (Duranton, t. 11, n° 245).

30. *Extinction de la solidarité des débiteurs.* — La solidarité peut cesser sans que l'obligation soit éteinte. Le créancier peut en faire la remise expressément ou tacitement, et cette remise ne peut profiter ni préjudicier aux autres codébiteurs. Ainsi, le créancier, qui consent à la division de la dette à l'égard de l'un des codébiteurs, conserve son action solidaire contre les autres, mais sous la déduction de la part du débiteur qu'il a déchargé de la solidarité (Art. 1210).

31. Le créancier, qui reçoit divisément la part de l'un des débiteurs, sans réserver dans la quittance la solidarité ou ses droits en général, ne renonce à la solidarité qu'à l'égard de ce débiteur (Art. 1211). Il conserve, comme dans le cas de l'art. 1210, son action solidaire contre les autres, sous la déduction de la part qu'il a reçue (Duranton, t. 11, n° 231).

32. Le créancier n'est pas censé remettre la solidarité au débiteur, lorsqu'il reçoit de lui une somme égale à la portion dont il est tenu, si la quittance ne porte pas que c'est *pour sa part* (Art. 1211), ou autre expression analogue. Il en est de même de la simple demande formée contre l'un des codébiteurs pour sa part, si celui ci n'a pas acquiescé à la demande, ou s'il n'est pas intervenu un jugement de condamnation (Art. 1211), passé en force de chose jugée. Par les mots *simple demande*, il faut entendre une demande intentée sans aucune réserve qui puisse faire présumer l'intention de conserver la solidarité (Toullier, t. 6, n° 743).

33. Le créancier, qui reçoit divisément et sans réserve la portion de l'un des codébiteurs dans les arrérages ou intérêts de la dette, ne perd la solidarité que pour les arrérages ou intérêts échus, et non pour ceux à échoir, ni pour le capital, à moins que le paiement divisé n'ait été continué pendant dix ans consécutifs (Art. 1212). Le vœu de la loi ne serait pas rempli s'il n'y avait eu dix paiements successifs, constatés par dix quittances d'année en année, sans interruption.

34. Par arrérages échus, il faut entendre ceux payés ; c'est de ceux-là seuls que le créancier peut donner quittance. Ainsi, que cinq années soient échues, et que le débiteur reçoive quittance, sans réserve, de la première, il n'est pas déchargé de la solidarité pour les quatre autres années.

SOLUTION.—Se dit de la décision d'une difficulté, d'une question de droit, par la jurisprudence ou par la doctrine.—En matière d'enregistrement, on entend par ce mot l'avis émis par la régie sur les difficultés relatives à la perception des droits (L. 22 frim. an VII, art. 63).

SOLVABILITE.—Etat d'une personne qui a les moyens d'acquitter le montant de ses obligations.—V. *Cautionnement, Cession de biens, Contrainte par corps, Exécution provisoire, Paiement, Surenchère.*

SOMMAIRE (MATIÈRE).—V. *Matière sommaire.*

SOMMATION.—**1.** Exploit par lequel on interpelle une personne de déclarer ou de faire quelque chose.

2. La sommation est nécessaire dans un grand nombre de cas, spécialement : 1° pour opérer une *mise en demeure* (V. ce mot); 2° pour faire courir les intérêts dans certaines circonstances (C. Nap., art. 474, 1936, 1996, 1947 et 2000) ; 3° pour couvrir la péremption (V. *Péremption d'instance*, n° 57); 4° enfin, toutes les fois que l'on réclame l'exécution d'une obligation dont le titre est dans la loi, et qui n'est exigible qu'au moment de la réclamation, par exemple, la communication d'*archives* (V. ce mot).

3. La sommation est soumise aux formalités des exploits en général (V. *Exploit*). Elle peut avoir lieu sans titre ; néanmoins, lorsqu'on agit en vertu d'un titre ou d'une disposition de la loi, il est utile de l'énoncer. Dans tous les cas, on doit clairement formuler la réclamation de la partie qui fait faire la sommation.

4. Peut-on exiger que la partie à laquelle on adresse la sommation y réponde, soit immédiatement, soit dans un délai déterminé? Non, et alors même que la sommation porterait que le requérant prendrait le silence de son adversaire pour une adhésion, ce silence n'équivaudrait jamais à un consentement (Merlin, *Rép.*, v° *Sommation*, n° 4). Toutefois, ce principe ne doit pas être appliqué d'une manière trop absolue (V. *Exploit*).

5. En général, la sommation n'interrompt pas la *prescription* (V. ce mot, n°s 76 et 77).

Formule.

Sommation.

L'an.., à la requête du sieur... j'ai..., fait sommation au sieur... de (*indiquer ce que le requérant réclame de son adversaire*); à ce que ledit sieur.... n'en ignore, lui déclarant que, faute d'avoir égard à la présente sommation et d'y satisfaire, le requérant se pourvoira contre lui tel que de droit, et, sous toutes réserves, j'ai, etc.

Coût : Tar. art. 29. Orig. : Paris, 2 fr.; R. P., 1 fr. 80 c.; Aill., 1 fr. 50 c ; — Cop., le 1/4.

Enregistrement : 2 fr. 20 c.

SOMMES.—Il convient de les énoncer en toutes lettres dans les exploits. Toutefois, leur énonciation en chiffres n'annulerait pas l'acte.

SON (MARCHANDS DE).—Sont patentables.

SONDES (FABRICANTS DE GRANDES). — Sont patentables.

SOUCHE.—Terme de généalogie, qui indique l'auteur d'une génération, le premier d'une suite de descendants (V. *Succession*).—Se dit aussi d'un registre dont on détache des actions, des mandats, des quittances.

SOUDES.—Les établissements consacrés à la fabrication des soudes sont, suivant les matières qui les composent, rangés dans la première ou dans la troisième classe des établissements insalubres (V. *Établissements dangereux*, etc.).—Les marchands de soudes en gros sont patentables.

SOUFFLETS (FABRICANTS ET MARCHANDS DE). — Sont patentables.

SOUFRE. — Les établissements où se travaille le soufre sont rangés dans la première ou dans la seconde classe des établissements insalubres.

SOULIERS VIEUX (MARCHANDS DE). — Sont patentables.

SOULTE. — Somme qui compense dans un partage l'inégalité des lots, ou, dans un échange, la différence de valeur des objets échangés. — V. *Echange, Partage, Privilége.*

SOUMISSION DE CAUTION. — V. *Cautionnement, Surenchère.*

SOURCE. — V. *Cours d'eau, Servitude.*

SOURD-MUET. — Les sourds-muets jouissent de l'exercice de leurs droits civils ; ils sont habiles à contracter et à plaider, de même que toute autre personne qu'aucune incapacité n'atteint ; ils peuvent être entendus comme témoins dans une enquête (Nimes, 18 août 1821. — V. *Enquête,* n° 223) ; ils ne peuvent être interdits s'ils ne sont pas dans un état habituel d'imbécillité (V. *Interdiction,* n° 4).

SOURICIÈRES, CAGES ET TOURNETTES (FABRICANTS DE). — Sont patentables.

SOUSCRIPTEUR. — Se dit particulièrement du signataire d'un effet de commerce. — V. *Billet à ordre, Effet de commerce, Endossement, Lettre de change, Protêt, Timbre.*

SOUSCRIPTION. — Matériellement parlant, se dit de l'apposition d'une signature au bas d'un acte pour l'approuver ; mais, plus généralement, exprime la soumission de payer une certaine somme pour former une société ou pour contribuer à l'exécution d'une entreprise. — Aucune disposition de loi n'interdit aux officiers ministériels de souscrire des actions dans une société de commerce.

SOUS-ENTENDU. — Ce qui est réputé exprimé, ce qui se supplée, quoique non écrit.

SOUS-LOCATION. — Location faite par le locataire à un tiers. — V. *Bail (en général).*

SOUS-ORDRE. — Répartition d'une somme allouée à un créancier colloqué dans un ordre entre ses créanciers intervenus. — V. *Ordre,* sect. 9.

SOUS SEING-PRIVE (ACTE). — V. *Acte sous seing-privé.*

SOUSSIGNE. — Celui qui écrit son nom, qui signe, au bas d'un acte.

SOUSTRACTION DE PIÈCES ET TITRES. — Constitue des infractions différentes à la loi pénale, suivant qu'elle est commise par de simples particuliers ou des dépositaires publics, dans un dépôt public ou ailleurs. — V. *Abus de confiance par soustraction de pièces, Dépositaire public, Dépôt public, Suppression de titres.*

SOUTÈNEMENTS. — Réponses faites aux débats d'un compte (ce mot n'est plus guère usité). — V. *Compte.*

SPARTERIE (FABRICANTS DE). — Sont patentables.

SPECIAL. — Ce qui ne s'applique qu'à une chose déterminée. — *Loi spéciale* : les lois générales ne dérogent point aux lois spéciales.

SPECIFIER. — S'emploie comme synonyme de détailler, désigner ou déterminer.

SPONTANE. — Ce qui n'est provoqué par aucun acte judiciaire ou extra-judiciaire.

STAGE. — Temps de travail pendant lequel ceux qui se destinent à la profession d'officiers ministériels, et notamment à la profession d'huissier, sont tenus de se livrer à des études pratiques. — V. *Huissier.*

STARIE. — Séjour qu'un navire est forcé de faire dans un port intermédiaire, soit par suite des vents contraires, soit par la crainte de l'ennemi, soit par la nécessité de faire des réparations urgentes, — ou délai accordé pour la charge et la décharge d'un navire. — V. *Charte-partie.*

STATUT. — S'emploie quelquefois comme synonyme de loi, de règlement. — On se sert aussi du mot *statuts* pour désigner l'acte constitutif d'une société.

STELLIONAT. — **1.** Il y a stellionat lorsqu'on vend ou qu'on hypothèque un immeuble dont on sait n'être pas propriétaire, lorsqu'on présente comme libres des biens hypothéqués, ou que l'on déclare des hypothèques moindres que celles dont les biens sont chargés (C. Nap., art. 2059).

2. Il y a aussi stellionat lorsque les maris ou tuteurs, n'ayant point requis l'inscription de l'hypothèque légale dont ils sont grevés, ont consenti ou laissé prendre des priviléges ou des hypothèques sur leurs immeubles, sans déclarer que lesdits immeubles étaient grevés de cette hypothèque légale (Art. 2136).

3. Les stellionataires sont soumis à la contrainte par corps pour la réparation du préjudice résultant du stellionat. — V. *Contrainte par corps.* — V. aussi *Cession de biens.*

4. Le simple stellionat, en l'absence de machinations et de manœuvres frauduleuses, est de la compétence des tribunaux civils, et ne peut être poursuivi par la voie correctionnelle (Cass. 2 mars 1809 ; Colmar, 31 mai 1820).

STIPULATION. — Se dit, en général, de toute convention, de toute clause qui oblige, mais plus spécialement, et par opposition à *promesse*, de la convention par laquelle on oblige quelqu'un envers soi à faire, à donner ou à souffrir quelque chose.

STIPULATION POUR AUTRUI. — **1.** On ne peut en général s'engager ni stipuler en son propre nom que pour soi-même (C. Nap., art. 1119) ; néanmoins, on peut se porter fort pour un tiers, en promettant le fait de celui-ci, sauf l'indemnité contre celui qui s'est porté fort ou qui a promis de faire ratifier, si le tiers refuse de tenir l'engagement (Art. 1120).

2. Dans le cas de l'article précédent, lorsque le délai pour fournir la ratification est expiré, on doit mettre en demeure, par une sommation, celui qui l'a promise. S'il ne la fournit pas, on l'assigne en réparation du préjudice causé par le défaut d'approbation de la convention.

3. On peut pareillement stipuler au profit d'un tiers, lorsque telle est la condition d'une stipulation que l'on fait pour soi-même ou d'une donation que l'on fait à un autre. Celui qui a fait cette stipulation ne peut plus la révoquer, si le tiers a déclaré vouloir en profiter (Art. 1121).

4. On est censé avoir stipulé pour soi et pour ses héritiers et ayants cause, à moins que le contraire ne soit exprimé ou ne résulte de la nature de la convention (Art. 1122).

STRICT (DROIT). — Se dit d'une disposition de loi qui doit être rigoureusement observée.

STUCATEURS. — Sont patentables.

STYLE. — Manière de composer ou d'écrire ; méthode adoptée pour certaines rédactions, pour des formules : c'est sous ce dernier rapport qu'on dit le *style des huissiers.*

SUBREPTICE. — Ce qui est obtenu par fraude, en avançant des faits contraires à la vérité.

SUBROGATION. — **1.** Substitution d'un tiers dans les droits d'un créancier que ce tiers a payé. — La subrogation est conventionnelle ou légale (C. Nap., art. 1249).

2. *Subrogation conventionnelle.* La subrogation est conventionnelle : 1º Lorsque le créancier, recevant son paiement d'une tierce personne, la subroge dans ses droits, actions, priviléges ou hypothèques contre le débiteur. Cette subrogation doit être expresse et faite en même temps que le paiement (Art. 1250).

3. Toute personne intéressée peut, en payant, forcer le créancier à la subrogation ; s'il refuse de la consentir, elle peut lui faire des offres, sous la condition que la quittance du créancier la subrogera, sans garantie, dans ses droits et priviléges, et qu'il lui remettra les titres ; si les offres sont rejetées, on consigne sous la même condition. — V. *Offres réelles, Paiement.*

4. Quant aux personnes non intéressées à l'acquit de la dette, si elles peuvent payer et si le créancier peut consentir la subrogation en leur faveur, elles ne peuvent jamais le contraindre à opérer cette subrogation (V. *Paiement*), Des offres faites dans ce cas, sous la condition de subroger, ne seraient donc pas valables.

5. 2º Lorsque le débiteur emprunte une somme à l'effet de payer sa dette, en subrogeant le prêteur dans les droits du créancier. Il faut, pour que cette subrogation soit valable : 1º que l'acte d'emprunt et la quittance soient passés devant notaire ; 2º que, dans l'acte d'emprunt, il soit déclaré que la somme a été empruntée pour faire le paiement ; 3º que, dans la quittance, il soit déclaré que le paiement a été fait des deniers fournis à cet effet par le nouveau créancier. Cette subrogation s'opère sans le concours de la volonté du créancier (Art. 1250).

6. Dans le cas de cet article, les offres doivent être faites au créancier, sans autre condition que celle de se présenter chez un notaire pour les recevoir et en donner quittance.

7. *Subrogation légale.* La subrogation a lieu de plein droit, par le seul fait du paiement, et sans qu'il soit besoin de stipulation : 1º au profit de celui qui, étant lui-même créancier, paie un autre créancier qui lui est préférable à raison de ses priviléges ou hypothèques (Art. 1251). Peu importe que le créancier qui paie soit hypothécaire, privilégié ou chirographaire (Toullier, t. 7, nº 140).

8. 2º Au profit de l'acquéreur d'un immeuble qui emploie le prix de son acquisition au paiement des créanciers auxquels cet héritage était hypothéqué (Art. 1251). L'hypothèque du créancier acquéreur, éteinte par la confusion dès l'instant de l'acquisition, renaît en cas d'éviction de l'immeuble acquis (Cass. 22 avril 1818 ; Toullier, t. 7, nº 144).

9. 3º Au profit de celui qui, étant tenu avec d'autres ou pour d'autres au paiement de la dette, avait intérêt de l'acquitter (Art. 1251). Tel est le débiteur solidaire, tel est encore celui qui, tenu d'une dette sans solidarité avec une autre personne, a hypothèque, conjointement avec celle-ci, sur un immeuble indivis entre elle et lui.

10. 4º Au profit de l'héritier bénéficiaire qui a payé de ses deniers les dettes de la succession (Art. 1251). — V. *Bénéfice d'inventaire.*

57.

11. Dans les cas énoncés nos 7 et suiv., lorsqu'il est nécessaire de faire des offres réelles, elles doivent avoir lieu purement et simplement. Selon nous, elles seraient nulles si elles portaient la condition de consentir une subrogation en les acceptant. — V., d'ailleurs, *Offres réelles*, § 6.

12. *Effets de la subrogation.* La subrogation produit cet effet qu'elle met la personne subrogée à la place de celle qui a reçu le paiement, et qu'elle lui transfère les mêmes droits et la même hypothèque. Le subrogé, en un mot, peut exercer tous les droits que pouvait exercer le subrogeant (V. toutefois *infrà*, n° 14).

13. La subrogation, soit conventionnelle, soit légale, a lieu tant contre les cautions que contre les débiteurs (Art. 1252). Toutefois, pour produire son entier effet contre eux, elle doit leur être notifiée, lorsqu'ils n'ont pas concouru à la subrogation ; car autrement ils pourraient se libérer valablement entre les mains du créancier qui a subrogé. Dans ce cas, le créancier subrogé n'aurait de recours que contre ce dernier, et non contre les débiteurs et cautions libérés.

14. Lorsque le créancier n'a été payé qu'en partie, la subrogation qu'il a consentie ne peut lui nuire ; en conséquence, il peut exercer ses droits pour ce qui lui reste dû par préférence à celui dont il n'a reçu qu'un paiement partiel (Art. 1252).

15. La subrogation peut éteindre le cautionnement. — V. *Cautionnement*.

SUBROGATION A L'HYPOTHÈQUE. — Celle qu'un créancier consent dans l'effet de son hypothèque, en se réservant sa créance, au profit d'un autre créancier du même débiteur ou d'un tiers. — Le subrogé a droit de se faire colloquer jusqu'à concurrence de la créance du subrogeant, aux lieu et place de ce dernier (V. *Hypothèque, Ordre*). — Quand la subrogation est consentie par une femme mariée, il en doit être fait mention en marge de l'inscription préexistante ; si l'hypothèque légale de la femme n'a pas encore été inscrite, le subrogé doit en requérir inscription à son profit (L. 23 mai 1855, art. 9).

SUBROGATION JUDICIAIRE. — **1.** Faculté accordée par le juge à un créancier d'exercer les droits de son débiteur.

2. Les créanciers ont le droit d'exercer les droits et actions de leur débiteur (C. Nap., art. 1166), pourvu qu'ils aient obtenu de lui la subrogation dans ces droits et actions. En cas de refus par le débiteur de consentir cette subrogation, on doit la faire prononcer en justice.

3. Lorsqu'il s'agit de sommes dues à son débiteur, ou d'effets mobiliers lui appartenant et déposés entre les mains d'un tiers, on procède par voie de *saisie-arrêt* (V. ce mot) ; la subrogation judiciaire n'est utile, nécessaire, que lorsqu'il s'agit d'actions à exercer dans le but de faire rentrer entre les mains du débiteur une somme, un effet mobilier, un immeuble qu'il néglige de réclamer.

4. Il suit de là que le créancier qui veut user du bénéfice de l'art. 1166, doit intenter deux actions : l'une en subrogation contre son débiteur direct, l'autre contre le débiteur de son débiteur pour le contraindre à se dessaisir de ce qu'il doit. — Ces deux actions peuvent être intentées simultanément (Proudhon, *Usufruit*, nos 2237 à 2248). Il en est de ce cas comme de la saisie-arrêt qui n'est elle-même qu'une procédure en subrogation (Même auteur, nos 2253 et 2272).

5. Le créancier demande, contre son débiteur, sa subrogation dans ses droits et actions contre le tiers-débiteur, pour les faire valoir jusqu'à concurrence de ce qui lui est dû. — En matière réelle, il peut conclure à ce qu'il plaise au tribunal de condamner le débiteur à payer dans un délai donné, et ordonner que, à défaut de le faire, il sera subrogé par le jugement à intervenir dans les droits et actions contre le tiers-détenteur, pour obtenir son paiement sur le fonds à revendiquer ; de cette manière, le créancier obtient éventuellement une hypothèque judiciaire sur le fonds (Proudhon, n° 2282).

6. La demande en subrogation, soit en matière personnelle, soit en matière immobilière, doit être portée devant le tribunal du domicile du débiteur (Proudhon, n°s 2249 et 2250). Quant à celle contre le tiers-débiteur, elle est soumise aux règles ordinaires en matière de compétence.

7. Le jugement qui prononce la subrogation donne au créancier le droit d'exercer l'action (Proudhon, n° 2264).

8. Comment doit-on procéder tant sur la demande en subrogation que sur la demande principale? Nous ne voyons aucun inconvénient à suivre la marche suivante :

1° Demande en subrogation contre le débiteur (V. *suprà*, n° 5, et *Formule* 1).

2° Dénonciation de cette demande au tiers-débiteur du droit ou de l'action, avec défense de se libérer, sous peine d'être passible de tous dommages-intérêts envers le demandeur en subrogation (V. *Formule* 2).

3° Poursuivre le jugement de la demande en subrogation et le signifier au tiers-débiteur avec assignation (V. *suprà*, n° 6, et *Formule* 3).

9. On peut encore, lorsque les deux demandes doivent être portées devant le même tribunal, assigner, par le même exploit, le débiteur principal et le tiers-débiteur, et suivre sur les deux actions simultanément (V. *suprà*, n° 4).

10. Lorsque l'objet dû est rentré entre les mains du débiteur, le créancier en poursuit l'expropriation ou l'attribution.

11. Le tiers-débiteur peut arrêter les poursuites du créancier en lui remboursant le montant de sa créance, mais il ne peut demander la discussion préalable des biens du débiteur (Proudhon, n°s 2286 et 2290).

12. Le créancier qui a obtenu la subrogation ne jouit d'aucune préférence sur les autres créanciers. Néanmoins, si les tiers se libéraient des droits et actions entre les mains du débiteur direct, après la demande formée contre eux ou la notification du jugement de subrogation, le créancier pourrait agir contre eux jusqu'à concurrence de sa créance (Proudhon, n°s 2264 et 2272).

Formules.

1. *Demande en subrogation.*

L'an. . ., à la requête du sieur. . . (*donner copie de la non-conciliation et constituer avoué*), j'ai. . ., donné assignation au sieur. . ., à comparaître . ., pour, — Attendu que le requérant est créancier du sieur. . ., de la somme de . . ., en vertu d'un acte reçu par M°. . ., notaire à . .; — Attendu que ledit sieur. . . a vendu au sieur C. . ., suivant acte du. . . divers immeubles situés à. . . moyennant la somme de. . ., inférieure de plus de 7/12°° à la véritable valeur desdits biens ; — Attendu, dès lors, que le sieur. . . peut demander la rescision de ladite vente pour cause de lésion ; — Attendu que jusqu'à ce jour il n'a point intenté cette action, et que le requérant doit craindre que sa négligence ne l'empêche d'en poursuivre l'exercice ; — Attendu enfin qu'en sa qualité de créancier et aux termes de l'art. 1466, C. Nap. ; le requérant a le droit d'exercer ladite action après subrogation ; — Voir dire et ordonner que le requérant sera subrogé purement et simplement aux droits de. . ., contre le sieur. . ., résultant de l'acte susdaté et des dispositions de la loi, pour. . ., ledit sieur. . ., requérant, exercer lesdits droits et les faire valoir jusqu'à concurrence de ce qui lui est dû ; et, sous toutes réserves, j'ai, etc.

V. n° 8. Coût : Tar. art. 29. Orig. : Paris, 2 fr. ; R. P., 1 fr. 80 c. ; Aill., 1 fr. — Cop., le 1/4.

Enregistrement : 2 fr. 20 c.

2. Dénonciation de la demande au tiers-débiteur.

L'an. . ., à la requête du sieur. . ., j'ai. . .. signifié, dénoncé et avec celle des présentes donné copie à. . ., de (analyser la demande, formule 1), à ce qu'il n'en ignore, lui faisant défense expresse de se libérer, envers quinque ce soit, des droits que le requérant entend exercer après la subrogation demandée par l'exploit sus-analysé; et déclarant audit sieur . . ., que faute par lui d'avoir égard à la présente notification, le requérant se pourvoira, sous toutes réserves.

V. n° 8 —Coût : V. Formule 1.
Enregistrement : 2 fr. 20 c.

3. Assignation au tiers-débiteur.

Cette demande a lieu en la forme ordinaire.— V. Citation, Conciliation, Ajournement.

V. n° 8. — Coût : V. formule 1.
Enregistrement : 2 fr. 20 c.

SUBROGE-TUTEUR.—Contradicteur chargé de surveiller l'administration du tuteur et d'agir pour le pupille dans tous les cas où ses intérêts sont en opposition avec ceux du tuteur.—V. Tutelle.

SUBSIDIAIRE (MOYEN). — Moyen dont on se sert en second lieu pour fortifier ou suppléer le moyen principal.

SUBSTANTIELLE (FORMALITÉ).—Formalité sans laquelle un acte ne serait pas valable et dont, par conséquent, l'omission emporte nullité.

SUBSTITUT.—Officier qui remplace le procureur général ou le procureur impérial.—V. Ministère public.

SUBSTITUTION. — 1. Disposition qui appelle éventuellement une personne à la place d'une autre, pour recueillir le bénéfice d'une disposition testamentaire ou entre-vifs. — Il y a deux sortes de substitutions :

2. 1° La substitution fidéicommissaire, qui est celle par laquelle on gratifie une personne en la chargeant de rendre la chose à elle donnée à un tiers qu'on gratifie en second ordre.

3. 2° La substitution vulgaire, qui est celle par laquelle on subroge une personne à l'héritier ou au légataire, au cas qu'ils ne veulent ou ne puissent recueillir soit l'hérédité, soit les legs. — Ex. : J'institue Louis mon héritier, et, s'il ne veut ou ne peut pas l'être, je lui substitue Jean.

4. Substitution fidéicommissaire. —La substitution fidéicommissaire est prohibée : toute disposition, porte l'art. 896, C. Nap., par laquelle le donataire, l'héritier institué, ou le légataire, sera chargé de conserver et de rendre à un tiers, sera nulle, même à l'égard du donataire, de l'héritier institué ou du légataire.

5. Ce principe, toutefois, a reçu quelques exceptions que voici : 1° Les biens dont les père et mère ont la faculté de disposer peuvent être par eux donnés en tout ou en partie à un ou plusieurs de leurs enfants, par acte entre-vifs ou testamentaire, avec la charge de rendre ces biens aux enfants nés et à naître, au premier degré seulement, desdits donataires (C. Nap., art. 896 et 1048).

6. 2° Est valable, en cas de mort sans enfants, la disposition que le défunt a faite par acte entre-vifs ou testamentaire, au profit d'un ou plusieurs de ses frères ou sœurs, de tout ou partie des biens qui ne sont point réservés par la loi dans sa succession avec la charge de rendre ces biens aux enfants nés et à naître, au premier degré seulement desdits frères ou sœurs donataires (Art 896 et 1049). V., d'ailleurs, art. 1050, 1051 et 1052.

7. 3° Les biens dont il est permis de disposer, aux termes des art. 913,

915 et 916, C, Nap., c'est-à-dire ceux qui composent la portion disponible (V. *Quotité disponible*), peuvent être donnés en tout ou en partie, par actes entre-vifs ou testamentaire, et à la charge de les rendre à un ou plusieurs enfants du donataire, nés ou à naître jusqu'au second degré inclusivement (L. 17 mai 1826).

8. Cette dernière disposition déroge aux art. 1048 et 1049, C. Nap., mais ne les abroge pas : ces articles peuvent encore recevoir leur exécution, car ils n'ont rien d'incompatibles avec la loi du 17 mai 1826, qui n'a eu d'autre but que de les étendre (V. la discussion à la Chambre des députés, séance du 11 mai 1826).

9. Le Code contient plusieurs dispositions dans l'intérêt des personnes appelées à recueillir une substitution fidéicommissaire permise. Elle sont relatives : 1° à la nomination, à la gestion et à la responsabilité d'un tuteur chargé de l'exécution des dispositions du donateur ou testateur (Art. 1055, 1056, 1059, 1060, 1061 et suiv. et 1073) ; 2° à la déchéance du grevé (Art. 1057) ; 3° à l'inventaire des biens grevés de restitution (Art. 1058, 1059, 1060 et 1061) ; 4° à la vente de certains meubles et effets compris dans la disposition (Art. 1062, 1063 et 1064) ; 5° à l'emploi des deniers comptants et de ceux provenant des ventes et de remboursement de rentes (Art. 1065, 1066, 1067 et 1068) ; 6° au droit des femmes des grevés sur les biens à rendre (Art. 1054).

10. Les dispositions à charge de restitution doivent être rendues publiques, quant aux immeubles, par la transcription au bureau des hypothèques de la situation, et, quant aux sommes colloquées avec privilége sur des immeubles, par l'inscription sur les biens affectés au privilége (C. Nap., art. 1069).

11. Le défaut de transcription, qui ne peut être suppléé (Art. 1071), peut être opposé par les créanciers et tiers acquéreurs, même aux mineurs et interdits, sauf le recours de ceux-ci contre le grevé et le tuteur (Art. 1070); mais il ne pourrait l'être par les successeurs légitimes ou institués de celui qui a fait la disposition (Art. 1072).

12. Pendant sa jouissance et jusqu'à l'ouverture du fidéicommis, la position du grevé est celle de tout propriétaire soumis à une condition résolutoire. Ainsi, il peut aliéner, hypothéquer, accorder des servitudes, et tout ce qu'il fera *sera valable*, si l'appelé ne recueille pas la disposition, mais *sera anéanti*, s'il la recueille.

13. Le grevé est investi de toutes les actions, tant actives que passives, qui concernent les biens grevés. Cependant les jugements rendus contre lui n'obligeraient les appelés que s'ils y avaient été parties ; au cas contraire, ils pourraient les faire réformer par la voie de la tierce opposition (C.P.C., art. 74).

14. La prescription acquise contre le grevé l'est également contre les appelés, lorsqu'elle a couru pendant leur majorité, car ils pouvaient faire des actes conservatoires. Tous les auteurs sont d'accord sur ce point.

15. Quant aux appelés, ils n'ont qu'une expectative jusqu'à l'ouverture de la substitution qui a lieu à l'époque où, par quelque cause que ce soit, la jouissance du grevé de restitution cesse (C. Nap., art. 1053).

16. Le grevé de restitution peut faire l'abandon anticipé des biens au profit des appelés, mais cet abandon ne peut préjudicier aux créanciers du grevé antérieurs à l'abandon (Même art. 1053), ni aux tiers acquéreurs (Toullier, t. 5, n° 786). — Les créanciers peuvent toujours, malgré cet abandon, diriger leurs poursuites contre le grevé et exercer leurs droits sur les fruits des biens sujets à restitution. — Le tiers acquéreur fait les fruits siens jusqu'à ce qu'on ait fait juger l'invalidité de son titre.

17. Les substitutions deviennent caduques ou s'éteignent : 1° par le défaut de la condition qui y était apposée; 2° par le prédécès ou l'incapacité de l'appelé ; 3° par la renonciation des substitués.

18. *Substitution vulgaire.* — Les substitutions vulgaires n'ont jamais cessé d'être licites. L'art. 898, C. Nap., porte, en effet, que la disposition par laquelle un tiers est appelé à recevoir le don, l'hérédité ou le legs, dans le cas où le donataire, l'héritier institué ou le légataire ne les recueillerait pas, est valable.

19. Dans les substitutions vulgaires, l'institué n'est pas chargé de rendre, puisqu'il ne prend rien et que l'appelé ne profite de l'institution qu'autant que l'institué ne la recueille pas. Ces substitutions ne sont autre chose, absolument, qu'une seconde institution d'héritier pour le cas où la première demeurerait sans effet.

SUBSTITUTION DE POUVOIR. — Acte par lequel une personne confère à une autre tout ou partie des pouvoirs qui lui avaient été donnés. —V. *Mandat.*

SUBTILITE.—Se dit d'un raisonnement spécieux.

SUBVENTION DE GUERRE.—Impôt d'un décime par franc perçu en sus des droits d'enregistrement et des amendes.—V. *Décime.*

SUCCESSEUR. — Celui qui est aux droits d'un autre. — V. *Ayant-cause, Héritier, Succession.*

SUCCESSIBLE. — Celui qui est appelé par la loi à succéder à un défunt.—V. *Succession.*

SUCCESSIFS (DROITS). — V. *Droits successifs, Succession.*

SUCCESSION. — 1. Transmission de l'ensemble des droits actifs et et passifs d'une personne décédée à une ou plusieurs personnes désignées par loi ou par le défunt. — La succession est légitime ou *ab intestat* ou testamentaire.

Indication alphabétique des matières.

Preuve, 44.
Privilège, 106.
Publications, 22.
Qualité, 34 et s.
Rapport à succession, 32.
Renonciation, 25, 30, 35, 46
et s., 81.
Rente, 69, 70, 88, 96.
Représentation, 16.

Requête, 21, 37, 50.
Restitution (action en), 43 et s.
Saisine, 4, 5, 26.
Séparation de patrimoines, 61.
Signification, 42, 50, 85.
Sœur, 9 et s.
Solidarité, 101.
Sommation, 39, 40.
Subrogation, 41, 71, 72.

Successions irrégulières, 3, 17
et s.
— régulières, 3, 8 et s.
— vacantes, 3, 24.
Titre exécutoire, 42, 83.
Transport de droits successifs,
35.
Tribunal, 21, 22, 37, 46, 50.
Usufruit, 86, 97, 100.

SECT. Iʳᵉ.—PRINCIPES GÉNÉRAUX.

2. Les successions s'ouvrent par la mort naturelle (C. Nap., art 718 et
suiv.). Avant la loi du 31 mai 1854, elles s'ouvraient aussi par la mort
civile; mais cette loi, après avoir aboli la mort civile (art. 1ᵉʳ), ajoute
(art. 5) que les effets de la mort civile cessent, pour l'avenir, à l'égard des
condamnés actuellement morts civilement, sauf les droits acquis aux
tiers.

3. L'ordre de succéder est réglé par la loi entre les héritiers légitimes;
à leur défaut, les biens passent aux enfants naturels, ensuite à l'époux
survivant, et, s'il n'y en a pas, à l'Etat (C. Nap., art. 723). De là, la distinction des successions en *régulières* dans le premier cas, *irrégulières*
dans le second.

4. La fiction du droit coutumier : *le mort saisit le vif,* a été consacrée par l'art. 724, C. Nap., qui dispose que les *héritiers légitimes* sont
saisis de plein droit, des biens, des droits et actions du défunt, sous l'obligation d'acquitter toutes les charges de la succession (V. *infrà,* sect. 5).

5. Quant aux enfants naturels, à l'époux survivant et à l'Etat, ils ne
jouissent pas du bénéfice de la saisine ; par conséquent, la possession des
biens ne passe pas de plein droit à leurs personnes; ils doivent obtenir
de la justice l'envoi en possession (C. Nap., art. 724. — V. *infrà,* sect. 2,
§ 2).

6. Les art. 725 et 727 à 730, C. Nap., et la loi du 14 juill. 1819, qui
abroge l'art. 726, C. Nap., déterminent les qualités requises pour succéder.
Parmi les personnes qui ne peuvent succéder sont celles que la loi a exclues pour cause d'*indignité* (V. ce mot).

SECT. II.—A QUI LES SUCCESSIONS SONT DÉVOLUES.

7. Les successions sont réglées sans considération de la nature ni de
l'origine des biens qui en dépendent (C. Nap., art. 732).

§ 1er. — *Successions régulières.*

8. Les successions régulières sont dévolues, savoir : 1° Celle d'une personne qui laisse des enfants ou des descendants, par égale portion et par tête, s'ils sont tous au premier degré et appelés de leur chef, et par souche, s'ils viennent tous ou en partie par représentation (C. Nap., art. 745). Dans ce dernier cas, les descendants de l'enfant partagent entre eux les biens qui avaient été dévolus à leur auteur s'il eût survécu.

9. 2° Celle d'une personne qui n'a laissé ni postérité, ni frères, ni sœurs, ni descendants d'eux, passe aux ascendants de la ligne paternelle pour moitié, et à ceux de la ligne maternelle pour l'autre moitié. L'ascendant le plus proche recueille la moitié affectée à sa ligne. S'il y a plusieurs ascendants au même degré, ils succèdent par tête (Art. 746). —De plus, les ascendants succèdent aux choses par eux données à l'exclusion de tous autres, lorsqu'elles se retrouvent en nature (Art. 747. — V. *Donation, Retour légal*).

10. 3° Celle d'une personne morte sans postérité et sans père ni mère vivants, mais laissant des frères et sœurs ou des descendants d'eux, est dévolue à ceux-ci, à l'exclusion des ascendants et des autres collatéraux (Art. 750).

11. 4° Celle d'une personne morte sans postérité, mais laissant ses père et mère, et des frères, sœurs, ou descendants de ceux-ci, aux père et mère pour moitié, et aux frères, sœurs ou descendants pour le surplus (Art. 748). Si le père ou la mère seulement a survécu, il ne recueille qu'un quart, et les frères et sœurs ou descendants le surplus (Art. 751). Les descendants ont droit à la part du frère ou de la sœur qu'ils représentent (Art. 750). Si les frères et sœurs sont du même lit, ils partagent par tête; s'ils sont de lits différents, la portion qui leur est dévolue se divise en deux parties ; les germains prennent part dans les deux parties, les utérins ou consanguins dans celle affectée à leur ligne (Art. 752).

12. 5° Celle d'une personne morte sans postérité, sans frères ni sœurs, ni descendants d'eux, mais laissant des ascendants dans une ligne seulement, à ces derniers pour moitié, et pour l'autre moitié aux parents les plus proches (Art. 753). Dans le cas de cet article, le père ou la mère survivant a droit à l'usufruit du tiers des biens auxquels il ne succède pas en propriété (Art. 754).

13. 6° Celle d'une personne morte sans postérité, sans ascendants et sans frères, sœurs, ni descendants d'eux, aux parents les plus proches des lignes paternelle et maternelle, et à ceux de chaque ligne pour moitié, à moins qu'ils ne soient tous au même degré, auquel cas ils partagent par tête (Art. 755). A défaut de parents dans une ligne, les parents de l'autre ligne succèdent pour le tout (Art. 755). Les collatéraux au delà du 12e degré ne succèdent pas (Même art.).

14. Toute succession échue à des ascendants ou collatéraux se divise en deux parts, l'une pour la ligne paternelle, l'autre pour la ligne maternelle (Art. 733). La moitié dévolue à chaque ligne appartient à l'héritier ou aux héritiers les plus proches en degrés, sauf le cas de représentation (Art. 734. — V. *Ligne*).

15. On appelle *degré* (V. ce mot) chaque génération. En ligne directe, on compte autant de degrés qu'il y a de générations entre les personnes : ainsi le fils est à l'égard du père au 1er degré, le petit-fils au second (Art. 737). En ligne collatérale, les degrés se comptent par les générations depuis l'un des parents jusques et non compris l'auteur commun, et depuis celui-ci jusqu'à l'autre parent : ainsi deux frères sont au 2ᵉ degré, l'oncle et le neveu au 3ᵉ, les cousins germains au 4ᵉ (Art. 738).

16. La représentation, fiction de la loi qui a pour effet de faire entrer les représentants dans la place, le degré et les droits du représenté (Art. 739), a lieu à l'infini dans la ligne directe descendante (Art. 740), et, dans la ligne collatérale, en faveur seulement des enfants et descendants de frères ou sœurs du défunt (Art. 742). Elle n'a pas lieu en faveur des ascendants (Art. 741). Dans les cas où la représentation a lieu, le partage s'opère par souche (Art. 743). On ne représente que les personnes mortes ; on peut représenter celui à la succession duquel on a renoncé (Art. 744).

§ 2. — Successions irrégulières.

17. *Enfant naturel.* — La loi lui refuse la qualité d'héritier et ne lui accorde aucuns droits sur les biens de ses père et mère (Art. 756). Il a droit seulement, lorsqu'il a été légalement reconnu, sur les biens de ces derniers, savoir : s'il est en concours avec les descendants légitimes, au tiers de ce qu'il aurait eu s'il eût été légitime ; s'il est en concours avec des descendants ou des frères ou sœurs du défunt, à la moitié de toute la succession ; s'il est en concours avec d'autres collatéraux, aux trois quarts de la succession (Art. 757) ; enfin, s'il n'y a pas de parents au degré successible, à la totalité de la succession de ses père et mère (art. 758. — V., d'ailleurs, C. Nap., art. 759 à 764 ; *Aliments, Enfant naturel*).

18. La succession de l'enfant naturel décédé sans postérité est dévolue au père et à la mère qui l'ont reconnu (Art. 765). En cas de prédécès des père et mère, les biens que l'enfant naturel a reçus d'eux passent aux frères ou sœurs légitimes, ou leur prix, s'ils ont été aliénés et qu'il soit encore dû (Art. 766).

19. *Conjoint survivant.* — Les biens du défunt passent au conjoint survivant non divorcé, s'il ne laisse ni parents au degré successible, ni enfants naturels (Art. 767).

20. *État.* — A défaut de conjoint survivant, la succession est dévolue à l'État (Art. 768).

21. L'enfant naturel appelé à défaut de parents, le conjoint survivant et l'État sont tenus de faire apposer les scellés et de faire faire inventaire (C. Nap., art. 769 et 773). Ils doivent demander l'envoi en possession au tribunal de première instance dans le ressort duquel la succession est ouverte (Art. 770). Cette demande est formée par une requête présentée au tribunal par un avoué.

22. Le tribunal ne peut statuer qu'un an après la demande (Circ. grand-juge, 8 juill. 1806) et qu'après trois publications et affiches dans les formes usitées, et après avoir entendu le procureur impérial (C. P. C., art. 770). Les publications doivent être faites dans les formes prescrites pour la vente des immeubles, de trois en trois mois (Chabot, *Successions*, sur l'art. 770, nᵒˢ 4). — V. *Vente d'immeubles*.

23. L'époux survivant et le conjoint sont tenus de faire emploi du mobilier ou de donner caution. — V. d'ailleurs C. Nap., art. 771 et 772.

§ 3. Successions vacantes.

24. Lorsqu'il ne se présente personne pour recueillir une succession, elle est réputée vacante. Dans ce cas, les parties intéressées peuvent requérir la nomination d'un curateur. — V. *Curatelle-Curateur*.

SECT. III. — ACCEPTATION DES SUCCESSIONS.

25. Celui à qui échoit une succession n'est pas tenu de l'accepter (C. Nap., art. 775) ; il peut y renoncer (V. *infrà*, sect. 4).

26. Les héritiers légitimes, étant saisis de plein droit (Art. 724), sont présumés avoir accepté, jusqu'à ce qu'ils se soient expliqués (Arg. art. 784). Ainsi, après les délais pour faire inventaire et délibérer, ils peuvent être poursuivis par les créanciers de la succession.

27. Ceux-ci ne peuvent légalement les considérer comme ayant accepté la succession, avant l'expiration des délais qui leur sont accordés pour faire inventaire (Art. 795 et suiv.). — V. infrà, nos 39, 40, 75 et suiv.

28. Les femmes mariées ne peuvent accepter une succession sans y être autorisées par leur mari, ou, à défaut par la justice (Art. 776. —V. *Autorisation de femme mariée*).

29. Si la succession échoit à un mineur ou à un interdit, elle ne peut être acceptée par son tuteur sans une autorisation du conseil de famille, et encore l'acceptation ne peut-elle avoir lieu que sous bénéfice d'inventaire (Art. 461). — Il en est de même de celle qui échoit à un mineur émancipé; elle ne peut être acceptée que sous bénéfice d'inventaire et avec l'assistance de son curateur (Chabot, sur l'art. 776, n° 8).

30. Les héritiers de celui qui décède sans avoir accepté une succession qui lui est échue peuvent l'accepter ou la répudier de son chef (Art. 781). Si ces héritiers ne sont pas d'accord pour accepter ou répudier la succession, elle doit être acceptée sous bénéfice d'inventaire (Art. 782).

31. Ceux des héritiers qui ne veulent pas accepter peuvent être assignés par le plus diligent des autres, devant le tribunal, pour voir dire que le requérant sera autorisé à faire la déclaration de l'acceptation, sous bénéfice d'inventaire, au nom de tous les héritiers, et que les récalcitrants seront considérés comme héritiers sous bénéfice d'inventaire et soumis à toutes les obligations de cette qualité.

32. L'héritier, même dans le cas où la loi n'exige pas que l'acceptation ait lieu sous bénéfice d'inventaire, peut toujours, sous ce bénéfice, accepter la succession (V. *Bénéfice d'inventaire*), ou l'accepter purement et simplement (C. Nap., art. 774). Dans tous les cas, l'effet de l'acceptation remonte au jour de l'ouverture de la succession (Art. 777).

33. L'acceptation pure et simple est *expresse* ou *tacite*; elle est expresse, quand on prend le titre ou la qualité d'héritier dans un acte: *tacite*, quand on fait un acte qui suppose nécessairement l'intention d'accepter, ou qu'on n'aurait droit de faire qu'en qualité d'héritier (Art. 778).

34. Pour que le titre ou la qualité d'héritier emporte acceptation de succession, il faut qu'il ait été pris dans un acte par un habile à succéder, dans l'intention d'accepter l'hérédité et de s'obliger aux charges qu'impose une pareille acceptation (Paris, 12 mai 1826 ; Toullier, t. 4, n° 325; Chabot, sur l'art. 778, n° 4; Duranton, t. 6, n° 373). — Ainsi, la déclaration faite par un héritier présomptif « qu'il n'entend pas être tenu des dettes, si elles excèdent l'actif » n'emporte pas acceptation (Cass. 5 fév. 1806). — Au contraire, il y aurait acceptation expresse si l'héritier avait pris cette qualité dans des actes de poursuites contre les débiteurs de la succession, ou dans des traités et compromis relatifs aux intérêts de la succession (Toullier, t. 4, n° 326 ; Chabot, sur l'art. 778, n° 12; Duranton, t. 6, n° 386).

35. La donation ou le transport que fait de ses droits successifs un des cohéritiers, soit à un étranger, soit à tous ses cohéritiers, soit à quelques-uns d'eux, emportent acceptation. Il en est de même : 1° de la renonciation gratuite que fait un des héritiers au profit d'un ou de plusieurs de ses cohéritiers: 2° de la renonciation qu'il fait même au profit de tous ses cohéritiers indistinctement, lorsqu'il reçoit le prix de sa renonciation (C. Nap., art. 780).

36. Le successible fait également acte d'héritier lorsqu'il se met en possession des biens de la succession ou qu'il en dispose de quelque manière que ce soit ; lorsqu'il hypothèque les immeubles ; lorsqu'il reçoit les sommes dues à la succession ; lorsqu'il loue ou afferme les biens, alors même que, dans ces divers cas, l'habile à succéder protesterait qu'il n'entend pas accepter la succession. — On ne pourrait, au contraire, en principe, induire aucune acceptation du fait par l'héritier de payer de ses deniers les dettes de la succession, les frais funéraires, les droits de mutation.

37. Les actes purement conservatoires, de surveillance et d'administration provisoires, ne sont point des actes d'adition d'hérédité, si l'on n'y a pas pris le titre ou la qualité d'héritier (C. Nap., art. 779. — V. *Acte conservatoire*). L'héritier qui voudrait faire un ou plusieurs actes conservatoires agirait prudemment en s'y faisant autoriser par le tribunal, sur requête d'avoué ; il se soustrairait, par ce moyen, à des discussions désagréables avec les créanciers du défunt et tous autres.

38. Les créanciers de l'héritier qui renonce (ou qui ne veut pas accepter) au préjudice de leurs droits, peuvent se faire autoriser en justice à accepter la succession de son chef, en son lieu et place. Dans ce cas, la renonciation n'est annulée (ou l'acceptation n'a lieu) qu'en faveur des créanciers et jusqu'à concurrence seulement de leurs créances ; mais elle ne l'est pas au profit de l'héritier qui a renoncé (C. Nap., art. 788).

39. Lorsque l'héritier ne manifeste pas la volonté d'accepter ou de répudier l'hérédité, ses créanciers peuvent, après l'expiration des délais accordés pour faire inventaire et délibérer, le sommer de prendre qualité dans la succession, en lui laissant un certain délai pour satisfaire à cette sommation (Toullier, t. 4, n° 319), par exemple, huit jours. — V. *formule*. — V. aussi *suprà*, n° 27.

40. Si l'héritier n'obéit pas dans le délai qui lui est assigné, le créancier qui a fait la sommation se rend au greffe du tribunal civil du lieu de l'ouverture de la succession et l'accepte au nom de son débiteur. Il représente l'original de la sommation dont il vient d'être parlé, et il en est fait mention dans l'acte d'acceptation (Proudhon, *Usufruit*, n° 2315).

41. L'acceptation pure et simple a pour effet principal de subroger l'héritier qui a accepté dans les droits et obligations du défunt, et de faire en conséquence que cet héritier puisse être poursuivi sur ses biens personnels jusqu'à concurrence de sa portion dans la dette, et même pour la totalité, si elle est hypothéquée sur un immeuble qui lui est échu en partage (C. Nap., art. 870 et 873).

42. Toutefois, les titres exécutoires contre le défunt ne le sont contre l'héritier que huit jours après la signification de ces titres, faite à ce dernier à personne ou à domicile (Art. 877). — *Exécution des actes et jugements*.

43. Le majeur ne peut se faire restituer contre l'acceptation, expresse ou tacite, qu'il a faite d'une succession que dans le cas où cette acceptation aurait été la suite d'un dol pratiqué envers lui (C. Nap., art. 783). Le mineur a le même droit, si l'acceptation bénéficiaire qu'il a faite a été le résultat d'un dol et lui a causé préjudice (Cass. 5 déc. 1838).

44. L'héritier qui a accepté ne peut jamais réclamer sous prétexte de lésion, excepté seulement dans le cas où la succession se trouverait absorbée ou diminuée de plus de moitié, par la découverte d'un testament inconnu au moment de l'acceptation (C. Nap. art. 783). — Dans les deux circonstances qui précèdent, la preuve est à la charge de l'héritier.

45. Contre qui l'action en restitution doit-elle être intentée ? Contre tous ceux qui ont profité ou qui peuvent profiter de l'acceptation. A

l'égard des premiers, l'acceptant peut leur faire restituer les sommes et
effets par eux reçus et les assigner directement (Cass. 5 déc. 1808) ;. mais,
à l'égard des seconds, il peut attendre qu'ils réclament pour leur opposer
la nullité de l'acceptation et les faire débouter de leur demande. — L'annulation de l'acceptation replace les choses en l'état où elles étaient avant
l'acceptation.

SECT. IV. — RENONCIATION AUX SUCCESSIONS.

46. La renonciation à une succession ne peut être faite qu'au greffe du
tribunal de première instance dans l'arrondissement duquel elle s'est
ouverte (C. Nap., art. 784), par l'héritier ou son mandataire, assisté d'un
avoué.

47. L'héritier qui renonce est censé n'avoir jamais été héritier (Art.
785) ; sa part accroît à ses cohéritiers, et, s'il est seul, elle est dévolue au
degré subséquent (Art. 786. — V. C. Nap., art. 787, 789 à 792).

48. Les créanciers de celui qui renonce au préjudice de leurs droits
peuvent, comme on l'a vu ci-dessus (n° 38), se faire autoriser en justice à
accepter la succession du chef de leur débiteur, en son lieu et place. La
faculté accordée à cet égard par l'art. 788, C. Nap., ne peut être exercée
que par les créanciers dont le titre, ayant date certaine, est antérieur à la
renonciation.

49. Avant de former la demande, les créanciers doivent discuter les
biens du débiteur. Les cohéritiers de ce dernier peuvent, d'ailleurs, soit
avant, soit après la demande, désintéresser les créanciers, et prévenir
ainsi l'acceptation de la succession par eux (Toullier, t. 4, n° 332).

50. La demande est introduite par une requête présentée au tribunal
du lieu où la succession s'est ouverte, et tendant à obtenir l'autorisation
d'accepter aux lieu et place du débiteur. Cette requête est ensuite signifiée
aux cohéritiers intéressés à contredire, avec assignation pour voir déclarer
la renonciation annulée jusqu'à due concurrence.

51. La nullité prononcée, les créanciers qui l'ont obtenue procèdent au
partage de la succession ; ils doivent faire vendre les biens qu'ils ont recueillis au nom de leur débiteur, et poursuivre l'ordre ou la distribution
de leur prix : le tout suivant les formes prescrites par la loi. — V. *Vente
judiciaire*, *Distribution par contribution*, *Ordre*.

SECT. V. — DU PARTAGE ET DES RAPPORTS.

52. Tout ce qui concerne la matière du partage de successions et celle
des rapports à succession est traité aux mots *Partage* et *Rapport à succession* (V. ces mots).

SECT. VI. — DU PAIEMENT DES DETTES. — ACTION DES CRÉANCIERS
DE LA SUCCESSION CONTRE LES HÉRITIERS.

53. Les dettes et charges d'une succession doivent être payées et ac-
quittées par les héritiers, par les légataires universels et à titre universel
(C. Nap., art. 870 et 871), et par les enfants naturels, chacun dans la proportion de ce qu'il prend dans la succession. — V. *Legs*.

54. L'héritier bénéficiaire et l'héritier irrégulier sont tenus des dettes
de même que l'héritier pur et simple, mais avec cette différence, que
l'héritier qui a accepté purement et simplement est tenu de sa portion sur
tous les biens de la succession, sans distinction, et même sur ses biens
personnels, de la même manière que s'il eût contracté personnellement la
dette ; au lieu que l'héritier bénéficiaire et l'héritier irrégulier ne sont
tenus des dettes que jusqu'à concurrence des biens de la succession qui leur
sont échus. — *Bénéfice d'inventaire*.

55. Ainsi, les créanciers peuvent poursuivre l'héritier pur et simple sur tous ses biens, saisir et faire vendre ces biens comme ils le feraient sur un débiteur direct, sans plus de précautions ni plus de formalités. Mais, si l'héritier était irrégulier ou s'il avait accepté sous bénéfice d'inventaire, les créanciers devraient observer ce qui est dit au mot *Bénéfice d'inventaire.*

56. Les créanciers d'une succession dont le titre n'emporte pas hypothèque n'ont qu'une action personnelle contre l'héritier; ceux qui ont une hypothèque ont, en outre, une action hypothécaire : nous dirons quelques mots de ces deux actions.

§ 1er. — *Action personnelle.*

57. Les héritiers sont tenus des dettes et charges de la succession, *personnellement* pour leur *part et portion virile* (C. Nap., art. 873), c'est-à-dire pour leur part héréditaire (V. *suprà*, sect. 2), sans égard au nombre des héritiers et sans considération de la valeur des biens que chacun d'eux a recueillis par le partage. Ex. : Pierre, qui me doit 900 fr., vient à mourir, laissant deux enfants légitimes et un enfant naturel ; je pourrai réclamer, savoir : 100 fr. à l'enfant naturel qui n'a droit qu'à un neuvième dans la succession, et 400 fr. à chacun des deux enfants légitimes, qui héritent du surplus.

58. L'héritier est tenu du paiement des legs comme de celui des dettes, sans toutefois que le paiement des legs puisse entamer la réserve légale, si l'héritier est réservataire (Duranton, t. 6, n° 642). — V. *Legs.*

59. Dans aucun cas, on ne peut user contre les héritiers de la contrainte par corps, si elle a été prononcée contre le défunt; de même, ils ne répondent que civilement des crimes et délits commis par leur auteur, car l'action publique s'éteint avec la personne du coupable.

60. La division des dettes est obligatoire pour les créanciers qui ne peuvent s'y opposer; ils ne peuvent poursuivre l'un des héritiers pour les portions des autres, même en cas d'insolvabilité reconnue de ceux-ci, l'art. 876, C. Nap., ne s'appliquant pas aux dettes chirographaires. — V. *infrà*, n°s 73 et 74.

61. Il suit de là que la condition du créancier se trouve empirée sans aucun fait de sa part, qu'il peut perdre une portion de sa créance, si une partie des héritiers sont insolvables, tandis que la succession qui représente son débiteur est très-solvable considérée en masse. Toutefois, le créancier peut éviter toutes chances de perte et conserver pour gage tous les biens provenant de la succession, en demandant la *Séparation des patrimoines* (V. ce mot).

62. Le principe de la division des dettes posé par l'art. 873, C. Nap., reçoit exception lorsqu'il s'agit d'une chose indivisible. — V. *Obligation divisible et indivisible.*

§ 2. — *Action hypothécaire.*

63. Les créanciers, au profit desquels le défunt a consenti une hypothèque, ont, outre l'action personnelle, une action spéciale contre le détenteur des immeubles hypothéqués, qu'ils peuvent poursuivre pour la totalité de la dette sur lesdits immeubles (C. Nap., art. 873).

64. Ces deux actions, l'action personnelle et l'action hypothécaire, peuvent être exercées séparément, car l'une est accordée sur la chose, et, l'autre sur la personne; on peut aussi les exercer cumulativement, et conclure à ce que l'héritier soit condamné personnellement pour sa part contributive et hypothécairement pour le tout.

65. De ce que dessus il résulte : 1° que, jusqu'au partage ou à la

licitation des immeubles, chaque héritier peut être poursuivi personnellement pour sa part et hypothécairement pour le tout; 2° que; après le
partage ou la licitation, chaque héritier, peut être poursuivi pour sa part
dans la dette, et qu'il n'y a que les détenteurs des biens hypothéqués qui
puissent être poursuivis pour le tout sur les biens hypothéqués.

66. L'héritier détenteur, n'étant tenu pour le tout que comme détenteur, ne peut être poursuivi pour la totalité de la dette que sur les biens
hypothéqués seulement (Caen, 14 fév. 1825). Ainsi, on ne pourrait saisir
ni son mobilier, ni ses autres immeubles; les poursuites ne doivent avoir
d'autre objet que la vente du fonds hypothéqué.

67. Comme conséquence de ce principe, il est admis que l'héritier,
qui a cessé sans fraude de posséder l'immeuble hypothéqué, ne peut plus
être poursuivi pour la totalité de la dette sur d'autres immeubles de la
succession dont il est détenteur, mais qui ne sont pas hypothéqués (Cass.
26 vend. an xi; Toullier, t. 4, nos 511 et 512). Dans ce cas, le créancier
peut exercer l'*action hypothécaire* (V. ce mot) contre l'acquéreur de l'immeuble.

68. L'héritier peut se libérer de l'action hypothécaire : 1° en délais-
sant les immeubles hypothéqués (V. *Délaissement par hypothèque*);
2° en requérant la discussion des autres immeubles hypothéqués, détenus
par ses cohéritiers, pour les portions dues personnellement par ces derniers (Arg. art. 2170, C. Nap. — V. *Action hypothécaire*, *Cautionnement*).

69. Lorsque des immeubles d'une succession sont grevés de rentes par
hypothèque spéciale, chacun des cohéritiers peut exiger que les rentes
soient remboursées et les immeubles rendus libres avant la formation des
lots (C. Nap., art. 872). La demande de l'héritier qui veut que la rente
soit remboursée est formée au cours des opérations du partage.

70. Cette disposition, qui accorde une faculté à chaque héritier et ne
lui impose pas une obligation, n'est applicable qu'aux rentes rachetables
de leur nature, et non aux rentes viagères ni aux simples dettes exigibles
à terme. — Si l'un des héritiers remboursait la rente, il n'aurait de recours contre ses cohéritiers que pour la continuation des arrérages. — Si
la rente n'était pas remboursée, le crédi-rentier, outre son action hypothécaire, ne pourrait réclamer contre chaque héritier qui serait contraint
au remboursement faute de paiement des arrérages pendant deux ans, que
la part contributive de ce dernier dans la rente, de même que s'il s'agissait d'une dette exigible. Vis-à-vis de ses cohéritiers, l'héritier détenteur
n'est tenu que de sa portion contributive dans la dette. Lors donc qu'il a
payé la totalité de cette dette par l'effet de l'hypothèque, il a un recours
contre les autres contribuables pour le remboursement de ce qu'il a payé
en plus; mais il ne peut les poursuivre qu'en raison de leur émolument
dans l'hérédité (Art. 873), alors même qu'il se serait fait subroger aux
droits des créanciers (Art. 875).

71. Toutefois, la subrogation légale, prononcée par l'art. 1251, C. Nap.,
au profit de celui qui a payé une dette à laquelle il était tenu avec d'autres, donne au cohéritier qui a remboursé le droit de poursuivre hypothécairement ses cohéritiers détenteurs d'immeubles hypothéqués à la
même dette, mais seulement pour la part de ces cohéritiers; par conséquent, elle confère le droit de suite contre les détenteurs de biens hypothéqués jusqu'à concurrence de la part du vendeur dans la dette.

72. La disposition de l'art. 875, C. Nap., n'est pas applicable: 1° à
l'héritier bénéficiaire, lorsque, par l'effet de l'hypothèque, il a payé, en
totalité, une dette de la succession; il peut la réclamer hypothécairement
en totalité (Art. 875); 2° à l'héritier qui serait directement créancier de

la succession; il peut poursuivre le détenteur de l'immeuble hypothéqué sans être forcé de diviser son action; 3° aux légataires à titre particulier; ils sont de plein droit subrogés aux droits du créancier contre les héritiers et successeurs à titre universel (Art. 874).

73. En cas d'insolvabilité d'un des cohéritiers à titre universel, sa part, dans la dette hypothécaire, est répartie sur tous les autres au marc le franc (Art. 876), c'est-à-dire dans la proportion de la part de chacun. —V. supra. n° 60.

74. L'insolvabilité du cohéritier doit être constatée avant de poursuivre les autres héritiers, soit par un procès-verbal de carence, s'il ne possède rien, soit par des poursuites mises à fin par une distribution. Les actes qui établissent l'insolvabilité doivent être signifiés aux héritiers solvables, préalablement à toute poursuite contre eux, ou au moins en même temps que le premier acte de poursuite.

§ 3. — A quelle époque peut-on poursuivre les héritiers?

75. Avant de diriger aucune poursuite contre l'héritier de son débiteur décédé, le créancier doit s'assurer au greffe du tribunal du lieu de l'ouverture de la succession si l'héritier a accepté sous bénéfice d'inventaire, ou s'il a renoncé. S'il y a eu acceptation bénéficiaire, V. *Bénéfice d'inventaire*; s'il y a eu renonciation, V. *supra*, sect. 4. Les poursuites qui seraient dirigées contre un héritier qui aurait renoncé ou contre un héritier bénéficiaire ne produiraient aucun effet et resteraient à la charge du créancier.—V. toutefois *Bénéfice d'inventaire*, n° 57.

76. Si l'héritier avait accepté la succession purement et simplement, il pourrait être poursuivi immédiatement par toutes les voies et moyens de droit.—V. *supra*, sect. 3.

77. Lorsque, au contraire, l'héritier n'a pas pris qualité, c'est-à-dire, lorsqu'il n'a ni accepté purement et simplement ou sous bénéfice d'inventaire, ni renoncé, les créanciers peuvent le poursuivre, sauf à lui à leur opposer l'exception permise par l'art. 174, C.P.C. (V. *Exception*, n°s 52 et suiv.), s'il se trouve encore dans les délais pour faire inventaire et délibérer; faute par l'héritier de proposer cette exception, il doit être condamné comme héritier pur et simple: l'art 797, C. Nap., qui dispose que, pendant les délais dont il vient d'être parlé, « l'héritier ne peut être contraint à prendre qualité, et qu'il ne peut être obtenu contre lui aucune condamnation », n'accorde, en effet, à l'héritier que la faculté de suspendre la condamnation, ou d'interrompre les poursuites d'exécution, en opposant l'exception dilatoire pour faire inventaire et délibérer.

78. Comment l'exception doit-elle être proposée? — Si l'héritier est assigné en condamnation, V. *Exception*, n°s 106 et suiv. — S'il est poursuivi en vertu d'un titre exécutoire, il doit signifier au créancier, par exploit du ministère d'huissier, qu'il est encore dans les délais pour faire inventaire et délibérer, et qu'il s'oppose, en vertu de l'art. 797, C. Nap., à ce que les poursuites soient continuées jusqu'à l'expiration desdits délais. Si, nonobstant cette opposition, le créancier continuait, l'héritier pourrait l'assigner en nullité des poursuites et en dommages-intérêts.

79. L'art. 797, C. Nap., ne portant interdiction que des condamnations et des actes de nature à forcer l'héritier à prendre qualité, il en résulte que les créanciers peuvent faire tous actes conservatoires pendant les délais pour faire inventaire et délibérer. — V. *Bénéfice d'inventaire*.

80. Les frais faits par les créanciers, pendant les mêmes délais, sont à la charge de l'héritier, s'il n'a pas opposé l'exception dilatoire (art. 797); peu importe que, postérieurement, il renonce à la succession ou l'accepte sous bénéfice d'inventaire. Il en est de même si, sur les poursuites diri-

gées. contre lui,. l'héritier, ayant obtenu un nouveau délai, ne justifie pas
qu'il n'a pas eu connaissance du décès ou que les délais accordés par la
loi ont été insuffisants (Art. 799), Dans le cas contraire, les frais restent à
la charge de la succession.

81. L'héritier, qui n'a pas pris qualité et qui ne se trouve plus
dans les délais pour faire inventaire et délibérer, peut être poursuivi
par toutes les voies et moyens de droit; et, dans ce cas, les frais faits contre
lui restent à sa charge personnelle.

82. L'héritier qui n'a pas pris qualité peut toujours arrêter les poursuites dirigées personnellement contre lui, soit en renonçant à la succession, soit en acceptant sous bénéfice d'inventaire. Mais, alors, il doit signifier, à ses frais, au poursuivant, sa renonciation ou son acceptation
bénéficiaire. Il est passible des frais faits jusqu'à cette signification.

83. Quelle que soit l'époque à laquelle les créanciers d'une succession
poursuivent les héritiers, s'ils agissent en vertu d'un titre exécutoire, ils
doivent en faire la notification, préalable (C. Nap., art. 877. — V. *Exécution des actes et jugements*).

SECT. VII. — DE LA SÉPARATION DES PATRIMOINES.

84. La séparation des patrimoines a pour but d'empêcher les créanciers personnels de l'héritier de se faire payer de la plus petite partie de
leur créance, sur les biens de la succession, au préjudice des créanciers de
cette succession.—V. *Séparation des patrimoines*.

SECT. VIII.—COMPÉTENCE EN MATIÈRE DE SUCCESSIONS.

85. En ce qui concerne la compétence en matière de succession,
V. *Compétence civile*, nᵒˢ 97 et suiv., *Partage* et *Rapport à succession*.

SECT. IX.—DROITS D'ENREGISTREMENT SUR LES SUCCESSIONS.

86. Les héritiers, donataires ou légataires, leurs tuteurs ou curateurs,
sont tenus de passer déclaration détaillée des mutations de propriété ou
d'usufruit par décès, de biens meubles ou immeubles, et de la signer sur
le registre (L. 22 frim. an VII, art. 27).—Les héritiers peuvent se porter
fort l'un pour l'autre ou se faire représenter par un mandataire spécial en
vertu d'un pouvoir timbré, mais non soumis à l'enregistrement.

87. On ne peut se dispenser de faire la déclaration des biens au bureau et de la signer, soit en faisant signifier au receveur une déclaration
par exploit du ministère d'huissier, soit en faisant des offres réelles, soit
même en versant au trésor les sommes dues : dans ces cas et autres semblables, le but de la loi n'est pas atteint (Cass. 14 mars et 18 août 1814).

88. Les déclarations doivent être faites, s'il s'agit de biens immeubles,
au bureau d'enregistrement de leur situation (L. 22 frim. an VII, art. 27) ;
s'il s'agit de meubles autres que ceux ci-après, au bureau dans l'arrondissement duquel ils se sont trouvés au moment du décès ; s'il s'agit de
rentes et autres biens meubles sans assiette déterminée lors du décès, au
bureau du domicile du décédé.

89. Les déclarations doivent être faites, savoir : dans six mois, si
l'auteur de la succession est décédé en France ; dans huit mois, s'il est
décédé dans toute autre partie de l'Europe ; dans une année, s'il est décédé en Amérique, et dans deux années, s'il est décédé en Afrique ou en
Asie : le tout à partir du jour du décès (Même loi, art. 24).

90. Si, avant les derniers six mois du délai fixé pour les déclarations
des successions des personnes décédées hors de France, les héritiers prennent possession des biens, il ne reste d'autre délai que celui de six mois
à compter de la prise de possession (Même art. 24).

91. Dans les délais ci-dessus, le premier jour ne compte pas (Même loi, art. 25), ni le dernier, si c'est un jour férié. Ainsi, la déclaration de la succession d'une personne morte le 1er janv. peut être faite le 2 juill. et même le 3, si le 2 est un jour férié.

92. Faute d'avoir fait la déclaration dans les délais ci-dessus prescrits, il est dû, à titre d'amende, un *demi-droit* en sus de celui établi pour la mutation. Cette amende est due personnellement par les tuteurs et curateurs qui ont laissé passer les délais sans faire de déclaration (Art. 39).

93. Les biens à déclarer sont, en thèse générale, tous les biens meubles, créances, actions ou immeubles dont la propriété ou l'usufruit ont été transmis par l'effet de la mort ou de l'absence déclarée des précédents propriétaires, soit en vertu de la volonté de ceux-ci, soit en vertu des lois civiles (LL. 22 frim. an VII, art 24; 28 avril 1816, art. 40).

94. Ainsi, on doit déclarer les actions de commerce, de finance ou d'industrie, dans les sociétés françaises ou étrangères, les avantages entre époux résultant de donation ou de legs, le douaire de la veuve, les biens acquis sous faculté de réméré, quoique le délai pour le retrait ne soit pas expiré, les prorata de fermage, les rentes, créances et les inscriptions sur le grand-livre de la dette publique (L. 22 frim. an VII, art 70; L. 18 mai 1850, art. 7).

95. La déclaration doit être détaillée. Les *meubles* sont désignés et estimés par les parties sans distraction des charges (L. 22 frim. an VII, art. 14, n° 8), article par article; un état, qui doit être remis à la régie en faisant la déclaration, en est dressé; il est certifié par le déclarant, s'il n'a pas été fait par un notaire (Même loi, art. 27); s'il a été fait un inventaire par acte notarié, il suffit d'en indiquer la date (Décis. min. fin., 22 prair. an VII).

96. On doit déclarer le capital des rentes, s'il est connu, et, s'il ne l'est pas, l'évaluation en est faite à raison de 20 fois le revenu, s'il s'agit d'une rente perpétuelle, et de 10 fois pour une rente viagère ou une pension (Même loi, art. 14, n° 9). Quant aux créances, on doit indiquer leur capital et la somme qui était due au décès pour arrérages (Même art. 14). S'il s'agit d'actions, le capital servant à la liquidation du droit est déterminé par le cours moyen de la bourse au jour de la transmission, lorsqu'elles sont cotées à la bourse, et, dans le cas contraire, par la déclaration des parties (L. 18 mai 1850, art. 7).

97. L'usufruit s'évalue à moitié de la propriété pleine d'après les bases ci-dessus.

98. Les immeubles doivent être désignés de manière qu'on puisse facilement reconnaître chacun d'eux; leur évaluation doit être faite et portée à 20 fois le produit des biens ou les prix des baux courants pour la propriété pleine, et à 10 fois seulement pour l'usufruit (L. 22 frim. an VII, art. 15); à défaut de bail, l'évaluation est faite par les parties.

99. La peine pour une évaluation insuffisante est d'un droit en sus sur le montant de l'insuffisance constatée, et en outre des frais, s'il y a eu expertise (art. 69).

100. Lorsqu'il y a un usufruit, les droits se liquident d'abord sur la valeur de la pleine propriété, ensuite sur celle de l'usufruit, en telle sorte que l'objet grevé d'usufruit paie en totalité sur une fois et demie sa valeur; mais, lors du décès de l'usufruitier, il n'est dû aucun droit.

101. Les droits des mutations qui s'effectuent par décès de propriété ou d'usufruit de biens meubles ou immeubles sont perçus, par 100 fr., selon les quotités suivantes, savoir :

58.

	Meubles.	Immeubles.
En ligne directe.	1 fr.	1 fr.
Entre époux.	3	3
Entre frères et sœurs, oncles et tantes, neveux et nièces.	6 50 c.	6 50 c.
Entre grands-oncles et grand'tantes, petits-neveux et petites-nièces, cousins germains.	7	7
Entre parents au delà du 4e degré.	8	8
Entre personnes non parentes	9	9

(L. 22 frim. an VII, art. 69, § 1, n° 3, et § 3 n° 4 ; L. 28 avril 1816, art. 53 ; L. 21 avril 1832, art. 33 ; L. 18 mai 1850, art. 10).

102. L'époux survivant ou les enfants naturels, appelés à la succession à défaut de parents au degré successible, sont considérés comme personnes non parentes (L. 28 avril 1816, art. 53).—Il en est de même des beaux-pères, gendres, beaux-frères et belles-sœurs (Cass. 22 déc. 1829 ; Instr. de la régie, 27 mars 1830).

103. Les droits sont liquidés et perçus de 20 fr. en 20 fr. sans fraction (V. *Enregistrement*).

104. Les cohéritiers sont solidaires pour le paiement desdits droits (L. 22 frim. an VII, art. 32). Par *cohéritiers*, il faut entendre les héritiers légitimes, et les légataires universels ou à titre universel.

105. Le paiement des droits de mutation est poursuivi par voie de *contrainte* (V. ce mot).

106. La régie a un privilége pour le paiement des droits de mutation (V. *Privilége*). En vertu de ce privilége, elle peut faire saisir les récoltes appartenant à la succession et pendantes par racines au moment du décès, ainsi que les revenus des immeubles.

Formule.

Sommation à l'héritier de prendre qualité.

L'an. . ., à la requête de. . ., agissant en qualité de créancier du sieur. . ., ci-après nommé, suivant acte reçu par Me. . . j'ai. . ., fait sommation à. . ., en sa qualité d'habile à se porter héritier de. . ., décédé à. . ., le. . ., de, — Attendu que les délais accordés audit sieur. . ., pour faire inventaire et délibérer, sont expirés ;— Attendu qu'en sa qualité susénoncée, le requérant peut exercer les droits et actions de son débiteur, et qu'il peut, notamment, suivant l'art. 788, C. Nap., accepter tout s successions, du chef de ce dernier, alors même qu'il y au ait renoncé;—lle, d'ici hui t jours, prendre un parti sur l'acceptation ou la renonciation à la succession de. . ., lui déclarant que, faute par lui de ce faire, et encore en cas de renonciation de sa part, le requérant se pourvoira sous toutes réserves, et j'ai. . ., etc.

V. n° 39.— Coût : Tar. art. 29.—Orig. : Paris, 2 fr.; R. P., 1 fr. 80 c.; Aill., 1 fr. 50c. — Cop., le 1/4

Enregistrement : 2 fr. 20 c. (L. 28 avril 1846, art. 43).

SUCCESSION BÉNÉFICIAIRE. — Celle qui est acceptée sous bénéfice d'inventaire. — V. *Bénéfice d'inventaire; Succession.*

SUCCESSION FUTURE. — Celle qui n'est pas encore ouverte. — On ne peut, même par contrat de mariage, renoncer à la succession d'une personne vivante, ni faire aucune stipulation sur une pareille succession (C. Nap., art. 791), même du consentement de la personne de laquelle il s'agit (Art. 1130). — Tout pacte sur une succession future est nul, et la jurisprudence est divisée sur la question de savoir par quel laps de temps se prescrit l'action en nullité. — Mais, quand la succession est ouverte, le pacte, cessant alors d'être illicite, peut être l'objet d'une ratification (Toullier, t. 8, n° 518). — V. *Ratification.*

SUCCESSION IRRÉGULIÈRE. — Celle qui est recueillie par des héritiers irréguliers, c'est-à-dire par ceux qui succèdent à l'universalité des biens d'un défunt, sans néanmoins représenter sa personne. — V. *Succession*, sect. 2, §.2.

SUCCESSION VACANTE. — Celle que personne ne se présente pour recueillir. — Elle doit être pourvue d'un curateur nommé par le président du tribunal de 1re instance dans l'arrondissement duquel elle s'est ouverte, sur la demande des intéressés ou sur la réquisition du procureur impérial (C. Nap., art. 812 — V. *Curatelle*, nos 10 et suiv.). — La succession, en possession de laquelle l'Etat se fait envoyer, cesse d'être vacante, et il n'y a pas lieu de nommer un curateur. — Mais cette succession n'en est pas moins *en déshérence*, puisque c'est en raison même de la déshérence présumée ou constatée que l'Etat est appelé à la recueillir.

SUCCURSALE. — Etablissement subordonné à un autre, mais où, néanmoins, à raison de son importance, et suivant les circonstances, peuvent être signifiés à la personne du gérant ou directeur les actes judiciaires ou extrajudiciaires relatifs aux faits qui s'y sont accomplis.

SUCRES. — Les fabriques ou raffineries de sucres sont rangées au nombre des établissements insalubres (V *Etablissements dangereux*, etc.). — Les fabricants, raffineurs et marchands de sucres sont patentables.

SUGGESTION. — S'emploie pour désigner les manœuvres qui ont eu pour but et pour résultat de surprendre la volonté d'un donateur ou d'un testateur.

SUIFS. — Les établissements consacrés à la fabrication et à la fonderie des suifs sont rangés dans la 1re ou 2e classe des établissements insalubres. — Les fondeurs et marchands de suifs sont patentables.

SUISSES. — Les Suisses jouissent en France des mêmes droits que les regnicoles, en tant que ces droits ne sont pas exclusivement attachés à la qualité de citoyen français (Traités des 4 vendém. an xii et 18 juill. 1828). — Les jugements rendus et les actes passés en Suisse ont force exécutoire en France (V. *Exécution des actes et jugements*).

SUITE (DROIT DE). — V. *Droit de suite*.

SULFURES MÉTALLIQUES. — Les établissements destinés au grillage des sulfures métalliques sont rangés dans la 1re ou dans la 2e classe des établissements insalubres.

SUMAC (MARCHANDS DE). — Sont patentables.

SUPERFICIE. — Tout ce qui est à la surface du sol et lui est adhérent. — La superficie peut être l'objet d'une vente, d'un échange, d'un bail, etc. — V. *Action possessoire*, nos 312 et suiv.

SUPPLÉMENT DE DROITS. — V. *Enregistrement*. — **DE PRIX.** — V. *Office*.

SUPPLICE. — **1.** Punition corporelle ordonnée par justice; se dit plus particulièrement de l'exécution de la condamnation à mort.

2. Le coupable condamné à mort pour parricide est conduit sur le lieu de l'exécution en chemise, nu-pieds, et la tête couverte d'un voile noir; il est exposé sur l'échafaud pendant qu'un huissier fait au peuple lecture de l'arrêt de condamnation, et il est immédiatement exécuté à mort (C. Pén., art. 13).

3. L'huissier doit dresser procès-verbal de cette lecture (Tar. 18 juin 1811, art. 70, no 9).

Formule.

Procès-verbal de la lecture d'un arrêt de condamnation à mort.

L'an. . ., à la requête de M. le procureur général près la Cour d'assises du département de. . ., demeurant à. . ., je. . ., soussigné, certifie que ce jourd'hui, heure de. . ., je me suis transporté sur la place publique de. . ., lieu ordinaire des exécutions, à mort, porteur de la grosse, dûment signée et en forme de l'arrêt rendu par la Cour d'assises de. . ., le. . ., qui condamne à la peine de mort, pour parricide, le sieur. . .; arrivé sur ladite place publique, j'ai trouvé le sieur. . ., entre les mains du bourreau, assisté de la force publique ; il est monté sur l'échafaud, et pendant qu'il y était, j'ai donné lecture, à haute voix, au peuple assemblé, de l'arrêt de condamnation sus analysé, et je me suis retiré. Dont acte dressé pour servir tel que de droit. Coût. . .

Coût : Tar. crim. art. 74, n° 9. Paris, 30 fr. ; villes de 40 mille habit. et au-dessus, 24 fr.; Aill., 18 fr.

Dispensé de *l'enregistrement.* — V. ce mot, n° 58.

SUPPOSITION D'ENFANT. — Crime consistant à attribuer un enfant à une femme à laquelle il ne doit pas le jour. — C. Pén., art. 345, et *Question d'état.*

SUPPOTS DE LA JUSTICE. — On appelait ainsi, autrefois, des hommes de loi qui étaient réputés posséder les traditions dont se composait la procédure. Ces hommes de loi, abusant de la position que leur expérience présumée leur avait donnée, présentèrent comme *usages reçus,* une foule de formalités qui compliquaient la marche des affaires et en retardaient la conclusion, au profit de leurs émoluments. Ils introduisirent ainsi, dans le style des tribunaux, *les absurdités les plus inconcevables et les plus contraires aux lois* (Meyer, *Institutions judiciaires,* liv. 5, chap. 8).

SUPPRESSION D'ETAT. — Crime consistant à faire disparaître les preuves de l'état civil d'une personne (C. Pén., art. 173 et 439).

SUPPRESSION D'OFFICE. — V. *Office.*

SUPPRESSION DE TITRES. — Action d'enlever par ruse ou de détruire par violence un acte portant obligation, disposition ou décharge. — La suppression de titres constitue le délit d'escroquerie ou d'abus de confiance, ou un crime, suivant les circonstances qui l'accompagnent et la nature des actes supprimés (V. C. Pén., art. 405, 407 et 439). — V. *Abus de confiance par soustraction de pièces.*

SURANNATION. — Se dit de l'expiration de certains délais de procédure, de certaines prescriptions de courte durée, et aussi de l'expiration de procurations. — V. *Mandat, Péremption d'instance, Prescription.*

SURCHARGE. — **1.** Substitution, dans un écrit, d'un mot à un autre, en couvrant de lettres différentes celles dont il avait été d'abord composé, et sans néanmoins faire disparaître les traces de celui-ci.

2. Les mots surchargés sont nuls dans les actes notariés, et rendent le notaire passible d'une amende (L. 25 vent. an XI, art. 13).

3. Aucune loi ne prononce la nullité des mots surchargés dans les exploits ; on ne peut l'admettre qu'autant que la surcharge porte sur un mot essentiel, la date, par exemple, ou qu'elle rend l'exploit inintelligible.

4. Dans tous les cas, l'huissier n'est pas passible d'amende ; mais, en cas de nullité de l'exploit par lui signifié, il peut être soumis à des dommages-intérêts envers la partie qui l'a chargé d'instrumenter, et même encourir une peine disciplinaire.

5. La surcharge de quelques lettres ne peut jamais faire annuler un mot, si ces lettres étaient inutiles, si la surcharge n'a été faite que pour corriger des fautes d'orthographe, si, enfin, après la surcharge, on ne peut pas lire un mot différent. (Cass. 22 déc. 1806 ; 3 août 1808 ; Grenoble , 22 fév. 1809). — V., d'ailleurs, *Exploit*, nos 38 et suiv.

SURENCHÈRE. — 1. Enchère faite en sus du prix d'une vente ou d'une adjudication d'immeubles. — Procédure qui a pour objet de faire revendre aux enchères et en justice un immeuble précédemment vendu pour un prix qu'on suppose être inférieur à la valeur véritable de cet immeuble.

2. Il y a deux espèces de surenchère : l'une sur aliénation volontaire et qui doit être du dixième en sus du prix de la vente ; l'autre sur aliénation forcée et qui doit être du sixième au moins du prix principal. La surenchère doit être également du sixième dans les ventes sur licitation entre majeurs, et dans celles faites à la requête d'héritiers bénéficiaires (C.P.C., art. 973 et 986).

Indication alphabétique des matières.

Adjudicataire, 50, 54 et s., 73, 75, 76 et s.
Annonces, 44 et s., 72.
Appel, 53, 65, 74.
Assignation, 24, 25.
Avoué, 65, 67, 75.
— poursuivant, 62.
Ayant droit, 5.
Caution, 15 et s.
— (nouvelle), 33.
— (soumission), 20.
— (réception), 19, 31 et s.
Commune, 5.
Consignation, 18, 20.
Constitution d'avoué, 21, 67.
Contrat dépôt, 48.
Créances hypothécaires, 18.
Créanciers inscrits, 3.
— non inscrits, 4.
Déclaration de surenchère, 67.
Dégradations, 76.
Délai, 12 et s., 65, 74.
— augmentation à raison des distances, 14.
Demande en nullité, 34, 35.
Dénonciation de surenchère, 68 et s.
Désistement, 39.
Dixième, 2, 9 et s.
Dommages-intérêts, 54, 62.
Effets de la surenchère, 37 et s., 76.

Effets de la revente , 54 et s., 77, 78.
Élection de domicile, 21.
Enregistrement, 79, 80.
Établissement public, 5.
Éviction, 56.
Faillite, 61.
Femme mariée, 5.
Folle-enchère, 51, 73.
Frais et loyaux coûts, 78, 79.
Fraude, 36.
Formalités, 51.
Garantie, 54, 56.
Huissier, 21.
— commis, 29.
Hypothèque, 18, 77.
Immeubles sujets à surenchère, 6 et s.
Inscriptions de rentes sur l'État, 18, 20.
Insolvabilité, 62.
Interdit, 5.
Jour férié, 65.
Jugement, 52, 53, 74.
— d'adjudication, 54, 55.
Mandataire, 25.
Mari, 5.
Mineur, 5.
Nantissement, 20.
Notification de la surenchère, 26 et s.
Nullité, 34 et s., 38, 49, 51.

62, 64, 70, 74.
Opposition, 52.
Personnes insolvables, 62.
Perte, 76.
Placards, 44, 45.
Pouvoir, 25.
Prodigue, 5.
Publications, 46, 72.
Requête, 43.
Réquisition de surenchère, 21 et s.
Résolution, 77.
Restitutions, 57.
Rétractation, 67.
Revente sur surenchère, 42 et s.
Saisi, 62.
Signature, 25.
Sixièmes, 2, 64.
Solvabilité de la caution, 20, 56.
Sommation, 47.
Subrogation, 45, 50, 55.
Surenchère sur aliénation volontaire, 2, 3 et s.
— sur vente forcée, 2, 62 et s.
— après faillite, 61.
— sur surenchère, 60.
Tiers détenteur, 63.
Titres (dépôt), 20.
Transcription, 54, 55, 78.
Vente (nullité), 56.

§ 1. — *Surenchère sur aliénation volontaire.*
§ 2. — *Surenchère après faillite.*
§ 3. — *Surenchère sur vente forcée.*
§ 4. — *Enregistrement.*
FORMULE.

§ 1. — *Surenchère sur aliénation volontaire..*

3. *Par qui elle peut être faite.* — La surenchère sur aliénation volontaire peut avoir lieu seulement : 1° par les créanciers qui ont un pri-

vilége inscrit ou une hypothèque inscrite avant l'expiration de la quinzaine
de la transcription (C. Nap., art. 2185 ; C.P.C., art. 834) ; 2° par les
créanciers qui ont une hypothèque dispensée de l'inscription, pourvu
qu'elle soit inscrite avant l'expiration des délais de purge légale (Merlin,
Rép., v° *Transcription*, n° 3 ; Carré et Chauveau, *Lois de la procéd.*,
quest. 2850). Dans tous les cas, il faut que la créance soit antérieure à
l'aliénation (C.P.C., art. 834 ; Poitiers, 15 juin 1819).

4. La surenchère ne pourrait donc être faite ni par le créancier qui a
une hypothèque conventionnelle ou judiciaire non inscrite, ni par celui
qui a une inscription irrégulière ; elle ne pourrait l'être également par
celui dont l'inscription a été omise dans le certificat délivré par le conservateur, par celui qui était copropriétaire de l'immeuble vendu ou par
celui qui a acheté cet immeuble. Ces deux derniers ne peuvent, en effet,
au moyen d'une surenchère, détruire le contrat qu'ils ont consenti.

5. La surenchère doit émaner d'une personne capable. Ainsi, la femme
mariée, soit sous le régime de la communauté, soit sous celui de la séparation de biens, le mineur non émancipé, l'interdit, les communes et établissements publics, l'individu pourvu d'un conseil judiciaire, ne peuvent
former de surenchère sans être dûment assistés, représentés ou autorisés.
—La femme mariée sous le régime dotal peut également surenchérir si
elle est autorisée de son mari. Décidé qu'un mari serait sans qualité pour
surenchérir, à raison d'une créance appartenant à sa femme, et non tom-
bée en communauté (Cass. 16 déc. 1840). — Les ayants droit des créanciers hypothécaires peuvent surenchérir, mais ils doivent préalablement
mettre leur débiteur en demeure de surenchérir par une sommation et
notifier leur titre à l'acquéreur.

6. *Sur quels biens la surenchère doit être faite.* — Le créancier surenchérisseur ne peut, en aucun cas, être contraint d'étendre sa soumission
sur d'autres immeubles que ceux qui sont hypothéqués à sa créance et qui
sont situés dans le même arrondissement, ni sur des biens situés dans
divers arrondissements, sauf le recours du nouveau propriétaire contre
ses auteurs pour l'indemnité du dommage qu'il éprouverait soit de la
division des objets de son acquisition, soit de celle des exploitations
(C. Nap., art. 2192).

7. Lorsque le créancier a une hypothèque distincte sur chacun des
immeubles vendus, il peut surenchérir l'un des immeubles seulement
(Orléans, 21 déc. 1832).

8. Lorsque le créancier a hypothèque sur un seul immeuble situé dans
plusieurs arrondissements, une ferme, un domaine, par exemple, il doit
surenchérir tout l'immeuble et porter les poursuites devant le tribunal
dans le ressort duquel se trouve le chef-lieu d'exploitation (C. Nap.,
art. 2210).

9. *Quel prix doit comprendre la surenchère.* — La surenchère doit
porter le prix à un dixième en sus de celui qui a été stipulé dans le
contrat ou déclaré par le nouveau propriétaire (C. Nap., art. 2185-2°). —
V. *Purge des hypothèques.*

10. Ce dixième se calcule : 1° sur le prix principal ; 2° sur tout ce
qui profite directement ou indirectement au vendeur, par exemple, sur le
pot-de-vin stipulé, sur les sommes que l'acquéreur est chargé de payer
pour frais étrangers à la vente, sur le capital des rentes qu'il s'est engagé
d'acquitter, sur les frais de l'extrait des inscriptions et des dénonciations
aux créanciers inscrits, si le cahier des charges les mettait au compte de
l'adjudicataire, sur les impôts échus mis à la charge de l'acquéreur, en un
mot, sur tout ce qui est considéré comme une charge imposée à l'acquéreur. Mais on n'est pas tenu de faire porter le dixième sur le coût du

jugement d'adjudication, les frais de transcription, et de notification, sur
les intérêts du prix de la vente, ni sur le montant de la prime d'assurance.
— **11.** Au surplus, il n'est pas indispensable que la surenchère exprime
la somme numérique de la soumission du surenchérisseur ; il suffit qu'elle
contienne l'offre du dixième (Caen, 5 mai 1819 ; Cass. 30 mai 1820 ; Paris,
1ᵉʳ déc. 1836. — *Contrà* Troplong, *Hypoth.*, n° 934).

12. *Délai dans lequel la surenchère doit être formée.* — La surenchère
doit être formée dans les quarante jours, à compter des notifications
(C. Nap., art. 2185). Le délai court : 1° à l'égard des créanciers inscrits
avant la transcription, à compter de la notification faite à chacun d'eux
personnellement ; 2° à l'égard des créanciers inscrits dans la quinzaine de
la transcription, comme l'acquéreur n'est pas tenu de leur faire de notification, à partir du jour de la notification faite aux créanciers inscrits
avant la transcription ; s'il n'y a pas de créanciers à qui la notification
doive être faite, à compter du jour du certificat délivré au tiers acquéreur,
ou au moins de l'expiration de la quinzaine après la transcription. —
V. *Purge des hypothèques, Transcription.*

13. Le délai de 40 jours pour surenchérir est applicable à la femme
mariée et au mineur, si leur hypothèque légale a été inscrite ; si elle ne
l'a pas été, ils ont deux mois pour surenchérir à compter de l'affiche de
l'extrait du contrat de vente dans l'auditoire du tribunal (Grenoble,
27 déc. 1824 ; Troplong, n° 924, 982 et 995. — *Contrà* Orléans, 17 juill.
1819 ; Caen, 12 avril 1826). — V. *Purge des hypothèques.*

14. Le délai de 40 jours, dans lequel on ne doit pas comprendre le
jour de la notification du contrat de vente (Paris, 18 juill. 1819), doit être
augmenté de deux jours par cinq myriamètres de distance entre le
domicile élu et le domicile réel de chaque créancier requérant (C. Nap.,
art. 2185). Lorsqu'il y a une fraction de moins de 5 myriamètres, le délai
doit être augmenté d'un jour (Bordeaux, 27 nov. 1829 ; Troplong, n° 935).
Lorsqu'il y a lieu à voyage ou envoi et retour, l'augmentation ne doit pas
être doublée (Cass. 28 nov. 1828).

15. *Caution à fournir par le surenchérisseur.* — Tout surenchérisseur, autre que le Trésor, (L. 11 fév. 1827), doit fournir une caution
jusqu'à concurrence du prix et des charges (C. Nap., art. 2185). Il peut
offrir pour cautions une ou plusieurs personnes susceptibles ou non de
contrainte par corps (Rennes, 9 mai 1810 ; Amiens, 2 fév. 1819 ; Troplong, n° 946).

16. La caution offerte doit 1° avoir son domicile dans le ressort de la
Cour impériale où se poursuit l'affaire (C. Nap., art. 2018) ; à peine de
nullité (Riom, 9 avril 1810 ; 26 mai 1818) ; 2° être solvable et justifier
de sa solvabilité par des immeubles qui lui soient propres (C. Nap.,
art. 2019).

17. Lorsque la caution n'est pas solvable ou qu'elle est insuffisante,
une nouvelle caution ou une caution supplémentaire peut être présentée
tant que le délai pour surenchérir n'est pas expiré (Cass. 27 mai 1823).
— L'insuffisance de la caution ne serait couverte ni par la présentation
d'un certificateur de caution (Cass. 29 fév. 1820), ni par l'offre de
consigner une somme d'argent, au lieu d'une consignation effective (Cass.
15 nov. 1821).

18. Le surenchérisseur peut, au lieu de donner caution, consigner
une somme suffisante (C. Nap., art. 2041 ; Paris, 9 avril 1813 ; Troplong,
n° 944). Il peut même fournir, à titre de cautionnement : 1° des inscriptions de rentes sur l'État (Cass. 8 avril 1832, 18 janv. 1834) ; 2° des
hypothèques sur ses propres biens (Rouen, 40 juill. 1828. — *Contrà*
Bourges, 15 juill. 1826 ; Paris, 26 fév. 1829) ; 3° des créances hypo-

théquées (Cass. 14 juin 1810) sur des immeubles situés dans le ressort de la Cour impériale (Limoges, 31 août 1809) ; 4° un simple gage mobilier (Troplong, n° 941) ; 5° des immeubles libres (Rouen, 4 juill. 1828).

19. La caution offerte ou l'objet qui la remplace doivent être reçus. — V. infrà, n°s 31 et suiv.

20. *Soumission de la caution.* — La réquisition de surenchère doit être précédée de la soumission de la caution à offrir au greffe du tribunal civil où la surenchère doit être portée et du dépôt des titres constatant la solvabilité de cette caution. La soumission est faite en la forme ordinaire (V. *Cautionnement*), et la personne qui veut surenchérir en lève expédition. — Si le surenchérisseur donne un nantissement en argent, il doit d'abord consigner la somme suffisante et déposer le récépissé de la consignation au greffe avec déclaration que la somme consignée est destinée à remplacer le cautionnement. — Si des rentes sur l'Etat sont offertes, le titre doit en être déposé avec la même déclaration que ci-dessus (Arg. art. 832, C.P.C.).

21. *Réquisition de surenchère.* — La surenchère est requise par acte du ministère d'un huissier, contenant, outre les formalités des exploits en général :

1° Constitution d'avoué près le tribunal où la surenchère et l'ordre doivent être portés (C.P.C., art. 832), à peine de nullité, c'est-à-dire devant le tribunal de la situation des biens (Cass. 13 août 1807 ; Carré et Chauveau, *quest.* 2827). S'il y a eu seulement élection de domicile chez un avoué, la nullité résultant du défaut de constitution est couverte par cela seul que l'acquéreur a fait signifier chez cet avoué la constitution du sien (Bourges, 25 août 1808).

22. 2° Soumission par le requérant de porter ou faire porter le prix à un dixième en sus de celui qui a été stipulé dans le contrat ou déclaré par le nouveau propriétaire (C. Nap., art. 2185. — V. *suprà*, n° 9).

23. 3° Offre de donner caution jusqu'à concurrence du prix et des charges (Même art. — V. *suprà*, n° 15), et indication de la caution qui a fait sa soumission (C.P.C., art. 833. — V. *suprà*, n° 20).

24. 4° Assignation, à peine de nullité, à trois jours devant le tribunal (V. *suprà*, n° 21), pour voir dire que la caution sera reçue (C.P.C., art. 832) ; toutefois, l'assignation à un délai plus éloigné, mais à l'audience la plus prochaine, serait valable (Caen, 5 mai 1849 ; Cass. 30 mai 1820). L'assignation doit être donnée même en temps de vacation (Bourges, 10 déc. 1808). — Il doit être donné copie avec l'assignation de l'acte de soumission de la caution et du dépôt des titres, ou de l'acte constatant la réalisation du nantissement en argent ou en rentes sur l'Etat à défaut de caution (C.P.C., art. 832. — V. *suprà*, n° 20).

25. L'original et les copies de l'exploit doivent être signés par le créancier ou par son fondé de procuration expresse. Copie du pouvoir doit être donnée en tête de l'acte de surenchère (C. Nap., art. 2185). Le pouvoir peut être sous seing privé (Persil, sur l'art. 2185, n° 25).

26. La surenchère doit être notifiée, à peine de déchéance (Paris, 19 août 1817) : 1° à l'acquéreur (C. Nap., art. 2185). En cas d'acquisition par un mari et une femme conjointement, la notification doit être faite au mari et à la femme, s'ils sont mariés avec séparation de biens ou sous le régime dotal (Cass. 12 mars 1810 ; 14 août 1843). Comme on ignore généralement sous quel régime les acquéreurs sont mariés, il est prudent de notifier, dans tous les cas, au mari et à la femme ; on sera sûr d'opérer régulièrement, et on n'encourra d'autre inconvénient que celui de donner une copie inutile lorsque les époux seront mariés en communauté.

27. 2° Au débiteur principal (C. Nap., art. 2185), c'est-à-dire : 1° au vendeur ; 2° à sa femme, mais seulement s'il est fait mention dans l'acte, la transcription ou les notifications, qu'ils sont séparés de biens (Cass. 23 mars 1814), ou si l'immeuble vendu appartient personnellement à la femme.

28. Les significations qui seraient faites aux créanciers inscrits seraient frustratoires et ne passeraient pas en taxe (Orléans, 12 mai 1808).

29. La surenchère doit être notifiée par un huissier commis à cet effet, sur simple requête, par le président du tribunal de l'arrondissement où elle a lieu (C.P.C., art. 832), c'est-à-dire du tribunal du domicile de l'acquéreur (Limoges, 25 fév. 1819 ; Troplong, n° 933 ; Carré et Chauveau, quest. 2823). Toutefois, la réquisition ne serait pas nulle quoiqu'elle eût été signifiée par un huissier non commis (Cass. 9 août 1820. — Contrà Paris, 21 mars 1808 ; Bourges, 25 août 1808 ; Carré et Chauveau, quest. 2824. — V. Huissier commis, n°s 34 et suiv.), ou par un huissier commis par le président d'un tribunal autre que celui désigné par l'art. 832, C.P.C. (Bordeaux, 13 mai 1817 ; Limoges, 25 fév. 1819 ; Cass. 7 avril 1819).

30. La signification faite à l'acquéreur doit avoir lieu au domicile de l'avoué constitué (C.P.C., art. 832) par lui lors de la notification de son contrat aux créanciers inscrits (Caen, 5 mai 1819 ; Cass. 30 mai 1820).

31. *Réception de la caution.* — Il est procédé sommairement à la réception de la caution offerte par le surenchérisseur (C.P.C., art. 832), sans suivre, pour cette réception et pour la justification de la caution, les formalités prescrites par les art. 518 et suiv., C.P.C. ; la caution du surenchérisseur doit, en effet, être discutée contradictoirement, et admise ou rejetée par un jugement (Cass. 4 janv. 1809 ; Carré et Chauveau, quest. 2819).

32. Si la caution est reçue, le contrat judiciaire est par cela même formé entre elle et le surenchérisseur ; si, au contraire, elle est rejetée, l'acquéreur est maintenu, à moins qu'il n'ait été fait d'autres surenchères par d'autres créanciers (C.P.C., art. 832).

33. La caution reçue peut être remplacée par une autre caution en vertu d'un jugement. Dans ce cas, la caution nouvelle doit être présentée et reçue conformément aux art. 518 et suiv., C.P.C. (Cass. 15 mai 1822 ; 16 mars 1824). — V. Cautionnement.

34. *Nullité de la surenchère.* — Lorsque les formalités prescrites par l'art. 2185, C. Nap., n'ont pas été observées, ou lorsque la caution offerte est rejetée, la surenchère est nulle (Même art. 2185) ; et la nullité peut être demandée par tous les intéressés, à moins qu'ils ne soient réputés avoir renoncé à s'en prévaloir.

35. La demande en nullité doit être formée avant le jugement qui doit statuer sur la réception de la caution, et il doit y être statué par le jugement de réception (C.P.C., art. 838). Si la nullité est prononcée contre le créancier poursuivant, elle produit son effet vis-à-vis tous les autres créanciers, quoiqu'ils n'aient pas été mis en cause (Cass. 8 mars 1809 ; Troplong, n° 950). Seulement, s'ils sont encore dans les délais, ils peuvent former une nouvelle surenchère (Troplong, loc. cit.).

36. Lorsque la surenchère est annulée, la première vente doit être maintenue (Cass. 28 mars 1813) ; néanmoins, le créancier qui avait formé la surenchère peut encore attaquer la vente comme frauduleuse, surtout s'il s'est expressément réservé ce droit (Cass. 11 janv. 1815 ; Bourges, 24 janv. 1828).

37. Lorsque les créanciers n'ont pas surenchéri dans le délai et les formes prescrits, la valeur de l'immeuble demeure définitivement fixée au prix stipulé ou déclaré, et l'acquéreur est libéré de tout privilège ou hypothèque, en payant son prix ou en consignant (C. Nap., art. 2186). — V. *Purge des hypothèques; Ordre.*

38. *Effets de la surenchère.* — La surenchère, une fois formée par un créancier, devient commune à tous les autres; il suit de là que le requérant ne peut, sans le consentement exprès de tous les autres créanciers, empêcher, par un désistement, l'adjudication publique, même en payant le montant de sa soumission (C. Nap., art. 2190). Il en serait autrement, bien entendu, si la surenchère était nulle (Agen, 17 août 1816).

39. Il a été décidé, par application de ce principe, que le créancier surenchérisseur, quoique personnellement désintéressé par l'offre que lui fait l'acquéreur de lui payer le montant de sa créance, peut refuser de se désister de la surenchère (Paris, 18 fév. 1826; 11 juill. 1833.— *Contrà* Persil, sur l'art. 2190, n° 4).

40. L'acquéreur peut toujours empêcher les effets de la surenchère, en offrant de payer intégralement les créanciers inscrits (Cass. 3 fév. 1808; Carré et Chauveau, *quest.* 2837; Troplong, n° 956), purement et simplement, et sans se réserver d'examiner la légitimité des créances inscrites (Cass. 23 avril 1807).

41. L'acquéreur reste propriétaire des immeubles surenchéris jusqu'à l'adjudication; en conséquence, il doit veiller à leur conservation, et il est responsable des dégradations, même survenues par cas fortuit; la perte totale des immeubles reste également à sa charge. — Il est dispensé de payer son prix dès qu'il y a eu réquisition de surenchère et soumission de la caution (Arg. art. 1653, C. Nap.).

42. *Vente après surenchère.* — La vente, qui est la conséquence de la surenchère, peut être poursuivie, soit par le créancier surenchérisseur, soit par le nouveau propriétaire (C. Nap., art. 2187).

43. Dans le cas où le surenchérisseur ou le nouveau propriétaire ne donne pas suite à l'action dans le mois de la surenchère, chacun des créanciers inscrits a le droit de se faire subroger à la poursuite. La subrogation est demandée par simple requête en intervention et signifiée par acte d'avoué à avoué (C.P.C., art. 833). — Le même droit de subrogation est ouvert au profit des créanciers inscrits, lorsque, dans le cours de la poursuite, il y a collusion, fraude ou négligence de la part du poursuivant (Même art.). — Dans tous ces cas, la subrogation a lieu aux risques et périls du surenchérisseur, sa caution continuant à être obligée (Même art.).

44. Pour parvenir à la vente, le poursuivant fait imprimer des placards contenant : — 1° la date et la nature de l'acte d'aliénation sur lequel la surenchère a été faite, le nom du notaire qui l'a reçu ou de toute autorité appelée à sa confection ; — 2° le prix énoncé dans l'acte, s'il s'agit d'une vente, ou l'évaluation donnée aux immeubles dans la notification aux créanciers inscrits, s'il s'agit d'un échange ou d'une donation ; — 3° le montant de la surenchère; — 4° les noms, professions, domiciles du précédent propriétaire, de l'acquéreur ou donataire, du surenchérisseur ainsi que du créancier qui lui est subrogé dans le cas de l'art. 833 ; — 5° l'indication sommaire de la nature et de la situation des biens aliénés ; — 6° le nom et la demeure de l'avoué constitué pour le poursuivant ; — 7° l'indication du tribunal où la surenchère se poursuit, ainsi que des jour, lieu et heure de l'adjudication (C.P.C., art. 836).

45. Ces placards doivent être apposés quinze jours au moins et trente jours au plus avant l'adjudication, à la porte du domicile de l'ancien propriétaire et aux lieux désignés dans l'art. 699, C.P.C. (Même Code, art. 836).

46. Dans le même délai, l'insertion des énonciations qui précèdent doit être faite dans le journal désigné, en exécution de l'art. 696, C.P.C., et le tout est constaté comme il est dit dans les art. 698 et 699, même Code (Même art. 836). — V. Saisie immobilière.

47. Quinze jours au moins et trente jours au plus avant l'adjudication, sommation doit être faite à l'ancien et au nouveau propriétaire d'assister à l'adjudication, aux lieu, jour et heure indiqués. — Pareille sommation est faite au créancier surenchérisseur, si c'est le nouveau propriétaire ou un autre créancier subrogé qui poursuit (C.P.C., art. 837).

48. Dans le même délai, l'acte d'aliénation doit être déposé au greffe et tient lieu de minute d'enchère. Le prix porté dans l'acte ou la valeur déclarée et le montant de la surenchère tiennent lieu d'enchère (Même art. 837). Le dépôt du contrat a lieu à la diligence de celui qui poursuit la vente : si c'est le surenchérisseur, il fait sommation à l'acquéreur de déposer son contrat, et si ce dernier ne le fait pas, il en lève une expédition à ses frais et la dépose ; si c'est l'acquéreur et qu'il ne fasse pas le dépôt, on peut faire annuler la notification par lui faite et le poursuivre comme tiers détenteur qui n'a pas purgé (Troplong, n° 960 ter).

49. Les nullités relatives aux formalités de la mise en vente, s'il y en a, doivent être proposées trois jours au moins avant l'adjudication et autant que possible par le jugement même de cette adjudication (C.P.C., art. 838).

50. Lorsqu'au jour fixé pour l'adjudication il ne se présente pas d'enchérisseur, le surenchérisseur, même en cas de subrogation à la poursuite, est déclaré adjudicataire (C.P.C., art. 838).

51. Au surplus, sont applicables au cas de surenchère les art. 701, 702, 705, 706, 707, 711, 712, 713, 717, 731, 732 et 733, C.P.C., ainsi que les art. 734 et suiv. relatifs à la folle enchère (Même art. 838. — V. Saisie immobilière). Les formalités prescrites par les art. 705, 706, 832, 836 et 837, doivent être observées à peine de nullité (Même art. 838).

52. Réformation des jugements. — Aucun jugement ou arrêt par défaut, en matière de surenchère sur aliénation volontaire, n'est susceptible d'opposition (Même art. 838).

53. Les jugements qui statuent sur les nullités antérieures à la réception de la caution ou sur la réception même de cette caution, et ceux qui prononcent sur la demande en subrogation intentée pour collusion ou fraude, sont seuls susceptibles d'être attaqués par la voie de l'appel (Même art.).

54. Effets de la revente. — Lorsque c'est l'acquéreur qui se rend adjudicataire sur la surenchère, la première vente se trouve confirmée, et alors il n'est pas nécessaire de faire transcrire le jugement d'adjudication (C. Nap., art. 2189). — L'acheteur a un recours contre son vendeur pour ce qui excède le prix de la première vente, et pour les intérêts de ce supplément du jour de chaque paiement (Art. 2191). — Il peut également répéter les frais du jugement d'adjudication et réclamer des dommages-intérêts, si le vendeur a caché l'existence des créances hypothécaires inscrites dans la dizaine de la transcription (Arg. art. 1630, C. Nap.).

55. Lorsque ce n'est point l'acquéreur primitif qui se rend adjudicataire, les droits de cet acquéreur sont résolus, et, le nouvel adjudicataire se trouvant subrogé à l'effet de la première vente, sa propriété remonte au premier contrat. La transcription de l'adjudication sur surenchère est inutile (Troplong, n° 963. — Contra Paris, 3 avril, 1812).

56. L'acquéreur primitif, qui se trouve évincé, a son recours en garantie contre son vendeur (C. Nap., art. 1630). Si, à l'époque de l'adjudication, l'immeuble valait plus qu'au moment de la vente, il a même le droit de réclamer son prix augmenté de cette différence (Cass. 14 mai 1808 ; Bordeaux, 27 fév. 1829 ; Troplong, n° 967).

57. Le nouvel adjudicataire est tenu : 1° des intérêts de son prix à compter de la nouvelle adjudication (Cass. 14 août 1833) ; quant aux intérêts courus depuis la vente volontaire, ils sont dus par le premier acquéreur qui a perçu les fruits (Riom, 19 janv. 1820) ; 2° des frais et loyaux coûts du contrat, de ceux de transcription et de notification, de ceux faits pour parvenir à la revente : le tout au delà du prix de l'adjudication (C. Nap., art. 2188), sauf convention contraire (Persil, sur l'art. 2188-2°) ; 3° des impenses et améliorations faites par le premier adjudicataire (Troplong n° 962), et pour lesquelles ce dernier a un privilège (C. Nap., art. 2103-3°).

58. La vente doit avoir lieu devant le tribunal de la situation des biens (Cass. 13 août 1807 ; Troplong, n° 933).

59. Quant aux autres effets de la surenchère, ils sont réglés par l'art. 717. — V. *Ordre*, *Saisie immobilière.*

60. L'adjudication, par suite de surenchère sur aliénation volontaire, ne peut être frappée d'aucune autre surenchère (C.P.C., art. 838).

§ 2. — *Surenchère après faillite.*

61. Elle peut avoir lieu par toute personne, dans la quinzaine de l'adjudication, aux conditions prescrites par l'art. 573, C. Comm. (V. *Faillite*) et en suivant les formalités prescrites pour la surenchère sur vente forcée.

§ 3. — *Surenchère sur vente forcée.*

62. *Qui peut surenchérir.* — Toute personne peut surenchérir (C.P.C., art. 708), à l'exception : 1° de l'avoué poursuivant ; 2° du saisi ; 3° des personnes non solvables ; 4° des membres du tribunal devant lequel se poursuit la vente (Art. 711), à peine de nullité de la surenchère et de tous dommages-intérêts (Même art. 711). L'insolvabilité du surenchérisseur est opposable même avant l'adjudication (Cass. 6 fév. 1816).

63. Ne pourraient non plus surenchérir : 1° l'avoué de l'adjudicataire, 2° le tiers détenteur (Bruxelles 15 avril 1809) ; mais la surenchère pourrait être requise par le poursuivant, par les héritiers bénéficiaires du saisi, par une personne non contraignable par corps, par plusieurs personnes conjointement.

64. *Sur quel prix.* — La surenchère doit être au moins du sixième du principal de la vente (C.P.C. art 708), à peine de nullité (Carré et Chauveau, *quest.* 2381).

65. *Dans quel délai.* — Elle doit être faite dans les 8 jours qui suivent l'adjudication (Art. 708) ; par conséquent, le jour de cette adjudication n'est pas compté dans le délai. Quant aux jours fériés, on doit les y comprendre ; ainsi, lorsque le délai expire un jour férié, la surenchère ne peut être valablement formée le lendemain (Cass. 27 fév. 1821). — Mais l'appel du jugement d'adjudication suspend le délai.

66. *Dans quelle forme.* — La surenchère ne peut être faite que par le ministère d'un avoué (Art. 708).

67. La déclaration de surenchère se fait au greffe du tribunal qui a prononcé l'adjudication ; elle doit contenir constitution d'avoué et ne peut être rétractée (Art. 709). Le greffier dresse procès-verbal de la déclaration (Carré et Chauveau, *quest.* 2376).

68. La surenchère doit être dénoncée par le surenchérisseur, dans les trois jours, aux avoués de l'adjudicataire, du poursuivant et de la partie saisie, si elle a constitué avoué, sans néanmoins qu'il soit nécessaire de faire cette dénonciation à la personne ou au domicile de la partie saisie qui n'aurait pas d'avoué (C.P.C., art. 709).

69. La dénonciation est faite par un simple acte (d'avoué à avoué), contenant avenir à l'audience qui suit l'expiration de la quinzaine, sans autre procédure (Art. 709). Ce délai de quinzaine se compte à partir de l'adjudication.

70. Lorsque le surenchérisseur ne dénonce pas la surenchère dans le délai ci-dessus fixé (V. *suprà*, n° 68), le poursuivant ou tout créancier inscrit, ou le saisi, peut le faire dans les trois jours qui suivent l'expiration de ce délai ; faute de quoi, la surenchère est nulle de droit et sans qu'il soit besoin de faire prononcer la nullité (Art. 709).

71. S'il se présente de nouveaux enchérisseurs, ils doivent faire leur soumission dans le même délai et dans la même forme que le premier (Carré et Chauveau, *quest.* 2386), et dénoncer aux surenchérisseurs précédents ; ceux-ci ont, en effet, intérêt à repousser des surenchères qui peuvent être nulles.

72. L'adjudication sur surenchère est annoncée de la manière prescrite par les art. 696 et 699, C.P.C. (V. *suprà*, n° 45 et 46, et *Saisie immobilière*).

73. Au jour indiqué il est ouvert de nouvelles enchères auxquelles toute personne peut concourir ; s'il ne se présente pas d'enchérisseurs, le surenchérisseur est déclaré adjudicataire ; en cas de folle enchère, il est tenu de la différence entre son prix et celui de la vente (C.P.C., art. 710).

74. Si un moyen de nullité est proposé contre la surenchère, l'appel du jugement qui statue sur ce moyen est recevable dans le délai de deux mois (C.P.C., art. 443 ; Colmar, 30 avril 1812 ; Limoges, 5 déc. 1833).

75. Les avoués ne peuvent se rendre adjudicataires pour les personnes désignées *suprà*, n° 62 (C.P.C., art. 711.—V., d'ailleurs, *Saisie immobilière*).

76. *Effets et suites de la surenchère.*—La surenchère ne produit pas l'effet de dessaisir actuellement l'adjudicataire ; il reste propriétaire jusqu'à la revente (Bordeaux, 21 juill. 1830). Si d'ici là l'immeuble périt ou se dégrade, la perte ou la dégradation sera pour son compte, et non pour le vendeur.

77. Lorsque le premier adjudicataire se rend de nouveau adjudicataire de l'immeuble surenchéri, son premier contrat est confirmé ; dans le cas contraire, le contrat est résolu (C. Nap., art. 1183) ; dès lors, les hypothèques conférées par le premier adjudicataire sont anéanties (C. Nap., art. 2125) ; ce dernier est entièrement déchargé, quand même le nouvel adjudicataire ne paierait pas.

78. L'adjudicataire primitif a le droit de réclamer, du second adjudicataire, les frais et loyaux coûts de son adjudication et ceux de transcription (C. Nap., art. 2188).

§ 4.—*Enregistrement.*

79. Les droits d'enregistrement de la revente sur surenchère sont les mêmes que ceux de la première vente ; mais ils ne doivent être calculés que sur l'excédant du prix de cette première vente auquel on ajoute les frais et loyaux coûts qui doivent être remboursés par le second adjudicataire (Délib. de la rég., 10 vend. an XIII).

80. L'adjudicataire sur saisie immobilière qui n'a pas fait enregistrer son jugement d'adjudication dans les 20 jours, mais qui a été surenchéri, ne doit que le droit fixe et le double de ce droit (Délib. de la rég. 24 juill. 1819).

Formule.

Réquisition de surenchère sur aliénation volontaire.

L'an. . ., le. . ., à la requête du sieur. . . créancier du sieur. . . inscrit le....., pour lequel (*constituer avoué*); j'ai...., commis à l'effet des présentes, par ordonnance.... desquelles, perquête et ordonnance il est avec celle des présentes donné copie, soussigné, signifié et déclaré à....

Que ledit sieur.... requiert formellement la mise aux enchères et l'adjudication publiques d'une maison sise à...., rue...., n°...., vendue par...., au sieur...., suivant acte en date du....., moyennant la somme de.... outre les charges, lequel acte a été notifié au requérant, par extrait, avec le tableau des inscriptions, suivant exploit de...., huissier à...., en date du.... ; à ce que lesdits sieurs.... n'en ignorent ;

En conséquence, j'ai déclaré auxdits sieurs.... que le requérant se soumet par les présentes à porter ou faire porter le prix principal de ladite maison et dépendances à un dixième en sus de la somme de...., montant de l'adjudication dont s'agit, ce qui fera, pour première enchère, la somme totale de...., outre les charges, clauses et conditions de l'adjudication, et outre celles qui seront imposées par le jugement de la nouvelle adjudication ; déclarant aux susnommés que le requérant fera apposer des placards indicatifs de la vente dont s'agit, laquelle aura lieu dans les formes prescrites par la loi ; à ce qu'ils n'en ignorent également ;

Déclarant encore auxdits sieurs...., que le requérant offre et présente pour caution de la surenchère présentement requise, jusqu'à concurrence du prix et des charges, la personne du sieur...., demeurant à...., qui a fait sa soumission et déposé les titres établissant sa solvabilité, le tout suivant acte au greffe du tribunal de...., en date du...., duquel il est avec celle des présentes donné copie ;

Et à mêmes requête et constitution que dessus, j'ai, huissier susdit et soussigné, donné assignation auxdits sieurs...., en parlant comme dit est, à comparaître...., pour, — Attendu que la caution ci-dessus présentée est notoirement solvable, — Voir dire qu'elle sera reçue purement et simplement, répondre et procéder comme de raison, à fin de dépens, dont le requérant sera remboursé comme frais extraordinaires de poursuites; enfin voir ordonner l'exécution provisoire du jugement à intervenir, conformément à l'art. 435, C.P.C.; et j'ai, etc.

(*Signature de la partie et de l'huissier.*)

V. n°° 24 et suiv. — Coût : Tar. art. 63. — Orig. : Paris, 5 fr.; R. P., 4 fr. 50 c.; Aill., 4 fr.; — Cop., le 1/4.
Enregistrement : 4 fr. 40.

SURESTARIE. — Retard apporté au chargement ou au déchargement d'un navire. — Le capitaine y a droit, notamment, dans le cas où le mauvais temps s'oppose au débarquement des marchandises.

SÛRETÉ PUBLIQUE. — Tout ce qui intéresse la sûreté publique, c'est-à-dire la garantie des personnes et des propriétés contre les dommages qui peuvent être le résultat de la négligence, de l'imprudence ou de l'inobservation des lois et règlements, est confié à la vigilance et à l'autorité des corps municipaux (L. 24 août 1790, tit. II, art. 3; C. Pén., art. 475, n°° 3 et 4, et 476). — V. Renvoi d'un tribunal à un autre.

SÛRETÉS DIMINUÉES. — V. Cautionnement, Hypothèque, Office.

SURNOM. — V. Exploit, n° 117.

SURPRISE. — Manœuvre par suite de laquelle quelqu'un est trompé et induit en erreur. — Aux termes de l'art. 1109, C. Nap., le consentement surpris par dol n'est pas valable. — V. Consentement, Dol, Obligation.

SURSÉANCE, SURSIS. — Temps pendant lequel il est sursis soit à l'exécution d'une obligation, soit à une action, à des poursuites, soit à un jugement. — V. Appel en matière civile, Délai, Exécution des actes et jugements, Référé, Saisie-exécution, Saisie immobilière, etc.

SURVENANCE D'ENFANT. — V. Donation entre époux, Donation entre vifs.

SUSCRIPTION. — Ce qui est écrit sur l'enveloppe ou la surface extérieure d'un papier plié, par exemple, d'une lettre.

SUSPENSION.—Interdiction temporaire de l'exercice de ses fonctions, prononcée contre un officier public, spécialement, contre un huissier.—V. *Chambre de discipline des Huissiers, Discipline, Office.*

SUSPICION LEGITIME.—V. *Renvoi d'un tribunal à un autre.*

SYLLABES.—V. *Copies de pièces, Protêt, Timbre.*

SYNALLAGMATIQUE. — Ce qui constitue un consentement réci-proque.—V. *Acte synallagmatique, Contrat, Double écrit.*

SYNDIC DE FAILLITE. — Celui qui, en matière de faillite, est chargé de représenter la masse des créanciers dans les opérations qui ont pour but la gestion des affaires du failli et la liquidation de la faillite dans un intérêt commun. — V. *Faillite.* — Les Huissiers peuvent acci-dentellement être chargés, en qualité de syndics, de l'administration de faillites.—V. *Huissier,* n° 163.

SYNDIC DES HUISSIERS. — V. *Chambre de discipline des Huis-siers, Discipline, Huissier.*

SYNDIC DES GENS DE MER.—Agents qui, dans chaque quar-tier maritime, sont préposés à l'inscription maritime, sous les ordres de l'officier administrateur

SYNDICAT DES EAUX. — Association formée, avec l'autorisation du préfet, entre les propriétaires intéressés à l'exécution et à l'entretien des travaux d'endiguement contre la mer, les fleuves, les rivières et torrents navigables ou non navigables, de canaux d'arrosage ou de canaux de des-sèchement. — Un syndicat d'arrosage, régulièrement constitué, peut pro-céder en justice collectivement par le ministère de ses syndics (Cass. 21 mai 1851).

T.

TABAC. — 1. L'achat, la fabrication et la vente du tabac sont, pour l'Etat, l'objet d'un monopole, qui est exploité par une administration spéciale, l'administration des tabacs. La distribution des tabacs aux con-sommateurs se fait au moyen de bureaux de débit, dont les titulaires sont nommés par le directeur général, en vertu de la délégation du ministre des finances (Ord. 17-26 déc. 1844, art. 66).

2. L'achat, la vente et la fabrication des tabacs ne peuvent, en aucun cas, constituer de la part de l'Etat ou de l'administration des tabacs un acte de commerce. Par conséquent, à raison des marchés conclus en cette ma-tière, l'administration ne peut être justiciable que des tribunaux civils.

3. Quant aux débits de tabacs, ils ne sont pas dans le commerce, et ne peuvent, dès lors, être vendus. Mais il en est autrement de leur gé-rance ; aucune disposition législative ou réglementaire n'en interdit la cession, sauf au cessionnaire à se pourvoir de l'autorisation spéciale de l'administration (Paris, 21 nov. 1853).

4. Ainsi, l'obligation prise par un titulaire de présenter à l'approba-tion de l'administration celui avec lequel il a traité de la gérance, n'est point illicite ; et, en cas d'inexécution volontaire de la part du cédant, elle se résout en dommages-intérêts (Paris, 6 mars 1845).

5. Les débitants de tabac ne doivent, en général, être considérés que comme des agents de l'administration ; ils ne deviennent point commer-çants, par cela seul qu'ils vendent des pipes, tabatières et autres objets de même nature, si cette vente n'est qu'accidentelle et de minime importancé, si elle n'est qu'un accessoire de la gestion du bureau (Lyon, 29 août 1861 ; Caen, 10 juin 1862). — V. *Actes de commerce*, n° 49.

6. Mais il n'est point interdit aux débitants de tabac de cumuler, avec ces fonctions, l'exercice de la profession de commerçant. Dès lors, si la vente des pipes, tabatières et autres objets de même nature, prend un certain développement et devient en quelque sorte un commerce à part, les débitants de tabac peuvent être considérés comme commerçants, et, par suite, ils sont soumis à la juridiction commerciale pour l'achat des pipes, tabatières et autres objets de même nature qu'ils revendent et pour le paiement des billets qu'ils souscrivent à raison de cet achat (Nouguier, *Tribunaux de commerce*, t. 1er, n° 17 ; Orillard, *Compétence des Trib. de comm.*, n° 274 ; Molinier, *Droit commercial*, t. 1er, n° 131).

7. Cette distinction ressort également de la jurisprudence du Conseil d'Etat, qui, en effet, a plusieurs fois décidé que, à raison de la vente des pipes et autres objets analogues qu'ils joignent à leur débit, les débitants de tabac sont ou non soumis à la patente de commerçants, selon que cette vente est ou non assez considérable pour constituer un commerce à part (Cons. d'Etat, 25 janv. 1860).

8. Ainsi, quand la vente des pipes et autres objets analogues n'est qu'un simple accessoire du débit de tabac, les débitants ne pouvant être considérés comme commerçants, c'est devant la juridiction civile qu'ils doivent être assignés en paiement des objets par eux achetés pour être revendus.

9. De ce que les débitants de tabac ne sont que des agents de l'administration, et non des commerçants, il suit que la cession de la gérance d'un bureau de tabac ne peut constituer qu'un contrat purement civil, encore bien qu'elle comprenne en même temps la cession des marchandises destinées à être revendues, et, par conséquent, les contestations relatives à cette cession sont de la compétence de la juridiction civile (Lyon, 31 déc. 1862).

10. Les tribunaux peuvent, d'après les circonstances, décider qu'un fonds de tabletterie cédé avec la gérance d'un débit de tabac n'en est qu'un accessoire sans importance (Paris, 21 nov. 1853).

11. Dans le département de la Corse, où le commerce du tabac est libre, les marchands de tabac en feuilles, de tabac en gros et en détail, sont patentables et commerçants.

12. Les fabriques de tabac sont rangées dans la première ou deuxième classe des établissements insalubres (V. *Etablissements dangereux*, etc.)

TABATIÈRES EN CARTON (ATELIERS DE FABRICATION). — Sont rangés dans la 2e classe des établissements insalubres (V. *Etablissements dangereux*, etc.).

TABELLION. — Autrefois, c'était un officier public dont la fonction consistait à grossoyer les actes des notaires et à en délivrer des expéditions. — L'office de tabellion a été supprimé par la loi du 6 juill. 1791.

TABLE D'HOTE. — Les personnes tenant une table d'hôte sont patentables.

TABLEAU. — Espèce de cadre où l'on inscrit les membres d'une compagnie, d'une société, ou qui sert à l'insertion d'extraits d'actes et contrats qui doivent être rendus publics.

TABLEAUX (MARCHANDS ET RESTAURATEURS DE). — Sont patentables.

TABLETIERS. — Les marchands tabletiers et les fabricants d'objets en tabletterie sont patentables.

TACITE. — Ce qui n'est pas formellement exprimé, mais s'induit d'une disposition de loi ou d'une convention.

TACITE RÉCONDUCTION. — V. *Réconduction tacite.*

TAFFETAS ET TOILES CIRÉS (FABRICANTS ET MARCHANDS DE). — Sont patentables. — Les fabriques de taffetas cirés ou vernis et de toiles vernies sont rangées dans la 1re classe des établissements insalubres (V. *Établissements dangereux*, etc.).

TAILLANDIERS. — Sont patentables.

TAILLE. — **1.** Morceau de bois fendu en deux parties et sur lequel on marque par une coupure corrélative les fournitures faites chaque jour par un marchand.

2. L'une des parties du morceau de bois reste entre les mains du fournisseur, elle prend le nom de *taille*; l'autre est remise à l'acheteur et se nomme *échantillon, contre-taille.* A chaque fourniture on fait une coche transversale en en taillant les deux parties; le nombre des coches indique la quantité de fournitures.

3. Les tailles corrélatives à leurs échantillons font foi entre les personnes qui sont dans l'usage de constater ainsi les fournitures qu'elles font ou reçoivent en détail (C. Nap., art. 1333). Ce sont surtout les bouchers et les boulangers qui sont dans cet usage.

4. Il suit de cette disposition que les tailles tiennent lieu d'écritures et sont une espèce de preuve littérale de la quantité des fournitures (Toullier, t. 8, n° 408). Si celui qui a reçu la fourniture nie qu'il a eu un échantillon, on peut prouver par témoins l'existence de cet échantillon et l'habitude de s'en servir; s'il allègue qu'il l'a perdu, la taille fait preuve des fournitures (Toullier, n° 409).

5. Mais, si le défendeur nie les fournitures, la taille ne peut servir de preuve; cependant, elle autoriserait le juge, à raison du degré de confiance qu'inspirerait le marchand, à lui déférer le serment. — V. *Serment.*

TAILLEURS. — Les tailleurs d'habits à façon et les marchands tailleurs, avec ou sans magasins d'étoffes, sont patentables.

TAILLEURS DE PIERRES. — Sont patentables.

TAILLIS. — Etendue de bois sujette à des coupes ordinaires et réglées. — V. *Vente de fruits et récoltes.*

TAMBOURS (FABRICANTS DE). — Sont patentables.

TAMISIERS (FABRICANTS ET MARCHANDS). — Sont patentables.

TAN, TANNEURS. — Les marchands de tan et les tanneurs de cuirs sont patentables.

TANNERIES. — Sont rangées dans la 1re classe des établissements insalubres (V. *Établissements dangereux*, etc.).

TAPAGE INJURIEUX OU NOCTURNE. — Bruits qui troublent la tranquillité des habitants. — Le tapage peut être injurieux sans être nocturne, comme il peut être nocturne sans être injurieux; dans l'un comme dans l'autre cas, la peine est encourue, dès qu'il y a trouble à la tranquillité publique. — V. C. Pén., art. 479 et 480.

TAPIS. — Les marchands de tapis de laine et tapisseries, les fabricants et marchands de tapis peints et vernis sont patentables.

TAPISSIERS (MARCHANDS A FAÇON OU A LA MAIN).—
Sont patentables.

TARIF. — 1. Règlement qui détermine les droits dus, pour la confection des actes judiciaires, soit en matière civile, soit en matière criminelle.

2. *Tarif en matière civile.* — Les émoluments attribués aux différents officiers ministériels, pour la confection des actes judiciaires en matière civile, ont été tarifés par divers actes du pouvoir législatif ou exécutif.

3. Le premier décret du 16 fév. 1807, rendu en exécution de l'art. 1042, C. P. C., peut être considéré comme le tarif général en matière civile.

4. En admettant que ce décret contienne des dispositions législatives, il n'a point été attaqué pour cause d'inconstitutionnalité, et a toujours été exécuté. Les Chartes et Constitutions qui se sont succédé lui ont conservé force de loi. Il est donc encore aujourd'hui la règle générale à suivre en matière civile (Paris, 9 fév. 1833 : *J. Huiss.*, t. 14, p. 38).

5. Le second décret du 16 fév. 1807 est relatif à la liquidation des dépens et aux frais de taxe. — V. *Frais et dépens*, sect. 1re, §§ 6 et 7.

6. Le troisième décret du même jour 16 fév. 1807 rend commun, avec quelques modifications, le tarif du tribunal et de la Cour de Paris aux autres Cours et Tribunaux.

7. Le tarif des frais et dépens faits devant la Cour de Paris est étendu aux Cours de Lyon, Bordeaux et Rouen. Toutes les sommes portées à ce tarif sont réduites d'un dixième pour la taxe des frais et dépens dans les autres Cours (Art. 1er).

8. Le tarif des frais et dépens pour le tribunal de première instance et les justices de paix de Paris est rendu commun aux tribunaux de première instance et aux justices de paix établis à Lyon, Bordeaux et Rouen. Toutes les sommes portées en ce tarif sont réduites d'un dixième dans la taxe des frais et dépens pour les tribunaux de première instance et pour les justices de paix établis dans les villes dont la population excède 30,000 âmes (Art. 2).

9. Dans tous les autres tribunaux de première instance et justices de paix, le tarif des frais et dépens est le même que celui décrété pour les tribunaux de première instance et les justices de paix du ressort de la Cour de Paris autres que ceux établis dans cette capitale (Art. 3).

10. Le tarif des frais de taxe établi par le second décret de 1807 (V. *suprà*, n° 5), est aussi déclaré commun à toute la France : de sorte que, dans tous les chefs-lieux de Cour impériale, les droits de taxe doivent être perçus comme à Paris ; partout ailleurs, ils sont perçus comme dans le ressort de la Cour de Paris (Art. 4).

11. Plusieurs dispositions du tarif établi par le premier décret du 16 fév. 1807 ont été modifiées par des ordonnances et décrets postérieurs. Ainsi, notamment, les dispositions de ce tarif relatives à la procédure de saisie immobilière ont été abrogées par l'ordonnance royale du 10 oct. 1841, rendue en exécution de la loi du 2 juin précédent, et remplacées par le tarif établi par la même ordonnance (V. *Saisie immobilière*). — V. aussi *Contrainte par corps, Protêt.*

12. Par décrets des 12-21 juin 1856, 30 avril-7 mai 1862, et 13-16 déc. 1862, le tarif des frais et dépens décrété pour le tribunal de première instance et les justices de paix de Paris, et le tarif réglé pour le tribunal de la Seine par l'ordonnance du 10 oct. 1841, ont été rendus communs aux tribunaux de première instance et aux justices de paix de Marseille, Toulouse, Lille et Nantes (V. *J. Huiss.*, t. 37, p. 308, t. 43, p. 191, t. 44, p. 106).

13. Cette extension est une chose juste, et les motifs qui la justifient permettent d'espérer qu'elle ne s'arrêtera pas là, et que beaucoup d'autres localités, pour lesquelles elle n'est pas devenue moins nécessaire, seront appelées à profiter du même avantage.

14. Nous avons indiqué sous les formules insérées à la suite de chaque mot le coût des exploits auxquels la matière peut donner lieu ; par conséquent, ici nous ne pouvons que renvoyer à ces mots et formules. — V. aussi *Taxe*, *Transport des Huissiers*.

15. Les exploits que les huissiers ont le droit de signifier varient à l'infini, et il s'en faut de beaucoup que le premier décret du 16 fév. 1807 les ait tous indiqués ; il ne s'est même occupé, sauf de rares exceptions, que des actes exigés par le Code de procédure. Il suit de là qu'un huissier peut se trouver assez souvent embarrassé pour taxer un acte de son ministère.

16. Quelle règle doit-il donc suivre pour les actes qui ne sont pas spécialement indiqués par le tarif ?

Remarquons d'abord que les exploits, sous le rapport de la taxe, sont divisés par le tarif en deux classes ; la première comprend les actes énoncés aux art. 27 et 29 du décret du 16 fév. 1807, et, en général, tous les actes simples non compris dans la seconde partie : tels sont les assignations, citations, sommations, significations d'actes et de jugements, protestations de nullité ; la seconde se compose d'actes plus compliqués, de procès-verbaux, en un mot, d'exploits qui exigent plus de soins, de temps et de démarches que les actes simples : tels sont les procès-verbaux de saisie, d'offres, de ventes de meubles après saisie.

Ceci posé, la réponse à la question devient facile. Que l'acte non prévu soit judiciaire ou extra-judiciaire, simple ou compliqué, on doit le taxer par analogie à un acte de même nature spécialement désigné par le tarif. Ainsi, s'il s'agit d'un acte en justice de paix ou devant un tribunal civil d'arrondissement, on le taxera comme les actes de même nature faits devant ces juridictions ; s'il s'agit, par exemple, d'un procès-verbal de perquisition, à l'effet de rechercher un meuble et de le transporter au domicile du requérant, on taxera cet acte comme un procès-verbal de saisie-exécution.

17. Les dispositions du premier décret du 16 fév. 1807 en ce qui concerne les émoluments attribués aux greffiers des tribunaux de commerce ont été modifiées par un arrêté du Gouvernement provisoire du 8-11 avril 1848. — Les émoluments attribués, en matière civile et commerciale, aux greffiers des tribunaux civils de première instance et aux greffiers des Cours impériales, ont été fixés par le décret du 24 mai 1854 (V. *J. Huiss.*, t. 35, p. 234). — V. *Greffe*. (*Droits de*).

18. Le tarif des droits et émoluments des commissaires-priseurs est réglé par la loi du 18 juin 1843 (v. *Commissaire-priseur*). — Sur la question de savoir quand cette loi est applicable aux huissiers et aux autres officiers ministériels qui procèdent à des ventes publiques de meubles, V. *Vente publique de meubles.*

19. Les droits alloués aux officiers ministériels qui sont chargés de procéder aux ventes volontaires et aux enchères de fruits et récoltes pendants par racines, et de coupes de bois taillis, sont réglés par le décret du 5 nov. 1851. — V. *Vente de fruits et récoltes.*

20. En ce qui concerne les droits et émoluments dus aux huissiers en matière d'expropriation pour cause d'utilité publique, ils sont déterminés par l'ordonnance du 18 sept. 1833. V. *Expropriation pour cause d'utilité publique*, § 12.

21. Pour les actes faits en matière administrative devant le Conseil d'Etat, V. *Conseil d'Etat, Formules*.

V. aussi *Cassation, Copies de pièces, Expertise, Prud'hommes (Conseil de), Voyage (Frais de)*.

22. *Tarif en matière criminelle*. — Les droits dus pour les exploits en matière criminelle, soit en vertu du Code pénal ou du Code d'instruction criminelle, soit en vertu d'autres lois, pour la répression des crimes, délits et contraventions, ont été réglés par le décret du 18 juin 1811. — V. *Action civile, Action publique, Citation, Instruction criminelle*.

23. Ici se présente une question qui intéresse au plus haut degré les huissiers. Les actes faits à la requête de la partie civile, qui saisit les tribunaux criminels de son action en dommages-intérêts, doivent-ils être taxés selon le décret du 18 juin 1811 ? Evidemment non, quoique cela se fasse dans certaines localités. En effet, le décret de 1811 n'est applicable qu'aux actes nécessaires pour parvenir à l'application des peines prononcées par la loi, aux actes faits en vertu du Code d'instruction criminelle, en un mot, aux actes seuls faits à la requête du ministère public. La preuve de ce que nous venons de dire se trouve : 1° dans l'art. 1er du décret de 1811 qui charge l'administration de l'enregistrement de faire l'avance des frais de justice criminelle ; 2° dans l'art. 2 qui comprend dans ces frais le salaire des huissiers ; 3° dans les art. 71 et suiv. qui ne fixent le salaire que pour les actes résultant du Code d'instruction criminelle et du Code pénal et qui énoncent en même temps les articles desdits Codes en vertu desquels les actes sont signifiés ; 4° dans l'art. 83 qui exige la tenue, au parquet, d'un registre des actes des huissiers, prévus par le décret de 1811 ; 5° enfin, dans le tit. 3, chap. 1er, sur le mode de paiement desdits frais et le visa des états par les officiers de justice et le préfet. Or, les actes faits à la requête de la partie civile n'ont lieu qu'en vertu des dispositions du droit civil et non pour l'exécution des lois pénales ; les frais de ces actes ne sont jamais à la charge de l'administration de l'enregistrement et doivent toujours être payés par la partie civile ; enfin, les mémoires ou états desdits frais ne sont pas soumis au visa du préfet. Donc le décret de 1811 ne s'applique en aucune manière aux actes de la partie civile. Ce qui a pu induire en erreur, c'est la faculté accordée à la partie civile de soumettre son action civile à la juridiction criminelle, mais cette faculté ne change en rien la nature de l'action ni celle de l'exploit, qui reste un exploit en matière civile et qui doit être taxé selon le décret du 16 fév. 1807. — V. *Taxe des exploits*.

TARTRE (ÉTABLISSEMENTS CONSACRÉS AU RAFFINAGE DU). — Sont rangés dans la 3e classe des établissements insalubres (V. *Etablissements dangereux*, etc.).

TAUX DES INTÉRÊTS. — V. *Intérêts, Usure*.

TAXE DES EXPLOITS. — **1**. Opération par laquelle les magistrats déterminent, d'après les tarifs, les droits et émoluments qui doivent être alloués aux huissiers à raison des actes qu'ils ont faits ou signifiés.

2. *Matière civile*. — Sous le rapport de la taxe, les exploits des huissiers peuvent être divisés en deux classes : l'une comprenant tous les actes faits depuis l'introduction de la demande jusqu'au jugement, lorsqu'il y a en un ; l'autre, les actes extra-judiciaires et les actes judiciaires non suivis de jugements.

3. La taxe des exploits compris dans la première classe est faite devant les tribunaux civils, en matière sommaire, par le jugement même, et, en matière ordinaire, par les soins de l'avoué, qui doit comprendre dans son état les actes de l'huissier qui a instrumenté. — V. *Frais et dépens*. — Dans ces différents cas, l'huissier n'a donc point à s'occuper de la taxe de ses actes; il doit seulement veiller à ce que l'avoué ait dans son dossier tous les exploits relatifs à l'affaire dans laquelle il y a lieu à la taxe.

4. Dans les affaires portées devant les justices-de-paix, les tribunaux de commerce et les conseils des prud'hommes, les exploits sont également taxés par le jugement, et pour y parvenir, on laisse les originaux entre les mains du greffier qui doit les remettre aussitôt que le jugement est rédigé. En ce qui concerne spécialement le droit qu'ont les juges de paix de taxer le coût des actes faits devant eux, V. Cass. 8 juin 1864 (*J. Huiss.*, t. 45, p. 251).

5. Lorsque les exploits de la seconde classe n'ont point été payés par la partie qui les a fait signifier, et lorsque l'huissier en réclame le paiement en justice, il doit les faire taxer par le président du tribunal civil de sa résidence.

6. A cet effet, il dresse un état sur colonnes, contenant le numéro d'ordre, la date et la nature de l'exploit et lieu de la signification, le détail par article des déboursés et émoluments, le montant des déboursés, le montant des émoluments, et le montant du droit de transport, s'il y a lieu. Le magistrat taxateur indique en regard les sommes par lui allouées.

7. L'état porte l'intitulé suivant:

État des déboursés et émoluments dus à. . ., huissier à. . ., par le sieur. . ., pour actes faits ou signifiés à sa requête, contre le sieur. . .

Il doit être signé par l'huissier.

Il se termine par cette mention de la taxe:

Passé par nous, président du tribunal de. . ., le présent état de frais, à la somme de. . .

Au palais de justice, à. . ., le. . . (Signature du président).

8. L'état à taxer doit être rédigé sur timbre, mais il n'est pas soumis à l'enregistrement; il en est de même de la mention de la taxe faite par le président. — Pour faciliter la taxe, les huissiers doivent: 1° mentionner à la fin de l'original et de la copie de l'exploit le coût de cet exploit, à peine de 5 fr. d'amende payable au moment de l'enregistrement (C.P.C., art. 67) et d'interdiction (Décr. 16 fév. 1807, art. 66, § 7); 2° indiquer en marge de l'original le nombre de rôles des copies de pièces et le détail de tous les articles de frais formant le coût de l'acte (Décr. 14 juin 1813, art. 48). — V. *Exploit*.

9. Lorsque l'huissier a obtenu la taxe réclamée, il assigne son client devant le tribunal civil, et donne copie de l'état taxé en tête de son exploit. — V. *Frais et dépens*.

10. *Matière criminelle.* — En cette matière, qu'il y ait eu jugement ou non, l'huissier doit dresser deux états de ses frais conformément au décret du 18 juin 1811, et en suivant exactement le modèle donné en exécution de ce décret (V. t. 1er, p. 152).

11. Le paiement du montant desdits états dûment taxés, visés et rendus exécutoires, est fait par le receveur de l'enregistrement établi près le tribunal de qui émanent les mandats et exécutoires (Décr. 18 juin 1811, art. 154). Dans aucun cas les huissiers ne peuvent réclamer directement des parties le paiement de ce qui leur est dû (Même décr. art. 155).

12. Il est défendu aux huissiers d'exiger d'autres et plus forts droits que ceux exprimés au décret de 1811, à peine de destitution et d'amende (Art. 86).

— V., au surplus, *Huissier*.

TAXE (TIERCE).—On donne ce nom à la taxe de frais de l'avoué de la partie qui a obtenu gain de cause dans une matière ordinaire, faite, pour éviter la levée du jugement, par un avoué qui n'a point occupé dans l'affaire.

TEINTURIERS.—Les teinturiers, sans distinction, sont patentables.— Il en est de même des marchands de teinture.—Les ateliers des teinturiers sont rangés dans la 3ᵉ classe des établissements insalubres (V. *Établissements dangereux*, etc.).

TÉMOIGNAGE (FAUX).—V. *Faux témoignage*.

TÉMOIN.—Celui qui atteste ou peut attester la vérité ou l'existence d'un fait dont il a personnellement connaissance.—V. *Enquête*.—V. aussi *Contrainte par corps*, *Huissier*, *Protêt*, *Saisie-exécution*, *Saisie immobilière*, etc.

TÉMOIN INSTRUMENTAIRE. — Ceux qui assistent les notaires dans la passation d'un acte.—On donne aussi quelquefois ce nom aux témoins qui assistent un huissier dans les opérations où leur présence est requise.

TENANTS ET ABOUTISSANTS.—V. *Aboutissants, Ajournement, Exploit, Saisie-brandon, Saisie immobilière*.

TENEUR. — Se dit quelquefois pour exprimer le contenu d'un acte, d'une loi, d'une disposition.

TENTATIVE.—V. *Huissier*.

TÉRÉBENTHINE. — Les établissements consacrés à l'extraction de la térébenthine sont rangés dans la 1ʳᵉ classe des établissements insalubres (V. *Établissements dangereux*, etc.).

TERME.—Espace de temps fixé pour l'exécution d'une obligation. — Plus spécialement, temps accordé au débiteur pour se libérer. —V. *Délai, Obligation à terme, Paiement, Office*.

TERMES.—Expressions dans lesquelles un écrit, un acte, un jugement ou arrêt, est conçu.

TERRASSIERS.—Sont patentables.

TESTAMENT.— **1.** Acte par lequel une personne dispose, pour le temps où elle n'existera plus, de tout ou partie de ses biens, et qu'elle peut révoquer (C. Nap., art. 895).

2. CAPACITÉ DE DISPOSER ET DE RECEVOIR PAR TESTAMENT. — Toutes personnes peuvent disposer et recevoir par testament, excepté celles que la loi en déclare incapables (C. Nap., art. 902).

3. Sont incapables de disposer par testament : 1° ceux qui ne sont pas sains d'esprit (Art. 901), tels sont l'imbécile, le fou, le furieux ; 2° ceux qui sont atteints d'une infirmité physique qui les empêche de manifester leur volonté ; par exemple, le sourd, le sourd-muet, le muet, ne peuvent tester, s'ils ne savent ni lire ni écrire ; s'ils savent lire et écrire, ils peuvent faire un testament dans la forme olographe ou mystique ; 3° les mineurs qui ont moins de 16 ans ; mais s'ils ont cet âge accompli, ils peuvent disposer par testament jusqu'à concurrence de la moitié des biens qu'ils pourraient donner s'ils étaient majeurs (Art. 904).—La femme mariée peut toujours tester sans le consentement de son mari ou l'autorisation de la justice (Art. 905).

4. Dans tous les cas, la capacité du testateur doit exister en général tant au moment de la confection du testament qu'au moment du décès du testateur. Toutefois, il est admis que le testament fait par une personne saine d'esprit, mais interdite postérieurement et morte en état d'interdiction, est valable.

5. Les incapacités de recevoir par testament sont les mêmes que celles de recevoir par *donation* (V. ce mot, n° 13 et 14). La capacité de recevoir par testament doit être appréciée, non pas au moment de la confection de l'acte, mais à celui du décès du disposant, ou plutôt au moment où le testament doit recevoir son exécution. C'est ainsi que l'art. 706, C. Nap., déclare capable de recevoir par testament l'enfant conçu à l'époque du décès du testateur.

6. DIFFÉRENTES ESPÈCES DE TESTAMENTS, FORMES. — Les dispositions par testament peuvent avoir lieu sous une dénomination quelconque, propre à manifester la volonté du disposant (Art. 967). Mais, dans aucun cas, un testament ne peut être fait dans un même acte par deux ou plusieurs personnes (Art. 968).

7. On distingue plusieurs espèces de testaments, soumises, selon la nature particulière à chacune d'elles, à des formalités différentes. Ainsi, il y a le testament par acte public, le testament mystique, le testament olographe ; puis, le testament militaire, celui fait pendant une maladie contagieuse, celui fait sur mer, enfin celui fait en pays étranger.

8. Quelle que soit la nature du testament, la disposition qu'il contient est régie, *quant à la forme*, par la loi du lieu où il a été passé, en vigueur au moment de sa confection ; toutefois, le Français peut employer la forme olographe, lors même que la loi du pays où il se trouve proscrirait ce mode de tester ; — et, *quant au fond*, par la loi en vigueur à l'époque du décès du testateur.

9. *Testament par acte public.* — Celui reçu par un notaire en présence de quatre témoins, ou par deux notaires en présence de deux témoins (C. Nap., art. 971). Il doit être dicté aux notaires, écrit par l'un d'eux, et lu au testateur en présence des témoins ; de plus, il doit être fait du tout mention expresse, ainsi que de la signature ou du défaut de signature du testateur, et, dans ce dernier cas, de la cause qui a empêché le disposant de signer. — V. au surplus, C. Nap., art. 972 à 975, 980 et 1001.

10. Il a été décidé qu'un testament par acte public est nul s'il n'indique pas la demeure des témoins, s'il ne fait pas mention du lieu où il est passé, s'il est reçu par un notaire parent d'un des légataires au degré prohibé, s'il ne contient pas la mention que le testament a été dicté, qu'il a été écrit par le notaire où l'un des notaires présents tel qu'il a été dicté, et qu'il a été lu en présence des témoins, s'il n'est pas daté ; enfin, le testament est nul s'il ne contient pas les mentions et formalités exigées par les art. 972 et suiv., C. Nap. (Art. 1001), et celles exigées par la loi du 25 vent. an xi, pour la validité des actes notariés en général.

11. Le notaire qui a fait un testament nul est responsable du préjudice que cause cette nullité, non-seulement dans les cas de fraude, mais encore lorsqu'il y a de sa part faute lourde, impéritie. Alors, il est tenu de payer au légataire le montant du legs fait à ce dernier par le testament annulé.

12. *Testament mystique.* — Celui que le testateur écrit ou fait écrire par un autre, et qu'il présente, clos et cacheté, à un notaire chez lequel il reste en dépôt. — V. C. Nap., art. 976 à 980 et 1001.

13. *Testament olographe.* — Celui qui est entièrement écrit, daté et signé de la main du testateur. — V. C. Nap., art. 970 et 1001.

14. *Testament militaire.* — Celui fait, dans certaines circonstances, par un militaire en activité de service ou par un individu employé dans les armées. — V. C. Nap., art. 981 à 984 et 1001.

15. *Testament fait pendant une maladie contagieuse.* — Celui fait

dans un lieu avec lequel toute communication est interceptée à cause de la peste ou autre maladie contagieuse.—V. C. Nap., art. 985, 986, 987 et 1001.

16. *Testament fait sur mer.*—Celui fait en mer pendant le cours d'un voyage.—V. C. Nap., 988 à 998 et 1001.

17. *Testament fait par un français en pays étranger.* — V. C. Nap,. art. 999, 1000 et 1001.

18. RÉVOCATION DES TESTAMENTS.—Les testaments peuvent être révoqués en tout ou en partie expressément ou tacitement : *expressément*, par un testament postérieur ou un acte devant notaires portant déclaration du changement de volonté (C. Nap., art. 1035) ; *tacitement*, par un nouveau testament contenant des dispositions incompatibles ou contraires à celles faites précédemment (Art. 1037), ou par l'aliénation de l'objet donné (Art. 1038). La révocation faite par un testament postérieur produit tout son effet, quoique ce testament reste sans exécution par l'incapacité de l'institué ou par son refus de recueillir (Art. 1037).

19. Les mêmes causes qui, suivant l'art. 954 et les deux premières dispositions de l'art. 955, autorisent la demande en révocation d'une donation entre-vifs sont admises pour la demande en révocation des dispositions testamentaires (Art. 1046).—V. *Action révocatoire*, n° 4, *Donation entre-vifs*, § 3.

20. Si la demande en révocation est fondée sur une injure grave faite à la mémoire du testateur, elle doit être intentée dans l'année à compter du jour du délit (Art. 1047).

21. CADUCITÉ DES TESTAMENTS.—La disposition testamentaire ne produit aucun effet : 1° si celui en faveur de qui elle est faite n'a pas survécu au testateur (Art. 1039) ; 2° si la chose léguée a totalement péri pendant la vie du testateur, ou depuis sa mort, sans le fait et la faute de l'héritier, quoique celui-ci ait été mis en retard de la délivrer, si elle eût également péri entre les mains du légataire (Art. 1042) ; 3° si l'héritier institué ou le légataire la répudie ou se trouve incapable de la recueillir (Art. 1043) ; 4° si l'héritier institué ou le légataire décède avant l'accomplissement de la condition apposée au legs (Art. 1040 et 1041).

22. ACCROISSEMENT EN MATIÈRE DE LEGS.—Il y a lieu à accroissement au profit des légataires dans le cas où le legs est fait à plusieurs conjointement. Le legs est réputé fait conjointement lorsqu'il l'est par une seule et même disposition et que le testateur n'a pas assigné la part de chacun des co-légataires dans la chose léguée (Art. 1044).

23. Il est encore réputé fait conjointement quand une chose qui n'est pas susceptible d'être divisée sans détérioration a été donnée, par le même acte, à plusieurs personnes, même séparément (Art. 1045).

24. Lorsqu'il y a lieu à accroissement, la part des légataires morts avant le testateur passe de plein droit aux légataires vivants au moment du décès du disposant ; mais dès l'instant du décès les portions de chaque légataire dans la chose sont irrévocablement fixées.

25. EXÉCUTION DES TESTAMENTS, DÉLIVRANCE DES LEGS. — Nous avons traité sous le mot *Legs* des différentes espèces de legs, des droits et obligations qui en résultent, et de la délivrance des legs. Nous ne pouvons ici que renvoyer à ce mot.

26. En général, les légataires peuvent réclamer les droits qui leur sont dévolus par le testament, dès l'instant du décès du disposant. Néanmoins, si le testament est olographe, il doit, auparavant, être présenté au président du tribunal de première instance de l'arrondissement dans lequel la succession est ouverte, et ouvert par le président, s'il est cacheté ; il doit être dressé procès-verbal de la présentation, de l'ouverture et de l'état du testament qui doit être déposé entre les mains d'un notaire commis par le président (C. Nap., art. 1007).

27. Si le testament est fait dans la forme mystique, sa présentation, son ouverture, sa description et son dépôt doivent être faits de la même manière : mais l'ouverture n'en peut être faite qu'en présence de ceux des notaires et des témoins signataires de l'acte de suscription qui se trouvent sur les lieux ou eux appelés (Art. 1007) par une sommation indicative des jour et heure de l'ouverture.—V. *Sommation.*

28. Si le testament est fait en pays étranger, il ne peut être exécuté sur les biens situés en France qu'après avoir été enregistré au bureau du domicile du testateur, s'il en a conservé un, sinon au bureau de son dernier domicile connu en France, et, dans le cas où il contient des dispositions d'immeubles situés en France, il doit en outre être enregistré au bureau de la situation de ces immeubles, sans qu'il puisse être exigé un double droit (Art. 1000).

29. Les testaments olographes, étant de véritables actes sous seing privé, sont soumis à la nécessité de la vérification de l'écriture et de la signature du disposant, lorsque l'héritier méconnaît ces écriture et signature.

30. La vérité du titre doit être prouvée par le légataire, lorsqu'il existe des héritiers à réserve (Rouen, 20 déc. 1825), ou lorsqu'il existe des collatéraux, s'il n'a point obtenu l'envoi en possession (Bordeaux, 19 déc. 1827); s'il avait obtenu cet envoi, la preuve resterait à la charge des collatéraux qui en demanderaient la révocation (Paris, 11 août 1809 ; Metz, 3 mai 1815; Montpellier, 19 juin 1827).

31. Pendant l'instance en vérification, l'administration provisoire des biens de la succession est dévolue aux héritiers du sang, à moins qu'il n'y ait que des collatéraux, et que, dans ce cas, les légataires n'aient obtenu l'envoi en possession avant toute contestation.

32. La vérification se fait dans les formes tracées par le Code de procédure.—V. *Vérification d'écriture.*

33. La voie de l'inscription de faux peut être prise contre un testament olographe lorsqu'on prétend qu'il n'émane pas du prétendu testateur, qu'on a contrefait son écriture ou sa signature.—V. *Faux.*

34. NULLITÉ DES TESTAMENTS.—Lorsqu'un testament est nul soit pour défaut d'accomplissement des formalités prescrites pour sa validité suivant son espèce, soit pour défaut de capacité du testateur ou du légataire, soit pour toute autre cause, on peut en faire prononcer la nullité par voie d'exception ou par voie d'action principale.—V. *Action en nullité.*

35. Lorsque les dispositions testamentaires excèdent ce dont il est permis de disposer, elles ne sont pas nulles, mais seulement réductibles à la quotité disponible. — V. *Quotité disponible.*

TESTIS UNUS, TESTIS NULLUS. — Règle de droit qui n'est plus obligatoire pour les juges et qui signifiait qu'un seul témoin ne suffisait pas pour prouver un fait.

TÊTE. — S'emploie en jurisprudence pour individu. — Ainsi, une rente viagère peut être constituée sur plusieurs *têtes* (V. *Rente*) ; les héritiers succèdent par *têtes*, lorsque chacun d'eux vient de son chef à succession (V. *Succession*).

TÊTES DE CARTON (FABRICANTS DE). — Sont patentables.

THÉ (MARCHANDS DE). — Sont patentables.

THÉATRE. — Les entreprises de théâtres ou de spectacles publics sont commerciales (C. Comm., art. 632); il suit de là que les entrepreneurs sont justiciables des tribunaux de commerce, et peuvent, en cas de cessation de paiements, être déclarés en faillite, et que, si l'entreprise est exploitée par une société, cette société doit être constituée suivant les règles tracées par la loi commerciale (V. *Actes de commerce, Comédien, Faillite, Société commerciale*). Les actions concernant l'entreprise sont exercées par ou contre le directeur ou gérant.

TIERCE OPPOSITION. — 1. Voie extraordinaire ouverte à tous ceux qui veulent faire réformer un jugement qui préjudicie à leurs droits et lors duquel ni eux, ni ceux qu'ils représentent n'ont été appelés (C.P.C., art. 474).

 Sect. 1. — *Tierce opposition en matière civile.*
  § 1. — *De la tierce opposition en général.*
  § 2. — *Procédure.*
  § 3. — *Effets de la tierce opposition.*
 Sect. 2. — *Tierce opposition en matière criminelle.*
 Sect. 3. — *Tierce opposition en matière administrative.*
 Formule.

<hr>

SECT. Ire. — TIERCE OPPOSITION EN MATIÈRE CIVILE.

§ 1er. — *De la tierce opposition en général.*

2. La tierce opposition, fondée sur ce principe que nul ne peut être condamné sans avoir été entendu ou appelé, constitue une voie extraordinaire d'attaquer les jugements exclusive des autres voies de recours. — V., toutefois, *Intervention.*

3. Elle diffère de l'opposition simple, de l'appel, de la requête civile et de la cassation, en ce qu'elle n'est ouverte qu'à celui qui n'a pas été partie au jugement attaqué : il suit de là que, pour prévenir la tierce opposition, on doit appeler dans l'instance toutes les personnes qui peuvent avoir intérêt à contester la demande. — V. *Jugement commun* (*demande en déclaration de*).

4. La tierce opposition est *principale* lorsqu'elle n'est précédée d'aucune contestation entre le tiers opposant et celui qui a obtenu le jugement attaqué ; et *incidente*, lorsqu'elle est formée contre un jugement produit dans une contestation par une partie qui en tire argument en faveur de sa prétention.

5. *Jugements susceptibles de tierce opposition.* — La tierce opposition est admise contre toute espèce de jugement (Carré et Chauveau, *Lois de la procéd.*, quest. 1708), sans distinction. Ainsi, elle est ouverte contre tout jugement définitif ou provisionnel (Cass. 22 fév. 1830), contre un jugement rendu en premier ou en dernier ressort, par les tribunaux ordinaires ou par les juges d'exception, comme les tribunaux de paix (Cass. 23 juin 1806) et de commerce, contre un jugement rendu sur assignation ou sur requête (Cass. 23 juin 1828), et enfin contre un jugement exécuté ou non (Cass. 26 frim. an IV).

6. Toutefois, la tierce opposition ne serait pas ouverte contre les jugements arbitraux (V. *Arbitrage*), ni contre des jugements statuant sur des incidents de saisie immobilière, ni contre les procès-verbaux de conciliation (Cass. 23 juin 1806).

7. *Par qui et contre qui la tierce opposition peut être formée.* — Trois conditions sont nécessaires pour pouvoir attaquer un jugement par la voie de la tierce opposition ; il faut :

1° Que le jugement attaqué ait fait éprouver un préjudice au tiers opposant (C.P.C. 474) ; il suffit du reste que ce préjudice porte atteinte à des droits non encore ouverts (C. Nap., art. 1180 et 1184).

8. 2° Que le tiers opposant n'ait point été partie au jugement (C.P.C., art. 474), ni par lui-même, ni par un représentant. On considère comme *parties* le demandeur, le défendeur, l'intervenant et celui qui a été régulièrement assigné ; et comme *représenté* : 1° celui au nom duquel l'action a été exercée par une personne qui avait qualité à cet effet ; ainsi, le mineur est valablement représenté par son tuteur, agissant dans les bornes et sous les conditions déterminées par la loi ; le véritable propriétaire, par le propriétaire apparent ; l'appelé, par le grevé et le tuteur à la substitution ; — 2° celui qui n'est que l'ayant cause de la partie condamnée. — V. *Appel en matière civile.*

9. 3° Que le tiers opposant ait dû être appelé. Cette troisième condition n'est point prescrite par l'art. 474, C.P.C. ; cependant, on s'accorde généralement pour l'exiger (Cass. 21 fév. 1806, 19 août 1848, 28 fév. 1822). — C'est par application de ce principe que la tierce opposition est refusée : 1° au créancier hypothécaire dont l'inscription a été omise dans les états délivrés par le conservateur, contre le jugement d'ordre (V. *Ordre*) ; 2° au créancier chirographaire, contre un jugement qui maintient une vente d'immeuble arguée de nullité par un créancier hypothécaire (Paris, 19 juin 1808) ; — 3° aux créanciers saisissants contre le jugement qui prononce la validité d'une saisie-arrêt antérieure (Cass. 28 fév. 1822. — V. *Saisie-arrêt*).

10. En général, on doit appeler dans une instance ceux dont le concours est nécessaire pour que les parties présentes puissent valablement compromettre sur ce qui fait l'objet du procès, par exemple, l'usufruitier, lors de la revendication de la pleine propriété (Carré et Chauveau, *quest.* 1720).

11. Il en est autrement de ceux qui ont obtenu des droits de servitude ou d'hypothèque, et de celui qui est évincé par le revendiquant, sauf les cas de fraude, et à moins que la cause de l'éviction ne soit postérieure au droit réel conféré sur la chose dont l'éviction est prononcée.

12. La tierce opposition doit être formée contre la partie qui a obtenu le jugement. On doit également la diriger contre la partie condamnée, mais seulement dans le cas où elle n'a point exécuté le jugement, et si la tierce opposition est de nature à en suspendre l'exécution (Carré et Chauveau, *quest.* 1726).

13. *Délais pendant lesquels la tierce opposition doit être formée.* — La loi n'ayant pas fixé de délai pendant lequel la tierce opposition doit être formée, il s'ensuit qu'elle est recevable tant que la *prescription* ou la *ratification* n'a pas mis le droit à l'abri de toute attaque.

14. La *prescription* est celle de 30 ans ; elle ne court contre le tiers opposant que du jour où le jugement lui est légalement notifié, ou opposé, avec intention d'en prendre droit contre lui ; la simple connaissance qu'il pourrait en avoir à tout autre titre ne serait pas suffisante. — Par *ratification* on doit entendre une exécution consentie par l'individu qui a intérêt à former la tierce opposition, avec déclaration qu'il renonce à la former, et non l'exécution qui n'émanerait que de la partie contre laquelle le jugement a été obtenu.

§ II. — *Procédure.*

15. *Tribunal compétent.* — La tierce opposition doit être portée, savoir : 1° si elle est *principale*, devant le tribunal, quel qu'il soit, qui a rendu le jugement (C.P.C. art. 475) ; 2° et si elle est *incidente*, devant le tribunal saisi de la cause, s'il est égal ou supérieur à celui qui a rendu le jugement (Art. 476), et dans le cas contraire, devant ce dernier tribunal.

16. Dans aucun cas, un tribunal de commerce, quoique égal à un tribunal civil d'arrondissement, ne peut connaître de la tierce opposition à un jugement rendu par ce tribunal en matière civile ; mais il pourrait en connaître si le jugement avait été rendu en matière commerciale.

17. La tierce opposition à un jugement confirmé en appel doit être portée devant la Cour impériale qui a rendu l'arrêt confirmatif, et non devant le tribunal qui a rendu le jugement attaqué (Limoges, 13 fév. 1816 ; Paris, 3 prair. an XI ; 22 nov. 1825 ; Bourges, 7 juill. 1824 ; Cass. 16 fév. 1830.—*Contrà* Douai, 8 oct. 1827).

18. Si l'objet du jugement est dans l'attribution du dernier ressort, le juge de la tierce opposition statue également en dernier ressort (Carré et Chauveau, *quest.* 1729).

19. *Formes de la tierce opposition.* — La tierce opposition est dispensée, dans tous les cas, du préliminaire de conciliation (Paris, 29 prair. an X) ; elle constitue une intervention dans l'exécution du jugement attaqué (Rennes, 24 juin 1823 ; Poncet, *des Jugements*, n° 390).

20. La tierce opposition, principale ou incidente, est formée par exploit à personne ou à domicile, lorsqu'elle est portée devant un tribunal autre que celui qui connaît de la cause (Bruxelles, 9 avril 1808. — V. *Formule*). — Si la tierce opposition incidente doit être portée au tribunal saisi de la cause (V. *supra*, n° 15), elle est formée par requête (C.P.C., art. 475).

21. Devant les tribunaux de paix et de commerce, la tierce opposition principale se forme par exploit, et la tierce opposition incidente par des conclusions verbales prises à l'audience.

22. L'exploit de tierce opposition est valable quoiqu'il ne contienne pas le mot *tierce*, mais seulement celui *opposition* (Rennes, 5 juin 1817).

§ 3. — *Effets de la tierce opposition.*

23. La tierce opposition produit des effets différents selon qu'elle est formée seulement, admise ou rejetée.

24. La tierce opposition, dès qu'elle est formée, suspend l'exécution du jugement attaqué contre l'opposant.

25. Mais elle ne suspend point cette exécution contre les parties condamnées, si le jugement porte condamnation à délaisser la possession d'un héritage, et s'il est passé en force de chose jugée. Dans tous les autres cas, les juges peuvent, suivant les circonstances, suspendre l'exécution du jugement (C.P.C., art. 478).

26. En cas de tierce opposition incidente, le tribunal peut, si le jugement de l'incident est de nature à influer sur celui de l'instance principale, surseoir à cette dernière instance jusqu'à ce que la tierce opposition ait été jugée (Art. 477).

27. Mais, si le tribunal saisi de la cause principale est inférieur à celui qui a rendu le jugement attaqué, il ne peut en surseoir l'exécution (Paris, 7 janv. 1812) ; on doit pour cela s'adresser au tribunal saisi de la tierce opposition (V. *supra*, n°s 15 et suiv).

28. Lorsque la tierce opposition est admise, le jugement attaqué est rétracté, mais seulement en ce qui concerne le droit et l'intérêt personnel du tiers opposant, si l'objet du jugement est divisible. C'est ce qu'enseignent tous les auteurs.

29. Si la matière est tellement indivisible qu'il y ait impossibilité d'exécuter le second jugement en conservant au premier ses effets contre les parties, ce premier jugement est rétracté par l'admission de la tierce opposition, même en faveur de ceux qui y ont été parties (Cass. 6 fructid. an VI).

30. Lorsque la tierce opposition est rejetée, la partie qui l'a formée doit être condamnée à une amende qui ne peut être moindre de 50 fr., sans préjudice des dommages-intérêts de l'adversaire, s'il y a lieu (C.P.C., art. 479 et 1029). Peu importe que la tierce opposition ait été rejetée comme non recevable ou mal fondée (Pigeau, Comment., t. 1, p. 787).

SECT. II. — TIERCE OPPOSITION EN MATIÈRE CRIMINELLE.

31. En matière criminelle, les jugements, ne pouvant être opposés à ceux qui n'y ont pas été parties, ne sont pas susceptibles de tierce opposition.

32. Ainsi, l'individu, qui n'a pas été compromis dans la poursuite dirigée devant un tribunal de police, ne peut attaquer par tierce opposition le jugement de ce tribunal, surtout si son action n'a d'autre objet qu'un intérêt civil sur lequel le tribunal de police ne peut statuer (Cass. 3 juin et 25 août 1808).

33. De même, celui qui a porté une plainte relativement à un délit correctionnel, n'est pas recevable à former tierce opposition au jugement qui constate le décès du prévenu, et ordonne que son acte de décès sera inscrit sur le registre de l'état civil (Colmar, 6 nov. 1814).

34. La raison principale de cette jurisprudence, c'est que la tierce opposition ne pourrait être exercée devant les tribunaux criminels, attendu que c'est une voie toute civile, et que les tribunaux criminels ne connaissent des actions civiles qu'accessoirement.

SECT. III. — TIERCE OPPOSITION EN MATIÈRE ADMINISTRATIVE.

35. La tierce opposition est reçue en matière administrative contentieuse contre les décisions par défaut seulement, rendues par le Conseil d'Etat et le conseil de préfecture.

36. Elle est formée par une requête déposée au secrétariat du Conseil d'Etat ou du conseil de préfecture. — V. *Conseil d'Etat, Conseil de préfecture.*

Formule.

Exploit de tierce opposition.

L'an. . ., à la requête du sieur. . . (*constituer avoué et élire domicile*), j'ai. . ., signifié et déclaré au sieur A. . ., que le requérant se rend, par les présentes, tiers opposant à l'exécution d'un jugement rendu contradictoirement entre ledit sieur A. . . et le sieur B. . ., par le tribunal de. . ., le. . ., signifié au requérant par exploit de. . . à ce que ledit sieur A. . . n'en ignore;

Et de suite, à pareilles requête et constitution que dessus, j'ai, huissier susdit et soussigné, donné assignation au sieur A. . ., à comparaître. . ., pour, — Attendu que ce dernier, par le jugement susénoncé, a été réintégré dans la pleine propriété d'une pièce de terre (*la désigner*) dont le sieur B. . . avait été réputé propriétaire jusqu'audit jugement; — Attendu, en effet, que ce dernier possédait ledit objet depuis plus de trente ans, paisiblement, publiquement et comme chose lui appartenant; — Attendu que cette possession trentenaire lui a transmis la propriété de l'objet en litige, et que, dès lors, l'action du sieur A. . ., en revendication, se trouve prescrite; — Attendu, en ce qui concerne le requérant, que suivant acte en daté du. . ., le sieur B. . . lui a vendu l'usufruit pendant sa vie, de ladite pièce de terre, et qu'il en jouissait à ce titre lors de l'action du sieur A. . .; — Attendu, dès lors, que ce dernier devait appeler le requérant dans l'instance qui a eu pour résultat le jugement susénoncé et qu'il ne l'a pas fait; — Voir dire et ordonner que le requérant sera reçu tiers opposant à l'exécution du jugement susdaté; ce faisant, maintenu pendant sa vie dans la possession et jouissance de la pièce de terre dont s'agit; qu'il sera fait défense au sieur A. . . de l'y troubler à l'avenir, et, en conséquence, d'exécuter ledit jugement en ce qui touche l'intérêt du demandeur; à peine de tous dépens, dommages-intérêts; et pour, en outre, répondre et procéder tel que de raison, à fin de dépens; et j'ai, etc.

V., n° 20. — Coût: Tar. art. 29 par anal. Orig.; Paris, 2 fr.; R. P.; 1 fr. 80 c.; Aill., 1 fr. 50 c. — Copie 1/4.
Enregistrement : 2 fr. 20 c.

TIERS. — Ce mot est souvent employé dans la loi pour désigner celui qui n'a point été partie dans un acte (V. C. Nap., art. 1120, 1121, 1165, 1237, 1325, 1328, 2003 et 2009). — V. *Ayant cause, Appel en matière civile, Tierce opposition*.

TIERS ACQUÉREUR. — C'est, par rapport au vendeur ou donateur, celui auquel la chose a été vendue par l'acquéreur ou par le donataire. — V. *Action résolutoire*.

TIERS ARBITRE. — V. *Arbitrage*.

TIERS DÉTENTEUR. — Celui qui possède un immeuble affecté à des droits réels, tels que des privilèges ou des hypothèques constitués par un précédent propriétaire. — V. *Action en déclaration d'hypothèque, Action hypothécaire, Délaissement par hypothèque, Inscription, Purge, Transcription*. — V. aussi *Action résolutoire, Appel en matière civile, Tierce opposition*.

TIERS EXPERT. — V. *Expertise*.

TIERS PORTEUR. — Celui auquel on a transféré la propriété d'un effet de commerce. — V. *Effet de commerce, Lettre de change, Protêt*.

TIERS SAISI. — Celui entre les mains duquel a été formée une saisie-arrêt. — V. *Saisie-arrêt*.

TIMBRE. — 1. Marque ou empreinte particulière apposée sur les papiers ou parchemins que l'État fait débiter ou dont il permet l'usage. — Le droit de timbre est la contribution indirecte (et non directe) perçue à l'occasion du timbre apposé.

Indication alphabétique des matières.

Acquisition (actes d'), 52.
Acte écrit à la suite d'un autre sur la même feuille de timbre (défense), 89 et s.
— (exceptions), 90 et s.
Actes administratifs, 22, 54.
— de l'état civil, 32.
— de procédure, 48, 51.
— des avoués, 21.
— des huissiers, 18, 44.
— des greffiers ou reçus aux greffiers, 20, 32.
— des juges de paix, 20.
— des notaires, 18.
— législatifs, 54.
— publics, 24.
— sous seing privé, 23, 24, 60, 67, 75, 76.
Actions industrielles, 75.
Adjudications, 42, 49.
Administration militaire, 42.
Affiches, 8.
Agents des ponts et chaussées, 50.
Altération, 85 et s.

Amende, 8, 48, 66 et s., 78 et s., 88 et s., 104 et s., 107 et s.
Annonces, 8.
Appel de causes, 59.
Arrêtés préfectoraux, 32, 49, 52.
Avis, 8.
Avoué, 21, 63.
Bail, 52.
Bois (délimitation), 49.
Bordereaux d'inscription hypothécaire, 47.
Certificats, 51.
— de chambre de discipline, 64.
— d'indigence, 59.
— de vie, 65.
Chambre d'officiers ministériels, 46.
Chartes-parties, 29.
Commissions, 37, 42.
Communes, 48, 49.
Compétence, 111.
Comptes, 23, 37, 54, 76.

Conclusions, 52.
Connaissements, 29.
Consultation, 21, 52.
Contrainte, 109.
Contraventions, 44, 85 et s., 104 et s., 107 et s.
Contrefaçon, 13.
Contre-timbre, 7, 12.
Contributions indirectes, 39, 40.
Copies, 18 et s.
— de pièces, 59.
Curateur, 45.
Débitants de tabac, 42, 43.
Décès, 106.
Décime, 17.
Délibération, 52.
— de chambre de discipline d'officiers minist., 62 et s.
Délits, 44, 49, 50.
Dépôt, 75.
Dommages-intérêts, 48.
Donations, 32.
Droits de timbre (paiement), 104 et s.

SECT. Ire. — DISPOSITIONS GÉNÉRALES.

2. La contribution du timbre est établie sur tous les papiers destinés aux actes civils et judiciaires, et aux écritures qui peuvent être produites A

en justice et y faire foi. Il n'y a d'autres exceptions que celles nommément exprimées dans la loi (L. 13 brum. an. vii, art. 1er).

3. La contribution du timbre est de deux sortes : la première est le droit de timbre imposé et tarifé en raison de la dimension du papier, c'est le *timbre de dimension* ; la seconde est le droit de timbre créé pour les effets négociables ou de commerce, d'assurance, et gradué en raison des sommes à y exprimer, sans égard à la dimension du papier, c'est le *timbre proportionnel* (Même loi, art. 2).

4. Le droit de timbre de dimension est réglé par la loi du 2 juill. 1862 (V. *J. Huiss.*, t. 43, p. 253), et le droit de timbre proportionnel par la loi du 5 juin 1850 (V. *J. Huiss.*, t. 31, p. 141).

5. Quant aux marques ou empreintes, elles ont nécessairement changé de forme avec chacun des gouvernements qui se sont succédé en France. Les marques ou empreintes du timbre actuel ont été réglées par le décret du 7 avril 1853 (V. *J. Huiss.*, t. 34, p. 114).

6. Le timbre est *ordinaire* ou *extraordinaire* ; le premier est celui qui est appliqué sur les papiers que la régie fait débiter ; le second est celui qui sert pour les papiers autres que ceux de débit.

7. La régie fait timbrer à Paris les papiers de débit. Elle les fait vendre timbrés, dans tout l'Empire, par ses préposés. L'empreinte de ces timbres est au haut, à gauche, de la partie de la feuille et de la demi-feuille, et du papier pour billets et effets de commerce (L. 13 brum. an. vii, art. 6).— Le timbre supplémentaire et le contre-timbre se placent au milieu de la partie supérieure de la feuille.

8. On trouve les papiers timbrés dans tous les lieux où il y a des bureaux d'enregistrement : il n'est permis qu'aux préposés de la régie de les débiter, à peine de confiscation des papiers saisis et d'une amende de 100 fr. pour la première fois et de 300 fr. en cas de récidive (L. 13 brum. an vii, art. 27). Cette défense ne concerne point les papiers pour affiches, avis et annonces, qui ne sont plus fournis par la régie depuis le 1er juill. 1818 (L. 15 mai 1818 ; Solut. 19 sept. 1823).

8 *bis.* Les particuliers, qui veulent se servir de papiers ou parchemins autres que ceux débités par la régie, sont admis à les faire timbrer avant que d'en faire usage (Même loi, art. 7). La même faculté n'est accordée aux fonctionnaires que pour les parchemins qu'ils sont dans le cas d'employer (art. 18).

9. Les papiers soumis au droit de timbre de dimension, que les particuliers veulent faire timbrer à l'extraordinaire, ne peuvent l'être qu'au chef-lieu du département. Le timbre est apposé au haut, du côté droit de la feuille (Même loi, art. 7). Quant aux papiers sujets au droit de timbre proportionnel, ils ne peuvent être frappés du timbre à l'extraordinaire qu'à Paris, à l'atelier général.

10. Il n'est permis dans aucun cas d'exiger des préposés de la régie qu'ils remboursent le montant des papiers qu'ils ont livrés ni qu'ils en donnent d'autres en échange (Avis du comité des fin., 28 août-20 oct. 1821).

11. Toutefois, il a été décidé, dans l'intérêt du commerce, par le ministre des finances, le 23 juill. 1827, que les porteurs de papiers timbrés pour effets de commerce, sortis des bureaux de distribution, doivent être admis à les échanger contre d'autres effets d'une quotité différente et formant néanmoins une somme égale de droits de timbre ; que les porteurs de formules d'effets de commerce, frappés du timbre-extraordinaire, à l'atelier général du timbre à Paris, doivent également être admis à faire timbrer à l'extraordinaire, audit atelier, d'autres formules en échange de celles qu'ils rapportent ; que dans tous les cas les échanges ne peuvent avoir lieu qu'après avoir été autorisés par la régie (Inst. rég. 28 août 1827, n° 1217).

12. Lorsque des modifications sont ordonnées dans la forme du timbre, il est toujours accordé un délai soit pour l'échange des papiers de débit, soit pour le contre-timbre gratuit de ceux frappés du timbre extraordinaire, ou avec supplément de droits, lorsque les droits ont été augmentés. La faculté du contre-timbre a été étendue dans une foule de cas aux formules imprimées et non remplies à l'usage des administrations et des particuliers.

13. Ceux qui ont contrefait ou falsifié un ou plusieurs timbres, ou qui ont fait usage des papiers, effets ou timbres falsifiés ou contrefaits, sont punis des travaux forcés à temps; le maximum de la peine doit toujours être appliqué dans ce cas (C. Pén., art. 140).

14. Est puni de la reclusion quiconque, s'étant indûment procuré les vrais timbres, en a fait une application ou un usage préjudiciable aux droits ou intérêts de l'Etat (C. Pén., art. 141).

SECT. II. — TIMBRE DE DIMENSION.

§ 1er. — *Des diverses sortes de timbre et de leur prix.*

15. Le timbre de dimension est de cinq sortes: 1° demi-feuille de petit papier, 50 cent.; 2° feuille de petit papier, 1 fr.; 3° feuille de moyen papier, 1 fr. 50 cent.; 4° feuille de grand papier, 2 fr.; 5° feuille de grand registre, 3 fr. (L. 2 juill. 1862 : *J. Huiss.*, t. 43, p. 253).

16. Il n'y a pas de droit de timbre de dimension supérieur à 3 fr. et inférieur à 50 cent.

17. Les droits de timbre ne sont pas sujets à l'augmentation du décime par franc (L. 28 avril 1816, art. 67).

§ 2. — *Actes soumis au timbre de dimension.*

18. Sont soumis au timbre de dimension :
1° Les actes des notaires et les extraits, copies et expéditions qui en sont délivrés; ceux des huissiers et les copies et expéditions qu'ils en délivrent (L. 13 brum. an VII, art. 12).

19. 2° Les actes et les procès-verbaux des gardes et de tous autres employés ou agents ayant le droit de verbaliser, et les copies qui en sont délivrées; les actes et jugements de la justice de paix, des bureaux de paix et de conciliation, de la police ordinaire, des tribunaux et des arbitres, et les extraits, copies et expéditions qui en sont délivrés. (Mêmes loi et art).

20. 3° Les actes particuliers des juges de paix et de leurs greffiers, ceux des autres juges et des procureurs impériaux et ceux reçus aux greffes ou par les greffiers, ainsi que les extraits, copies et expéditions qui s'en délivrent (Même art.).

21. 4° Les actes des avoués près les tribunaux, et les copies qui en sont faites ou signifiées ; les consultations, mémoires, observations et précis signés des hommes de loi et défenseurs officieux (Même art.).

22. 5° Certains actes administratifs et toutes les expéditions et extraits des actes, arrêtés et délibérations des autorités administratives constituées qui sont délivrés aux particuliers (V. *Acte administratif*); les pétitions et mémoires en forme de lettres présentées aux ministres, à toutes autorités constituées, aux administrations ou établissements publics (Même art.).

23. 6° Les actes entre particuliers sous signature privée, et le double des comptes de recettes ou gestion particulière (Même art.).

24. 7°. Et généralement tous actes et écritures, extraits, copies et expéditions, soit publics, soit privés, devant ou pouvant faire titre ou être produits en justice pour obligation, décharge, justification, demande ou défense (Même art.).

25. Sont également soumis au timbre de dimension :

1° Les registres de l'autorité judiciaire où s'écrivent des actes sujets à l'enregistrement sur les minutes et les répertoires des greffiers ; ceux des administrations centrales et municipales tenus pour objets qui leur sont particuliers et n'ayant point de rapport à l'administration générale, et les répertoires de leurs secrétaires.

26. 2° Ceux des notaires, huissiers et autres officiers publics et ministériels, et leurs répertoires (V. *Répertoire*) ; ceux des receveurs des droits et des revenus des communes et des établissements publics ; ceux des fermiers des postes et messageries ; ceux des compagnies et sociétés d'actionnaires ; ceux des établissements particuliers et des maisons particulières d'éducation ; ceux des agents d'affaires, directeurs, régisseurs et syndics de créanciers ; ceux des agents de change, courtiers, ouvriers et artisans (Même loi , art. 12).—V. *Commerçant, Livres de commerce.*

27. 3° Ceux des aubergistes, maîtres d'hôtels garnis et logeurs, sur lesquels ils doivent inscrire les noms des personnes qu'ils logent.

28. 4° Et généralement tous livres, registres et minutes de lettres qui sont de nature à être produits en justice et dans le cas d'y faire foi, ainsi que les extraits, copies et expéditions qui sont délivrés desdits livres et registres (Mêmes loi et art.).

29. Sont encore soumis au timbre de dimension :

1° Les lettres de voiture, connaissements, chartes parties, à l'exception des lettres de voiture émanées des propriétaires qui font conduire, par leurs voituriers et leurs propres domestiques ou fermiers, les produits de leurs récoltes (L. 9 vend. an vi ; Décr. 3 janv. 1809).

30. 2° Les polices d'assurances (Décr. 3 janv. 1809 ; L. 5 juin 1850, art. 33).

31. 3° Les certificats que les officiers de l'état civil délivrent aux parties pour justifier au ministre des cultes de l'accomplissement préalable des formalités civiles avant d'être admises à la célébration religieuse de leur mariage (Décr. 9 déc. 1810).

32. 4° Les procès-verbaux de nomination d'experts rédigés par un greffier de justice de paix (Cass. 19 déc. 1809) ; une consultation déposée au greffe avec les pièces d'une demande tendante à être admis à une distribution de deniers (Cass. 6 fév. 1815) ; un modèle de conclusions motivées, rédigées par un avocat, sous forme d'avis, pour l'avoué de son client (Cass. 8 janv. 1822) ; les expéditions des arrêtés des préfets portant autorisation aux fabriques des églises d'accepter des donations (Décis. min., 9 nov. 1831) ; les actes d'opposition ou d'appel de la partie condamnée par défaut, par jugement d'un tribunal correctionnel rendu sur les poursuites du ministère public, à moins que la partie ne soit emprisonnée (Solut. 5 janv. 1832) ; l'expédition d'un acte de l'état civil délivré à un hospice pour obtenir délivrance d'un legs fait à son profit (Cass. 6 nov. 1832) ; les délibérations des hospices (Cass. 23 nov. 1808) ; les registres d'engagement et de dégagement du Mont-de-piété (Cass. 14 vend. an x) ; les écritures des parties signées par des avocats au conseil (Décr. 22 juill. 1806, art. 48).

33. Tout acte fait ou passé en pays étranger ou dans les îles et colonies françaises où le timbre ne serait pas encore établi est soumis au timbre, avant qu'il puisse en être fait usage en France, soit dans un acte public, soit dans une déclaration quelconque, soit devant une autorité judiciaire ou administrative (L. 13 brum, an VII, art. 13).

§ 3. — Actes qui peuvent être visés pour timbre.

34. Dans certains cas spécialement prévus par la loi, la formalité du timbre peut être remplacée par un visa apposé sur du papier ordinaire par les receveurs de l'enregistrement, soit moyennant le paiement comptant du droit de timbre, soit en débet, soit gratis.

35. *Actes qui peuvent être visés pour timbre au comptant.* — Peuvent être visés pour timbre au comptant :

1° Les écritures privées qui auraient été faites sur papier non timbré, sans contravention aux lois du timbre (L. 13 brum. an VII, art. 30), par exemple, une procuration donnée par lettre missive (Décis. min. fin., 25 oct. 1808).

36. 2° Les expéditions délivrées aux notaires, avoués, huissiers et autres officiers ministériels, des ordonnances de leur nomination (L. 21 avril 1832 ; Instr. de la rég., 30 avril 1832).

37. 3° Les commissions ou actes de nomination des employés et préposés de toutes les régies et administrations (Arrêté min. fin., 7 fév. 1831) ; les doubles des comptes de gestion des receveurs municipaux, qui sont remis à ces comptables pour leur décharge (Instr. de la rég., nos 454, 582, 1180).

38. 4° Les formules imprimées qui servent à la rédaction des mémoires et factures de marchands et fournisseurs, et des autres dépenses des divers ministères, avant qu'il soit fait usage de ces formules (Déc. min. fin., 16 juill. 1829).

39. 5° Les formules imprimées destinées au service de l'administration des douanes, avant qu'il en soit fait usage, sans que l'art. 18 de la loi du 13 brum. an VII puisse être opposé à l'huissier qui signe la signification placée à la suite de ces formules (Instr. de la rég., n° 1249, § 1) ; les formules imprimées destinées aux actes de poursuites ayant pour objet le recouvrement des contributions indirectes (Déc. min. fin., 28 janv. 1830 ; Instr. de la rég., n° 1320).

40. 6° Les formules imprimées des procès-verbaux de saisie et des transactions en matière de contributions indirectes (Décis. min. fin., 8 fév. 1814) ; cette faculté, toutefois, est interdite au chef-lieu du département, attendu que là il existe des poinçons pour l'apposition du timbre extraordinaire (Lettre du direct. gén., 6 mars 1821). — La décision du 8 fév. 1814 est applicable aux formules de contraintes (Lettre du direct. gén., 19 fév. 1822).

41. 7° Les formules imprimées pour les procès-verbaux constatant la saisie des lettres et paquets transportés en fraude, avant la remise de ces procès-verbaux aux procureurs impériaux (Décis. min. fin., 4 août 1826).

42. 8° Les commissions des débitants de tabac et de poudre, et autres employés subalternes des contributions indirectes (Décis. min. fin., 30 juin 1827) ; les commissions des gardes champêtres, pourvu qu'elles contiennent en marge l'avis qu'elles ne seront délivrées qu'après avoir été revêtues du visa pour timbre (Décis. min. fin., 17 nov. 1830) ; les mandats des maires pour les dépenses communales excédant 10 fr. avant d'être quittancés (Décis. min. fin., 4 oct. 1831) ; les marchés des adjudications concernant l'administration militaire, après l'approbation du ministre de la guerre (Décis. min. fin., 30 sept. 1830).

43. 9° Les états de frais de justice en matière de délits forestiers, qui sont rédigés par les greffiers et huissiers pour être annexés aux mandats de paiement à leur profit (Décis. min. fin., 17 mars 1834).

44. *Actes qui peuvent être visés pour timbre en débet.* — Peuvent être visés pour timbre en débet :

1° Les actes et procès-verbaux des huissiers, gardes champêtres ou forestiers autres que ceux des particuliers, et généralement tous actes et procès-verbaux concernant la police et qui ont pour objet la poursuite et la répression des délits et contraventions aux règlements généraux de police et d'impositions, lorsqu'il n'y a pas de partie civile en cause, sauf le recouvrement des droits contre les condamnés (L. 25 mars 1827, art. 74).

45. 2° Les actes, procès-verbaux et jugements en matière civile, lorsqu'ils sont faits d'office à la requête du ministère public, notamment les appositions et levées des scellés, les nominations de tuteurs et subrogés tuteurs, les procédures en interdiction, celles tendant à faire nommer les curateurs aux successions vacantes, celles ayant pour objet les modifications des registres de l'état civil, l'exécution des lois sur le notariat et généralement dans tous les cas où le ministère public n'agit que dans l'intérêt de la loi (Instr. de la rég., nᵒˢ 290, 390, 531 et 1187).

46. 3° Les significations faites aux chambres d'officiers ministériels, sur la réquisition du ministère public, des jugements d'interdiction (Décr. 8 juin 1811, art. 118 arg.).

47. 4° Les bordereaux d'inscriptions aux hypothèques requises par le ministère public dans l'intérêt des mineurs, des interdits ou des absents, et de celles requises par les administrations au profit de l'Etat (Circul. de la rég. des 7 juin 1806 et 5 juill. 1807).

48. 5° La requête du procureur impérial et l'ordonnance du président aux fins de transcription sur les registres des tribunaux des lettres portant dispense d'âge ou de degré de parenté (Instr. de la rég., nᵒ 1242) ; les actes de procédure faits à la requête, soit des préfets, soit du ministère public, contre les communes, en exécution de la loi du 10 vendém. an IV, pour faire prononcer des dommages-intérêts et amendes (Décis. min. fin., 28 thermid. an XI) ; les déclarations de naufrage, les rapports faits par les capitaines naufragés ou capturés, les procès-verbaux constatant les échouements, lorsque les parties sont dans l'impossibilité d'acquitter les droits (Instr. de la rég., nᵒ 402).

49. 6° Les procès-verbaux d'adjudication de forêts et de biens de l'Etat, ceux de coupes de bois soit de l'Etat, soit des communes ou établissements publics (Décis. min. fin., 3 août 1831 et 28 janv. 1832) ; les jugements rendus sur la poursuite d'office du ministère public, pour délits dans les bois des particuliers (Décis. min. intér. et fin., 15 avril 1830) ; les significations des arrêtés des préfets relatifs à la délimitation des bois de l'Etat, des communes et établissements publics (Décis. min. fin., 7 nov. 1828 et 18 mai 1829) ; les copies de la signification à remettre aux délinquants forestiers condamnés, lorsqu'il s'agit de jugements rendus par défaut à la diligence des agents forestiers ; également les extraits des jugements (Décis. min. fin., 4 oct. 1828) ; les significations faites en vertu de l'art. 90, C. for., ainsi que les procès-verbaux des délits forestiers commis dans les bois vendus, et ceux des délits dans les bois de la couronne (Décis. 4 oct. 1828) ; les actes faits en vertu des art. 102 et 103, C. for. (C. for., art. 104).

50. 7° Les feuilles de papier destinées aux procès-verbaux des agents des ponts et chaussées, des gardes du génie, des gendarmes dans l'exercice de leurs fonctions ; celles destinées aux procès-verbaux sur les contraventions en matière de grande voirie, dressés par les maires, les ingénieurs des ponts et chaussées et autres ; enfin le papier qui doit servir aux signification's que les gardes forestiers font eux-mêmes (Trouillet, *Dict. de l'enreg.*, v° *Timbre*, n° 25).

51 *Actes qui peuvent être visés pour timbre, gratis.* — Peuvent être visés gratis :

1° Les actes de procédure et jugements à la requête du ministère public, ayant pour objet de faire réparer les omissions et de faire les rectifications sur les registres de l'état civil d'actes qui intéressent les individus notoirement indigents, ou de remplacer les registres de l'état civil perdus ou incendiés par les événements de la guerre, et de suppléer aux registres qui n'auraient pas été tenus (L. 25 mars 1817, art. 75; Instr. de la rég., n° 768).

52. 2° Les procès-verbaux d'expertise de bâtiments et terrains dont l'occupation devient nécessaire pour les travaux publics, dans le cas où l'Etat est chargé de payer les frais (Décis. min. fin., 22 juin 1830); les baux de bâtiments et terrains dont le prix est à la charge de l'Etat (Décis. min. fin., 21 juin 1830); les actes d'acquisition d'immeubles pour le compte de l'Etat, et de terrains pour la confection des routes impériales et départementales (Solut. 1er sept. 1831); les arrêtés rendus par les préfets pour l'alignement des constructions sur la voie publique, s'il en résulte une concession de terrain au profit de l'Etat (Instr. de la rég., n° 860). — V., d'ailleurs, *Expropriation pour cause d'utilité publique.*

53. 3° Les répertoires des porteurs de contrainte (Décis. min. fin., 19 avril 1808; Instr. de la rég., 26 août 1820).

§ 4. — *Actes exempts des droits et de la formalité du timbre.*

54. Sont exempts des droits et de la formalité du timbre :

1° Les actes du Sénat et du Corps législatif, et ceux du Gouvernement; certains actes administratifs (V. *Acte administratif*); les inscriptions sur le grand-livre de la dette publique et les effets publics; tous les comptes rendus par les comptables publics; les doubles, autres que celui du comptable, de chaque compte de recette ou gestion particulière et privée; les quittances des traitements et émoluments des fonctionnaires et employés salariés par le Gouvernement (L. 13 brum. an vii, art. 16).

55. 2° Les quittances ou récépissés délivrés aux collecteurs et receveurs de deniers publics; celles que les collecteurs des contributions directes peuvent délivrer aux contribuables; celles des contributions indirectes qui s'expédient sur les actes, et celles de toutes autres contributions qui se délivrent sur feuilles particulières, et qui n'excèdent pas 10 fr.; les quittances de secours payés aux indigents et des indemnités pour incendies, inondations, épizooties et autres cas fortuits (Mêmes loi et art.).

56. 3° Toutes autres quittances, même celles entre particuliers, pour créances ou sommes non excédant 10 fr., quand il ne s'agit pas d'un à-compte ou d'une quittance finale sur une plus forte somme (Mêmes loi et art.).

57. 4° Les engagements, enrôlements, congés, certificats, cartouches, passe-ports, quittances pour prêt et fournitures, billets d'étape, de subsistances et de logement, et autres pièces ou écritures concernant les gens de guerre, tant pour le service de terre que pour le service de mer (Mêmes loi et art.).

58. 5° Les pétitions présentées aux chambres, celles qui ont pour objet des demandes de congés absolus et limités et de secours, et les pétitions des déportés et réfugiés des colonies, tendant à obtenir des certificats de résidence, passe-ports et passages pour retourner dans leur pays (Mêmes loi et art.).

59. 6° Les certificats d'indigence; les rôles qui sont fournis pour l'appel des causes ; les actes de police générale et de vindicte publique ; les copies des pièces de procédure criminelle qui doivent être délivrées sans frais ; les registres de toutes les administrations publiques et des établissements publics, pour ordre et administration générale ; ceux des tribunaux, des parquets, où il ne se transcrit aucune minute d'actes soumis à la formalité de l'enregistrement ; ceux des receveurs des contributions publiques et autres préposés publics (Mêmes loi et art.).

60. 7° Les actes sous seing privé tendant uniquement à la liquidation de la dette publique, et en tant qu'ils servent aux opérations de ladite liquidation ; les actes des administrations et commissaires liquidateurs, relatifs auxdites liquidations (L. 26 frim. an VIII).

61. 8° Les passavants des douanes pour le transport et la circulation des denrées et marchandises dans les deux myriamètres des frontières ; les acquits-à-caution pour la circulation des grains ; la procuration des sous-officiers en retraite, ou en réforme, pour toucher les arrérages qui leur sont dus ; les procès-verbaux en matière de police de roulage.

62. 9° Les registres de police intérieure des chambres de discipline des notaires, et sans aucun rapport avec des personnes étrangères (Décis. 4 messid. an XIII) ; les délibérations prises après avoir entendu les parties, pourvu qu'elles ne tendent à établir aucune convention entre les chambres, ou les notaires, ou les particuliers (Arrêté du 2 niv. an XII, art. 15) ; les expéditions ou extraits des délibérations délivrés aux autorités, lorsqu'il est fait mention de cette destination (Décis. min. fin., 28 déc. 1809).

63. Il en est de même des actes des chambres des avoués (Délib. Cons. d'adm., 7 déc. 1830), et des huissiers. — V. *Chambre de discipline des huissiers.*

64. Toutefois, il a été décidé que le certificat délivré par la chambre des huissiers, sur la demande d'un particulier et dans son seul intérêt, à l'effet de constater la non-comparution d'un huissier, assigné devant la chambre en règlement de ses frais, étant un acte de nature à être produit en justice, à l'appui d'une demande, doit être écrit sur papier timbré (Cass. 17 juill. 1815).

65. 10° Les certificats de vie des enfants trouvés, produits à l'appui des mandats de paiement des mois de nourrices (Décis. min. 26 janv. 1832); les mandats de paiement délivrés par les conservateurs des forêts aux gardes forestiers, pour rétributions qui leur sont accordées à raison de leur concours aux estimations de forêts à aliéner (Délib. de la rég., 22 mars 1833).

§ 5. — Contraventions et amendes.

66. Les officiers publics qui écrivent des actes sur papier non timbré encourent une amende de 20 fr. (LL. 13 brum. an VII, art. 26, n° 5, et 16 juin 1824, art. 40).

67. Quant aux particuliers qui font un acte sous seing privé sur papier non timbré, ils ne sont passibles que de 5 fr. d'amende (LL. 13 brum. an VII, art. 26, n° 3, et 16 juin 1824, art. 40).

68. Les huissiers peuvent se servir du papier timbré de toute dimension, pour les originaux et les copies d'exploits qu'ils signifient, et pour les originaux des procès-verbaux de ventes de meubles. La loi n'établit à cet égard aucune restriction.

69. Il n'en est pas de même des expéditions des procès-verbaux de ventes de meubles ; les huissiers ne peuvent employer pour ces expéditions du papier timbré d'une dimension inférieure à celle du moyen papier (L. 13 brum. an VII, art. 49), c'est-à-dire du papier timbré de

1 fr. 50 c. la feuille, et cela, à peine de 10 fr. d'amende (LL. 13 brum. an vii, art. 26, n° 4, et 16 juin 1824, art. 10).

70. Le nombre de lignes qu'on peut écrire par page d'expédition est déterminé par l'art. 20, L. 13 brum. an vii. Ce nombre se calcule par compensation d'une page à une autre, et non page par page (Même art.); ainsi, il n'y aurait pas contravention si une expédition de quatre pages contenait quatre-vingts lignes, quoique la première page en contînt vingt-cinq, la seconde vingt-deux, et les autres moins de vingt. — La contravention résultant de l'excédant du nombre de lignes fixé est punissable d'une amende de 5 fr. (L. 16 juin 1824, art. 10).

71. Dans tous les cas, l'emploi du papier non timbré donne lieu seulement à une amende; mais les actes non timbrés n'en sont pas moins valables; nulle part, en effet, la loi n'a prononcé la peine de nullité pour défaut d'emploi de papier timbré.

SECT. III.— Timbre proportionnel.

§ 1er.— *Actes qui y sont soumis.*

72. Doivent être écrits sur timbre proportionnel :
1° Les billets et obligations négociables. — V. *Effets de commerce*, § 9.

73. 2° Les titres ou certificats d'actions dans les sociétés, compagnies ou entreprises quelconques, financières, commerciales, industrielles, ou civiles (L. 5 juin 1850, art. 14 et suiv. : V. *J. Huiss.*, t. 31, p. 141).

74. 3° Les billets et obligations non négociables et les mandats à terme de place en place. Ainsi, les obligations purement civiles et non négociables sont, comme les effets de commerce, négociables ou non, assujettis au droit du timbre proportionnel (L. 6 prair. an vii, art. 6; Cass. 1er mai 1809). Il en est de même des reçus ou récépissés de sommes avec cette clause : *dont nous lui ferons compte* ou *valeur de telle date* (Cass. 14 mars 1813).

75. 4° Les lettres de crédit ayant le caractère d'un effet de commerce (Trouillet, *Dict. de l'E reg.*, v° *Timbre*, n° 563); les reconnaissances de dépôt de sommes chez les particuliers (Avis du Cons. d'État, 1er avril 1808).

76. Mais ne sont pas assujettis au timbre proportionnel les actes sous signature privée de prêt sur dépôt ou consignation de marchandises (Délib. de la rég., 10 mai 1831), et les arrêtés de compte (L. 24 germ. an XI, art. 35; Trouillet, v° *Timbre*, n° 545).

77. On peut, sans contravention, ajouter du papier non timbré à un effet de commerce sur papier timbré lorsqu'il ne peut contenir tous les endossements (Trouillet, v° *Timbre*, n° 549).

§ 2.— *Droits de timbre et amendes.*

78. Les droits de timbre proportionnel et les amendes ont été fixés par la loi du 5 juin 1850. — V. *Effets de commerce*, § 9.

79. Avant la loi du 5 juin 1850, la régie ne débitait pas de papier au timbre proportionnel pour effets au-dessus de 20,000 fr.; les particuliers qui voulaient faire des effets excédant cette somme pouvaient présenter les papiers qu'ils y destinaient au receveur de l'enregistrement et les faire viser pour timbre en payant le droit par 1,000 fr. sans fraction (LL. 13 brum. an vii, art. 11; 28 avril 1816, art. 64); mais cette disposition paraît avoir été abrogée par l'art. 1er de la loi de 1850.

80. Les effets venant soit de l'étranger, soit des îles ou des colonies dans lesquelles le timbre n'aura pas été établi, et payables en France, seront, avant qu'ils puissent y être négociés, acceptés ou acquittés, soumis au timbre ou au visa pour timbre, et le droit sera payé d'après la quotité déterminée par l'art. 1er, L. 5 juin 1850 (Même loi, art. 3). — Lorsque

l'effet négociable est écrit en langue étrangère, il suffit de déclarer au bas de l'effet la somme en argent de France qui en fait l'objet, afin que le receveur puisse asseoir le droit proportionnel de timbre (Décis. min. des fin., 28 nov. 1831).

81. S'il a été employé du timbre de dimension pour un effet assujetti au timbre proportionnel, il n'est dû d'amende qu'en cas d'insuffisance du prix du timbre, et sur le montant de la somme excédant celle qui aurait pu être exprimée sans contravention dans le papier employé (L. 16 juin 1824, art. 12).

82. Lorsque l'effet est écrit sur un timbre proportionnel d'un prix inférieur à celui prescrit par la loi, eu égard au montant de l'effet, l'amende est encourue s'il en est fait usage dans un acte judiciaire ou extrajudiciaire, avant qu'il ait été visé pour timbre.

SECT. IV. — PROHIBITIONS RELATIVES AUX TIMBRES PROPORTIONNEL ET DE DIMENSION.

83. *Défense d'altérer l'empreinte des timbres.* — L'empreinte des timbres ne peut être couverte d'écriture à peine de 5 fr. d'amende (L. 13 brum. an VII, art. 21; 16 juin 1824, art. 10). Cette défense s'applique à l'empreinte du timbre sec comme à celle du timbre noir (Cass. 4 juill. 1815). — V., toutefois, *Répertoire.*

84. Mais il n'y aurait pas de contravention si l'empreinte n'était couverte d'écriture qu'au *verso* (Décis. min. fin., 16 juin 1807).

85. Ceux qui, dans une intention frauduleuse, ont altéré l'empreinte des timbres sont poursuivis devant le tribunal correctionnel et punis d'une amende de 50 à 1000 fr. En cas de récidive, la peine est d'un emprisonnement de cinq jours à un mois et l'amende est doublée (L. 2 juill. 1862, art. 21).

86. *Défense d'employer pour un acte du papier timbré qui a déjà servi à un autre acte.* — Le papier timbré qui a été employé à un acte quelconque ne peut plus servir pour un autre acte quand même le premier n'aurait pas été achevé, à peine d'une amende de 5 fr. pour les particuliers et de 20 fr. pour les officiers publics (LL. 23 brum. an VII et 16 juin 1824).

87. L'amende est encourue toutes les fois qu'il y a eu commencement d'un autre acte, lors même qu'on n'aurait écrit que quelques lignes et qu'elles auraient été raturées (Cass. 1er frim. an X); mais elle ne serait pas due si les mots biffés étaient le commencement du même acte (Délib. de la rég., 3 déc. 1816).

88. Ce qui a été dit au n° 86 l'a été dans la supposition que l'emploi avait eu lieu sans intention frauduleuse. Mais celui qui, dans cette intention, emploie du papier timbré ayant déjà servi, est passible des peines prononcées par l'art. 21 de la loi du 2 juill. 1862 (V. n° 85).

89. *Défense de faire ou expédier deux actes à la suite l'un de l'autre sur la même feuille de timbre. — Exceptions.* — Il ne peut être fait ni expédié deux actes à la suite l'un de l'autre, sur la même feuille de papier timbré, nonobstant tout usage ou réglement contraire, à peine de 5 fr. d'amende pour les particuliers et de 20 fr. pour les officiers publics (LL. 13 brum. an VII, et 16 juin 1824, art. 10).

90. Sont exceptés : les ratifications des actes passés en l'absence des parties, les quittances de prix de vente (V. *infrà*, n° 93), celles de remboursement de contrats de constitution ou obligation, les inventaires, procès-verbaux et autres actes qui ne peuvent être consommés dans un même jour et dans la même vacation, les procès-verbaux de reconnaissance et levée de scellés qu'on peut faire à la suite du procès-verbal d'apposition, et les significations des huissiers qui peuvent également être écrites à la suite des jugements et autres pièces dont il est délivré copie (L. 13 brum. an vii, art. 23). — Il peut aussi être donné plusieurs quittances sur une même feuille de papier timbré, mais seulement lorsqu'il s'agit d'une même créance ou d'un seul terme de fermage ou loyer. (Mêmes loi et art.)

91. On peut également écrire : 1° la notification d'un acte respectueux, à la suite de cet acte (Solut. 16 déc. 1832) ; le visa du juge de paix et la signification des contraintes décernées par la régie, à la suite de ces contraintes (LL. 14 brum. an vii et 22 frim. an vii ; Cass. 15 juill. 1806) ; les procès-verbaux d'adjudication, à la suite des procès-verbaux de criée ou de cahier des charges (Délib. de la rég., 31 déc. 1817); les modifications à un cahier des charges, à la suite de ce cahier (Sol. de la rég., 8 sept. 1831) ; les codicilles, à la suite des testaments; les révocations de testaments et de procuration, à la suite de ces actes; les quittances et décharges du prix de ventes mobilières faites par les notaires, greffiers, commissaires-priseurs et huissiers, à la suite ou en marge des procès-verbaux de vente; les décharges accordées aux officiers publics des titres ou sommes déposés en leurs mains, à la suite des actes de dépôts (Décis. min. fin., 22 fév. 1826).

92. 2° Les cautionnements donnés en exécution d'une clause de l'adjudication, sur cette adjudication (Délib. de la rég., 11 fév. 1824) ; le cautionnement mis au dos d'une lettre de change ; la dénonciation du protêt d'un effet de commerce à l'endosseur, à la suite du protêt lui-même (Solut. de la rég., 22 oct. 1807) ; les expéditions des procurations annexées aux actes, à la suite de celles desdits actes (Déc. min., 11 oct. 1808); l'acceptation d'un transport, à la suite de ce transport (Délib. 11 fév. 1824; Solut. 29 mars 1830) ; un accusé de réception, à la suite de la lettre de voiture (Délib. 2 vend. an xiv); l'acquit d'un paiement, à la suite du mandat que ce paiement concerne (Décis. min. fin., 11 fév. 1806) ; les adhésions à une société, à la suite de l'acte social (Trouillet, v° Timbre, n° 82); les commandements et autres actes collectifs, en matière de contributions de toute espèce, sur la même feuille de papier timbré (Décis. min. fin., 15 oct. 1829).

93. 3° Les acceptations et délivrances de legs, à la suite du testament (Solut. 27 fév. 1831) ; le dépôt d'une ratification, à la suite de l'acte ratifié (Délib. 11 fév. 1824); les quittances que les créanciers donnent séparément à la caisse des consignations des sommes appartenant à leur débiteur et qui leur ont été distribuées, sur la même feuille de papier (Décis. min., 17 mai 1831) ; les délibérations de créanciers unis, à la suite les unes des autres (Trouillet, v° Timbre, n° 79) ; la quittance d'un prix de vente, à la suite ou en marge de l'expédition du contrat (Décis. min. fin., 19 mars 1824. — V. suprà, n° 90) ; la quittance du reliquat d'un compte de tutelle, à la suite de l'acte de présentation (Décis. min. fin., 28 juin 1825).

94. 4° Le mandat pour plaider devant un tribunal de commerce, au bas de l'original ou de la copie de l'assignation (C. P. C., art. 414), mais cette exception ne pourrait s'étendre aux procurations données pour plaider à la justice de paix (Trouillet, n° 48) ; un retrait de réméré, à la suite de l'acte de vente (Décis. min. fin., 5 déc. 1823); la ratification sous signature privée d'un acte authentique, sur l'expédition de cet acte; les cessions, transports ou endossements de billets, même non négociables, à la suite des billets (Inst. de la rég., 13 sept. 1813).

95. 5° Les actes qui tendent à l'homologation d'une délibération du conseil de famille, tels que la requête, l'ordonnance du président pour la communiquer au procureur impérial ou pour commettre un rapporteur, et le jugement qui prononce l'homologation, à la suite l'un de l'autre (Inst. de la rég., 18 déc. 1824) ; l'état supplémentaire ou certificat de quinzaine délivré par le conservateur des hypothèques, à la suite du premier état (Inst. de la rég., 29 juin 1824).

96. 6° L'acquiéscement à un jugement, à la suite de l'expédition du jugement (Délib. de la rég. 30 déc. 1831 ; les jugements, à la suite les uns des autres sur la feuille d'audience; la décision intervenue sur les oppositions aux qualités, à la suite des qualités (Décis. min fin. et just., 21 mai 1811) ; les originaux de la signification d'un jugement, à la suite de l'expédition du même jugement, lorsqu'ils sont faits à la même requête, aux mêmes personnes, le premier du domicile réel et le second au domicile élu (Solut. 27 août 1812) ; la requête présentée par les experts pour obtenir la taxe, à la suite du rapport des experts (Décis. min. fin., 27 mars 1822) ; l'état des frais de vente et de poursuites, à la suite du procès-verbal de vente de meubles (Solut. de la rég., 25 sept. 1822).

97. Mais un huissier ne pourrait rédiger un procès-verbal d'apposition de placards à la suite d'un exemplaire de ces placards (Décis. min. fin., 13 déc. 1832. — V., toutefois, *Saisie immobili re*) ; un greffier, l'acte du dépôt du cahier des charges à la suite de ce cahier (Délib. de la rég., 20 déc. 1816; Décis. min. fin., 15 mars 1818) ; un notaire, un acte de partage, à la suite d'un inventaire qui a été clos (Décis. min., 14 sept. 1831); une prorogation de délai, à la suite du titre de la créance dont le terme est prorogé (Décis. min. fin., 11 août 1831); les seconde et troisième notifications d'un acte respectueux, à la suite de la première (Délib. 3 fév. 1832).

98. *Défense d'énoncer dans un acte public un acte ou un registre non écrit sur papier timbré, s'il est sujet au timbre. — Modification à cette défense.* — La loi du 13 brum. an VII, art. 24, avait défendu aux officiers publics d'agir en vertu d'un acte, registre ou effet de commerce non écrit sur papier timbré du timbre prescrit, ou non visé pour timbre, à peine d'une amende de 100 fr., réduite à 20 fr. par la loi du 16 juin 1824.

99. Mais cette disposition a été modifiée par l'art. 43 de la loi du 16 juin 1824 en ce qui concerne les notaires; d'après cet article, ils ont la faculté d'énoncer dans leurs actes et d'y annexer des actes et pièces de toute nature non timbrés, à la charge de payer les droits et amendes dus pour ces actes ou pièces en même temps qu'ils font enregistrer les actes par eux reçus (Délib. de la rég., 5 janv. 1825; Instr. 29 juin 1825).

100. Ce qui vient d'être dit des actes sur papier non timbré est applicable aux actes passés en pays étranger ou dans les colonies, lorsqu'il en est fait usage en France (Délib. de la rég., 30 mars-4 mai 1825).

101. Ces dispositions peuvent-elles être invoquées par les huissiers? Nous ne le pensons pas (V. *Enregistrement*). Ainsi, un huissier encourrait l'amende s'il faisait un exploit en vertu d'un acte non timbré. — V., d'ailleurs, *Effet de commerce, Exploit, Protêt.*

102. Au reste, lorsqu'il s'agit d'actes formellement dispensés du timbre par les lois sur la matière, les huissiers peuvent les énoncer dans leurs exploits sans les faire viser pour timbre (Délib. de la rég., 16 déc. 1825).

103. Il est défendu aux préposés de la régie, à peine de 10 fr. d'amende, d'enregistrer des actes qui ne seraient pas sur papier timbré, ou des effets négociables, sans que ces effets aient été timbrés, ou visés pour timbre (LL. 13 brum. an VII, art. 25 et 26, et 16 juin 1824).

SECT. V. — Qui doit acquitter et supporter les droits de timbre et les amendes de contravention.

104. Pour connaître celles des parties qui doivent supporter les droits

du timbre employé pour les actes, on doit se référer au droit commun.
Ainsi, les droits du timbre des actes emportant obligation, libération ou
translation de propriété ou d'usufruit de meubles ou d'immeubles, sont à
la charge des débiteurs et nouveaux possesseurs, et ceux de tous les
autres actes sont à la charge des parties auxquelles les actes profitent, à
moins que dans ces cas il n'ait été stipulé des dispositions contraires (Arg.
art. 31, L. 22 frim. an vii; C. Nap., art. 1248 et 2135).

105. Sont solidaires vis-à-vis du Trésor, pour le paiement des droits
de timbre et des amendes de contravention, tous les signataires, pour les
actes synallagmatiques; les prêteurs et les emprunteurs, pour les obligations; les créanciers et débiteurs, pour les quittances, les officiers ministériels qui ont reçu ou rédigé des actes enregistrés non timbrés (L. 28 avril
1816, art. 75).

106. En cas de décès des contrevenants, les droits et amendes sont
mis à la charge de leurs successeurs, et jouissent, soit dans les successions,
soit dans les faillites ou tous autres cas, du privilége des contributions
directes (Même loi, art. 75); néanmoins, ce privilége ne peut atteindre les
syndics d'une faillite qu'autant qu'ils sont dépositaires de sommes et valeurs appartenant à la faillite (Délib. de la rég., 4 mai 1827; Inst. 7 sept.
1827).

SECT. VI. — POURSUITES POUR LE RECOUVREMENT DES DROITS DE TIMBRE ET DES AMENDES, INSTANCES, PRESCRIPTION.

107. *Poursuites, instances.* — Les contraventions aux lois sur le
timbre doivent être constatées par des procès-verbaux dressés par les
préposés de la régie; ils doivent être signifiés dans les trois jours, lorsque
le contrevenant est domicilié dans l'arrondissement du bureau où le
procès-verbal est rapporté, et, à l'égard des contrevenants domiciliés hors
de cet arrondissement, dans le délai de huit jours jusqu'à cinq myriamètres de distance, et d'un jour de plus par chaque cinq myriamètres
au delà de cette distance (LL. 3 brum. an vii, art. 32; 23 germ. an xi;
28 avril 1816, art. 76).

108. Ces procès-verbaux sont appuyés des actes ou registres en contravention, que les préposés sont autorisés à retenir, à moins que les
contrevenants ne consentent à signer lesdits procès-verbaux ou à payer
sur-le-champ l'amende encourue et les droits de timbre (L. 13 brum.
an vii, art. 31).

109. Le recouvrement des droits de timbre et des amendes de contravention a lieu par voie de contrainte (L. 28 avril 1816, art. 76). —
V. *Contrainte.*

110. En cas d'opposition, les instances sont instruites et jugées selon
les formes prescrites par les lois des 22 frim. an vii et 27 vent. an ix, sur
l'enregistrement (L. 28 avril 1816, art. 76). — V. *Enregistrement.*

111. Le tribunal compétent est celui dans l'arrondissement duquel est
situé le bureau dont la contrainte est émanée, et non pas le tribunal du
domicile du contrevenant (Cass. 30 mai 1826; Instr. de la rég., 30 sept.
1826, n° 1200).

112. *Prescription.* — Les actions de la régie, pour obtenir le paiement
des amendes de contravention aux lois sur le timbre, se prescrivent par
deux ans à compter du jour où les préposés ont été mis à même de constater les contraventions au vu de chaque acte soumis à l'enregistrement,
ou du jour de la présentation des répertoires à leur visa (L. 16 juin 1824,
art. 14). Si les préposés n'ont pas été à même de constater les contraventions, les amendes ne se prescrivent que par trente ans (Décis. min. fin.,

12 sept. 1825 et 7 mars 1826 ; Instr. de la rég., 30 déc. 1825 et 16 juin 1826).

113. A l'égard des droits de timbre dus indépendamment des amendes, ils ne se prescrivent que par 30 ans du jour où la régie a pu agir (Mêmes décis. et instr.).

TIR AU PISTOLET (MAITRES DE).—Sont patentables.

TIRÉ, TIREUR, TIREUR POUR COMPTE.—V. *Lettre de change, Protêt.*

TIREURS D'OR ET D'ARGENT.—Sont patentables.

TISSAGE MECANIQUE (ENTREPRENEURS DE).—Sont patentables.

TISSERANDS.—Sont patentables.

TISSUS DE FIL, LAINE, COTON, CRIN, OU DE SOIE EN GROS (MARCHANDS DE).—Sont patentables.—Les brûleries en grand des tissus d'or et d'argent sont rangées dans la 2e classe des établissements insalubres (V. *Etablissements dangereux,* etc.).

TISSUS GROSSIERS (MARCHANDS DE).—Sont patentables.

TITRE. — 1. Preuve écrite d'un droit ou d'une qualité : ce qui embrasse tous les actes écrits et signés formant ce qu'on appelle la *preuve littérale* (V. ce mot).

2. Le mot *titre* est aussi souvent employé comme synonyme de. *droit.* C'est dans ce sens qu'on dit qu'une demande est *fondée en titre.*

3. On entend : — 1° par *titre apparent ou coloré,* celui qui paraît légitime, qui a l'apparence de la bonne foi, quoiqu'il ne soit pas valable ni suffisant pour transférer la propriété sans le secours de la *prescription* (V. ce mot) ; — 2° par *titre exécutoire,* celui qui réunit les conditions nécessaires pour qu'on puisse le mettre à exécution (V. *Exécution.* —V. aussi *Acte authentique, Acte notarié, Acte sous seing privé*) ; — 3° par *titre gratuit,* celui qu'on obtient sans rien payer pour le prix de la chose acquise (V. *Donation, Testament*) ; — 4° par *titre onéreux,* celui qui transmet une chose moyennant un prix, tels sont la *vente, l'échange,*(V. ces mots) ; —5° par *titre vicieux,* celui qui est défectueux en la forme et au fond (V. *Prescription*) ; — 6° par *titre primordial,* l'acte qui renfermait originairement l'obligation contractée entre les parties (V. *Titre nouvel*) ; — 7° par *titre de propriété,* l'acte établissant la transmission d'un immeuble.

4. Enfin, le mot *titre* se dit du droit que l'on tient de l'autorité d'exercer une fonction publique ; c'est dans ce sens qu'on distingue le titre qui peut être cédé à une personne, de la clientèle qu'on peut transmettre à une autre personne.—V. *Office.*

TITRE NOUVEL. — 1. Acte par lequel la personne chargée du service d'une rente en reconnaît l'existence et s'oblige à la continuer.

2. Le but du titre nouvel est surtout d'empêcher la prescription de la rente qui serait acquise au bout de trente ans (V. *Prescription*) ; sans un tel acte, le créancier serait exposé à perdre son droit, à moins que, dans des actes émanés de lui, le débiteur n'ait reconnu la rente tacitement, par exemple, en chargeant quelqu'un de l'acquitter à sa place.

3. *A quelle époque on peut demander un titre nouvel.* Ce n'est qu'après vingt-huit ans de la date du dernier titre que le débiteur d'une rente peut être contraint de fournir à ses frais un titre nouvel à ses créantiers ou ayants cause (C. Nap., art. 2263). Avant l'expiration de ce délai, la demande serait non recevable.

4. Lorsque le titre nouvel peut être demandé contre un tiers, le délai de vingt-huit ans ne court qu'à partir de l'acte ou du jugement qui contient l'obligation de payer la rente (Cass. 23 fév. 1831). — V. *infrà*, n° 6.

5. *De qui le titre nouvel peut être exigé.* De celui qui est obligé personnellement au paiement de la rente (C. Nap., art. 2263).

6. Ainsi, on peut contraindre au titre nouvel : 1° celui qui a consenti le dernier titre, ou ses héritiers et représentants ; 2° l'acquéreur des immeubles qui sont affectés au service de la rente, et qui, par suite de l'ordre, a été condamné à la servir (Cass. 23 fév. 1831) ; 3° l'acquéreur desdits biens, obligé par son contrat d'acquisition à payer la rente à la décharge du vendeur.

7. Quant au tiers détenteur qui n'est pas obligé par l'ordre ou par son contrat à servir la rente, on ne peut réclamer de lui un titre nouvel, mais seulement une déclaration d'hypothèque. — V. *Action en déclaration d'hypothèque.*

8. On peut exiger le titre nouvel de l'Etat, des communes et des établissements publics, car ils peuvent prescrire comme les particuliers les droits et actions qu'on peut exercer contre eux (Arg. art. 2227 et 2263 ; Trib. civ. de la Seine, 19 fév. 1825).

9. *Des moyens de contrainte.* Quels moyens doit-on employer pour contraindre un débiteur à passer titre nouvel ? Selon nous, on doit, d'abord, donner intimation au débiteur de se trouver chez un notaire de son domicile, à jour et heure indiqués, à l'effet de passer un titre nouvel (V. *Formule* 1). Si le débiteur se présente, le notaire fait cet acte; s'il ne se présente pas, le notaire dresse un procès-verbal de non-comparution dont on lève et signifie l'expédition avec l'ajournement.

10. Puis, on assigne le débiteur, après le préliminaire de conciliation, s'il y a lieu (V. *Conciliation*), devant le tribunal civil de son domicile, pour voir dire que, faute par le débiteur d'avoir passé titre nouvel, le jugement à intervenir tiendra lieu de renouvellement du titre de la rente; en conséquence, que le sieur.... sera condamné à continuer de payer et servir ladite rente aux époques et de la manière stipulées au titre constitutif, et en outre qu'il sera condamné aux dépens (V. *Formule* 2).

11. *Capacité pour consentir un titre nouvel.* Pour consentir un titre nouvel, il faut être capable d'aliéner, car il s'agit d'un acte qui sort de la classe de ceux de pure administration. Ainsi, ne pourraient passer cet acte : le tuteur, s'il n'est autorisé par le conseil de famille, le mineur même émancipé, la femme qui a conservé l'administration de ses biens, sans l'autorisation du mari. Le créancier doit se pourvoir en justice dans ces divers cas.

12. *Teneur et effets du titre nouvel.* Le titre nouvel ou récognitif ne dispense point de la représentation du titre primordial, à moins que sa teneur n'y soit spécialement relatée (C. Nap., art. 1337). La teneur du titre, c'est l'énonciation : 1° du nom des parties ; 2° du montant de la rente ; 3° du jour du paiement ; 4° du capital ou de l'immeuble aliéné pour prix de la création ; 5° enfin, de la date du titre constitutif et du nom du notaire qui l'a reçu. Du reste, tous les auteurs conviennent que relater un titre n'est pas le copier, et que l'appréciation est laissée aux juges.

13. Lorsqu'on poursuit en vertu d'un titre nouvel ne relatant pas le titre primordial, on doit, pour se conformer à l'art. 1337, donner copie, non-seulement du titre nouvel, mais encore du titre primordial ; on n'est pas tenu de délivrer copie des titres intermédiaires. Au contraire, lorsque la teneur est relatée, il suffit de donner copie du titre nouvel, ne datât-il que d'un ou de plusieurs jours.

14. Lorsqu'il n'a pas été donné copie du titre primordial, dans le cas où elle est requise, le débiteur peut former opposition aux poursuites avec assignation devant le tribunal, pour voir dire que le créancier sera tenu de représenter le titre primordial, sinon que les poursuites seront annulées, et qu'il sera fait défense à ce créancier de les renouveler sans avoir auparavant signifié le titre primitif, celui qui a constitué la rente.

15. Toutefois, le tribunal peut dispenser de la représentation de ce titre, pourvu 1° qu'il y ait plusieurs reconnaissances conformes (C. Nap. 1337) ; ces reconnaissances peuvent résulter au profit du créancier d'actes passés avec les tiers, dans lesquels le débiteur a reconnu la rente (Toullier, t. 8, n° 487) ; — 2° que l'une des reconnaissances ait trente ans de date (Art. 1337) ; — 3° qu'elles soient soutenues de la possession (Même art.), c'est-à-dire que le créancier ait la jouissance de la chose qui fait l'objet de l'obligation. — Une seule reconnaissance ayant même trente ans de date ne suffirait pas (Toullier, loc. cit. ; Favard, Rép., v° Acte récognitif, § 1, n° 5).

16. Lorsque le titre nouvel ne supplée pas au titre primordial, et que ce titre est représenté, ce qu'il contient fait la loi des parties ; en conséquence, ce qui se trouve de plus ou ce qui est différent dans le titre nouvel n'a aucun effet (C. Nap., art. 1337).

17. Frais du titre nouvel. Les frais du titre nouvel sont à la charge du débiteur (Art. 2263). Le tiers détenteur obligé personnellement doit également supporter les frais du titre nouvel ; s'il n'a consenti qu'une déclaration d'hypothèque, il a recours contre son vendeur pour les frais de cette déclaration.

18. Enregistrement. Les titres nouvels et reconnaissances de rentes, dont les contrats de constitution sont justifiés en forme, sont soumis au droit fixe de 3 fr. (L. 28 avril 1816, art. 44).

Formules.

1. Intimation.

L'an. . ., à la requête de. . ., j'ai. . ., donné intimation à. . ., à se trouver à. . ., en l'étude de. . . notaire, le. . . heure de. . ., à l'effet de renouveler le titre d'une rente annuelle et perpétuelle de. . ., au capital de. . ., créée par. . ., en faveur de. . ., suivant acte en date du. . ., et reconnue depuis par divers actes, notamment en dernier lieu, par acte devant M°. . . ; déclarant audit sieur. . ., que, faute par lui de se présenter et de reconnaître ladite rente, il y sera contraint par les voies de droit ; et j'ai. . .

V. n° 9. — Coût: Tar. art. 29 par anal. Orig.: Paris, 2 fr. ; R. P., 1 fr. 80 c. ; Aill. 1 fr. 25 c.—Cop., le quart.
Enregistrement : 2 fr. 20 c.

2. Assignation en titre nouvel.

L'an. . ., le. . ., à la requête du sieur. . . (donner copie de la non-conciliation et constituer avoué), j'ai. . ., donné assignation au sieur. . ., à comparaître. . ., pour, — Attendu que, par acte en date du. . ., le sieur. . . a créé, au profit du requérant, une rente de. . ., au capital de. . ., et reconnue depuis par divers actes, — Attendu que le sieur. . . est décédé et qu'il a laissé pour seul et unique héritier ledit sieur. . . qui a accepté la succession purement et simplement ; — Attendu que le titre susdaté a plus de vingt-huit ans de date, et que, dès lors, aux termes de l'art. 2263, C. Nap., le sieur. . . a le droit de demander un titre nouvel ; — Attendu qu'intimé par exploit en date du. . . à se présenter devant M°. . . notaire à. . ., le. . ., à l'effet de renouveler le titre de ladite rente, le sieur. . . n'a point comparu, ainsi que cela est établi par acte dressé par ledit notaire, en date du. . ., et duquel il est avec celle des présentes donné copie; — Voir dire que, fante par ledit sieur,..... d'avoir passé leititre, nouvel réclamé par le requérant, le jugement à intervenir, en tiendra lieu; en conséquence s'entendre, ledit sieur.....; condamner à continuer de payer, entre les mains du requérant ou de ses représentants de la manière et aux termes fixés par le titre constitutif susdaté, la rente dont s'agit ; et, en outre, aux dépens, sous toutes réserves ; et j'ai, etc.

V. n° 10. — Coût : V. *Formule* 1.
Enregistrement : 2 fr. 20 c.

TITULAIRE.—Celui qui est revêtu d'un titre ou d'une fonction.—V. *Huissier, Office.*

TOILES.—Les fabriques de toiles cirées ou vernies sont rangées dans la 1re classe des établissements insalubres ; les établissements destinés au blanchiment des toiles par l'acide muriatique oxygéné, dans la 2e classe, et les ateliers de toiles peintes, dans la 3e. classe (V. *Etablissements dangereux*, etc.).—Les fabricants de toiles grasses pour emballage et de toiles métalliques, et les marchands de toiles cirées ou vernies sont patentables.

TOISEURS (de bâtiments ou de bois).—Sont patentables.

TOLE, TOLIERS.—Les fabricants et marchands d'ouvrages en tôle vernie sont patentables. — Les fabriques de tôle vernie sont rangées dans la 2e classe des établissements insalubres.

TOLERANCE (ACTE DE).—Celui qui, étant purement précaire, ne peut fonder ni possession, ni prescription. — V. *Possession, Prescription.*

TONDEURS (de draps et autres étoffes de laine).—Sont patentables.

TONNEAUX (MARCHANDS ET FABRICANTS DE), TONNELIERS. — Sont patentables.

TONTINE. — 1. Association par laquelle plusieurs personnes mettent en commun des rentes ou autres biens, sous la condition que les biens des prédécédés accroîtront en tout ou en partie aux survivants.

2. Une tontine ne présentant ni travail, ni produit, ni concurrence, ne peut être assimilée à une société commerciale, même à une société anonyme (Pardessus, *Dr. comm.*, n°s 44, 970, 1039 et 1040). Quelle que soit la nature ou la dénomination d'une tontine, elle ne peut exister sans avoir été autorisée (Av. Cons. d'Etat, 25 mars 1809 ; L. 24 juill. 1867, art. 66).

3. Les tontiniers ne peuvent plus aliéner ni hypothéquer les biens mis en tontine. C'est une vente aléatoire qu'ils ont faite et sur laquelle ils ne peuvent plus revenir (Pardessus, n° 305). Ainsi, les créanciers des tontiniers ne peuvent saisir les biens mis en tontine, si leur créance est postérieure à cette mise ; si elle était antérieure et qu'il y eût fraude, ils pourraient demander la révocation de l'acte jusqu'à due concurrence. — V. *Action révocatoire.*

4. Les tontines sont administrées par des directeurs ou gérants qui veillent à l'exécution des clauses convenues entre les intéressés. Leurs fonctions constituent une véritable agence d'affaires dont la nature est d'être acte de commerce (Pardessus, n° 44). Ils font donc acte de commerce lorsqu'ils émettent des actions, et, dès lors, ils sont justiciables des tribunaux de commerce et contraignables par corps (Paris, 4 mars 1825).

5. Toutefois, lorsque les administrateurs, au lieu d'être nommés par des stipulations particulières, le sont par le décret d'autorisation, ils ne doivent pas être réputés commerçants ; en conséquence, ils ne peuvent être actionnés devant les tribunaux de commerce et ne sont pas contraignables par corps.

6. Ce que nous avons dit ci-dessus au sujet de l'autorisation et de l'administration des tontines n'est pas applicable au cas où un petit nombre d'individus mettent en commun leurs biens présents et à venir, et conviennent que la part des prémourants accroîtra aux survivants. Dans ce cas, l'administration des biens est réglée par le titre, et les actions des tiers sont intentées contre l'administrateur ; s'il n'y en a pas, on doit mettre en cause tous les intéressés

7. Les reconnaissances des tontines d'épargnes peuvent se délivrer sur papier non timbré (Décis. min. fin., 11 janv. 1812). Cette faculté toutefois ne concerne pas les actions de la tontine dite d'amortissement (Décis. min. fin., 31 janv. 1820).

TORCHES (FABRICANTS ET MARCHANDS DE).—Sont patentables.

TOUR DU CHAT.— 1. Petit espace vide qui existe entre deux murs appartenant à différents propriétaires, particulièrement, entre un *contremur* (V. ce mot), exigé par la loi, et le mur du voisin.

2. Le tour du chat appartient à celui qui l'a établi ; mais la plupart du temps il est impossible de faire la preuve de cet établissement : dans ce cas, le premier des deux voisins qui construit s'en empare ordinairement, à moins toutefois que le tour au chat n'existe près d'un contre-mur pour éviter un incendie ou des exhalaisons nuisibles, car alors il doit rester ; il est même présumé appartenir au propriétaire du contre-mur.

TOUR DE L'ÉCHELLE. — 1. Servitude qui donne le droit d'exiger de son voisin un passage pour les ouvriers et le transport des matériaux nécessaires à la réparation d'un mur ou d'un bâtiment que l'on possède à côté de l'héritage de ce voisin.

2. Il ne faut pas confondre cette servitude avec le droit d'échelage. — V. *Echelage*.

3. Le tour de l'échelle n'est pas du nombre des servitudes légales ; en conséquence, il ne peut être réclamé qu'en vertu d'un titre, et il ne peut s'établir par prescription (Solon, *Servitudes*, p. 284; Toullier, n° 560 ; Favard, v° *Servitudes*, sect. 2, § 7. - *Contrà* Pardessus, *Servitudes*, n° 228, et Duranton, t. 5, n° 316, qui font certaines distinctions).

4. Le tour de l'échelle ne peut être considéré non plus comme l'accessoire de la servitude d'égout des toits, et, dès lors, on ne peut, comme l'a fait Merlin, *Rép.*, v° *Tour d'échelle*, § 2, admettre que cette dernière servitude, qui est continue et apparente, étant prescriptible, celle de tour d'échelle puisse s'acquérir par une possession trentenaire (Solon, p. 283).

5. Quoi qu'il en soit, celui qui a besoin de faire une réparation à un édifice joignant immédiatement l'héritage d'autrui, et qui ne possède pas en vertu d'un titre le droit de tour d'échelle, ne peut pas faire l'impossible, et lorsque ces réparations ne peuvent avoir lieu sans passer chez le voisin, la nécessité, qui domine les institutions et les volontés, veut qu'il lui soit accordé un passage moyennant une préalable indemnité réglée à l'amiable, sinon par des experts.

6. De ce principe que le tour d'échelle n'est dû qu'à une nécessité de fait, il suit : 1° qu'il ne peut être réclamé qu'autant qu'il y a nécessité absolue de faire les réparations ; 2° qu'il ne peut l'être que pour le temps nécessaire à la réparation ; 3° qu'il peut être exigé sur toutes sortes d'immeubles ; 4° que la largeur du passage doit être déterminée, eu égard à la hauteur de l'édifice à réparer (Solon, n° 344).

7. Quelle est la marche à suivre pour contraindre le voisin à fournir le tour de l'échelle ? —Selon nous, on doit :
1° Faire donner intimation au voisin de se trouver, à jour et heure

fixés, sur le terrain où doit s'exercer le tour d'échelle, afin de déterminer la largeur du passage, sa durée, les jours et heures pendant lesquels on pourra le pratiquer, et enfin le montant de l'indemnité, avec offres de la payer immédiatement.

2° Au jour fixé se transporter sur le lieu indiqué avec un huissier, et, en cas de refus, faire dresser par cet officier ministériel un procès-verbal constatant ce refus; en cas de consentement, en rédiger acte sous seing privé ou devant notaire, en ayant soin de s'expliquer sur tout ce qui pourrait être l'objet d'une contestation.

3° Assigner d'abord en conciliation, s'il y a lieu (V. *Conciliation*), puis, devant le tribunal de la situation de l'objet litigieux, c'est-à-dire de l'objet où le passage doit s'exercer, pour voir dire que, par des experts nommés par les parties, sinon d'office, le passage sera fixé ainsi que l'indemnité, qu'il s'exercera pendant tel temps, tels jours et à telles heures, à la charge de payer préalablement l'indemnité, et, en outre, pour voir statuer ce que de raison à l'égard des frais qui peuvent être mis pour partie à la charge du défendeur, en raison de sa mauvaise volonté à traiter à l'amiable.

4° Le jugement obtenu, on le signifie avec offre de l'indemnité, sommation de l'exécuter et déclaration des jour et heure où l'on commencera à exercer le passage. Si aux jour et heure susdits le passage est refusé, l'huissier, assisté de deux témoins, fait une itérative sommation, et, en cas de refus d'y obéir, il requiert le juge de paix ou le maire de l'assister, et un serrurier de se transporter avec lui sur les lieux, puis donne l'ordre d'ouvrir les portes et livre au requérant le passage réclamé. Il dresse procès-verbal du tout. —V., d'ailleurs, *Exécution*, *Saisie-exécution*.

TOUR DE ROLE. — Ordre dans lequel les causes sont inscrites pour être appelées à l'audience. — V. *Rôle*.

TOURBIÈRE. — **1.** Lieu d'où l'on extrait la tourbe, terre légère spongieuse, que l'on brûle après qu'elle a été séchée.

2. Aucune tourbière ne peut être exploitée que par le propriétaire du terrain où elle se trouve, et à la condition d'en avoir obtenu l'autorisation à peine de 100 fr. d'amende (L. 21 avril 1810, art. 83 et 84). — Les exploitants de tourbières sont patentables (L. 18 mai 1850).

3. La direction des travaux d'exécution et celle des rigoles de dessèchement doivent être déterminées par un règlement d'administration publique (Art. 85 et 86).

4. Les établissements consacrés à la carbonisation de la tourbe sont rangés dans la 1re ou dans la 2e classe des établissements insalubres, suivant que la carbonisation a lieu à vases ouverts ou à vases clos (V. *Établissements dangereux*, etc.).

TOURNERIE DE SAINT-CLAUDE (MARCHANDS EXPÉDITEURS D'ARTICLES DE). — Sont patentables.

TOURNEURS (EN MARBRE, EN PIERRE, EN BOIS OU SU MÉTAUX). — Sont patentables.

TOURS POUR LA COIFFURE (FABRICANTS OU MA CHANDS DE). — Sont patentables.

TOURTEAUX (MARCHANDS DE). — Sont patentables.

TRAÇONS (MAITRES DE). — Sont patentables.

TRADITION. — Mise en possession de la chose vendue ou donnée. — V. *Délivrance*.

61.

TRADUCTION D'ACTE. — Action de faire passer un acte écrit en idiome étranger dans la langue française. — Les traductions d'actes doivent être écrites sur papier timbré (Décis. min. just., 30 flor. an XII).

TRAITE. — Ce mot est, en général, synonyme de lettre de change. — V. *Effet de commerce, Lettre de change.*

TRAITE. — Ce mot se dit des conventions de toute nature. — V. *Contrat, Convention, Office.*

TRAITEMENT. — Gages, appointements, indemnités payés annuellement par l'État aux magistrats, employés et agents de l'autorité. — V. *Saisie-arrêt.*

TRAITEURS. — Sont patentables. — V. *Actes de commerce.*

TRAITS DE PLUME. — V. *Blanc, Rature.*

TRANSACTION. — **1.** Contrat par lequel les parties terminent une contestation née ou préviennent une contestation à naître (C. Nap., art. 2044).

2. La transaction participe de la nature du contrat aléatoire, puisque dans tout procès il y a chance de gain ou de perte ; elle donne lieu, le plus souvent, à des sacrifices réciproques, mais elle ne les impose pas nécessairement ; elle a de l'analogie avec le *compromis* et le *désistement* (V. ces mots), mais elle ne saurait être confondue avec ces actes.

3. *Capacité pour transiger.* — Pour transiger il faut avoir la capacité de disposer de l'objet compris dans la transaction (C. Nap., art. 2045).

4. Le tuteur ne peut transiger pour le mineur ou l'interdit que conformément à l'art. 467, C. Nap. (V. *Tutelle*) : il ne peut transiger avec le mineur devenu majeur sur le compte de tutelle que conformément à l'art. 472, même Code. (Art. 2045. — V. *Compte de tutelle*, n° 12).

5. Les communes peuvent transiger par leurs conseils municipaux ; mais la transaction ne peut être exécutée qu'après l'homologation, par décret impérial, s'il s'agit d'objets immobiliers ou d'objets mobiliers d'une valeur supérieure à 3,000 fr., et par arrêté du préfet en conseil de préfecture dans les autres cas (L. 18 juill. 1837, art. 56).

6. Cette disposition qui, selon nous, a abrogé en partie l'alin. 3 de l'art. 2045, C. Nap., est applicable aux hospices, aux fabriques d'église, et, en général, à tous les établissements publics assimilés aux communes, quant à l'administration de leurs biens, aux procès à intenter et aux transactions qui en sont la suite ou qui les préviennent.

7. Le mineur émancipé, la femme mariée, l'assisté d'un conseil judiciaire peuvent transiger sur les objets dont ils ont la disposition, avec ou sans l'assistance ou l'autorisation des curateur, mari ou conseil judiciaire, selon que cette formalité est ou n'est pas requise. — V. *Communauté de biens entre époux, Conseil judiciaire, Émancipation, Régime dotal.*

8. Ne peut transiger le condamné par contumace pendant les 5 ans qui suivent l'exécution par effigie (Pigeau, *Comment.*, t. 1, p. 2).

9. *Forme de la transaction.* — La transaction doit être rédigée par écrit (C. Nap., art. 2044) ; peu importe que ce soit par acte authentique ou sous signature privée. La preuve par témoins d'une transaction verbale ne serait donc pas admise, lors même que la valeur de son objet n'excéderait pas 150 fr.

10. Toutefois, la preuve testimoniale serait admise, 1° pour établir que la cause exprimée dans une transaction est simulée, et que la cause réelle est illicite, surtout en matière de commerce (Cass. 4 janv. 1808) ; 2° s'il y avait commencement de preuve par écrit (Cass. 17 mars 1825).

11. Dans tous les cas, l'existence d'une transaction verbale peut être constatée par l'aveu ou le serment de la partie (Bruxelles, 1er déc. 1810. — *Contrà* Montpellier, 5 déc. 1825). — V. *Aveu, Serment.*

12. *Choses qui peuvent être l'objet d'une transaction.* — Ce sont toutes choses qui sont dans le commerce (V. *Choses*). Ainsi, on peut transiger sur l'intérêt civil qui résulte d'un délit; mais la transaction n'empêche pas les poursuites du ministère public (C. Nap., art. 2046).

13. La transaction est nulle : 1° si elle a été faite sur pièces qui depuis ont été reconnues fausses (Art. 2055) ; 2° si elle est intervenue sur un procès terminé par un jugement passé en force de chose jugée dont les parties ou l'une d'elles n'avaient point connaissance ; mais elle serait valable si le jugement ignoré était susceptible d'appel (Art. 2056). — V. *Action en nullité.*

14. La transaction peut être rescindée : 1° lorsqu'il y a erreur dans la personne ou sur l'objet de la contestation (Art. 2053); 2° lorsqu'il y a dol et violence (Même Art.) ; 3° lorsqu'elle a été faite en exécution d'un titre nul, à moins que les parties n'aient expressément traité sur la nullité (Art. 2054). — V. *Action rescisoire.*

15. Lorsque les parties ont transigé généralement sur toutes les affaires qu'elles pourraient avoir ensemble, les titres qui leur étaient alors inconnus et qui auraient été postérieurement découverts ne sont point une cause de rescision ; à moins qu'ils n'aient été retenus par le fait de l'une des parties ; mais la transaction serait nulle si elle n'avait qu'un objet sur lequel il serait constaté, par des titres nouvellement découverts, que l'une des parties n'avait aucun droit (Art. 2057). Dans ce dernier cas, le titre découvert doit être absolument péremptoire et décisif.

16. *Effets de la transaction.* — La transaction a, entre les parties, l'autorité de la chose jugée en dernier ressort ; elle ne peut être attaquée pour cause d'erreur de droit ni pour cause de lésion (Art. 2052). La raison de cette disposition est que, dans la transaction, tout est douteux avant que les parties aient réglé leurs droits.

17. L'effet d'une transaction se borne aux parties contractantes ; elle ne lie point les autres intéressés et ne peut être opposée par eux (Art. 2051). Ainsi, lorsque les intéressés sont cohéritiers ou codébiteurs solidaires, la transaction n'a lieu que pour la part de celui qui a transigé.

18. Les transactions se renferment dans leur objet : la renonciation qui y est faite à tous droits, actions et prétentions, ne s'entend que de ce qui est relatif au différend qui a donné lieu (Art. 2048). Du reste, elles embrassent tous les accessoires du droit sur lequel on a transigé.

19. Les transactions ne règlent que les différends qui s'y trouvent compris, soit que les parties aient manifesté leur intention par des expressions spéciales ou générales, soit que l'on reconnaisse cette intention par une suite nécessaire de ce qui est exprimé (Art. 2049). Bien plus, elles ne règlent, relativement à la chose qui en est l'objet, que les difficultés prévues et non celles dont il n'est point parlé dans la transaction.

20. Si celui, qui a transigé sur un droit qu'il avait de son chef, acquiert ensuite un droit semblable du chef d'une autre personne, il n'est point, quant au droit nouvellement acquis, lié par la transaction antérieure (Art. 2050). Cette disposition s'applique même au cas où la transaction contiendrait la confirmation d'un droit.

21. Les erreurs de calcul qui se trouvent dans une transaction doivent être réparées (Art. 2058). Si la partie à qui l'erreur a profité refuse de la réparer, on l'assigne à fin de rectification, et, s'il y a eu paiement, à fin de restitution, devant le tribunal de son domicile.

22. Il est permis d'ajouter à une transaction la stipulation d'une peine contre celui qui manquera de l'exécuter (Art. 2047). On ne pourrait exiger tout à la fois la peine et l'exécution, à moins que la peine n'ait été convenue pour simple retard.

23. *Enregistrement.* — Les transactions, sur quelque matière que ce soit, qui ne contiennent aucune stipulation de sommes et valeurs, ni dispositions soumises à un plus fort droit d'enregistrement, sont soumises seulement au droit fixe de 3 fr. (L. 28 avril 1816, art. 44, n° 8).

TRANSCRIPTION. — 1. Copie entière d'un acte de transmission de propriété immobilière et des démembrements ou charges qui peuvent la grever et en altérer la valeur, faite par le conservateur des hypothèques sur un registre particulier et public, dans le but de procurer aux tiers, créanciers ou acquéreurs, la connaissance des mutations de la propriété immobilière et des droits réels dont elle est grevée. — Se dit aussi de l'accomplissement de cette formalité.

2. La loi du 23 mars 1855, qui régit aujourd'hui la transcription en matière hypothécaire, et est devenue exécutoire à partir du 1er janv. 1856, n'a point fait de cette transcription un moyen nécessaire de la transmission de la propriété immobilière et de ses démembrements, une condition de cette transmission entre les parties contractantes ; à leur égard, la transcription est toujours facultative ; elle n'est exigée qu'à l'égard des tiers.

3. Doivent être transcrits au bureau des hypothèques de la situation des biens : 1° Tout acte entre-vifs translatif de propriété immobilière ou de droits réels susceptibles d'hypothèque ; 2° Tout acte portant renonciation à ces mêmes droits ; 3° Tout jugement qui déclare l'existence d'une convention verbale de la nature ci-dessus exprimée ; 4° Tout jugement d'adjudication autre que celui rendu sur licitation au profit d'un cohéritier ou d'un copartageant (L. 23 mars, 1855, art. 1er).

4. Doivent également être transcrits : 1° Tout acte constitutif d'antichrèse, de servitude, d'usage et d'habitation ; 2° Tout acte portant renonciation à ces mêmes droits ; 3° Tout jugement qui en déclare l'existence en vertu d'une convention verbale ; 4° Les baux d'une durée de plus de dix-huit années ; 5° Tout acte ou jugement constatant, même pour bail de moindre durée, quittance ou cession d'une somme équivalente à trois années de loyers ou fermages non échus (Même loi, art. 2).

5. Jusqu'à la transcription, les droits résultant des actes et jugements qui viennent d'être énoncés ne peuvent être opposés aux tiers qui ont des droits sur l'immeuble et qui les ont conservés en se conformant aux lois. — Les baux qui n'ont point été transcrits ne peuvent leur être opposés pour une durée de plus de dix-huit ans (Art. 3).

6. Il résulte de là que, à partir de la date de la transcription, le propriétaire est dessaisi et l'acquéreur saisi à l'égard des tiers (V. *infrà*, n° 11). Il est à remarquer aussi que les tiers qui peuvent se prévaloir du défaut de transcription sont ceux-là seulement qui ont des droits réels sur l'immeuble ; les créanciers chirographaires ne sont pas recevables à s'en prévaloir.

7. Tout jugement prononçant la résolution, nullité ou rescision d'un acte transcrit, doit, dans le mois à dater du jour où il a acquis l'autorité de la chose jugée, être mentionné en marge de la transcription faite sur le registre (L. 23 mars 1855, art. 4). — Par l'effet de ce jugement, celui qui était devenu propriétaire de l'immeuble est dépouillé du droit d'en disposer et d'en jouir ; les aliénations, hypothèques et charges, qu'il a antérieurement consenties sont anéanties et s'effacent en entier.

8. Les tiers doivent être appelés dans la cause pour que la résolution, nullité ou rescision, soit jugée avec eux ; s'ils n'avaient pas été mis en cause, il y aurait lieu d'introduire une nouvelle instance contre eux et de faire prononcer la résolution de leurs contrats; et le jugement rendu contre eux devrait être mentionné en marge de la transcription.

9. L'avoué qui a obtenu le jugement est tenu, sous peine de 100 fr. d'amende, de faire opérer la mention exigée, en remettant un bordereau rédigé et signé par lui au conservateur, qui lui en donne récépissé (L. 1855, art. 4).

10. Le conservateur, lorsqu'il en est requis, délivre, sous sa responsabilité, l'état spécial ou général des transcriptions et mentions prescrites par les art. 1 à 4 de la loi du 23 mars 1855 (Même loi, art. 5). Tout individu a le droit de requérir du conservateur cet état. L'état général est le relevé de toutes les transcriptions et mentions marginales qui portent sur un immeuble déterminé; l'état spécial est celui qui est relatif seulement à telle ou telle aliénation précisée. L'état peut, suivant la réquisition qui est faite, contenir copie entière des transcriptions ou mentions ou n'en contenir qu'un extrait.

11. A partir de la transcription, les créanciers privilégiés ou ayant hypothèque aux termes des art. 2123, 2127 et 2128, C. Nap., ne peuvent plus prendre utilement inscription sur le précédent propriétaire (L. 23 mars 1855, art. 6). Ainsi, les créanciers privilégiés ou hypothécaires, qui veulent conserver leur droit de suite sur un immeuble, doivent s'inscrire avant que l'acquéreur ait rendu son contrat public par la transcription. Cette disposition est applicable aussi à l'hypothèque légale de l'État, des communes, des établissements publics et des légataires. Mais il semble que l'hypothèque légale des femmes, des mineurs et des interdits, peut toujours être utilement inscrite dans les deux mois de l'accomplissement des formalités prescrites par l'art. 2194, C. Nap.

12. Toutefois, l'art. 6 précité de la loi de 1855, a introduit une exception à la règle ci-dessus à l'égard du vendeur ou du copartageant: ceux-ci peuvent utilement inscrire les privilèges à eux conférés par les art. 2108 et 2109, C. Nap., dans les quarante-cinq jours de l'acte de vente ou de partage, nonobstant toute transcription d'actes faits dans ce délai.

13. Le même art. 6 *in fine* déclare abrogés les art. 834 et 835, C.P.C.: de sorte que le tiers détenteur, qui veut purger sa propriété, est assujetti à des formalités et à des délais uniformes vis-à-vis de tous les créanciers inscrits (C. Nap., 2181 à 2192).

14. La loi de 1855 modifie également la législation antérieure en ce qui concerne le droit de résolution. Aux termes de l'art. 7 de cette loi, l'action résolutoire établie par l'art. 1654, C. Nap., ne peut être exercée, après l'extinction du privilége du vendeur, au préjudice des tiers qui ont acquis des droits sur l'immeuble du chef de l'acquéreur, et qui se sont conformés aux lois pour les conserver. Il suit de là que, pour conserver le droit de résolution envers les tiers, le vendeur a le plus souvent besoin de faire inscrire son privilége.—V. *Action résolutoire.*

15. L'art. 8 de la loi de 1855 a pour objet de remédier aux inconvénients qui pouvaient résulter de la longue durée des hypothèques légales occultes. Il porte que « si la veuve, le mineur devenu majeur, l'interdit relevé de l'interdiction, n'ont pas pris inscription dans l'année qui suit la dissolution du mariage ou la cessation de la tutelle, leur hypothèque ne date, à l'égard des tiers, que du jour des inscriptions prises ultérieurement. »

16. Dans le cas où les femmes peuvent céder leur hypothèque légale ou y renoncer, cette cession ou cette renonciation doit être faite par acte authentique, et les cessionnaires n'en sont saisis, à l'égard des tiers, que par l'inscription de cette hypothèque prise à leur profit ou par la mention de la subrogation en marge de l'inscription préexistante. — Les dates des inscriptions ou mentions déterminent l'ordre dans lequel ceux qui ont obtenu des cessions ou renonciations exercent les droits hypothécaires de la femme (L. 23 mars 1855, art. 9).

17. Par respect pour le principe que la loi n'a point d'effet rétroactif, l'art. 11 de la loi de 1855 maintient sous l'empire de la législation ancienne les actes ayant acquis date certaine et les jugements rendus avant le 1er janv. 1856. Ainsi, les art. 1, 2, 3, 4 et 9 de la loi de 1855 ne sont pas applicables à ces actes et jugements; leur effet a continué d'être réglé par la législation sous laquelle ils sont intervenus.

18. Toutefois, les jugements prononçant la résolution, nullité ou rescision d'un acte non transcrit, mais ayant date certaine avant le 1er janv. 1856, doivent être transcrits conformément à l'art. 4 de la loi de 1855 (Même loi, art. 11).

19. Le vendeur, dont le privilége était éteint au moment où la loi de 1855 est devenue exécutoire, c'est-à-dire au 1er janv. 1856, a pu conserver vis-à-vis des tiers l'action résolutoire à lui conférée par l'art. 1654, C. Nap., en faisant inscrire son action au bureau des hypothèques dans le délai de six mois à partir de la même époque (Même loi de 1855, art. 11).

20. L'inscription exigée par l'art. 8 de la loi de 1855 (V. *supra*, n° 15) a dû être prise par la femme, le mineur ou l'interdit, devenus capables avant le 1er janv. 1856, dans l'année à compter de cette époque, pour que cette inscription conservât son effet rétroactif; à défaut d'inscription dans ce délai, l'hypothèque légale n'a pu prendre rang que du jour où elle a été ultérieurement inscrite (Art. 11).

21. La loi de 1855 n'a point dérogé aux dispositions du Code Napoléon relatives à la transcription des actes portant donation ou contenant des dispositions à charge de rendre; elles ont continué à recevoir leur exécution (Art. 11). — V. *Donation entre-vifs*.

22. Les actes soumis à la transcription, antérieurement à la loi de 1855, sont restés passibles du même droit que par le passé, c'est-à-dire du droit proportionnel de 1 1/2 pour 100. Mais la transcription des actes et jugements qui n'étaient pas soumis à cette formalité avant la loi de 1855 doit être faite moyennant le droit fixe de 1 fr. (L. 23 mars 1855, art. 12).

23. Et un décret impérial du 24 nov. 1855 a réduit le salaire alloué aux conservateurs des hypothèques pour la transcription des actes de mutation à 50 cent. par rôle de 25 lignes à la page et de 18 syllabes à la ligne.

TRANSFERT. — Acte par lequel une personne vend ou transporte à une autre une rente qui lui appartient sur l'État, des actions de la Banque de France ou des actions dans les sociétés.

TRANSLATION D'HYPOTHÈQUE! — Acte par lequel un débiteur, d'accord avec son créancier, substitue un nouveau gage hypothécaire à celui qu'il d'abord avait été convenu.

TRANSPORT. — Acte qui fait passer la propriété d'une chose incorporelle d'une personne à une autre. — On nomme *cédant* celui qui fait le transport, et *cessionnaire*, celui à qui il est fait. — V. *Droits litigieux*, *Droits successifs*, *Transport-cession*. — Le mot *transport* s'entend encore du voyage que fait l'huissier pour la signification d'un exploit hors de la commune de sa résidence. — V. *Transport des huissiers*.

TRANSPORT-CESSION. — **1.** Vente ou transport de créances ou autres droits incorporels.

2. Le transport d'une créance, comme toute vente, doit réunir trois conditions essentielles, savoir : une créance qui forme la matière du transport, un prix déterminé par la convention, le consentement des parties sur la chose et sur le prix. Le défaut de l'une de ces conditions entraîne la nullité du transport.

3. Le transport d'une créance peut avoir lieu par acte devant notaire ou par acte sous seing privé ; dans ce dernier cas, il est indispensable que l'acte soit enregistré de suite, afin d'en faire la signification au débiteur ou d'obtenir l'acceptation de celui-ci. L'acceptation ne peut avoir lieu que par acte authentique (C. Nap., art. 1690). En ce qui concerne la signification, V. infra, nᵒˢ 11 et suiv.

4. La cession d'une créance comprend les accessoires de la créance, tels que caution, privilége et hypothèque (C. Nap., art. 1692).

5. Celui qui vend une créance ou autre droit incorporel doit en garantir l'existence au temps du transport, quoiqu'il soit fait sans garantie (Art. 1693). Il ne répond de la solvabilité du débiteur que lorsqu'il s'y est engagé et jusqu'à concurrence seulement du prix qu'il a retiré de la créance (Art. 1694).

6. La délivrance de la créance a lieu, entre le cédant et le cessionnaire, par la remise du titre de la créance (Art. 1689) ; s'il n'y a pas de titre, l'acte de transport lui-même opère délivrance.

7. Mais, à l'égard des tiers, le transport ne produit d'effet qu'autant qu'il a été accepté par le débiteur de la créance ou qu'il lui a été signifié (Art. 1690). Jusque-là, la créance est réputée, dans l'intérêt des tiers, appartenir au cédant.

8. En conséquence, le débiteur est valablement libéré par le paiement fait au cédant avant la signification du transport (Art. 1691) ; les créanciers du cédant, même ceux postérieurs à la cession, peuvent saisir-arrêter la créance cédée et sont préférés au cessionnaire, sauf son recours contre le cédant (Pothier, *Vente*, nᵒ 557) ; la faillite du cédant, survenue avant la signification ou l'acceptation, empêche le cessionnaire d'opposer le transport aux créanciers du failli (Paris, 13 déc. 1814).

9. Du reste, la signification n'est nécessaire que pour prévenir l'effet des droits que le débiteur ou les tiers pourraient acquérir contre le cessionnaire ; celui-ci est, en effet, seul propriétaire et peut exercer seul et sans signification préalable tous les actes conservatoires de la créance (Cass. 22 juill. 1828).

10. Toutefois, s'il s'agissait de procéder à une exécution, le cessionnaire ne pourrait agir qu'après la signification du transport. L'art. 2214 C. Nap., le décide formellement en matière d'expropriation d'immeubles.

11. La signification du transport doit avoir lieu par exploit du ministère d'huissier (V. *Formule*). Un notaire n'aurait pas qualité pour faire un tel acte (Bruxelles, 23 mars 1811).

12. On doit donner copie entière du titre : l'ancienne jurisprudence le voulait ainsi (Pothier, nᵒ 554), et c'est de cette manière que l'art. 1690 C. Nap., doit être sainement interprété. Toutefois, la Cour d'Orléans a décidé, par arrêt du 26 fév. 1813, qu'il suffisait que la signification fît connaître d'une manière équipollente l'acte en vertu duquel elle était faite.

13. La signification peut être faite à la requête du cédant ou à celle du cessionnaire ; dans tous les cas, elle ne peut avoir lieu qu'à la personne ou au domicile du débiteur ; elle serait nulle si elle était faite au domicile élu pour l'exécution de l'obligation (Bruxelles, 30 nov. 1809).

14. Le Trésor ne reçoit aucune signification de transport, cession ou délégation de pensions à la charge de l'État (Arrêté du 7 therm. an x).

D'une autre part, la signification est inutile pour les actions de la Banque de France (Décr. 15 janv. 1808) et pour les rentes sur l'Etat.

15. Dans les cas où la signification est nécessaire, elle doit être faite tant au débiteur principal qu'à la caution ; elle doit également être faite à tous les débiteurs solidaires, car elle ne produit d'effet que contre la personne qui l'a reçue.

16. Lorsque le même jour de la signification il est formé une saisie-arrêt, il y a lieu à contribution entre le cessionnaire et le saisissant (Paris, 26 avril 1822), à moins que les deux exploits ne soient datés de l'heure ; car, dans ce cas, la saisie ne produirait pas d'effet si elle était postérieure à la signification ; si elle était antérieure, V. *Saisie-arrêt.*

17. Les transports ou cessions des créances à terme sont passibles du droit de 1 fr. par 100 fr. sur le capital porté dans l'acte et qui en fait l'objet (L. 22 frim. an VII, art. 14 et 69). Peu importe que le prix stipulé soit inférieur à la créance (Décis. min. fin., 8 germ. an VIII). Toutefois, si la créance avait été adjugée en justice, ce devrait être sur le prix de l'adjudication, et non sur le capital adjugé, que le droit serait liquidé (Délib. de la rég., 8 déc. 1829).

18. Le droit doit être perçu sur le capital et les intérêts cédés. Si la cession comprend une créance verbale, il ne peut être perçu qu'un seul droit, et non deux droits, de 1 fr. par 100 fr. (Solut. de la rég., 27 fév. 1828).

19. Les acceptations de transport ne donnent ouverture qu'au droit fixe de 1 fr. (Délib. de la rég., 17 avril 1822).

20. Les transports ou cessions de rentes sur particuliers sont assujettis au droit de 2 fr. par 100 fr. sur le capital constitué, quel que soit le prix stipulé pour le transport (L. 22 frim. an VII, art. 14 et 69). Si la rente avait été constituée avant la loi du 11 brum. an VII, le droit devrait être augmenté d'un et demi par 100 (Cass. 22 déc. 1823 ; Solut. de la rég., 6 mai 1818, 8 sept. 1824 et 26 juin 1828).

Formule.
Signification de transport.

L'an. . ., à la requête du sieur. . ., j'ai. . ., signifié et, avec celle des présentes, donné copie au sieur . . ., d'un acte reçu par (*analyser le transport*) ; à ce que ledit sieur. . . n'en ignore et ait à avoir audit transport tel égard que de raison ;

Et, de suite, j'ai fait sommation à ce dernier de me déclarer, s'il existait entre ses mains des saisies-arrêts ou des significations de transport antérieures aux présentes. A quoi il a répondu. . . et a signé (V. *Exploit*) ; et j'ai, etc.

V. n° 11.—Coût : Tar. art. 29 par anal. Orig. : Paris, 2 fr. ; R. P., 1 fr. 80 c ; Aill., 1 fr. 80 c.—Cop., le 1/4.
Enregistrement : 2 fr. 20 c.

TRANSPORT DES HUISSIERS. — 1. Voyage fait par un huissier pour remettre la copie d'un exploit à une partie qui n'est pas trouvée ou ne demeure pas dans le lieu de la résidence de l'huissier. — Pour ce qui concerne les frais de voyage dus à d'autres personnes dans certaines circonstances, V. *Voyage* (*Frais de*).

§ 1. — *Transport en matière civile.*
§ 2. — *Transport en matière criminelle.*

§ 1. — *Transport en matière civile.*

2. En matière civile, les frais de transport sont plus ou moins considérables, selon que l'acte qui y donne lieu est fait en justice de paix ou devant le tribunal de première instance.

3. *Justice de paix.* — Il n'est dû aucun droit de transport lorsque la distance à parcourir entre le domicile de l'huissier et l'endroit où l'exploit est signifié n'est pas de plus d'un demi-myriamètre (Tar. 16 fév. 1807, art. 23).

4. Lorsque cette distance excède un demi-myriamètre, il est alloué à l'huissier, quelle que soit la fraction excédant, 2 fr. par myriamètre, y compris le retour (même art.). Ainsi, lorsqu'un huissier se transporte à deux myriamètres de son domicile, il doit lui être alloué 4 fr., aller et retour compris (Cass. 8 juin 1864 : *J. Huiss.*, t. 45, p. 252). En réalité, il n'est accordé que 1 fr. par myriamètre parcouru tant pour aller que pour revenir ; car l'huissier, qui se transporte à deux myriamètres, est tenu d'en parcourir deux autres pour revenir à son domicile, au total quatre, pour lesquels il lui est alloué 4 fr. seulement.

5. L'art. 23 du tarif doit être entendu en ce sens qu'il est dû, pour transport d'un demi-myriamètre à un myriamètre, 2 fr. ; d'un myriamètre à deux myriamètres, 4 fr., et ainsi de suite, quelque minime que soit la fraction qui excède le demi-myriamètre ou le myriamètre parcouru.

6. Le droit de transport est le même dans toutes les localités, et n'est pas plus considérable, par conséquent, pour un huissier qui exploite au chef-lieu d'une Cour impériale que pour celui qui réside dans une campagne qui n'est pas même un chef-lieu de canton. L'art. 23 précité n'établit, en effet, aucune distinction, et il n'est pas permis d'en créer en l'absence d'une disposition formelle.

7. C'est une question délicate et difficile que celle de savoir si l'huissier qui, en justice de paix, signifie plusieurs actes dans la même course, dans des communes et à des requêtes différentes, ne peut réclamer qu'un seul droit de transport, par exemple, le droit dû pour le transport dans la commune la plus éloignée. Il nous paraîtrait juste, équitable et non contraire à la loi, qu'il pût percevoir autant de droits de transport qu'il signifierait d'exploits distincts (*V. J. Huiss.*, t. 45, p. 45).

8. Les dispositions qui précèdent sont applicables à tous les exploits assimilés à ceux faits devant les juges de paix, quoique ces exploits soient signifiés pour l'instruction des affaires soumises à d'autres juridictions, et, par exemple, à celles portées devant les prud'hommes.

9. On considère comme faits devant les juges de paix : 1° tous les actes jusqu'au jugement définitif ; 2° les oppositions aux jugements par défaut ; 3° les significations des jugements définitifs ; 4° les récusations des juges de paix. Quant au transport pour la signification du commandement et des autres actes d'exécution faits en vertu des jugements des juges de paix, il est taxé comme pour les actes faits devant les tribunaux de première instance.

10. *Tribunaux de première instance.* — Il n'est rien alloué aux huissiers pour transport jusqu'à un demi-myriamètre (Tar. 16 fév. 1807, art. 66, § 1), qui se calcule à partir de la résidence de l'huissier jusqu'à l'endroit où l'exploit est remis, sans avoir égard au chemin à faire pour le retour de l'huissier à son domicile.

11. Il est alloué au delà d'un demi-myriamètre, y compris les droits pour le retour de l'huissier à sa résidence (Cass. 7 août 1854 : *J. Huiss.*, t. 36, p. 34), savoir : 1° d'un demi-myriamètre à un myriamètre 4 fr., sans aucune distinction de localités ; 2° au delà d'un myriamètre, 2 fr. par chaque demi-myriamètre, sans distinction (Même tar., art. 66, §§ 2 et 3).

12. Ainsi, l'huissier qui signifie un exploit a droit, savoir : si cet exploit est posé à plus d'un demi-myriamètre de sa résidence, mais à moins d'un myriamètre, à 4 fr. ; d'un myriamètre à un myriamètre et demi, 2

6 fr. ; d'un myriamètre et demi à deux myriamètres, à 8 fr. ; et ainsi de suite, quelle que soit la fraction qui excède le demi-myriamètre parcouru. (Cass. 10 août 1863 : *J. Huiss.*, t. 45, p. 101).

13. Dans tous les cas, il ne peut jamais être alloué à l'huissier plus d'une journée de cinq myriamètres (C.P.C., art. 62 ; Tar. 16 fév. 1807, art. 66), c'est-à-dire que l'huissier n'a jamais droit, pour un seul exploit, qu'à 20 fr. de transport, quelle que soit la distance parcourue. — Mais il en est autrement lorsqu'il s'agit de significations faites, dans la même course, de plusieurs exploits, de matières, à des requêtes et dans des communes différentes (V. *J. Huiss.*, t. 39, p. 153, 3° ; t. 45, p. 273). **15.**

14. Une modification au même principe résulte encore de l'art. 156, § 4, Tar. 16 fév. 1807, suivant lequel les huissiers audienciers commis par les Cours impériales pour faire des significations ou autres opérations, peuvent réclamer une indemnité de transport proportionnée à la distance réelle qu'ils ont été obligés de parcourir.

15. Dans tous les cas où les règlements accordent aux huissiers une indemnité pour frais de voyage, il n'est alloué qu'un seul droit de transport pour la totalité des actes que l'huissier a faits dans une même course et dans le *même lieu* (Décr. 14 juin 1813, art. 35), c'est-à-dire dans la même commune.

16. Ce droit doit être partagé en autant de portions égales qu'il y a d'originaux d'actes, et à chacun desdits actes l'huissier applique l'une, desdites portions ; le tout à peine de rejet de la taxe, ou de restitution envers la partie, et d'une amende qui ne peut excéder 100 fr. ni être moindre de 20 fr. (Mêmes décr. et art.). — V., d'ailleurs, *Huissier.* **5.**

17. La disposition de l'art. 25 du décret de 1813 est empreinte d'une grande sévérité. Pourquoi, en effet, priver l'huissier d'autant de droits de transport qu'il peut faire d'actes dans la même journée ? le droit qu'il perçoit sur un acte ne fait aucun tort à une partie qui paie le même droit sur un autre acte ; d'ailleurs, il peut très-bien se faire que, sur deux actes signifiés le même jour, au même endroit, l'huissier ne soit payé du coût que d'un seul, et alors il perdra non-seulement le coût intégral de l'un de ses exploits, mais encore la moitié du transport de l'autre qui profitera à un client très-solvable. Il est un autre reproche non moins sérieux à faire à cet art. 35 ; c'est qu'il est d'une exécution sinon impossible au moins très-difficile, en ce sens qu'on ne pourra presque jamais réunir les originaux de tous les actes faits en un même jour afin de s'assurer s'il a été réellement contrevenu à la disposition prohibitive. — Ajoutons, d'une part, que rien n'empêche un huissier qui a en même temps deux exploits à remettre dans le même endroit, de les signifier à deux jours différents pour ne pas perdre un droit de transport, et, d'autre part, que la personne qui donne une signification à faire ne compte pas sur le concours d'une autre signification pour obtenir une diminution des frais de transport.

18. A cause de sa nature rigoureuse, l'art. 35 du décret de 1813 doit être restreint au cas qu'il prévoit. Ainsi, l'indemnité de transport allouée aux huissiers ne doit pas être répartie, par portions égales entre elles, sur tous les actes sans distinction de nature ou de matière, signifiés dans une même course et dans le même lieu ; elle ne doit l'être qu'entre les actes de même nature ou matière. Spécialement, l'huissier qui, dans une même course et dans une même commune, située à un myriamètre de distance du lieu de sa résidence, signifie deux actes en matière ordinaire et un acte en matière de justice de paix, fait une juste application dudit art. 35, en percevant une indemnité de transport de 4 fr. pour les deux actes en matière ordinaire, qu'il répartit entre eux également, et une indemnité de 2 fr. pour l'acte en justice de paix (V. *J. Huiss.*, t. 43, p. 24 et 269).

19. L'art. 35 exigeant que les exploits signifiés dans une même course le soient dans la même commune, il semble aussi qu'il suit de là que cet article ne doit pas recevoir son application au cas où l'huissier signifie plusieurs exploits, à des requêtes différentes, et dans diverses communes, quoique dans la même course.

20. Relativement aux frais de transport, les distances parcourues par l'huissier doivent, en l'absence de toute disposition dans le tarif sur ce point, être réglées par les tableaux des distances publiés par le préfet de chaque département, en exécution de l'art. 92 du décret du 18 juin 1811 (V. Cass. 14 nov. 1859 : *J. Huiss.*, t. 41, p. 197, et la note).

21. Lorsque les huissiers signifient des exploits dans des cantons autres que celui de leur résidence, ils ont droit au transport pour tout le terrain parcouru, pourvu que ce droit n'excède pas 20 fr. (V. *supra*, n° 13). On ne peut rejeter de la taxe et laisser à la charge de la partie la somme allouée pour transport à partir des limites du canton, sous le prétexte qu'elle devait charger un huissier du canton où l'acte est signifié (Cass. 17 fév. 1830 : *J. Huiss.*, t. 11, p. 94).

22. Les dispositions qui précèdent sont applicables à tous les exploits signifiés par les huissiers, n'importe devant quelle juridiction, excepté seulement à ceux faits en justice de paix (V. *supra*, § 1). Ainsi, les exploits devant les Cours impériales, la Cour de cassation, le Conseil d'État, n'ont pas droit à une plus forte indemnité de voyage que ceux faits devant les tribunaux de première instance.

§ 2. — *Transport en matière criminelle.*

23. Lorsqu'à raison de leurs fonctions les huissiers sont obligés de se transporter à plus de deux kilomètres de leur résidence, soit dans le canton, soit au delà (V. *Huissier*), il leur est accordé une indemnité (Décr. 18 juin 1811, art. 90).

24. Cette indemnité est fixée, pour chaque myriamètre parcouru, en allant et en revenant, à 1 fr. 50 cent.; elle est réglée par myriamètre et demi-myriamètre. Les fractions de huit ou neuf kilomètres sont comptées pour un myriamètre et celle de trois à sept kilomètres pour un demi-myriamètre (Même décr., art. 91 et 92).

25. L'indemnité de 1 fr. 50 c. est portée à 2 fr. pendant les mois de novembre, décembre, janvier et février (Art. 94).

26. Lorsque les huissiers sont arrêtés dans le cours du voyage par force majeure, ils reçoivent en indemnité, par chaque jour de séjour forcé, 1 fr. 50 c. à la charge de faire constater par le juge de paix ou ses suppléants, ou par le maire, ou, à son défaut, par ses adjoints, la cause du séjour forcé en route, et d'en représenter le certificat à l'appui de la demande en taxe (Art. 95).

27. Le règlement des frais de transport est facilité par un tableau des distances en myriamètres et kilomètres de chaque commune au chef-lieu del canton, au chef-lieu d'arrondissement, et au chef-lieu de département. Ce tableau, dressé par les préfets, est déposé aux greffes des Cours impériales, des tribunaux de première instance et des justices de paix (art. 93).

28. L'art. 35 du décret du 14 juin 1813 (V. *supra*, n°s 15 et suiv.) est applicable en matière criminelle comme en matière civile.

29. Les dispositions énoncées sous ce paragraphe ne concernent que les exploits signifiés à la requête du ministère public, dans l'intérêt de la vindicte publique et non ceux faits devant la juridiction criminelle, à la requête de la partie civile et dans l'intérêt de cette partie.—V. *Tarif*.

30. Du reste, le droit de transport est le même dans toutes les localités et devant toutes les juridictions, le tarif criminel n'établissant aucune différence.

TRANSPORTS DES TABACS (Soumissionnaires de l'entreprise générale des).—Sont patentables.

TRANSPORTS MILITAIRES (Entrepreneurs de). — Sont patentables.

TRANSPORTS PUBLICS (Entrepreneurs de). — Sont patentables.

TRAVAUX PUBLICS. — **1.** Ceux qui se font par les ordres et au compte du Gouvernement pour l'utilité des habitants de l'Empire, d'un département, arrondissement, commune ou canton.

2. *Compétence administrative.*—En cette matière, tout le contentieux appartient aux conseils de préfecture, sauf recours au Conseil d'Etat. Ainsi, sont de la compétence de ces conseils les contestations relatives aux vices de construction et au défaut d'entretien des travaux ; les demandes en résiliation d'entreprises ; les difficultés entre l'administration et les entrepreneurs pour le paiement du prix des travaux non prévus dans le marché et cependant exécutés et profitables à l'administration ; les réclamations des particuliers qui se plaindraient de torts et dommages procédant du fait personnel des entrepreneurs ; le règlement des indemnités qui peuvent être dues par l'administration à des tiers, par suite de l'exécution des travaux publics.—V. *Compétence administrative, Conseil d'Etat, Conseil de préfecture.*

3. *Compétence judiciaire.*—Les tribunaux prononcent sur tout ce qui est étranger au service de l'administration et d'un intérêt purement privé, par exemple, sur les contestations entre les entrepreneurs de travaux publics et leurs sous-traitants, fournisseurs, voituriers et autres créanciers, entre les entrepreneurs et les propriétaires pour faits de trouble et autres, étrangers aux travaux publics, entre l'administration et les particuliers sur la propriété soit du sol, soit des matériaux pris ou extraits pour la confection des routes ou autres travaux publics.

TREFILERIES. — Sont rangées dans la 3e classe des établissements insalubres (V. *Etablissements dangereux*, etc.).

TREFILEURS.—Sont patentables.

TREFONDS.—Ce qui peut s'extraire de la terre, comme les mines de charbon.— Le tréfonds est immeuble comme le sol. — V. *Fonds, Mines, Saisie immobilière, Vente.*

TREILLAGEURS.—Sont patentables.

TRESOR. — Toute chose cachée ou enfouie sur laquelle personne ne peut justifier sa propriété et qui est découverte par le pur effet du hasard (C. Nap., art. 716).

TRESOR PUBLIC.—Se forme des produits ou revenus du domaine de l'Etat, de la vente des objets soumis à son monopole, des successions qui lui sont dévolues à défaut d'héritiers et des divers impôts publics.—V. *Privilège.*

TRIBUNAL. — **1.** Cette expression désigne tantôt le lieu où les juges rendent les jugements, tantôt l'ensemble des juges qui composent une juridiction inférieure.—Le mot *Cour* désigne les juges d'un siége plus élevé (V. *Cour impériale*).

2. Les tribunaux, considérés d'une manière générale, se divisent en tribunaux administratifs, civils et criminels.

3. A ce point de vue, les tribunaux civils comprennent les justices de

paix, les conseils de prud'hommes, les tribunaux de première instance, les tribunaux de commerce et les Cours impériales.

4. Les tribunaux administratifs permanents sont les *Conseils de préfecture*, le *Conseil d'État* et la *Cour des comptes* (V. ces mots). Il existe, en outre, différents tribunaux administratifs accidentels ou temporaires dont nous n'avons pas à nous occuper dans cet ouvrage, tels sont, par exemple, les commissions de liquidation, les commissions spéciales de travaux publics.

5. Les tribunaux criminels comprenant les tribunaux de simple police, ceux de police correctionnelle, les Cours d'assises et en outre différents tribunaux spéciaux.— V. *Cours d'assises*, *Tribunaux correctionnels.*— V. aussi *Organisation judiciaire*.

TRIBUNAL CIVIL. — 1. Tribunal institué dans chaque arrondissement pour juger les causes civiles.—S'emploie par opposition aux tribunaux institués pour juger les causes criminelles, correctionnelles ou de police.

2. Pour l'organisation du tribunal civil et de première instance, V. *Organisation judiciaire*.

3. Pour les affaires soumises à ce tribunal, V. *Compétence civile*, *Degrés de juridiction*.

4. *Instruction.* — Les demandes de la compétence du tribunal civil et de première instance sont introduites, suivant les circonstances, par ajournement ou par requête.—V. *Ajournement*, *Exploit*, *Requête*.

5. L'affaire, une fois introduite, est instruite par le ministère des avoués. Les moyens d'instruction varient selon que l'affaire est ordinaire ou sommaire, simple ou compliquée d'incidents.— V. *Matière ordinaire*, *Matière sommaire*, *Incident*.

6. *Jugement.* — Le jugement est rendu par défaut ou contradictoirement.—V. *Jugement*, *Jugement par défaut*.

7. Il peut être réformé, suivant les circonstances, par la voie de *l'appel*, de *l'opposition*, de la *cassation*, de la *requête civile* et de la *tierce opposition* (V. ces mots).—V. aussi *Jugement par défaut*, *Prise à partie*.

TRIBUNAL DE COMMERCE — 1. Juridiction exceptionnelle instituée pour connaître des affaires commerciales.

2. *Organisation.* — Chaque tribunal de commerce est composé d'un président, de juges et de juges suppléants, tous nommés par voie d'élection et institués par décret impérial (V. C. Comm., art. 617 et suiv.; Décr. 6 oct. 1809).

3. Il y a près de chaque tribunal de commerce un greffier nommé par l'Empereur et un certain nombre d'huissiers audienciers. Le ministère des avoués n'est pas nécessaire devant les tribunaux de commerce ; mais à la plupart de ces tribunaux sont attachés des agréés (V. *Agréé*).

4. L'arrondissement de chaque tribunal de commerce est le même que celui du tribunal civil dans le ressort duquel il est placé. S'il se trouve plusieurs tribunaux de commerce dans le ressort d'un seul tribunal civil, le Gouvernement leur assigne des arrondissements particuliers (C. Comm., art. 616).

5. Il n'y a pas de tribunaux de commerce dans tous les arrondissements. Dans ceux où il n'en existe pas, les juges du tribunal civil exercent les fonctions et connaissent des matières attribuées aux juges de commerce (C. Comm., art. 640). Dans ce cas, l'instruction a lieu dans la même forme que devant les tribunaux de commerce, et les jugements produisent les mêmes effets (C. Comm., art. 641).

6. *Compétence.*—En ce qui concerne la compétence des tribunaux de commerce, V. *Compétence commerciale.*

7. *Demande.*—Elle doit être formée par exploit d'ajournement, suivant les formalités prescrites au titre *des ajournements* (C.P.C., art. 415). — V. *Ajournement, Exploit.* — Néanmoins, la constitution d'avoué n'est pas nécessaire, quand même l'assignation serait donnée devant un tribunal civil jugeant commercialement (Carré et Chauveau, *Lois de la procéd.*, quest. 1487).

8. Le délai entre l'assignation et la comparution doit être au moins d'un jour, outre les délais de distance (V., d'ailleurs, *Ajournement,* n° 44).— Lorsque l'assignation est donnée à un domicile élu, le délai se calcule d'après la distance du lieu où siége le tribunal et celle du domicile réel, à moins qu'il ne s'agisse de lettres de change ou autres effets négociables, le demandeur, dans ce cas, ignorant presque toujours le domicile réel du défendeur et ne connaissant que le lieu indiqué (Carré et Chauveau, *quest.* 1491).

9. Si le défendeur demeure hors du continent français, on suit les règles tracées par les art. 73 et 74, C.P.C. — V. *Exploit, Jugement par défaut.*

10. *Instruction, Jugement.* — Au jour indiqué, les parties comparaissent en personne ou par un fondé de pouvoir spécial (C.P.C., art. 421), qui peut être donné par acte sous seing privé ou par acte authentique (V. *Mandat*). Ce pouvoir, qui peut être mis au bas de l'original ou de la copie de l'exploit (V. *Timbre*), est visé sans frais par le greffier (C. Comm., art. 627). — V. *Formule.*

11. Si les parties comparaissent et qu'à la première audience il n'intervienne pas de jugement définitif, les parties non domiciliées dans le lieu où siége le tribunal sont tenues d'y faire l'élection d'un domicile (C.P.C., art. 422). Cette élection, qui n'a d'effet qu'entre les parties, devient inutile s'il y a eu jugement définitif à la première audience (Carré et Chauveau, *quest.* 1517). L'élection de domicile faite dans l'exploit d'ajournement ne saurait suppléer celle exigée par l'art. 422, C.P.C. (Bordeaux, 26 fév. 1830 ; Poitiers, 20 nov. 1822).

12. L'élection de domicile doit être mentionnée sur le plumitif de l'audience, et, à défaut de cette élection, toute signification, même celle du jugement définitif, est valablement faite au greffe du tribunal (C.P.C., art. 422). Cette signification a pour effet principal de faire courir les délais d'opposition et ceux d'appel.

13. Lorsque le tribunal est incompétent à raison de la matière, il doit renvoyer les parties, encore que le déclinatoire n'ait pas été proposé. Le déclinatoire pour toute autre cause ne peut être proposé que préalablement à toute autre défense (C.P.C., art. 624). — V. *Exception.*

14. Le même jugement peut, en rejetant le déclinatoire, statuer sur le fond, mais par deux dispositions distinctes, l'une sur la compétence, l'autre sur le fond. Les dispositions sur la compétence peuvent toujours être attaquées par la voie de l'appel (C.P.C., art. 425) ; mais cet appel n'est pas suspensif (Aix, 5 mai 1826).

15. Si une pièce produite est méconnue, déniée ou arguée de faux, et que la partie persiste à s'en servir, V. *Faux incident.*

16. Les veuves et héritiers des justiciables du tribunal de commerce doivent y être assignés en reprise d'instance ou par action nouvelle, sauf, si les qualités sont contestées, à les renvoyer devant les tribunaux ordinaires pour y être réglés, et ensuite être jugés sur le fond au tribunal de commerce (C.P.C., art. 426). — V. *Reprise d'instance.*

17. Les tribunaux de commerce peuvent employer les mêmes moyens de preuve que ceux autorisés devant les tribunaux civils. — **V.** *Aveu* *Comparution de parties, Interrogatoire sur faits et articles, Enquête, Serment, Preuve littérale, Preuve testimoniale.*

18. Lorsque le tribunal a ordonné une comparution de parties en personne et qu'il y a empêchement légitime, il commet un des juges ou même un juge de paix pour les entendre et dresser procès-verbal de leurs déclarations (C.P.C., art. 427).

19. Les tribunaux de commerce ont en outre la faculté de renvoyer les parties devant un ou trois arbitres-rapporteurs. — **V.** *Arbitre-rapporteur.*

20. Lorsque l'une ou l'autre des parties ne se présente pas, il est donné défaut contre elle. — V. *Jugement par défaut.*

21. *Réformation des jugements.* — Les jugements rendus par les tribunaux de commerce peuvent être réformés par les mêmes voies que les jugements rendus par les tribunaux civils (**V.** *Tribunal civil,* nº 7). — V., au surplus, *Jugement commercial.*

Formule.
Pouvoir au bas de l'exploit.

Bon pour pouvoir à M. . . . de me représenter sur la demande introduite contre moi par l'exploit dont copie précède, et de procéder et suivre jusqu'à jugement définitif. A . . ., le. . .   (*Signature de la partie.*)

V. nº 10. — Il n'est rien alloué pour le coût de cet acte.

TRIBUNAL CORRECTIONNEL. — V. *Tribunal criminel.*

TRIBUNAL CRIMINEL. — **1.** L'expression *Tribunaux criminels* comprend, comme on l'a dit (**V.** *Tribunal,* nº 5), les Cours d'assises, les tribunaux correctionnels et les tribunaux de simple police.

Indication alphabétique des matières.

§ 1. — *Cours d'assises.*
§ 2. — *Tribunaux correctionnels.*
§ 3. — *Tribunaux de simple police.*

§ 1er. — *Cours d'assises.*

2. L'instruction devant les Cours d'assises, instituées pour statuer sur les faits que la loi qualifie *crimes* (V. ce mot), n'intéresse pas tous les huissiers au même titre. Cependant, nous ne pouvons nous dispenser d'exposer ici quelques règles.

3. Dans la procédure à laquelle cette instruction donne lieu, les huissiers n'ont qu'à notifier la liste des jurés à l'accusé et aux jurés, et qu'à assigner les témoins. — En ce qui concerne la notification de la liste des jurés, V. *Cour d'assises.* — Nous ne nous occuperons ici, et encore que très-succinctement, de l'assignation des témoins.

4. En matière criminelle, les témoins doivent être assignés pour comparaître à l'audience en même temps que l'accusé. La loi suppose qu'il y aura toujours assignation à l'audience, et, pour éviter des lenteurs et des frais, elle exige que la preuve soit faite sans qu'au préalable un jugement l'ait ordonnée.

5. En cette matière, comme en matière civile, la preuve contraire est toujours admise, et, en outre, l'accusé peut faire assigner des témoins pour déposer de sa probité et de sa bonne foi (C. Instr. Crim., art. 321.) — Les témoins de l'accusé doivent également être assignés pour comparaître en même temps que lui, et être entendus aussitôt après l'audition de ceux produits contre lui.

6. On ne peut assigner ni entendre comme témoins : 1° le père, la mère, l'aïeul, l'aïeule, ou tout autre ascendant de l'accusé ou de l'un des accusés présents et soumis au même débat ; 2° le fils, la fille, le petit-fils, la petite-fille, ou tout autre descendant ; 3° les frères et sœurs ; 4° les alliés aux mêmes degrés ; 5° le mari ou la femme, même après la séparation prononcée ; 6° les dénonciateurs dont la dénonciation est récompensée pécuniairement par la loi (C. Instr. Crim., art. 322).

7. Toutefois, l'audition des personnes ci-dessus désignées ne peut opérer une nullité, lorsque, soit le procureur général, soit la partie civile, soit les accusés, ne se sont pas opposés à ce qu'elles soient entendues (Même art.).

8. Les dénonciateurs non récompensés pécuniairement par la loi peuvent être entendus en témoignage ; mais le jury doit être averti de leur qualité de dénonciateurs (C. Instr. Crim., art. 323).

9. Les enfants de l'un ou de l'autre sexe, âgés de moins de 15 ans, peuvent être entendus par forme de déclaration, et sans prestation de serment (Même Code, art. 79).

10. Les témoins cités à la requête du ministère public, le sont par un huissier ou par un agent de la force publique (Art. 72) ; ceux appelés à la requête de la partie civile ou de l'accusé ne peuvent être cités que par un huissier (V. *Formule 1*).

11. La liste des témoins contenant leurs noms, profession et résidence, doit être notifiée vingt-quatre heures avant l'examen, savoir : à l'accusé, par le procureur général et la partie civile, et au procureur général, par l'accusé. L'accusé et le procureur général peuvent s'opposer à l'audition d'un témoin qui n'aurait pas été indiqué ou qui n'aurait pas été clairement désigné dans l'acte de notification. La Cour statue de suite sur cette opposition (C. Inst. Crim., art. 315). — V. *Formule 2.*

12. Les témoins produits au débat par le procureur général ou par l'accusé sont entendus, même lorsqu'ils n'ont reçu aucune assignation, pourvu toutefois qu'ils aient été compris en la liste dont nous venons de parler (Même Code, art. 324).

13. Lorsqu'un témoin cité ne comparaît pas, la Cour peut, sur la réquisition du procureur général, et avant que les débats soient ouverts par la déposition du premier témoin inscrit sur la liste, renvoyer l'affaire à la prochaine session (Art. 354).

14. Si, à raison de la non-comparution du témoin, l'affaire est renvoyée à la session suivante, tous les frais de citation, actes, voyages de témoins et autres ayant pour objet de faire juger l'affaire, sont à la charge de ce témoin ; et il y est contraint même par corps, sur la réquisition du procureur général, par l'arrêt qui renvoie les débats à la session suivante. Le même arrêt ordonne, de plus, que le témoin sera amené par la force publique devant la Cour, pour y être entendu (Art. 355).

15. Dans tous les cas, le témoin qui ne comparaît pas, ou qui refuse, soit de prêter serment, soit de faire sa déposition, est condamné à 100 fr. d'amende, et est contraint par corps à venir donner son témoignage (Art. 80 et 355).

16. La voie de l'opposition est ouverte contre ces condamnations, dans les dix jours de la signification qui en a été faite au témoin condamné ou à son domicile, outre un jour par cinq myriamètres ; et l'opposition est reçue, s'il prouve qu'il a été légitimement empêché, ou que l'amende contre lui prononcée doit être modérée (Art. 356).

17. Les témoins déposent séparément l'un de l'autre. Avant de déposer, ils prêtent, à peine de nullité, serment de parler sans haine et sans crainte, et de dire toute la vérité, rien que la vérité. Le président leur demande leurs noms, prénoms, profession, âge et domicile, et s'ils sont parents, alliés ou serviteurs (Art. 317).

18. Le témoin ne peut être interrompu, mais il peut être questionné par le président, soit d'office, soit à la demande de l'accusé, et par les juges, pour le procureur général et les jurés, en demandant la parole au président. (Art. 319). Après son audition, chaque témoin reste dans l'auditoire. (Art. 320).

19. Après que les témoins produits par le procureur général et la partie civile sont entendus, l'accusé fait entendre ceux dont il a notifié la liste, soit sur les faits mentionnés dans l'acte d'accusation, soit pour attester qu'il est homme d'honneur, de probité et d'une conduite irréprochable. Les citations faites à la requête des accusés sont à leurs frais, ainsi que les salaires des témoins cités, s'ils en requièrent (Art. 321).

20. Toutefois, le procureur général peut faire citer à sa requête les témoins qui lui sont indiqués par l'accusé, dans le cas où il jugerait que leur déclaration peut être utile pour la découverte de la vérité (Même art.).

21. Lorsque la déposition d'un témoin paraît fausse, il peut être mis de suite en état d'arrestation, et l'affaire peut être renvoyée à une autre session (Art. 330 et 331).

22. Si l'accusé ou l'un ou plusieurs des témoins ne parlent pas la même langue, le président nomme d'office un interprète (Art. 332).

23. Quant aux devoirs des magistrats et des jurés, ils sont tracés par les art. 251 à 356 inclusivement, C. Inst. Crim., depuis l'ouverture de l'audience jusqu'à la déclaration du jury (V. ces articles).

24. Cette déclaration rendue, le président fait comparaître l'accusé, et le greffier lit en sa présence ladite déclaration (C. Inst. Crim., art. 357).

25. Lorsque l'accusé a été déclaré non coupable, le président prononce qu'il est acquitté de l'accusation, et ordonne qu'il soit mis en liberté, s'il n'est retenu pour autre cause. La Cour statue ensuite sur les dommages-intérêts respectivement prétendus, après que les parties ont proposé leurs fins de non-recevoir ou leurs défenses et que le procureur général a été entendu (Art. 358).

26. La Cour peut, néanmoins, commettre l'un des juges pour entendre les parties, prendre connaissance des pièces et faire son rapport à l'audience, où les parties peuvent encore présenter des observations, et où le ministère public est entendu de nouveau (Même art.).—V. *infrà*, n° 33.

27. L'accusé acquitté peut obtenir des dommages-intérêts contre ses dénonciateurs, pour fait de calomnie, sans néanmoins que les membres des autorités constituées puissent être ainsi poursuivis à raison des avis qu'ils sont tenus de donner, concernant les délits dont ils ont cru acquérir la connaissance dans l'exercice de leurs fonctions, et sauf contre eux la demande en prise à partie, s'il y a lieu. Le procureur général est tenu, sur la réquisition de l'accusé, de lui faire connaître ses dénonciateurs (Même art.).

28. Les demandes en dommages-intérêts, formées soit par l'accusé contre ses dénonciateurs ou la partie civile, soit par la partie civile contre l'accusé ou le condamné, sont portées à la Cour d'assises. La partie civile est tenue de former sa demande en dommages-intérêts avant le jugement; plus tard, elle est non recevable. Il en est de même de l'accusé, s'il a connu son dénonciateur (C. Instr. Crim., art. 359).

29. Dans le cas où l'accusé n'aurait connu son dénonciateur que depuis le jugement, mais avant la fin de la session, il est tenu, sous peine de déchéance, de porter sa demande à la Cour d'assises; s'il ne l'a connu qu'après la clôture de la session, sa demande est portée au tribunal civil (Même art.).

30. A l'égard des tiers qui n'auraient pas été parties au procès, ils doivent s'adresser au tribunal civil (Même art.).

31. Lorsque l'accusé a été déclaré coupable, le procureur général fait sa réquisition à la Cour, pour l'application de la loi. La partie civile fait la sienne pour les restitutions et dommages-intérêts (C. Instr. Crim., art. 362).

32. Le président demande à l'accusé s'il n'a rien à dire pour sa défense. L'accusé ni son conseil ne peuvent plus plaider que le fait est faux, mais seulement qu'il n'est pas défendu ou qualifié délit par la loi, ou qu'il ne mérite pas la peine requise, ou qu'il n'emporte pas de dommages-intérêts au profit de la partie civile, ou enfin que celle-ci élève trop haut les dommages-intérêts qui lui sont dus (Art. 363).

33. La Cour absout ou condamne, et, dans un cas comme dans l'autre, statue sur les dommages-intérêts prétendus par la partie civile ou par l'accusé; elle les liquide par le même arrêt, ou commet l'un des juges pour entendre les parties, prendre connaissance des pièces, et faire du tout son rapport comme il est dit *suprà*, n° 26. La Cour ordonne aussi que les effets pris soient restitués au propriétaire. Néanmoins, s'il y a eu condamnation, cette restitution n'est faite qu'en justifiant, par le propriétaire, que le condamné a laissé passer les délais sans se pourvoir en cassation, ou, s'il s'est pourvu, que l'affaire est définitivement terminée (C. Instr. Crim., art. 366).

34. Lorsque l'accusé est déclaré excusable, la Cour prononce conformément au Code Pénal (Art. 367).

35. L'accusé ou la partie civile qui succombe doit être condamné aux frais envers l'État et envers l'autre partie. Dans les affaires soumises au jury, la partie civile qui n'a pas succombé n'est jamais tenue des frais. Dans le cas où elle en a consigné, ils doivent lui être restitués. (Art. 368).

36. Le condamné et la partie civile ont trois jours francs à partir de la prononciation de l'arrêt pour se pourvoir en cassation (C. Instr. Crim., art. 373). Toutefois, si la partie civile demande l'annulation d'une ordonnance d'acquittement ou d'un arrêt d'absolution qui a prononcé contre elle des condamnations, elle n'a que vingt-quatre heures pour se pourvoir (Art. 374 et 412). — V. *Action civile.*

§ 2. — *Tribunaux correctionnels.*

37. Les tribunaux correctionnels, institués pour juger et réprimer les faits emportant peine correctionnelle, sont saisis de la connaissance des délits, soit par le renvoi qui leur en est fait (V. *Instruction criminelle,* n° 56), soit par une *citation* (V. ce mot).

38. Dans les affaires relatives à des délits qui n'entraînent pas la peine d'emprisonnement, le prévenu peut se faire représenter par un avoué; le tribunal peut, néanmoins, ordonner sa comparution en personne (C. Instr. Crim., art. 185).

39. Si le prévenu ne comparaît pas, il est jugé par défaut; mais le jugement est réputé non avenu, s'il y forme opposition (Art. 186 et 187). — V. *Jugement criminel.*

40. La preuve du délit dont le prévenu est inculpé doit être faite, soit par des procès-verbaux ou rapports, soit, à défaut de procès-verbaux, ou à leur appui, par témoins (C. Instr. Crim., art. 154).

41. Lorsqu'il existe des procès-verbaux et rapports émanés d'agents, préposés et officiers auxquels la loi n'a pas accordé le pouvoir d'être crus jusqu'à inscription de faux, le tribunal peut admettre la preuve contraire (Même art.).

42. Mais, dans aucun cas, il n'y a lieu à enquête lorsque cette opération tend à faire preuve outre ou contre le contenu aux procès-verbaux ou rapports des officiers de police ayant reçu de la loi le pouvoir de constater les délits ou les contraventions jusqu'à inscription de faux (Même art.). — V. *Procès-verbal.*

43. On ne peut assigner comme témoins les ascendants ou descendants de la personne prévenue, ses frères et sœurs ou alliés en pareil degré, la femme ou son mari, même après la séparation prononcée. Toutefois, l'audition de l'une des personnes ci-dessus désignées n'opère pas une nullité, lorsque, soit le ministère public, soit la partie civile, soit le prévenu, ne se sont pas opposés à ce qu'elles soient entendues (C. Instr. Crim., art. 156 et 189).

44. Les témoins sont appelés par exploit du ministère d'huissier (V. *Formule* 1), et, quoique la loi ne fixe aucun délai entre la citation et l'audition, nous pensons qu'entre ces deux actes il doit y avoir au moins vingt-quatre heures, outre un jour par trois myriamètres de distance entre le domicile du témoin et le lieu de l'enquête (Arg. art. 145, 146, 153, 154 et 189, C. Instr. Crim.).

45. Les témoins qui ne satisfont pas à la citation peuvent y être contraints par le tribunal qui, à cet effet et sur la réquisition du ministère public, prononce dans la même audience, sur le premier défaut, l'amende, et, en cas d'un second défaut, la contrainte par corps (C. Instr. Crim., art. 157). Cette amende est de 100 fr. (Même Code, art. 80).

46. Le témoin ainsi condamné à l'amende sur le premier défaut, et qui, sur la seconde citation, produit devant le tribunal des excuses légitimes, peut, sur les conclusions du ministère public, être déchargé de l'amende. Si le témoin n'est pas cité de nouveau, il peut comparaître volontairement, par lui, ou par un fondé de pouvoir spécial, à l'audience suivante, pour présenter ses excuses et obtenir, s'il y a lieu, dé-

charge de l'amende (C. Instr. Crim., art. 158). Le témoin qui allègue une
excuse reconnue fausse, est condamné, outre l'amende, à un emprisonnement de six jours à deux mois (C. Pén., art. 236).

47. L'instruction est publique à peine de nullité. Le procureur impérial, la partie civile, et, à l'égard des délits forestiers, le conservateur, in-
specteur ou sous-inspecteur forestier, ou, à leur défaut, le garde général,
exposent l'affaire : les procès-verbaux ou rapports, s'il en a été dressé,
sont lus par le greffier ; les témoins pour et contre sont entendus, s'il
y a lieu, et les reproches proposés et jugés (C. Instr. Crim., art. 190).

48. Avant leur déposition, les témoins font à l'audience, sous peine
de nullité, le serment de dire toute la vérité, rien que la vérité ; et le
greffier en tient note, ainsi que de leurs noms, prénoms, âge, profession
et demeure, et de leurs principales déclarations (Art. 155).

49. Les pièces pouvant servir à conviction ou à décharge sont représentées aux témoins et aux parties ; le prévenu est interrogé, et les personnes civilement responsables proposent leurs défenses ; le procureur
impérial résume l'affaire et donne ses conclusions ; le prévenu et les personnes civilement responsables du délit peuvent répliquer. Le jugement
est prononcé de suite, ou, au plus tard, à l'audience qui suit celle où l'instance a été terminée (Art. 190).

50. Si le fait n'est point réputé délit, le tribunal annule la citation et
l'instruction, renvoie le prévenu, et statue sur les demandes en dommages-
intérêts (Art. 191).

51. Si le fait n'est qu'une contravention de police, et si la partie publique ou la partie civile n'a pas demandé le renvoi, le tribunal applique
la peine, et statue, s'il y a lieu, sur les dommages-intérêts. Dans ce cas,
son jugement est en dernier ressort (Art. 192).

52. Si le fait est de nature à mériter une peine afflictive ou infamante,
le tribunal peut décerner de suite le mandat de dépôt ou le mandat d'arrêt ;
et il renvoie le prévenu devant le juge d'instruction compétent (Art. 193).

53. Tout jugement de condamnation rendu contre le prévenu et contre
les personnes civilement responsables du délit, ou contre la partie civile,
doit les condamner aux frais, même envers la partie publique. Ces frais
sont liquidés par le même jugement (Art. 194).

54. Dans le dispositif de tout jugement de condamnation, seront
énoncés les faits dont les personnes citées seront jugées coupables ou responsables, la peine et les condamnations civiles. Le texte de la loi dont
on fait l'application doit être lu à l'audience par le président ; il est fait
mention de cette lecture dans le jugement, et le texte de la loi y est inséré, sous peine de 50 fr. d'amende contre le greffier (Art. 195).

55. La minute du jugement est signée au plus tard dans les vingt-
quatre heures par les juges qui l'ont rendu. Les greffiers, qui délivrent
expédition d'un jugement avant que la minute ait été signée, sont poursuivis comme faussaires. Les procureurs impériaux se font représenter les
jugements et dressent procès-verbaux des contraventions (Art. 196).

56. Le jugement est exécuté à la requête du procureur impérial et de
la partie civile, chacun en ce qui le concerne. — V. *Exécution des actes
et jugements,* § 11.

57. Néanmoins, les poursuites pour le recouvrement des amendes et
confiscations sont faites, au nom du procureur impérial, par le directeur
de la régie des droits d'enregistrement et des domaines (C. Instr. Crim.,
art. 197).

§ 3. — *Tribunaux de simple police.*

58. Ces tribunaux, institués pour la répression des faits que la loi qualifie de *contraventions*, sont saisis de la connaissance de l'affaire, soit par le renvoi qui leur en est fait (V. *Instruction criminelle*), soit par une citation donnée à la requête du ministère public ou de la partie civile (V. *Citation*), soit par la comparution des parties sur un simple avertissement (C. Instr. Crim., art. 147).

59. Cette citation une fois donnée, et avant le jour de l'audience, le juge de simple police peut, sur la réquisition de la partie civile ou du ministère public, estimer ou faire estimer les dommages, dresser ou faire dresser les procès-verbaux, faire ou ordonner tous actes requérant célérité (Art. 148).

60. A cet effet, la partie civile présente une requête au juge; ce magistrat rend une ordonnance et déclare qu'il se transportera, aux jour et heure qu'il indique, sur les lieux, ou nomme un expert à l'effet de faire les estimations convenables. Dans ce dernier cas, cet expert, après la notification qui lui est faite de l'ordonnance du juge, prête serment, se transporte sur les lieux et dépose son rapport au greffe du tribunal de police. — V. *Formule* 3.

61. Si la personne citée ne comparaît pas au jour et à l'heure fixés par la citation, elle est jugée par défaut (C. Instr. Crim., art. 149). Elle peut former opposition à ce jugement (V. *Opposition*).

62. Lorsque la personne citée comparaît, elle peut se présenter par elle-même ou par un fondé de pouvoir spécial (Art. 152).

63. L'instruction de chaque affaire est publique, à peine de nullité. Elle se fait dans l'ordre suivant : 1° les procès-verbaux, s'il y en a, sont lus par le greffier ; 2° les témoins, s'il en a été appelé par le ministère public ou la partie civile, sont entendus, s'il y a lieu ; 3° la partie civile prend ses conclusions ; 4° la personne citée propose sa défense et fait entendre ses témoins, si elle en a amené ou fait citer, et si, aux termes de l'art. 154, elle est recevable à les produire ; 5° le ministère public résume l'affaire et donne ses conclusions ; 6° la partie citée peut proposer ses observations sur les conclusions ; 7° le tribunal prononce le jugement dans l'audience où l'instruction a été terminée, ou, au plus tard, dans l'audience suivante (C. Instr. Crim., art 153).

64. Les contraventions sont prouvées soit par procès-verbaux ou rapports, soit par témoins, à défaut de rapports et procès-verbaux, ou à leur appui. Nul n'est admis, à peine de nullité, à faire preuve par témoins outre ou contre le contenu aux procès-verbaux ou rapports des officiers de police ayant reçu de la loi le pouvoir de constater les délits ou les contraventions jusqu'à inscription de faux. Quant aux procès-verbaux et rapports faits par des agents, préposés ou officiers auxquels la loi n'a pas accordé le droit d'en être crus jusqu'à inscription de faux, ils peuvent être débattus par des preuves contraires, soit écrites, soit testimoniales, si le tribunal juge à propos de les admettre (Art. 154).

65. Les citations aux témoins sont délivrées par huissier. — Toutefois, lorsque l'affaire est portée devant un tribunal de police présidé par un maire, les témoins peuvent être cités par un avertissement du maire, qui indique le moment où leur déposition sera reçue (C. Instr. Crim., art. 170). Mais, si un témoin ainsi cité ne comparaît pas, on ne peut prononcer aucune peine contre lui, et il doit alors être cité par huissier.

66. Si le fait ne constitue pas une contravention de police, le tribunal annule la citation et tout ce qui a suivi, et statue par le même jugement sur les demandes en dommages-intérêts (C. Instr. Crim., art. 159). Si, au contraire, le fait est un délit qui emporte une peine correctionnelle ou plus grave, le tribunal renvoie les parties devant le procureur impérial (Art. 160).

67. Si le prévenu est convaincu de contravention de police, le tribunal¹ prononce la peine, et statue, par le même jugement, sur les demandes en restitution et en dommages-intérêts (Art. 161). La partie qui succombe est condamnée aux frais, même envers la partie publique. Les dépens sont liquidés par le jugement (Art. 162).

68. Tout jugement définitif de condamnation est motivé, et les termes de la loi appliquée y sont insérés, à peine de nullité; il y est fait mention s'il est rendu en premier ou dernier ressort (Art. 163). La minute du jugement est signée par le juge qui a tenu l'audience, dans les vingt-quatre heures au plus tard, à peine de 25 fr. d'amende contre le greffier, et de prise à partie, s'il y a lieu, tant contre le greffier que contre le président (Art. 164).

69. Le ministère public et la partie civile poursuivent l'exécution du jugement chacun en ce qui le concerne (Art. 165). — V. *suprà*, n° 56.

70. Les dispositions mentionnées *suprà*, aux n°ˢ 63, 64, 66 et suiv., sont applicables à l'instruction des affaires de simple police attribuées aux maires des communes non chefs-lieux de canton.

Formules.

1. *Assignation à témoins en matière criminelle.*

L'an. . ., à la requête du sieur. . ., élisant domicile à (*au lieu où siége le tribunal*), j'ai. . ., donné assignation à. . ., à comparaître . . ., le. . ., heure de. . ., à. . ., par-devant. . .; pour prêter serment de dire la vérité et déposer sur les faits et circonstances dont il sera donné connaissance et relatifs à (*énoncer la cause du procès*, par exemple : un vol d'effets mobiliers. commis à. . ., le. . ., et dont est accusé le sieur. . ., de la commune de. . .), déclarant auxdits sieurs. . ., que faute par eux de comparaître, ils seront condamnés aux peines et amendes prévus par la loi, et en outre contraints, par corps, à venir donner leur déposition ; et j'ai, etc.

V. n°ˢ 10 et 44 — Coût : V. *Citation*.

Enregistrement : 1 fr. 10 c. — Si la citation est donnée à la requête du ministère public, elle est enregistrée *en débet*.

2. *Notification du nom des témoins.*

L'an. . ., à la requête du sieur. . ., j'ai. . ., signifié et notifié à. . ., que les témoins produits par le requérant et qui seront entendus le. . ., heure de. . ., devant la Cour d'assises de. . ., séant à. . ., dans l'accusation de. . ., dirigée contre le sieur. . ., sont les ci-après nommés, savoir : 1°. . .; 2°. . .; à ce que ledit sieur... . n'en ignore, lui déclarant que la présente notification lui est faite conformément à l'art. 315, C. Inst. Crim., afin qu'il y ait tel égard que de raison; et j'ai, etc.

V. n° 44. — Coût : V. *Citation*.

Enregistrement de l'exploit : 1 fr. 10 c. — S'il est fait à la requête du ministère public, il est enregistré *en débet*.

3. *Requête au juge de paix (juge de simple police).*

A M. le juge de paix du canton de. . .

Le sieur. . . a l'honneur de vous exposer que, suivant procès-verbal de. . ., le sieur. . . a été trouvé passant avec quatre chevaux sur une pièce de terre sise à. . ., ensemencée en blé, et qu'il y a causé un dégât considérable ; que par exploit de. . ., en date du. . , il a cité le sieur. . ., pour votre audience de. . .; mais que d'ici là il y a à craindre que les traces du délit disparaissent; et vous prie, Monsieur le juge de paix, ce considéré, et conformément à l'art. 148, C. Inst. Crim., de nommer un expert à l'effet de constater le préjudice causé par la contravention susdite.

A. . ., le. . .

Ordonnance.

Nous, juge de paix du canton de. . .; vu la requête qui précède et l'art. 148, C. Inst. Crim.; nommons pour expert aux fins de ladite requête, le sieur. . ., et ordonnons qu'après serment prêté devant nous, le. . ., heure de. . ., à. . . il procédera à l'opération requise.

A. . ., le. . .

Notification à l'expert.

L'an. . ., à la requête de. . ., j'ai. . ., notifié et, avec ces présentes, donné copie au sieur. . . ., des requête et ordonnance ci-dessus, à ce qu'il n'en ignore, lui faisant sommation de se présenter aux jour, lieu et heure indiqués en ladite ordonnance, afin de prêter le serment de bien et fidèlement remplir la mission qui lui est confiée, et j'ai, etc.

V. n° 60. — Coût. V. *Citation.*
Enregistrement de l'exploit : 1 fr. 10 c.

TRIBUNAL DE SIMPLE POLICE. — V. *Tribunal criminel.*

TRIBUNAT. — Institué par la constitution du 22 frim. an VIII, le Tribunat, composé d'abord de cent membres et réduit plus tard à cinquante (Sénatus-consulte du 16 therm. an X), était une branche du pouvoir législatif. Il avait pour attribution spéciale de discuter les projets de loi soumis par le gouvernement ; il en votait l'adoption ou le rejet. Le Tribunat fut supprimé par le Sénatus-consulte du 19 août 1807.

TRICOTS A L'AIGUILLE (FABRICANTS OU MARCHANDS DE). — Sont patentables.

TRIPERIES. — Sont rangées dans la 1re classe des établissements insalubres (V. *Etablissements dangereux*, etc.).

TRIPIERS. — Sont patentables. — Il en est de même des cuiseurs ou échaudeurs d'abats, abatis et issues.

TRIPLE DROIT. — Il n'y a pas de *triple droit* en matière d'enregistrement. Mais, lorsque l'existence d'une contre-lettre sous seing privé, ayant pour objet une augmentation du prix stipulé dans un acte public ou dans un acte sous seing privé précédemment enregistré, vient à être constatée, quoique cette contre-lettre soit de nul effet, il est perçu, à titre d'amende, une somme triple de la somme qui aurait été due, sur les sommes stipulées dans la contre-lettre (L. 22 frim. an VII, art. 40). — V. *Contre-lettre, Office.*

TROMPERIE SUR LA MARCHANDISE. — Constitue un délit. — V. C. Pén., art. 423 ; LL. 27 mars 1851 et 5 mai 1855.

TROUBLE. — On distingue le trouble de *fait* et le trouble de *droit.* — Le trouble de *fait* est toute atteinte portée à la jouissance du possesseur ; le trouble de *droit* est toute demande judiciaire, tout acte judiciaire ou extrajudiciaire ou en ayant le caractère, qui tend à interrompre la jouissance du possesseur. — V. *Action possessoire.*

TROUVAILLE. — Chose trouvée inopinément et par hasard, sans qu'on en connaisse le propriétaire (V. *Epaves*). — Cette chose appartient au bout de trois ans à celui qui l'a trouvée (C. Nap., art. 2279). — V. *Meubles, Possession, Prescription, Trésor.*

TRUFFES (MARCHANDS DE). — Sont patentables.

TUERIES. — Sont rangées dans la 1re classe des établissements insalubres (V. *Etablissements dangereux*, etc.).

TUILERIES. — Sont rangées dans la 2e ou dans la 3e classe des établissements insalubres.

TUILES (FABRICANTS ET MARCHANDS DE). — Sont patentables.

TULLES (MARCHANDS DE). — Sont patentables.

TUTELLE. — 1. Charge civile déférée par la loi ou en vertu de sa disposition à une personne, pour administrer gratuitement la fortune et les biens d'une autre personne qui est hors d'état de se gouverner elle-même. — Ce mot s'emploie aussi pour désigner l'autorité et les fonctions du tuteur.—La tutelle ne doit être confondue ni avec la puissance paternelle, ni avec l'administration du père pendant le mariage.

Indication alphabétique des matières.

SECT. I.—DIFFÉRENTES ESPÈCES DE TUTELLE.

2. On distingue plusieurs espèces de tutelle.

3. *Tutelle légale.* — Celle qui est déférée par la loi, indépendamment de la manifestation d'aucune volonté personnelle.

4. Durant le mariage, le père est administrateur des biens personnels de ses enfants mineurs (C. Nap., art. 389). Cette administration est soumise aux règles de la tutelle (V. *Usufruit légal*) ; en conséquence, le père peut être exclu ou destitué de cette administration par le conseil de famille dans les mêmes cas et pour les mêmes causes qu'un tuteur pourrait l'être de la tutelle (Cass. 16 déc. 1829).

5. Après la dissolution du mariage, arrivée par la mort naturelle de l'un des époux, la tutelle des enfants mineurs non émancipés appartient de plein droit au survivant des père et mère (C. Nap., art. 390). Le père peut néanmoins nommer à la mère survivante et tutrice un conseil spécial, sans l'avis duquel elle ne peut faire aucun acte relatif à la tutelle ou peut seulement faire certains actes spécifiés (C. Nap., art. 391 et 392). — V. aussi *Curatelle*.

6. La mère n'est point tenue d'accepter la tutelle ; si elle la refuse, elle doit néanmoins administrer jusqu'à ce qu'elle ait fait nommer un tuteur (Art. 394). Si la mère tutrice veut se remarier, elle doit faire décider par le conseil de famille, avant l'acte de mariage, si la tutelle lui sera conservée ; si elle ne fait pas cette convocation, elle perd la tutelle de plein droit, et son nouveau mari devient solidairement responsable avec elle des suites de la tutelle indûment conservée (Art. 395) ; si la tutelle est conservée à la femme, le mari devient cotuteur solidaire avec elle, et responsable de la gestion postérieure au mariage (Art. 396).

7. *Tutelle déférée par le père ou la mère.* — Le dernier mourant des père et mère peut choisir un tuteur à ses enfants mineurs. Toutefois, ce choix est refusé à la mère remariée et non maintenue dans la tutelle. Dans le cas même où elle est maintenue dans la tutelle, le choix qu'elle a le droit de faire d'un tuteur pour les enfants de son premier lit, n'est valable qu'autant qu'il est confirmé par le conseil de famille. Le tuteur élu n'est pas toujours tenu d'accepter (C. Nap., art. 397 à 401).

8. *Tutelle des ascendants.* Lorsqu'il n'a pas été choisi au mineur un tuteur par le dernier mourant de ses père et mère, la tutelle appartient de droit à son aïeul paternel ; à défaut de celui-ci, à son aïeul maternel, et ainsi en remontant (C. Nap., art. 402). En cas de concurrence entre deux ascendants, V. C. Nap., art. 403 et 404.

9. *Tutelle déférée par le conseil de famille.* — Lorsqu'un enfant mineur non émancipé reste sans père ni mère, ni tuteur élu par ses père et mère, ni ascendants mâles, comme aussi lorsque le tuteur de l'une des qualités ci-dessus exprimées se trouve ou dans un cas d'exclusion ou valablement excusé, il est pourvu, par un conseil de famille, à la nomination d'un tuteur (Art. 405).—V. *Conseil de famille*.

10. Lorsque le mineur, domicilié en France, possède des biens dans les colonies, ou réciproquement, l'administration spéciale de ces biens est donnée à un protuteur qui est indépendant du tuteur pour sa gestion (Art. 417).

11. Le tuteur agit et administre en cette qualité du jour de sa nomination, si elle a eu lieu en sa présence ; sinon, du jour où elle lui a été notifiée (Art. 418). — V. *Conseil de famille*.

SECT. II. — Subrogé tuteur.

12. Dans toute tutelle, il doit y avoir un subrogé tuteur nommé par le conseil de famille (C. Nap., art. 420), savoir : dans les tutelles légales, avant l'entrée en fonctions du tuteur et à sa diligence, à peine, en cas de dol, de sa destitution, et sans préjudice des indemnités dues au mineur

(Art. 421) ; dans les autres tutelles, immédiatement après la nomination du tuteur (Art. 422). En aucun cas, le tuteur ne peut voter pour la nomination du subrogé tuteur qui doit être pris, hors le cas de frères germains, dans celle des deux lignes à laquelle le tuteur n'appartient pas (Art. 423).

13. Les fonctions du subrogé tuteur consistent à agir pour les intérêts du mineur, lorsqu'ils sont en opposition avec ceux du tuteur (Art. 420) ; elles cessent à la même époque que la tutelle (Art. 425).

14. Lorsque la tutelle devient vacante ou qu'elle est abandonnée par absence, le subrogé tuteur ne remplace pas de plein droit le tuteur ; mais il doit provoquer la nomination d'un nouveau tuteur, à peine de dommages-intérêts (Art. 424).

SECT. III. — Causes qui dispensent de la tutelle. — Incapacité, exclusion, destitution.

15. *Dispense d'être tuteur.* — Les causes qui dispensent de la tutelle sont énumérées dans les art. 427 et 437, C. Nap.—Lorsqu'une personne, dispensée de la tutelle, a été nommée à cette fonction, et qu'elle veut s'en faire décharger, sur la marche à suivre, V. *Conseil de famille.*

16. *Incapacité, exclusion, destitution.*—Les causes d'incapacité, d'exclusion et de destitution de la tutelle sont également énoncées dans les art. 442 et suiv., C. Nap. — En cas de réclamation contre la délibération qui reconnaît l'incapacité, admet l'exclusion ou prononce la destitution, V. également *Conseil de famille.*

SECT. IV. — Administration du tuteur.

17. Les fonctions du tuteur sont relatives à la personne et aux biens du mineur.

§ 1er. — *Fonctions du tuteur relatives à la personne du mineur.*

18. Le tuteur prend soin de la personne du mineur (C. Nap., art. 450) ; il pourvoit à sa nourriture et à son entretien, sous la surveillance du conseil de famille ; il veille à son éducation après le décès du survivant des père et mère, à moins que les tribunaux n'aient confié l'éducation du mineur à une autre personne que le tuteur, sur l'avis du conseil de famille (Cass. 8 août 1815).

19. En cas de survivance du père ou de la mère, l'éducation de leur enfant mineur appartient au survivant, comme conséquence de la puissance paternelle, à moins qu'en raison de circonstances graves, il n'en soit décidé autrement par le conseil de famille, sauf recours aux tribunaux.

20. L'obligation de pourvoir à la nourriture du pupille n'entraîne pas pour le tuteur celle d'y subvenir à ses frais, s'il ne lui doit pas des aliments à un autre titre (Duranton, t. 3, n° 530).

21. Le tuteur, qui a des sujets de mécontentement graves sur la conduite du mineur, peut requérir sa détention, mais seulement avec l'autorisation du conseil de famille (C. Nap., art. 375 et suiv., et 468).

22. Le tuteur élu ne peut s'opposer au mariage du mineur dans les cas prévus en l'art. 174, C. Nap., qu'avec l'autorisation du conseil de famille (Art. 175. — V. *Mariage*).

§ 2. — *Fonctions relatives à l'administration des biens du mineur.*

23. Le tuteur représente le mineur dans tous les actes civils (C. Nap., art. 450), autres que le mariage et le testament.

24. Tous les actes faits par le tuteur dans les limites de ses fonctions et avec les formalités prescrites doivent être réputés faits par le pupille en majorité (Arg. art. 1314, C. Nap. ; Duranton, t. 3, n° 574). — Mais le tuteur qui n'observe pas les formalités prescrites est un mandataire qui excède les limites de son mandat. — V. *Action rescisoire.*

25. Suivant Duranton, *Des contrats*, n° 1176, ce qui est jugé avec le tuteur qui n'a pas excédé les bornes de son pouvoir est censé l'avoir été avec le mineur lui-même. Telle est aussi notre opinion fondée sur ce que l'art. 1305, C. Nap., n'admet la rescision pour simple lésion que contre les conventions, et non contre les jugements.

26. *Obligations du tuteur à son entrée en fonctions.* — Il doit : 1° faire nommer immédiatement un subrogé tuteur (V. *suprà*, n° 12) ; 2° prendre inscription sur ses immeubles au profit du pupille (C. Nap., art. 2136. — V. *Inscription hypothécaire*) ; 3° dans les dix jours de sa nomination dûment connue de lui, requérir la levée des scellés et faire procéder à l'inventaire, en présence du subrogé tuteur (C. Nap., art. 451. — V. *Inventaire, Scellés*), à peine de dommages-intérêts qui peuvent s'apprécier par titres, papiers domestiques, témoins, commune renommée (Arg. art. 1415, C. Nap.).

27. 4° Dans le mois qui suit la clôture de l'inventaire, faire vendre, en présence du subrogé tuteur, aux enchères reçues par un officier public, après affiches, tous les meubles, autres que ceux que le conseil de famille l'a autorisé à conserver (C. Nap., art. 452). Cette disposition ne s'applique pas aux rentes soit sur l'État, soit sur particuliers (Duranton, t. 3, n° 543).

28. On peut adjuger valablement, sans une ordonnance du juge, des meubles dépendant d'une succession échue à des mineurs, au-dessous de l'estimation portée dans l'inventaire. La loi n'exige en effet le recours à la justice que dans le cas d'aliénations immobilières.

29. Les père et mère, tant que dure leur jouissance légale, sont dispensés de vendre les meubles, s'ils préfèrent les garder pour les remettre en nature. Dans ce cas, les meubles doivent être estimés par un expert du choix du subrogé tuteur et qui prête serment devant le juge de paix ; à la fin de la tutelle, le tuteur rend la valeur estimative de ceux des meubles qu'il ne peut représenter en nature (C. Nap., art. 453).

30. 5° Le tuteur, autre que le père ou la mère, doit faire régler par aperçu, par le conseil de famille, et selon l'importance des biens régis, la somme à laquelle peut s'élever la dépense annuelle du pupille et celle de l'administration de ses biens (Art. 454). Le même acte doit spécifier si le tuteur est autorisé à s'aider dans sa gestion d'un ou plusieurs administrateurs particuliers, salariés, et gérant sous sa responsabilité (Même art.).

31. 6° Il doit également faire déterminer positivement par le conseil de famille la somme à laquelle commencera pour lui l'obligation d'employer l'excédant des revenus sur la dépense. Cet emploi doit être fait dans le délai de six mois, passé lequel le tuteur doit les intérêts de toute somme non employée, quelque modique qu'elle soit (C. Nap., art. 455 et 456).

32. *Actes que le tuteur peut faire seul.* — Le tuteur administre les biens du mineur en bon père de famille, et répond des dommages-intérêts qui pourraient résulter d'une mauvaise gestion (C. Nap., art. 450).

33. Le tuteur peut seul et sans autorisation du conseil de famille :
1° Faire des baux, dont la durée n'excède pas neuf ans, de tous les biens des mineurs, même des bois mis en coupes réglées (V. *Bail en général*). — Mais il ne pourrait se rendre lui-même fermier des biens, à moins que le conseil de famille n'ait autorisé le subrogé tuteur à lui en passer bail (C. Nap., art. 450).

34. 2° Faire des réparations d'entretien; s'il s'agissait de grosses réparations, il serait prudent que le tuteur prît l'avis du conseil de famille.

35. 3° Toucher les revenus et les capitaux dus au mineur, en faire le recouvrement, en donner quittance, recevoir le remboursement des rentes (V. *Rente*), contraindre le débiteur au rachat desdites rentes dans les cas où cette contrainte est permise; transférer les rentes sur l'Etat, si elles n'excèdent pas 50 fr. de revenu, et même les actions de la Banque de France, et donner mainlevée de l'hypothèque attachée à une créance éteinte.

36. 4° Faire l'emploi des capitaux selon qu'il le juge convenable. Toutefois, s'il voulait les employer en acquisitions d'immeubles, il ferait bien, pour mettre sa responsabilité à couvert, de consulter auparavant le conseil de famille. Dans tous les cas, l'acquisition est valable à l'égard du vendeur (Duranton, t. 3, n° 570), à moins que l'acquisition n'ait été faite à terme et que le tuteur n'ait légèrement compté sur des rentrées qui n'ont pas eu lieu (Duranton, *loc. cit.*).

37. 5° Exercer les actions mobilières (Duranton, t. 3, n° 571), et cela même malgré l'opposition du conseil de famille (Riom, 15 avril 1809) ; les actions possessoires, quoiqu'elles s'appliquent à des droits immobiliers (Duranton, *loc. cit.*) ; exproprier les biens au nom de son pupille, pour recouvrer des créances mobilières dues à ce dernier (Bruxelles, 12 nov. 1806) ; défendre aux actions immobilières et aux demandes en partage (C. Nap., art. 464 et 465); interrompre toutes les prescriptions (Duranton, t. 3, n° 572) ; intervenir dans les ordres ou distributions de deniers, pratiquer toutes saisies, prendre ou renouveler les inscriptions hypothécaires, couvrir les péremptions.

38. 6° Interjeter appel (Cass. 17 nov, 1813. — *Contrà* Riom, 3 avril 1806) ; dans aucun cas, un tuteur ne peut renoncer à appeler dans une affaire qui intéresse son pupille ; dans aucun cas non plus, le droit d'appeler n'appartient au subrogé tuteur tant qu'il existe un tuteur (Limoges, 30 avril 1810).

39. 7° Il peut déférer le serment sur des objets dont l'aliénation lui est permise, sauf au pupille le moyen de la requête civile (C.P.C., art. 481) ; le serment peut être déféré au tuteur dans le même cas (C. Nap., art. 2275) ; néanmoins il a été jugé que l'aveu d'un tuteur ne forme aucun préjugé contre le pupille (Cass. 27 avril 1831).

40. 8° Il peut figurer dans un concordat et faire remise comme les autres créanciers, s'il n'est hypothécaire ou privilégié.

41. *Actes que le tuteur ne peut faire qu'avec l'autorisation du conseil de famille.* — L'avis du conseil de famille est nécessaire au tuteur, mais cet avis n'a pas besoin d'être homologué par le tribunal :

1° Pour accepter ou répudier une succession échue au mineur (Arg. art. 457, 458 et 467, C. Nap.; Duranton, t. 3, n° 577) ; pour renoncer à une communauté (Arg. art. 464, C. Nap.); pour obliger le mineur envers les créanciers d'une succession acceptée, soit en reconnaissant les créances, soit en consentant une hypothèque sur les biens héréditaires (Cass. 23 mars 1825) ; pour exercer un retrait successoral ; pour accepter une donation faite au mineur (C. Nap., art. 463.—V., toutefois, art. 935); pour accepter des legs universels ou à titre universel (Art. 1009 et 1012 ; Duranton, t. 3, n° 581).

42. 2° Pour introduire en justice une action relative aux droits immobiliers du mineur ou pour acquiescer à une demande relative aux mêmes droits (C. Nap., art. 474); l'adversaire du mineur qui a succombé ne pourrait opposer le défaut d'autorisation (Cass. 24 août 1813 ; 4 juin 1818) ; 3° pour déférer le serment sur une chose dont le tuteur n'a pas la libre disposition ; 4° pour se désister d'un appel interjeté pour le mineur en matière immobilière (Bruxelles, 23 nov. 1806); 5° pour provoquer un partage (C. Nap., art. 465); 6° pour renouveler avec la même spécialité d'hypothèque le titre de rente constituée que doit le mineur.

43. *Actes pour lesquels l'homologation du tribunal est nécessaire.*— Le tuteur ne peut, sans l'autorisation du conseil de famille homologuée par le tribunal :

1° Aliéner ni hypothéquer les immeubles du mineur: L'autorisation ne doit être accordée que pour cause d'une nécessité absolue ou d'un avantage évident (C. Nap., art. 457 et 458).—Toutefois, l'autorisation et l'homologation ne sont pas nécessaires dans le cas de licitation provoquée par un propriétaire indivis (Art. 460), ni dans le cas d'expropriation forcée. —V., d'ailleurs, *Saisie immobilière*, *Vente.*

44. 2° Proroger le délai de rachat d'un immeuble acquis à réméré par le mineur ou son auteur; c'est une véritable aliénation (Cass. 18 mai 1813); —emprunter et hypothéquer dans l'intérêt des mineurs (Paris, 11 nov. 1812) ; l'avis de la famille pourrait suffire s'il s'agissait d'emprunter sans hypothèque ; — donner mainlevée sans recevoir la créance, ou transférer une hypothèque d'un bien sur un autre (Circul. min. just. et fin. 29 frim. et 14 niv. an XIII ; Grenier, *Hypoth.*, n° 521 ; Metz, 18 juin 1824) ; — restreindre l'hypothèque légale pendant le cours de la tutelle (C. Nap., art. 2143).

45. 3° Le tuteur ne peut transiger au nom du mineur qu'après l'autorisation du conseil de famille et de l'avis de trois jurisconsultes désignés par le procureur impérial près le tribunal de première instance. La transaction n'est valable qu'autant qu'elle a été homologuée par le tribunal de première instance, après avoir entendu le procureur impérial. (C. Nap., art. 467).

46. *Actes absolument interdits au tuteur.*—Le tuteur ne peut, même avec l'autorisation du conseil de famille : 1° compromettre au nom du mineur (C.P.C., art. 83 et 1004) ; 2° se rendre acquéreur par lui-même ou par personne interposée des biens du mineur, à peine de nullité ; 3° accepter la cession d'aucun droit ou créance contre son pupille (C. Nap., art. 459) ; 4° faire aucun traité avec le pupille avant l'apuration du compte de tutelle (Art. 472.—V. *Compte*).

SECT. V. — FIN DE LA TUTELLE. — RESPONSABILITÉ DU TUTEUR.

47. *Fin de la tutelle.*—Relativement au pupille, la tutelle finit par sa mort naturelle, par son émancipation, par sa majorité. Toutefois, jusqu'à la reddition du compte et la remise des titres et papiers, le tuteur doit faire tous les actes d'urgence, et, par exemple, suivre les procédures commencées (Duranton, t. 3, n° 617). Décidé que la procédure continuée avec la tutrice du mineur, devenu majeur pendant le cours de l'instance, et le jugement qui a été rendu ne sont pas nuls, si le changement d'état n'a pas été dénoncé (Cass. 12 août 1823).

48. Relativement au tuteur, la tutelle finit par sa mort naturelle, par ses excuses dûment agréées, par sa destitution ou la non-maintenue de la mère qui se remarie, et enfin, pour le tuteur testamentaire, par l'expiration du temps fixé ou par l'événement de la condition.

49. Les actes, consentis par une mère déchue de la tutelle à cause de son nouveau mariage, sont nuls et ne peuvent être validés par le conseil de famille (Nîmes, 19 prair. an XIII) ; mais cette nullité, introduite dans l'intérêt des mineurs, ne peut leur être opposée (Cass. 28 mai 1823).

50. Les héritiers du tuteur doivent continuer la tutelle jusqu'à la nomination d'un nouveau tuteur (Pau, 3 mars 1818) ; il en est de même du tuteur qui a perdu la tutelle et de celui qui a été destitué et qui n'adhère pas à la délibération qui prononce la destitution. — Les actes qu'ils font jusqu'à l'entrée en fonctions du nouveau tuteur sont valables (Colmar, 25 juin 1817; Limoges, 17 juill. 1822).

51. *Responsabilité.* — Le tuteur est responsable des dommages-intérêts qui résultent d'une mauvaise gestion (C. Nap., art. 450). Cette expression, *mauvaise gestion*, indique que le tuteur n'est responsable que du dol et des fautes graves et légères, et non des fautes très-légères (Duranton, t. 3, nᵒˢ 605 et 606).

52. Ainsi, le tuteur est responsable du défaut du renouvellement d'une inscription hypothécaire, du défaut de production dans un ordre ou une contribution, de l'insolvabilité des débiteurs survenue par défaut de poursuites en temps opportun. — Dans tous ces cas, l'appréciation de la gravité de la faute dépend des circonstances et est abandonnée au pouvoir discrétionnaire du juge (Duranton, t. 3, nᵒ 607).

53. Néanmoins, la loi a déclaré le tuteur responsable dans divers cas, par exemple, s'il a négligé d'accepter la donation faite au mineur (C. Nap., art. 942), ou de la faire transcrire (Même art.); d'exercer un réméré (Art. 1663); d'interjeter un appel (C.P.C., art. 444); d'interrompre les prescriptions en temps utile (C. Nap., art. 2278); lorsque le tuteur datif n'a pas provoqué la nomination du subrogé tuteur (C. Nap., art. 421).

54. L'action en responsabilité s'exerce lors de la reddition du compte de tutelle, en portant en recette, au profit du mineur, une somme égale au préjudice que le fait qui donne lieu à la responsabilité a causé à ce mineur. En cas de contestation, les tribunaux statuent.

55. A la fin de toute tutelle, le tuteur doit rendre compte de sa gestion. — V. *Compte.*

TUTELLE AD HOC.

1. Celle qui a lieu lorsqu'il s'agit de représenter le mineur dans un acte ou une affaire déterminée.

2. Il y a lieu de nommer un tuteur *ad hoc*, lorsque, pendant le mariage, le père a des intérêts opposés à ceux de ses enfants mineurs (Turin, 9 janv. 1811), ou lorsque, pendant la disparition ou l'interdiction du père, la mère a des intérêts opposés à ceux de ses enfants. Le tuteur *ad hoc* est toujours nommé par le conseil de famille. — V. *Conseil de famille.*

3. Durant la tutelle, il n'y a pas lieu à la nomination d'un tuteur *ad hoc* : le subrogé tuteur agit lorsque les intérêts du mineur sont en conflit avec ceux du tuteur (C. Nap., art. 420. —V. *Tutelle,* nᵒ 13).

4. Lorsque, dans un partage, il y a plusieurs mineurs qui ont des intérêts opposés, on doit donner à chacun d'eux un tuteur spécial et particulier (V. *Partage*). Dans ce cas, la nomination du tuteur est provoquée par celui qui a requis le partage.

5. Enfin, il y a lieu de nommer un tuteur *ad hoc*, dans certains cas, aux enfants naturels qui veulent contracter mariage (V. C. Nap., art. 159).

TUTELLE DES ENFANTS NATURELS.

— La tutelle des enfants naturels reconnus est régie par les mêmes principes que celle des enfants légitimes (V. *Tutelle*). — V., toutefois, *Conseil de famille,* nᵒ 12. — Quant aux enfants naturels admis dans les hospices, V. *Conseil de famille,* nᵒ 13.

TUTELLE DES INTERDITS.

— Elle est assimilée à celle des mineurs (V. *Tutelle,* et, surtout, *Interdiction*).

TUTELLE OFFICIEUSE.

— **1.** Contrat de bienfaisance par lequel on s'oblige de nourrir et élever gratuitement un mineur, de le mettre en état de gagner sa vie et d'administrer ses biens (V. C. Nap., art. 361 et suiv.).

2. Si, au moment de la tutelle officieuse, le pupille est en tutelle et s'il a des biens, l'administration de ces biens et le soin de sa personne passent au tuteur officieux qui ne peut, néanmoins, imputer les dépenses de l'éducation sur les revenus du pupille (C. Nap., art. 363). — Un subrogé tuteur n'est pas exigé dans la tutelle officieuse (Duranton, t. 3, n° 340).

3. Les père et mère conservent les attributs de la puissance paternelle sur la personne de l'enfant et l'usufruit légal de ses biens (Duranton, t. 3, n° 339. — V. *Usufruit légal*).

TUTEUR. — Celui qui est chargé de prendre soin de la personne d'un mineur ou d'un interdit, d'administrer ses biens, et de le représenter dans tous les actes civils. — V. *Interdiction, Tutelle*.

TUYAUX. — Les fabricants de tuyaux en fil de chanvre pour les pompes à incendie et les arrosements sont patentables.

U.

ULTRA PETITA.—Il y a *ultra petita* lorsqu'un jugement accorde plus qu'il n'a été demandé.—V. *Cassation, Plus-pétition, Requête civile*.

UNILATÉRAL (CONTRAT).—V. *Contrat*, n° 3.

UNION DES CRÉANCIERS. — Des créanciers peuvent s'unir pour remplir en commun certaines formalités, ou pour faire opérer le recouvrement de leurs créances. — En matière de faillite, on appelle *contrat d'union* le contrat par lequel les créanciers d'un failli qui n'a point obtenu de concordat s'unissent pour procéder en commun à la liquidation de l'actif du failli et au recouvrement de leurs créances (V. *Faillite*, n[s] 313 et suiv.).

UNIVERSITÉ. — Les recouvrements de la rétribution universitaire (ce qui comprend tous les *frais d'études*) et du droit annuel (droit dû par les chefs d'institution et maîtres de pension) sont poursuivis sur les rôles rendus exécutoires par le préfet, et à la diligence des agents du Trésor public, dans les mêmes formes que pour les contributions directes. — V. *Contributions directes*.

URATE (mélange d'urine avec la chaux, le plâtre et les terres). — Les établissements consacrés à la fabrication de l'urate sont rangés dans la première classe des établissements insalubres (V. *Établissements dangereux*, etc.).

URBAINE (SERVITUDE). — V. *Servitude*.

URGENCE. — Ne doit pas être confondue avec *célérité* (V. ce mot). — Une affaire est dite *urgente* lorsqu'il y a péril en la demeure, par exemple, quand on serait sans justice si la décision n'était pas rendue à l'instant même. — Dans ce cas, une procédure spéciale a été instituée, le président du tribunal de première instance est investi du droit de statuer provisoirement, sans aucun délai, sur toutes les difficultés qui peuvent se présenter (V. *Référé*). — C'est au président du tribunal qu'il appartient d'apprécier si l'affaire est ou non urgente.

USAGE. — **1**. « Tout ce qui se pratique d'ordinaire dans un pays, par rapport aux différentes affaires qui se traitent parmi les hommes. » (Bouhier, *Observations sur la coutume de Bourgogne*, chap. 13, n° 34).

2. L'art. 1041, C.P.C., a abrogé non-seulement toutes les lois et tous

les règlements, mais encore toutes les coutumes et tous les usages antérieurs relatifs à la procédure civile. — V. *Coutume.*

3. Mais si, en matière civile, les coutumes ont été également abrogées
(L. 30 vent. an XII, art. 7), les usages ont continué de subsister, et plusieurs articles du Code Napoléon renvoient aux usages locaux (V. art.
590, 591, 593, 645, 663, 671, 674, 1135, 1159, 1648, 1736, 1753, 1754,
1758, 1759, 1762, 1766, etc.).

4. C'est surtout en matière de commerce que les usages locaux peuvent avoir une grande autorité. Dans la session de 1865, un projet de loi
a même été présenté au Corps législatif dans le but de consacrer les usages commerciaux. Mais l'examen, la discussion et le vote de ce projet ont
été reportés à la session prochaine.

5. L'usage ne peut s'établir que par des faits uniformes, publics, multipliés, observés par la généralité des habitants, réitérés par un long
espace de temps, constamment tolérés par le législateur, non contraires à
l'ordre ou à l'intérêt public (Merlin, *Répert.*, v° *Usage*; Toullier, t. 1er,
n° 159 ; Mailher de Chassat, *De l'Interprétation des lois*, p. 235).

6. Quand l'usage réunit ces caractères, il peut servir à l'interprétation
des lois. La loi n'a même pas de meilleur interprète que l'usage. *Optima
est legum interpres consuetudo.*

7. Lorsque la loi est muette, l'usage peut aussi suppléer à son silence :
c'est ainsi que, dans de nombreux cas qu'il indique (V. *suprà*, n° 3), le
Code Napoléon a lui-même renvoyé aux usages locaux pour suppléer ou
compléter ses dispositions.

8. Mais les juges ne doivent et ne peuvent fonder leurs décisions sur
des usages locaux que dans les cas spéciaux où la loi s'y réfère d'une manière expresse.

9. Dans ces cas, l'usage opposé par l'une des parties et contesté par
l'autre, peut se prouver par titres et par témoins devant les tribunaux
civils ; devant les tribunaux de commerce, il peut se prouver par des
parères ou avis de négociants (V. *Parère*).

USAGE (DROIT D'). — **1.** Droit qu'un individu a de percevoir les
fruits d'un fonds appartenant à autrui jusqu'à concurrence de ce qui est
nécessaire à ses besoins et à ceux de sa famille (C. Nap., art. 630).

2. Ce droit étant établi sur un immeuble est lui-même immobilier :
d'où il suit que la constitution du droit d'usage est passible du droit proportionnel de mutation immobilière; que, pour obtenir la jouissance qui
lui est due, l'usager a une action réelle ; que le tribunal compétent est
celui de la situation de l'immeuble ; et que l'usager, s'il a été envoyé en
possession de l'immeuble soumis à sa jouissance, peut exercer les actions
possessoires.

3. Le droit d'usage s'établit de la même manière que celui d'usufruit,
c'est-à-dire par une disposition de la loi ou par la volonté de l'homme
(C. Nap., art. 625. — V. *Usufruit*).

4. Lorsqu'il est établi par la volonté de l'homme, il peut l'être, soit
par actes entre-vifs, soit par dispositions testamentaires ; il peut l'être
purement et simplement, ou sous condition.

5. L'étendue du droit d'usage se règle d'après les dispositions du titre
qui l'établit (C. Nap., art. 628). Si le titre ne s'explique point à cet
égard, celui qui a l'usage des fruits d'un fonds ne peut en exiger qu'autant
qu'il lui en faut pour ses besoins et ceux de sa famille ; il peut en exiger
pour les besoins même des enfants qui lui sont survenus depuis la concession de l'usage (Art. 629 et 630).

6. Le droit d'usage est indivisible. Ainsi, lorsque l'usufruit d'un fonds a été légué à l'un, et le droit d'usage à un autre, l'usager ne doit pas souffrir de réduction par contribution sur le partage des fruits du fonds ; il doit être servi de préférence et en premier ordre vis-à-vis de l'usufruitier (Proudhon, *Usufruit*, n° 2742).

7. L'usager ne peut céder ni louer son droit à un autre (C. Nap., art. 631). Il suit de là que, quoique le droit d'usage établi sur un fonds soit immobilier (V. *suprà*, n° 2), il n'est pas susceptible d'être hypothéqué séparément comme l'usufruit, ni d'être saisi, ainsi que l'enseignent tous les auteurs.

8. L'usager doit jouir par lui-même, lorsque tous les fruits produits sont absorbés par ses besoins; alors, il doit être mis en possession de l'immeuble, et est seul assujetti aux frais de culture, aux réparations d'entretien et au paiement des contributions (C. Nap., art. 635). Mais, si une partie des fruits seulement satisfait à ses besoins, la possession doit alors rester au propriétaire qui doit délivrer à l'usager les fruits qui lui sont dus, et ce dernier contribue aux frais dont il vient d'être parlé dans la proportion de sa jouissance (Même art.).

9. La défense faite à l'usager de céder ou de louer son droit à un autre s'applique même au cas où il absorbe tous les fruits : le principe posé en l'art. 631 précité ne comporte pas de distinction. Mais le titre constitutif peut permettre la cession ou le transport du droit à un autre ; alors, le droit d'usage peut être hypothéqué par l'usager ou saisi sur lui (Duranton, t. 5, n° 24). C'est une exception au principe.

10. L'usager devient pleinement propriétaire des fruits qu'il perçoit ; quand donc il a perçu les fruits qui lui appartiennent, il semble qu'il puisse en disposer à son gré. Si, à l'époque où finit l'usage, il reste des fruits que l'usager n'ait pas consommés, le propriétaire ne peut en exiger la restitution.

11. L'usager, mis en possession de la chose soumise à son droit, doit jouir en bon père de famille (C. Nap., art. 627). Il est assujetti aux mêmes garanties que l'usufruitier : ainsi, comme ce dernier, il ne peut entrer en jouissance sans avoir donné caution et fait un inventaire (Art. 626), à moins qu'il n'en soit dispensé par le titre.

12. Si, dans le cas où l'usager doit fournir une caution, il n'en pouvait pas trouver, le tribunal ne pourrait ordonner ni la mise à ferme ni le séquestre des immeubles. Il suffirait alors de lui assurer une prestation annuelle de denrées, correspondante à la mesure de ses besoins, et, par ce moyen, le propriétaire resterait seul en jouissance du fonds (Proudhon, n° 2785).

13. Le droit d'usage s'éteint de la même manière que l'usufruit (C. Nap., art. 625). Toutefois, il est à remarquer que si ce droit a été établi au profit non-seulement de l'usager, mais encore de ses enfants, la mort de ces derniers peut seule l'éteindre. Il est à remarquer aussi que, dans le cas de renonciation par l'usager au droit d'usage ou d'abus de jouissance, les créanciers de l'usager ne peuvent intervenir pour demander à être subrogés aux lieu et place de leur débiteur, le droit d'usage n'étant pas cessible. Mais il nous semble qu'il en devrait être autrement si la cession avait été autorisée par le titre constitutif.

USAGE LOCAL.—Celui qui ne s'est établi que dans certaine localité et n'existe pas dans d'autres.—Il peut être prouvé par témoins. C'est ce qui a été décidé, notamment, à l'égard d'un usage local permettant la plantation d'arbres à haute tige à une distance moindre que celle fixée par l'art. 671, C. Nap. (Toulouse, 7 janv. 1842). — V. *Usage*.

USAGES COMMERCIAUX.—Ces usages sont une des sources dans

63.

lesquelles les tribunaux de commerce doivent puiser les éléments de leur décision (Avis du Cons. d'Etat, 13-22 déc. 1811). — V. *Usage.*

USAGES DANS LES BOIS ET FORÊTS. — **1.** L'usage, dans les bois ou forêts, est le droit d'exiger, pour ses besoins et à raison de son domicile, certains produits des bois ou forêts appartenant à autrui. — Il est réglé par des lois particulières (C. Nap., art. 636).

2. On peut avoir droit au pâturage dans les bois ou forêts, soit parce qu'on en est le seul propriétaire, soit parce qu'on en est propriétaire indivis, soit parce qu'on fait partie d'une commune qui en est propriétaire, soit enfin parce qu'on a un droit d'usage.

3. Lorsqu'on possède seul une forêt, on peut exercer comme on l'entend le droit de pâturage, et même introduire des moutons. Toutefois, si la forêt était grevée d'usages en bois, les usagers pourraient demander que l'exercice du droit de pâturage avec des moutons fût limité, sinon interdit.

4. Si plusieurs particuliers sont propriétaires indivis d'une même forêt, ils doivent se régler de gré à gré sur la manière dont ils useront chacun du pâturage ; s'ils ne tombent pas d'accord, c'est aux tribunaux à connaître de leurs difficultés et à régler les droits de chacun. — V. *Pâturage.*

5. Le droit d'usage dans les bois et forêts de l'Etat ne se prouve que par des actes du gouvernement et des jugements ou arrêts définitifs (C. For., art. 61). Le même droit dans les bois des communes et des particuliers a pu s'acquérir non-seulement par titres, mais encore par une prescription trentenaire (Cass. 19 juill. et 28 nov. 1827 ; 19 août 1829). L'Etat, les communes et les particuliers ont la faculté de convertir ces droits en cantonnement ou de les racheter. — V. *Cantonnement.*

6. *De l'exercice des droits d'usage dans les bois soumis au régime forestier* (V. *Forêts*).— L'exercice des droits d'usage dans les forêts de l'Etat non affranchies au moyen d'un cantonnement peut toujours être réduit par l'administration suivant l'état et la possibilité des forêts. En cas de contestation sur la possibilité et l'état des forêts, les usagers peuvent recourir aux conseils de préfecture (C. For., art. 65). Le recours au Conseil d'Etat contre les décisions des conseils de préfecture a un effet suspensif (Ord. 1er août 1827, art. 117). On entend par *possibilité* des forêts l'état d'après lequel elles peuvent ou non supporter les charges qui les grèvent, sans être ruinées ou considérablement dégradées.

7. La durée de la glandée et du panage ne peut excéder trois mois. L'époque de l'ouverture en est fixée chaque année par l'administration forestière (C. For., art. 66). *Glandée, Panage* et *Paisson* sont trois termes synonymes, qui signifient ou la récolte du gland et des faînes, ou le droit d'envoyer les bestiaux et surtout les porcs dans les forêts pour paître le gland tombé.

8. Quels que soient l'âge ou l'essence des bois, les usagers ne peuvent exercer leurs droits de pâturage et de panage que dans des cantons déclarés défensables par l'administration forestière, sauf le recours au conseil de préfecture, et ce, nonobstant toute possession contraire (C. For., art. 67). La *défensabilité* est la qualité des bois, qui leur permet, à raison de l'âge où ils sont parvenus, de se défendre contre la dent des bestiaux.

9. L'administration forestière fixe, d'après les droits des usagers, le nombre des porcs qui peuvent être mis en panage et des bestiaux qui peuvent être admis au pâturage (C. For., art. 68). Si l'administration refuse d'admettre des usagers comme n'ayant pas droit au panage ou au pâturage, c'est une question de la compétence des tribunaux. Mais si, reconnaissant le droit, elle n'admet qu'une partie des bestiaux par un motif quelconque, la question est attribuée aux conseils de préfecture.

10. Les chemins par lesquels les bestiaux doivent passer pour aller au pâturage ou au panage et en revenir sont désignés par les agents forestiers (C. For., art. 71). Si les chemins ne convenaient pas aux usagers, ils devraient recourir aux tribunaux.

11. Les porcs et bestiaux doivent être marqués d'une marque spéciale à peine d'une amende de 3 fr. par chaque tête de bétail non marqué (C. For., art. 73). L'usager doit déposer l'empreinte de cette marque au greffe du tribunal de première instance, et le fer servant à la marque au bureau de l'agent forestier local ; le tout sous peine de 50 fr. d'amende (C. For., art. 74). Les usagers doivent mettre des clochettes au cou de tous les animaux admis au pâturage, sous peine de 2 fr. d'amende par chaque bête qui serait trouvée sans clochette dans les forêts (Même Cod., art. 75).

12. Lorsque les porcs et les bestiaux des usagers sont trouvés hors des cantons déclarés défensables ou désignés pour le panage, ou hors des chemins indiqués pour s'y rendre, il y a lieu contre le pâtre à une amende de 3 à 30 fr. En cas de récidive, le pâtre peut être condamné en outre à un emprisonnement de cinq à quinze jours (C. For., art. 76).

13. Si les usagers introduisent au pâturage un plus grand nombre de porcs que celui fixé par l'administration, il y a lieu, pour l'excédant, à l'application des peines prononcées par l'art. 199 (Même Code, art. 77).— V. d'ailleurs *Délit forestier, Forêts.*

14. *De l'exercice des droits d'usage dans les bois des particuliers.*— La glandée et le panage ne peuvent excéder trois mois (C. For., art. 66 et 120). L'époque de l'ouverture est fixée par titres ou d'après l'usage des lieux. S'il n'y a ni titre ni usage, l'autorisation du propriétaire est nécessaire, et, si celui-ci la refuse, la difficulté peut être réglée en référé devant le président du tribunal civil.

15. Les droits de pâturage, parcours, panage et glandée, ne peuvent être exercés que dans les parties de bois déclarées défensables par l'administration forestière et suivant l'état et la possibilité des forêts reconnus et constatés par la même administration. Les chemins par lesquels les bestiaux devront passer pour aller au pâturage et pour en revenir seront désignés par le propriétaire (C. For., art. 119), sauf recours des usagers aux tribunaux en cas de contestation.

16. L'art. 68, C. For., n'est pas applicable aux forêts des particuliers ; cependant, de ce que les usagers ne peuvent user de leurs droits en pâturage que suivant l'état et la possibilité des forêts reconnus et constatés par l'administration forestière, il suit que l'administration doit examiner quelle quantité de bestiaux peut recevoir la forêt. Le droit de chaque usager dépend de ses titres et est de la compétence exclusive des tribunaux.

17. Les art. 73, 75 et 76, C. For., sont applicables aux bois et forêts des particuliers.—V. aussi *Délit forestier, Forêts.*

USANCE. — Ce mot s'emploie pour indiquer le délai qu'il est d'usage, en France, d'accorder pour le paiement d'une lettre de change. Ce délai est de trente jours qui courent du lendemain de la date.—V. *Lettre de change,* n°° 110 et s.

USINES.—1. Etablissements industriels (moulins, manufactures, etc.) dont les machines sont mues par une force motrice naturelle ou artificielle, telle que l'eau, la vapeur, le vent.

2. *Usines à eau.* — Aucune usine ne peut être construite sur les cours d'eau, navigables et flottables ou non, sans une autorisation de l'administration. La même autorisation est nécessaire pour le déplacement d'une usine.

3. Les demandes d'autorisation et les autorisations sont soumises, dans tous les cas, aux mêmes formalités. Si l'usine rentre dans l'une des classes des établissements incommodes ou insalubres, il y a lieu, en outre, de remplir les formalités prescrites pour l'autorisation de ces sortes d'établissements (V. *Etablissements dangereux*, etc.).

4. Il est permis aux intéressés de s'opposer à la demande d'autorisation. Les oppositions ne sont soumises à aucune forme particulière ; il suffit qu'elles interviennent durant le cours de l'instance administrative, soit par déclaration sur le procès-verbal d'enquête, soit par lettre adressée aux fonctionnaires chargés de procéder aux opérations préalables, soit par acte extrajudiciaire, pour qu'elles soient examinées. Mais elles ne peuvent être prises en considération qu'autant qu'elles reposent sur un motif sérieux.

5. L'autorisation n'est jamais accordée qu'aux risques et périls de celui qui l'obtient, et sans préjudice des droits des tiers, qui, en conséquence, et nonobstant la décision de l'autorité administrative sur les oppositions, peuvent élever toutes questions de propriété ou de servitudes, ou former toutes demandes en dommages-intérêts.

6. Les usines, même régulièrement autorisées, peuvent être supprimées, soit par voie d'expropriation pour cause d'utilité publique, soit par suite de la diminution ou de la disparition des forces motrices, par l'effet de l'exécution de travaux publics, soit par la révocation de l'autorisation. La suppression a lieu, suivant les cas et selon les circonstances, avec ou sans indemnité.

7. Lorsqu'une usine n'a point été autorisée, les travaux de construction de cette usine peuvent être arrêtés soit par le préfet, soit même par le sous-préfet, s'il y a urgence, soit sur la demande des tiers intéressés, soit sur le vu des procès-verbaux des agents de l'administration, et, si la destruction de l'usine est définitivement ordonnée, les tiers peuvent se pourvoir en réparation du dommage que les travaux de construction leur ont fait éprouver.

8. Dans le cas de chômage, accidentel ou périodique, par suite de l'exécution de travaux entrepris dans un intérêt particulier ou même dans un intérêt général, d'une usine qui, antérieurement, avait été légalement autorisée, il est dû à l'usinier une indemnité, à moins que le chômage n'ait été prévu dans l'acte de concession comme devant être supporté par l'usinier.

9. Les questions auxquelles peut donner lieu l'établissement des usines sur les cours d'eau sont, suivant leur objet et leur nature, de la compétence soit des préfets et du Gouvernement, comme exerçant les actes de pure administration, soit des tribunaux administratifs (Conseils de préfecture et Conseil d'État), soit des tribunaux civils ordinaires.—V. *Compétence administrative.*

10. *Usines à vapeur.* —Les usines à vapeur sont réglementées par le décret du 25 janv. 1865, qui rapporte l'ordonnance du 22 mai 1843, les a divisées en trois catégories, et n'en permet la construction ou l'établissement qu'après que l'administration a acquis la certitude qu'elles seraient sans dangers et sans inconvénient pour les voisins.

11. Nonobstant tous les renseignements qu'a pu prendre préalablement l'administration et les enquêtes qui ont précédé l'autorisation, cette autorisation n'est jamais conférée, comme pour les usines à eau, qu'aux risques et périls de celui qui l'obtient, et sans préjudice des droits des tiers.

12. Or, les droits des tiers ne consistent pas seulement à former des oppositions à l'autorisation de construction et à se pourvoir contre cette autorisation; ils peuvent, de plus, recourir devant les tribunaux pour se faire indemniser du dommage que les usines autorisées pourraient leur causer (Décr. 13 avril 1810, art. 11, et 6 sept. 1813).

13. Les demandes en indemnité peuvent donc être formées même par les voisins qui se sont opposés à l'établissement de l'usine, et encore bien que leur opposition ait été rejetée, ce rejet ne constituant pas, en pareil cas, une fin de non-recevoir (Aix, 8 fév. 1821; Cass. 23 mai 1821).

14. Ces demandes peuvent se fonder, par exemple, sur le dommage que les exhalaisons des usines occasionneraient aux propriétés voisines (Aix, 14 mai 1825; Cass. 11 juill. 1826), ou sur le préjudice ou les inconvénients que produiraient pour les voisins les émanations de la cheminée de l'usine déposant de la suie et de la poussière de houille (Colmar, 16 mai 1828).

15. Mais c'est une question encore controversée que de savoir si, lorsque le dommage causé aux propriétés voisines est seulement *moral*, il peut aussi donner lieu à une indemnité.

16. La demande en dommages-intérêts est de la compétence du tribunal civil ou du juge du paix, suivant l'importance des dommages-intérêts réclamés. — Si même il s'agissait d'une action pour dommages faits aux champs, fruits et récoltes, il y aurait lieu à l'application de l'art. 5, L. 25 mai 1838.

17. *Moulins à vent.* — Ces moulins, à la différence des moulins à eau, ne sont soumis à aucune formalité d'autorisation préalable pour leur construction; on peut les établir où et comme on le juge convenable.

18. Lorsque ces moulins sont construits par un locataire sur le terrain d'autrui, quelle en est la nature? Sont-ils meubles ou immeubles? Doivent-ils être, de la part des créanciers du locataire, l'objet d'une saisie immobilière ou d'une saisie-exécution? Peuvent-ils être vendus aux enchères comme objets mobiliers? V. *Immeubles*, *Meubles*, *Saisie-exécution*, *Saisie immobilière*, *Vente publique de meubles*.

USTENSILES (FABRICANTS ET MARCHANDS D'). — Les fabricants d'ustensiles en fer battu, les marchands d'ustensiles de chasse et de pêche, et les marchands de vieux ustensiles de ménage, sont patentables.

USUFRUIT.—1. Droit de jouir des choses dont un autre est propriétaire, sous la condition d'en conserver la substance (C. Nap., art. 578).

Indication alphabétique des matières.

§ 1. — *Dispositions générales.*
§ 2. — *Droits de l'usufruitier.*
§ 3. — *Obligations de l'usufruitier.*
§ 4. — *Extinction de l'usufruit.*

§ 1. — *Dispositions générales.*

2. L'usufruit comprend tous les avantages d'utilité ou d'agrément qui peuvent résulter de la jouissance des choses ; il est un démembrement de la propriété ; il constitue un droit réel, *jus in re.*

3. Il suit de là que le nu propriétaire ne peut racheter l'usufruit ; que l'usufruit suit l'immeuble en quelques mains qu'il passe ; qu'il est susceptible d'hypothèque, et que, dès lors, celui qui l'acquiert doit remplir les formalités prescrites pour la purge ; qu'il peut être vendu, par expropriation forcée, à la requête des créanciers de l'usufruitier ; qu'il constitue un droit mobilier ou immobilier, suivant la nature de l'objet auquel il s'applique.

4. L'usufruit est un droit personnel à l'usufruitier ; il s'éteint avec lui ; mais l'usufruitier peut céder l'exercice de son droit pendant sa vie.

5. L'usufruit est établi par la loi (C. Nap., art. 579), comme dans le cas des art. 384 et 754, même Code (V. *Succession, Usufruit légal*), ou par la volonté de l'homme (Art. 579), par exemple, en vertu d'un testament, d'une donation, d'une vente ou d'une transaction.

6. Il peut être établi purement et simplement, c'est-à-dire de manière à recevoir immédiatement son effet, ou être subordonné à un événement futur, à une condition, suspensive ou résolutoire ; il peut aussi être établi pour ne commencer qu'à compter d'un jour déterminé ou pour finir à une époque fixée.

§ 2. — *Droits de l'usufruitier.*

7. L'usufruitier a le droit de jouir de toute espèce de fruits, soit naturels, soit industriels, soit civils, que peut produire l'objet dont il a l'usufruit (C. Nap., art. 582).

8. Les fruits naturels et industriels pendants par branches ou par racines au moment où l'usufruit est ouvert appartiennent à l'usufruitier, sans aucune récompense des labours et des semences ; ceux qui sont dans le même état au moment où finit l'usufruit, appartiennent de la même manière au propriétaire, mais sans préjudice de la portion des fruits qui pourrait être acquise au colon partiaire, s'il en existait un au commencement ou à la cessation de l'usufruit (Art. 585). Le *colon partiaire* est le fermier qui cultive sous la condition d'un partage de fruits avec l'usufruitier.

9. Dans le cas où l'usufruitier aurait fait couper la récolte avant qu'elle eût atteint sa maturité, il y aurait lieu à action en dommages-intérêts en faveur du propriétaire.

10. En refusant à l'usufruitier et au propriétaire le droit de réclamer aucune indemnité pour les frais de labours et semences, l'art. 585, C. Nap., déroge à l'art. 548, même Code (V. *Fruits*). L'un et l'autre prennent les choses dans l'état où elles se trouvent. Il s'établit une compensation de chances qui égalise la position respective des parties.

11. Les fruits civils étant réputés s'acquérir jour par jour, l'usufruitier y a droit pendant toute la durée de l'usufruit. Cette règle s'applique aux prix des baux à ferme, comme aux loyers des maisons et aux fruits civils (C. Nap., art. 586).

12. Si l'usufruit comprend des choses dont on ne peut faire usage sans les consommer, comme l'argent, les grains, les liqueurs, l'usufruitier peut s'en servir, mais à la charge d'en rendre de pareille quantité, qualité et valeur, ou leur estimation à la fin de l'usufruit (Art. 587). Si les choses, sans se consommer de suite, se détériorent peu à peu par l'usage, comme du linge, des meubles meublants, l'usufruitier a le droit de s'en servir pour l'usage auquel elles sont destinées et n'est obligé de les rendre, à la fin de l'usufruit, que dans l'état où elles se trouvent, non détériorées par son dol ou par sa faute (Art. 589); mais il ne peut se dispenser de les représenter, quand même il n'en resterait que des débris ; autrement, on présumerait qu'il en a disposé.

13. Si les objets sont consommés entièrement, l'usufruitier doit le prouver, sinon il est tenu d'en rembourser le prix ; s'il a employé les choses à des usages autres que celui auquel le propriétaire les avait destinées, il est passible de dommages-intérêts à raison de leur perte ou de la dégradation qu'elles ont éprouvée. L'usufruit établi sur des animaux est soumis aux mêmes règles.

14. L'usufruit d'une rente viagère donne à l'usufruitier, pendant la durée de son usufruit, le droit d'en percevoir les arrérages, sans être tenu à aucune restitution (Art. 588). Ce principe serait applicable au droit d'usufruit, s'il était lui-même l'objet d'un autre usufruit.

15. Lorsque l'usufruit comprend des bois taillis, l'usufruitier est tenu d'observer l'ordre et la quotité des coupes, conformément à l'aménagement ou à l'usage constant des propriétaires, sans indemnité, toutefois, en faveur de l'usufruitier ou de ses héritiers pour les coupes ordinaires soit de taillis, soit de baliveaux, soit de futaies qu'il n'aurait pas faites pendant sa jouissance (Art. 590).

16. On appelle *aménagement* le règlement qui distribue une forêt en plusieurs cantons et qui désigne ceux destinés pour la coupe et ceux mis en réserve. A défaut d'aménagement, l'usufruitier doit observer l'usage constant des propriétaires. Il ne peut faire de coupes par anticipation, à peine, si l'usufruit est éteint avant l'époque fixée pour que cette coupe eût lieu, d'en restituer la valeur au propriétaire, sans préjudice, en tous cas, des dommages-intérêts, pour le tort résultant de l'anticipation.

17. Les arbres qu'on peut tirer d'une pépinière sans la dégrader ne font aussi partie de l'usufruit qu'à la charge par l'usufruitier de se conformer aux usages des lieux pour le remplacement (Art. 590). Quant aux arbres épars plantés pour l'ornement du fonds ou pour en recueillir quelques fruits, on les considère comme des réserves auxquelles il n'est pas permis à l'usufruitier de toucher.

18. L'usufruitier profite encore, toujours en se conformant aux époques et à l'usage des anciens propriétaires, des parties de bois de haute futaie qui ont été mises en coupes réglées (Art. 591). Dans tous les autres cas, il ne peut toucher aux arbres de haute futaie : il peut seulement les employer, pour faire les réparations dont il est tenu, les arbres arrachés ou brisés par accident ; il peut, même pour cet objet, en faire abattre, s'il est nécessaire, mais à la charge d'en faire constater la nécessité avec le propriétaire (Art. 592).

19. Comment cette nécessité doit-elle être constatée ? Selon nous, l'usufruitier peut donner intimation au propriétaire à l'effet de se trouver à jour et heure indiqués, au lieu de la situation des bâtiments où les réparations sont à faire, pour déterminer la nature et l'étendue de ces réparations, enfin pour désigner les arbres à abattre.

20. Si le propriétaire obéit à cette intimation, et s'il tombe d'accord avec l'usufruitier, leurs conventions doivent être rédigées par acte sous seing privé ou devant notaire ; s'ils ne s'accordent pas, l'usufruitier assigne le nu propriétaire pour voir dire qu'un expert, nommé par le tribunal, visitera les lieux et déterminera les réparations à faire ainsi que les arbres à abattre. Le rapport de l'expert est déposé et ensuite entériné ; puis l'usufruitier abat les arbres et fait les réparations.

21. L'usufruitier peut prendre, sans remplir aucune formalité, dans les bois où le propriétaire était dans l'usage d'en prendre, des échalas pour les vignes dont il jouit comme usufruitier ; il peut aussi prendre, sur les arbres, des produits annuels ou périodiques : le tout suivant l'usage du pays ou la coutume des propriétaires (Art. 593).

22. Les arbres fruitiers qui meurent, ceux qui sont arrachés ou brisés par accident, appartiennent à l'usufruitier; à la charge de les remplacer par d'autres (Art. 594). Il n'en est pas de même des arbres de haute futaie qui meurent ou sont brisés par accident, l'usufruitier n'y a aucun droit.

23. L'usufruitier a le droit de jouir : 1° de l'augmentation survenue par alluvion à l'objet dont il a l'usufruit (Art. 596) ; 2° des droits de servitude, de passage, et généralement de tous les droits dont le propriétaire peut jouir, et il en jouit comme ce dernier (Art. 597) ; 3° des mines et carrières qui sont en exploitation à l'ouverture de l'usufruit, de la même manière que le propriétaire ; il n'a aucun droit aux mines et carrières non ouvertes, ni aux tourbières dont l'exploitation n'est point commencée, ni au trésor découvert pendant la durée de l'usufruit (Art. 598).

24. L'usufruitier a le droit de jouir par lui-même, de donner à ferme à un autre, ou même de vendre ou céder son droit à titre gratuit. S'il donne à ferme, il doit se conformer, pour les époques où les baux doivent être renouvelés et pour leur durée, aux règles établies pour le mari à l'égard des biens de la femme, au titre du contrat de mariage et des droits respectifs des époux (Art. 595).—V. *Communauté de biens entre époux,* n°⁸ 152 et suiv.

25. Le propriétaire ne peut, par son fait, ni de quelque manière que ce soit, nuire aux droits de l'usufruitier (Art. 599). Ainsi, il ne peut rien détruire de ce qui se trouve sur l'héritage grevé de l'usufruit ; il ne peut grever le fonds d'aucune servitude ni faire remise de celles dues à l'héritage ; il ne peut faire sur le fonds aucune construction non nécessaire, quand même l'usufruit devrait s'en trouver augmenté.

26. De son côté, l'usufruitier ne peut, à la cessation de l'usufruit, réclamer aucune indemnité pour les améliorations qu'il prétendrait avoir faites, encore que la valeur de la chose en fût augmentée. Il peut cependant, ou ses héritiers, enlever les glaces, tableaux et autres ornements qu'il aurait fait placer, mais à la charge de rétablir les lieux dans leur premier état (Art. 599).

§ 3. — *Obligations de l'usufruitier.*

27. *Inventaire et état à dresser.*—L'usufruitier prend les choses dans l'état où elles sont; mais il ne peut entrer en jouissance qu'après avoir fait dresser, en présence du propriétaire, ou lui dûment appelé, un inventaire des meubles et un état des immeubles sujets à l'usufruit (Art. 600). Sans cette formalité, on ignorerait à la fin de l'usufruit ce qu'il faut rendre.

28. Si le propriétaire se refuse à consentir ces inventaire et état, on lui donne une intimation à l'effet d'y être présent, et on procède en son absence, s'il n'obéit pas à l'intimation. L'inventaire doit être fait par un notaire, assisté d'un expert, et contenir l'espèce, la quantité et le prix, tant des choses susceptibles d'être consommées par l'usage, que des meubles ordinaires.—Les frais d'inventaire sont à la charge de l'usufruitier.

29. Lorsque l'usufruitier a joui sans inventaire et sans l'autorisation du propriétaire, il n'a pas droit aux fruits (Proudhon, *Usufruit*, n° 796). Dans le même cas, le propriétaire est admis, lors de l'extinction de l'usufruit, à prouver l'importance du mobilier, même par commune renommée. A l'égard des immeubles, l'usufruitier est censé les avoir reçus en bon état.

30. *Caution.*—L'usufruitier doit donner caution de jouir en bon père de famille, s'il n'en est dispensé par l'acte constitutif de l'usufruit ; cependant, les père et mère ayant l'usufruit légal des biens de leurs enfants, le vendeur ou le donateur sous réserve d'usufruit ne sont pas tenus de donner caution (Art. 601). La caution doit être capable de s'obliger et avoir des biens suffisants pour répondre de la valeur des choses mobilières soumises à l'usufruit et des dégradations que les immeubles sont susceptibles d'éprouver.— V. *Cautionnement*, § 2.

31. La caution peut être offerte à l'amiable, s'obliger et être acceptée par acte sous seing privé ou devant notaire. Si le propriétaire ne veut point accepter la caution que lui offre à l'amiable l'usufruitier, ce dernier doit lui présenter cette caution par exploit avec assignation devant le tribunal, pour voir dire qu'elle sera reçue ; si, au contraire, l'usufruitier ne trouve pas de caution, il doit être intimé à l'effet d'en fournir une et ensuite assigné aux fins des art. 602 et 603, C. Nap. — V., d'ailleurs, *Cautionnement.*

32. Lorsque l'usufruitier ne trouve pas de caution, les immeubles sont donnés à ferme ou mis en séquestre ; les sommes comprises dans l'usufruit sont placées ; les denrées sont vendues et le prix en provenant est pareillement placé ; les intérêts de ces sommes et le prix des fermes appartiennent, dans ce cas, à l'usufruitier (Art. 602). Tous les frais occasionnés par les mesures conservatoires prescrites par cet article restent à la charge de l'usufruitier.

33. A défaut d'une caution de la part de l'usufruitier, le propriétaire peut exiger que les meubles qui dépérissent par l'usage soient vendus, pour le prix en être placé comme celui des denrées ; et, alors, l'usufruitier jouit de l'intérêt pendant son usufruit. Cependant, l'usufruitier peut demander, et les juges peuvent ordonner, suivant les circonstances, qu'une partie des meubles nécessaires pour son usage lui soit délaissée, sous sa simple caution juratoire, et à la charge de les représenter à l'extinction de l'usufruit. (Art. 603).

34. Dans tous les cas, le retard de donner caution ne prive pas l'usufruitier des fruits auxquels il peut avoir droit ; ils lui sont dus du moment où l'usufruit est ouvert (Art. 604).

35. *Réparations.*—L'usufruitier n'est tenu qu'aux réparations d'entretien. Les grosses réparations demeurent à la charge du propriétaire, à moins qu'elles n'aient été occasionnées par le défaut de réparations d'entretien depuis l'ouverture de l'usufruit, auquel cas l'usufruitier en est aussi tenu (Art. 605). Le propriétaire pourrait être contraint de faire les grosses réparations nécessaires au moment de l'entrée en jouissance de l'usufruitier (Toullier, n° 443 ; Duranton, n°s 615 et 639).

36. Les grosses réparations sont celles des gros murs et des voûtes, le rétablissement des poutres et des couvertures entières, celui des digues et

des murs de soutenement et de clôture aussi en entier. Toutes les autres
réparations sont d'entretien (Art. 606). On entend par *gros murs* tous les
murs soit de pourtour, soit de refend, destinés à supporter la charpente
ou les poutres et plafonds.

37. Lorsque le propriétaire ne veut point faire les grosses réparations,
l'usufruitier doit lui donner une intimation de se trouver dans les bâtiments à réparer, à l'effet de fixer quelles sont les réparations à effectuer;
si les parties ne tombent point d'accord, l'usufruitier assigne le propriétaire pour voir dire que les objets seront vus par un expert qui déterminera les ouvrages à construire, et que l'usufruitier sera autorisé à faire
confectionner ces ouvrages, et à répéter du propriétaire les sommes qu'il
aura déboursées à cet égard.

38. Ni le propriétaire, ni l'usufruitier ne sont tenus de rebâtir ce qui
est tombé de vétusté ou ce qui a été détruit par cas fortuit (Art. 607).
Lorsqu'il s'agit de grosses réparations, cet article ne présente aucune difficulté ; en effet, si ces grosses réparations sont causées par cas fortuit, par
vétusté, elles ne sont à la charge ni de l'usufruitier, ni du propriétaire ;
si elles ont été rendues nécessaires par le fait de l'un ou de l'autre, elles
sont à la charge de celui qui est en faute. Il n'en est pas de même des réparations d'entretien, et il y aurait une espèce d'antinomie entre l'art. 607
et l'art. 605, s'il n'était entendu en ce sens que l'usufruitier est tenu de
toutes les réparations d'entretien en général, même de celles qui ont été
occasionnées par vétusté ou force majeure, à moins que la chose n'ait été
détruite en totalité par l'une de ces deux causes, ou que les réparations à
faire ne soient tellement considérables, que les frais excéderaient la valeur
de ce qui est encore en état de servir.

39. *Charges de l'usufruit.* — Pendant sa jouissance, l'usufruitier est
tenu de toutes les charges annuelles de l'héritage, telles que les contributions et autres qui, dans l'usage, sont censées charge des fruits (Art. 608).
Les parties sont libres de déroger à cette disposition qui est purement de
droit privé.

40. Quant aux charges qui peuvent être imposées sur la propriété
pendant la durée de l'usufruit, l'usufruitier et le propriétaire y contribuent ainsi qu'il suit : le propriétaire est obligé de les payer, et l'usufruitier doit lui tenir compte des intérêts. Si elles sont avancées par l'usufruitier, il a la répétition du capital à la fin de l'usufruit (Art. 609). Par *char-*
ges, cet article entend des charges accidentelles et extraordinaires que l'on
considère comme charges de la propriété ; tels sont les impôts de guerre,
les emprunts forcés ordonnés pendant la durée de l'usufruit.

41. Le legs fait par un testateur, d'une rente ou pension alimentaire,
doit être acquitté par le légataire universel de l'usufruit dans son intégrité,
et par le légataire à titre universel de l'usufruit, dans la proportion de sa
jouissance, sans aucune répétition de leur part (Art. 610). Cette disposition est applicable aux rentes ou pensions viagères dont le testateur aurait
été lui-même débiteur envers des tiers (Proudhon, n° 1812).

42. L'usufruitier, ou universel ou à titre universel, doit contribuer,
avec le propriétaire, au paiement des dettes, ainsi qu'il suit : on estime la
valeur du fonds sujet à usufruit; on fixe ensuite la contribution aux dettes
à raison de cette valeur. Si l'usufruitier veut avancer la somme pour laquelle le fonds doit contribuer, le capital lui en est restitué à la fin de l'u-
sufruit, sans aucun intérêt. Si l'usufruitier ne veut pas faire cette avance,
le propriétaire a le choix, ou de payer cette somme, et, dans ce cas, l'u-
sufruitier lui tient compte des intérêts pendant la durée de l'usufruit, ou
de faire vendre jusqu'à due concurrence une portion des biens soumis à
l'usufruit (Art. 612).

43. Le propriétaire, qui veut payer ou faire vendre, doit auparavant faire sommation à l'usufruitier d'avancer la somme pour laquelle le fonds doit contribuer, sauf à la lui restituer à la fin de l'usufruit, avec déclaration que si, dans le délai fixé, il n'a pas payé, le propriétaire paiera ou poursuivra la vente des biens.

44. Si le propriétaire paie, il peut le faire sans le concours de l'usufruitier ; seulement, il est utile qu'il lui signifie la quittance constatant l'acquit de la dette, avec déclaration qu'il entend réclamer annuellement les intérêts de la somme payée. En cas de vente, le consentement de l'usufruitier est nécessaire ; s'il le refuse, on doit l'assigner pour faire ordonner la vente, en accomplissant les formalités prescrites pour les ventes judiciaires.

45. *Frais des procès.* — L'usufruitier n'est tenu que des frais des procès qui concernent la jouissance, et des autres condamnations auxquelles ces procès pourraient donner lieu (Art. 615). De même, le propriétaire est seul tenu des frais des procès qui ne tendent qu'à le dépouiller de la nue propriété en laissant subsister l'usufruit. Si le procès a pour objet la nue propriété et la jouissance, on distingue si l'usufruit a été constitué à titre gratuit ou à titre onéreux ; dans le premier cas, le nu propriétaire et l'usufruitier contribuent aux charges du procès suivant les règles tracées à l'art. 612 ; dans le second cas, le propriétaire est seul tenu des frais, car il doit garantir l'usufruitier de tous les troubles.

46. *Usurpations.* — Si, pendant la durée de l'usufruit, un tiers commet quelque usurpation sur le fonds ou attente autrement aux droits du propriétaire, l'usufruitier est tenu de le dénoncer à celui-ci : faute de ce, il est responsable de tout le dommage qui peut en résulter pour le propriétaire, comme il le serait de dégradations commises par lui-même (Art. 614). L'usufruitier doit également dénoncer au propriétaire les dégradations considérables causées par les accidents.

47. La dénonciation, pour être régulière, doit avoir lieu par exploit du ministère d'huissier, et être faite dans les délais prescrits par les art. 72 et 1033, C. P. C. Dans tous les cas, les jugements rendus contre l'usufruitier sans que le propriétaire ait été mis en cause, ne peuvent nuire à ce dernier.

48. *Usufruit sur les animaux.* — Si l'usufruit n'est établi que sur un animal qui vient à périr sans la faute de l'usufruitier, celui-ci n'est pas tenu d'en rendre un autre ni d'en payer l'estimation (Art. 615) ; mais il doit rendre compte des cuirs ou de leur valeur, s'il en a profité. Le propriétaire ne pourrait exiger la vente de l'animal soumis au droit d'usufruit.

49. Si le troupeau, sur lequel un usufruit a été établi, périt entièrement par accident ou par maladie, et sans la faute de l'usufruitier, celui-ci n'est tenu envers le propriétaire que de lui rendre compte des cuirs ou de leur valeur. Si le troupeau ne périt pas entièrement, l'usufruitier est tenu de remplacer, jusqu'à concurrence du croît, les têtes des animaux qui ont péri (Art. 616). On entend par *troupeau* une universalité d'animaux destinée à se perpétuer par elle-même. Lorsqu'il n'y a pas de croît, l'usufruitier n'est pas tenu au remplacement.

§ 4. — *Extinction de l'usufruit.*

50. L'usufruit s'éteint :
1° Par la mort naturelle de l'usufruitier (C. Nap., art. 617).
51. 2° Par l'expiration du temps pour lequel il a été accordé (Même art.); par exemple, s'il a été légué pour vingt ans, il s'éteindra à l'expiration de la vingtième année. Du reste, l'usufruit finirait par la mort de l'usufruitier arrivée avant le terme fixé ou avant l'événement de la condition.

52. 3° Par la consolidation ou réunion sur la même tête des deux qualités d'usufruitier et de propriétaire (Même art.). Si la réunion n'avait lieu que pour une partie, l'usufruit subsisterait pour le surplus.

53. 4° Par le non-usage du droit pendant 30 ans (Même art.). Ce délai de 30 ans ne serait pas nécessaire vis-à-vis du tiers acquéreur auquel le fonds aurait été vendu par le propriétaire ou par ses héritiers en lui dissimulant l'existence du droit; il prescrirait par 10 ou 20 ans. — V. *Prescription*.

54. 5° Par la perte totale de la chose sur laquelle l'usufruit est établi (Même art.). La perte est considérée comme totale, lorsque la substance de la chose est changée, quoiqu'il en reste des débris, ou qu'une nouvelle chose ait été formée avec les matériaux provenant de la première.

55. 6° Par une jouissance de 30 ans, lorsque l'usufruit n'est pas accordé à des particuliers (Art. 619), par exemple, s'il est donné à une communauté, à un établissement public, etc.

56. 7° Par la renonciation de l'usufruitier à son droit d'usufruit. Mais les créanciers de l'usufruitier pourraient faire annuler cette renonciation, si elle avait eu lieu au préjudice de leurs droits (Art. 622). Cette disposition est une conséquence de l'art. 1167, C. Nap. — V. *Action révocatoire*.

57. 8° L'usufruit peut aussi cesser par l'abus que l'usufruitier fait de sa jouissance, soit en commettant des dégradations sur le fonds, soit en le laissant dépérir faute d'entretien (Art. 618). Dans ce cas, le nu propriétaire assigne l'usufruitier pour voir dire qu'il sera déchu de son droit d'usufruit; il est tenu de prouver les dégradations ou le dépérissement des biens.

58. Les créanciers de l'usufruitier peuvent intervenir dans les contestations, pour la conservation de leurs droits; ils peuvent offrir la réparation des dégradations commises, et des garanties pour l'avenir (Art. 618). Cette disposition est une conséquence de l'art. 1166, C. Nap., qui permet aux créanciers d'exercer les droits et actions de leur débiteur.

59. Nonobstant l'intervention des créanciers et leurs offres, les juges ont le droit ou de prononcer l'extinction absolue de l'usufruit, ou de n'ordonner la rentrée du propriétaire dans la jouissance de l'objet qui en est grevé, que sous charge de payer annuellement à l'usufruitier ou à ses ayants cause, une somme déterminée, jusqu'à l'instant où l'usufruit aurait dû cesser (Art. 618).

60. 9° L'usufruit accordé jusqu'à ce qu'un tiers ait atteint un âge déterminé, dure jusqu'à cette époque, encore que le tiers soit mort avant l'âge fixé (Art. 620).

61. La vente de la chose sujette à usufruit n'apporte aucun changement dans le droit de l'usufruitier; il continue de jouir de son usufruit, s'il n'y a pas formellement renoncé (Art. 621).

62. Si une partie de la chose soumise à l'usufruit est détruite, l'usufruit se conserve sur ce qui reste (Art. 623). Si l'usufruit n'est établi que sur un bâtiment, et que ce bâtiment soit détruit par incendie ou autre accident, ou qu'il s'écroule de vétusté, l'usufruitier n'a le droit de jouir ni du sol ni des matériaux. Si l'usufruit était établi sur un domaine dont le bâtiment faisait partie, l'usufruitier jouirait du sol et des matériaux (Art. 624).

USUFRUIT LÉGAL. — 1. Usufruit qui dérive de la puissance paternelle et que la loi accorde aux père et mère sur les biens de leurs enfants.

2. Cet usufruit appartient durant le mariage au père, et, après la dissolution du mariage, au survivant des père et mère, jusqu'à l'âge de 18 ans accomplis des enfants ou jusqu'à leur émancipation (C. Nap., art. 384). Il est soumis aux règles générales de l'usufruit, et, en outre, à des règles particulières.

3. Il n'a pas lieu : 1° au profit de la mère qui contracte un second mariage (C. Nap., art. 386) ; 2° au profit de l'époux survivant qui n'a point fait inventaire des biens de la communauté (Art. 1442).

4. Il n'avait pas lieu non plus au profit de celui des père ou mère contre lequel le divorce avait été prononcé (Art. 386). Mais, cette pénalité ne peut, sous prétexte d'analogie, être étendue au cas de séparation de corps, ainsi que l'enseignent tous les auteurs.

5. L'usufruit légal porte sur tous les biens des enfants (Art. 384), si ce n'est : 1° sur les biens que les enfants acquièrent par un travail ou une industrie séparés (Art. 387) ; 2° sur ceux qui sont donnés ou légués aux enfants sous la condition expresse que les père et mère n'en jouiront pas (Même art.) ; 3° sur ceux recueillis par les enfants, de leur chef, d'une succession de laquelle le père ou la mère ont été exclus pour cause d'indignité (Art. 730).

6. Les charges de l'usufruit légal sont : 1° celles auxquelles sont tenus les usufruitiers (V. *Usufruit*) ; 2° la nourriture, l'entretien et l'éducation des enfants, selon leur fortune ; 3° le paiement des arrérages ou intérêts des capitaux ; 4° les frais funéraires et ceux de dernière maladie (Art. 385) de l'époux prédécédé.

7. Lorsque les créanciers personnels du père ou de la mère saisissent les fruits ou revenus des biens soumis à l'usufruit légal, les enfants peuvent demander la mainlevée de la saisie, ou se faire adjuger une somme suffisante à leur nourriture, entretien et éducation (Proudhon, *Usufruit*, n° 219). L'action des enfants devrait être repoussée comme étant sans intérêt, si le père ou la mère avait d'autres moyens suffisants de fournir à leur dépense (Proudhon, n° 220).

8. Les enfants peuvent également intervenir dans une saisie réelle de l'usufruit, même lors de la faillite ou déconfiture du père, et faire déclarer que l'acquéreur sera obligé de fournir à toutes leurs dépenses. Cette charge doit même être une condition tacite de l'adjudication (Proudhon, n° 221).

9. Les oppositions et interventions des enfants sont faites par le père ou la mère qui a conservé la tutelle (Proudhon, n° 223).

10. Quoique les charges de l'usufruit légal soient purement réelles dans leur principe, elles deviennent l'objet d'une obligation personnelle du père ou de la mère qui, par son acceptation, se soumet à les payer. Ainsi, une action personnelle contre l'usufruitier est accordée aux créanciers par l'art. 385, C. Nap. Mais ils ne pourraient, avant d'avoir obtenu un jugement contre lui, le poursuivre par voie de saisie, alors même qu'ils seraient déjà munis de titres exécutoires contre le défunt ; l'art. 877, C. Nap., n'est point applicable ici (Proudhon, n° 224 et 225).

11. L'usufruit légal cesse : 1° lorsque l'enfant a atteint 18 ans ou lorsqu'il est émancipé (Art. 384. — V. *suprà*, n° 2) ; 2° par la mort naturelle de l'enfant et par celle des père ou mère survivant ; 3° par le convol de la mère à de secondes noces. — (V. *suprà*, n° 3) ; 4° par la renonciation, par abus de jouissance, enfin par la perte de la chose (V. *Usufruit*).

USURE. — 1. Profit retiré d'un prêt d'argent fait à un taux prohibé par la loi (V. *Intérêts*).

2. L'usure peut se produire sous des formes diverses, directement ou indirectement. Le contrat qui la renferme peut être fait à titre onéreux

ou sous forme de libéralité. Elle peut exister aussi bien en matière commerciale qu'en matière civile.

3. L'usure est accidentelle ou habituelle. Dans le premier cas, elle
constitue une simple infraction à la loi, et donne lieu à une action civile,
en nullité ou en répétition, de la part de la personne qui se prétend lésée.
Dans le second, elle constitue un délit, et donne naissance à une action
publique.

4. Sous l'empire de la loi du 3 sept. 1807, qui a réglé le taux de l'intérêt, il avait été décidé par de nombreux arrêts que la partie qui se pré-
tendait lésée par un fait d'usure devait porter son action devant le tribunal
civil, qui était compétent à l'exclusion du tribunal correctionnel pour en
connaître. Il en doit être de même sous l'empire de la loi du 19 déc. 1850,
rapportée *J. Huiss.*, t. 32, p. 37. Il résulte, en effet, formellement, de la
discussion qui a précédé cette dernière loi que le législateur a entendu
proscrire l'action directe devant le tribunal correctionnel, à la requête de la
partie lésée.

5. Jugé, en ce sens, que l'action civile en réparation du préjudice causé
par des perceptions usuraires ne doit pas être portée devant le tribunal
correctionnel, mais devant le tribunal civil (Trib. corr. de la Seine, 18
janv. 1859 : *J. Huiss.*, t. 40, p. 82; Paris (ch. corr.), 21 nov. 1861 :
t. 43, p. 80).

6. Toutefois, la compétence du tribunal civil n'est point exclusive,
d'une manière absolue, de celle du tribunal de commerce. Ainsi, nul doute
que l'action doive être portée devant le tribunal civil quand elle est formée
par voie d'action principale. Mais un tribunal de commerce peut statuer sur
une demande en restitution d'intérêts usuraires formée reconventionnelle-
ment dans une instance dont il est régulièrement saisi (Bordeaux, 14 mai
1862 : *J. Huiss.*, t. 44, p. 167).

7. Lorsque, dans une instance civile ou commerciale, il est prouvé que
le prêt conventionnel a été fait à un taux supérieur à celui fixé par la loi,
les perceptions excessives sont imputées de plein droit, aux époques où
elles ont eu lieu, sur les intérêts légaux alors échus, et subsidiairement
sur le capital de la créance ; et, si la créance est éteinte en capital et en
intérêts, le prêteur est condamné à la restitution des sommes indûment
perçues, avec intérêt du jour où elles lui ont été payées (L. 19 déc. 1850,
art. 1er, §§ 1 et 2).

8. Devant les tribunaux civils, comme devant les tribunaux de commerce, la preuve des faits particuliers d'usure peut être faite par témoins
(Cass. 18 fév. 1829), encore bien que la somme qu'on prétend avoir été
usurairement perçue excède 150 fr. (Angers, 27 mars 1829), et quoiqu'il
n'existe aucun commencement de preuve par écrit (Rennes, 18 déc. 1812).

9. Les jugements civils ou commerciaux qui constatent le fait de perceptions usuraires doivent être transmis par le greffier au ministère public
dans le délai d'un mois, sous peine d'une amende qui ne peut être moindre de 16 fr. ni excéder 100 fr. (L. 19 déc. 1850, art. 1er, § 3). L'amende
dont il s'agit ici est prononcée, à la requête du ministère public, par le
tribunal civil (Même loi, art. 7).

10. Quant au délit d'habitude d'usure, la répression n'en peut être
poursuivie que par le ministère public et devant le tribunal correctionnel.

11. Les parties lésées par des stipulations usuraires ne peuvent intervenir comme parties civiles dans la poursuite du délit d'habitude d'usure
(Paris, 22 mars 1853 : *J. Huiss.*, t. 34, p. 224). Ce droit leur avait été
également refusé par la jurisprudence sous l'empire de la loi de 1807.

12. Il suit de là qu'elles ne peuvent former opposition à l'ordonnance
de non-lieu rendue au profit du prévenu ; elles n'ont alors d'autre res-

source que de s'adresser à la juridiction civile pour faire statuer sur les demandes en répétition ou en dommages-intérêts qu'elles peuvent avoir à former à raison des stipulations usuraires dont elles auraient à se plaindre (Paris, 22 mars 1853 : arrêt précité).

13. Le délit d'habitude d'usure, — dont la preuve par témoins est, à plus forte raison (V. *suprà*, n° 8), admissible devant le tribunal correctionnel (Cass. 23 déc. 1853), — est puni d'une amende qui peut s'élever à la moitié des capitaux prêtés à usure et d'un emprisonnement de six jours à six mois (L. 19 déc. 1850, art. 2).

14. En cas de nouveau délit d'usure, le coupable est condamné au maximum des peines prononcées par l'art. 2, et elles peuvent être élevées jusqu'au double, sans préjudice des cas généraux de récidive prévus par les art. 57 et 58, C. Pén. (Même loi, art. 3, § 1).

15. Après une première condamnation pour habitude d'usure, le nouveau délit résulte d'un fait postérieur, même unique, s'il s'est accompli dans les cinq ans à partir du jugement ou de l'arrêt de condamnation (Même art., § 2).

16. S'il résulte de la procédure en matière de délit d'habitude d'usure qu'il y a eu escroquerie de la part du prêteur, ce dernier est passible des peines prononcées par l'art. 405, C. Pén., sauf l'amende prononcée par l'art. 2 de la loi de 1850 (Même loi, art. 4).

17. Dans tous les cas où les tribunaux prononcent des condamnations pour délits d'usure, ils peuvent appliquer l'art. 463, C. Pén., relatif aux circonstances atténuantes (L. 19 déc. 1850, art. 6). D'un autre côté, ils peuvent aussi, suivant la gravité des circonstances, ordonner, aux frais des délinquants, l'affiche de leur jugement et son insertion par extrait dans un ou plusieurs journaux du département (Même loi, art. 5).

18. Mais, en accordant aux tribunaux la faculté d'ordonner l'affiche de leur jugement, la loi de 1850 n'a point déterminé le mode d'exécution en ce qui concerne l'apposition des affiches. Il n'en résulte pas, ce nous semble, que le ministère public doive nécessairement procéder comme le prescrit le décret du 18 juin 1811. Il peut, en cette matière, et surtout lorsque le délinquant est solvable, charger un huissier de l'apposition des affiches (V. *J. Huiss.*, t. 42, p. 213, ma réponse à une question proposée).

19. Cette apposition est constatée par un procès-verbal. Lorsqu'elle a lieu par plusieurs huissiers, chacun d'eux doit dresser un procès-verbal séparé, pour lequel il lui est dû l'émolument afférent à cet acte : en d'autres termes, il doit être alloué autant d'émoluments distincts qu'il y a de procès-verbaux, et non pas seulement un seul droit partageable entre les divers huissiers qui ont instrumenté. Si un seul huissier a été chargé de l'apposition des affiches, et que les circonstances l'aient obligé à dresser lui-même plusieurs procès-verbaux, il a droit également à autant d'émoluments distincts (*J. Huiss., loc. cit.*).

20. L'émolument auquel a droit l'huissier qui a été chargé de l'apposition des affiches ne peut être réglé que par le décret du 18 juin 1811, et non par le tarif du 16 fév. 1807, quoiqu'il soit à la charge du condamné, parce qu'il s'agit de l'exécution d'un jugement correctionnel à la requête du ministère public. Il y a donc lieu d'appliquer ici par analogie le n° 8 de l'art. 71, Décr. 18 juin 1811 (*J. Huiss., loc. cit.*).

21. Les frais occasionnés par l'apposition doivent, en ce qui concerne l'huissier, être supportés par le Trésor public, et lui être payés par le receveur de l'enregistrement, comme tous autres frais de justice criminelle, comme les frais de la citation en police correctionnelle donnée au prévenu du délit d'usure et ceux de la citation aux témoins à charge, et de la même manière, c'est-à-dire sur un mémoire dressé sur la forme prescrite (*J. Huiss.*, *loc. cit.*).

USURPATION. — Action de s'attribuer des choses ou des droits qui ne nous appartiennent pas.

USURPATION D'ARBRES. — Peut donner lieu à une action possessoire. — V. *Action possessoire.*

USURPATION DE TITRES ET FONCTIONS. — L'usurpation de titres et de noms, de costumes, uniformes ou décorations, est réprimée par la loi du 7-28 mai 1858 (V. *J. Huiss.*, t. 39, p. 208). — L'usurpation de fonctions publiques ou l'immixtion dans ces fonctions tombe sous l'application de l'art. 258, C. Pén. — L'usurpation du costume ou du nom d'un officier public pour opérer une arrestation arbitraire est prévue et punie par l'art. 334, C. Pén.

UTÉRIN. — Se dit des enfants, des parents qui sont nés d'une même mère, mais d'un père différent. — V. *Parenté.*

UTILITÉ PUBLIQUE. — Est une cause d'expropriation. — V. *Expropriation pour cause d'utilité publique.*

V.

VACANCE. — Temps pendant lequel une place, une fonction n'est pas remplie.

VACANCES DES TRIBUNAUX. — **1.** Temps pendant lequel les séances des Cours et tribunaux sont suspendues.

2. Les vacances des Cours impériales et des tribunaux civils ont lieu du 1er septembre au 1er novembre. Les tribunaux de commerce, les juges de paix et les conseils de prud'hommes n'ont point de vacances.

3. Chaque Cour et chaque tribunal doit avoir, pendant les vacances, une chambre de vacations pour l'expédition des affaires sommaires ou qui requièrent célérité : telles sont les affaires où les parties éprouveraient un préjudice irréparable ou trop considérable, si la décision en était différée ; par exemple, les paiements de loyers, les pensions alimentaires. — V. *Matières sommaires, Référé.*

4. Sont nuls les jugements rendus par la chambre des vacations dans des cas autres que ceux qui viennent d'être indiqués, à moins que les parties n'aient consenti à plaider (Cass. 19 avril 1830).

5. Les vacances ne suspendent pas les délais pour faire enquête (Cass. 21 avril 1812), ni ceux des poursuites de saisie immobilière (Bordeaux, 8 août 1811 ; Paris, 27 août 1811).

VACANTS (BIENS). — Biens qui sont ou semblent être sans propriétaire, sans possesseur. — V. *Succession vacante.*

VACATION. — Terme de pratique qui sert à désigner le temps employé par un officier public à une opération, ou l'émolument qui lui revient pour cette opération. — S'emploie aussi pour désigner les heures consacrées par les juges, pendant les vacances, au jugement des procès.

VACHERIES. — Sont rangées dans la 3e classe des établissements insalubres, lorsqu'elles sont établies dans les villes dont la population excède 5,000 habitants (V. *Établissements dangereux, etc.*).

VACHES OU VEAUX (MARCHANDS DE). — Sont patentables.

VAGABONDAGE. — Délit prévu et puni par les art. 269, 270, 271, 272 et 273, C. Pén.,

VAINE PATURE. — V. *Parcours* et *Pâture*:

VAISSELLES (FABRICANTS ET MARCHANDS DE). — Sont patentables.

VALEUR FOURNIE. — Indication de la cause d'un effet de commerce. — V. *Effets de commerce*, *Lettre de change*.

VALIDITE DE SAISIE. — V. *Saisie-arrêt*, *Saisie foraine*, *Saisie-gagerie*, *Saisie-revendication*..

VANNERIES, VANNIERS. — Les fabricants en vannerie fine ou commune, les marchands de vannerie en détail, les marchands expéditeurs de vanneries, les vanniers emballeurs pour les vins, sont patentables.

VARECH. — Les établissements destinés à la combustion du varech et autres plantes marines, lorsqu'elle se pratique dans des établissements permanents, ainsi que les ateliers pour la fabrication en grand des soudes de varech, situés dans des établissements permanents, sont rangés dans la 1re classe des établissements insalubres (V. *Etablissements dangereux*, etc.)..

VEILLEUSES (FABRICANTS ET MARCHANDS DE). — Sont patentables.

VENDANGES. — V. *Ban de vendanges*.

VÉNALITÉ DES OFFICES. — V. *Office*.

VENTE. — V. les mots suivants.

VENTE. — **1.** Convention par laquelle l'un s'oblige à livrer une chose et l'autre à la payer (C. Nap., art. 1582).

Indication alphabétique des matières.

Action rédhibitoire, 50 et s.
Administrateur, 25.
Animaux domestiques, 56.
— morts de maladie, 27.
Arrhes, 17.
Assignation, 61.
Avantage indirect, 22 et s.
Avoué, 26.
Brevet d'invention, 5.
Charges, 68, 69, 73.
Chose d'autrui, 28 et s.
Concours, 4.
Condition, 7.
Consentement, 2, 6.
Crainte de trouble, 60, 61.
Créanciers, 24.
Défauts cachés, 50 et s.
Dégustation, 10.
Délai, 11, 63 et s.
— (bref), 64.
Délivrance, 48, 56.
Dénonciation, 61.
Denrées, 65.
Dommages-intérêts, 8, 26, 29 et s., 40, 47, 52.
Donation déguisée, 22 et s.
Droits litigieux, 26.

Effets mobiliers, 65.
Enregistrement, 67 et s.
Epoux, 22 et s.
Eviction, 38 et s.
Frais accessoires, 20.
— d'acte, 20.
Garantie, 36, 57.
— en cas d'éviction, 38 et s.
— des défauts cachés, 37, 50 et s.
Greffier, 26.
Héritiers à réserve, 22 et s.
Huissier, 26.
Intérêts, 59.
Jugement, 48, 49, 64.
Livres condamnés, 27.
Magistrats, 26.
Mandataire, 25.
Marchandises, 10.
Matière commerciale, 10, 55.
Mise en cause, 48, 49.
— en demeure, 8 et s., 64.
Nature du contrat de vente, 2.
Navires, 5.
Notaire 26.
Nullité, 24 et s.
Officiers publics, 25, 26.

Perte, 8, et s., 33, 34, 53.
Préférence, 4.
Prescription, 30.
Preuve par témoins, 3.
Prix, 2, 18, 19, 58 et s.
Procédure, 57.
Promesse de vente, 12 et s.
Ratification, 29.
Réméré, 66.
Résolution, 38 et s., 62 et s.
Succession future, 52.
Trouble, 60, 61.
Tuteur, 25.
Vente à l'essai, 11.
— au poids, 8.
— en bloc, 9.
— par écrit, 3 et s.
— verbale, 3 et s.
— judiciaire, 55.
— sur expropriation forcée, 45.
Vices rédhibitoires, 37, 50 et s.
Vileté du prix, 66.
Vins, 10.
— falsifiés, 27.

§ 1. — *Nature et forme de la vente.*
§ 2. — *Personnes qui peuvent acheter ou vendre.*
§ 3. — *Choses qui peuvent être vendues.*
§ 4. — *Obligations du vendeur.*
§ 5. — *Obligations de l'acheteur.*
§ 6. — *Enregistrement.*

§ 1. — *Nature et forme de la vente.*

2. La vente est un contrat synallagmatique, commutatif, à titre oné-reux. Trois choses sont de la nature ou de l'essence de la vente : un objet, un prix, le consentement des parties sur l'objet et sur le prix (Duranton, t. 16, n° 6 ; Troplong, *Vente*, n°s 2 et 6).

3. La vente peut être faite par acte authentique ou sous seing privé (C. Nap., art. 1582) ; elle peut encore l'être verbalement (Troplong, n° 19 ; Duranton, n° 34 ; Duvergier, *Vente*, n° 164), et, dans ce cas, elle peut se prouver par témoins, si l'objet vendu n'excède pas 150 fr. (V., d'ail-leurs, *Preuve testimoniale*). Il a même été décidé qu'une vente verbale d'objets pour lesquels la preuve par témoins n'est pas admissible peut être prouvée par un acte étranger à la vente et par une longue jouissance du détenteur, jointe à l'insouciance du propriétaire (Cass. 18 mai 1806)..

4. Mais, en cas de concours entre deux ventes, l'une verbale, l'autre écrite et enregistrée, la préférence appartient à cette dernière (Colmar, 15 janv. 1813) ; de même, lorsqu'il y a concours entre une vente sous seing privé n'ayant pas date certaine et une vente authentique, cette der-nière doit être préférée (Rolland de Villargues, *Répert.*, v° *Vente*, n° 113).

5. Le principe posé *suprà*, n° 3, souffre exception en ce qui concerne : 1° les ventes de navires, qui doivent être faites par écrit (C. Comm., art. 195 ; Duranton, t. 16, n° 387) ; 2° et les brevets d'invention, qui doivent être cédés par acte notarié (L. 14-15 mai 1791, tit. 2, art. 15).

6. La vente est parfaite entre les parties, et la propriété est acquise à l'acheteur à l'égard du vendeur, dès qu'on est convenu de la chose et du prix, quoique la chose n'ait pas encore été livrée ni le prix payé (C. Nap., art. 1583). A l'égard des tiers, la propriété est également transférée par le seul consentement, pourvu que le titre translatif de propriété ait acquis date certaine antérieure au second contrat (Toullier, t. 8, n° 245 ; Duranton, t. 13, n° 132, et t. 16, n° 20 ; Duvergier, n° 35).

7. Elle peut être faite purement et simplement, ou sous une condition suspensive ou résolutoire ; elle peut avoir pour objet deux ou plusieurs choses alternatives. Dans tous les cas, son effet est réglé par les principes généraux des conventions (C. Nap., art. 1584).

8. Lorsque des marchandises ne sont pas vendues en bloc, mais au poids, au compte ou à la mesure, la vente n'est point parfaite en ce sens, que les choses vendues sont aux risques du vendeur jusqu'à ce qu'elles soient payées, comptées ou mesurées ; mais l'acheteur peut demander la dé-livrance ou des dommages-intérêts, s'il y a lieu, en cas d'inexécution de l'engagement (C. Nap., art. 1585). Si la chose périt après que l'acheteur a été mis en demeure de prendre livraison, la perte est pour le compte de ce dernier. — V. *Délivrance*, *Dommages-intérêts*.

9. Lorsque, au contraire, les marchandises ont été vendues en bloc, la vente est parfaite quoique les marchandises n'aient pas encore été pesées, comptées ou mesurées (Art. 1586). Néanmoins, si le vendeur était en de-meure de faire la délivrance, la perte arrivée, même par cas fortuit, serait pour son compte.

10. A l'égard du vin, de l'huile et des autres choses qu'on est dans l'usage de goûter avant d'en faire l'achat, il n'y a point de vente tant que l'acheteur ne les a point goûtées et agréées (Art. 1587). La dégustation et l'agrément de l'acheteur sont donc la condition tacite du marché ; ce qui produit ce double effet : 1° de laisser la chose aux risques du vendeur jusqu'au moment de l'acceptation ; toutefois, en matière commerciale, la perte des marchandises expédiées est pour le compte de l'acquéreur (C. Comm., art. 100) ; 2° d'autoriser l'acheteur à refuser les marchandises lorsqu'elles ne lui conviennent pas, à moins pourtant qu'il ne résulte des circonstances que l'acheteur a moins considéré son goût particulier que le goût général du commerce. Par exemple, si j'ai demandé du vin de Bordeaux, de telle qualité, il suffira que le vin soit de bonne qualité pour que je ne puisse le refuser.

11. La vente faite à l'essai est présumée faite sous une condition suspensive (Art. 1588). La condition d'essai doit être expresse. Jusqu'au moment de l'agrément, il n'y a pas vente en ce sens que le vendeur seul est obligé. Lorsqu'un délai est fixé pour l'essai, le traité s'évanouit si l'acheteur le laisse écouler sans prendre un parti, et le vendeur est dégagé de son obligation. Si aucun délai n'a été déterminé, on doit s'adresser aux tribunaux pour qu'ils en fixent un.

12. La promesse de vente vaut vente, lorsqu'il y a consentement réciproque sur la chose et sur le prix (Art. 1589). Il peut y avoir promesse de vendre sans promesse d'acheter, et promesse d'acheter sans promesse de vendre ; de même la promesse de vente peut concourir avec celle d'acheter.

13. Dans le premier cas (la promesse de vendre sans celle d'acheter, et *vice versâ*), il y a un acte unilatéral. Celui qui a promis de vendre n'a pas vendu, mais a contracté l'obligation de vendre ; il peut être contraint à remplir sa promesse ; en conséquence, on peut obtenir un jugement qui ordonne que, faute de vouloir passer le contrat de vente, le jugement vaudra contrat (Pothier, *Vente*, n° 480).

14. Si la promesse a été faite avec limitation de temps, le promettant est dégagé de plein droit à l'expiration du temps fixé, faute d'acceptation de la part de l'adversaire (Pothier, n° 481 ; Troplong, n° 117 ; Duvergier, n° 127) ; s'il n'y a pas eu de temps fixé, le promettant doit faire sommation de passer acte dans un certain délai, après lequel il se trouve dégagé.

15. Ce qui vient d'être dit s'applique en sens inverse à la promesse d'acheter. Ainsi, si je contracte l'obligation d'acheter tel immeuble, moyennant tel prix, je suis seul obligé, et le propriétaire est libre de ne pas me le vendre.

16. Dans le second cas, le seul auquel les art. 1589 et 1590, C. Nap., soient applicables, il y a un acte synallagmatique ; les parties se sont accordées, l'une pour vendre, l'autre pour acheter ; il y a consentement réciproque sur la chose et sur le prix. On ne voit, dans une pareille promesse, qu'une vente véritable (Cass. 28 août 1815 ; Grenoble, 23 mai 1829).

17. Lorsque la promesse de vente a été faite avec des arrhes, chacun des contractants est maître de s'en départir : celui qui les a données, en les perdant, et celui qui les a reçues, en restituant le double (Art. 1590). Comme nous l'avons dit sous le numéro précédent, cette disposition ne s'applique qu'aux promesses synallagmatiques. Les arrhes sont considérées comme un dédit, comme fixation de dommages-intérêts. — V., d'ailleurs, *Arrhes*.

18. Le prix de la vente doit être déterminé et désigné par les parties (Art. 1591). Le montant du prix doit être fixé ; s'il ne l'est pas, la vente est nulle ; ce prix doit être sérieux, c'est-à-dire à peu près égal à la chose, et stipulé avec l'intention de l'exiger ; si le prix n'avait pas été exigé, il y aurait donation dans la mesure du disponible, si les parties étaient capables de donner et de recevoir ; le prix doit être certain dès le principe, et il est considéré comme tel lorsque les parties ont posé les bases qui servent à le fixer ; enfin le prix doit consister en une somme d'argent : s'il avait pour objet toute autre chose, ce ne serait plus une vente, mais un échange.

19. Le prix peut cependant être laissé à l'arbitrage d'un tiers ; si le tiers ne veut ou ne peut faire l'estimation, il n'y a point de vente (Art. 1592). Dans ce cas, il y a vente conditionnelle. Si la vente était faite au prix qui sera fixé par des experts dont les parties conviendront plus tard, elle serait nulle (Limoges, 4 avril 1826 ; Toulouse, 5 mars 1827 ; Troplong, n° 157 ; Duranton, t. 16, n°s 111 et 112), surtout si l'une des parties refuse de nommer son expert ; à moins qu'il n'ait été convenu qu'à défaut de nomination par les parties, les experts seront nommés d'office (Troplong et Duranton, loc. cit.).

20. Les frais d'actes et autres accessoires à la vente sont à la charge de l'acheteur (Art. 1593)..

§ 2. — Personnes qui peuvent acheter ou vendre.

21. La vente étant une convention du droit des gens, ceux qui sont capables (V. Convention) de s'obliger sont par cela même investis de la faculté légale d'acheter et de vendre. Ainsi, tous ceux auxquels la loi ne l'interdit pas peuvent acheter ou vendre (Art. 1594).—V. Faillite, Saisie immobilière, Surenchère.

22. La loi ne permet le contrat de vente entre époux que dans les trois cas suivants : 1° celui où l'un des époux cède des biens à l'autre, séparé judiciairement d'avec lui, en paiement de ses droits ; 2° celui où la cession que le mari fait à sa femme, même non séparée, a une cause légitime, telle que le remploi de ses immeubles aliénés ou de deniers à elle appartenant, si ces immeubles ou deniers ne tombent pas en communauté ; 3° celui où la femme cède des biens à son mari en paiement d'une somme qu'elle lui aurait promise en dot, et lorsqu'il y a exclusion de communauté ; sauf, dans ces trois cas, les droits des héritiers des parties contractantes, s'il y a avantage indirect (Art. 1595).

23. Le droit d'attaquer la vente comme renfermant des avantages indirects n'appartient qu'aux héritiers à réserve, et seulement pour faire réduire ces avantages à la quotité disponible. La prohibition, en effet, ne porte que sur ce que les époux ne pourraient se donner (Toullier, t. 12, n° 44 ; Duranton, t. 16, n°s 151 et 152).

24. La vente faite malgré la prohibition portée en l'art. 1595 est nulle (Grenoble, 24 janv. 1826 ; 8 mars 1831). Suivant Toullier (t. 12, n° 41), et M. Duvergier (n° 83), la vente doit être considérée comme une donation déguisée. — M. Troplong, n° 185, veut qu'on se décide d'après les circonstances.—La nullité peut être invoquée par l'un et l'autre des époux, par leurs héritiers et leurs créanciers, même ayant un titre postérieur à la date de cette vente, la nullité étant absolue.

25. Ne peuvent se rendre adjudicataires, sous peine de nullité, ni par eux-mêmes, ni par personnes interposées : 1° les tuteurs, des biens de ceux dont ils ont la tutelle ; 2° les mandataires, des biens qu'ils sont chargés de vendre ; 3° les administrateurs, de ceux des communes ou des établissements publics confiés à leurs soins ; 4° les officiers publics, des biens nationaux dont les ventes se font par leur ministère (Art. 1596). Cette disposition prohibitive est générale et s'applique aux ventes de meubles comme à celles d'immeubles, aux ventes publiques comme à celles de gré à gré.

26. Les juges, leurs suppléants, les magistrats remplissant le ministère public, les greffiers, huissiers, avoués, défenseurs officieux et notaires, ne peuvent devenir cessionnaires des procès, droits et actions litigieux qui sont de la compétence du tribunal dans le ressort duquel ils exercent leurs fonctions, à peine de nullité et des dépens, dommages et intérêts (Art. 1797). — V. *Droits litigieux*.

§ 3. — *Choses qui peuvent être vendues.*

27. Tout ce qui est dans le commerce peut être vendu, lorsque des lois particulières n'en ont pas prohibé l'aliénation (C. Nap., art. 1598). Ainsi, on ne peut vendre les choses dont les lois de police prohibent la vente, par exemple, les animaux morts de maladie, les vins falsifiés, les livres condamnés.

28. La vente de la chose d'autrui est nulle; elle peut donner lieu à des dommages-intérêts, lorsque l'acheteur a ignoré que la chose fût à autrui (Art. 1599). Il y a vente de la chose d'autrui toutes les fois qu'on aliène une chose dont on n'a pas la propriété.

29. Ce principe n'empêche pas cependant qu'on ne puisse vendre la chose qui appartient à un tiers, si l'on se porte fort pour lui et qu'on s'oblige de le faire ratifier. Si le tiers ratifie, la vente est valable; s'il ne ratifie pas, il y a lieu à des dommages-intérêts contre celui qui a fait la vente (Art. 1120; Turin, 17 avril 1811).

30. L'acheteur de bonne foi peut, en offrant le montant du prix de la vente, demander la délivrance de l'objet acquis, et prescrire par 10 ou 20 ans, s'il n'est pas troublé par le véritable propriétaire. Vis-à-vis de lui, le vendeur est lié et ne peut exciper de son dol (Cass. 23 janv. 1832). Si l'acheteur ne veut pas obtenir la délivrance, il peut demander la résolution de la vente et des dommages-intérêts pour le préjudice qu'il éprouve.

31. Si l'acheteur est de mauvaise foi, la vente ne produit aucun effet vis-à-vis de lui; il n'a le droit que d'en demander la résolution et la restitution du prix, s'il l'a payé; mais, dans aucun cas, il ne peut réclamer de dommages-intérêts.

32. On ne peut vendre la succession d'une personne vivante, même de son consentement (Art. 1600). Cet article se combine avec l'art. 790, C. Nap., qui embrasse dans sa généralité toute cession de droits éventuels que l'on a dans une succession (Troplong, n° 246).

33. Si, au moment de la vente, la chose vendue était périe en totalité, la vente serait nulle. Si une partie seulement de la chose est périe, il est au choix de l'acquéreur d'abandonner la vente ou de demander la partie conservée, en faisant déterminer le prix par la ventilation (Art. 1601). On appelle *ventilation* l'estimation particulière des choses comprises dans une même vente, eu égard au prix total.

34. L'art. 1601 se combinant avec les art. 1636 et 1638, il s'ensuit que, pour que la résolution de la vente puisse être demandée, il faut que la portion perdue soit d'une telle conséquence, relativement au tout, qu'elle ait pu déterminer l'acheteur à contracter. C'est d'ailleurs aux tribunaux à apprécier les circonstances.

35. L'art. 1601 est applicable aux matières commerciales comme aux matières civiles (Cass. 5 frim. an XIII; Troplong, n° 225; Duvergier, n° 240).

§ 4. — *Obligations du vendeur.*

36. Le vendeur est tenu d'expliquer clairement ce à quoi il s'oblige. Tout pacte obscur ou ambigu s'interprète contre lui (C. Nap., art. 1602). La loi l'oblige principalement : 1° à délivrer la chose vendue (Art. 1603. —V. *Délivrance*); 2° et à garantir cette chose (Même art.).

37. Cette garantie a deux objets : le premier est la possession paisible de la chose vendue ; le second, les défauts cachés de cette chose ou les vices rédhibitoires (Art. 1625).

38. *Garantie en cas d'éviction.*—Si aucune stipulation n'a été faite sur la garantie, le vendeur est obligé de droit à garantir l'acquéreur de l'éviction qu'il souffre dans la totalité ou partie de l'objet vendu, ou des charges prétendues sur cet objet et non déclarées lors de la vente (Art. 1626).

39. S'il a été stipulé que le vendeur ne serait soumis à aucune garantie, il demeure cependant tenu : 1° de celle qui résulte d'un fait qui lui est personnel (Art. 1627 et 1628), peu importe que ce fait soit antérieur ou postérieur à la vente ; 2° en cas d'éviction, de restituer le prix, à moins que l'acquéreur n'ait connu, lors de la vente, le danger de l'éviction, ou qu'il n'ait acheté à ses périls et risques (Art. 1629).

40. Si la garantie a été promise sans qu'il ait rien été stipulé à ce sujet, l'acquéreur a le droit de demander, en cas d'éviction : 1° la restitution du prix ; 2° celle des fruits, lorsqu'il est obligé de les rendre au propriétaire qui l'évince ; 3° les frais faits sur la demande en garantie de l'acheteur, et ceux faits par le demandeur originaire ; 4° enfin les dommages-intérêts ainsi que les frais et loyaux coûts du contrat (Art. 1630).

41. Le vendeur est tenu : 1° de restituer la totalité du prix, encore bien que, à l'époque de l'éviction, la chose vendue se trouve diminuée de valeur ou considérablement détériorée, soit par la négligence de l'acheteur, soit par des accidents de force majeure (Art. 1631). Néanmoins, si l'acquéreur a tiré profit des dégradations par lui faites, le vendeur a le droit de retenir sur le prix une somme égale à ce profit (Art. 1632).

42. 2° De payer à l'acquéreur l'augmentation de prix survenue à la chose vendue, à l'époque de l'éviction, indépendamment même du fait de l'acquéreur (Art. 1633) ; de lui rembourser ou faire rembourser par celui qui l'évince, toutes les réparations et améliorations utiles qu'il a faites au fonds (Art. 1634).

43. 3° Enfin, si le vendeur est de mauvaise foi, il est obligé de rembourser à l'acquéreur toutes les dépenses, même voluptuaires ou d'agrément, que celui-ci a faites au fonds (Art. 1635), par la raison que ce dommage est une suite immédiate et directe de l'inexécution du contrat.

44. Lorsque l'acquéreur n'est évincé que d'une partie de la chose, et si elle est de telle conséquence relativement au tout que l'acquéreur n'eût point acheté sans la partie dont il a été évincé, il peut faire résilier la vente (Art. 1636), à moins qu'il ne préfère conserver ce qui reste de la chose.

45. Si, dans le cas de l'éviction d'une partie du fonds vendu, la vente n'est pas résiliée, la valeur de la partie dont l'acquéreur se trouve évincé lui est remboursée suivant l'estimation à l'époque de l'éviction, et non proportionnellement au prix total de la vente, soit que la chose vendue ait augmenté ou diminué de valeur (Art. 1637). Cette disposition est applicable après une vente sur expropriation forcée (Dijon, 8 août 1817 ; Toulouse, 24 janv. 1826).

46. Si l'héritage se trouve grevé, sans qu'il en ait été fait de déclaration, de servitudes non apparentes, et qu'elles soient de telle importance qu'il y ait lieu de présumer que l'acquéreur n'aurait pas acheté s'il en avait été instruit, il peut demander la restitution du contrat, si mieux il n'aime se contenter d'une indemnité (Art. 1638). L'acquéreur ne pourrait agir en garantie s'il avait eu connaissance des charges occultes, indépendamment de toute déclaration (Cass. 7 fév. 1832 ; Duvergier, n° 378).

47. Les autres questions auxquelles peuvent donner lieu les dommages-intérêts résultant, pour l'acquéreur, de l'inexécution do la vente, doivent être décidées suivant les règles générales établies au titre des contrats et obligations conventionnelles en général (Art. 1639).

48. La garantie, pour cause d'éviction, cesse lorsque l'acquéreur s'est laissé condamner par un jugement en dernier ressort ou dont l'appel n'est plus recevable, sans appeler son vendeur, si celui-ci prouve qu'il existait des moyens pour faire rejeter la demande (Art. 1640).

49. Cet article suppose que l'acheteur, menacé d'éviction, n'a point mis le vendeur en cause, comme il en avait le droit, et il refuse l'action en garantie lorsque le vendeur prouve qu'il existait des moyens de faire rejeter la demande, que l'acquéreur n'a pas proposés.

50. *Garantie des défauts cachés.* — Le vendeur est tenu de la garantie à raison des défauts cachés de la chose vendue qui la rendent impropre à l'usage auquel on la destine, ou qui diminuent tellement cet usage que l'acheteur ne l'aurait pas acquise ou n'en aurait donné qu'un moindre prix, s'il les avait connus (C. Nap., art. 1641). Le vendeur ne serait pas tenu des vices apparents et dont l'acheteur aurait pu se convaincre lui-même (Art. 1642).

51. Le vendeur est tenu des vices cachés quand même il ne les aurait pas connus, à moins que, dans ce cas, il n'ait stipulé qu'il ne serait tenu à aucune garantie (Art. 1643). Ainsi, le vendeur serait tenu de la garantie, s'il avait connu les vices cachés, et cela encore qu'il y ait la clause de non-garantie dans l'acte.

52. Dans le cas des art. 1641 et 1643, l'acheteur a le droit ou de rendre la chose et de se faire restituer le prix, ou de garder la chose et de se faire rendre une partie du prix, telle qu'elle doit être arbitrée par experts (Art. 1644). — En outre, si le vendeur connaissait les vices de la chose, il serait tenu de tous dommages-intérêts envers l'acheteur (Art. 1645); mais, s'il ignorait les vices, il ne serait obligé, outre le prix, qu'au remboursement des frais occasionnés par la vente (Art. 1646).

53. Lorsque la chose qui avait des vices a péri par sa mauvaise qualité, la perte est pour le vendeur, qui est tenu, envers l'acheteur, à la restitution du prix et aux autres dédommagements expliqués dans les deux articles précédents; mais la perte, arrivée par cas fortuit, est pour le compte de l'acheteur (Art. 1647); il en est de même lorsque ce dernier est en faute.

54. L'action résultant des vices rédhibitoires doit être formée par l'acquéreur, dans un bref délai, suivant la nature des vices rédhibitoires et l'usage du lieu où la vente a été faite (Art. 1648). Le délai ne court, dans tous les cas, que du jour où le vice a été découvert (Lyon, 5 août 1824; Troplong, n° 587).

55. L'action rédhibitoire n'est point admise dans les ventes faites par autorité de justice (Art. 1649).

56. Les dispositions ci-dessus sont modifiées en ce qui concerne les vices rédhibitoires des animaux domestiques.—V. *Vices rédhibitoires.*

57. Pour la procédure en matière de garantie, V. *Exception, Garantie.*

§ 5. — *Obligations de l'acheteur.*

58. La principale obligation de l'acheteur est de payer le prix au jour et au lieu réglés par la vente (C. Nap., art. 1650). S'il n'a rien été réglé à cet égard lors de la vente, l'acheteur doit payer au lieu et dans le temps, où doit se faire la délivrance (Art. 1651).

59. L'acheteur doit l'intérêt du prix de la vente jusqu'au paiement du capital, dans les trois cas suivants : s'il en a été convenu lors de la vente ; si la chose vendue et livrée produit des fruits ou autres revenus ; si l'acheteur a été sommé de payer. Dans ce dernier cas, l'intérêt ne court que du jour de la sommation (Art. 1652).

60. Lorsque l'acheteur est troublé ou a juste sujet de craindre d'être troublé par une action soit hypothécaire, soit en revendication, il peut suspendre le paiement du prix jusqu'à ce que le vendeur ait fait cesser le trouble, si mieux n'aime celui-ci donner caution, ou à moins qu'il n'ait été stipulé que, nonobstant le trouble, l'acheteur paiera (Art. 1653).

61. Lorsque l'acheteur est poursuivi dans le cas de l'article précédent, il doit s'opposer aux poursuites par un exploit contenant la dénonciation du trouble ou des craintes de trouble et assignation devant le tribunal, pour voir dire que le paiement sera retardé jusqu'à ce que le trouble ait cessé ou que le vendeur ait fourni caution.

62. Si l'acheteur ne paie pas le prix, le vendeur peut demander la résolution de la vente (Art. 1654). — V. *Action résolutoire.*

63. La résolution de la vente d'immeubles doit être prononcée de suite, si le vendeur est en danger de perdre la chose et le prix. Si ce danger n'existe pas, le juge peut accorder à l'acquéreur un délai plus ou moins long, suivant les circonstances. Ce délai passé sans que l'acquéreur ait payé, la résolution de la vente est prononcée (Art. 1655).

64. S'il a été stipulé, lors de la vente d'immeubles, que, faute de paiement du prix dans le terme convenu, la vente serait résolue de plein droit, l'acquéreur peut néanmoins payer après l'expiration du délai, tant qu'il n'a pas été mis en demeure par une sommation ; mais, après cette sommation, le juge ne peut lui accorder de délai (Art. 1656). L'acheteur peut payer dans les vingt-quatre heures de la sommation. Ce délai passé, la déchéance est encourue ; toutefois, elle doit être prononcée par un jugement.

65. En matière de denrées et d'effets mobiliers, la résolution a lieu de plein droit après l'expiration du terme convenu pour le retirement. — V. *Action résolutoire.*

66. Outre les causes de rescision et de nullité ci-dessus expliquées, et celles qui sont communes à toutes les conventions, le contrat de vente peut être résolu par l'exercice de la faculté de rachat ou pour vileté du prix. — V. *Action rescisoire, Réméré.*

§ 6. — *Enregistrement.*

67. Les adjudications, ventes, reventes, cessions, rétrocessions et tous autres actes translatifs de propriété ou d'usufruit de biens immeubles à titre onéreux, sont assujettis au droit de 5 et demi pour cent (LL. 22 frim. an VII, et 28 avril 1816, art. 52). — V., toutefois, *Licitation.*

68. Le droit doit être liquidé sur le prix exprimé en y ajoutant toutes les charges en capital (L. 22 frim. an VII, art. 15). Si la vente est consentie moyennant une rente, sans expression de capital, le droit est perçu sur dix fois le montant de la rente viagère, et vingt fois le montant de la rente perpétuelle (Arg. art. 14, L. 22 frim. an VII).

69. Par *charges*, on doit entendre tout ce que l'acquéreur doit payer à la décharge du vendeur, par exemple, les rentes foncières, la contribution foncière et les intérêts pour un temps antérieur à l'entrée en jouissance, le montant des revenus dont le vendeur fait la réserve pour un temps postérieur à l'époque du paiement du prix ou de l'exigibilité des intérêts.

70. Lorsque le vendeur se réserve l'usufruit de l'objet vendu pendant sa vie, cet usufruit est évalué à la moitié de tout ce qui forme le prix du contrat, et le droit d'enregistrement est perçu sur le total (L. 22 frim. an VII, art. 15).

71. Si un même acte de vente comprend des meubles et des immeubles, le droit d'enregistrement doit être perçu sur la totalité du prix au taux réglé pour les immeubles, à moins qu'il ne soit stipulé un prix particulier pour les objets mobiliers, et que ces objets soient désignés et estimés, article par article, dans le contrat (Même loi, art. 9). Cette disposition ne s'applique pas aux rentes ni aux créances.

72. Les adjudications, ventes, reventes, cessions, rétrocessions, marchés, traités et tous autres actes translatifs de propriété à titre onéreux, de meubles, récoltes de l'année sur pied, coupes de bois taillis et de haute futaie et autres objets mobiliers généralement quelconques, même les ventes de biens de cette nature faites par l'Etat, opèrent le droit de 2 pour 100 (L. 22 frim. an VII, art. 69).

73. Le droit est liquidé sur le prix exprimé et le capital des charges qui peuvent ajouter au prix (Même loi, art. 14). Si la vente a eu lieu par adjudication, le droit se perçoit sur le montant des sommes que contient cumulativement le procès-verbal des séances à enregistrer (Art. 6; Circul. de l'admin. de la Régie, n° 1498).

VENTE ADMINISTRATIVE. — **1.** Vente qui a pour objet la propriété ou l'usufruit des biens de l'Etat, des départements, des communes et des établissements publics, et qui est faite par l'autorité administrative.

2. S'il s'agit de mobilier, V. *Vente de meubles.* Toutefois, nous ajouterons ici que les préposés des domaines et les maires et adjoints sont dispensés de faire une déclaration préalable au bureau de l'enregistrement (L. 22 pluv. an VII, art. 5).

3. S'il s'agit d'immeubles, on distingue :

1° *Immeubles de l'Etat.* Ils ne peuvent être vendus qu'en vertu d'une loi et aux enchères publiques (L. 22 mai et 1er déc. 1790; Décr. 6 janv. 1809; Ord. 12 déc. 1827).

2° *Immeubles des communes.* L'aliénation ne peut en avoir lieu qu'après estimation par experts, délibération du conseil municipal, avis du sous-préfet et du préfet qui fait procéder à une enquête, et qu'en vertu d'un décret rendu en Conseil d'Etat. L'acte est passé devant notaire et soumis à l'approbation du préfet.

3° *Immeubles des hospices et fabriques.* Les ventes ne peuvent être faites qu'après avoir été autorisées par le Gouvernement. Les actes d'aliénation sont également reçus par un notaire.

4. Pour l'interprétation des ventes administratives de biens nationaux et les difficultés auxquelles ces ventes peuvent donner lieu, V. *Domaines nationaux.*

VENTE A L'ENCAN. — Les directeurs d'établissements de ventes à l'encan sont patentables.

VENTE A FONDS PERDU. — Vente dont le prix consiste en une rente ou prestation viagère au profit du vendeur. — V. *Rente viagère.*

VENTE A RÉMÉRÉ. — V. *Réméré.*

VENTE DE BATIMENTS DE MER ET DE NAVIRES. — Si cette vente est volontaire, elle peut être faite par les officiers publics qui ont le droit de procéder aux ventes de meubles en général (C. Comm., art. 195 et suiv.). — V. *Vente,* n° 5, *Vente publique de meubles.* — Lorsqu'elle est judiciaire ou forcée, V. *Saisie de navires.*

VENTE DE BATIMENTS DE RIVIÈRE. — Si la vente est volontaire, elle peut être faite par l'un des officiers publics qui ont le droit de procéder aux ventes de meubles en général. — V. *Vente publique de meubles*. — Si elle est judiciaire ou forcée, V. *Saisie-exécution*.

VENTE DE CONSTRUCTIONS. — Si les constructions, élevées par un tiers sur le terrain d'autrui, sont vendues pour être conservées au moins jusqu'à l'expiration du bail, comme elles ont un caractère immobilier (V. *Constructions*), elles ne peuvent être vendues publiquement que par le ministère d'un notaire. Mais, si elles le sont pour être démolies immédiatement, comme il ne s'agit plus que de la vente des matériaux, nous croyons que les huissiers ont alors le droit de procéder à la vente des constructions, concurremment avec les notaires (V. *J. Huiss.*, t. 38, p. 197 et suiv.). — V. aussi *Vente publique de meubles*.

VENTE DE COUPES DE BOIS. — A l'égard des bois de haute futaie, le droit d'en faire publiquement la vente n'appartient point aux huissiers, mais seulement aux notaires. — En ce qui concerne les bois taillis, V. *Vente de fruits et récoltes*. — La vente des coupes de bois appartenant à l'Etat est faite par les agents de l'administration.

VENTE DE CRÉANCES, RENTES ET AUTRES DROITS INCORPORELS. — Pour le cas où la vente est amiable, V. *Transport-Cession*. — Pour le cas où elle est judiciaire, V. *Saisie des rentes*. — Dans ce dernier cas, la vente peut être renvoyée devant un notaire (Carré et Chauveau, *Lois de la procéd.*, quest. 2051). — Les huissiers n'ont pas le droit de procéder à ces sortes de ventes.

VENTE DE FONDS DE COMMERCE. — **1.** La vente en détail des marchandises d'un fonds de commerce peut être faite par un huissier. — V. *Vente publique de meubles*. — *Vente de marchandises neuves*. S'il s'agit de caractères provenant d'une imprimerie, ils ne peuvent être vendus qu'à des imprimeurs ou des fondeurs brevetés (V. *Imprimerie*).

2. Quant à l'achalandage d'un fonds de commerce, il ne peut être vendu que par un notaire. — Cette vente peut avoir lieu à l'amiable ou judiciairement : si elle est judiciaire, il nous semble qu'on doit remplir les formalités prescrites pour la vente de rentes saisies sur particuliers. — V *Saisie des rentes*.

VENTE DE FRUITS ET RÉCOLTES. — **1.** On entend ici par *vente de fruits et récoltes* la vente publique et aux enchères de toutes espèces de fruits et récoltes, non encore détachés du sol, comme grains, foins, coupes de bois taillis, etc. Car, lorsque les fruits et récoltes sont détachés du sol, ils sont devenus meubles, et, alors, la vente en est régie par les principes applicables aux ventes publiques de meubles (V. *Vente publique de meubles*).

2. C'est une question qui a été longtemps controversée que celle de savoir si les huissiers et les commissaires-priseurs avaient le droit de procéder, concurremment avec les notaires, aux ventes publiques de fruits et récoltes pendant par branches ou par racines. Mais la loi du 5 juin 1851 (V. *J. Huiss.*, t. 32, p. 202) a fait cesser toute controverse à cet égard; et c'est par cette loi que se trouve aujourd'hui réglementée la vente publique de fruits et récoltes.

3. Le *Journal des huissiers* (t. 39, p. 57 et suiv.) contient un commentaire de cette loi, dont l'art. 1er est ainsi conçu :

« Les ventes publiques volontaires, soit à terme, soit au comptant, de fruits et de récoltes pendants par racines et de coupes de bois taillis, seront faites, en concurrence et au choix des parties, par les notaires, commissaires-priseurs, huissiers et greffiers de justice de paix, même dans le lieu de la résidence des commissaires-priseurs. »

4. Cette loi n'a établi la concurrence, comme on le voit, que relativement aux ventes *volontaires*. « La commission, — a dit M. Paillet, rapporteur, — a pensé qu'il convenait de restreindre le projet aux ventes publiques volontaires, afin qu'il fût bien entendu que les ventes *judiciaires* demeurent soumises au Code de procédure civile et aux lois spéciales qui les régissent. » (V. J. *Huiss.*, t. 32, p. 57.)

5. Les ventes *judiciaires* étant exclues de la concurrence, il s'ensuit que les commissaires-priseurs ont, comme par le passé, dans le lieu de leur résidence, le droit exclusif de procéder :

1° Aux ventes de fruits et récoltes par suite de saisies-brandons (V. *Saisie-brandon*) ;

2°. A celles qui ont lieu à la requête de l'héritier avant de prendre qualité, ou de l'héritier bénéficiaire (C. Nap., art. 793 et suiv.; C.P.C., art. 986) ;

3° Aux ventes faites en vertu des art. 826, C. Nap., et 945, C.P.C., lorsqu'il y a des créanciers saisissants ou opposants dans une succession, ou que la majorité des cohéritiers juge la vente nécessaire pour l'acquit des dettes et charges ;

4° A la vente de fruits et récoltes appartenant à des mineurs (C. Nap., art. 452; C.P.C., art. 952), ou dépendant de biens d'absents (C. Nap., art. 126) ;

5° A celle de fruits et récoltes dépendant d'une faillite (C. Comm., art. 486) ;

6° Enfin, aux ventes de fruits et récoltes ou de coupes de bois taillis qui n'appartiennent pas à des propriétaires entièrement maîtres de leurs droits, ou dans lesquelles des créanciers sont intéressés.

V., en ce sens, Le Hir, *Comment. de la loi du 5 juin* 1851, p. 11, n° 2.

6. Partout ailleurs que dans le lieu de la résidence des commissaires-priseurs, les notaires, huissiers et greffiers de justice de paix ont, concurremment avec les commissaires-priseurs, le droit de procéder aux ventes publiques *judiciaires* de fruits et récoltes pendants par branches ou par racines, et de coupes de bois taillis (Le Hir, p. 13, n° 3 *in fine*).

7. La loi du 5 juin 1851 (art. 1ᵉʳ), ayant désigné spécialement les officiers ministériels entre lesquels la concurrence se trouvait établie pour les ventes publiques volontaires, et les greffiers des tribunaux de commerce n'ayant pas été compris au nombre de ces officiers ministériels, il en résulte qu'ils ne peuvent, concurremment avec les notaires, huissiers, commissaires-priseurs et greffiers de justice de paix, procéder à ces ventes, et que, en conséquence, le greffier du tribunal de commerce, qui procède à une vente de cette nature, se rend passible de dommages-intérêts envers les officiers ministériels désignés par la loi précitée et auxquels il cause ainsi préjudice (Trib. civ. de Bayeux, 28 juin 1861; J. *Huiss.*, t. 43, p. 11 ; Caen, 16 janv. 1863 : t. 45, p. 30).

8. La loi de 1851, en faisant entrer dans la concurrence des différents officiers ministériels qu'elle désigne les ventes publiques volontaires de récoltes, ne distingue pas entre les herbes qui sont vendues pour être fauchées et celles qui le sont pour être pâturées. Ainsi doit être considérée, non comme un bail, rentrant dans les attributions exclusives des notaires, mais comme une vente de récoltes sur pied qui peut être faite par les huissiers, l'adjudication d'herbes exerues sur des pièces de terre, qui n'attribue à l'adjudicataire aucune autre jouissance que celle consistant à recueillir ces herbes en les faisant pâturer, quel que soit d'ailleurs le temps accordé pour le pâturage (Caen, 12 mai 1856 : *J. Huiss.*, t. 37, p. 265 ; Cass., 13 déc. 1858 : t. 40, p. 64).

9. Le droit accordé aux huissiers, commissaires-priseurs et greffiers de justice de paix, de procéder aux ventes publiques volontaires de coupes de bois taillis, est un droit exceptionnel, qui, dès lors, doit être strictement renfermé dans ses termes. Que doit-on donc entendre par *bois taillis* dans le sens de la loi du 5 juin 1851 ? Ce sont tous les bois qui ne sont point encore parvenus à l'état d'arbres et qui sont destinés à se reproduire et à être exploités par coupes à des époques périodiques (Caen, 16 janv. 1854 : *J. Huiss.*, t. 35, p. 192).

10. Il suit de là que la loi de 1851 a nécessairement exclu de la concurrence les ventes publiques volontaires de futaies et d'arbres de haute futaie, notamment d'ormes, de frênes, de peupliers, et que les notaires ont, à l'exclusion de tous autres officiers ministériels, le droit d'y procéder, soit que ces arbres soient vendus isolément, séparément, soit qu'ils le soient par lots de quelques-uns (Trib. civ. de Rouen, 26 janv. 1852 : *J. Huiss.*, t. 33, p. 170 ; Trib. civ. de Troyes, 15 mars 1853 : t. 34, p. 214 ; Caen, 16 janv. 1854 : arrêt précité).

11. Les huissiers qui, au mépris de la prohibition de la loi du 5 mai 1851, se chargent des ventes publiques volontaires de futaies ou d'arbres de haute futaie, se rendent passibles de dommages-intérêts envers les notaires (Trib. civ. de Troyes, 15 mars 1853 : jugement précité).

12. Mais jugé que le propriétaire, à la requête duquel un huissier procède à ces sortes de ventes, n'est point responsable envers les notaires du préjudice qui en est résulté pour eux (Trib. civ. de Rouen, 26 janv. 1852 : jugement cité *suprà*, n° 10).

13. Quant aux émondes des arbres de haute futaie, elles ne participent en rien de la nature du fonds ; leur coupe rentre dans les actes de simple administration ; par conséquent, la vente publique volontaire peut en être faite, comme celle des bois taillis, par les officiers ministériels désignés en la loi de 1851, concurremment (Le Hir, p. 31, n° 3).

14. Les ventes de fruits et récoltes ou de coupes de bois taillis, quel que soit l'officier ministériel qui y procède, doivent être précédées de la déclaration préalable. Il a donc été décidé que, lorsqu'une adjudication à loyer d'une récolte de foins est reconnue depuis être une véritable vente, le notaire qui y a procédé sans avoir fait la déclaration préalable au bureau d'enregistrement, exigée pour les ventes aux enchères, a commis une contravention à l'art. 2 de la loi du 22 pluv. an VII et est passible d'amende (Trib. civ. de Vouziers, 28 nov. 1855 : *J. Huiss.*, t. 37, p. 116).

15. La loi de 1851 autorise la concurrence entre les officiers ministériels qu'elle désigne aussi bien pour les ventes à terme que pour les ventes au comptant : ses termes ne laissent aucun doute à cet égard. Et, lorsque la vente a été faite à terme du consentement du vendeur, l'huissier qui y a procédé n'est pas responsable envers ce dernier de l'insolvabilité de l'un des adjudicataires survenue depuis la vente et avant l'époque fixée pour le paiement ; il en est ainsi même lorsque le prix a été stipulé payable en ses mains (*J. Huiss.*, t. 33, p. 100).

16. Outre la stipulation du terme, les huissiers, commissaires-priseurs et greffiers de justice de paix ont également le droit de régler, par les clauses du procès-verbal, toutes les conditions inhérentes à la vente, par exemple, s'il s'agit d'une vente de foins, de déterminer à quelle époque et par quelle voie ils seront enlevés, et, s'il s'agit d'une vente de bois taillis, le nombre des baliveaux à réserver. C'est ce qui résulte de la discussion à laquelle la loi de 1851 a donné lieu devant l'Assemblée législative. (V. séance du 5 juin 1851. — *Moniteur* du 6).

17. A la différence des procès-verbaux de ventes dressés par les notaires, qui, lorsque les formalités prescrites par la loi du 25 vent. an xi ont été observées, sont à la fois authentiques et exécutoires, les procès-verbaux de ventes dressés par les huissiers, commissaires-priseurs et greffiers de justice de paix, sont bien aussi toujours authentiques, mais ils ne sont jamais exécutoires (Le Hir, p. 16, n° 2). En conséquence, dans le cas de vente par ces derniers, ou par les notaires, sans l'accomplissement des formalités exigées par la loi du 25 vent. an xi, les adjudicataires ne peuvent être contraints au paiement de leur prix qu'en vertu d'un jugement de condamnation.

18. Un décret du 5 nov. 1851 a réglé les droits alloués aux officiers publics chargés de procéder à des ventes volontaires et aux enchères de fruits et récoltes pendants par racines ou de coupes de bois taillis, et forme le tarif en cette matière (V. *J. Huiss.*, t. 33, p. 45).

19. Aux termes de l'art. 1er de ce décret, il est alloué, pour tous droits d'honoraires, non compris les déboursés, à l'officier public chargé de procéder à une vente volontaire et aux enchères de fruits et récoltes pendants par racines ou de coupes de bois taillis, une remise sur le produit de la vente qui est fixée à 2 pour 100 jusqu'à 10,000 fr., et à un quart pour 100 sur l'excédant, sans distinction entre les ventes faites au comptant et celles faites à terme. — En cas d'adjudication par lots, consentie au nom du même vendeur, la remise proportionnelle établie au présent article est calculée sur le prix total des lots réunis. — La remise ne peut, en aucun cas, être inférieure à 6 fr.

20. Lorsque l'officier public qui a procédé à une vente à terme est chargé d'opérer le recouvrement du prix, il a droit à une remise de 1 p. 100 sur le montant des sommes par lui recouvrées (Même décr., art. 2). Le droit à la remise existe par cela seul que l'officier vendeur a été chargé d'opérer le recouvrement du prix; il n'est pas nécessaire qu'il s'en soit rendu responsable (Le Hir, p. 139).

21. S'il est requis expédition ou extrait du procès-verbaux de vente, il est alloué, outre le timbre, 1 franc par chaque rôle de vingt-cinq lignes à la page et de quinze syllabes à la ligne (Même décr., art. 3).

22. Pour versement à la Caisse des consignations, paiement des contributions ou assistance aux référés, s'il y a lieu, il est alloué : à Paris, Lyon, Bordeaux, Rouen, Toulouse et Marseille; 4 fr.; partout ailleurs, 3 fr. (Art. 4).

23. Toutes perceptions directes ou indirectes, autres que celles autorisées par le présent règlement, à quelque titre et sous quelque dénomination qu'elles aient lieu, sont formellement interdites. En cas de contravention, l'officier public pourra être suspendu ou destitué, sans préjudice de l'action en répétition de la partie lésée et des peines prononcées par la loi contre la concussion (Art. 5).

24. Il est également interdit aux officiers publics de faire aucun abonnement ou modification à raison des droits ci-dessus fixés, si ce n'est avec l'Etat et les établissements publics. — Toute contravention est punie d'une suspension de quinze jours à six mois. En cas de récidive, la destitution peut être prononcée (Art. 6).

25. En prohibant les remises supérieures au Tarif qu'il a établi, le décret du 5 nov. 1851 n'a pas eu pour but de restreindre la liberté des conventions. Il ne s'oppose donc point à ce que le propriétaire vendeur stipule, soit à son profit exclusif, soit à son profit et à celui de son garde, soit enfin à son profit et au profit de celui qu'il a chargé de la collecte de la vente, un droit de tant pour cent sur le prix principal des adjudications ; il interdit seulement une pareille stipulation au profit des officiers ministériels qui procèdent à la vente (Ord. de référé rendue par le président du trib. civ. d'Yvetot, 15 nov. 1852 ; Trib. civ. de Dieppe, 1er déc. 1852 ; Trib. civ. du Havre, 15 juin 1853 : *J. Huiss.*, t. 34, p. 178).

26. Ainsi, l'huissier, chargé de procéder à une vente publique volontaire de fruits et récoltes ou de coupes de bois taillis, ne peut refuser d'insérer dans le procès-verbal de vente la stipulation que les adjudicataires paieront, en sus du prix des adjudications, 50 cent. par chaque enchère et 10 cent. p. 100, alors que les 50 et 10 cent. doivent profiter au propriétaire vendeur ou à son garde (Mêmes décisions).

27. ...Ni la stipulation que les adjudicataires paieront au propriétaire, en sus du prix des adjudications, 10 cent. p. 100 et 25 cent. par enchère (Mêmes décisions).

28. De même, un notaire, qui doit procéder à une vente de fruits et récoltes, ne peut refuser d'insérer dans le cahier des charges de la vente la clause que les adjudicataires seront tenus de payer aux mains et au domicile de tel individu, chargé par le propriétaire de la collecte de la vente, 20 cent. par franc et un franc par enchère, en sus du prix principal des adjudications (Rouen, 9 juill. 1853 : *J. Huiss.*, t. 34, p. 245).

29. Peu importe que le cahier des charges garde le silence sur les honoraires dus aux notaires, ces honoraires étant invariablement fixés par le décret du 5 nov. 1851 (Même arrêt).

30. Mais s'il était établi ou même seulement présumable que la clause dont il s'agit ne fût qu'un moyen indirect d'éluder, au profit de l'officier ministériel, le décret précité, il y aurait lieu de l'annuler, et alors l'action disciplinaire devrait suivre son cours (Même arrêt).

VENTE DE MARCHANDISES. — Lorsqu'une marchandise a été vendue à livrer par un fabricant, sans que le lieu de la livraison ait été convenu, c'est au vendeur lui-même, à son domicile, et non à sa fabrique, que doit être faite, à la requête de l'acheteur, la sommation de livrer : d'où il suit que est sans aucun effet le procès-verbal d'huissier constatant que l'acheteur s'est présenté à la fabrique du vendeur pour recevoir la marchandise, que là la livraison lui a été refusée, et que la marchandise ne se trouvait même pas à la fabrique (Trib. Comm. de Marseille, 24 nov. 1863 : *J. Huiss.*, t. 45, p. 200).

VENTE DE MARCHANDISES EN GROS. — Les ventes publiques de marchandises en gros, autorisées ou ordonnées par la justice consulaire, sont réglementées par les lois des 28 mai-11 juin 1858, et 3 juill. 1861 (*J. Huiss.*, t. 39, p. 223, et t. 42, p. 327), et par les décrets impériaux des 12-31 mars 1859, 29 juin-26 juill. 1861, et 6-18 juin 1863 (V. *J. Huiss.*, t. 43, p. 13 et suiv., et p. 44, et t. 45, p. 91). — V. aussi l'instruction générale de la régie du 1er août 1861 (*J. Huiss.*, t. 43, p. 85).

VENTE DE MARCHANDISES NEUVES. — **1.** On entend par là la vente publique aux enchères, et en détail, de marchandises faisant l'objet d'un commerce.

2. En principe, les ventes en détail de marchandises neuves, à cri public, soit au rabais, soit à prix fixe proclamé, avec ou sans l'assistance des officiers ministériels, sont prohibées (L. 25 juin 1841, art. 1).

3. Ne sont pas comprises dans cette défense : 1° les ventes prescrites par la loi ; 2° celles faites par autorité de justice ; 3° celles après décès, faillite ou cessation de commerce ou dans tous les autres cas de nécessité dont l'appréciation doit être soumise au tribunal de commerce; 4° les ventes à cri public de comestibles et objets de peu de valeur, connus dans le commerce sous le nom de menue mercerie (Même loi, art. 2).

4. Les ventes publiques et en détail de marchandises neuves qui ont lieu *après décès* ou *par autorité de justice* doivent être faites selon les formes prescrites et par les officiers ministériels préposés pour la vente forcée du mobilier, conformément aux art. 625 et 945, C. P. C. (Même loi, art. 3).

5. Les ventes de marchandises après *faillite* sont faites, conformément à l'art. 486, C. Comm., par un officier public de la classe que le juge-commissaire a déterminée. Quant au mobilier du failli, il ne peut être vendu aux enchères que par le ministère des commissaires-priseurs, no-taires, huissiers ou greffiers de justice de paix, conformément aux lois et règlements qui déterminent les attributions de ces différents officiers (Art. 4). — V. *Faillite.*

6. Les ventes publiques et par enchères *après cessation de commerce,* ou *dans les autres cas de nécessité* prévus par l'art. 2 de la loi de 1841, ne peuvent avoir lieu qu'autant qu'elles ont été préalablement autorisées par le tribunal de commerce, sur la requête du commerçant propriétaire, à laquelle est joint un état détaillé des marchandises.

Le tribunal constate, par son jugement, le fait qui donne lieu à la vente; il indique le lieu de son arrondissement où devra se faire la vente; il peut même ordonner que les adjudications n'auront lieu que par lots dont il fixe l'importance; il décide, d'après les lois et règlements d'attribution, qui, des courtiers ou des commissaires-priseurs et autres officiers publics, doit être chargé de la réception des enchères.

L'autorisation ne peut être accordée, pour cause de nécessité, qu'au marchand sédentaire, ayant depuis un an au moins son domicile réel dans l'arrondissement où la vente doit être opérée.

Des affiches apposées à la porte du lieu où se fera la vente, énonceront le jugement qui l'aura autorisée (Art. 5).

7. Les ventes publiques aux enchères de marchandises en gros continueront à être faites par le ministère des courtiers, dans les cas, aux conditions et selon les formes indiquées par les décrets des 22 nov. 1811 et 17 avril 1812, par la loi du 15 mai 1818, et par les ordonnances des 1er juill. 1818 et 9 avril 1819 (Art. 6).

8. Toute contravention aux dispositions ci-dessus sera punie de la confiscation des marchandises mises en vente, et, en outre, d'une amende de 50 à 3,000 fr., qui sera prononcée solidairement tant contre le vendeur que contre l'officier public qui l'aura assisté, sans préjudice des dommages-intérêts, s'il y a lieu. Ces condamnations seront prononcées par les tribunaux correctionnels (Art. 7).

9. Seront passibles des mêmes peines les vendeurs ou officiers publics qui comprendraient sciemment dans les ventes faites par autorité de justice, sur saisie, après décès, faillite, cessation de commerce, ou dans les autres cas de nécessité prévus par l'art. 2 de la loi, des marchandises neuves ne faisant pas partie du fonds ou mobilier mis en vente (Art. 8).

10. Dans tous les cas ci-dessus où les ventes publiques seront faites par le ministère des courtiers, ils se conformeront aux lois qui les régissent, tant pour les formes de la vente que pour les droits de courtage (Art. 9).

11. Dans les lieux où il n'y aura point de courtiers de commerce, les commissaires-priseurs, les notaires, huissiers et greffiers de justice de paix feront les ventes ci-dessus, selon les droits qui leur sont respectivement attribués par les lois et règlements. Ils seront, pour lesdites ventes, soumis aux formes, conditions et tarifs imposés aux courtiers (Art. 10).

VENTE DE RECOLTES. — V. *Vente de fruits et récoltes.* .

VENTE JUDICIAIRE D'IMMEUBLES.— 1. Celle qui a lieu sous l'autorité de la justice.

§ 1. — *Des différentes espèces de ventes judiciaires, et dispositions générales.*

§ 2. — *Vente d'immeubles appartenant à des mineurs.*

§ 3. — *Vente d'immeubles dépendant d'une succession bénéficiaire.*

§ 4. — *Vente de biens dotaux.*

FORMULE.

___

§ 1. — *Des différentes espèces de ventes judiciaires, et dispositions générales.*

2. Les principales ventes judiciaires d'immeubles sont :

1° Les ventes qui ont lieu par suite de saisie immobilière (V. *Saisie immobilière*).

3. 2° Les ventes des biens des mineurs, des interdits, des absents et des condamnés (V. *infrà*, §2).

4. 3° Les ventes des biens dépendant d'une succession bénéficiaire ou d'une succession vacante (V. *infrà*, § 3).

5. 4° Les ventes des biens des faillis et des individus admis au bénéfice de cession (V. *infrà*, n° 12).

6. 5° Les ventes d'immeubles dotaux (V. *infrà*, § 4).

7. 6° Les ventes des biens dépendant de successions et déclarés impartageables, et celles des biens indivis, le tout lorsque les héritiers ou communistes ne sont pas tous majeurs et maîtres de leurs droits, ou lorsque, étant majeurs, ils ne sont pas d'accord (V *Licitation*).

8. 7° Les ventes des biens d'une succession pour éteindre les rentes, en exécution de l'art. 872, C. Nap. (V *infrà*, n° 13).

9. 8° Les ventes des immeubles appartenant à des donataires et légataires qui ne sont tenus des dettes que jusqu'à concurrence de leur émolument. S'ils vendaient amiablement, rien ne prouverait que la somme qu'ils présenteraient fût réellement celle obtenue.

10. 9° Celles faites par la femme commune en biens ; elle se trouve dans une position absolument semblable (C. Nap., art. 1483).

11. Quant aux ventes des biens de l'État et des communes, elles ont lieu administrativement (V. *Vente administrative*).

12. Les formalités prescrites pour la vente des biens des mineurs sont applicables : 1° aux ventes des biens appartenant à des interdits (C. Nap., art. 509. — V. *Interdiction*) ; 2° à celle des biens appartenant à des absents (V. *Absence*) ou à des condamnés aux travaux forcés à temps ou à la réclusion (C. Pén., art. 29 et 30), ou à des contumax (V. *Contumace*); 3° à celle des biens dépendant d'une *faillite* (V. ce mot), sans qu'il y ait lieu, dans ce cas, à l'obtention d'un avis de parents.

13. Les formalités prescrites pour la vente des biens dépendant d'une succession bénéficiaire sont applicables : 1° à la vente des biens d'un individu admis au bénéfice de cession (C.P.C., art. 904. — V. *Cession de biens*) ; 2° à la vente d'une succession pour payer les dettes (C. Nap., art. 872. — V. *Succession*) ; 3° à celle des biens d'une succession vacante (C.P.C., art. 1001) ; 4° à celle des biens par un donataire, un légataire ou une femme commune (V. *supra*, n°s 9 et 10).

14. Toute convention portant que, à défaut d'exécution des engagements pris envers lui, le créancier aura le droit de faire vendre les immeubles de son débiteur sans remplir les formalités prescrites pour la saisie immobilière, est nulle et non avenue (C.P.C., art. 742.— V. *Saisie immobilière*).

15. Les immeubles appartenant à des majeurs maîtres de disposer de leurs droits ne peuvent, à peine de nullité, être mis aux enchères en justice, lorsqu'il ne s'agit que de ventes volontaires. (C.P.C., art. 743. — V. néanmoins *Saisie immobilière*).

16. Les ventes par suite de saisie immobilière ont lieu à l'audience ; les autres ventes sont indifféremment renvoyées devant un juge et le plus souvent devant un notaire commis par le tribunal (C.P.C., art. 954). Le choix des intéressés détermine le mode à suivre, et le ministère du notaire doit être préféré, à moins qu'il n'y ait probabilité d'une adjudication meilleure en renvoyant devant le juge. — C'est ainsi qu'il a été décidé que les tribunaux doivent, en se prononçant sur le mode de vente, consulter l'intérêt et surtout le vœu des familles et des créanciers (Colmar, 21 déc. 1821; Paris, 24 fév. 1824 ; Lyon, 3 janv. 1831).

17. Le notaire commis pour faire la vente représente le juge qui aurait pu être commis, et tient sa place ; il reçoit les enchères et prononce les adjudications.

§ 2. — *Vente d'immeubles appartenant à des mineurs.*

18. Sous ce paragraphe, nous ne nous occuperons que de la vente des biens appartenant divisément à des mineurs. S'il s'agit de biens indivis entre eux et des majeurs, il y a lieu, non pas de procéder à une vente, mais de former une demande en partage ou en licitation (V. *Licitation, Partage*).

19. La vente ne peut avoir lieu que pour cause d'une nécessité absolue ou d'un avantage évident ; elle est poursuivie par le tuteur, en présence du subrogé tuteur (V. *Tutelle*).

20. *Nécessité d'une autorisation.* — La vente ne peut être ordonnée que d'après un avis de parents énonçant la nature des biens à vendre et leur valeur approximative (C. Nap., art. 457 ; C.P.C., art. 953).

21. *Homologation, commission d'un juge ou d'un notaire, mise à prix, expertise.* — Cet avis de parents doit être homologué par le tribunal (C. Nap., art. 458 ; C.P.C., art. 954) du domicile du mineur (Carré et Chauveau, *Lois de la procéd.*, quest. 3167).

22. Lors de l'homologation, le tribunal doit déclarer, par le même jugement, que la vente aura lieu soit devant l'un des juges du tribunal, à l'audience des criées, soit devant un notaire à cet effet commis. — Si les immeubles sont situés dans plusieurs arrondissements, le tribunal peut commettre un notaire dans chacun de ces arrondissements, et même donner commission rogatoire à chacun des tribunaux de la situation de ces biens (C.P.C., art. 954).

23. Le jugement qui ordonne la vente doit déterminer la mise à prix de chacun des immeubles à vendre et les conditions de la vente. Cette mise à prix est réglée soit d'après l'avis des parents (V. *Tutelle*), soit d'après les titres de propriété, soit d'après les baux authentiques ou sous seing privé ayant date certaine, et, à défaut de baux, d'après le rôle de la contribution foncière (C.P.C., art. 955).

24. Néanmoins, le tribunal peut, suivant les circonstances, faire procéder à l'estimation totale ou partielle des immeubles. Cette estimation a lieu, selon l'importance et la nature des biens, par un ou trois experts, que le tribunal commet à cet effet (C.P.C., art. 955).

25. Dans le cas où l'estimation a été ordonnée, l'expert ou les experts, après avoir prêté serment, soit devant le président du tribunal, soit devant un juge de paix par lui commis, rédigent leur rapport qui indique sommairement les bases de l'estimation, sans entrer dans le détail descriptif des biens à vendre. La minute du rapport est déposée au greffe du tribunal. Il ne doit pas en être délivré expédition (C.P.C., art. 956).

26. *Cahier des charges.* — Les enchères sont ouvertes sur un cahier des charges déposé par l'avoué au greffe du tribunal, ou dressé par le notaire commis et déposé dans son étude, si la vente doit avoir lieu devant notaire. Ce cahier doit contenir : 1° l'indication du jugement qui a autorisé la vente ; 2° celle des titres qui établissent la propriété ; 3° l'indication de la nature ainsi que de la situation des biens à vendre, celle des corps d'héritage, de leur contenance approximative et de deux des tenants et aboutissants ; 4° l'énonciation du prix auquel les enchères sont ouvertes, et les conditions de la vente (C.P.C., art. 957).

27. *Annonces de la vente.* — Après le dépôt du cahier des charges, il est rédigé et imprimé des placards qui doivent contenir : 1° l'énonciation du jugement qui a autorisé la vente ; 2° les noms, professions et domiciles du mineur, de son tuteur et de son subrogé tuteur ; 3° la désignation des biens telle qu'elle a été insérée dans le cahier des charges ; 4° le prix auquel seront ouvertes les enchères sur chacun des biens à vendre ; 5° les jour, lieu et heure de l'adjudication, ainsi que l'indication, soit du notaire et de sa demeure, soit du tribunal devant lequel l'adjudication a lieu, et, dans tous les cas, de l'avoué du vendeur (C.P.C., art. 958). Ces placards sont rédigés par l'avoué qui poursuit la vente.

28. Ils doivent être affichés quinze jours au moins et trente jours au plus avant l'adjudication, aux lieux désignés dans l'art. 699, C.P.C., et, en outre, à la porte du notaire qui doit procéder à la vente. Il est justifié de l'apposition de ces placards conformément au même art. 699 (C.P.C., art. 959). — V. *Saisie immobilière*.

29. Copie desdits placards doit être insérée, dans le même délai, au journal indiqué par l'art. 696, C.P.C., et dans celui qui a été désigné pour l'arrondissement où se poursuit la vente. si ce n'est pas l'arrondissement de la situation des biens. Il en est justifié conformément à l'art. 696 (C.P.C., art. 960).

30. Selon la nature et l'importance des biens, il peut être donné à la vente une plus grande publicité, conformément aux art. 697 et 700, C.P.C. (même Code, art. 961. — V. *Saisie immobilière*).

31. *Adjudication.* — Le subrogé tuteur du mineur doit être appelé à la vente, ainsi que le prescrit l'art. 459, C. Nap. (V. *Tutelle*) ; à cet effet, le jour, le lieu et l'heure de l'adjudication doivent lui être notifiés un mois d'avance, avec avertissement qu'il y sera procédé tant en son absence qu'en sa présence (C.P.C., art. 962. — V. *Formule*).

32. Si, au jour indiqué pour l'adjudication, les enchères ne s'élèvent pas à la mise à prix, le tribunal peut ordonner sur simple requête, en la chambre du conseil, que les biens seront adjugés au-dessous de l'estimation ; l'adjudication est remise à un délai fixé par le jugement et qui ne peut être moindre de quinzaine. Cette adjudication est encore indiquée par des placards et des insertions dans les journaux, comme il est dit ci-dessus, huit jours au moins avant l'adjudication (C.P.C., art. 963).

33. Sont applicables à la vente des biens des mineurs, savoir : 1° l'art. 701 relatif à la taxe des frais ; 2° l'art. 705, qui prescrit que les enchères seront faites par les avoués ; néanmoins, si les enchères sont reçues par un notaire, elles peuvent être faites par toutes personnes, sans ministère d'avoué (C.P.C., art. 964) ; 3° les art. 706 et 707 relatifs à l'adjudication ; 4° l'art. 711 portant prohibition d'enchérir pour certaines personnes ; 5° les art. 712 et 713 concernant le jugement d'adjudication et sa délivrance ; 6° les art. 733 et 741 relatifs à la folle enchère. — V. *Saisie immobilière*.

34. *Folle enchère.* — Dans le cas de vente devant notaire, s'il y a lieu a folle enchère, la poursuite doit être portée devant le tribunal. Le certificat constatant que l'adjudicataire n'a pas justifié de l'acquit des conditions est délivré par le notaire. Le procès-verbal d'adjudication est déposé au greffe pour servir d'enchère (C.P.C., art. 964)).

35. *Surenchère.* — Dans les huit jours qui suivent l'adjudication, toute personne peut faire une surenchère du sixième en se conformant aux formalités et délais réglés par les art. 708, 709 et 710 (V. *Surenchère*). Lorsqu'une seconde vente aura eu lieu après la surenchère ci-dessus, aucune autre surenchère des mêmes biens ne pourra être reçue (C.P.C., art. 965).

§ 3. — *Vente d'immeubles dépendant d'une succession bénéficiaire.*

36. Lorsqu'il y a lieu de vendre des immeubles dépendant d'une succession bénéficiaire, l'héritier bénéficiaire doit présenter au président du tribunal de première instance du lieu de l'ouverture de la succession, une requête dans laquelle ces immeubles sont désignés sommairement (C.P.C., art. 987).

37. Si les biens situés en France dépendent d'une succession ouverte à l'étranger, on s'adresse au tribunal du lieu de la situation des biens, et, s'ils sont situés dans divers arrondissements, au tribunal du chef-lieu de l'exploitation, ou, à défaut de chef-lieu, de l'arrondissement où est située la partie des biens qui présente le plus grand revenu, d'après la matrice du rôle (Arg. art. 2210, C.Nap.).

38. La requête est communiquée au ministère public ; sur ses conclusions et le rapport du juge nommé à cet effet, il est rendu jugement qui autorise la vente et fixe la mise à prix, ou qui ordonne préalablement que les immeubles seront vus et estimés par un expert nommé d'office (C.P.C., art. 987).

39. Dans ce dernier cas, le rapport de l'expert est entériné sur requête par le tribunal, et, sur les conclusions du ministère public, le tribunal ordonne la vente (même art.) par le même jugement.

40. Il est procédé à la vente, dans chacun des cas ci-dessus prévus, suivant les formalités prescrites au titre de la vente des biens immeubles appartenant à des mineurs (C.P.C., art. 988. — V. *suprà*, § 2).

41. Sont communes à la présente vente, les formalités prescrites par les art. 701, 702, 705, 706, 707, 711, 712, 713, 733 à 742, C.P.C. (V. *Saisie immobilière*), par les deux derniers paragraphes de l'art. 964 et par l'art. 965 du même Code (V. *suprà*, nos 34 et 35).

42. L'héritier bénéficiaire est réputé héritier pur et simple, s'il a vendu des immeubles sans se conformer aux règles prescrites par le présent titre (C.P.C., art. 988).

§ 4. — *Vente de biens dotaux.*

43 Lorsqu'il y a lieu de vendre des immeubles dotaux dans les cas prévus par l'art. 1558, C. Nap. (V. *Régime dotal*), la vente doit être préalablement autorisée sur requête, par jugement rendu en audience publique (C.P.C., art. 997).

44. Sont applicables à cette vente, au surplus, les art. 955, 956 et suiv. du titre de la vente des biens immeubles appartenant à des mineurs (V. *suprà*, § 2).

Formule.

Dénonciation au subrogé tuteur du jour de l'adjudication.

L'an. . ., à la requête du sieur. . ., tuteur de. . ., et, en cette qualité, poursuivant la vente de. . ., pour lequel domicile est élu à. . ., chez M*. . ., avoué qui poursuit ladite vente, j'ai. . . déclaré et dénoncé au sieur. . ., subrogé tuteur du mineur susnommé, que la vente dont il est ci-dessus parlé, aura lieu à. . ., le. . ., heure de. . ., en l'étude de Me. . ., notaire, dépositaire du cahier des charges de ladite vente; à ce qu'il n'en ignore, et ait à s'y présenter, si bon lui semble; lui déclarant qu'il sera procédé à cette opération, tant en son absence qu'en sa présence; et j'ai. . ., etc

V. n° 34. — Coût : Tar. anal. art. 29. Orig. : Paris, 2 fr.; R. P.; 1 fr. 80 c.; Aill., 1 fr. 50 c.; Cop., le 1/4.

Enregistrement : 2 fr. 20 c.

VENTE PUBLIQUE DE MEUBLES.

Indication alphabétique des matières.

Sect. 1re. — Caractères. — Meubles qui peuvent être vendus aux enchères. — Officiers publics par lesquels les ventes peuvent être faites. — Cas où il y a lieu de vendre aux enchères.

Sect. 2. — Formalités.

§ 1er. — Formalités communes aux ventes volontaires et aux ventes judiciaires.

§ 2. — Formalités particulières aux ventes judiciaires.

Sect. 3. — Emoluments, responsabilité, recouvrement, remise du prix ou consignation.

Sect. 4. — Contraventions, amendes, poursuites, prescription.

Sect. 5. — Expédition des procès-verbaux de ventes.

Sect. 6. — Enregistrement.

FORMULES.

SECT. Ire. — CARACTÈRES. — MEUBLES QUI PEUVENT ÊTRE VENDUS AUX ENCHÈRES. — OFFICIERS PUBLICS PAR LESQUELS LES VENTES PEUVENT ÊTRE FAITES. — CAS OU IL Y A LIEU DE VENDRE AUX ENCHÈRES.

1. Caractères. — Deux caractères principaux distinguent les ventes publiques de meubles ; ce sont la publicité et les enchères (L. 22 pluv. an VII, art. 1). Dès que ces deux conditions sont réunies, on doit décider que la vente est publique ; mais si l'une des deux manque, la vente n'est plus qu'une vente ordinaire, et les principes qui concernent les ventes publiques cessent de lui être applicables.

2. *Meubles qui peuvent être vendus aux enchères.* — En général, on peut vendre publiquement aux enchères toutes espèces de meubles. Toutefois, les marchandises neuves ne peuvent être vendues aux enchères que sous certaines restrictions (V. *Vente de marchandises neuves*). Les ventes publiques de fruits et récoltes, de coupes de bois taillis, de navires, de meubles incorporels, sont soumises à des règles différentes de celles qui régissent les ventes de meubles ordinaires (V. *Vente de fonds de commerce, de fruits et récoltes, de bâtiments de mer, etc.*, et *Transport-cession*).

3. *Officiers publics par lesquels les ventes peuvent être faites.* — Les ventes publiques de meubles, effets et tous autres objets mobiliers, ne peuvent être faites qu'en présence et par le ministère d'officiers publics ayant qualité pour y procéder (L. 22 pluv. an vu, art. 1). Ces officiers sont principalement les commissaires-priseurs, les notaires, huissiers et greffiers.

4. Les commissaires-priseurs ont le droit *exclusif* de vendre, dans le chef-lieu de leur résidence, et en *concurrence* avec les notaires, huissiers et greffiers, dans les autres communes de leur ressort (V. *Commissaire-priseur*).

5. Les notaires n'ont pas le droit exclusif de procéder aux ventes de meubles qui sont faites avec stipulation de terme pour le paiement du prix, de cautionnement et de toutes autres conditions accessoires. Dans ce cas, comme dans celui où la vente est faite au comptant, et dans les lieux où ne réside pas un commissaire-priseur, ils sont en concurrence avec les commissaires-priseurs, les huissiers et les greffiers (Cass. 19 avril 1864 : *J. Huiss.*, t. 45, p. 160).

6. Les huissiers et greffiers ont droit de procéder aux ventes dans les lieux où un commissaire-priseur n'est pas établi, concurremment avec les commissaires-priseurs et les notaires (V. *Huissier*).

7. Décidé que lorsqu'un commissaire-priseur a effectué une vente de meubles, en stipulant un terme pour le paiement sans le consentement des parties, celles-ci sont seules recevables à s'en plaindre; un notaire de la même localité ne pourrait avoir ce droit, sous le prétexte qu'il aurait été porté atteinte à ses attributions (Paris, 26 avril 1830). Cette décision s'appliquerait aux huissiers. — V. *suprà*, n° 5.

8. Le droit de vendre des meubles, accordé aux greffiers, s'étend aux greffiers des justices de paix (Rouen, 20 mars 1809), mais non aux greffiers de simple police (Décis. du min. de la just., 8 janv. 1812).

9. Dans des cas spéciaux, d'autres officiers peuvent procéder à des ventes des meubles. Ainsi, les courtiers de commerce peuvent vendre : 1° les meubles et effets appartenant aux faillis (V. *Faillite*) ; 2° les marchandises avariées par suite d'événements de mer ; 3° les marchandises en gros et les marchandises neuves en détail (V. *Vente de marchandises en gros, Vente de marchandises neuves*).

10. Peuvent encore vendre aux enchères : 1° les préposés de la régie des domaines, le mobilier de l'Etat et les effets militaires mis hors de service, ainsi que les effets mobiliers déposés au greffe à l'occasion des procès civils et criminels ; — 2° les sous-intendants militaires, les chevaux réformés dans les différents corps de troupes ; — 3° les maires et adjoints, le mobilier communal et les objets appartenant aux hospices et aux fabriques ; — 4° les régisseurs des octrois municipaux, les objets saisis par leurs préposés ; — 5° les commissaires des guerres, les effets des militaires décédés dans les hospices et prisons.

11. *Cas où il y a lieu de vendre aux enchères.* — On doit vendre aux enchères publiques :

1° Les meubles qui ont été saisis sur un débiteur par ses créanciers (C.P.C., art. 617).

12. 2° Les meubles appartenant en totalité ou partie à des mineurs ou à des interdits (C. Nap., art. 452 et 509), ou à un absent (Art. 126); ceux appartenant à un usufruitier qui ne donne pas caution, dans les cas où il y est soumis (Art. 603); ceux donnés à un tiers, à charge de restitution (Art. 1062).

13. 3° Les meubles qui dépendent d'une communauté ou d'une succession, savoir : 1° si la majorité des cohéritiers juge la vente nécessaire pour l'acquit des dettes et charges de la succession (C. Nap., art. 826); 2° si l'une ou plusieurs parties ne sont point majeures et maîtresses de leurs droits, si l'une d'elles est absente, si elles ne sont pas d'accord pour vendre à l'amiable, s'il y a des tiers intéressés, comme des créanciers saisissants ou opposants (C.P.C., art. 952); 3° lorsqu'un héritier présomptif, avant d'avoir pris qualité, vend, en vertu d'une ordonnance du tribunal de première instance (C. Nap., art. 796; C.P.C., art. 986); 4° lorsqu'il y a un héritier bénéficiaire (C. Nap., art. 805; C.P.C., art. 989); 5° lorsque la femme, ayant accepté la communauté, ne veut pas s'exposer à payer les dettes au delà de ce qu'elle peut recueillir (C. Nap., art. 1483); 6° enfin lorsqu'une succession est vacante (C.P.C., art. 1000).

14. 4° En matière de faillite, à moins que le juge-commissaire, sur la demande des syndics, n'autorise la vente amiable (V. *Faillite*).

SECT. II. — FORMALITÉS.

§ 1er. — *Formalités communes aux ventes volontaires et aux ventes judiciaires.*

15. Les ventes publiques de meubles, même celles qui doivent avoir lieu avec les formes judiciaires, doivent être précédées d'une déclaration au bureau de l'enregistrement dans l'arrondissement duquel elles doivent avoir lieu, pour mettre les préposés à portée de les surveiller (L. 22 pluv. an VII, art. 2).

16. Lorsqu'il y a plusieurs bureaux dans la même ville, la déclaration doit être faite dans celui où s'enregistrent ordinairement les actes de la nature de ceux passés par l'officier public qui fait la vente (Circul. et Instr. de la Rég., 2 vent. an VIII, 15 mai 1807).

17. La déclaration doit avoir lieu pour les meubles, effets et marchandises, pour les fruits et récoltes et coupes de bois taillis. Elle n'est pas prescrite pour les ventes de rentes, créances, achalandages, brevets d'invention et autres objets incorporels, meubles par la destination de la loi.

18. La déclaration peut être faite par l'officier public lui-même ou par un mandataire; mais, dans ce dernier cas, il faut une procuration spéciale et qui exprime l'impossibilité où l'officier se trouve de faire lui-même la déclaration. Elle doit être annexée au registre (Instr. de la Rég., 31 août 1808); mais elle n'a pas besoin d'être enregistrée (Décis. du min. des fin., 17 mai 1830).

19. Lorsque la vente n'a pu être commencée faute d'enchérisseurs, ou lorsque, n'ayant point été commencée, elle a été remise à un jour indiqué sans qu'il en soit dressé de procès-verbal (Délib. de la Rég., 18 avril 1817), ou enfin lorsque, ayant été commencée, elle est renvoyée par un procès-verbal sans indication de jour (Cass. 23 juill. 1828), une nouvelle déclaration est indispensable. Il en serait autrement si le procès-verbal renvoyait la vente à un jour indiqué; dans ce cas, une autre déclaration est inutile et l'officier peut continuer la vente avant même que le procès-verbal de remise soit enregistré (Décis. du min. des fin., 24 mars 1820).

20. La déclaration est inscrite sur un registre. Elle contient les noms, qualités et domicile de l'officier; ceux du requérant, ceux de la personne dont le mobilier doit être mis en vente, l'indication de l'endroit où se fera la vente et le jour de son ouverture. Elle est signée par l'officier public et il en est fourni une copie sans autres frais que le papier timbré sur lequel elle est délivrée. Elle ne peut servir que pour le mobilier de celui qui y est dénommé (L. 22 pluv. an VII, art. 3 et 4). — V. *Formule 1*.

21. Le défaut de déclaration donne lieu à une amende de 20 fr. (LL. 22 pluv. an VII et 16 juin 1824).

22. L'officier qui procède à la vente est ordinairement accompagné d'un crieur; dans tous les cas, il doit être assisté de deux témoins sachant signer et domiciliés dans la commune où se fait la vente (L. 22 pluv. an VII, art. 5).

23. Les ventes, même celles qui ont le caractère judiciaire, peuvent être faites les dimanches et jours fériés, sans contrevenir aux dispositions de la loi du 18 nov. 1814 (Arg. art. 617 et 945, C.P.C.; Cass. 2 août 1828).

24. Les ventes judiciaires doivent contenir les noms et domiciles des parties (V. *Saisie-exécution*). Cette formalité n'est pas indispensable dans les ventes volontaires; néanmoins, il peut être utile de l'employer. Il n'est jamais nécessaire que le procès-verbal soit signé des adjudicataires; cette opinion d'ailleurs est confirmée par l'usage.

25. Chaque procès-verbal de vente aux enchères se fait de la manière suivante: 1° en tête, on transcrit la déclaration préalable, à peine de 5 fr. d'amende (L. 22 pluv. an VII, art. 5 et 7; L. 16 juin 1824, art. 10); 2° ensuite, on énonce la date, le lieu où l'on procède, les noms et qualités du requérant et les conditions de la vente (V., d'ailleurs, *Saisie-exécution*). Tout cela constitue ce qu'on peut appeler le cahier des charges ou le préambule de la vente. Ce préambule peut être signé du requérant et des témoins, ainsi que de l'officier qui procède à la vente; il peut aussi ne pas l'être. Qu'il soit ou non signé, les adjudications sont mises à la suite.

26. L'officier public, qui procède à une vente par suite d'inventaire, doit énoncer, en outre, cet inventaire, avec indication de sa date, du nom du notaire qui y a procédé, et de la quittance de l'enregistrement (L. 22 pluv. an VII, art. 5).

27. Les objets sont mis en vente, criés et adjugés au dernier enchérisseur, par l'officier public. Chaque objet adjugé doit être porté de suite au procès-verbal. Toutefois, il ne suit pas de cette dernière disposition que l'officier, qui raie un article et approuve la rature, soit en contravention; pour cela il faudrait prouver que l'article a été réellement adjugé (Délib. de la Rég. 23 oct. 1824).

28. Le prix de chaque objet adjugé doit être écrit en toutes lettres, et tiré hors ligne en chiffres (L. 22 pluv. an VII, art. 5).

29. Enfin, chaque séance est close et signée par l'officier public et les témoins. — V. *Formule 4*.

30. Les notaires, greffiers, huissiers et tous autres officiers qui ont le droit de procéder aux ventes mobilières, doivent comprendre, dans leurs procès-verbaux, tous les articles exposés en vente, tant ceux par eux adjugés, soit en totalité ou sur simple échantillon, que ceux retirés ou livrés par les propriétaires ou les cohéritiers, pour le prix de l'enchère ou de la prisée, sous peine de 100 fr. d'amende (Cons. d'Etat, 13 nov. 1778; Ord. 1er mai 1816).

31. Lorsqu'il ne s'est présenté aucun enchérisseur ou qu'aucun objet n'a été vendu, l'officier public dresse procès-verbal de ce fait et doit porter cet acte sur son répertoire, et le soumettre à l'enregistrement ; il doit d'ailleurs agir ainsi s'il veut réclamer les honoraires qui lui sont dus. Dans l'usage, toutefois, on ne dresse de procès-verbal qu'autant que la vente est renvoyée à un autre jour. — V. suprà, n° 19.

32. Tout officier public, qui procède à une vente de meubles, est tenu de déclarer au pied de la minute du procès-verbal en le soumettant à l'enregistrement, et de certifier, par sa signature, qu'il a ou n'a pas d'opposition, et qu'il a ou n'a pas connaissance d'opposition aux scellés ou autres opérations qui ont précédé la vente (Ord. 3 juill. 1816. — V. *Consignation*). Cette disposition est applicable alors même que l'officier qui a procédé à la vente n'en reçoit pas le prix.

33. Les officiers publics qui procèdent aux ventes de meubles sont tenus de conserver minute de leurs procès-verbaux (Lettre du minist. de la just., 8 fév. 1830). Ils peuvent en délivrer expédition (V. *infrà*, sect. 5).

34. Ils ne peuvent jamais se rendre adjudicataires pour leur propre compte (C. Nap., art. 1596). — V. *Huissier*.

§ 2. — Formalités particulières aux ventes judiciaires.

35. *Vente après saisie-exécution.* — Nous avons exposé au mot *saisie-exécution* les différentes formalités qui doivent être suivies en cas de vente de meubles saisis sur un débiteur (V. *Saisie-exécution*).

36. *Vente de meubles dépendant d'une succession.* — La vente des meubles dépendant d'une succession doit être faite dans les formes prescrites au titre des *saisies-exécutions* (C.P.C., art. 945.—V. *Saisie-exécution*). Le renvoi fait par cet article étant sans restriction, il suit que lorsqu'il y a de la vaisselle d'argent et des bagues et joyaux à vendre, on doit se conformer à l'art. 621, C.P.C. — V. encore *Saisie-exécution*. Toutefois, l'estimation serait inutile s'il y avait eu inventaire.

37. Il est procédé à cette vente sur la réquisition de l'une des parties intéressées, en vertu de l'ordonnance du tribunal de première instance (C.P.C., art. 946). On entend par *partie intéressée* toute personne ayant des droits sur le mobilier.

38. On doit appeler à la vente les parties ayant le droit d'assister à l'*inventaire* (V. ce mot) et qui demeurent ou ont élu domicile dans la distance de 5 myriamètres (C.P.C., art. 947). Toutefois, on n'est pas tenu d'appeler les créanciers opposants (Arg. art. 942 et 615, C.P.C.).

39. L'appel des intéressés a lieu à la requête de celui qui poursuit la vente, par exploit contenant signification de l'ordonnance, l'énonciation des jour, heure et lieu de la vente, avec sommation d'y assister, et déclaration qu'il y sera procédé en l'absence des appelés. — V. *Formule* 2. — Cet exploit est signifié à la personne ou au domicile élu de ceux qui demeurent au delà de cette distance, si toutefois ils ont élu un domicile dans cette distance. Si parmi les intéressés il y a un mineur, on doit appeler non-seulement le tuteur, mais encore le subrogé tuteur (Arg. art. 452, C. Nap.).

40. Mais, s'ils n'ont pas élu de domicile, comment doit-on procéder ? On doit, selon nous, procéder comme dans le cas d'inventaire. — V. *Inventaire*, n° 65.

41. S'il s'élève des difficultés, il peut être statué provisoirement en référé par le président du tribunal de première instance (C.P.C., art. 948) du lieu de l'ouverture de la succession (Carré et Chauveau, *Lois de la procéd.*, quest. 3160). — Suivant quelques auteurs, on peut, en cas d'urgence, s'adresser au président du tribunal du lieu où sont les effets. — V. *Référé.*

42. La vente, à la différence de celle qui se fait sur saisie-exécution, doit être faite dans le lieu-même où sont les effets, à moins qu'il n'en soit autrement ordonné (C.P.C., art. 949) par ordonnance du président, rendue sur requête (Carré et Chauveau, quest. 3462).

43. La vente peut se faire tant en présence qu'en l'absence des personnes qui ont le droit d'y assister, sans qu'il soit nécessaire d'appeler personne pour représenter les non-comparants (C.P.C., art. 950). Néanmoins, le procès-verbal fait mention de la présence ou de l'absence du requérant (Art. 954).

44. *Vente de meubles d'une succession avant d'avoir pris qualité.* — Si un héritier présomptif ou une veuve commune en biens désirent vendre les meubles de la succession ou de la communauté avant d'avoir pris qualité, ils doivent présenter une requête au président du tribunal de première instance dans le ressort duquel la succession est ouverte, pour être autorisés à procéder à cette vente (C.P.C., art. 986).

45. Cette disposition n'est que le complément de l'art. 796, C. Nap.; en conséquence, l'héritier et la veuve qui n'ont pas pris qualité ne peuvent se faire autoriser à vendre que les meubles difficiles à conserver.

46. La vente a lieu dans la forme indiquée *suprà*, n°s 36 et suiv. (C.P.C., art. 986).

47. *Vente des meubles d'une succession bénéficiaire.* — S'il y a lieu de procéder à la vente du mobilier dépendant d'une succession bénéficiaire, cette vente doit être faite suivant les formes prescrites pour la vente de ces sortes de biens (C.P.C., art. 989). — V. *suprà*, n°s 36 et suiv.

48. *Vente de meubles appartenant à des mineurs, interdits et absents.* — La vente des meubles appartenant à des mineurs et interdits, autrement que par suite de succession, doit être faite en accomplissant les formalités dont nous avons ci-dessus parlé (V. n°s 36 et suiv.).

49. Elle doit avoir lieu à la diligence du tuteur, en présence du subrogé tuteur (C. Nap., art. 452. — V. *Tutelle*), ou lui dûment appelé (V. *Formule* 3). Le choix de l'officier qui doit procéder à la vente appartient au tuteur (Arg. art. 452, C. Nap.).

50. La vente des meubles appartenant à des absents est soumise aux mêmes formalités. — V. *Absence.*

51. *Vente de meubles grevés d'usufruit ou donnés à charge de restitution.* — La vente des meubles légués à un usufruitier qui ne trouve pas de caution et celle des meubles donnés à charge de restitution doivent avoir lieu aux enchères, après publications et affiches (V. *suprà*, n°s 36 et suiv.).

SECT. III. — Emoluments, responsabilité, recouvrement, remise du prix ou consignation.

52. *Emoluments.* — Dans le cas de vente volontaire, les huissiers, notaires et greffiers sont autorisés à percevoir 6 pour 100 : on applique par analogie le tarif spécial aux commissaires-priseurs. Mais, dans le cas de vente forcée ou judiciaire, les émoluments dus aux huissiers, notaires ou greffiers, doivent être tarifés conformément à l'art. 39 du décret du 16 fév. 1807. C'est ce qui résulte d'une décision du ministre de la justice du 14 déc. 1855 et d'une circulaire du procureur général près la Cour de Paris, du 4 janv. 1856 (V. *J. Huiss.*, t. 37, p. 313, II).

53. *Responsabilité.* — Les officiers, qui ont procédé à une vente de meubles, sont personnellement comptables (et par corps : C. Nap., art. 2060) du montant des ventes, soit envers les vendeurs, soit envers les créanciers de ces derniers (C.P.C., art. 625). Cette responsabilité ne cesse que lorsque le vendeur, qui n'est pas saisi-exécuté, accorde un délai pour payer le prix des adjudications (Arg. Cass. 26 juill. 1827).

54. *Recouvrement.* — Le recouvrement a lieu à la requête de la partie, si elle a accordé des délais; dans les autres cas, il peut être poursuivi par l'officier public qui est comptable du prix de la vente.

55. Le procès-verbal de vente n'étant point exécutoire, la seule voie pour se faire payer du prix des adjudications est l'assignation afin d'obtenir condamnation. — V. *Vente de fruits et récoltes*, n° 17.

56. *Remise du prix.* — Lorsqu'il n'existe aucune opposition, le produit net de la vente est remis à celui qui a qualité pour le recevoir; il en donne *décharge* (V. ce mot).

57. *Consignation.* — S'il existe des oppositions, le prix de la vente doit être consigné (V. *Consignation*). La consignation est opérée sous la déduction des frais de la vente, d'après la taxe qui en est faite par le juge sur la minute du procès-verbal : cette taxe doit être relatée dans les expéditions (C.P.C., art. 657).

SECT. IV. — CONTRAVENTIONS, AMENDES, POURSUITES, PRESCRIPTION.

58. Les préposés de la régie sont autorisés à se transporter dans tous les lieux où se font des ventes publiques à l'enchère de meubles et à s'y faire représenter les procès-verbaux de vente, ainsi que les déclarations préalables (L. 22 pluv. an VII, art. 8).

59. Ils doivent dresser procès-verbal des contraventions sur le lieu même de la contravention (Cass. 14 juill. 1810); s'ils sont dans l'impossibilité de le faire, ils peuvent demander la preuve testimoniale (L. 22 pluv. an VII, art. 8) par une requête présentée au tribunal de première instance, et dans laquelle les faits doivent être articulés. Cette requête est signifiée à la partie, et il est procédé à l'enquête d'après les règles établies par l'art. 260, C.P.C. (Cass. 17 juill. 1827). — V. *Enquête*.

60. L'officier qui procède à une vente est passible : 1° d'une amende de 20 fr. (L. 22 pluv. an VII ; Ord. 1er mai 1816; L. 16 juin 1824), pour avoir fait une vente sans déclaration préalable (L. 22 pluv. an VII), pour chaque article adjugé et non porté au procès-verbal (Même loi), pour chaque altération du prix des articles adjugés (Même loi), pour n'avoir pas compris des articles exposés en vente, livrés par les propriétaires au prix de la prisée ou retirés (Ord. 1er mai 1816) ; — 2° d'une amende de 25 fr. pour défaut de transcription de la déclaration en tête du procès-verbal (LL. 22 pluv. an VII et 16 juin 1824) ; — 3° d'une amende de 15 fr. pour chaque article dont le prix ne serait pas écrit en toutes lettres au procès-verbal (Mêmes lois).

61. L'amende encourue par un particulier qui vend ou fait vendre des meubles publiquement et par enchères, sans le ministère d'un officier public, est déterminée à raison de l'importance de la contravention ; elle ne peut être au-dessous de 50 fr. ni excéder 1,000 fr. (L. 22 pluv. an VII, art. 7).

62. Le paiement des amendes est poursuivi par voie de *contrainte* (V. ce mot et *Enregistrement*).

63. Les contraventions se prescrivent par deux ans à compter du jour où les préposés de la régie ont été mis à portée de les constater au vu de chaque acte soumis à l'enregistrement, ou du jour de la présentation du répertoire au visa (L. 16 juin 1824, art. 14).

SECT. V. — EXPÉDITION DES PROCÈS-VERBAUX DE VENTES.

64. Les huissiers conservent les originaux des procès-verbaux de ventes publiques de meubles, soit dans le but de fournir des renseignements utiles à la personne qui a fait procéder à la vente, soit afin de justifier du paiement du montant de la vente pour retirer leur cautionne-

ment, soit enfin pour faciliter l'ouverture et les opérations d'une distribution. Ils peuvent délivrer expédition de ces sortes d'actes, non-seulement
aux parties intéressées, mais encore aux créanciers opposants. L'art. 41
de la loi du 22 frim. an vii, en leur défendant de délivrer aucune copie
ou expédition d'un acte avant l'enregistrement de l'original, sous peine
d'amende, leur confère implicitement cette faculté, que leur accorde,
d'ailleurs, de la manière la plus explicite, l'art. 19 de la loi du 13 brum.
an vii, en leur prescrivant de ne pas employer de papier d'une dimension
inférieure à celle du moyen papier pour les *expéditions des procès-verbaux
de ventes de mobilier.*

65. Les expéditions de procès-verbaux de ventes publiques de meubles doivent donc être délivrées par les huissiers sur feuilles de moyen
papier : or, aux termes de l'art. 17 de la loi de finances du 2 juill. 1862,
la feuille de moyen papier est tarifée à 1 fr. 50 c. — Ces expéditions ne
peuvent contenir, compensation faite d'une feuille à l'autre, plus de
vingt-cinq lignes par page (L. 13 brum. an vii, art. 20), à peine de 5 fr.
d'amende (Même loi, art. 26, et L. 16 juin 1824).

66. La loi n'a pas déterminé le nombre de syllabes que doivent contenir les expéditions faites par les huissiers ; on doit recourir à une disposition analogue pour le fixer, et il nous semble qu'il y a lieu d'appliquer
à ces expéditions l'art. 174 du décret du 16 fév. 1807, qui exige que les
expéditions de tous procès-verbaux des notaires aient quinze syllabes à
la ligne.

67. Quant aux droits à percevoir sur les rôles des expéditions des
huissiers, comme ces expéditions contiennent le même nombre de lignes
et de syllabes que celles des notaires, nous ne pensons pas qu'on puisse
allouer moins aux huissiers qu'aux notaires ; ainsi, il y a lieu, d'après
nous, d'allouer aux huissiers en résidence au siége d'une Cour impériale,
3 fr. par rôle ; à ceux en résidence au siége d'un tribunal de première
instance, 2 fr.; et partout ailleurs, 1 fr. 50 c. (Décr. 16 fév. 1807, art. 174).

SECT. VI. — ENREGISTREMENT.

68. Les procès-verbaux de ventes publiques de meubles doivent être
enregistrés aux bureaux où les déclarations ont été faites (V. *Enregistrement*, n° 100). Ils doivent l'être dans le délai de quatre jours, à partir de
leur date, s'ils ont été dressés par un huissier ou un commissaire-priseur ;
dans le délai de vingt jours, s'ils l'ont été par un greffier ; et dans le délai
de dix ou quinze jours, s'ils l'ont été par un notaire (L. 22 frim. an vii,
art. 20). — En ce qui concerne la peine encourue par les huissiers pour
défaut d'enregistrement dans le délai prescrit, V. *Enregistrement*, n° 149.

69. Les procès-verbaux de ventes publiques de meubles sont assujettis
au droit proportionnel de 2 pour 100 (L. 22 frim. an vii, art. 69, § 5,
n° 1). Ce droit se perçoit sur le montant des sommes que contient cumulativement le procès-verbal des séances à enregistrer (L. 22 pluv. an vii,
art. 6), et non pas sur chaque prix particulier, bien que les divers adjudicataires aient signé séparément chaque adjudication (Trib. de Laon,
12 mars 1835).

70. Relativement au droit dont sont passibles les décharges données
aux officiers publics qui ont procédé aux ventes publiques de meubles,
V. *Décharge.*

Formules.

1. *Déclaration de vente de meubles*

Bureau de l'enregistrement et des domaines de. . . Extrait du registre des déclarations préalables aux ventes de meubles, n°. . .

Du. . ., est comparu M. . ., huissier, demeurant à. . ., lequel a déclaré que
demain, heure de. . ., à. . ., il procédera à la requête de. . ., à la vente aux enchères
publiques de meubles et effets mobiliers saisis sur. . ., par procès-verbal du ministère de lui comparant en date du. . ., et a signé. .

Signé N. . .   Pour copie. Le receveur, N. . .
V. n° 20. — Il n'est rien alloué pour cette déclaration.

2. Signification et sommation aux intéressés.

L'an. . ., à la requête du sieur. . ., agissant comme héritier de. . ., pour. . .,
j'ai. . ., signifié et, avec celles des présentes, donné copie à. . ., de l'expédition d'une
ordonnance rendue (l'analyser), à ce qu'il n'en ignore, lui déclarant que la vente des
meubles dépendant de la succession dudit sieur. . ., aura lieu au domicile où ce dernier est décédé à. . ., par le ministère de. . ., le. . ., heure de. . ., lui faisant, en
conséquence, sommation de s'y trouver, si bon lui semble, avec déclaration qu'il y sera
procédé tant en son absence qu'en sa présence; et, sous toutes réserves, j'ai. . ., etc.

V. n° 39. — Coût : Tar., art. 29 par anal. Orig. : Paris, 2 fr.; R. P., 4 fr. 80 c.;
Aill., 4 fr. 50 c.; Cop., le 1/4.
Enregistrement : 2 fr. 20 c.

3. Sommation au subrogé tuteur.

L'an. . ., à la requête de. . ., tuteur de. . ., j'ai. . ., signifié et déclaré à. . .,
subrogé tuteur dudit mineur, — que la vente de différents meubles et effets mobiliers
appartenant à ce dernier, et consistant notamment en. . ., aura lieu à. . ., au domicile
de. . ., le. . ., heure de. . ., par le ministère de. . ., à ce qu'il n'en ignore, lui
faisant sommation de s'y trouver, si bon lui semble, et lui déclarant qu'il y sera procédé tant en son absence qu'en sa présence; et, sous toutes réserves, j'ai. . ., etc.

V. n° 49. — Coût : V. Formule 2.
Enregistrement : 2 fr. 20 c.

4. Procès-verbal de vente.

(Copier en tête la déclaration préalable.)

L'an. . ., le. . ., heure. . .,
A la requête et en présence de. . ., habile à se dire et porter héritier, pour un
quart, de. . ., son père, décédé à. . ., le. . .,
Ledit sieur requérant autorisé à procéder à la vente dont s'agit, sans attribution de
qualité, par ordonnance rendue sur requête par le président du tribunal de. . .,
le. . ., enregistrée,
En l'absence de. . ., présomptifs héritiers, chacun pour un quart, dudit sieur. . .,
leur père, — appelés à être présents à la vente dont il est question, par exploit du
ministère de. . ., huissier à. . ., en date du. . ., enregistré,
En conséquence de l'annonce de ladite vente faite : 1° par affiches manuscrites
apposées aux endroits prescrits par la loi, ainsi que le constate le procès-verbal
dressé par. . ., huissier à. . ., en date du. . .; 2° dans le n°. . ., du journal de. . .,
dont un exemplaire, dûment visé et enregistré, est annexé à ces présentes,
Il va être par. . ., huissier à. . ., soussigné, assisté de. . ., témoins aussi soussignés,
Procédé à la vente aux enchères publiques, au plus offrant et dernier enchérisseur,
des meubles et effets dépendant de la succession de. . ., décrits et constatés en l'inventaire fait après le décès de ce dernier, par le ministère de. . ., notaire à. . ., en
date au commencement du. . ., enregistré du. . .,
Sur la représentation desdits meubles et effets, qui sera faite par le sieur. . ., qui
en a été constitué gardien, suivant la dernière vacation dudit inventaire, laquelle
représentation vaudra décharge audit gardien, jusqu'à due concurrence.
Cette vente aura lieu avec la garantie de droit, mais aux charges et conditions suivantes :
1. Les adjudicataires prendront les objets adjugés dans l'état où ils se trouveront,
sans recours quelconque, pour quelque cause que ce soit.
2. Ils en auront immédiatement la propriété et la jouissance, et ils seront tenus de
les enlever aussitôt les adjudications prononcées.
3. Ils paieront, en outre du prix principal des adjudications, à l'huissier soussigné,
pour tous déboursés et honoraires . . . centimes par franc du prix desdites adjudications.

4. Ils paieront ledit prix principal en l'étude et entre les mains de l'huissier sous-signé, en espèces au cours, dans. . . mois de ce jour.

Dont acte.

Fait et dressé pour cahier d'enchères, au lieu, les jour, mois et an que dessus. Et ont, le requérant, les témoins et l'huissier, signé après lecture.

(Signatures.)

Adjudications.

Et de suite, il a été procédé à la vente dont s'agit; en conséquence, les objets ci-après désignés ont été mis en vente, criés, vendus et adjugés aux ci-après nommés, comme plus offrants et derniers enchérisseurs savoir :

1° Une pelle à feu et des pincettes en fer, au sieur. . ., cultivateur, demeurant a. . ., pour un franc cinquante centimes, ci. . . . . 1 fr. 50 c.

2° Une marmite en fonte. — Cet objet a été retiré de la vente, faute d'enchérisseur.

(On continue ainsi, et, à la fin des adjudications, on établit le total du prix, puis on ajoute :)

Ne se trouvant plus rien à vendre, le présent procès-verbal a été clos et arrêté les jour, mois, an et lieu susdits. Et a, le requérant, signé avec l'huissier et les témoins, lecture faite.

Si la vente ne se termine pas dans une même séance, on en renvoie ainsi la continuation : Et, attendu l'heure avancée, la continuation de la présente vente a été renvoyée au lieu où il est présentement procédé, le. . ., heure de. . ., et la présente séance close et arrêtée les jour et an que dessus.

Mention des oppositions.

S'il n'y a pas d'opposition. L'huissier soussigné certifie qu'il n'y a pas d'opposition à la remise des deniers de la vente dont le procès-verbal précède, et qu'il n'a pas con-naissance d'oppositions qui aient précédé ladite vente. A. . ., le. . .

(Signature de l'huissier.)

S'il y a des oppositions. L'huissier soussigné certifie qu'il n'a pas d'autres opposi-tions à la remise des deniers de la vente ci-dessus, que celles ci-après, et qu'il n'a pas connaissance d'oppositions antérieures à ladite vente. — savoir : 1° Du. . . opposition par exploit de. . ., huissier à. . ., requête de. . ., pour avoir paiement de. . .; 2° etc. . . A. . ., le. . .

(Signature de l'huissier.)

V. n° 29. — Coût : V. n° 52.

VENTE SUR FOLLE ENCHÈRE. — V. *Folle enchère.*

VENTE SUR LICITATION. — V. *Licitation.*

VENTILATION. — Estimation particulière des objets compris dans une même vente, eu égard au prix fixé pour tous. — V. *Purge des hypo-thèques, Saisie immobilière, Surenchère.*

VÉRIFICATEURS DE BATIMENTS. — Sont patentables.

VÉRIFICATION DE CREANCES. — Opération par laquelle on procède à l'examen contradictoire de titres de créance, dans le but de constater d'une manière exacte l'actif d'un débiteur ou d'un failli (V. *Faillite*).

VÉRIFICATION D'ÉCRITURE. — 1. Examen fait en justice d'un acte sous seing privé dont l'écriture ou la signature est méconnue, afin de reconnaître par quelle main il a été écrit et signé. — La vérification d'é-criture ne pouvant être ordonnée qu'à défaut de reconnaissance, il en résulte qu'elle doit être précédée d'une demande en reconnaissance suivie de dénégation. Nous avons donc à nous occuper sous cet article de la reconnaissance et de la vérification d'écriture. — V. *Reconnaissance d'é-criture.*

§ 1. — *Reconnaissance d'écriture.*

§ 2. — *Vérification d'écriture.*

FORMULES.

§ 1er. — *Reconnaissance d'écriture.*

2. Les actes sous seing privé ne font foi qu'autant qu'ils sont reconnus (V. *Acte sous seing privé*). De là, la nécessité d'une reconnaissance, soit avant la réclamation de l'exécution des conventions contenues dans ces actes, soit en même temps que cette réclamation.

3. La demande en reconnaissance est tacite ou expresse.

4. *Demande tacite.* — Il y a demande tacite en reconnaissance d'écriture toutes les fois qu'une pièce est produite comme preuve des conclusions du demandeur à l'exécution de l'obligation qu'elle constate. Le Code n'exigeant point qu'il soit statué sur la reconnaissance avant le jugement du principal, il est donc inutile de demander la reconnaissance formellement dans ce cas. C'est à la partie adverse, en répondant à la demande, à déclarer qu'elle dénie ou qu'elle ne reconnaît pas l'acte qu'on lui oppose ; si elle se borne à conclure au fond, son silence équivaut à une reconnaissance (Cass. 17 mai 1808 ; Rennes, 29 janv. 1816 ; Favard, *Répert.*, v° *Vérification d'écriture*).

5. *Demande expresse.* — Le porteur d'un écrit sous seing privé peut demander qu'il soit reconnu, même avant l'échéance de l'obligation (L. 3 sept. 1807), ou avant l'événement de la condition.

6. La demande en reconnaissance d'écriture a lieu sans permission du juge et sans conciliation, à trois jours ; on conclut à ce qu'il soit donné acte de la reconnaissance, ou à ce que l'écrit soit tenu pour reconnu (C.P.C., art. 193). — V. *Formule 1.* — Cette demande peut être formée contre l'héritier pendant les délais pour faire inventaire et délibérer, sauf à ne suivre qu'après l'expiration desdits délais (Cass. 10 juin 1807).

7. Si le défendeur dénie la signature à lui attribuée, ou méconnaît l'acte attribué à un tiers (V. *Acte sous seing privé*), il y a lieu à vérification (C.P.C., art. 195. — V. *infrà*, § 2). S'il refuse de s'expliquer, l'acte est tenu pour reconnu, et, dès lors, une vérification est inutile (Cass. 17 mai 1808) ; s'il ne comparaît pas, il est donné défaut contre lui, et l'écrit est également tenu pour reconnu (C.P.C., art. 194) ; sauf le recours, tel que de droit, contre le jugement par défaut ; s'il reconnaît l'écrit, le juge en donne acte au demandeur. (Même art.).

8. Si le défendeur ne dénie pas la signature, tous les frais relatifs à la reconnaissance ou à la vérification, même ceux de l'enregistrement de l'écrit, sont à la charge du demandeur (C.P.C., art. 193). Mais ces frais tombent à la charge du débiteur lorsqu'il a refusé de se libérer après l'échéance ou l'exigibilité de la dette (L. 3 sept. 1807, art. 2).

9. Les frais de la reconnaissance sont également à la charge du défendeur, lorsque la demande est postérieure à l'échéance ; peu importe. dans ce cas, qu'il avoue ou méconnaisse sa signature ; c'est à lui à se libérer en temps convenable pour éviter toute poursuite.

10. Le jugement qui tient l'écriture pour reconnue emporte hypothèque (C. Nap., art. 2123). Toutefois, cette hypothèque ne peut être inscrite avant l'exigibilité de l'obligation, à moins de stipulation contraire (L. 3 sept. 1807, art. 1).

§ 2. — *Vérification d'écriture.*

11. *Dans quels cas elle a lieu.* — La vérification n'est utile qu'à défaut de la reconnaissance expresse ou tacite (C. Nap., art. 1324 ; C.P.C., art. 193 et 195). Dans ce cas même, les juges peuvent tenir l'écriture déniée pour vérifiée, s'ils trouvent dans la cause assez d'éléments de conviction, et se dispenser d'ordonner la vérification (Art. 1324, C. Nap., et 195, C.P.C., combinés · Cass. 25 août 1813 ; 9 fév. 1830 ; Paris, 14 janv. 1832).

12. Toutefois, les tribunaux doivent nécessairement, et même d'office, ordonner la vérification, lorsque les héritiers du souscripteur contre lesquels l'exécution est demandée, déclarent ne pas reconnaître l'obligation, et cela encore bien qu'ils n'aient pas pris de conclusions expresses (Cass. 10 juill. 1816 ; 15 juillet 1834).

13. *Qui peut demander la vérification.* — C'est à celui qui veut se servir de l'acte dénié ou méconnu à en provoquer la vérification, par exemple, au légataire en vertu d'un testament olographe méconnu par les héritiers.

14. *Comment elle se demande.* — La vérification se demande par acte d'avoué, lorsque la pièce est déniée devant un tribunal qui a le droit de connaître de cette vérification, sinon, par exploit, à personne ou à domicile.— V. *Formule* 2.

15. *Tribunal compétent.* — C'est le tribunal civil du domicile du défendeur. Si une pièce est déniée ou méconnue devant un tribunal de commerce, un juge de paix ou des arbitres, ils doivent surseoir et renvoyer devant le tribunal civil compétent, lequel ne peut juger le fond, et doit se borner à la vérification. — V. *Faux incident.*

16. *Jugement qui autorise la vérification.* — Le jugement qui autorise la vérification : 1° ordonne qu'elle se fera par titres, par experts et par témoins (C.P.C., art. 195), simultanément (Colmar, 12 juill. 1827), ou par l'un de ces trois modes seulement (Angers, 15 déc. 1819), sauf aux parties à demander l'autorisation de procéder par les autres, s'il y a lieu (Rennes, 22 avril 1816 ; Toulouse, 1er mai 1817 ; Cass. 5 janv. 1825 ; Carré et Chauveau, *Lois de la procéd.*, quest. 804) ;— 2° nomme d'office trois experts, à défaut, par les parties, de s'accorder sur le choix (C.P.C., art. 196); — 3° commet un juge devant qui doit se faire la vérification (Même art.); les experts et le juge commis peuvent être récusés (Art. 197. — V. *Expertise, Récusation*) ; — 4° enfin ordonne que la pièce à vérifier soit déposée (Art. 196) dans un délai fixé (Carré et Chauveau, *quest.* 809).

17. Lorsque le jugement qui autorise la vérification fixe un délai dans lequel elle devra être faite, l'échéance de ce délai n'emporte pas déchéance de la vérification, (Bordeaux, 5 juin 1830) ; un nouveau délai peut être accordé au demandeur (Colmar, 9 mai 1818) ; il court du jour du jugement qui l'accorde (Cass. 12 août 1828).

18. *Dépôt de la pièce.* — La pièce à vérifier doit être déposée au greffe, et son état doit être constaté avant le dépôt. Elle est signée par le demandeur, ou son avoué, et par le greffier, qui dresse du tout procès-verbal (C.P.C., art. 196). Il est bon de faire sommation au défendeur d'assister à ce dépôt (Carré et Chauveau, *quest.* 809), par acte d'avoué, si ce dernier en a constitué un, sinon, par exploit.— V. *Sommation.*

19. Dans les trois jours du dépôt de la pièce, le défendeur peut en prendre communication au greffe sans déplacement ; lors de ladite communication, la pièce est paraphée par lui ou par son avoué, ou par son fondé de pouvoir spécial, et le greffier en dresse procès-verbal (C.P.C., art. 198). Le délai de trois jours court du dépôt ; si le défendeur y a assisté, sinon, du jour de la signification de l'acte de dépôt (Carré et Chauveau, *quest.* 809).

20. *Choix des pièces de comparaison.* — Au jour indiqué par l'ordonnance du juge-commissaire, et sur la sommation de la partie la plus diligente, signifiée à avoué, s'il en a été constitué, sinon, à domicile, par un huissier commis par ladite ordonnance (V. *Formule* 3), les parties sont tenues de comparaître devant le juge-commissaire, pour convenir des pièces de comparaison (C.P.C., art. 199).

21. Si le demandeur en vérification ne comparaît pas, la pièce est rejétée; si c'est le défendeur, le juge peut tenir la pièce pour reconnue. Dans les deux cas, le jugement est rendu à la prochaine audience, sur le rapport du juge-commissaire, sans acte à venir plaider; il est susceptible d'opposition (C.P.C., art. 199). — V. *Jugement par défaut.*

22. Si les parties ne s'accordent pas sur les pièces de comparaison, le juge ne peut recevoir comme telles : 1° que les signatures apposées aux actes par-devant notaire, ou celles apposées aux actes judiciaires, en présence du juge et du greffier, ou enfin les pièces écrites et signées par celui dont il s'agit de comparer l'écriture, en qualité de juge, greffier, notaire, avoué, huissier, ou comme faisant à tout autre titre fonction de personne publique; 2° que les écritures et signatures privées reconnues par celui à qui est attribuée la pièce à vérifier, mais non celles déniées ou non reconnues par lui, encore qu'elles eussent été précédemment vérifiées et reconnues être de lui. Si la dénégation ou méconnaissance ne porte que sur partie de la pièce à vérifier, le juge peut ordonner que le surplus de ladite pièce servira de pièce de comparaison (C.P.C., art. 200). Toutes signatures apposées à des actes autres que ceux énumérés dans cet article ne peuvent être admises comme pièces de comparaison.

23. Si les pièces de comparaison sont entre les mains de dépositaires publics ou autres, le juge-commissaire rend une ordonnance portant que, aux jour et heure par lui indiqués, les détenteurs des pièces les apporteront au lieu où se fait la vérification, à peine, contre les dépositaires publics, d'être contraints par corps, et les autres par voie ordinaire, sauf même à prononcer contre ces derniers la contrainte par corps (Art. 201). Dans tous les cas, la contrainte par corps ne peut être exercée qu'en vertu d'un jugement. — V. *infrà*, n° 30.

24. Si le dépositaire ne comparaît pas, le juge-commissaire dresse procès-verbal de la non-comparution, et déclare qu'il en fera son rapport au tribunal à jour indiqué. Ce procès-verbal est signifié au dépositaire avec assignation, et le tribunal prononce la contrainte par corps (Carré et Chauveau, *quest.* 830).

25. Si les pièces de comparaison ne peuvent être déplacées, ou si les détenteurs sont trop éloignés, il est laissé à la prudence du tribunal d'ordonner, sur le rapport du juge-commissaire et après avoir entendu le procureur impérial, que la vérification se fera dans le lieu le plus proche, ou que, dans un délai déterminé, les pièces seront envoyées au greffe par les voies que le tribunal indique par son jugement (C.P.C., art. 202).

26. Dans le cas où le tribunal ordonne l'envoi des pièces, si le dépositaire est personne publique, il en fait préalablement expédition ou copie, laquelle est vérifiée, sur la minute ou original, par le président du tribunal civil de son arrondissement qui en dresse procès-verbal. Ladite expédition ou copie est mise par le dépositaire au rang de ses minutes pour en tenir lieu jusqu'au renvoi de la pièce; il peut en délivrer des grosses ou expéditions en faisant mention du procès-verbal qui a été dressé (Art. 203).

27. Le dépositaire est remboursé de ses frais par le demandeur en vérification, sur la taxe qui en est faite par le juge qui a dressé le procès-verbal d'après lequel il est délivré exécutoire (Même art.).

28. Lorsque les pièces sont représentées par les dépositaires, il est laissé à la prudence du juge-commissaire d'ordonner qu'ils resteront présents à la vérification, pour la garde desdites pièces, et qu'ils les retireront et représenteront à chaque vacation; ou d'ordonner qu'elles resteront déposées entre les mains du greffier qui s'en chargera par procès-verbal : dans ce dernier cas, le dépositaire, s'il est personne publique, peut en faire expédition ainsi qu'il est dit en l'art. 203 ; et ce, encore que le lieu où se fait la vérification soit hors de l'arrondissement dans lequel le dépositaire a le droit d'instrumenter (Art. 205).

29. A défaut ou en cas d'insuffisance des pièces de comparaison, le juge-commissaire peut ordonner qu'il sera fait un corps d'écritures, lequel est dicté par les experts, le demandeur présent ou appelé (Art. 206) par une sommation. Si le défendeur fait défaut ou refuse, le juge-commissaire le constate et renvoie l'affaire à la prochaine audience, ou, sur son rapport, le tribunal peut tenir la pièce pour reconnue (Carré et Chauveau, *quest.* 848).

30. *Vérification par experts.* — Le juge-commissaire doit indiquer par une ordonnance les lieu, jour et heure, auxquels devront se trouver les *experts*, à l'effet de prêter serment et de procéder à la vérification, et les *dépositaires* à l'effet de présenter les pièces de comparaison. Il est dressé du tout procès-verbal, et il en est donné, aux dépositaires, copie par extrait, en ce qui les concerne, ainsi que du jugement (C.P.C., art. 204). — V. *suprà*, n° 23.

31. En vertu de l'ordonnance dont il est parlé au numéro précédent, la partie la plus diligente fait sommation, par exploit, aux experts et aux dépositaires (V. *Formule* 4), et par acte d'avoué à avoué, à la partie, de se trouver aux lieu, jour et heure indiqués par l'ordonnance (Art. 204). Si l'une des parties ne comparaît pas, on donne défaut contre elle ; si c'est un dépositaire, V. *suprà*, n° 24 ; si c'est un expert, et si les parties ne s'accordent pas pour le remplacer, il en est nommé un autre par le tribunal sur le rapport du juge-commissaire (C.P.C., art. 316).

32. Les experts ayant prêté serment, les pièces leur étant communiquées, ou le corps d'écritures fait, les parties doivent se retirer, après avoir fait, sur le procès-verbal du juge-commissaire, telles réquisitions et observations qu'il leur a plu (Art. 207).

33. Les experts procèdent conjointement à la vérification au greffe, devant le greffier ou devant le juge, s'il l'a ainsi ordonné ; et, s'ils ne peuvent terminer le même jour, ils remettent à jour et heure certains indiqués par le juge ou par le greffier (Art. 208).

34. Les trois experts sont tenus de dresser un rapport commun et motivé, et de ne former qu'un seul avis à la pluralité des voix. S'il y a des avis différents, le rapport en contient les motifs, sans qu'il soit permis de faire connaître l'avis particulier des experts (Art. 210).

35. Le rapport est annexé à la minute du procès-verbal du juge-commissaire, et il en est délivré exécutoire contre le demandeur en vérification (Art. 209).

36. *Vérification par titres.* — A défaut de règles précises sur les titres susceptibles de prouver la vérité de l'écriture, l'appréciation est entièrement abandonnée aux lumières des magistrats.

37. *Vérification par témoins.* — On doit observer, dans la vérification des écritures par témoins, les règles prescrites pour les enquêtes (C.P.C., art. 212). — V. *Enquête*.

38. On peut entendre comme témoins ceux qui ont vu écrire et signer l'écrit en question ou qui ont connaissance de faits pouvant servir à découvrir la vérité (Art. 211).

39. En procédant à l'audition des témoins, les pièces déniées ou méconnues leur sont représentées et sont par eux paraphées ; il en est fait mention, ainsi que de leur refus (Art. 212).

40. *Jugement.* — Le juge n'est point lié par le rapport des experts ; il peut faire concourir ou prévaloir la preuve testimoniale (Cass. 2 août 1820). La loi, d'ailleurs, laisse à sa conscience, éclairée par la réflexion et le recueillement, à prononcer sur les résultats (Grenier, *Exposé des motifs sur le titre de la vérification d'écriture*).

41. *Effets de la vérification.* — S'il est prouvé que la pièce est écrite ou signée par celui qui l'a déniée, il doit être condamné à 150 fr. d'amende, outre les dépens et dommages-intérêts de la partie, et peut être condamné par corps, même pour le principal (C.P.C., art. 213).

42. Le débiteur qui dénie sa signature doit supporter les dépens, alors même que la demande en vérification a été formée avant l'échéance de l'obligation (L. 3 sept. 1807). Il en est de même de l'héritier qui a déclaré ne pas reconnaître la signature de son auteur (Cass. 6 juill. 1822; Poitiers, 5 fév. 1834), fût-il de bonne foi (Cass. 11 mai 1829).

43. L'acte sous seing privé jugé vrai à la même foi que l'acte authentique, et ne peut plus être attaqué que par la voie de l'inscription de faux (Arg. art. 1322; C. Nap.; C.P.C., art. 214).

Formules.

1. Assignation en reconnaissance d'écriture.

L'an. . ., à la requête de (*constituer avoué*), j'ai. . ., donné assignation à. . ., a comparaître. . .; pour, — Attendu que ledit sieur. . .a souscrit au profit du requérant, une obligation sous signature privée, de la somme de. . ., exigible le. . ., par acte en date du. . ., enregistré le. . ., et duquel il est, avec celle des présentes, donné copie; — Attendu qu'encore que cette obligation ne soit pas exigible, le requérant n'en a pas moins le droit de demander que la signature qui y est apposée soit reconnue; — Voir dire que le sieur. . . sera tenu de reconnaître, pour être sienne, la signature de l'obligation susdatée. ; sinon, et faute de ce faire, que cette signature sera tenue pour reconnue; et, en cas de contestation, s'entendre condamner aux dépens, sous toutes réserves; et j'ai. . ., etc.

V. n° 6. — Coût : Tar., art. 29 par anal. — Orig. : Paris, 2 fr.; R. P., 1 fr. 80 c.; Aill., 1 fr. 50 c. — Cop., le 1/4.

Enregistrement : 2 fr. 20 c.

2. Demande en vérification d'écriture.

L'an. . ., à la requête de (*constituer avoué*), j'ai. . ., donné assignation à. . ., a comparaître. . .; pour, — Attendu que, suivant acte sous seing privé, en date du. . ., enregistré le. . . dont il est donné copie avec celle des présentes, le sieur. . . a reconnu devoir au sieur. . ., la somme de. . ., stipulée exigible le. . .; — Attendu qu'assigné en paiement devant le tribunal de commerce de. . . par exploit de. . . ledit sieur. . . a nié les écriture et signature de l'acte dont s'agit, ainsi qu'il résulte d'un jugement dudit tribunal, en date du. . ., dont il est aussi, avec celles des présentes, donné copie; — Voir dire et ordonner que vérification sera faite des écriture et signature de l'obligation susénoncée, tant par titres et témoins, que par des experts, dont les parties conviendront, sinon qui seront nommés d'office par le tribunal; que ladite obligation sera déposée au greffe du tribunal civil de. . ., et son état constaté; enfin que ladite vérification aura lieu devant l'un de Messieurs les juges qui sera commis à cet effet, le tout en suivant les formalités prescrites par la loi; et, en outre, ledit sieur. . ., s'entendre condamner aux dépens, sous toutes réserves; et j'ai. . ., etc.

V. n° 14. — Coût : *Formule 1*.

Enregistrement : 2 fr. 20 c.

3. Sommation pour convenir des pièces de comparaison.

L'an. . ., à la requête de (*constituer avoué*), en vertu de l'ordonnance rendue par M. . ., juge au tribunal civil de. . ., commissaire en la vérification dont il va être parlé, le. . ., enregistrée le. . .; j'ai. . ., commis à l'effet des présentes par l'ordonnance susdatée, — fait sommation au sieur. . ., à comparaître le. . ., heure de. a. . ., en la chambre du conseil du tribunal civil dudit lieu et devant mondit sieur le juge-commissaire, à l'effet de convenir des pièces de comparaison dans la vérification ordonnée par le tribunal d'un acte sous seing privé en date du. . ., enregistré le. . . portant obligation au profit du requérant, et dont la signature a été déniée par ledit

-DE-GRIS. — Les ateliers destinés à la fabrication du vert-de-gris sont rangés dans la 3e classe des établissements insalubres.

VETERINAIRES. — Sont patentables (L. de 1850).

VEXATOIRE (DEMANDE). — V. *Dommages-intérêts, Responsabilité.*

VIABILITE. — La viabilité est à considérer pour savoir si un enfant a ou non existé, et, par suite, s'il a pu recueillir une succession, recevoir des libéralités entre-vifs ou testamentaires, être désavoué par le mari de sa mère (C. Nap., art. 312, 725 et 906). — V. *Filiation légitime, Succession.*

VIANDE. — Les ateliers consacrés à la salaison et à la préparation des viandes sont rangés dans la 3e classe des établissements insalubres (V. *Etablissements dangereux*, etc.).

VICE DE FORME. — Irrégularité commise dans un acte ou dans une procédure. — V. *Exploit, Nullités, Nullités de procédure.*

VICES REDHIBITOIRES. — 1. On appelle ainsi les vices ou défauts cachés de la chose vendue, existant à l'époque de la vente et la rendant impropre à l'usage auquel on la destine, de telle sorte que si l'acheteur les avait connus, il n'aurait pas acheté la chose ou n'en aurait donné qu'un prix moindre. — L'action ouverte dans ce cas au profit de l'acheteur s'appelle *action rédhibitoire.*

2. La rédhibition s'applique à tous les objets mobiliers et immobiliers vendus, et rentre ainsi dans les causes générales de garantie (V. *Garantie, Vente*); elle n'est ici considérée que dans son rapport avec les ventes d'animaux domestiques.

3. La loi du 20 mai 1838 qui réglemente cette matière ne s'applique pas à la vente des animaux destinés à la consommation; cette vente rentre sous l'empire de l'art. 1641, C. Nap., et des règlements relatifs à la boucherie (Trib. de la Seine, 6 fév. et 23 juin 1839 ; Cass. 19 janv. 1841).

Indication alphabétique des matières.

§ 1. — *Vices ou maladies qui doivent être considérés comme rédhibitoires.*

§ 2. — *Garantie dont le vendeur est tenu à raison de ces vices*

§ 3. — *Actions qui en résultent et de leurs effets.*

§ 4. — *Mode d'exercice de l'action rédhibitoire.*

§ 5. — *Délai pour exercer cette action.*

§ 6. — *Fins de non-recevoir.*

FORMULES.

---

§ 1. — *Vices ou maladies qui doivent être considérés comme rédhibitoires.*

4. Sont réputés *vices rédhibitoires,* d'après la loi du 20 mai 1838, et donnent seuls ouverture à l'action résultant de l'art. 1644, C. Nap., dans les ventes ou échanges des animaux domestiques ci-après désignés, sans distinction des localités où les ventes et échanges ont eu lieu, les maladies ou défauts suivants :

5. *Pour le cheval, l'âne et le mulet :* 1° La fluxion périodique des yeux ; 2° l'épilepsie ou mal caduc ; 3° la morve ; 4° le farcin ; 5° les maladies anciennes de poitrine ou vieilles courbatures, 6° l'immobilité ; 7° la pousse; 8° le cornage chronique ; 9° le tic sans usure des dents.; 10° les hernies inguinales intermittentes ; 11° la boiterie intermittente pour cause de vieux mal.

6. *Pour l'espèce bovine :* 1° La phthisie pulmonaire ou pommelière ; 2° l'épilepsie ou mal caduc ; 3° les suites de la non-délivrance, après le part chez le vendeur ; 4° le renversement du vagin ou de l'utérus, également après le part chez le vendeur.

7. *Pour l'espèce ovine :* 1° La clavelée ; cette maladie reconnue chez un seul animal entraîne la rédhibition de tout le troupeau ; mais la rédhibition n'a lieu que si le troupeau porte la marque du vendeur ; 2° le sang de rate ; cette maladie n'entraîne la rédhibition du troupeau qu'autant que, dans le délai de la garantie, sa perte constatée s'élève au quinzième au moins des animaux achetés ; dans ce dernier cas, la rédhibition n'a lieu également que si le troupeau porte la marque du vendeur. (L. 20 mai 1838, art. 1er).

8. Toutes maladies, autres que celles ci-dessus énumérées, fussent-elles même contagieuses. ne donnent point lieu à l'action rédhibitoire (Arg. Bourges, 11 janv. 1842).

§ 2. — *Garantie dont le vendeur est tenu.*

9. La garantie est due non-seulement à l'égard de la chose qui fait le principal objet de la vente, mais encore à l'égard de celles qui n'y figurent que comme accessoires, pourvu qu'elles y soient désignées d'une manière spéciale et non sous une universalité.

10. Ainsi, lorsque je vous vends une ferme ou métairie avec tant de chevaux ou de vaches qui y sont, je me trouve obligé à une garantie envers vous à raison des vices rédhibitoires dont quelques-uns de ces animaux peuvent être atteints. Mais, si je vous ai vendu la métairie avec les bestiaux et autres meubles qui s'y trouvent, il n'y a pas lieu à garantie, parce qu'alors la vente comprend une universalité et ne porte sur aucun objet particulier.

11. Il est permis au vendeur de se soustraire à toute garantie à raison des vices rédhibitoires en les déclarant, s'il les connaît, et, s'il ne les connaît pas, en stipulant qu'il ne sera tenu d'aucune garantie pour les cas rédhibitoires (C. Nap., art. 1643).

12. S'il était établi que le vendeur eût connu les vices cachés qu'il n'a pas déclarés, la stipulation de non-garantie ne pourrait avoir d'effet, car elle reposerait sur une dissimulation frauduleuse (Pothier, *Vente*, n° 231).

13. Si c'est l'acheteur qui, connaissant le vice rédhibitoire, en a stipulé expressément la garantie, le vendeur la doit, à moins que connaissant seul le vice, il n'ait surpris au vendeur l'engagement de garantie, auquel cas celui-ci serait fondé à repousser la demande de l'acheteur par l'exception de dol.

14. La garantie peut être augmentée par les parties. Ainsi, une stipulation expresse peut soumettre le vendeur à la garantie même des vices apparents ou des vices cachés qui ne seraient pas assez graves d'après la loi seule pour opérer la rédhibition (Troplong, *Vente*, n° 561).

15. La garantie n'a pas lieu dans les ventes faites par autorité de justice (C. Nap., art. 1642). — La raison en est qu'il n'y a de vendeur dans ces sortes de ventes que la justice, laquelle ne promet ni ne garantit rien, et vend la chose telle qu'elle est. Les exceptions étant de droit étroit, celle de l'art. 1649 ne pourrait être étendue au cas d'une vente *non forcée* et qui serait faite par autorité de justice. Ici la vente ne cesserait pas d'être volontaire, quoique empruntant des formes plus solennelles ; il y a un vendeur soumis à toutes les obligations ordinaires du contrat de vente (Troplong, n°ˢ 584 et 585).

§ 3. — *Actions qui résultent de la garantie et de leurs effets.*

16. Autrefois, la garantie pour vices rédhibitoires donnait lieu à deux actions : la première, appelée *rédhibitoire*, avait pour but de forcer le vendeur à reprendre la chose et à en rendre le prix ; la seconde, nommée *estimatoire* ou *de moins-value*, donnait à l'acheteur, qui préférait garder la chose, le droit d'obtenir une diminution réglée à dire d'experts (C. Nap., art. 1644). La loi du 20 mai 1838 a, art. 2, aboli cette dernière action : de sorte qu'aujourd'hui l'acheteur n'a que le droit de contraindre le vendeur à reprendre l'objet vendu et à en restituer le prix.

17. L'effet de l'action rédhibitoire est de replacer les parties au même état qu'elles étaient avant la vente. Pour obtenir ce résultat, le vendeur et l'acheteur se doivent des prestations réciproques.

18. *Prestations de l'acheteur.* — L'acheteur doit rendre la chose, si elle existe encore, avec ses accessoires.

19. Si la chose a péri par la faute de l'acheteur, il est tenu d'en payer l'estimation, c'est-à-dire qu'il devra faire déduction au vendeur de ce que vaudrait la chose vendue en l'état qu'elle était, si elle n'eût pas cessé d'exister par sa faute (Troplong, n° 568).

20. Si la chose a péri par cas fortuit ou force majeure, la perte est pour le compte de l'acheteur qui ne peut exercer d'action (C. Nap., art. 1647).

21. Enfin, si l'animal a péri par le vice dont il était atteint quand le vendeur l'a livré, la perte est pour ce dernier; il suffira à l'acheteur de rendre ce qui en reste, comme la peau, ou ses accessoires, tels que la bride, la selle, etc. (C. Nap., art. 1647 ; Troplong, n° 568).

22. A cet égard, il est admis que, lorsque l'action rédhibitoire est exercée dans le temps prescrit, il y a présomption légale que le vice existait au moment de la vente, et l'acheteur n'est pas obligé de le prouver autrement (Bourges, 13 juill. 1808).

23. Ces règles se trouvent résumées dans l'art. 7 de la loi de 1838 ainsi conçu : Si, pendant la durée des délais de garantie, l'animal vient à périr, le vendeur n'est pas tenu de la garantie, à moins que la garantie ne prouve que la perte de l'animal provient de l'une des maladies spécifiées dans l'art. 1er (V. *suprà*, n°s 5 et suiv.).

24. Si l'acheteur a détérioré la chose, l'action n'en est pas moins recevable (Troplong, n° 570) ; seulement, l'acquéreur sera tenu de faire raison au vendeur, en lui restituant la chose, de ce dont elle se trouve diminuée de valeur.

5. Les fruits que la chose a produits se compensent avec les intérêts du prix pour éviter les difficultés de la liquidation. Il en est de même de la nourriture de l'animal jusqu'au jour où il est mis en fourrière.

26. *Prestations du vendeur.* — Elles varient selon qu'il connaissait ou ne connaissait pas les vices rédhibitoires. Au dernier cas, sa bonne foi est pour lui une excuse, il ne doit rendre que le prix qu'il a reçu, sans dommages-intérêts. Il doit les intérêts du prix, à compter du jour où l'animal a été mis en fourrière, et il est tenu de rembourser à l'acquéreur les frais occasionnés par la vente, tels que les frais de voiture, de douane, d'enregistrement et de contrat, etc. (C.Nap., art. 1646).

27. Si le vendeur connaissait les vices, il est tenu, outre le prix et les autres prestations dont nous venons de parler, de tous les dommages et intérêts envers l'acheteur (Art. 1645).

28. Il faut comprendre dans les dommages-intérêts l'indemnité des pertes qui ont été la suite directe et immédiate du dol du vendeur (Duranton, *Vente*, n° 321). — Selon M. Troplong, n° 574, le vendeur de mauvaise foi devra faire raison à l'acheteur du gain que la mauvaise qualité de l'animal l'a empêché de faire ; de plus, si l'animal qu'il a vendu sciemment était infecté de contagion et qu'il ait communiqué la maladie à tout le troupeau dans lequel l'acheteur l'a mis, le vendeur devra indemniser ce dernier de la perte de son troupeau.

29. L'action rédhibitoire est indivisible de la part de l'acheteur ; s'il laisse plusieurs héritiers, ou si plusieurs ont acheté une même chose, l'un ne peut pas exercer l'action seulement pour sa part ; il faut que tous l'exercent.

30. Au contraire, elle est divisible du côté du vendeur contre lequel elle peut être exercée. Ainsi, l'acheteur peut actionner un des héritiers de son vendeur, ou l'un de ses vendeurs, s'il en y a plusieurs, et le faire condamner pour sa part et portion (Troplong, n° 576).

31. Le vice rédhibitoire d'une chose comprise avec plusieurs autres dans un marché peut-il faire résoudre ce marché pour le tout, ou seulement pour la chose atteinte du vice ? Il faut distinguer si la chose a été l'objet principal de la vente ou si elle n'en a été qu'un accessoire. :

Dans le premier cas, la rescision peut être demandée pour le tout : ainsi, lorsqu'un cheval a été vendu avec son équipage, le vendeur est obligé, dans le cas où le cheval est atteint d'un vice rédhibitoire, de reprendre le cheval et l'équipage, et réciproquement l'acheteur ne peut pas exercer l'action rédhibitoire sans rendre en même temps l'équipage.

Au contraire, si le vice ne portait que sur une des choses accessoires, comme si l'on avait vendu une métairie avec les chevaux qui y étaient et qu'un de ces chevaux fût atteint d'un vice rédhibitoire, on ne pourrait exercer l'action que relativement au cheval, et la vente devra être exécutée pour le surplus (Pothier, n° 227).

32. Quand les choses vendues sont également principales, l'on examine si elles forment ensemble un tout, de telle manière que l'une n'aurait pas été vendue sans l'autre, comme si c'est un attelage de carrosse qui forme l'objet de la vente ; dans ce cas, le vice rédhibitoire de l'un des chevaux entraîne la rédhibition des autres (Pothier, *loc. cit.*), et cela, encore qu'un prix particulier aurait été stipulé pour chaque cheval.

33. Si, au contraire, les choses vendues sont indépendantes l'une de l'autre, l'action rédhibitoire ne doit avoir lieu que relativement à la chose viciée (Pothier, *loc. cit.*). — V. *Divisibilité, Indivisibilité.*

34. Lorsque les maladies rédhibitoires ne dépendent que de la constitution particulière des animaux, encore bien qu'ils soient vendus par troupeaux, la garantie a lieu seulement pour ceux chez lesquels on remarque ces maladies et ne donne point lieu à la nullité de la vente pour les autres ; il en est ainsi à l'égard de la pommelière chez les bêtes à cornes, de l'épilepsie, de la ladrerie chez les porcs.

§ 4. — *Mode d'exercice de l'action rédhibitoire.*

35. L'acquéreur, pour conserver les droits à la garantie, ne doit pas faire de l'animal vendu un usage qui puisse en être une cause de dépréciation ; il doit aussi faire observer à l'animal un régime convenable et éviter qu'il communique avec d'autres qui pourraient être atteints de maladie contagieuse ; il doit surtout s'abstenir, dans le cas où l'animal tombe malade, de le saigner lui-même ou le faire saigner par un autre qu'un vétérinaire, parce qu'il lui importe de ne pas s'exposer à perdre ses droits à la résolution de la vente.

36. Dès que l'animal tombe malade, ou que l'acheteur craint qu'il ne soit atteint d'un vice caché, il doit le mettre en fourrière ; de cette manière, il s'évite le reproche d'avoir contribué à l'augmentation du mal, au développement du vice rédhibitoire.

37. Lorsque les délais le permettent, et dans le but d'éviter les frais, on peut dénoncer le vice au vendeur par acte extrajudiciaire, avec sommation de déclarer s'il consent à reprendre l'animal et à en restituer le prix. — V. *Formule 1.*

38. Mais si ce moyen est infructueux, ou si l'on ne veut pas l'employer, ou enfin si les délais pressent, il faut présenter une requête à fin de nomination d'experts pour visiter l'animal ; mais on doit examiner d'abord à quel tribunal l'action doit être portée, par suite de la qualité des parties : si le vendeur et l'acheteur sont tous deux marchands de bestiaux, la demande doit être portée, au choix de l'acheteur, devant le tribunal de commerce du domicile du défendeur, devant celui dans l'arrondissement duquel la promesse a été faite et la marchandise livrée, ou devant celui dans l'arrondissement duquel le paiement devait être effectué (C.P.C., art. 420).

39. Si le vendeur n'est pas marchand de bestiaux, la demande devra être portée au tribunal civil du domicile du défendeur après tentative de conciliation, s'il s'agit d'une vente dont le prix est supérieur à 200 fr. (C.P.C., art. 48 et 59), ou devant le juge de paix, s'il s'agit d'un prix inférieur à 200 fr. (Just. de paix du canton de Mélisey, 11 mai 1864 : *J. Huiss.*, t. 45, p. 238).

40. Si l'acheteur n'est pas commerçant, et que le vendeur le soit, le premier a le choix d'assigner ce dernier devant le tribunal de commerce, ou devant le tribunal civil ou le juge de paix, sans que le vendeur puisse demander son renvoi devant le tribunal de commerce (Cass. 12 déc. 1836; Pardessus, *Droit comm.*, n° 1347).

41. Jugé aussi (Paris, 7 mars et 5 mai 1837; Poitiers, 9 fév. 1838; Rouen, 23 janv. 1840) que l'appel en garantie du premier vendeur non commerçant ne peut avoir lieu devant un tribunal de commerce, dans la cause pendante à ce tribunal entre le premier acquéreur et celui à qui il a revendu l'animal; mais qu'il doit avoir lieu devant le tribunal civil.

42. La requête à fin de nomination d'experts (V. *suprà*, n° 38) est présentée au juge de paix du lieu où se trouve l'animal (L. 20 mai 1838, art. 5).

43. Sur cette requête, le juge de paix à qui elle est présentée rend une ordonnance par laquelle il nomme un ou plusieurs experts pour visiter l'animal et dresser procès-verbal. — V. *Formule 2.*

44. Les requête et ordonnance sont signifiées à l'expert ou aux experts, avec intimation à prêter serment devant le juge de paix qui les a nommés. — V. *Formule 3.*

45. Les experts indiquent, dans l'acte de leur prestation de serment, les jour et heure auxquels ils procéderont à l'examen de l'animal, et, si c'est possible, on fait sommation au vendeur de s'y trouver. — V. *Formule 4.*

46. Aux jour et heure indiqués, les experts, en présence des parties, ou elles dûment appelées, quand cela a été possible, procèdent à la visite de l'animal, et, s'il est vivant, constatent par leur rapport : 1° quel est le vice dont il est atteint; 2° si ce vice est caché et rédhibitoire; 3° s'il existait au moment de la vente. — Si l'animal est mort, les experts constatent la maladie à laquelle il a succombé, les causes de cette maladie et si elle existait au moment de la vente. — Le rapport est déposé au greffe.

47. Si le rapport est favorable à l'acheteur, il en lève expédition, le signifie, et forme sa demande en résolution. — V. *Formule 5.*

48. Mais, lorsque, à cause des délais, on ne peut successivement remplir ces formalités dans l'ordre que nous venons de leur assigner, il est indispensable, au moins, de dénoncer au vendeur la requête et l'ordonnance du juge et de l'assigner en résolution, avec intimation de se trouver à la visite. Il ne suffit pas, en effet, pour la recevabilité de l'action rédhibitoire, que la nomination des experts soit provoquée dans le délai, il faut que l'action elle-même soit intentée dans ce délai (V. *J. Huiss.*, t. 36, p. 259, 7°; Trib. civ. de la Seine, 21 fév. 1860 : *J. Huiss.*, t. 41, p. 192).

49. La demande formée devant le tribunal civil est dispensée du préliminaire de conciliation (L. 20 mai 1838, art. 6). L'affaire est jugée comme en matière sommaire (Même loi, art. 6).

§ 5. — *Délai pour exercer l'action rédhibitoire.*

50. Le délai pour intenter l'action rédhibitoire est, non compris le jour fixé pour la livraison, de 30 jours pour le cas de fluxion périodique des yeux et d'épilepsie ou mal caduc, et de 9 jours pour tous les autres cas. (L. 20 mai 1838, art. 3).

51. Si la livraison de l'animal a été effectuée, ou s'il a été conduit dans les délais ci-dessus hors du domicile du vendeur, ces délais sont augmentés d'un jour par cinq myriamètres de distance du domicile du vendeur au lieu où l'animal se trouve (Même loi, art. 4).

52. Dans tous les cas, l'acheteur, à peine d'être non recevable, est tenu de provoquer, dans les délais de l'art. 3, la nomination d'experts chargés de dresser procès-verbal (Art. 5).

53. Pour éviter la déchéance, il faut non-seulement que la requête soit présentée dans les délais ci-dessus, mais encore que la citation ou l'assignation ait été donnée dans les délais (V. *suprà*, n° 48).

54. Le délai fixé pour l'exercice de l'action rédhibitoire est franc ; ainsi, cette action est utilement introduite le lendemain du jour de l'échéance du délai (Cass. 24 janv. 1849 : *J. Huiss.*, t. 30, p. 224 ; 3 mai 1859 : t. 40, p. 333 ; 10 nov. 1862 : t. 45, p. 51 ; Rouen, 27 mars 1858 : t. 40, p. 53 ; Trib. civ. d'Avesnes, 29 avril 1858 ; Trib. civ. de Versailles, 31 mai 1859).

55. Du reste, l'action intentée même devant un juge incompétent suffit pour éviter la déchéance (Trib. civ. de Caen, 12 déc. 1852).

§ 6. — *Fins de non-recevoir.*

56. Les principales fins de non-recevoir contre l'action rédhibitoire se tirent de ce que la vente aurait eu lieu sans garantie, de ce qu'elle aurait été faite en justice, et de la prescription de l'action, c'est-à-dire, de ce qu'elle n'a pas été intentée dans le délai voulu, eu égard à la nature du vice et à l'usage du lieu où la vente a été faite.

57. Les autres peuvent se tirer : 1° de ce que la chose viciée n'est qu'accessoire ; 2° de ce que l'acheteur, faute de précaution, par le surcroît de travail ou les mauvais traitements, aurait occasionné la maladie ; 3° enfin, de ce que l'acheteur aurait fait acte de propriétaire sur l'animal, pendant les délais de la garantie, en le faisant *nicter* ou en lui coupant la queue (Jugement du trib. comm. de la Seine rapporté dans le n° du 6 août 1836 du journal *le Droit*).

58. Le vendeur est dispensé de la garantie résultant de la morve et du farcin pour le cheval, l'âne et le mulet, et de la claveline pour l'espèce ovine, s'il prouve que l'animal, depuis la livraison, a été mis en contact avec des animaux atteints de ces maladies (L. 20 mai 1838, art. 6).

Formules.

1. *Sommation de restituer le prix d'achat d'un animal atteint d'un vice rédhibitoire.*

L'an. . ., le. . ., à la requête de. . ., j'ai. . ., soussigné, fait sommation au sieur. . ., demeurant à. . . ; — Attendu qu'il a vendu au requérant, le 30 novembre dernier, dans la cour de l'auberge du *Lion d'or*, à Chartres, un cheval atteint de *tel* vice rédhibitoire ; — De, dans le jour de la présente sommation, déclarer au requérant s'il consent à reprendre ledit cheval en lui restituant la somme de. . . ., moyennant laquelle la vente a eu lieu ; aux offres par le requérant, de lui rendre ledit cheval, ensemble la bride, le licol et la longe dont il était garni ; lui déclarant que, faute par lui de ce faire dans ledit délai et icelui passé, le requérant se pourvoira, sous toutes réserves ; et je lui ai, à domicile et parlant comme dessus, laissé copie du présent. Le coût de. . .

V. n° 37. — Coût : Tar. art. 29. Orig. : Paris, 2 fr. ; R. P., 4 fr. 80 c. ; Aill., 4 fr. 50 c. — Cop. le 1/4.

Enregistrement : 2 fr. 20 c.

VIOLENCE. — V. *Abus d'autorité, Action possessoire, Consentement, Exécution des actes et jugements, Huissier*, etc.

VIREMENT. — Action de payer un article de compte en donnant en paiement une autre créance. — Ce mode de paiement est surtout employé dans les comptes courants. — V. *Compte courant.*

VIS (MANUFACTURIERS ET FABRICANTS DE). — Sont patentables.

VISA. — **1.** Formule écrite ou signée par un fonctionnaire public sur un acte, soit pour constater qu'il a reçu la copie de cet acte, soit pour autoriser une exécution.

2. Nous avons indiqué, sous chaque matière, les exploits soumis à un visa (V. *Enregistrement, Exploit, Huissier, Partage, Saisie-exécution, Saisie immobilière*, etc). Ici, nous nous bornerons à mentionner les émoluments accordés aux huissiers pour l'accomplissement de cette formalité.

3. Il n'est rien alloué aux huissiers des juges de paix pour visa, dans les différents cas prévus par le Code de procédure, par le greffier de la justice de paix, ou par les maires et adjoints des communes du canton (Décr. 16 fév. 1807, art. 23, § 2).

4. Il est taxé pour visa de chacun des actes faits ailleurs qu'en justice de paix, et qui sont assujettis à cette formalité, savoir : 1° à Paris, Lyon, Bordeaux, Rouen, Toulouse, Marseille, Lille et Nantes, 1 fr.; — 2° dans les autres villes où siége une Cour impériale et dans les villes où il y a une population de 50,000 âmes, 90 c.; — 3° partout ailleurs, 75 c. (Décr. 16 fév. 1807, art. 66, § 4, et Décr. addit. du même jour).

5. En cas de refus de la part du fonctionnaire qui doit donner le visa, et dans le cas où l'huissier est obligé, à raison de ce refus, de requérir le visa du procureur impérial, le droit est double (Décr. 16 fév. 1807, art. 66, § 5). Dans cette dernière circonstance, il est dû, en outre, à l'huissier le droit de transport à partir du domicile du fonctionnaire qui a refusé le visa jusqu'à celui du procureur impérial.

VISA POUR TIMBRE. — Formalité destinée à tenir lieu de l'empreinte du timbre. — V. *Timbre.*

VISIÈRES ET FEUTRES VERNIS (FABRIQUES DE). — Sont rangées dans la 1re classe des établissements insalubres (V. *Établissements dangereux*, etc.).

VISITE DE LIEUX. — V. *Descente sur les lieux.*

VITRAUX (FAISEURS OU AJUSTEURS DE). — Sont patentables.

VITRIERS. — Sont patentables.

VIVE PATURE. — V. *Parcours et vaine pâture.*

VIVIER. — Bassin fermé dans lequel on fait venir les eaux pour y placer le poisson après la pêche et l'y conserver. — Les poissons placés dans un vivier sont immédiatement dans la possession du maître du fonds, tandis que ceux qui se trouvent dans un étang conservent leur liberté naturelle jusqu'au moment de la pêche. — Au surplus, la plus grande partie des dispositions relatives aux étangs s'appliquent aux viviers. — V. *Étang.*

VOIE D'ACTION. — On dit *agir par voie d'action* lorsqu'on forme une demande principale devant un tribunal.

VOIE PAREE (CLAUSE DE).—Clause portant que, à défaut d'exé cution des engagements pris envers lui, le créancier aura le droit de faire vendre les immeubles de son débiteur, sans remplir les formalités prescrites pour la saisie immobilière. — V. *Saisie immobilière*, n° 8 et suiv., *Vente*. — V. aussi *Exécution parée*.

VOIES DE DROIT.—Moyens indiqués par la loi pour l'exercice d'un droit ou l'exécution d'un acte.

VOIES DE FAIT. — Actions illicites qui blessent une personne dans son corps, son honneur ou ses biens.—S'emploie aussi comme synonyme d'*actes de violence*. — V. *Action possessoire, Blessures et coups, Huissier, Justice de paix*.

VOIES CONTRE LES JUGEMENTS. — V. *Jugement*, § 8.

VOILIERS. — Sont patentables.

VOIRIE. — **1.** Ce mot comprend, dans son acception la plus étendue, tout ce qui concerne la confection, l'entretien et l'alignement des chemins et des rues, les travaux des ponts et chaussées, la police des bâtiments sur les routes et dans l'intérieur des villes, celle de toutes les voies publiques, des fleuves, rivières et canaux navigables ou flottables, de leurs chemins de halage et francs-bords, et enfin celle des chemins de fer.

2. Nous avons traité des voies par eau, sous le mot *Cours d'eau*, et des voies par terre, sous les mots *Chemins, routes impériales et départementales*. Ce que nous avons dit, sous ce dernier mot, au sujet des routes et chemins vicinaux, est applicable aux rues, places et quais des villes, bourgs et villages qui sont le prolongement d'une route ou d'un chemin vicinal. Il ne nous reste donc à parler ici que des rues, places et quais qui ne sont pas le prolongement des routes ou chemins vicinaux. — Nous ferons tout d'abord remarquer que les rues, places et quais de la ville de Paris, sont régies par des dispositions particulières.

3. Dans les communes rurales comme dans les villes, les rues, places et quais font partie du domaine public, et ne peuvent entrer dans aucune propriété privée, par aucune durée de possession, à moins qu'il n'y ait titre positif de propriété ou signe apparent de délimitation contraire (Cass. 20 juin 1834).

4. Les arbres qui bordent les rues sont présumés appartenir aux riverains, s'ils ont été plantés avant la loi du 28 août 1792. Ceux qui ont été plantés depuis et tous les arbres existants sur les places publiques appartiennent aux communes.

5. Compétence administrative.—*Maires*.—Il appartient aux maires, sauf recours au préfet et ensuite au ministère de l'intérieur, d'ordonner que les rues soient libres de toutes les entraves qui peuvent nuire à leur fréquentation, de faire combler pour cause de sûreté publique, les fossés qui bordent un chemin, de permettre ou de refuser la construction de balcons et autres saillies, d'interdire ou d'établir le passage dans les ruelles par mesure de police, de salubrité et de sûreté, de faire exécuter la démolition des bâtiments qui menacent ruine, de donner et faire exécuter, même aux frais du propriétaire, s'il y a lieu, les alignements dans les rues, bourgs et villages qui ne sont pas routes impériales ou départementales (Cormenin, *Droit administratif*, t. 3, p. 480 et suiv.).

6. *Préfets*.—Ils ont droit de donner leur avis sur l'utilité, la convenance et le mérite des projets dressés par les maires pour l'embellissement, la salubrité ou l'agrandissement des places dans les villes (Ord. 7 avril 1824), de suspendre ou même d'interdire les constructions dangereuses pour la sûreté publique, ou gênantes pour les voisins, ou contraires aux règles de l'art (Cormenin, t. 3, p. 489).

7. *Ministre de l'intérieur.*—Il est compétent pour faire rapport à l'Empereur en son Conseil d'Etat, des différends survenus entre deux propriétaires à l'occasion de l'alignement d'une rue (Ord. 24 fév. 1825).

8. *Gouvernement.* — C'est au Gouvernement seul qu'il appartient, sur le rapport du ministre de l'intérieur, d'arrêter, en Conseil d'Etat, les plans d'alignement des villes, de déterminer les rues qui, dans l'intérieur des villes font partie des routes impériales qui les traversent, d'autoriser l'ouverture et la largeur des nouvelles rues dans les villes (Cormenin, t. 3, p. 491 et suiv.).

9. COMPÉTENCE ADMINISTRATIVE CONTENTIEUSE. — *Conseils de préfecture.* — Ils ont le droit de statuer sur les contraventions commises par les particuliers qui, sans autorisation, ont construit, reconstruit, réparé, réconforté, augmenté, surélevé des édifices, maisons et bâtiments étant le long des grands chemins ou les joignant, soit dans les traverses des villes, bourgs et villages, soit en pleine campagne, ou qui ont enfreint l'alignement, ou qui ont compromis la sûreté publique ou celle des habitants des maisons par des constructions contraires aux règles de l'art. (Cormenin, t. 3, p. 494 et suiv.).

10. *Conseil d'Etat.* — Il est compétent pour accorder ou refuser des sursis aux démolitions de murs, maisons, usines ou autres constructions faites par les contrevenants, pour prononcer les amendes et condamner aux dépens résultant de la contravention, pour autoriser avec ou sans condition à ne pas démolir, pour modifier les amendes prononcées par les Conseils de préfecture (Cormenin, t. 3, p. 518 et suiv.).

11. COMPÉTENCE JUDICIAIRE. — *Tribunaux civils.* — Ils prononcent sur toutes les questions de propriété du terrain des rues, places et quais, sur les questions de servitudes pour l'écoulement des eaux, comme puisards, fossés, rigoles servant à l'arrosage des prairies, sur celles de servitudes de passages réclamés pour une exploitation particulière, sur celles de vues et de sortie sur une voie publique supprimée, soit que ces questions s'élèvent entre l'Etat et des particuliers ou des communes, soit qu'elles s'élèvent entre des communes et des particuliers, ou entre plusieurs particuliers (Cormenin, t. 3, p. 524 et 525).

12. Ils sont également compétents pour connaître de la servitude de passage réclamée par un maire au profit de sa commune à travers la maison d'un particulier (Décr. 30 juin 1806), de l'indemnité due pour démolition ou éviction de tout ou partie d'un bâtiment (Ord. 12 déc. 1818, 24 mars et 11 août 1820, 19 déc. 1821), de la démolition demandée par des tiers contre le propriétaire d'une maison qu'ils prétendent construite hors de l'alignement ; dans ce dernier cas le tribunal doit surseoir jusqu'à ce que l'alignement ait été fixé par l'autorité administrative (Ord. 24 fév. 1825).

13. Mais les tribunaux ne seraient pas compétents pour statuer : 1° sur l'opposition formée à l'exécution des arrêtés des maires ; les décisions administratives prises dans ces divers cas sont inattaquables par la voie contentieuse (Ord. 18 fév. 1824) ; 2° sur les contestations qui s'élèvent au sujet des alignements, et, notamment, pour décider si un alignement donné par un maire est ou non régulier et obligatoire (Cass., 22 déc. 1824 ; Lyon, 15 juill. 1828).

14. *Tribunaux de simple police.* — Ils répriment les anticipations sur la voie publique, dans les rues ou places qui ne font point partie des routes impériales ou départementales ; ils prononcent sur les amendes encourues par suite de contraventions en matière de petite voirie et sur les frais de démolition ordonnés d'office dans la même matière et en cas de contestation (Cormenin, t. 3, p. 527 et 528).

VOISIN. — V. *Exploit.*

VOISINAGE. —.Proximité des personnes et des lieux par rapport aux intérêts qui en résultent. — **V.** *Etablissements dangereux,* etc., *Fumier, Mitoyenneté, Servitudes.*

VOITURES ET CHEVAUX. — **1.** Un impôt particulier a été établi, à partir du 1er janv. 1863, par la loi de finances du 2-3 juill. 1862, dont les dispositions à cet égard ont été rapportées *J. Huiss.*, t. 43, p. 294.

2. Jugé, par application de l'art. 6 de cette loi, que les voitures et les chevaux possédés par les avocats et les officiers ministériels (notaires, avoués et huissiers), lorsqu'ils sont employés par eux, non-seulement pour leur service personnel, mais aussi pour le service de leur profession, ne sont pas assujettis à la taxe (Cons. de préf. de la Seine, 12 janv. 1864 : *J. Huiss.,* t. 43, p. 92. — **V.** également, en ce sens, Instr. de la Rég., 31 oct. 1862 : *J. Huiss.,* t. 44, p. 269).

3. Mais l'avocat ou l'officier ministériel, qui n'emploie qu'accidentellement son cheval et sa voiture pour l'exercice de sa profession, et s'en sert plus habituellement pour son agrément et celui de sa famille, est soumis à la taxe établie par la loi du 2 juill. 1862 (Cons. d'Etat, 26 fév.-10 mars 1864 : *J. Huiss.,* t. 43, p. 151, § II. — *Contrà* Cons. de préf. de la Seine, 3 fév. 1864 : mêmes vol. et p., § I).

4. En tout cas, les voitures et les chevaux que les officiers ministériels possèdent au delà du nombre de ceux que peut exiger l'exercice de leur profession sont imposables (Cons. de préf. de la Seine, 12 janv. 1864 : *J. Huiss.,* t. 43, p. 92, § II).

5. Jugé que la voiture attelée, au moyen d'un cheval de louage ou d'emprunt, est imposable à la taxe établie par la loi du 2 juill. 1862 (*J. Huiss.,* t. 43, p. 152). Cette décision, rendue à l'égard d'un percepteur qui possédait une voiture dont il se servait habituellement pour faire ses perceptions, en l'attelant au moyen d'un cheval de louage ou d'emprunt, contredit l'interprétation qui avait été généralement donnée à ces mots de l'art. 4 de la loi de 1862, *voiture attelée.*

VOITURES PUBLIQUES. — Toutes celles qui sont à la disposition du public, quelles que soient leur nature et la longueur du trajet qu'elles parcourent, et, plus spécialement, celles qui font un service régulier plus ou moins important entre deux points distants du territoire. — Tout entrepreneur de voitures publiques est soumis à des mesures de police spéciales. — Il est patentable.

VOITURIERS. — Ce sont ceux qui, moyennant un prix convenu, se chargent de transporter, dans un lieu et dans un délai déterminés, des personnes ou des objets appartenant à autrui. — **V.** *Commissionnaire de transport, Responsabilité.*—Les voituriers sont patentables.

VOL. — Soustraction frauduleuse d'une chose qui appartient à autrui [V. C. Pén., art. 379 et suiv.). — Jugé notamment que le créancier qui, dans le cas où le débiteur a déposé et oublié sur le bureau dudit créancier une quittance acquittée, constatant le paiement des travaux exécutés par le premier pour le compte du second, et qu'il avait donnée à ce dernier, soustrait frauduleusement cette quittance, se rend coupable du délit de vol : l'intention frauduleuse constitutive du vol existe, dans ce cas, au moment même et par le fait de l'appréhension de la quittance (Cass., 15 mai 1863 : *J. Huiss.,* t. 43, p. 128).

VOLAILLES. — V. *Animaux.* — Les marchands de volailles sont patentables.

VOTE. — Suffrage donné. — On se sert de ce mot pour exprimer l'opinion émise par les assemblées ou compagnies délibérantes. — V. *Chambre de discipline des Huissiers.*

VOYAGE (FRAIS DE).— 1. Une indemnité est accordée en cas de déplacement : 1° au juge-commissaire et au greffier (C.P.C., art. 301); 2° aux officiers du parquet (Ord. 10 mars 1825); 3° aux notaires (Décr. 16 fév. 1807, art. 70) et aux huissiers (V. *Transport des huissiers*); 4° aux témoins (Décr. précité, art. 167). — V. *Descente sur les lieux, Enquête, Interdiction.*

2. En matière civile, les parties ont également droit à une indemnité pour déplacement; mais elles doivent se présenter au greffe assistées de leur avoué, pour y affirmer que le voyage a été fait dans la seule vue du procès (Décr. 16 fév. 1807, art. 146), à moins que leur comparution n'ait été ordonnée par jugement.

3. Dans les affaires de la compétence des tribunaux de commerce ou de paix, l'indemnité n'est due qu'autant que la comparution a été ordonnée (Sudraud-Desisles, *Manuel du juge taxateur*, n° 168).

VOYAGEURS. — V. *Chemin de fer, Compétence commerciale, Justice de paix.*

VUE. — Toute espèce d'ouverture pratiquée dans un mur pour regarder au dehors. — V. *Jour de servitude, Jour de souffrance, Mitoyenneté, Servitude.*

W.

WARRANT. — Mot emprunté à la législation anglaise et employé pour désigner un *bulletin de gage*, écrit sur timbre, qui est annexé au récépissé des marchandises déposées dans les magasins généraux.—Le warrant doit contenir les mêmes mentions que le récépissé, c'est-à-dire les nom, profession et domicile des déposants, ainsi que la nature des marchandises déposées et les indications propres à en établir l'identité et à en déterminer la valeur. — Il est transmissible par voie d'endossement et doit être protesté à défaut de paiement à l'échéance. — Il vaut nantissement au profit du cessionnaire, qui, huit jours après le protêt, peut, sans aucune formalité de justice, faire procéder à la vente publique aux enchères et en gros des marchandises engagées. — En cas d'insuffisance de ces marchandises, le porteur du warrant peut exercer son recours contre l'emprunteur et les endosseurs; le recours doit être exercé dans les délais fixés par les art. 165 et suiv., C. Comm., et qui ne courent que du jour où la vente des marchandises est réalisée. — Le commerçant, qui a négocié un warrant à des tiers qui ont fait vendre les marchandises déposées, n'a pas le droit de demander au propriétaire de l'entrepôt un compte général de l'opération (Trib. comm. de la Seine, 16 janv. 1862 : *J. Huiss.*, t. 43, p. 62). — Au surplus, tout ce qui concerne la forme des warrants, leurs effets, les obligations qu'ils imposent et les droits qui y sont attachés, est réglé par la loi du 28 mai-11 juin 1858 et par le décret impérial du 12-31 mars 1859 (V. *J. Huiss.*, t. 39, p. 221, et t. 43, p. 13 et suiv).

Y.

YEUX ARTIFICIELS (FABRICANTS D'). — Sont patentables.

Z.

ZINC. — Les usines à laminer le zinc sont rangées dans la deuxième classe des établissements insalubres (V. *Établissements dangereux*, etc.)

NOMENCLATURE DES MOTS

CONTENUS

DANS LE 7º VOLUME DE L'ENCYCLOPÉDIE DES HUISSIERS.